民商事司法解释精释精解丛书

最高人民法院
建设工程施工合同司法解释
精释精解

何　志◎主编

Understanding and Application
of Judicial Interpretations

中国法制出版社
CHINA LEGAL PUBLISHING HOUSE

撰稿人（按照章节顺序）：

周琼妮：第一部分

孟文繁：第二部分专题一至专题四

宋志刚：第二部分专题五至专题八

张华艳：第三部分专题一、三、四、五

田　蜜：第三部分专题二、六、七

李华玉：第四部分专题一、三

冀晓莉：第四部分专题二、七

胡明启：第四部分专题四、五

桑　婷：第四部分专题六、八

王雪霜：第五部分

何　志：第六部分

总　　序

在现代社会为数众多的社会调整机制中，法律属于较为精致、有效的一种。但法律是一个抽象化、概念化的行为规则体系。任何法律皆有漏洞，系今日判例学说共认之事实。[①] 德国历史法学派创始人萨维尼（F.K.V. Savigny）指出，法律自制定公布之时起，即逐渐与时代脱节。[②] 因此，在制定法律的时候，无论如何审慎周详，字斟句酌，也难免在文义和语境上产生疑义；无论如何总结社会矛盾的方方面面，在复杂多样的现实生活面前，也难免出现疏漏不周，挂一漏万；无论如何精雕细刻，科学圆满，也无法克服法律的稳定性和适用性的冲突倾向。因此，自法律诞生之日起，即诞生了与之形影相随的法律解释。

按照我国法律解释的基本框架，可将法律解释的内容区分为“法律条文本身”和“法律具体运用”两大类，前者由全国人大常委会解释（称为立法解释），后者由有关司法和行政机关分工解释。显然，最高人民法院的司法解释当属于后者。尽管司法解释的效力低于立法解释，但由于法律过于原则和抽象以及法律漏洞的存在，不仅给法官适用法律造成了困难，而且为法官留下了极大的自由裁量空间。因此，在法律存在着漏洞的情况下，司法解释

① 王泽鉴:《民法学说与判例研究》(第一册)，中国政法大学出版社1998年版，第286页。

② 转引自梁慧星:《民法解释学》，中国政法大学出版社2003年版，第247页。

具有弥补漏洞的作用。实际上，由于法律规则是对复杂的社会现象进行归纳、总结而作出的一般的、抽象的规定，因此人们对规则的含义常常从不同的角度进行理解。而每一位法官在将抽象的规则运用于具体案件的时候，都要对法律规则的内涵及适用的范围根据自身的理解作出判断，而此种判断实际上就是一种对法律的解释。更何况成文法本身不是完美无缺的，而总是存在着这样或那样的漏洞，因此，法律解释对任何法律的适用都是必不可少的。尤其是在司法过程中，更需要对法律规范作出明确的解释，从而正确地适用法律和公正地裁判案件。

在我国的法律制度中，司法解释颇具中国特色，不仅实行判例法的英美法系没有，即使是实行成文法的大陆法系也没有。在大多数西方国家，一般没有“司法解释”一词，“法律解释”就是“司法解释”的代名词，二者含义一样。大多数西方国家的“司法”就是指法院的审判活动，司法机关就是指法院，司法解释（即“法律解释”）就是指法院或法官对法律的解释。尤其是在普通法系国家，法官制作的判例不仅可以对成文法进行解释，还可以创制法律规则，对于法律的解释也只有法官才有这样的权力。在大陆法系国家，尽管曾经一度否认过法官对法律的解释，但“二战”后德国最高法院复审制度的确立，最终使法官的司法解释权得到了巩固。而我国建立的司法解释体制是“二元一级”的完全不同于西方国家的司法解释体制，在此体制之下，司法解释被分为审判解释和检察解释，前者主要是指最高人民法院对审判工作中具体应用法律问题所作的解释，后者则是指最高人民检察院对检察工作中具体应用法律问题所作的解释。因此，司法解释是人民法院在审判案件时可以引用作为裁判依据的规范文件，也是保障我国法律正确适用的重要手段，在我国解释体系中占据着十分重要的地位。

最高人民法院历来非常重视司法解释工作，早在1997年就制定发布了《最高人民法院关于司法解释工作的若干规定》，2007年3月制定了《最高人民法院关于司法解释工作的规定》，废止了以前的规定。依据该规定，司法解释立项、审核、协调等工作由最高人民法院研究室统一负责。人民法院在审判工作中具体应用法律的问题，由最高人民法院作出司法解释。最高人民法院发布的司法解释，具有法律效力。司法解释的形式分为“解释”“规定”“批复”和“决定”四种。对在审判工作中如何具体应用某一法律或者对某一类案件、某一类问题如何应用法律制定的司法解释，采用“解释”的形式；根据立法精神对审判工作中需要制定的规范、意见等司法解释，采用“规定”的形式；对高级人民法院、解放军军事法院就审判工作中具体应用法律问题的请示制定的司法解释，采用“批复”的形式；修改或者废止司法解释，采用“决定”的形式。这些司法解释特别是前两类司法解释的主要目的不是解决某一个具体案件中的法律适用问题，而是通过系统地、全面地解释一类法律而为审判实践提供更多可供适用的规则，或者完全不是针对某一法律进行解释，而是创设对某一类案件的裁判所应当适用的规则，使各级法院尽可能做到有章可循，这就使我国司法解释具有十分突出的抽象性和一般性的特点。①

近年来，最高人民法院陆续发布的系列司法解释均通过传统媒体和新媒体发布征求意见稿，倾听民声，广泛纳谏，确保了司法解释保障人民法院严格执法、公正裁判、实现法律公平正义的价值功能。为了使司法实务界和广大普通读者正确理解和适用司法解释，努力让人民群众在每一个司法案件中感受到公平正义，由中国法制出版社策划，丛书总主编组织编写了《民商事司法解释精释精解丛书》，该套丛书具有如下显著特点：

第一，体例独特。每本书原则上以某一（类别）司法解释为主线，全面阐述该司法解释的内容和实务中适用法律解决问题的依据及应当注意的问题。每一专题均分为五个部分：

核心提示——简明扼要，突出重点，重在阐释司法解释条文的主旨；

实务争点——归纳审判实践中的不同观点，总结理解适用司法解释解决审判实务的难题；

理解适用——以制定司法解释具体条款的目的为视角，站位于丰富的审判实践之上作精深解读，以便全面、正确理解适用司法解释；

案例指导——选取最高人民法院发布的公报案例、指导案例、典型案例及最高人民法院所裁判的案例等，突出案例指导的权威性；

---

① 王利明：《司法改革研究》（修订本），法律出版社2001年版，第253页。

规范指引——链接相关法律、法规、司法解释，确保适用法律的正确性。

第二，内容丰富。丛书包含了民商法主要的司法解释，对司法解释进行了全方位的解读，形成了一个完整的理论体系，易于读者准确理解和适用。丛书以单行法的司法解释为主，本次修订设置了合同法、担保法、婚姻法、公司法、商品房买卖合同、道路交通事故、建设工程施工合同共7个分册。

第三，案例权威。该套丛书案例的选取，原则上选用具有典型性、代表性、真实性的案例，均注明了来源，取其精华部分，避免了案例资料的大量堆砌。案例的权威性，为社会大众的遵法和人民法院的司法提供了很好的参考和参照价值。把抽象的规则和具体的案例结合起来学习民商法的方法就是“案例研习法”，即依据法律论断具体案件当事人间的权利和义务关系。为发现可适用于案例事实的法律，一方面须本着案例事实去探寻法律规范，另一方面须将法律规范具体化于案例事实。①正所谓，法律来源于现实生活，高于现实生活；案例则是法律适用的结果，是“看得见的法典，摸得着的规则”。

第四，解读权威。由于我国司法解释具有抽象性、规范性、普遍适用性的特点，因而常常与立法相类似。因此，即使在最高人民法院作出司法解释，对个案的审理提供了一定的指引之后，法官在裁判案件时也需要对较为抽象的司法解释进行再解释，以具体适用到个案之中。②为了使广大读者全面正确理解适用司法解释，丛书由全国著名法学教授、博士生导师以及全国首批审判业务专家和诸多资深法官组成作者团队，在借鉴最高人民法院对司法解释的理解与适用的基础上，广泛吸收民商法研究领域的最新成果，博采众长，并结合审判实践对司法解释进行解读，以期突出权威性和指导性。

美国大法官霍姆斯说过：“法律的生命不在于逻辑，而在于经验。”党的十八届四中全会决定指出：公正是法治的生命线。司法公正对社会公正具有重要引领作用，司法不公对社会公正具有致命破坏作用。法律的权威源自人民的内心拥护和真诚信仰。人民权益要靠法律保障，法律权威要靠人民维护。

---

① 王泽鉴：《法律思维与民法实例》，中国政法大学出版社2001年版，作者自序。

② 王利明：《法律解释学导论——以民法为视角》，法律出版社2009年版，第190页。

该套丛书的作者既为法律之人，又为经验之人；既具有高深的理论水平和丰硕的研究成果，又具有丰富的司法实践经验。因此，该套丛书既具有很高的理论水平，又具有很强的实用价值；既能为法学理论研究提供重要参考，又能为司法实践裁判提供参考依据。

首届全国审判业务专家　何志

2020 年 5 月

维护建筑市场秩序　促进建筑市场发展
（代前言）

《最高人民法院关于审理建设工程施工合同纠纷案件适用法律问题的解释》（以下简称《建设工程施工合同解释（一）》）自 2005 年 1 月 1 日起施行以来，对统一法律适用、保障工程质量、规范建筑市场、保护各类主体尤其是农民工等弱势群体的合法权益发挥了重要作用。但近年来建筑市场发生了新变化、司法实践出现了新问题、管理政策有了新突破，最高人民法院与时俱进，于 2018 年 12 月 29 日发布了《最高人民法院关于审理建设工程施工合同纠纷案件适用法律问题的解释（二）》（以下简称《建设工程施工合同解释（二）》），该解释自 2019 年 2 月 1 日起施行，对合同效力、工程质量、工程鉴定、损失赔偿、优先权行使、实际施工人权利保护等问题作了明确规定，统一了裁判规则。

一、依法维护建设工程招标投标市场秩序

《建设工程施工合同解释（一）》第二十一条规定："当事人就同一建设工程另行订立的建设工程施工合同与经过备案的中标合同实质性内容不一致的，应当以备案的中标合同作为结算工程价款的根据。"中标的备案合同可被简称为"白合同"，另行订立的与备案的中标合同实质性内容不一致的合同可被简称为"黑合同"。该条对"黑白合同"的规定范围过窄，即原则上

限于"工程价款"。《最高人民法院第八次全国法院民事商事审判工作会议（民事部分）纪要》第三十一条规定："招标人和中标人另行签订改变工期、工程价款、工程项目性质等影响中标结果实质性内容的协议，导致合同双方当事人就实质性内容享有的权利义务发生较大变化的，应认定为变更中标合同实质性内容。"

大量的司法实践表明，"白合同"与"黑合同"最大的区别在于建设工程、工程价款、工程质量以及工程范围等方面的约定差异较大。为此，《建设工程施工合同解释（二）》第一条规定："招标人和中标人另行签订的建设工程施工合同约定的工程范围、建设工期、工程质量、工程价款等实质性内容，与中标合同不一致，一方当事人请求按照中标合同确定权利义务的，人民法院应予支持。招标人和中标人在中标合同之外就明显高于市场价格购买承建房产、无偿建设住房配套设施、让利、向建设单位捐赠财物等另行签订合同，变相降低工程价款，一方当事人以该合同背离中标合同实质性内容为由请求确认无效的，人民法院应予支持。"该解释第九条规定："发包人将依法不属于必须招标的建设工程进行招标后，与承包人另行订立的建设工程施工合同背离中标合同的实质性内容，当事人请求以中标合同作为结算建设工程价款依据的，人民法院应予支持，但发包人与承包人因客观情况发生了在招标投标时难以预见的变化而另行订立建设工程施工合同的除外。"该解释第十条规定："当事人签订的建设工程施工合同与招标文件、投标文件、中标通知书载明的工程范围、建设工期、工程质量、工程价款不一致，一方当事人请求将招标文件、投标文件、中标通知书作为结算工程价款的依据的，人民法院应予支持。"《建设工程施工合同解释（二）》细化了"合同实质性内容"的标准，有效杜绝"黑白合同"、明招暗定等违法违规行为。

二、未取得规划审批手续所签订合同的效力认定

合同的效力是合同对当事人所具有的法律拘束力，是基于对国家利益、社会公共利益的保护而对当事人的合意进行法律上的评价。合同效力涉及对合同的价值判断，对合同效力及性质的认定无须当事人主张，人民法院依职权主动审查。《建设工程施工合同解释（一）》第一条规定："建设工程施工合

同具有下列情形之一的，应当根据合同法第五十二条第（五）项的规定，认定无效:（一）承包人未取得建筑施工企业资质或者超越资质等级的;（二）没有资质的实际施工人借用有资质的建筑施工企业名义的;（三）建设工程必须进行招标而未招标或者中标无效的。”该解释明确了确认建设工程合同效力的基本原则，但对规划审批手续对建设工程合同效力的影响不甚明确。

在司法实践中，存在着当事人恶意不办理相关审批手续或者登记手续，导致合同不能继续履行，或者以此为由向人民法院起诉请求确认合同无效，企图通过不诚信行为谋取不正当利益的情形。为此，《建设工程施工合同解释（二）》第二条第一款规定：“当事人以发包人未取得建设工程规划许可证等规划审批手续为由，请求确认建设工程施工合同无效的，人民法院应予支持，但发包人在起诉前取得建设工程规划许可证等规划审批手续的除外。”同时，该条第二款又规定:“发包人能够办理审批手续而未办理，并以未办理审批手续为由请求确认建设工程施工合同无效的，人民法院不予支持。”最高人民法院旨在以司法解释逐步树立一项裁判规则，即任何人不能从其不诚信的行为中获利，依法保护善意当事人的合法权益。

需要注意的是，合同效力补正的时间节点是“起诉前”。所谓合同效力补正，是指当事人所签订的合同因违反法律禁止性规定，导致合同不能满足有效条件，大量可以通过事后补正或者实际履行使合同满足有效条件，促使合同有效。合同效力补正的直接法律后果是使原本无效的合同发生效力上的转化，成为有效合同。综观最高法院司法解释的合同效力补正时间节点大多是“起诉前”（本解释即是），少有是“一审法庭辩论终结前”[如，《最高人民法院关于适用〈中华人民共和国合同法〉若干问题的解释（一）》（以下简称《合同法解释（一）》）第九条]。

三、建设工程施工合同无效损失赔偿的司法认定

根据《中华人民共和国合同法》（以下简称《合同法》）第五十八条的规定，建设工程施工合同被确认无效后，其法律后果是：返还依据合同取得的财产；不能返还或者没有必要返还财产的情况下，折价赔偿；如果当事人因建设工程施工合同无效遭受损失，有过错的一方赔偿对方因此遭受到的损

失，如果双方都有过错，则各自承担相应的赔偿责任。由于建设工程施工合同标的物的特殊性，合同被确认无效后，不宜判决发包人向承包人返还财产，应当判决发包人向承包人折价赔偿。因此，在建设工程竣工验收合格的情况下，《建设工程施工合同解释（一）》第二条规定，承包人有权请求参照合同约定支付工程价款，明确了建设工程折价补偿的方式。

通说认为，合同无效或者被撤销后，无过错的一方请求有过错的一方承担赔偿责任的基础是缔约过失责任，而非违约责任或者侵权责任。作为建设工程施工合同的无效，因承包人无资质或者超越资质承揽建设工程，其过错主要在承包方；因法律规定必须招标而未招标或者未办理规划审批手续的合同无效，其过错主要在发包方。损失如何认定，依据《建设工程施工合同解释（二）》第三条规定：建设工程施工合同无效，一方当事人请求对方赔偿损失的，应当就对方过错、损失大小、过错与损失之间的因果关系承担举证责任。损失大小无法确定，一方当事人请求参照合同约定的质量标准、建设工期、工程价款支付时间等内容确定损失大小的，人民法院可以结合双方过错程度、过错与损失之间的因果关系等因素作出裁判。

在司法实践中，出借或者说挂靠建筑施工企业资质的现象屡禁不止，挂靠行为系违法行为，挂靠人与被挂靠人之间的关系法律不予保护。对此，《建设工程施工合同解释（一）》第一条第（二）项明确规定，挂靠双方当事人签订的挂靠协议为无效合同。在挂靠的情形下，对建设工程质量不合格等造成的损失，挂靠人与被挂靠人如何承担责任不甚明确，因此，《建设工程施工合同解释（二）》第四条规定：缺乏资质的单位或者个人借用有资质的建筑施工企业名义签订建设工程施工合同，发包人请求出借方与借用方对建设工程质量不合格等因出借资质造成的损失承担连带赔偿责任的，人民法院应予支持。

四、工程质量与质量保证金的司法处理

在司法实践中，承包人为追索工程款提起诉讼后，发包人通常以工程质量不符合合同约定或者法律规定为由要求承包人支付违约金或者赔偿修理、返工、改建的合理费用等损失，并据此要求不付、少付所欠的工程款。因此，

《建设工程施工合同解释（一）》第十一条规定：因承包人的过错造成建设工程质量不符合约定，承包人拒绝修理、返工或者改建，发包人请求减少支付工程价款的，应予支持。

承包人要求发包人支付工程款，发包人以工程质量存在问题要求不付或者少付工程款，发包人的该项要求是抗辩还是反诉？对此存在争议。对于抗辩与反诉的判断标准应当从两个方面判断：一是是否超过承包人的诉讼请求范围；二是发包人是否具有独立给付请求的内容。若发包人的要求没有超过承包人的诉讼请求范围，也没有给付内容，则应当认定为抗辩。反之，则应当认定为反诉。对此，《建设工程施工合同解释（二）》第七条规定：发包人在承包人提起的建设工程施工合同纠纷案件中，以建设工程质量不符合合同约定或者法律规定为由，就承包人支付违约金或者赔偿修理、返工、改建的合理费用等损失提出反诉的，人民法院可以合并审理。

关于工程质量保证金（或者说工程质量保修金、工程质保金）的法律性质，一般认为属于金钱担保。在司法实践中，工程质量保证金的争议主要集中在返还期限的确定上。对此，《建设工程施工合同解释（二）》第八条规定，有下列情形之一，承包人请求发包人返还工程质量保证金的，人民法院应予支持：（一）当事人约定的工程质量保证金返还期限届满。（二）当事人未约定工程质量保证金返还期限的，自建设工程通过竣工验收之日起满二年。（三）因发包人原因建设工程未按约定期限进行竣工验收的，自承包人提交工程竣工验收报告 90 日后起当事人约定的工程质量保证金返还期限届满；当事人未约定工程质量保证金返还期限的，自承包人提交工程竣工验收报告 90 日后起满二年。发包人返还工程质量保证金后，不影响承包人根据合同约定或者法律规定履行工程保修义务。

五、建设工程结算的司法处理

在司法实践中，当事人就同一建设工程签订的多份建设工程施工合同均无效，但建设工程质量竣工并验收合格，当事人参照哪一份合同作为结算建设工程价款的依据？《建设工程施工合同解释（一）》第二条的规定在司法实践中产生了分歧。对此，《建设工程施工合同解释（二）》第十一条规定：

当事人就同一建设工程订立的数份建设工程施工合同均无效，但建设工程质量合格，一方当事人请求参照实际履行的合同结算建设工程价款的，人民法院应予支持。实际履行的合同难以确定，当事人请求参照最后签订的合同结算建设工程价款的，人民法院应予支持。当然，如果建设工程质量不合格，发包人可以请求承包人对该工程进行修复，经修复验收合格的，承包人可以请求参照合同约定结算工程价款。若经修复仍不合格的，承包人请求参照合同约定支付工程价款的，不予支持。

在建设工程施工领域中，合同主体双方就建设工程施工中最重要的价款结算达成意思一致，形成协议，合同一方反悔的应当如何处理？对此，《建设工程施工合同解释（二）》第十二条规定：当事人在诉讼前已经对建设工程价款结算达成协议，诉讼中一方当事人申请对工程造价进行鉴定的，人民法院不予准许。该解释之所以如此规定，是由于民事诉讼应当遵循诚实信用原则。特别值得注意的是，在工程价款结算协议无效的情况下，并不等于该结算协议内容不是当事人真实意思表示，在结算协议不损害他人合法权益的情形下，可直接参照结算协议约定，计算工程价款。合同主体一方申请工程造价鉴定的，亦不能准许。

在司法实践中，一方当事人不认可合同主体共同委托有关机构、人员对建设工程造价出具的咨询意见，提出申请鉴定的，应当如何办理？《建设工程施工合同解释（二）》第十三条规定：当事人在诉讼前共同委托有关机构、人员对建设工程造价出具咨询意见，诉讼中一方当事人不认可该咨询意见申请鉴定的，人民法院应予准许，但双方当事人明确表示受该咨询意见约束的除外。这是由于，咨询意见本质上是受托人的咨询机构按约定交付的工作成果，不同于司法机关委托鉴定机构就专门问题进行鉴定所作出的鉴定意见，不能以有咨询意见而剥夺当事人申请鉴定的权利，除非当事人双方均明确约定接受咨询意见。

六、建设工程的司法鉴定

建设工程施工合同纠纷的事实认定大多涉及建设工程造价、工程质量、工期、工程修复费用等，这些专门性、技术性的问题，需要委托鉴定机构进行司法鉴定。司法鉴定的成果是鉴定机构出具的鉴定意见，鉴定意见是民事诉讼法中规定的证据的一种。在一审诉讼中，当事人未申请鉴定的，应当如何处理？对此，《建设工程施工合同解释（二）》第十四条规定：当事人对工程造价、质量、修复费用等专门性问题有争议，人民法院认为需要鉴定的，应当向负有举证责任的当事人释明。当事人经释明未申请鉴定，虽申请鉴定但未支付鉴定费用或者拒不提供相关材料的，应当承担举证不能的法律后果。一审诉讼中负有举证责任的当事人未申请鉴定，虽申请鉴定但未支付鉴定费用或者拒不提供相关材料，二审诉讼中申请鉴定，人民法院认为确有必要的，应当依照《中华人民共和国民事诉讼法》（以下简称《民事诉讼法》）第一百七十条第一款第（三）项的规定处理，即一审认定基本事实不清，裁定撤销原判，发回重审。值得注意的是，当事人在一审、二审期间均未申请鉴定，未完成举证责任，在再审审查期间又提出鉴定申请的，人民法院不予准许。

建设工程施工合同案件相对复杂、疑难，涉及司法鉴定的案件较多，往往存在着法官过度依赖司法鉴定的现象，淡化行使司法审判权。对此，《建设工程施工合同解释（二）》第十五条规定：人民法院准许当事人的鉴定申请后，应当根据当事人申请及查明案件事实的需要，确定委托鉴定的事项、范围、鉴定期限等，并组织双方当事人对争议的鉴定材料进行质证。由此可知：一是当事人提出鉴定申请后，是否准许由人民法院决定。二是委托鉴定的范围、依据、期限等事项由人民法院决定。三是人民法院在确定委托鉴定事项时，应当根据当事人申请及查明案件事实的需要确定。四是有争议的鉴定材料应当经过双方当事人质证，质证程序由人民法院组织进行。

在司法实践中，存在着以未经质证的材料作为鉴定依据作出鉴定意见的情况，该鉴定意见应否采纳？对此，《建设工程施工合同解释（二）》第十六条规定：人民法院应当组织当事人对鉴定意见进行质证。鉴定人将当事人有争议且未经质证的材料作为鉴定依据的，人民法院应当组织当事人就该部分材料进行质证。经质证认为不能作为鉴定依据的，根据该材料作出的鉴定意见不得作为认定案件事实的依据。因此，人民法院对鉴定意见的审查，既要有程序性审查，又要有实质性审查，从而正确判断鉴定意见能否作为定案依据。

七、建设工程施工合同承包人的优先受偿权

《合同法》第二百八十六条规定了建设工程承包人就工程价款对建设工程折价或者拍卖所得价款享有优先受偿的权利（以下简称建设工程价款优先受偿权）。最高法院于2002年6月20日公布了建设工程价款优先受偿权的司法解释，对司法实践中的争议问题作了统一规定，但仍不完善，《建设工程施工合同解释（二）》用了七个条文对优先受偿权问题作了进一步完善。

在司法实践中，建设工程价款优先受偿权主体包括哪些？不甚明确。对此，《建设工程施工合同解释（二）》第十七条规定：与发包人订立建设工程施工合同的承包人，根据《合同法》第二百八十六条规定请求其承建工程的价款就工程折价或者拍卖的价款优先受偿的，人民法院应予支持。换言之，依法享有建设工程价款优先受偿权的主体必须与发包人存在直接的施工合同关系。建设工程的勘察人、设计人、分包人、实际施工人、监理人以及与发包人无合同关系的装饰装修工程的施工人均不享有建设工程价款优先受偿权。值得注意的是，装饰装修工程的承包人与建设工程所有权人的发包方直接签订了装饰装修工程承包合同，承包人有权在装饰装修工程造价或者拍卖的价款范围内享有优先受偿权，但仅仅限于因装饰装修而使该建筑物增加的价值的范围内。言外之意，装饰装修工程的发包人不是该建筑物的所有权人或者没有处分该建筑物的权利，装饰装修工程的承包人不得享有优先受偿的权利。

在建设工程施工合同中，承包人相对于发包人是弱势地位，在利益平衡的基础上，对弱势一方的利益应予着重保护，但承包人建设工程价款优先受偿权的前提是承建的已经完工的建设工程质量合格。对此，《建设工程施工合同解释（二）》第十九条规定：建设工程质量合格，承包人请求其承建工程的价款就工程折价或者拍卖的价款优先受偿的，人民法院应予支持。一般而言，建设工程优先受偿的对象是可以折价、拍卖的工程，而对不宜折价、拍卖的工程则无法享有优先受偿权。诸如违章建筑和工程质量不合格且难以修复、合同目的无法实现的建筑，以及法律规定的其他情形等，均属于建设工程不宜折价、拍卖的情形。建设工程施工合同有效，承包人行使优先受偿权，

并无疑问。但建设工程施工合同无效时，则应有所区别，对于因承包人的资质、未遵守特定的程序等参照有效合同处理的无效合同，发包人对承包人的投入应支付相应款项。其他情形导致合同无效时，承包人不享有建设工程价款优先受偿权。

未竣工的建设工程的承包人可否享有优先受偿权？最高人民法院认为处理建设工程施工合同纠纷案件必须坚持工程质量优先于合同效力的规则，不论合同有效或解除与否，只要工程质量合格就应当支付工程价款。因此，《建设工程施工合同解释（二）》第二十条规定：未竣工的建设工程质量合格，承包人请求其承建工程的价款就其承建工程部分折价或者拍卖的价款优先受偿的，人民法院应予支持。应特别注意的是，未完工程的预期可得利润属于违约造成的损失范畴，不能就建设工程的折价或者拍卖价款优先受偿。若因发包人的原因导致合同解除，形成“半拉子”工程，承包人未完工程的预期可得利润可以向发包人主张赔偿损失。

建设工程价款优先受偿权属于法定优先权，其效力范围不同于担保物权，该优先权的效力范围应依法律规定确定，不允许当事人自由约定。因此，《建设工程施工合同解释（二）》第二十一条规定：承包人建设工程价款优先受偿的范围依照国务院有关行政主管部门关于建设工程价款范围的规定确定。承包人就逾期支付建设工程价款的利息、违约金、损害赔偿金等主张优先受偿的，人民法院不予支持。该条规定与《合同法》第二百八十六条所规定的就建设工程折价或者拍卖的价款优先受偿是一致的，承包人对建设工程价款以外的债权不享有优先受偿权。

对建设工程价款优先受偿权的行使期限及起算问题，《建设工程施工合同解释（二）》第二十二条明确规定：承包人行使建设工程价款优先受偿权的期限为六个月，自发包人应当给付建设工程价款之日起算。该条规定的“六个月”属于除斥期间，不存在中止、中断或延长的情形。同时，建设工程施工合同中，如果是分期施工、阶段付款，承包人主张阶段性工程价款而合同仍在继续履行的，应以工程最终竣工结算后所确定的工程价款的应付款时间作为优先受偿权行使期限的起算点。如果对工程价款结算事项予以约定，包括预算工程价款、工程进度款、竣工价款、质量保修金等支付方式及数额等，应以工程最终的竣工总价款的应付款时间作为建设工程优先受偿权行使期限的起算时间。

在司法实践中，发包人能否与承包人约定放弃或者限制建设工程价款优先受偿权？对此，《建设工程施工合同解释（二）》第二十三条规定：发包人与承包人约定放弃或者限制建设工程价款优先受偿权，损害建筑工人利益，发包人根据该约定主张承包人不享有建设工程价款优先受偿权的，人民法院不予支持。这是由于，建设工程价款优先受偿权属于法定权利，旨在保护建筑工人的利益，若允许当事人约定放弃或者限制建设工程价款优先受偿权，则有损建筑工人的权利保障，人民法院不能认可此类约定和效力。

首届全国审判业务专家　何志

2020 年 5 月

总 目
CATALOGUE

目录
CONTENTS

第一部分

建设工程施工合同纠纷案件的管辖与诉讼

关于建设工程施工合同纠纷案件的管辖与诉讼，首先是解决《建设工程施工合同解释（一）》第二十四条的规定与《最高人民法院关于适用〈中华人民共和国民事诉讼法〉的解释》（以下简称《民事诉讼法解释》）第二十八条第二款规定的冲突问题，即要明确建设工程施工合同纠纷案件由其不动产所在地法院管辖，属于专属管辖，不适用一般管辖。其次是确定建设工程施工质量争议的诉讼主体，依据《建设工程施工合同解释（一）》第二十五条的规定，发包人作为原告，可以以总承包人、分包人和实际施工人为共同被告提起诉讼，出现质量缺陷时承担连带责任。再次是解决实际施工人权利保护问题，依据《建设工程施工合同解释（一）》第二十六条和《建设工程施工合同解释（二）》第二十四条的规定，实际施工人以转包人、违法分包人为被告起诉的，人民法院应当依法受理。实际施工人以发包人为被告主张权利的，人民法院应当追加转包人或者违法分包人为本案第三人，在查明发包人欠付转包人或者违法分包人建设工程价款的数额后，判决发包人在欠付建设工程价款范围内对实际施工人承担责任。最后是实际施工人代位权诉讼的司法处理，依据《建设工程施工合同解释（二）》第二十五条的规定，实际施工人根据《合同法》第七十三条规定，以转包人或者违法分包人怠于向发包人行使到期债权，对其造成损害为由，提起代位权诉讼的，人民法院应予支持。

专题一：建设工程施工合同纠纷案件的管辖

【核心提示】建设工程施工合同纠纷以施工行为地为合同履行地。依据民事诉讼法司法解释的规定，建设工程施工合同纠纷按照不动产纠纷确定管辖，即因不动产纠纷提起的诉讼，由不动产所在地人民法院管辖。因此，建设工程施工合同纠纷案件的管辖属于专属管辖。

实务争点

根据《合同法》第二百六十九条的规定，建设工程合同是承包人进行工程建设，发包人支付工程价款的合同。建设工程合同包括工程勘察、设计、施工合同。根据该法第二百七十五条的规定，施工合同的内容包括工程范围、建设工期、中间交工工程的开工和竣工时间、工程质量、工程造价、技术资料交付时间、材料和设备供应责任、拨款和结算、竣工验收、质量保修范围和质量保证期、双方相互协作等条款。依据《建设工程施工合同解释（一）》第二十四条的规定，建设工程施工合同纠纷以施工行为地为合同履行地。依据该司法解释的规定，建设工程施工合同纠纷案件不适用专属管辖，适用合同纠纷的一般地域管辖原则。[①] 自2015年2月4日起实施的《民事诉讼法解释》第二十八条第二款规定：农村土地承包经营合同纠纷、房屋租赁合同纠纷、建设工程施工合同纠纷、政策性房屋买卖合同纠纷，按照不动产纠纷确定管辖。依据该司法解释的规定，建设工程施工合同纠纷案件适用专属管辖的原则。由于《建设工程施工合同解释

① 最高人民法院民事审判第一庭编著：《最高人民法院建设工程施工合同司法解释的理解与适用》，人民法院出版社2004年版，第211页。

(一)》的规定与《民事诉讼法解释》的规定存在冲突，致使司法实践中建设工程施工合同纠纷案件的管辖混乱。为此，确有必要对《建设工程施工合同解释(一)》第二十四条和《民事诉讼法解释》第二十八条第二款的规定进行系统的分析、理解与适用，以确保建设工程施工合同纠纷案件的管辖明晰。

理解适用

对《建设工程施工合同解释(一)》第二十四条、《民事诉讼法解释》第二十八条第二款规定的理解与适用

根据《民事诉讼法》第二十三条的规定，因合同纠纷提起的诉讼，由被告住所地或者合同履行地人民法院管辖。依据《建设工程施工合同解释(一)》第二十四条的规定，建设工程施工合同纠纷案件应当以施工行为地为合同履行地，由施工行为地或者被告所在地人民法院管辖。但是，依据《民事诉讼法解释》第二十八条第二款的规定，建设工程施工合同纠纷案件应当由合同履行地（不动产所在地）人民法院管辖，即适用于专属管辖。司法解释的规定出现了冲突，应当适用哪一个司法解释的规定？需要弄清如下几个问题。

一、民事诉讼的一般地域管辖

一般地域管辖即普通管辖，是指以当事人住所地与法院管辖的关系来确定管辖法院。一般地域管辖的原则是“原告就被告”，也就是说，民事诉讼由被告所在地人民法院管辖。对此，《民事诉讼法》第二十一条规定，对公民提起的民事诉讼，由被告住所地人民法院管辖；被告住所地与经常居住地不一致的，由经常居住地人民法院管辖。对法人或者其他组织提起的民事诉讼，由被告住所地人民法院管辖。同一诉讼的几个被告住所地、经常居住地在两个以上人民法院辖区的，各该人民法院都有管辖权。

民事诉讼法规定的一般地域管辖，实行“原告就被告”原则，有利于人民法院调查、核实证据，迅速查明案情，正确处理民事纠纷；有利于传唤被告出庭应诉；有利于采取财产保全和先予执行措施，如果被告败诉，还有利于执行；同时，还可以防止原告滥用诉权，给被告造成不应有的损失。[①]

在一般地域管辖中，住所地是指公民的户籍所在地。经常居住地是指公民离开住所地至起诉时连续居住一年以上的地方，但公民住院就医的地方除外。在司法实践中，公民在其户籍迁出后，迁入异地之前，有经常居住地的，由该地人民法院管辖；如果没有经常居住地的，仍然以其原户籍所在地为其住所地。法人或者其他组织的住所地是指其主要营业地或者主要办事机构所在地。如果被告是不具有法人资格的其他组织形式，又没有办事机构，则应由被告注册登记地人民法院管辖。对没有办事机构的个人合伙、合伙性联营体提起的诉讼，由被告注册登记地人民法院管辖。没有注册登记，几个被告又不在同一辖区的，各被告住所地的人民法院都有管辖权，原告可以向任何一个人民法院提起诉讼。双方当事人都被监禁或者被采取强制性教育措施的，由被告原住所地人民法院管辖。被告被监禁或者被采取强制性教育措施一年以上的，由被告被监禁地或者被采取强制教育措施地人民法院管辖。

在特殊情形下，一般地域管辖可遵循“被告就原告”的原则。诸如，追索赡养费、抚育费、扶养费案件的几个被告住所地不在同一辖区的，可以由原告住所地人民法院管辖；夫妻一方离开住所地超过一年，另一方起诉离婚的案件，可以由原告住所地人民法院管辖。

二、民事诉讼的合同纠纷管辖

依据《民事诉讼法》第二十三条的规定，因合同纠纷提起的诉讼，由被告住所地或者合同履行地人民法院管辖。因合同发生的纠纷，有的是因合同是否成立发生的争议；有的是因合同变更发生的争议；还有的是因合同履行发生的争议。民事诉讼法规定因合同纠纷提起的诉讼，由被告住所地或者合同履行地人民法院管辖，便于法院查明案情，便于在必要时及时采取财产保全等紧急措施，有利于合同纠纷案件的及时正确解决。

---

① 全国人大常委会法制工作委员会民法室编著：《〈中华人民共和国民事诉讼法〉释解与适用》，人民法院出版社2012年版，第24页。

在一般情况下，合同都是双务合同，即当事人的义务是对应的，履行地主要是指履行义务的地点，在合同有两个义务履行地点的情况下，履行地点的单一化才是确定管辖的前提，即在有两个履行地的情况下，必须选择其一为确定管辖的履行地。

1. 民事实体法中的合同履行地。依照通说，合同的履行是指合同的双方当事人正确、适当地完成合同中规定的双方应当承担的义务行为，合同的履行地点即为债务人履行债务和债权接受履行的地方。① 一般来说，在双务合同中，一方负有该义务时，另一方则负有相应的对待给付义务作为对价。双方约定义务内容不同，履行的方式也有所不同，履行地也会相应地发生一些变化。诸如，《最高人民法院关于审理民间借贷案件适用法律若干问题的规定》第三条规定：借贷双方就合同履行地未约定或者约定不明确，事后未达成补充协议，按照合同有关条款或者交易习惯仍不能确定的，以接收货币一方所在地为合同履行地。因此，在民间借贷案件中，借款人接收货币的地方，是民间借贷合同的履行地。当出借人主张偿还借款时，出借人所在地是接收货币的所在地，当然也是民间借贷合同的履行地，这就可以因借款、还款所在地的不同，导致民间借贷合同履行地点发生变化。

2. 民事诉讼法中的合同履行地。民事诉讼法及相关司法解释对具体的合同作出大量细节的规定，一般遵循合同履行地以“特征履行地”为主，结合“实际履行地”进行综合判断。在合同约定的众多义务中，尤其是互负债务的双务合同中，必有一个能反映合同本质特征的义务，称之为特征履行地规则。② 在双务合同中，非金钱给付义务是该类合同的区分标志，只有这个特征义务的履行地才是确定管辖应依据的履行地。诸如，财产租赁合同、融资租赁合同以租赁物使用地为合同履行地；买卖合同以交付标的物义务履行地为合同履行地；加工承揽合同以加工行为地为合同履行地。

3. 合同履行地的确定原则。依据《民事诉讼法解释》第十八条的规定，

---

① 参见沈德咏主编、最高人民法院修改后民事诉讼法贯彻实施工作领导小组编著：《最高人民法院民事诉讼法司法解释理解与适用》，人民法院出版社 2015 年版，第 149 页。

② 参见沈德咏主编、最高人民法院修改后民事诉讼法贯彻实施工作领导小组编著：《最高人民法院民事诉讼法司法解释理解与适用》，人民法院出版社 2015 年版，第 149 页。

合同约定履行地点的，以约定的履行地点为合同履行地。合同对履行地点没有明确约定或者约定不明确，争议标的为给付货币的，接收货币一方所在地为合同履行地；交付不动产的，不动产所在地为合同履行地；其他标的，履行义务一方所在地为合同履行地。即时结清的合同，交易行为地为合同履行地。合同没有实际履行，当事人双方住所地都不在合同约定的履行地的，由被告住所地人民法院管辖。

4. 实践中应当注意的问题。一是合同履行地应当以书面约定为准。管辖协议应当采用书面形式，包括以合同书、信件和数据电文（包括电报、电传、传真、电子数据交换和电子邮件）等形式达成的选择管辖法院的协议。将书面形式从合同书、信件扩展到数据电文等有形形式，是现代信息社会发展的必然要求，也为我国立法所确认。二是有多个合同履行义务如何确定履行地的问题。合同项下的义务可能是单一的，也可能是多个的，应当依照履行合同主要义务所在地确定合同履行地。主要义务的确定，要结合合同履行的实体内容来确定。当主要义务履行地无法确定时，两个以上合同履行地的人民法院都有管辖权的，由最先立案的人民法院管辖。三是约定的地点与实际履行地发生冲突的处理。当事人在合同约定某一具体义务的履行地，不仅有实体法上的意义，还有诉讼法上的意义。约定由合同签订地、履行地人民法院管辖，但实际签订地、履行地与约定的签订地、履行地不一致时，应当以约定地为准确定管辖权的依据。可借鉴《最高人民法院关于适用〈中华人民共和国合同法〉若干问题的解释（二）》（以下简称《合同法解释（二）》）第四条规定：采用书面形式订立合同，合同约定的签订地与实际签字或者盖章地点不符的，人民法院应当认定约定的签订地为合同签订地；合同没有约定签订地，双方当事人签字或者盖章不在同一地点的，人民法院应当认定最后签字或者盖章的地点为合同签订地。

三、不动产纠纷的专属管辖

民事诉讼中的专属管辖，是指对某些特定类型的案件，法律强制规定只能由特定的人民法院行使管辖权。凡是专属管辖的案件，只能由法律明文规定的人民法院管辖，其他人民法院均无管辖权，从而排除了一般地域管辖和特殊地域管辖的适用。对于专属管辖的案件，当事人双方无权以协议或者约定的方式变更管辖法院，从而排除协议管辖的适用。《民事诉讼法》第三十三条规定："下列案件，由本条规定的人民法院专属管辖：（一）因不动产纠纷提起的诉讼，由不动产所在地人民法院管辖；（二）因港口作业中发生纠纷提起的诉讼，由港口所在地人民法院管辖；（三）因继承遗产纠纷提起的诉讼，由被继承人死亡时住所地或者主要遗产所在地人民法院管辖。"

所谓不动产，是指不能够移动或者勉强移动后即影响或者丧失其使用价值的财物，主要是土地以及土地上的附着物，如山林、草原、农作物以及土地上的建筑物等。因不动产提起的诉讼，是指因不动产所有权、使用权、占有或相邻不动产之间因通行、通风、采光等相邻权及地界的划分等引起纠纷而提起的诉讼，包括因不动产所有权的确认、买卖、互易、侵权损害等行为发生的诉讼。因不动产纠纷提起的诉讼，由不动产所在地人民法院专属管辖，这是我国民事诉讼立法一直坚持的原则。不动产纠纷专属管辖，方便当事人参加诉讼，也有利于人民法院查明相关不动产状况，还有利于人民法院生效裁判的执行。但是在民事诉讼法解释施行前后会存在法律适用衔接问题。如再审申请人四川正良建筑工程有限公司（以下简称正良公司）与被申请人夏长江、张俊建设工程施工合同纠纷一案，最高人民法院认为：关于一、二审审理程序是否违法的问题，《民事诉讼法》第二十三条规定："因合同纠纷提起的诉讼，由被告住所地或者合同履行地人民法院管辖。"在《民事诉讼法解释》于 2015 年 2 月 4 日施行前，建设工程施工合同纠纷系由被告住所地或者合同履行地人民法院管辖，张俊系一审被告之一，而张俊住所地在仁寿县，故仁寿县人民法院受理本案并未违反法律规定。此外，一审法院对张俊本人的调查笔录证明张俊委托邓辉参加诉讼及书面答辩意见内容均是张俊本人的真实意思表示，正良公司认为张俊委托诉讼代理人邓辉参加诉讼、张俊提交书面意见、一审法院对张俊进行询问均属虚构编造的理由不能成立，一、二审审理程序并未违反法律规定。[①]

---

① 详见四川省高级人民法院（2016）川民再 476 号民事判决书。

在司法实践中，涉及不动产的合同纠纷具有一定的特殊性，比如，农村土地承包经营合同纠纷、房屋租赁合同纠纷、政策性房屋买卖合同纠纷等可能涉及当地的土地承包经营政策和房地产宏观调控政策，由不动产所在地法院专属管辖，有利于统一裁判，配合当地政府处理该类案件引起的群体性纠纷。再如，建设工程施工合同纠纷，往往涉及建筑物工程造价评估、质量鉴定、建设工程价款优先受偿权的行使、建设施工合同标的物的拍卖、执行等，由建筑物所在地法院管辖，有利于案件的审理和执行。因此，《民事诉讼法解释》第二十八条第二款明确规定了建设工程施工合同纠纷按照不动产纠纷确定管辖。

四、《建设工程施工合同解释（一）》第二十四条规定与《民事诉讼法解释》第二十八条第二款规定冲突的解决

《建设工程施工合同解释（一）》于 2004 年 9 月 29 日由最高人民法院审判委员会第 1327 次会议通过，10 月 25 日公告公布，并自 2005 年 1 月 1 日起施行。该司法解释依据原《民事诉讼法》第二十四条的规定，适用合同纠纷的一般地域管辖原则，由建设工程施工合同纠纷案件的施工行为地为合同履行地，由施工行为地或者被告所在地人民法院管辖。因此，依据《建设工程施工合同解释（一）》第二十四条的规定，建设工程施工合同纠纷案件不适用专属管辖。

《民事诉讼法解释》于 2014 年 12 月 18 日由最高人民法院审判委员会第 1636 次会议通过，2015 年 1 月 30 日公告公布，并自 2015 年 2 月 4 日起实施。该司法解释第二十八条第二款的规定，对《民事诉讼法》第三十三条第（一）项“因不动产纠纷提起的诉讼，由不动产所在地人民法院管辖”的规定进行了扩张性的解释，明确了农村土地承包经营合同纠纷、房屋租赁合同纠纷、政策性房屋买卖合同纠纷、建设工程施工合同纠纷，按照不动产纠纷确定管辖。

显然，《建设工程施工合同解释（一）》第二十四条规定与《民事诉讼法解释》第二十八条第二款规定出现了冲突，如何解决？建设工程施工合同司法解释和民事诉讼法司法解释均是最高人民法院作出的司法解释，其效力层

级为同一位次，不存在效力层级上的差别。但是，根据新法优于旧法的法律适用原则，建设工程施工合同的司法解释公布在前，实施也在前，民事诉讼法的司法解释公布在后，实施也在后，因此涉及建设工程施工合同纠纷案件的管辖问题，应当适用民事诉讼法解释的规定，即按照专属管辖原则处理。同时，民事诉讼法系程序法，建设工程施工合同解释是实体法，解决诉讼程序性问题，应当以程序法为准。

《民事诉讼法解释》施行前，人民法院已经立案的建设工程施工合同纠纷案件，自然适用一般地域管辖原则，即被告住所地或者合同履行地人民法院均有管辖权。如江苏高院在上诉人尤东君等与被上诉人宜兴市陶都建筑安装工程有限公司、原审被告鲁建明建设工程施工合同纠纷一案中认为：本案系建设工程施工合同纠纷，对于建设工程施工合同纠纷案件的地域管辖问题，2015 年 2 月 4 日《民事诉讼法解释》颁布施行以前，应依据《民事诉讼法》第二十三条的规定确定，即因合同纠纷提起的诉讼，由被告住所地或者合同履行地人民法院管辖。经核查，2015 年 2 月 4 日本案已在一审法院审理中，且 2015 年 3 月 6 日，双方当事人一致同意由一审法院继续审理本案。一审法院审理本案符合管辖恒定原则。上诉人认为一审法院违反管辖原则的上诉理由不能成立，不予支持。①

五、司法解释与司法政策

司法解释是最高人民法院行使审判权的重要依据之一，是指导各级法院审判工作、保证法律实施很重要的一种形式。司法解释是最高人民法院对在审判工作中如何具体运用法律法规所进行的解释，有“规定”“解释”“批复”“决定”四种形式。司法政策，是指国家司法机关为了实现一定的目的而采取具体的、积极的司法策略和措施，② 是特定时期国家宏观政策、内政外交形势和社会经济文化发展需求在司法中的凝聚和体现，是政治和法律交互

① 详见江苏省高级人民法院（2016）苏民终 1300 号民事判决书。

② 江必新：《构建和谐社会与司法政策的调整》，载《人民论坛》2005 年第 11 期。

作用的产物。[①]

应如何看待司法解释与司法政策的关系呢？最高人民法院观点认为：司法解释是法律授权最高人民法院作出的具有普遍约束力的规范，虽然在被解释法律施行后制定，但应被视为被解释法律的一部分。根据《最高人民法院关于司法解释工作的规定》，司法解释可以在裁判文书中作为法律依据直接引用，其效力优于司法政策。当两者有不同规定时，应以司法解释作为裁判依据，理由有三：一是司法政策虽对审判工作具有重要指导和规范作用，但不是办案中强制适用的规范，在裁判文书中不得引用；二是司法政策的效力层次低于司法解释，它所依据的司法解释本身没有溯及力，处于从属地位的司法政策自然不能与司法解释相抵触；三是用司法政策改变以前依据司法解释作出的判决，将会造成大批已经终审的案件重新再审改判，影响生效司法裁判的既判力和稳定性。在中国新兴建设开发总公司与中国农业银行股份有限公司上海川沙支行等建筑工程承包合同中途停建纠纷再审案中，原再审判决适用的《最高人民法院关于金融机构为企业出具不实或者虚假验资报告资金证明如何承担民事责任问题的通知》本属于司法政策，但二审法院和原再审法院均把该通知当作司法解释理解。只是二审法院认为“该司法解释在原审审理期间尚未公布，且在原审时川沙农行也未提出过法律适用问题”，故未适用。很显然，本案二审和再审法院对该通知的理解超出了司法解释的范围，不符合《最高人民法院关于司法解释工作的规定》。该通知规定的免责事由，在之后最高人民法院颁布的《关于审理涉及会计师事务所在审计业务活动中民事侵权赔偿案件的若干规定》第七条中并未得到肯定。

对司法解释、司法政策是否具有溯及力的问题，最高人民法院也有明确态度。所谓法的溯及力，亦即法的溯及既往的效力，是指法律生效后，对其生效之前的事件、行为是否适用的问题。如果适用则具有溯及力，如果不适用则不具有溯及力。根据《立法法》第九十三条的规定，除非法律有特别规定，法律不溯及既往。司法解释是对法律的释明，也要遵循法不溯及既往的原则，但也

---

① 孔祥俊：《商标与不正当竞争法——原理和判例》，法律出版社 2009 年版，第 865 页。

有个别例外。例如,《合同法解释(一)》第三条规定:“人民法院确认合同效力时,对合同法实施以前成立的合同,适用当时的法律合同无效而适用合同法合同有效的,则适用合同法。”由此可以看出,司法解释是以不溯及既往为原则,特别规定为例外。如果在办案中突破该原则,必须有明确规定。作为效力层次低于司法解释的司法政策,当然也没有溯及力。在上述案例中,原再审判决依据本案一审时尚未出台的司法政策,推翻了依据司法解释作出的生效判决,显然赋予了司法政策溯及既往的效力,应予纠正。① 这是由于:司法政策虽对审判工作具有重要指导和规范作用,但不是办案中强制适用的规范,在裁判文书中不得引用。司法政策的效力层次低于司法解释,它所依据的司法解释本身没有溯及力,处于从属地位的司法政策不能与司法解释相抵触。②

案例指导

江苏承亿置业有限公司、浙江名仕实业有限公司等与浙江梁湖建设有限公司建设工程施工合同纠纷再审案③

再审申请人(一审被告、二审上诉人):江苏承亿置业有限公司(以下简称承亿公司)。

再审申请人(一审被告、二审上诉人):浙江名仕实业有限公司(以下简称名仕公司)。

被申请人(一审原告、二审被上诉人):浙江梁湖建设有限公司(以下简称梁湖公司)。

再审申请人承亿公司、名仕公司因与被申请人梁湖公司建设工程施工合

---

① 张进先:《建筑工程承包合同被认定无效后,银行为开办企业出具不实的验资证明应否承担民事赔偿责任——中国新兴建设开发总公司与中国农业银行股份有限公司上海川沙支行等建筑工程承包合同中途停建纠纷再审案》,载最高人民法院民事审判第一庭编:《民事审判指导与参考》2010 年第 4 集(总第 44 集),法律出版社 2011 年版,第 219 ~ 221 页。

② 参见最高人民法院民事审判第一庭编著:《最高人民法院婚姻法司法解释(三)理解与适用》,人民法院出版社 2011 年版,第 278~279 页。

③ 详见最高人民法院(2015)民提字第 8 号民事裁定书。

同纠纷管辖权异议一案，不服浙江省高级人民法院（2014）浙辖终字第21号民事裁定，向最高人民法院申请再审。最高人民法院以（2014）民申字第775号民事裁定提审了本案。

2013年11月20日，梁湖公司诉至浙江省绍兴市中级人民法院，请求法院判令：（一）承亿公司支付拖欠的工程款（包括进度款）4667.5万元，以及进度款、工程款违约金暂计2772.76万元；（二）名仕公司对上述款项承担连带责任或补充赔偿责任；（三）对梁湖公司承建的西湖一品D区工程进行拍卖或变卖折价，并确认梁湖公司对拍卖或变卖折价款享有法定优先受偿权；（四）判令本案诉讼费用由承亿公司、名仕公司承担。

承亿公司在提交答辩状期间对管辖权提出异议，认为本案应移送至承亿公司住所地和合同履行地的江苏省盐城市中级人民法院审理。理由如下：（一）根据承亿公司与梁湖公司2009年12月2日签订的建设工程施工合同专用条款第三十七条约定，双方发生争议协商不成的，应向江苏省滨海县人民法院提起诉讼，绍兴市中级人民法院对本案无管辖权。（二）本案合同履行主体为梁湖公司与承亿公司，而承亿公司的住所地和合同履行地均在江苏省盐城市，与浙江省绍兴市毫无关系。最高人民法院《建设工程施工合同解释（一）》第二十四条亦明确规定建设工程施工合同纠纷以施工行为地为合同履行地。（三）名仕公司与本案没有任何法律上的联系。承亿公司作为一家独立企业法人，有完整的财务记录，公司财产独立于股东之外，因此名仕公司不应被列为本案被告。梁湖公司申请诉讼保全涉及承亿公司财产价值已远超诉讼标的，不存在承亿公司不能清偿债务的情形。

浙江省绍兴市中级人民法院认为，根据《民事诉讼法》第三十四条之规定，合同或者其他财产权益纠纷的当事人可以书面协议选择被告住所地、合同履行地、合同签订地、原告住所地、标的物所在地等与争议有实际联系的地点的人民法院管辖，但不得违反对级别管辖和专属管辖的规定，同时结合江苏省对中级人民法院管辖案件的界定及承亿公司管辖权异议申请书中的陈述，可认定双方选择江苏省滨海县人民法院违反了级别管辖的规定，即承亿公司与梁湖公司于2009年12月2日签订的建设工程施工合同专用条款第三十七条约定无效。鉴于本案系因建设工程施工合同纠纷提起的诉讼，可根据《民事诉讼法》第二十三条的规定由被告住所地或者合同履行地人民法院管辖。现梁湖公司起诉承亿公司支付拖欠的工程款及违约金，并以两被告财产混同、名仕公司作为股东存在抽逃出资行为为由要求其承担连带责任等，其诉请涉及两个被告，而该两被告的住所地分别位于两个人民法院辖区，其中名仕公司住所地位于浙江省绍兴市，故该院对本案有管辖权。承亿公司提出管辖权异议的理由不能成立，不予支持。裁定：驳回承亿公司对本案管辖权提出的异议。

承亿公司、名仕公司不服该裁定，向浙江省高级人民法院提起上诉。

浙江省高级人民法院认为：根据双方当事人的上诉、答辩理由，确定本案管辖权需明确以下两个问题：1. 确定本案管辖权的依据是六份经招投标并备案的建设工程施工合同还是 2009 年合同？ 2. 名仕公司是否为本案适格被告？首先，关于确定本案管辖权的合同依据问题。梁湖公司根据其与承亿公司于 2010 年至 2013 年间陆续经招投标签订并备案的六份建设工程施工合同，向承亿公司主张剩余工程款及相应进度款、违约金，但并未提及双方所签的 2009 年合同。现承亿公司主张双方实际履行的应为 2009 年合同，该主张明显超出梁湖公司起诉所依据的事实范围，由于涉及双方实体权利义务问题，不宜在处理案件管辖权时作出认定。就形式审查而言，虽然双方当事人对于 2009 年合同与其他六份备案合同的真实性均无异议，但上述合同在签约时间、施工范围及工程款项等具体内容方面均存在不同，涉及不同法律事实，梁湖公司选择备案的六份合同起诉主张权利系正当行使诉讼权利，应予尊重。人民法院确定案件管辖权的基本依据应为原审原告起诉时选择的法律关系及相应事实、理由，本案应以涉案六份经招投标并备案的建设工程施工合同确定管辖权。其次，关于名仕公司的被告适格问题。《公司法》（2005 年版）第六十四条规定“一人有限责任公司的股东不能证明公司财产独立于股东自己的财产的，应当对公司债务承担连带责任”，因承亿公司系名仕公司投资设立的一人有限公司，在承亿公司成为被告并有可能承担给付工程款等民事责任时，作为股东的名仕公司也有可能依法承担连带责任，梁湖公司起诉时将名仕公司列为被告并无不妥。

综上所述，本案应以六份经招投标并备案的建设工程施工合同确定管辖权。因双方当事人并未在该六份合同中约定管辖法院，本案应根据《民事诉讼法》第二十三条、第二十一条第三款的规定确定管辖法院。一审法院系一审被告之一名仕公司住所地法院，依法对本案享有管辖权。上诉人的上诉理由不能成立，其上诉请求不予支持。裁定：驳回上诉，维持原裁定。

承亿公司、名仕公司不服该裁定，向最高人民法院申请再审称：一、双方实际履行的合同是2009年《施工合同》及《补充协议》，梁湖公司在施工过程中多次以书面形式对此予以确认。在2009年《施工合同》中明确约定了管辖法院是建设工程所在地的滨海县人民法院。由于梁湖公司诉求金额为7740万元，本案应当是中级法院审理。合同中约定由滨海县人民法院管辖，虽然违背了级别管辖的规定，但是关于地域管辖的意思表示依然合法有效。故本案依法应当由滨海县人民法院的上级法院——盐城市中级人民法院管辖。二、案涉工程施工合同的被告住所地、合同签订地、合同履行地和标的物所在地等与争议有实际联系的地点，都是在江苏省盐城市滨海县境内，故依法应当由盐城市中级人民法院管辖。三、本案中的适格被告只有案涉工程的开发商承亿公司，梁湖公司将名仕公司虚列为第二被告，目的就是恶意改变案件的管辖法院。名仕公司虽然是承亿公司的独资法人股东，但是两个公司都是依法成立的法人企业，根本不存在财务混同、人事混同等情况，二者的注册地和实际经营地（住所）位于不同省份。原审裁定适用法律错误，请求本院依法改判。

最高人民法院认为：《民事诉讼法解释》作为对民事诉讼程序规则的解释，应当贯彻“程序从新”原则，故按照审判监督程序决定再审而进入审理程序的案件，适用该解释的相关规定。该解释第二十八条第二款规定：“农村土地承包经营合同纠纷、房屋租赁合同纠纷、建设工程施工合同纠纷、政策性房屋买卖合同纠纷，按照不动产纠纷确定管辖”；《民事诉讼法》第三十三条规定：“下列案件，由本条规定的人民法院专属管辖：（一）因不动产纠纷提起的诉讼，由不动产所在地人民法院管辖……”本案案由是建设工程施工合同纠纷，在建工程所在地在江苏省盐城市，故本案应由江苏省盐城市中级人民法院管辖。综上，承亿公司、名仕公司申请再审的理由成立。本院依照《中华人民共和国民事诉讼法》第一百九十八条第二款、第二百条第（六）项之规定，裁定如下：一、撤销浙江省绍兴市中级人民法院（2013）浙绍民初字第9号民事裁定书及浙江省高级人民法院（2014）浙辖终字第21号民事裁定书；二、本案移送江苏省盐城市中级人民法院管辖。

规范指引

《中华人民共和国民事诉讼法》

第二十一条 对公民提起的民事诉讼，由被告住所地人民法院管辖；被告住所地与经常居住地不一致的，由经常居住地人民法院管辖。

对法人或者其他组织提起的民事诉讼，由被告住所地人民法院管辖。

同一诉讼的几个被告住所地、经常居住地在两个以上人民法院辖区的，各该人民法院都有管辖权。

第二十二条 下列民事诉讼，由原告住所地人民法院管辖；原告住所地与经常居住地不一致的，由原告经常居住地人民法院管辖：

（一）对不在中华人民共和国领域内居住的人提起的有关身份关系的诉讼；

（二）对下落不明或者宣告失踪的人提起的有关身份关系的诉讼；

（三）对被采取强制性教育措施的人提起的诉讼；

（四）对被监禁的人提起的诉讼。

第二十三条 因合同纠纷提起的诉讼，由被告住所地或者合同履行地人民法院管辖。

第三十三条 下列案件，由本条规定的人民法院专属管辖：

（一）因不动产纠纷提起的诉讼，由不动产所在地人民法院管辖；

（二）因港口作业中发生纠纷提起的诉讼，由港口所在地人民法院管辖；

（三）因继承遗产纠纷提起的诉讼，由被继承人死亡时住所地或者主要遗产所在地人民法院管辖。

第三十四条 合同或者其他财产权益纠纷的当事人可以书面协议选择被告住所地、合同履行地、合同签订地、原告住所地、标的物所在地等与争议有实际联系的地点的人民法院管辖，但不得违反本法对级别管辖和专属管辖的规定。

《最高人民法院关于适用〈中华人民共和国民事诉讼法〉的解释》

第十八条　合同约定履行地点的，以约定的履行地点为合同履行地。

合同对履行地点没有约定或者约定不明确，争议标的为给付货币的，接收货币一方所在地为合同履行地；交付不动产的，不动产所在地为合同履行地；其他标的，履行义务一方所在地为合同履行地。即时结清的合同，交易行为地为合同履行地。

合同没有实际履行，当事人双方住所地都不在合同约定的履行地的，由被告住所地人民法院管辖。

第二十八条　民事诉讼法第三十三条第一项规定的不动产纠纷是指因不动产的权利确认、分割、相邻关系等引起的物权纠纷。

农村土地承包经营合同纠纷、房屋租赁合同纠纷、建设工程施工合同纠纷、政策性房屋买卖合同纠纷，按照不动产纠纷确定管辖。

不动产已登记的，以不动产登记簿记载的所在地为不动产所在地；不动产未登记的，以不动产实际所在地为不动产所在地。

专题二：建设工程施工质量争议的诉讼主体确定

【核心提示】因建设工程质量纠纷的涉诉案件，发包人作为原告，可以以总承包人、分包人和实际施工人为共同被告提起诉讼，出现质量缺陷时承担连带责任。

实务争点

在司法实践中，当一个建设工程由发包人与承包人签订了建设工程施工合同，承包人又将该工程分包给分包人，或者将工程予以转包，分包人或者接受转包的人又将工程交由具体施工人进行施工，当工程没有质量问题时，各方当事人皆大欢喜。当工程存在质量问题而引发纠纷的时候，发包人作为原告当无疑问，而被告如何确定？是将承包人、分包人、实际施工人等均列为被告？还是仅仅将实际施工人列为被告？对此，《建设工程施工合同解释（一）》第二十五条规定：因建设工程质量发生争议的，发包人可以以总承包人、分包人和实际施工人为共同被告提起诉讼。

理解适用

对《建设工程施工合同解释（一）》第二十五条规定的理解与适用

《建设工程施工合同解释（一）》第二十五条的规定，涉及当事人诉讼主体的确定，若进一步考究，还涉及民事责任的承担问题。

一、关于当事人诉讼主体问题

民事诉讼的当事人是指因民事权利义务关系发生争执，以个人名义进行诉讼，并受人民法院的判决或者调解协议约束的人。民事诉讼的当事人，可能是自然人，也可能是法人和其他组织。机关、团体、企事业单位必须有主要负责人作为法定代表人参加民事诉讼活动，享有法定权利，并履行法定的义务。在不同的诉讼程序中，当事人有着不同的称谓。在民事诉讼一审程序中，当事人有广义和狭义之分。广义的当事人，除原告和被告外，还包括第三人、共同诉讼人和代表诉讼人；狭义的当事人就是原告和被告。人们通常所说的当事人，是指原告和被告。

原告是指由于本人或者本方的民事权益受到侵害或者与他人或他方发生争执，为了维护本人或者本方的合法权益，以自己的名义向人民法院提起诉讼，从而引起诉讼程序发生的人。被告是指原告声称侵害了他的民事权益，或者与其发生了民事权益争议，依法被人民法院传唤应诉的人。原告与被告是相对而言的。公民、法人和其他组织都可以作为民事诉讼中的原告和被告。原告和被告的主要区别在于：原告是提起诉讼的人，被告是被提起诉讼的人；原告是认为自己民事权益受到非法侵害的人，被告是被认为侵犯了原告合法权益的人；原告是主动提起诉讼而引起诉讼程序发生的人，被告是经人民法院依法传唤而应诉的人。

在民事诉讼中，如果一方或双方当事人为两人以上，则为共同诉讼。如果共同诉讼的双方当事人都基于同一个民事法律关系，是必要的共同诉讼。如共同继承、共同侵权、连带责任等都是必要的共同诉讼。如果诉讼双方当事人中的一方当事人在两个以上，需要解决的法律关系不是同一个而是同一类型的，则属于普通的共同诉讼。必要的共同诉讼与普通的共同诉讼都是共同诉讼，但两者有很大的不同：一是必要的共同诉讼必须合并审理，当事人之间权利义务不可分割；普通的共同诉讼可以合并审理，也可以分开审理，当事人之间不存在共同的权利义务。二是必要的共同诉讼不管发生在任何法院任何审理程序，共同原告或者共同被告都是绑在一起的，谁也离不开谁；普通的共同诉讼就只能发生在同一法院、同一审理程序中。

二、关于总承包人、分包人、实际施工人的概念及相互关系

建设工程合同司法解释只调整建设工程施工合同纠纷案件，不调整建设工程总承包合同。总承包合同是指建设工程施工合同总承包合同，而不是建设工程总承包合同。[①] 建设工程总承包合同，是指从事工程总承包的企业受发包人委托，按照合同约定对工程项目的勘察、设计、采购、施工试运行等实行全过程或若干阶段的承包。工程总承包企业按照合同约定对工程项目的质量、工期、造价等对发包人负责。《合同法》第二百七十二条规定：发包人可以与总承包人订立建设工程合同，也可以分别与勘察人、设计人、施工人订立勘察、设计、施工承包合同。《中华人民共和国建筑法》（以下简称《建筑法》）第二十四条规定：提倡对建筑工程实行总承包，禁止将建筑工程肢解发包。建筑工程的发包单位可以将建筑工程的勘察、设计、施工、设备采购一并发包给一个工程总承包单位，也可以将其中的一项或者多项发包给一个工程总承包单位；但是，不得将应当由一个承包单位完成的建筑工程肢解成若干部分发包给几个承包单位。工程总承包单位依法进行分包的，由工程总承包单位自行决定发包方式。

承包人在取得建设工程施工合同承包权后，经发包人同意，时常把项目

---

① 最高人民法院民事审判第一庭编著：《最高人民法院建设工程施工合同司法解释的理解与适用》，人民法院出版社2004年版，第215页。

中的某些工作发包给其他单位，通过订立分包合同来实施。实施分包合同的承包人为分包人，而直接与发包人订立合同的承包人为施工总承包人。发包人与施工总承包人签订的合同为施工总承包合同，施工总承包人与分包人签订的合同为分包合同。本条司法解释所说的总承包人为施工总承包合同的承包人，简称为总承包人，与建设工程的总承包人不是一个概念。施工分包是相对总承包而言的，所谓施工分包是施工总承包人将所承包的建设工程中的专业工程或者劳务作业发包给其他建筑施工企业完成的活动。本条司法解释规定中的分包人，既包括专业工程分包的合法分包人，也包括劳务作业分包的合法分包人。

我国的合同法、建筑法、建设工程质量管理条例等法律法规在表述承包人时使用了如下几个概念：承包人、建筑施工企业、施工人、承包建筑工程的单位等，没有出现过“实际施工人”的表述。在《建设工程施工合同解释（一）》中，有四个条文涉及实际施工人。最高人民法院负责人在公布该司法解释答记者问时，对“实际施工人”进行了阐述：承包人与发包人订立建设工程施工合同后，往往又将建设工程转包或者违法分包给第三人，第三人就是实际施工人。[①] 最高人民法院在相关著述中对实际施工人的概念作了解释：施工人是指建设工程施工合同的所有施工主体，包括总承包人、承包人、专业工程分包人、劳务作业的分包人。合同法中的“施工人”是指有效建设工程施工合同主体，不应包括转包人或违法分包的承包人。[②]

基于法律和司法解释对实际施工人的规定，实际施工人具有如下几个法律特征。一是无效合同的承包人。有效的建设工程施工合同中不存在实际施工人的说法，直接称之为施工人。二是违法的承包人。没有取得相应建设工程施工资质，违反了我国合同法、建筑法的相关规定。三是他与发包人之间不存在直接的建设工程施工合同关系，但却因实际组织了施工，与之形成了事实上的权利义务关系。四是他与上位承包人是非雇佣关系。如果是上位承

---

① 最高人民法院民事审判第一庭编著：《最高人民法院建设工程施工合同司法解释的理解与适用》，人民法院出版社2004年版，第15页。

② 参见最高人民法院民事审判第一庭编著：《最高人民法院建设工程施工合同司法解释的理解与适用》，人民法院出版社2004年版，第217~218页。

包人的组成部门或雇佣委托代理人员，则不能成为实际施工人。五是建设工程必须进行招标而未招标或中标无效的建设工程施工合同的承包人。但不包括承包人的履行辅助人、合法的专业分包工程承包人，劳务作业承包人，即实际施工人必须是基于无效合同产生的。①

实际施工人的内涵。实际施工人是实际履行承包人义务的人，既可能是对整个建设工程进行施工的人，也可能是对建设工程部分进行施工的人。实际施工人与发包人没有直接的合同关系，或者名义上的合同关系。实际施工人如果直接与发包人签订建设工程施工合同，则属于承包人、施工人，无须强调“实际”二字。实际施工人所签订的建设工程施工合同无效。转包合同、再分包合同、承包人分包建设工程主体结构的合同、承包人将其承包的全部建设工程肢解以后以分包的名义分包转包给第三人而签订的分包合同，以及没有资质的实际施工人借用有资质的建筑施工企业名义与他人签订的建设工程施工合同，均为无效合同。这些合同中的承包人属于实际承包人。实际施工人与其签订的转包合同、违法分包合同的承包人或者出借资质的建筑施工企业之间不存在劳动人事关系或劳务关系。②

实际施工人的外延。结合审判实践，可以归纳为三类实际施工人：转包合同的承包人、违法分包合同的承包人、缺乏相应资质而借用有资质的建筑施工企业名义与他人签订建设工程施工合同的单位或者个人。③我国《合同法》第二百七十二条对建设工程合同的发包、承包作了强制性或禁止性的规定，第一款规定：“发包人可以与总承包人订立建设工程合同，也可以分别与勘察人、设计人、施工人订立勘察、设计、施工承包合同。发包人不得将应当由一个承包人完成的建设工程肢解成若干部分发包给几个承包人。”第二款规定：“总承包人或者勘察、设计、施工承包人经发包人同意，

---

① 秦德平：《建设工程施工合同审理审查实务》，人民法院出版社 2019 年版，第 305~306 页。

② 参见最高人民法院民事审判第一庭编著：《最高人民法院建设工程施工合同司法解释（二）理解与适用》，人民法院出版社 2019 年版，第 492~493 页。

③ 参见最高人民法院民事审判第一庭编著：《最高人民法院建设工程施工合同司法解释（二）理解与适用》，人民法院出版社 2019 年版，第 493~494 页。

可以将自己承包的部分工作交由第三人完成。第三人就其完成的工作成果与总承包人或者勘察、设计、施工承包人向发包人承担连带责任。承包人不得将其承包的全部建设工程转包给第三人或者将其承包的全部建设工程肢解以后以分包的名义分别转包给第三人。”第三款规定：“禁止承包人将工程分包给不具备相应资质条件的单位。禁止分包单位将其承包的工程再分包。建设工程主体结构的施工必须由承包人自行完成。”关于发包、承包的禁止性规定在民事立法例中并不多见，充分体现了国家对建设工程合同的管理和干预。

关于禁止转包的规定。禁止转包是各国法律的通行做法。我国《建筑法》第二十八条规定：“禁止承包单位将其承包的全部建筑工程转包给他人，禁止承包单位将其承包的全部建筑工程肢解以后以分包的名义分别转包给他人。”《合同法》第二百七十二条第二款亦规定，承包人不得将承包的全部建设工程转包给第三人或者将其承包的全部建设工程肢解以后以分包的名义分别转包给第三人。

关于分包的规定。《合同法》第二百七十二条第三款对此作了规定，《建筑法》第二十九条对此亦作了明确规定：建筑工程总承包单位可以将承包工程中的部分工程发包给具有相应资质条件的分包单位；但是，除总承包合同中约定的分包外，必须经建设单位认可。施工总承包的，建筑工程主体结构的施工必须由总承包单位自行完成。建筑工程总承包单位按照总承包合同的约定对建设单位负责；分包单位按照分包合同的约定对总承包单位负责。总承包单位和分包单位就分包工程对建设单位承担连带责任。禁止总承包单位将工程分包给不具备相应资质条件的单位。禁止分包单位将其承包的工程再分包。

关于承包单位资质管理的规定。《建筑法》第二十六条第一款规定，承包建筑工程的单位应当持有依法取得的资质证书，并在其资质等级许可的业务范围内承揽工程。作为建筑工程承包的企业（包括勘察设计单位和建筑业企业），不仅要具备企业法人营业执照，而且还要取得相应的资质证书。依该法条第二款规定，禁止建筑施工企业超越本企业资质等级许可的业务范围或者以任何形式用其他建筑施工企业的名义承揽工程。禁止建筑施工企业以任何形式允许其他单位或者个人使用本企业的资质证书、营业执照，以本企业的名义承揽工程。

三、总承包人、分包人、实际施工人应当就建设工程质量对发包人承担连带责任

我国《合同法》第二百七十二条第二款规定：总承包人或者勘察、设计、施工承包人经发包人同意，可以将自己承包的部分工作交由第三人完成。第三人就其完成的工作成果与总承包人或者勘察、设计、施工承包人向发包人承担连带责任。《建筑法》第二十九条第二款规定：建筑工程总承包单位按照总承包合同的约定对建设单位负责；分包单位按照分包合同的约定对总承包单位负责。总承包单位和分包单位就分包工程对建设单位承担连带责任。该法第五十五条规定：建筑工程实行总承包的，工程质量由工程总承包单位负责，总承包单位将建筑工程分包给其他单位的，应当对分包工程的质量与分包单位承担连带责任。分包单位应当接受总承包单位的质量管理。《建设工程质量管理条例》第二十七条规定：总承包单位依法将建设工程分包给其他单位的，分包单位应当按照分包合同的约定对其分包工程的质量向总承包单位负责，总承包单位与分包单位对分包工程的质量承担连带责任。

根据上述法律规定，总承包人、分包人、实际施工人应当就建设工程质量对发包人承担连带责任。但是，承担连带责任的法律性质是违约责任，还是侵权责任，抑或违约责任与侵权责任竞合？实践中存在不同看法。对此，应当分情况而定。总承包人与分包人就建设工程质量对业主承担连带责任，主要是违约行为造成的。若说总承包人与分包人之间对业主实施共同侵权行为似乎有些牵强。从法律上讲，构成共同侵权的条件之一是行为人共同实施了违法行为。总承包人与分包人履行总承包合同和分包合同的行为是履约行为，不是违法行为。因此说承担连带责任的法律依据定为违约责任更妥当。转包、违法分包合同为无效合同，转承包人与分包人承担的是无效合同造成损失的赔偿责任，是侵权责任。据此，总承包人、分包人就建设工程质量对业主承担连带责任，就像担保责任一样是法律明

文规定的，是法定责任，主要是由于违约行为引起的；而违法分包、转包的承包人与发包人承担连带责任的法律依据应为侵权责任。①

四、项目经理行为定性与表见代理

我国《合同法》第四十九条对表见代理作了规定，即“行为人没有代理权、超越代理权或者代理权终止后以被代理人名义订立合同，相对人有理由相信行为人有代理权的，该代理行为有效”。表见代理即属广义的无权代理。所谓表见代理，又称表示代理，是指代理人虽不具有代理权，但因某种表面现象，足以使善意第三人相信代理人对本人有代理权而与代理人为法律行为，由此产生的法律后果依然直接归本人承担的无权代理。法律上之所以承认表见代理，是因为表见代理具有维护善意第三人利益、维护交易安全的功能。

表见代理的法律特征表现为：一是表见代理人以他人名义与第三人为民事法律行为；二是表见代理的代理人实际上不具有代理权；三是表见代理人与被代理人之间有某种足以使第三人相信表见代理人有代理权的事由；四是表见代理行为的法律后果直接归属被代理人。《最高人民法院关于当前形势下审理民商事合同纠纷案件若干问题的指导意见》第十二条规定：“当前在国家重大项目和承包租赁行业等受到全球性金融危机冲击和国内宏观经济形势变化影响比较明显的行业领域，由于合同当事人采用转包、分包、转租方式，出现了大量以单位部门、项目经理乃至个人名义签订或实际履行合同的情形，并因合同主体和效力认定问题引发表见代理纠纷案件。对此，人民法院应当正确适用合同法第四十九条关于表见代理制度的规定，严格认定表见代理行为。”

在司法实践中，项目经理的行为如何定性？项目经理是施工企业履行与建设方施工合同的代表，是把进入工程项目的人力、资金、物资、机械设备等生产要素物化为合格建筑物的组织管理者，未经企业特别授权，无权签订

---

① 参见最高人民法院民事审判第一庭编著：《最高人民法院建设工程施工合同司法解释的理解与适用》，人民法院出版社2004年版，第221页。

合同。[①] 项目经理职权的产生来自企业的职务授权和企业的委托授权。

项目经理没有经过授权签订合同，合同标的物用于工程是否构成表见代理的问题，应当严格把握标准：一是项目经理的职务是否具有有权代理的表象，需要考察其职务与签订合同行为之间的关联性。对外签订合同不是项目经理的职务授权范围而需经企业委托授权，由此切断了项目经理职务与签订合同行为之间的客观关联。因此，项目经理的职务本身不是有权签订合同的表象。至于项目经理是否取得授权，或者其他因素使相对人相信其有权签订合同，则是委托授权的表象问题。一般认为，实际承包人在赊购物资或者融资时加盖项目经理部的印章，一般可以认定相对人有理由相信实际承包人的行为系职务行为。但下列情形不应认定实际承包的行为构成表见代理：授权委托书载明的授权明确，相对人与实际承包人发生的交易属无权代理；相对人将实际承包人采购的物资、租赁的设备根据实际承包人的指示运送至施工企业承包工程项目以外的工地；相对人与实际承包人订立的合同明显损害施工企业的合法权益，可按照当事人恶意串通损害他人利益的原则处理。二是项目经理职务与相对人善意无过失的关联与认定。相对人如能证明表象的充分性，则同时也证明了自身善意及无过失，而在代理权表象不充分的情况下，则相对人有必要单独对自身善意无过失加以证明，从而补足在证明权利外观上的缺陷。当项目经理未出示授权委托书、单位介绍信，未在合同上加盖企业公章等无代理权表象就以个人名义或公司名义个人署名的，合同相对人应当对项目经理是否得到企业委托授权尽其审慎注意的义务。在此情况下，若材料设备供应商等合同相对人仍与项目经理个人签订合同，即使不能认定其具有恶意，也应当认定其未尽审慎注意义务的过失，或者其主观上确认的合同相对人就是项目经理。[②]

---

① 秦德平:《建设工程施工合同审理审查实务》，人民法院出版社 2019 年版，第 292 页。

② 参见秦德平:《建设工程施工合同审理审查实务》，人民法院出版社 2019 年版，第 293~294 页。

案例指导

新乡市冰山仓储有限公司、裴献合等与张兴富、张金旺建设工程施工合同纠纷案[1]

上诉人（原审被告）：新乡市冰山仓储有限公司（以下简称冰山公司）。

上诉人（原审被告）：裴献合。

上诉人（原审被告）：祝起勇。

上诉人（原审被告）：臧志忠。

被上诉人（原审原告）：张兴富。

被上诉人（原审原告）：张金旺。

上诉人冰山公司、裴献合、祝起勇、臧志忠因与被上诉人张兴富、张金旺建设工程施工合同纠纷一案，不服新乡市卫滨区人民法院（以下简称原审法院）（2018）豫0703民初19号民事判决，提起上诉。

冰山公司上诉请求：撤销原审判决第一项，依法改判或发还重审。事实与理由：一、裴献合、祝起勇与张兴富、张金旺签订的建设工程施工合同、补充协议、机房建筑协议、冷库办公室协议，因张兴富、张金旺不具有建筑施工资质，以个人名义施工，故上述合同、协议均应无效；工程竣工报告未经竣工验收，工程存在严重质量问题未达标，不应支付工程款；原判认定违约金无法律依据。二、臧志忠与张兴富系合伙人，同为实际施工人，其支付给臧志忠的1703800元，应认定为支付的工程款。臧志忠与张兴富共同交付工程押金700000元，其中，臧志忠交付450000元，张兴富交付250000元，有银行凭证为证；臧志忠收取工程款后用于购买钢材用于工地，其间臧志忠、张兴富、张金旺三人交叉领取工程款，三人对领取工程款无异议。三、原判让其支付押金700000元错误。

臧志忠上诉称：撤销原判，依法改判。事实与理由：其与张兴富系合伙关系，其交纳工程款押金450000元，张兴富交纳250000元，其收到的工程

---

① 详见河南省新乡市中级人民法院（2018）豫07民终3943号民事判决书。

款 1703800 元全部用于工程工地上。原判让其将所收取的工程款与冰山公司、裴献合、祝起勇另案解决错误。

原审查明:《建设工程施工合同》中臧志忠的签名是其本人所签，但是担保人三字是裴献合加上的，补充协议中臧志忠自己所签“担保人臧志忠”字样，两份合同中均未载明臧志忠是替哪一方担保，当事人之间也并未有其他约定。臧志忠并未向原审法院提交相关的证据证明其和张兴富、张金旺是合伙关系。臧志忠提交的欠钢材款欠条 215000 元和载明其购买钢材用于解放路海鸿市场的证明也不能证明是其代张兴富、张金旺所支付的钢材款，故原审法院不予采信。冰山公司在庭审结束后要求证人郝某所作出的证人证言已过举证期限，且《结构竣工工程报告》是祝起勇签字确认的，属于祝起勇自认，故《结构竣工工程报告》原审法院予以确认。冰山公司、祝起勇、裴献合提交的收条证据显示已付给张兴富、张金旺的工程款金额低于张兴富、张金旺认可收到的工程款金额，原审法院以张兴富、张金旺自认收到的工程款 6882705.5 元为准。张兴富、张金旺和冰山公司、裴献合、祝起勇、臧志忠提交的证据中，均未显示和新乡市瑞丰建安有限责任公司有关联，没有其相应的盖章确认，原审法院认为新乡市瑞丰建安有限责任公司和张兴富、张金旺之间就涉案的工程没有关联性。臧志忠认为其交纳了 450000 元的押金，张兴富认为是其所交纳的全部押金，且裴献合和冰山公司均为张兴富出具收到张兴富建造冷库押金 700000 元的收条，庭审时，冰山公司、裴献合、祝起勇、臧志忠均辩称已将 700000 元押金退还给张兴富、张金旺。通过各方提交的证据之间的关联性，原审法院认为冰山公司收到了原告张兴富交纳的 700000 元押金。

原审认为，冰山公司认可 2012 年 1 月 9 日签订的《建设工程施工合同》是冰山公司的法定代表人签订的，张兴富、张金旺和冰山公司、裴献合、祝起勇签订的《建设工程施工合同》及《补充协议》是当事人之间的真实意思表示，当事人均应按照合同内容履行各自的权利和义务。张兴富、张金旺履行了位于新乡市解放路海鸿市场院内的冰山公司的冷库建设，冰山公司、裴献合、祝起勇应向其支付相应的工程款。双方均认可工程款总金额应为 8224571.6 元，张兴富、张金旺自认收到工程款 6882705.5 元。冰山公司、裴献合、祝起勇所称从案外人樊文明处借款用于支付张兴富、张金旺押金700000元，张兴富、张金旺予以认可收到700000元的事实。同时，根据庭审查明张兴富、张金旺处仍保留有700000元的押金条，故该700000元应作为工程款计算在6882705.5元的工程款内。押金700000元应在冰山公司、裴献合、祝起勇于2012年12月16日出具《结构竣工工程报告》即工程验收合格后退还给张兴富、张金旺。冰山公司、裴献合、祝起勇辩称工程监理郝某的签名系伪造，但其上面有祝起勇的签名和勘查单位的公章，故该辩解意见原审法院不予采信。如果冰山公司、裴献合、祝起勇认为该工程存在质量问题，可另行主张，原审法院不作处理。冰山公司、裴献合、祝起勇所称仅欠张兴富、张金旺300000元工程款，其余1703800元工程款支付给臧志忠，但臧志忠与张兴富、张金旺之间未签订有书面的合伙协议或者有其他确切的证据证明双方是合伙关系，冰山公司向臧志忠支付的1703800元不能认定为张兴富、张金旺收到的工程款。臧志忠在合同上所签的名字不能证明其和张兴富、张金旺之间建立了合伙关系，亦无法证明和冰山公司、裴献合、祝起勇之间所产生的合同关系，“担保人”三字也不是臧志忠本人所写，故无法认定张兴富、张金旺和臧志忠之间系合伙关系。冰山公司、裴献合、祝起勇和臧志忠之间如果有工程款的纠纷可另案解决。故张兴富、张金旺主张冰山公司、裴献合、祝起勇共同向其支付工程款1341866.6元和押金700000元及利息的诉讼请求，原审法院予以支持，要求臧志忠承担连带责任的诉讼请求，原审法院不予认可。根据双方的合同约定，每延误一天发包方应向承包方支付工程总造价0.5‰的违约金，故张兴富、张金旺主张支付违约金的诉讼请求予以支持，工程款余款应于工程完成后一年内付清，故违约金的起算时间为2013年12月17日。张兴富、张金旺所主张的违约金和利息标准系重复计算，违约金足以弥补原告所受到的相应损失，利息不再支持。综上，依照《合同法》第八条、第一百零七条、第二百七十九条，《最高人民法院关于民事诉讼证据的若干规定》第二条之规定，原审判决：一、冰山公司、裴献合、祝起勇于判决生效后十日内向张兴富、张金旺共同支付工程款1341866.6元和押金700000元（合计2041866.6元）及违约金（违约金的计算方式为以2041866.6元为基数，自

2013 年 12 月 17 日起至实际付清之日止，按照每日 0.5‰计算）；二、驳回张兴富、张金旺的其他诉讼请求。如果未按本判决指定的期间履行给付金钱义务，应当依照《民事诉讼法》第二百五十三条之规定，加倍支付迟延履行期间的债务利息；案件受理费 23134 元，由冰山公司、裴献合、祝起勇承担。

二审法院认为，根据《建设工程施工合同解释（一）》第一条第（一）项“建设工程施工合同具有下列情形之一的，应当根据合同法第五十二条第（五）项的规定，认定无效：（一）承包人未取得建筑施工企业资质或者超越资质等级的”的规定，本案中，2012 年 1 月 9 日，冰山公司法定代表人裴献合及股东祝起勇与张兴富、张金旺签订的建设工程施工合同、补充协议、机房建筑协议、冷库办公室协议，因张兴富、张金旺无建筑施工企业资质，故双方签订的上述合同、协议，因违反法律的强制性规定，应为无效合同。关于冰山公司、裴献合、祝起勇上诉称双方签订的相关协议，因张兴富、张金旺不具有建筑施工资质，以个人名义施工均应无效，工程未经竣工验收，存在严重质量问题未达标，不应支付工程款的理由，经查，张兴富、张金旺所承建的案涉工程已经施工单位、设计单位、勘察单位、监理单位、建设单位的工程相关负责人于2012年12月16日签字验收，验收结论为合格。根据《建设工程施工合同解释（一）》第二条、第二十五条：“建设工程施工合同无效，但建设工程经竣工验收合格，承包人请求参照合同约定支付工程价款的，应予支持”“因建设工程质量发生争议的，发包人可以以总承包人、分包人和实际施工人为共同被告提起诉讼”的规定，案涉工程已经工程的五方代表签字确认为合格，且工程已经交付使用，冰山公司、裴献合、祝起勇应当按照合同约定的价款支付欠付张兴富、张金旺的工程款。另外，在本案一审审理期间，冰山公司、裴献合、祝起勇辩称工程存在质量问题，因该问题与欠付工程款不是同一法律关系，且冰山公司、裴献合、祝起勇未提出反诉及起诉，故人民法院对该辩称不予支持。

关于冰山公司、裴献合、祝起勇、臧志忠上诉称臧志忠与张兴富、张金旺系合伙关系，有交付押金银行票据为证，冰山公司已经支付给臧志忠 1703800 元的工程款，不欠工程款的理由，经查，臧志忠向原审法院提供的两份建设银行汇款凭证，仅能证明付款人为粱文俊、张俊萍，收款人为新乡市海鸿综合市场有限公司，付款金额分别为150000元、124800元。该证据并不能证明臧志忠与张兴富、张金旺系合伙关系，且双方就涉案工程签订的建设工程施工合同、补充协议、机房建筑协议、冷库办公室协议中，臧志忠仅在补充协议中作为担保人签字，臧志忠不是案涉工程发包人或承包人。根据合同相对性原则，裴献合、祝起勇应向与其签订合同、协议的承包人张兴富、张金旺支付工程价款及欠付工程款，其向臧志忠支付1703800元的款项因与张兴富、张金旺无关，其还应向张兴富、张金旺支付欠付的工程款，故冰山公司、裴献合、祝起勇、臧志忠的该上诉理由均不能成立，本院不予支持。

关于冰山公司、裴献合、祝起勇应否退还张兴富、张金旺工程押金700000元的问题。张兴富向原审法院提交书证收条一份，该收条由裴献合签字，签字日期为2011年12月31日，显示今收到张兴富建造冷库押金700000元。涉案工程经2012年12月16日验收合格后已经交付使用。根据张兴富向原审法院提交的书证收据一份，显示2013年10月21日收到张兴富建设冷库押金700000元，另注明系更换裴献合开2011年12月31日。由上述两份书证可知，截至2013年10月21日，冰山公司、裴献合、祝起勇未将押金退还给张兴富，且裴献合、祝起勇在原审庭审中辩称支付给臧志忠1703800元中包含有押金700000元的主张，张兴富、张金旺予以否认收到退还的押金700000元，故冰山公司、裴献合、祝起勇上诉称不用再退还押金700000元的理由，因无相应充分证据证明，不能证明该主张，故应承担举证不能的法律后果，原审判决认定向张兴富、张金旺退还该押金并无不当。

综上，各方上诉人的上诉理由均不能成立，应予驳回。原审判决认定事实清楚，适用法律正确，应予维持。遂判决如下：驳回上诉，维持原判。

规范指引

《中华人民共和国合同法》

第二百七十一条 建设工程的招标投标活动，应当依照有关法律的规定公开、公平、公正进行。

第二百七十二条　发包人可以与总承包人订立建设工程合同，也可以分别与勘察人、设计人、施工人订立勘察、设计、施工承包合同。发包人不得将应当由一个承包人完成的建设工程肢解成若干部分发包给几个承包人。

总承包人或者勘察、设计、施工承包人经发包人同意，可以将自己承包的部分工作交由第三人完成。第三人就其完成的工作成果与总承包人或者勘察、设计、施工承包人向发包人承担连带责任。承包人不得将其承包的全部建设工程转包给第三人或者将其承包的全部建设工程肢解以后以分包的名义分别转包给第三人。

禁止承包人将工程分包给不具备相应资质条件的单位。禁止分包单位将其承包的工程再分包。建设工程主体结构的施工必须由承包人自行完成。

第二百七十三条　国家重大建设工程合同，应当按照国家规定的程序和国家批准的投资计划、可行性研究报告等文件订立。

《中华人民共和国建筑法》

第十二条　从事建筑活动的建筑施工企业、勘察单位、设计单位和工程监理单位，应当具备下列条件：

（一）有符合国家规定的注册资本；

（二）有与其从事的建筑活动相适应的具有法定执业资格的专业技术人员；

（三）有从事相关建筑活动所应有的技术装备；

（四）法律、行政法规规定的其他条件。

第十三条　从事建筑活动的建筑施工企业、勘察单位、设计单位和工程监理单位，按照其拥有的注册资本、专业技术人员、技术装备和已完成的建筑工程业绩等资质条件，划分为不同的资质等级，经资质审查合格，取得相应等级的资质证书后，方可在其资质等级许可的范围内从事建筑活动。

第十四条　从事建筑活动的专业技术人员，应当依法取得相应的执业资格证书，并在执业资格证书许可的范围内从事建筑活动。

第十六条　建筑工程发包与承包的招标投标活动，应当遵循公开、公正、平等竞争的原则，择优选择承包单位。

建筑工程的招标投标，本法没有规定的，适用有关招标投标法律的规定。

第十七条　发包单位及其工作人员在建筑工程发包中不得收受贿赂、回扣或者索取其他好处。

承包单位及其工作人员不得利用向发包单位及其工作人员行贿、提供回扣或者给予其他好处等不正当手段承揽工程。

第十八条 建筑工程造价应当按照国家有关规定，由发包单位与承包单位在合同中约定。公开招标发包的，其造价的约定，须遵守招标投标法律的规定。

发包单位应当按照合同的约定，及时拨付工程款项。

第十九条 建筑工程依法实行招标发包，对不适于招标发包的可以直接发包。

第二十条 建筑工程实行公开招标的，发包单位应当依照法定程序和方式，发布招标公告，提供载有招标工程的主要技术要求、主要的合同条款、评标的标准和方法以及开标、评标、定标的程序等内容的招标文件。

开标应当在招标文件规定的时间、地点公开进行。开标后应当按照招标文件规定的评标标准和程序对标书进行评价、比较，在具备相应资质条件的投标者中，择优选定中标者。

第二十一条 建筑工程招标的开标、评标、定标由建设单位依法组织实施，并接受有关行政主管部门的监督。

第二十二条 建筑工程实行招标发包的，发包单位应当将建筑工程发包给依法中标的承包单位。建筑工程实行直接发包的，发包单位应当将建筑工程发包给具有相应资质条件的承包单位。

第二十三条 政府及其所属部门不得滥用行政权力，限定发包单位将招标发包的建筑工程发包给指定的承包单位。

第二十四条 提倡对建筑工程实行总承包，禁止将建筑工程肢解发包。

建筑工程的发包单位可以将建筑工程的勘察、设计、施工、设备采购一并发包给一个工程总承包单位，也可以将建筑工程勘察、设计、施工、设备采购的一项或者多项发包给一个工程总承包单位；但是，不得将应当由一个承包单位完成的建筑工程肢解成若干部分发包给几个承包单位。

第二十五条 按照合同约定，建筑材料、建筑构配件和设备由工程承包单位采购的，发包单位不得指定承包单位购入用于工程的建筑材料、建筑构配件和设备或者指定生产厂、供应商。

第二十六条　承包建筑工程的单位应当持有依法取得的资质证书，并在其资质等级许可的业务范围内承揽工程。

禁止建筑施工企业超越本企业资质等级许可的业务范围或者以任何形式用其他建筑施工企业的名义承揽工程。禁止建筑施工企业以任何形式允许其他单位或者个人使用本企业的资质证书、营业执照，以本企业的名义承揽工程。

第二十七条　大型建筑工程或者结构复杂的建筑工程，可以由两个以上的承包单位联合共同承包。共同承包的各方对承包合同的履行承担连带责任。

两个以上不同资质等级的单位实行联合共同承包的，应当按照资质等级低的单位的业务许可范围承揽工程。

第二十八条　禁止承包单位将其承包的全部建筑工程转包给他人，禁止承包单位将其承包的全部建筑工程肢解以后以分包的名义分别转包给他人。

第二十九条　建筑工程总承包单位可以将承包工程中的部分工程发包给具有相应资质条件的分包单位；但是，除总承包合同中约定的分包外，必须经建设单位认可。施工总承包的，建筑工程主体结构的施工必须由总承包单位自行完成。

建筑工程总承包单位按照总承包合同的约定对建设单位负责；分包单位按照分包合同的约定对总承包单位负责。总承包单位和分包单位就分包工程对建设单位承担连带责任。

禁止总承包单位将工程分包给不具备相应资质条件的单位。禁止分包单位将其承包的工程再分包。

第五十五条　建筑工程实行总承包的，工程质量由工程总承包单位负责，总承包单位将建筑工程分包给其他单位的，应当对分包工程的质量与分包单位承担连带责任。分包单位应当接受总承包单位的质量管理。

《建设工程质量管理条例》

第二十七条　总承包单位依法将建设工程分包给其他单位的，分包单位应当按照分包合同的约定对其分包工程的质量向总承包单位负责，总承包单位与分包单位对分包工程的质量承担连带责任。

《最高人民法院关于审理建设工程施工合同纠纷案件适用法律问题的解释》

第二十五条 因建设工程质量发生争议的，发包人可以以总承包人、分包人和实际施工人为共同被告提起诉讼。

专题三：实际施工人权利保护的司法处理

【核心提示】实际施工人以转包人、违法分包人为被告起诉的，人民法院应当依法受理。实际施工人以发包人为被告主张权利的，人民法院应当追加转包人或者违法分包人为本案第三人，在查明发包人欠付转包人或者违法分包人建设工程价款的数额后，判决发包人在欠付建设工程价款范围内对实际施工人承担责任。

实务争点

在建筑市场有“两个不规范”：一是为了规避法律、行政法规关于资质管理等规定，实践中转包工程、违法分包工程、借用资质承包工程的现象较为突出；二是实际施工人既无资质管理，也无主体资格管理，既可能是资质较低的施工企业，也可能是个体经营户，甚至是“流动”的施工队。同时，因社会信用机制的缺失，实际施工人应支付给农民工的工资权益难以保障。为此，《建设工程施工合同解释（一）》第二十六条规定：“实际施工人以转包人、违法分包人为被告起诉的，人民法院应当依法受理。实际施工人以发包人为被告主张权利的，人民法院可以追加转包人或者违法分包人为本案当事人。发包人只在欠付工程价款范围内对实际施工人承担责任。”该司法解释突破了合同相对性原则，规定了实际施工人以发包人为被告主张权利，主要是支付建设工程价款的权利。而在司法实践中，有的法院并未查明发包人欠付工程价款的情况，导致发包人向实际施工人承担责任的范围无法确定，判决不能执行。同时，由于《建设工程施工合同解释（一）》第二十六条第二款的规定突破了合同相对性，在实践和理论中引起了较大争议。争议焦点在于，该条为保护建筑工人和农民工的利益，突破合同相对性的价值取向是否可取，实际操作是否可行。对此，《建设工程施工合同解释（二）》第二十四条进一步规定：实际施工人以发包人为被告主张权利的，人民法院应当追加转包人或者违法分包人为本案第三人，在查明发包人欠付转包人或者违法分包人建设工程价款的数额后，判决发包人在欠付建设工程价款范围内对实际施工人承担责任。

理解适用

对《建设工程施工合同解释（一）》第二十六条、《建设工程施工合同解释（二）》第二十四条的理解与适用

债权具有相对性，债权人只能向债务人行使债权。建设工程施工合同纠纷案件具有特殊性，不仅涉及双方当事人的利益，还涉及其他主体利益和社会公共利益。因此，建设工程施工合同纠纷是突破债的相对性较多的领域。《建设工程施工合同解释（一）》第二十六条、《建设工程施工合同解释（二）》第二十四条的规定，即典型代表。

一、准确理解《建设工程施工合同解释（一）》第二十六条的主旨

《建设工程施工合同解释（一）》第二十六条是保护实际施工人利益的特殊规定，也是为了保护农民工的合法权益作出的规定。因为建筑业吸收了大量的农民工就业，但由于建设工程的非法转包和违法分包，造成许多农民工辛苦一年往往还拿不到工资。为了有效地保护农民工的合法权益，该条规定，实际施工人以发包人为被告主张权利的，人民法院可以追加转包人或者违法分包人为本案当事人，发包人只在欠付工程价款的范围内对实际施工人承担责任。具体而言：

1. 实际施工人可以以发包人为被告起诉。从建筑市场的情况看，承包人与发包人订立建设工程施工合同后，往往又将建设工程转包或者违法分包给第三人，第三人就是实际施工人。按照合同的相对性，实际施工人应当向与

其有合同关系的承包人主张权利，而不应当向发包人主张权利。但是从实际情况看，有的承包人将工程转包收取一定的管理费用后，没有进行工程结算或者对工程结算不主张权利，由于实际施工人与发包人没有合同关系，这样导致实际施工人没有办法取得工程款，而实际施工人不能得到工程款则直接影响到农民工工资的发放。因此，如果不允许实际施工人向发包人主张权利，不利于对农民工利益的保护。

2. 承包人将建设工程非法转包、违法分包后，建设工程施工合同的义务都是由实际施工人履行的。实际施工人与发包人已经全面实际履行了发包人与承包人之间的合同并形成了事实上的权利义务关系。在这种情况下，如果不允许实际施工人向发包人主张权利，不利于对实际施工人利益的保护。基于此考虑，该司法解释规定实际施工人可以向发包人主张权利，但发包人仅在欠付工程款的范围内对实际施工人承担责任，如果发包人已经将工程价款全部支付给承包人的，发包人就不应当再承担支付工程价款的责任。因此，发包人只在欠付工程价款范围内对实际施工人承担责任，并不会损害发包人的权益。

3. 为了方便案件审理，该条还规定，人民法院可以追加转包人或者违法分包人为本案当事人。考虑到案件的审理涉及两个合同法律关系，如果转包人或者违法分包人不参加到诉讼的过程中来，许多案件的事实没有办法查清，所以人民法院可以根据案件的实际情况追加转包人或者违法分包人为共同被告或者案件的第三人；实际施工人可以发包人、承包人为共同被告主张权利。这样规定，既方便查清案件的事实，分清当事人的责任，也便于实际施工人实现自己的权利。①

二、《建设工程施工合同解释（一）》第二十六条的适用

《建设工程施工合同解释（一）》第二十六条第一款的规定是程序性的规定：实际施工人以转包人、违法分包人为被告起诉的，人民法院应予受理。

① 最高人民法院民事审判第一庭编著：《最高人民法院建设工程施工合同司法解释的理解与适用》，人民法院出版社 2004 年版，第 222~223 页。

实际施工人主要是指转承包人和违法分包的承包人。实际施工人与转包人、违法分包人是建设工程施工合同的承、发包当事人，是合同的相对人。由于转包、违法分包合同为无效合同，作为无效合同的当事人，一方向另一方起诉主张权利的，人民法院应当受理。实际施工人起诉索要工程款的，首先应当向其发包人主张权利，这是实际施工人主张权利的主渠道、主导方向，而不是向发包人（业主）主张权利。[①]

《建设工程施工合同解释（一）》第二十六条第二款的规定是程序和实体两部分内容。在程序上，实际施工人以发包人为被告主张权利的，人民法院可以追加转包人或者违法分包人为当事人。当事人包括共同被告和第三人，第三人又分为有独立请求权的第三人和无独立请求权的第三人。第三人表明与本诉是两个法律关系，或有牵连，或对本诉第三人讼争法律关系有独立请求权。共同被告则是与业主存在承担连带责任的情形。在实体上存在某些特殊关系，如债务人与担保人、共同侵权人、共同共有人、合伙人等，由于存在紧密联系的特殊的实体法律关系，体现在程序上就是必要的共同诉讼。本条款的含义是：实际施工人以发包人为被告向人民法院起诉主张权利的，人民法院应当受理。实际施工人为原告以发包人为被告的诉讼中，人民法院可以追加转包人或者违法分包人为共同被告或者第三人，追加为共同被告还是第三人应当视个案情形来确定。[②] 但是，根据《建设工程施工合同解释（二）》第二十四条“实际施工人以发包人为被告主张权利的，人民法院应当追加转包人或者违法分包人为本案第三人，在查明发包人欠付转包人或者违法分包人建设工程价款的数额后，判决发包人在欠付建设工程价款范围内对实际施工人承担责任”的规定，转包人、违法分包人的诉讼地位是第三人。依据新法优于旧法[③] 的原则，应当以《建设工程施工合同解释（二）》第二十四条的

---

① 参见最高人民法院民事审判第一庭编著：《最高人民法院建设工程施工合同司法解释的理解与适用》，人民法院出版社2004年版，第226页。

② 参见最高人民法院民事审判第一庭编著：《最高人民法院建设工程施工合同司法解释的理解与适用》，人民法院出版社2004年版，第227页。

③ 新法优于旧法，又称后法优于前法，是指对于效力等级相同的法律规范出现冲突时，制定在后的法律规范应当优先于制定在先的法律规范适用。

规定为准，且该条是对《建设工程施工合同解释（一）》规定的进一步细化，亦并无矛盾之处。

依据《建设工程施工合同解释（一）》第二十六条第二款的规定，实际施工人与发包人没有合同关系，该条款赋予了实际施工人可以起诉发包人的权利，即直接将发包人列为被告，如此规定，是对合同相对性原则的突破，旨在保护实际施工人即农民工的权益。合同的相对性，即债的相对性，是指债能且只能对债权人和债务人产生拘束力。由于债本质上是当事人之间一方请求他方为一定行为或不为一定行为的法律关系，所以债权不能像物权那样具有排他性，而只能对特定人产生效力。尤其是对两种权利的侵权和司法保护上，债权和物权是不一样的。[①] 我国台湾地区学者王泽鉴先生认为：债权人得向债务人请求给付，债务人之给付义务债权人之权利，乃同一法律关系上给付关系之两面。此种仅特定债权人得向特定义务人请求给付之法律关系，学说上称之为债权之相对性，与物权所具有的对抗一切不特定人之绝对性不同。[②]《建设工程施工合同解释（一）》第二十六条、《建设工程施工合同解释（二）》第二十四条的规定均突破了合同相对性原则，但值得注意的是，不是无限突破，而是明确规定“发包人在欠付建设工程价款范围内对实际施工人承担责任”。

三、实际施工人不包括借用资质的实际施工人

《建设工程施工合同解释（一）》第二十六条、《建设工程施工合同解释（二）》第二十四条的规定，保护了两类实际施工人的权益，即转包合同的承包人和违法分包合同的承包人。对于司法实践中常见的借用有资质的建筑施工企业名义与他人签订建设工程施工合同的承包人的权益保护可否适用《建设工程施工合同解释（一）》第二十六条、《建设工程施工合同解释（二）》第二十四条的规定？司法解释没有作出明确规定，以至于理论界和实务界存

---

① 参见王利明：《合同法研究》（第一卷），中国人民大学出版社 2002 年版，第 91 页。

② 王泽鉴：《民法学说与判例研究》（第四册），中国政法大学出版社 1998 年版，第 109 页。

在相反的观点。[①]

《建设工程施工合同解释（二）》第二十四条的规定，不适用于借用资质的实际施工人，不等于借用资质的实际施工人在履行完建设工程施工合同后工程价款债权请求权不能得到保障。借用资质方可依据其与出借资质的建筑施工企业的基础关系，督促其向分包人追讨工程款。实际施工人借用有资质的建筑施工企业名义与发包人签订建设工程施工合同，实际包含两个法律行为：一是以虚假的意思表示实施的民事法律行为，即出借资质的建筑施工企业与发包人签订的建设工程施工合同。《中华人民共和国民法总则》（以下简称《民法总则》）第一百四十六条第一款规定：行为人与相对人以虚假的意思表示实施的民事法律行为无效。那么，借用资质所签订的建设工程施工合同为无效合同。二是以虚假的意思表示隐藏的民事法律行为，即借用资质的实际施工人利用出借资质的建筑施工企业与发包人签订的建设工程施工合同。依据《民法总则》第一百四十六条第二款“以虚假的意思表示隐藏的民事法律行为的效力，依照有关法律规定处理”的规定，该行为的效力并不当然无效，要考察其是否符合法律规定的民事法律行为有效条件。《建设工程施工合同解释（一）》第四条规定，没有资质的实际施工人借用有资质的建筑施工企业名义与他人签订建设工程施工合同的行为无效。因此说，两个法律行为均是无效的民事法律行为。实际施工人因借用资质而导致建设工程施工合同无效，依据《建设工程施工合同解释（一）》第二条“建设工程施工合同无效，但建设工程经竣工验收合格，承包人请求参照合同约定支付工程价款的，应予支持”的规定，借用资质的实际施工人在建设工程质量合格的情况下，可直接向发包方请求参照合同约定支付建设工程价款。

四、《建设工程施工合同解释（二）》第二十四条的适用

在审判实践中，可从如下方面理解适用《建设工程施工合同解释（二）》第二十四条的规定。

---

① 不同观点及理由，详见最高人民法院民事审判第一庭编著：《最高人民法院建设工程施工合同司法解释（二）理解与适用》，人民法院出版社 2019 年版，第 499~500 页。

1. 实际施工人向发包人主张权利的条件。在转包和违法分包的情况下，存在两个法律关系。一个是承包人与发包人之间的建设工程施工合同关系；另一个是承包人作为转包人或者违法分包人与转包或者违法分包中的承包人之间的转包或者违法分包关系。实际施工人向发包人主张权利需要具备三个条件：一是实际施工人对转包人或者违法分包人享有债权。该债权可能是工程价款请求权，也可能是因转包合同或者违法分包合同无效引起的赔偿损失请求权。二是发包人欠付转包人或者违法分包人建设工程价款。转包合同和违法分包合同无效，并不意味着发包人与承包人签订的建设工程施工合同无效。承包人或者实际施工人履行完毕建设工程施工合同项下的义务后，承包人有权请求发包人支付工程价款。三是实际施工人对转包人或者违法分包人享有的债权数额不超出发包人欠付转包人或者违法分包人的建设工程价款。如果超出，超出的部分实际施工人不能向发包人主张权利。[①]

2. 多层转包或者分包中的实际施工人权利保护。在司法实践中，多层转包或者违法分包的现象非常普遍，如发包人—总承包（一包）—分包（二包）—再分包（三包）—实际施工人，实际施工人能否越过再分包、分包、总承包直接向发包人主张在欠付工程价款范围内承担民事责任？建设工程施工合同的司法解释中没有明确规定，也没有明确否定。但是，司法解释允许实际施工人向发包人主张权利的目的是保护实际施工人的权益，当然也包括农民工的切身生活利益，从司法解释的目的和扩展性解释来看，在多层转包或者违法分包的情况下，实际施工人可以向发包人主张权利。

3. 转包人或者违法分包人的民事责任。在一次转包或者违法分包的情况下，实际施工人有权依据其与转包人或者违法分包人的转包或者分包关系，请求转包人或者违法分包人承担民事责任。在多次转包或者违法分包的情况下，实际施工人能否向与其没有合同关系的转包人或者违法分包人主张权利，存在争议。从建设工程施工合同司法解释侧重保护实际施工人即农民工的权益角度出发，应当认可实际施工人有权向转包人或者违法分包人主张权利。

---

① 参见最高人民法院民事审判第一庭编著：《最高人民法院建设工程施工合同司法解释（二）理解与适用》，人民法院出版社 2019 年版，第 502 页。

五、司法实践中应当注意的几个问题

建设工程施工合同司法解释对破解实际施工人权益保障难题开出了“良方”，但不可滥用。在审判实践中，应当注意下列问题：

1. 实际施工人只起诉请求发包人承担责任的，应当追加转包人或者违法分包人为第三人。在转包和违法分包的情况下，实际施工人向发包人主张权利，请求权基础包括两层法律关系，一是承包人与发包人之间的建设工程施工合同关系；二是承包人作为转包人或者违法分包人与转包或者违法分包中的承包人之间的转包或者违法分包关系。根据合同相对性的原则，实际施工人依据其与转包人或者违法分包人之间的转包合同关系或者违法分包合同关系向转包人或者违法分包人主张建设工程价款。转包人或者违法分包人依据实际施工人所完成的工程施工结合其与发包人的建设工程施工合同向发包人主张权利。但是，建设工程施工合同的司法解释突破了合同相对性原则，实际施工人可以直接向发包人主张建设工程价款，只是为了查清发包人欠付转包人或者违法分包人的工程价款，有必要也应当将转包人或者违法分包人追加为第三人。

2. 人民法院应当判决发包人在欠付建设工程价款范围内对实际施工人承担民事责任。依据《建设工程施工合同解释（一）》第二十六条第二款的规定，不少法院在没有查明发包人欠付转包人或者违法分包人工程价款的情况下，就直接判决发包人在欠付建设工程价款范围内承担民事责任，造成执行困难或者不能执行。最高人民法院在审理上诉人尹宏、袁小彬与被上诉人青海庆田矿业有限公司（以下简称庆田公司）、青海省能源发展（集团）有限责任公司（以下简称能源公司）等建设工程施工合同纠纷一案时认为，《建设工程施工合同解释（一）》第二十六条第二款的规定是关于实际施工人权利保护的问题，适用此条有严格的限定条件，即在转包人和分包人没有向实际施工人支付工程款，也没有能力支付，而发包人还有其他工程款没有支付完的情况下才可适用，发包人在未支付工程款的范围内，可以向实际施工人支付工程款。即尹宏、袁小彬原则上应向庆田公司主张工程款，在其突破合同相对性原则行使诉权时，应提供证据证明发包人能源公司、团鱼山煤矿可能欠付工程款，其合同相对方有破产等严重影响实际施工人权利实现的情形。但本案中，尹宏、袁小彬并未提供此方面的证据，且庆田公司认可能源公司、团鱼山煤矿已向其付清工程款，故尹宏、袁小彬请求由能源公司、团鱼山煤矿在欠付工程款的范围内承担连带责任的理由不成立，应不予支持。[①] 为此，《建设工程施工合同解释（二）》第二十四条特别规定了人民法院应当在查明发包人欠付转包人或者违法分包人建设工程价款的数额后，判决发包人在欠付建设工程价款范围内对实际施工人承担民事责任。

3. 转包人或者违法分包人被人民法院追加为第三人后提出请求发包人给付建设工程价款的，人民法院可以合并审理。依据《民事诉讼法》第一百四十条"原告增加诉讼请求，被告提出反诉，第三人提出与本案有关的诉讼请求，可以合并审理"的规定，实际施工人对发包人提起的诉讼与转包人或者违法分包人对发包人提起的诉讼具有牵连关系，人民法院可以合并审理，此时的第三人转包人或者违法分包人属于有独立请求权的第三人。这样做是"双赢"的，既有利于查明案件事实，又有利于减少当事人的诉累，结清各方当事人的债权债务，何乐而不为。

4. 对实际施工人的建设工程价款债权的保护应当以建设工程质量合格为前提。百年大计，质量第一。人民法院关于建设工程施工合同的司法解释和司法政策有多重价值取向，但各种价值取向中也存在较为明显的价值位阶，保护建设工程质量安全始终排在第一位。建设工程施工合同司法解释突出了保护农民工等弱势利益群体，但是保护的前提仍然是建设工程质量合格。如果实际施工人完成的建设工程质量不合格且拒绝修复，或者经修复仍不合格的，无论是实际施工人对转包人或者违法分包人的建设工程价款请求权还是转包人或者违法分包人对发包人的建设工程价款请求权，均失去了合法性和合理性基础。[②]

5. 合法的劳务分包合同的承包人亦享有向发包人主张在欠付建设工程价

---

① 详见最高人民法院（2017）最高法民终字第 144 号民事判决书。

② 参见最高人民法院民事审判第一庭编著:《最高人民法院建设工程施工合同司法解释（二）理解与适用》，人民法院出版社 2019 年版，第 508~509 页。

款范围内对其承担民事责任的权利。建设工程施工合同司法解释允许实际施工人直接向发包人主张权利，旨在保护弱势群体农民工的合法权益。以此类推，劳务分包合同的承包人承包的劳务，完全是劳务费用，是生存利益，应当给予充分保护，该类承包人完全可以要求发包人在欠付建设工程价款范围内对其承担民事责任。

案例指导

田文华、杨志华与中建七局安装工程有限公司建设工程施工合同纠纷案[①]

上诉人（原审被告）：中建七局安装工程有限公司（以下简称中建七局）。

被上诉人（原审原告）：田文华。

被上诉人（原审原告）：杨志华。

原审第三人：陈德华。

原审法院查明：略。

本案一审的争议焦点为：一、中建七局与田文华、杨志华之间有无建设工程施工合同关系，即陈德华的行为是否为职务行为或构成表见代理；二、中建七局是否应承担给付工程款的义务；三、如中建七局应支付工程款，付款金额及利息如何确定。

关于争议焦点一，原审法院认为，陈德华将涉案工程转包给田文华、杨志华的行为并非职务行为，且不构成表见代理，中建七局与田文华、杨志华之间没有建设工程施工合同关系。理由：

1. 陈德华借用中建七局的资质承接涉案工程，陈德华与中建七局之间系挂靠关系。陈德华持中建七局出具的委托书参加涉案工程的招投标，并以中建七局代理人的身份与中海公司签订建设工程施工合同，对于发包人中海公司而言，其合同相对方为具有资质的中建七局。但就中建七局与陈德华内部关系而言，陈德华并非中建七局员工，却主导了涉案工程从投标、订约、分

① 详见江苏省高级人民法院（2016）苏民终460号民事判决书。

包直至结算的全过程；而中建七局并未参与施工管理，在收到工程款后仅扣取管理费即转支给陈德华，上述情形均满足挂靠的特征，中建七局为出借资质给陈德华的被挂靠人。对该挂靠关系，陈德华在与田文华、杨志华签订《项目合作协议书》时，称“甲方以中建七局名义承接中海工业江都生产基地二期管网二标段施工项目”，其已作自认并已向田文华、杨志华披露。

2. 陈德华将工程交由田文华、杨志华施工的行为系其个人行为，且田文华、杨志华并无理由相信陈德华经中建七局授权而转包以及分包。第一，《项目合作协议书》系陈德华以个人名义与田文华、杨志华签订，其中载明“甲方以中建七局名义承接中海工业江都生产基地二期管网二标段施工项目”，因此，田文华、杨志华在合同签订之时对于陈德华与中建七局为挂靠关系应系明知。第二，尽管田文华、杨志华以中建七局名义进行施工，田文华、杨志华聘用人员支学俊以中建七局名义参与工程竣工验收和结算，但因中建七局仅提供资质并收取管理费，田文华、杨志华并无证据证实中建七局认可田文华、杨志华的行为以及认可其与田文华、杨志华间存在合同关系。第三，中建七局从中海公司处收到工程款后向陈德华支付，其后陈德华向田文华、杨志华支付，对此，田文华、杨志华也认可中建七局从未向其直接支付款项。据此，从合同履行来看，陈德华的行为也仅能认定为个人行为。第四，2013年4月18日的结账清单为唯一一份陈德华以中建七局名义出具的材料，但其后的承诺书以及付款事实表明，陈德华仍以个人名义在处理工程款支付事宜，其曾明确表示“如到期不能兑现后果由陈德华自负”。综上，陈德华将工程转包直至其后结算、付款，均系其个人行为，且陈德华的行为并无代理权之表象，并不构成表见代理。

关于争议焦点二，原审法院认为，中建七局作为被挂靠单位，基于其出借资质并将工程全部交由陈德华个人承包的事实，对于陈德华的欠付款项，其应当与陈德华承担连带责任。理由：

1. 田文华、杨志华具有实际施工人的身份。首先，陈德华与田文华、杨志华签订的《项目合作协议书》为建设工程施工合同，无论是中建七局还是陈德华，均未参与施工管理而仅收取了管理费，田文华、杨志华投入资金、材料和劳力实际完成了工程建设并交付，双方并非普通的承揽合同关系。其次，中建七局出具资质行为违法，不具备施工资质的陈德华擅自将工程转包的行为同样违法，陈德华与田文华、杨志华所签订的《项目合作协议书》应属无效。最后，根据《建设工程施工合同解释（一）》的相关规定，田文华、杨志华作为工程经违法承揽并转包后的实际完成者，应当为实际施工人。

2. 中建七局向不具有资质的个人出借资质，系建设工程施工领域的严重违法行为。基于工程领域的现状以及陈德华个人并无能力组织施工的事实，中建七局对于陈德华会将工程转包应有预见且应当知情。中建七局作为总包单位就工程质量向上对发包人负责，向下应当对陈德华的行为进行管理和制约，而其放任陈德华个人违法转包，放任田文华、杨志华以中建七局的名义在现场施工，其主观上具有过错，客观上应承担责任。

3. 挂靠与转包，二者相同之处为一方仅收取管理费而不参与施工管理，因此，对于实际施工人而言，挂靠和转包在表现形式上具有高度一致性；二者不同之处在于挂靠关系中还有资质出借的事实，因此，挂靠比转包的危害性更大，从住建部关于建筑工程施工违法行为的相关规定来看，挂靠行为受到的行政处罚比转包更重。根据《建设工程施工合同解释（一）》第二十六条，实际施工人可以向转包人、违法分包人甚至发包人主张权利。该规定基于无效合同相对性的减弱，目的在于加强对实际施工人权利的保护。因挂靠与转包在表现形式上具有高度一致性，而挂靠危害性重于转包，因此，按照上述规定，田文华、杨志华可要求中建七局承担连带责任。

关于争议焦点三，原审法院认为，中建七局应向田文华、杨志华支付5851725.84元。理由：

1. 根据《建设工程施工合同解释（一）》第二十六条之规定，实际施工人要求总承包人中建七局对陈德华的工程欠款承担连带责任的，依法应予支持。中建七局辩称其已将工程款全部支付给陈德华，因其并非上述法律规定所称之发包人，其将涉案工程违法交由陈德华承包，并放任陈德华再次转包给田文华、杨志华，其不能主张在欠付工程款范围内承担责任，中建七局是否已向陈德华支付全部工程款，不影响其对陈德华欠付工程款承担连带责任。

2. 关于陈德华的欠款金额。2013 年 4 月 18 日，陈德华与田文华、杨志华已进行结算，对该结账清单，陈德华予以认可，但提出应分别扣减 28.8 万元、15.5 万元和 30 万元三笔款项。其中 28.8 万元，田文华、杨志华在诉状中已认可于 2014 年 1 月 29 日收到。其余两笔款项，因陈德华和中建七局并无证据证实已实际支付，依法不应扣减。据此，陈德华的欠付款项为 5851725.84 元。

3. 关于中建七局承担连带清偿责任的范围。2013 年 4 月 18 日的结算，涵盖了应付工程款、保证金、已付工程款、代收材料款、管理费、税金等，并据此计算出尚欠金额。其中涉及保证金 403.1 万元，为陈德华个人收取。但陈德华收取该保证金，是按照中建七局与中海公司间合同的约定，向中海公司缴纳，其性质为履约保证金，且中海公司应于竣工验收合格后无息退还。因此，保证金是合同得以签订和履行的前提。并且，本案工程早于 2011 年 1 月 14 日全部竣工验收合格，陈德华应在当时退还保证金，因此，陈德华业已支付的款项是工程款还是保证金，本就无法区分。从结账清单上看，双方也将 6139725.84 元表述为欠付工程款。综上，中建七局承担的连带清偿义务，应以结账清单所确定的欠付工程款 6139725.84 元为基础，扣减 28.8 万元后予以确定。

4. 关于中建七局与陈德华以发票未开具为由拒付工程款的主张，该主张无事实和法律依据。理由：其一，根据结账清单中的约定，对于田文华、杨志华所购材料，田文华、杨志华确实负有给付增值税发票的义务，但陈德华并无证据证实欠缺增值税发票所对应的材料以及金额。其二，按照中建七局与中海公司的约定，相应票据最终应作为工程资料全部移交给发包人中海公司。而据原审法院向中海公司所作的调查，欠缺票据尚未提供的责任不应由田文华、杨志华承担：其中的工程建安发票，开具义务主体应为中建七局，且开票的相关税金已在陈德华与田文华、杨志华结算时扣减，由田文华、杨志华实际承担；另有 64 万元增值税发票，应由陕西屹融工贸有限公司开具，因陕西屹融工贸有限公司上海分公司的负责人即陈德华，该公司未开具发票的责任应由陈德华承担。其三，涉案工程早已竣工验收并交付使用，陈德华支付工程款的条件已成就，而相关发票的开具与工程款的支付并非对待给付义务，陈德华以发票未全部开具为由主张先履行抗辩权，依法不能成立。

5. 关于利息。陈德华与田文华、杨志华于 2013 年 4 月 18 日就工程款进行结算，此时工程早已竣工验收且经过造价审计，根据《建设工程施工合同解释（一）》第十八条之规定，陈德华本应于 2013 年 4 月 18 日之前即付清全部工程款。因陈德华至今仍欠付工程款，现田文华、杨志华诉请主张自 2014 年 4 月 18 日起按照中国人民银行发布的同期同类贷款利率计算应付利息，具有事实和法律依据，且中建七局对陈德华支付利息的义务同样承担连带责任。

综上，陈德华欠付田文华、杨志华工程款 5851725.84 元，中建七局对该欠款及相应利息负有连带清偿责任，现田文华、杨志华仅向中建七局一方主张权利，符合连带之债的规定，依法应予支持。中建七局偿还债务后，可向陈德华追偿。据此判决：一、中建七局于判决生效之日起十日内给付田文华、杨志华 5851725.84 元及相应利息；二、中建七局在履行债务清偿义务后可向第三人陈德华追偿。案件受理费 63862 元，由中建七局负担。

中建七局不服，提起上诉。

江苏高院认为：经当事人确认，本案二审的争议焦点为：一、一审程序是否合法；二、涉案工程款数额应如何认定；三、涉案工程款是否具备支付条件；四、田文华、杨志华是否为涉案工程的实际施工人。

关于争议焦点一，本院认为，《民事诉讼法解释》第二百三十二条规定："在案件受理后，法庭辩论结束前，原告增加诉讼请求，被告提出反诉，第三人提出与本案有关的诉讼请求，可以合并审理的，人民法院应当合并审理。"本案中，田文华、杨志华在起诉时是以陈德华代表中建七局签订合同构成职务行为为由，要求中建七局承担工程款给付责任，后经原审法院释明，田文华、杨志华在 2015 年 11 月 9 日的庭审法庭辩论中主张无论陈德华与中建七局是挂靠关系还是转包关系，中建七局对涉案工程款的给付均应承担连带责任，田文华、杨志华不要求陈德华在本案中承担付款责任，坚持要求中建七局承担付款责任。虽然田文华、杨志华要求中建七局承担责任的理由有所变化，但诉讼请求并未增加、变更，且其主张系在法庭辩论终结前提出，中建七局也有针对性地进行了法庭辩论，故原审法院对案件继续审理并作出判决，程序并无违法之处，中建七局关于一审程序违法的主张，本院不予支持。

关于争议焦点二，本院认为，首先，结账清单载明的结算款项包含三项工程的工程款、保证金、已付工程款、代收材料款、其他代付款、其他扣款、税金和管理费，并据此计算出尚欠款6139725.84元，其中保证金包含在尚欠款中。其次，中海公司与中建七局签订的建设工程施工合同中约定中建七局签订合同前必须提交中标价10%的履约保证金，履约保证金于竣工验收合格后无息退还，与之相对应，陈德华与田文华、杨志华签订的《项目合作协议书》中也约定了工程款10%的保证金，田文华、杨志华亦向陈德华支付了保证金403.1万元，可见，该保证金系依据总包合同的约定交纳的，系为保证双方签订和履行建设工程施工合同支付的工程款项，在施工完毕后理应作为工程款的一部分予以返还。再次，涉案工程在2011年1月14日全部验收合格，保证金返还条件已经成就，事后陈德华也陆续支付了部分款项，但无法区分其中是否包含了保证金。最后，陈德华负有返还403.1万元保证金的义务，中建七局违法出借资质由陈德华挂靠施工，理应对陈德华履行涉案工程合同的民事责任承担连带责任，其中也应包括保证金的返还。因此，关于中建七局对403.1万元保证金不应承担责任的主张不能成立。因田文华、杨志华在起诉时已经将403.1万元保证金作为工程款的一部分主张权利，故原审法院对此予以判决并不违反不告不理的原则。原审判决将403.1万元保证金纳入涉案工程款数额，并无不当。

关于争议焦点三，本院认为，依据双务合同的本质，合同抗辩的范围仅限于对价义务。一方不履行对价义务的，相对方才享有抗辩权。支付工程款义务与开具发票的义务是两种不同性质的义务，前者是建设工程施工合同中的主要义务，后者并非合同的主要义务，不具有对等关系，只有对等关系的义务才存在先履行抗辩权的适用条件。本案中，支付工程款是主合同义务，结账清单虽然约定“甲乙双方所提供的增值税发票，在清款之前必须到位”，但并未明确约定田文华、杨志华不及时提供增值税发票，付款方有权拒绝支付工程款，故双方并未将开具发票作为与支付工程款同等的义务，中建七局以田文华、杨志华未提供增值税发票为由主张涉案工程款不具备支付条件，本院不予支持，对此，中建七局可以另行主张权利。

关于争议焦点四，本院认为，挂靠是施工企业允许他人在一定期间内使用自己企业名义对外承揽工程的行为。本案中，中建七局主张与陈德华之间为转包关系而非挂靠关系，但因其无法提供与陈德华签订的转包合同，故其主张无法证实。陈德华持中建七局的授权委托书与中海公司签订的建设工程施工合同，陈德华与田文华、杨志华签订的《项目合作协议书》中载明“甲方以中建七局名义承接中海工业江都生产基地二期管网二标段施工项目”，能够印证陈德华系以中建七局名义承揽的涉案工程，现场施工系以中建七局的名义进行，中建七局不参与施工管理，仅收取管理费，综合上述事实，陈德华与中建七局之间更符合挂靠的法律特征。根据《建筑法》第二十六条第二款的规定，禁止建筑施工企业以任何形式允许其他单位或者个人使用本企业的资质证书、营业执照，以本企业的名义承揽工程。中建七局向不具有资质的陈德华个人出借资质承揽工程，违反了法律强制性规定，判令其对挂靠人因履行涉案工程合同产生的民事责任承担连带责任，包括支付工程款，系对其违法行为的归责。退一步讲，即使中建七局主张的转包关系成立，根据《建设工程施工合同解释（一）》第二十六条的规定，实际施工人有权以转包人、违法分包人为被告主张工程款，中建七局作为违法转包人，对于涉案工程款同样应承担支付责任。实际施工人通常指无效建设工程施工合同的承包人，包括转承包人、违法分包人、挂靠人等。涉案工程由陈德华挂靠中建七局的名义承揽后，无论是中建七局还是陈德华都没有进行实际施工，而是违法分包给田文华、杨志华提供人力、材料、资金全面实际履行了中建七局与中海公司的建设工程施工合同，故田文华、杨志华实际施工人的身份应予确认。中建七局主张田文华、杨志华与陈德华之间形成内部劳务转包关系，没有事实依据，本院不予支持。

综上，中建七局的上诉请求和理由均不能成立。依照《中华人民共和国民事诉讼法》第一百七十条第一款第（一）项之规定，判决如下：驳回上诉，维持原判。二审案件受理费 63862 元，由上诉人中建七局安装工程有限公司负担。

规范指引

《最高人民法院关于审理建设工程施工合同纠纷案件适用法律问题的解释》

第二十六条 实际施工人以转包人、违法分包人为被告起诉的，人民法院应当依法受理。

实际施工人以发包人为被告主张权利的，人民法院可以追加转包人或者违法分包人为本案当事人。发包人只在欠付工程价款范围内对实际施工人承担责任。

《最高人民法院关于审理建设工程施工合同纠纷案件适用法律问题的解释（二）》

第二十四条 实际施工人以发包人为被告主张权利的，人民法院应当追加转包人或者违法分包人为本案第三人，在查明发包人欠付转包人或者违法分包人建设工程价款的数额后，判决发包人在欠付建设工程价款范围内对实际施工人承担责任。

专题四：实际施工人代位权诉讼的司法处理

【核心提示】实际施工人根据《合同法》第七十三条规定，以转包人或者违法分包人怠于向发包人行使到期债权，对其造成损害为由，提起代位权诉讼的，人民法院应予支持。

实务争点

建设工程施工合同司法解释为了加大保护实际施工人的权益，突破了合同相对性原则，在实践和理论上引起了较大争议，在司法实践中也产生了一些弊端。同时，实际施工人可否“另辟蹊径”来保护自己的权益？也就是说，实际施工人能否运用《合同法》关于代位权诉讼的规定？对此，存在不同意见。一种观点认为，实际施工人向与其没有合同关系的发包人主张工程价款的，人民法院不予支持。另一种观点认为，转包人、违法分包人怠于向发包人、承包人行使到期的工程价款债权，实际施工人可以提起代位权诉讼。对此，《建设工程施工合同解释（二）》第二十五条规定：实际施工人根据《合同法》第七十三条规定，以转包人或者违法分包人怠于向发包人行使到期债权，对其造成损害为由，提起代位权诉讼的，人民法院应予支持。

理解适用

对《建设工程施工合同解释（二）》第二十五条规定的理解与适用

建设工程施工合同的有关司法解释赋予了实际施工人可以直接起诉发包人的权利，人民法院在查清发包人欠付转包人或者违法分包人的建设工程价款数额后，判决发包人在欠付工程价款范围内承担民事责任，突破了合同相对性原则，对保护农民工的合法权益起到了积极作用。《建设工程施工合同解释（二）》第二十五条明确规定了实际施工人可以通过合同法所规定的代位权诉讼来实现其合法权益，与建设工程施工合同的有关司法解释所赋予的直接起诉发包人在欠付工程款范围内承担民事责任有“异曲同工之妙”，并扩大了实现债权的范围，更加注重保护实际施工人的合法权益。

一、债权人代位权的法律意义

所谓债权人代位权（简称代位权，因为民法上的代位权不限于债权人的代位权，还包括其他代位权，此处的代位权专指债权人代位权），是指在债务人行使债权时发生懈怠而对债权人造成损害的，债权人以自己的名义代债务人行使其债权的权利。《合同法解释（一）》第十一条对代位权行使的构成要件作出了明确规定：“债权人依照合同法第七十三条的规定提起代位权诉讼，应当符合下列条件：（一）债权人对债务人的债权合法；（二）债务人怠于行使其到期债权，对债权人造成损害；（三）债务人的债权已到期；（四）债务人的债权不是专属于债务人自身的债权。”

由于代位权的行使是以突破合同相对性为代价的，而合同相对性是维系债权人与债务人关系的基本准则，突破这一准则必然要对双方的利益产生重要影响，因而应当兼顾双方的利益。既要注意“保护债权人的债权”，又要兼顾“保护债务人的经济自由”，也就是要维护交易安全与尊重债务人的意思自由这两个价值目标之间的平衡。人民法院在审判实践中准确把握代位权行使要件的关键，就在于如何找到上述两个法律价值之间的平衡。[①]

1. 代位权是债权人代替债务人向次债务人[②]主张权利。按照债权的相对性效力，债权债务关系只能拘束债权人和债务人，债权人只能向债务人主张债权，不能对债务人以外的第三人主张债权，而赋予债权人代位权，即赋予债权人对次债务人主张权利的权利。因此，代位权体现了债权的对外效力。

2. 代位权是一种法定的权利。代位权是由法律直接规定的权利，不需要当事人特别约定。

3. 代位权是债权人以自己的名义行使债务人的权利。代位权是债权人所享有的权利，其行使也是以债权人的名义，因而与代理人的代理权不同，代理人必须以被代理人的名义行使代理权。

二、债权人代位权的构成要件

债权人代位权的行使，应当符合下列要件：

1. 债权人与债务人之间必须存在合法的债权债务关系，这是行使代位权的首要条件。《合同法解释（一）》第十一条第（一）项明确规定“债权人对债务人的债权合法”。这里的“合法”是显而易见的合法，是人民法院受理起诉时的判断，而不是经过严格的审判程序之后的最终定性。至于债权的发生依据则在所不问，合同之债、侵权之债、不当得利之债、无因管理之债均可。合同之债是基于何种类型的合同而产生的，在所不问，转移财产所有权

---

① 杜万华、宋晓明主编：《基层人民法院法规培训教材》（实务卷·民商事审判篇），人民法院出版社2005年版，第523页。

② 《合同法解释（一）》第十三条第二款规定，次债务人即债务人的债务人。在此之前，更多的合同法论述中均把“债务人的债务人”称为第三人。

的合同、完成工作的合同、提供劳务的合同等产生的债权，均可成为代位权的基础。

债权债务确定性的审查问题。所谓“确定”，是指该债权是经过人民法院或仲裁机构裁判后确认的债权，而不是在诉讼或仲裁过程中的债权；或者债务人对该债权没有异议。在审判实践中，应当特别注意对“债权人没有向债务人提起诉讼而直接向次债务人提起代位权诉讼”情形中的确定性审查问题。由于债权人没有向债务人提起诉讼，所以人民法院必须对债权人对债务人的债权是否确定进行审查。最高人民法院明确指出，债权人提起代位权诉讼，要求债权成立不仅指债权的内容不违反法律、法规的规定，而且要求债权的数额应当确定。债权数额的确定既可以表现为债务人、次债务人对债权的认可，也可以经人民法院判决或者仲裁机构裁决加以确认。① 审查标准在于：债务人是否对其与债权人之间的债权存在异议，以及该异议是否成立。如果债务人对债权人的债权没有异议，或者虽然债务人在代位权诉讼中对债权人的债权提出异议，但该异议经审查不成立的，则人民法院可以认定该债权是确定的，并应继续审理代位权诉讼。反之，如果债务人对上述异议经审查成立，则人民法院应当裁定驳回债权人的代位权诉讼。当然，并不要求债务人与次债务人之间的债权债务关系必须确定。②

2. 债务人怠于行使其到期债权且给债权人造成损害。债务人怠于行使其到期债权且给债权人造成损害，这是债权人行使代位权的实质要件。何谓“怠于行使”，即“谓应行使并能行使而不行使，其有无故意过失或其原因如何，在所不问。债权人曾经催告债务人行使其权利与否，亦非所问”。③ 如何理解怠于行使到期债权？如何理解对债权人造成损害？

《合同法解释（一）》第十三条第一款作出了规定：《合同法》第七十三条规定的“债务人怠于行使其到期债权，对债权人造成损害的”，是指债务人不

---

① 详见《最高人民法院公报》2011 年第 11 期（总第 181 期）。

② 杜万华、宋晓明主编：《基层人民法院法规培训教材》（实务卷 · 民商事审判篇），人民法院出版社 2005 年版，第 525 页。

③ 史尚宽：《债法总论》，中国政法大学出版社 2000 年版，第 465 页。

履行其对债权人的到期债务，又不以诉讼方式或者仲裁方式向其债务人主张其享有的具有金钱给付内容的到期债权，致使债权人的到期债权未能实现。

只要债务人对次债务人的债权已到期，债务人未以诉讼或仲裁方式向次债务人主张权利，便构成“债务人怠于行使其到期债权，对债权人造成损害”，债权人即可行使代位权。如江苏省高级人民法院在审理中国农业银行哈尔滨市汇金支行（以下简称汇金农行）与张家港市涤纶长丝厂（以下简称涤纶厂）、第三人哈尔滨工艺品进出口公司（以下简称工艺品公司）发生代位权纠纷案时认为，根据《合同法解释（一）》第十三条的规定，本案中，债务人工艺品公司既未积极向债权人汇金农行履行到期债务，又未通过诉讼或者仲裁方式主张其对次债务人涤纶厂的到期债权，而在其债权到期后，通过签订延期还款协议，将还款时间延长了8年之久，明显损害了债权人汇金农行的合法权益。工艺品公司的上述行为，导致汇金农行的债权不能实现，属于《合同法》第七十三条规定的债务人怠于行使债权。[①] 本案的裁判意见表明，实践中“怠于行使”表现多样，本案债务人延长还款时间，应当属于“怠于行使”的范畴之一。

3. 债务人的债权已到期。《合同法解释（一）》第十一条第（三）项规定“债务人的债权已到期”，此为债权人行使代位权的又一构成要件。只有债务人的债权已到期，债权人才能代债务人而行使，否则，就会侵害次债务人的合法权益。

如果次债务人对债务人的债务尚未届履行期，债务人尚不能对次债务人行使请求权，则债权人不能对次债务人行使代位权。履行期是否届满，应依债务人与次债务人之间关于履行期限的约定来确定；若对履行期未予约定或约定不明，则应依《合同法》第六十二条第（四）项的规定来确定，即以债务人第一次向次债务人提出履行请求中所确定的履行期限为届满的期限，自此时开始视为债务人的债权已到期，债权人可以行使代位权。

4. 债务人的债权不专属于其自身的债权。《合同法解释（一）》第十一条第（四）项规定：“债务人的债权不是专属于债务人自身的债权。”第十二

---

① 详见《最高人民法院公报》2004年第4期（总第90期）。

条进一步规定："合同法第七十三条第一款规定的专属于债务人自身的债权，是指基于扶养关系、抚养关系、赡养关系、继承关系产生的给付请求权和劳动报酬、退休金、养老金、抚恤金、安置费、人寿保险、人身伤害赔偿请求权等权利。"这些规定是对《合同法》第七十三条第一款的部分重申和具体化，是对债权人代位权客体或标的要件的规定。它意味着作为代位权客体的权利，不但仅限于债务人对次债务人所享有的债权，而且必须是非专属于债务人自身的债权。

一般而言，专属于债务人自身的权利有以下四类：第一，非财产性权利。主要指身份上的权利，如监护权、离婚请求权、非婚生子女的认领权及否认权、婚生子女的否认权等。虽然这些权利的行使间接地会对债务人的责任财产产生影响，但是这类权利的行使与否，全凭权利人本人的意志，他人不得代位行使。第二，主要为保护权利人无形利益的财产权。例如，继承或遗赠的承认或抛弃的权利，抚养请求权，因生命、健康、名誉、自由等受到侵害而产生的损害赔偿请求权等，这些权利虽然是因财产利益而产生的权利，但其行使与否以及行使的范围，或者如何使之具体化，则应依权利人本人的主观判断而定，他人不得代位行使。第三，不得让与的权利。主要是指那些基于个人信任关系而发生的债权或者以特定身份关系为基础的债权、不作为债权等。这类权利的成立与存续，与权利人人身具有密切关联，因而不得由他人代位行使。第四，不得扣押的权利。例如，不得扣押劳动报酬、养老金、退休金、救济金、抚恤金等。这类权利关系到劳动者、老年人、伤残者等生存或基本生活问题，为贯彻"保护社会弱者，保障人权"的现代法精神，各国法律无论是公法还是私法，一般都禁止对这些权利采取强制措施，我国法律也概莫能外。[①]

注意被代位的债权必须是金钱债权，以下几类权利不能作为代位权的客体：一是所有权；二是他物权，因为他物权中如抵押权、质权、留置权本质上不属于债权，原则上不能成为代位权的客体；三是以劳务为标的的债权或

① 参见王闯：《对合同法解释（一）的若干理解》，载王利明主编：《民商法司法解释精要》，人民法院出版社2004年版，第168页。

者不作为债权，而且那些不是以金钱给付为标的的债权（如标的物交付）也不能成为代位权的标的。[①]

三、债权人代位权的诉讼

债权人行使代位权需通过人民法院以自己的名义代位行使债务人的权利。债权人代位权行使的效力及于债权人、债务人、次债务人。债权人代位权的诉讼，是指取得代位权的债权人以自己的名义向债务人的次债务人主张债务人的权利而提起的诉讼。债权人代位权的诉讼，应注意下列问题。

（一）地域管辖

根据《合同法解释（一）》第十四条“债权人依照合同法第七十三条的规定提起代位权诉讼的，由被告住所地人民法院管辖”的规定，关于地域管辖，应当明确：

1. 一般原则。《合同法解释（一）》第十四条这样规定，一是符合《民事诉讼法》第二十一条“对公民提起的民事诉讼，由被告住所地人民法院管辖；被告住所地与经常居住地不一致的，由经常居住地人民法院管辖。对法人或者其他组织提起的民事诉讼，由被告住所地人民法院管辖。同一诉讼的几个被告住所地、经常居住地在两个以上人民法院辖区的，各该人民法院都有管辖权”所规定的关于“原告就被告”的一般原则和第二十三条“因合同纠纷提起的诉讼，由被告住所地或者合同履行地人民法院管辖”所规定的关于合同纠纷的管辖原则；二是简便易行，可操作性强，可以有效避免或者减少管辖争议和管辖异议。

2. 与协议管辖的关系。债权人向次债务人提起代位权诉讼的，由被告住所地人民法院管辖，不论债权人与债务人之间、债务人与次债务人之间的合同是否约定有协议管辖的内容。但依照法律规定债务人与次债务人之间的债权债务纠纷由专门人民法院专属管辖的除外。即使债权人与债务人之间、债

---

① 杜万华、宋晓明主编：《基层人民法院法规培训教材》（实务卷·民商事审判篇），人民法院出版社2005年版，第532、534页。

务人与次债务人之间的合同订有有效的仲裁条款，次债务人也不得以仲裁协议为由对债权人提起的代位权诉讼提出管辖异议。

3. 境外当事人的代位权诉讼问题。《合同法解释（二）》第十七条规定："债权人以境外当事人为被告提起的代位权诉讼，人民法院根据《中华人民共和国民事诉讼法》第二百四十一条[①]的规定确定管辖。"该条是对债权人根据《合同法》第七十三条规定提起代位权诉讼，所涉及被告（次债务人）是境外当事人的，应当如何确定管辖所作的解释。债权人提起的代位权诉讼被告是境外当事人的，境内的合同签订地、合同履行地、诉讼标的物所在地、可供扣押财产所在地、侵权行为地或者代表机构住所地的人民法院均可作为管辖法院。

（二）诉的分立

根据《合同法解释（一）》的有关规定，在司法实践中，应当注意的是：

1. 根据《合同法解释（一）》第十五条的规定，债权人以债务人为被告提起诉讼后，又向同一人民法院以次债务人为被告提起代位权诉讼的，人民法院经审查后，认为符合《合同法解释（一）》第十四条规定的"由被告住所地人民法院管辖"的条件，同时又符合《民事诉讼法》第一百一十九条规定的起诉条件的，应当对代位权诉讼立案受理，认为不符合《合同法解释（一）》第十四条规定的条件的，则告知债权人向次债务人住所地的人民法院另行提起代位权诉讼。程序上如此处理的根据在于"一事不可两诉"，同一债权不可重复主张。但考虑到债权数额的差异和诉讼时效问题，为了保障债权最大限度的实现，不宜驳回债权人的第二个起诉。

为了避免程序上的混乱，以债务人为被告提起的诉讼的管辖不能吸收代位权诉讼的管辖，以债务人为被告提起的诉讼依照《民事诉讼法》有关管辖的规定确定管辖法院，代位权诉讼依照《合同法解释（一）》第十四条的规定确定管辖法院。但若依照《民事诉讼法》的规定和《合同法解释（一）》第十四条的规定，以债务人为被告提起诉讼的管辖法院与代位权诉讼的管辖

---

① 该条现已经修改为该法第二百六十五条。

法院为同一法院的，则发生管辖竞合，由同一法院另案受理。

2. 债权人提起代位权诉讼后，又在同一法院或者不同法院以债务人为被告提起诉讼的，人民法院应依照《合同法解释（一）》第十五条的精神作出是否受理的决定。

3. 根据《合同法解释（一）》第十五条第二款的规定，在以债务人为被告提起的诉讼与代位权诉讼并存的情况下，不论哪一个诉讼先提起，受理代位权诉讼的法院都应中止代位权诉讼的审理，因为本诉是否成立、债权人对债务人的债权是否得到法院的确认以及确认的数额、范围等直接决定着代位权诉讼的结果，依照《民事诉讼法》第一百五十条第（五）项的规定，受理代位权诉讼的法院应当中止审理。

4. 根据《合同法解释（一）》第二十二条第一款的规定，在债权人提起的代位权诉讼中，债务人对超过债权人代位请求数额的债权部分以次债务人为被告提起诉讼的，受诉法院应当告知其向有管辖权的人民法院另行起诉。有管辖权的人民法院可能是另一个法院，也可能与代位权诉讼的管辖法院为同一法院，这种情况下则发生管辖竞合，但是无论竞合与否，如果债务人的起诉符合法定条件，人民法院都应当受理；受理以后在代位权诉讼终结以前应当依法中止审理。

（三）代位权诉讼中的当事人地位

根据我国《合同法》第七十三条的规定，债权人得以原告身份提起诉讼，如符合其他起诉条件的，人民法院应当受理。然而，行使代位权涉及的是三方当事人的利益，即债权人、债务人、次债务人。依代位的法律关系，债权人为原告，次债务人为被告，当无疑问，而债务人若参加诉讼，其地位如何，颇有分歧。《合同法解释（一）》第十六条第一款规定："债权人以次债务人为被告向人民法院提起代位权诉讼，未将债务人列为第三人的，人民法院可以追加债务人为第三人。"该规定明确了债务人的诉讼地位为第三人。债务人的加入有助于人民法院查明案件事实，因为债务人是债权人与债务人之间的法律关系、债务人与次债务人之间的法律关系的联结枢纽，对于查证两个法律关系的事实和代位权诉讼能否成立，均具有重要意义，因此人民法院可以将其追加为第三人。

四、债权人代位权的行使

1. 债权人必须以自己的名义行使代位权。债权人是行使代位权的主体，债权人行使代位权必须以自己的名义进行。当债务人有多个债权人时，各债权人在符合法律规定的情况下都可以行使代位权，但如其中某一债权人已经就该项债权行使了代位权，其他债权人即不得再就该债权行使代位权。

2. 代位权应通过诉讼形式行使。只有通过诉讼程序，以人民法院裁判的方式，才能防止债权人滥用代位权随意处分债务人的权利或将债务人的权利用以充抵自己的债权，也才能有效地防止债权人与其他未行使代位权的债权人、债务人以及债务人的债务人之间因代位权的行使而产生各种不必要的纠纷。当然，债权人以非诉讼形式，直接向次债务人行使代位权，次债务人同意直接向债权人清偿，并由此了结其与债务人之间债务关系的，也应当允许；如次债务人不同意直接清偿，由此发生纠纷的，则必须通过诉讼解决。

3. 代位权行使的范围以债权人的债权为限。所谓债权人的债权，是指债务人的所有债权人的债权，而不应仅以行使代位权的债权人的债权为限。行使代位权的债权人并不仅限于保全自己的债权，也不由此取得优先权，债务人的一般债权人，均可因此享受其利益。至于抵偿债权人的债权后的剩余部分，应扣减债权人因行使代位权支出的律师代理费、差旅费等必要费用，如再有剩余，则交债务人或予以提存。

4. 次债务人对债务人的抗辩权可以向债权人主张。债权人行使代位权，实际是行使债务人对次债务人的权利。因此，在代位诉讼中，债权人为原告，次债务人为被告，次债务人对债务人的一般抗辩事由，都可直接向债权人主张。

五、债权人代位权行使的效力

债权人代位权的行使，其效力及于债权人、债务人和次债务人。

（一）对债权人的效力

债权人代位权的行使，对债权人的法律效果如下：

1. 债权人有权直接受偿。依照传统民法的理论和有些国家的立法例与司法实践，代位权诉讼的效力只能及于债务人与次债务人，而不能及于债权人，即代位权行使的效果直接归于债务人，而不能由债权人直接受领，但其受领后，债权人仍可请求债务人向其交付受领的财产。这一原则被称为代位权诉讼的“入库规则”。《合同法解释（一）》对此作了不同的规定，其第二十条规定：“债权人向次债务人提起的代位权诉讼经人民法院审理后认定代位权成立的，由次债务人向债权人履行清偿义务，债权人与债务人、债务人与次债务人之间相应的债权债务关系即予消灭。”根据这一规定，债权人有权直接受领通过代位权诉讼取得的财产。

2. 根据《合同法》第七十三条第二款及《合同法解释（一）》第二十一条的规定，债权人行使代位权的请求数额不得超过债务人所负债务额的范围。同时，债权人所请求的数额中不得超过次债务人对债务人所负债务额的范围。对于超过部分，人民法院不予支持。

3. 根据《合同法》第七十三条第二款的规定，债权人行使代位权的必要费用，由债务人负担。据此，人民法院可以将该必要费用诸如差旅费等计入该债务人向债权人的给付之中。至于代位权诉讼的诉讼费，应根据《合同法解释（一）》第十九条“在代位权诉讼中，债权人胜诉的，诉讼费由次债务人负担，从实现的债权中优先支付”之规定进行。

（二）对债务人的效力

债权人行使代位权时，对债务人的效力表现如下：

1. 债务人对其债权的处分权，是否会因债权人行使代位权而受限制。学界对此有争议。“肯定说”认为丧失处分权，因为代位权行使后，债务人若能就其权利进行妨碍代位权行使的处分行为，如抛弃、免除或让与，代位权制度则失去其作用。此学说以日本、我国台湾地区学者为代表。“否定说”则认为可予以处分，因为债务人的债权并不因债权人代位行使而丧失，而且代位权的行使并非强制执行，因为债务人仍有权处分自己的债权。此学说以法国为代表。两种学说中，肯定说较为妥当。也就是说，债务人违反此限制而进行处分其权利的，如将债权让与第三债务人，则债权人可对于该受让第三债务人主张让与行为无效（但债务人与第三债务人之间的内部关系并不因此无效，第三债务人可对债务人请求损害赔偿）。这样便有利于保障债权人的利益实现，符合代位权的立法目的，否则“代位权根本不能得到行使，债权更得不到保障”。[①]

2. 债权人行使代位权，以自己的名义对次债务人提起诉讼时，如债务人未参加诉讼，其判决的效力，只及于诉讼当事人，即债权人与次债务人，债务人不受判决的约束。因此，债权人败诉时，债务人可另行对次债务人起诉，债务人若参加诉讼，判决的效力应及于债务人，但当债权人胜诉时，债务人不得基于该判决，对次债务人要求执行。

（三）对次债务人的效力

债务人对次债务人的权利，无论是自己行使还是由债权人代位行使，对次债务人的法律地位及其利益均无影响。因此，凡是次债务人可以对抗债务人的一切抗辩，如诉讼时效届满的抗辩、抵销的抗辩、同时履行的抗辩等，都可用来对抗债权人。但是，这种抗辩权一般以代位权行使之前所产生的为限。为此，《合同法解释（一）》第十八条第一款规定：“在代位权诉讼中，次债务人对债务人的抗辩，可以向债权人主张。”

六、实际施工人提起代位权的条件和法律效果

代位权诉讼并不是建设工程施工合同纠纷中的特有制度，而是合同法上关于债权保全的一项制度。前面第一个问题详细阐述了债权人代位权诉讼的相关问题，此处再对实际施工人提起代位权的条件和法律效果予以阐述。

---

① 王利明、崔建远：《合同法新论·总则》，中国政法大学出版社1996年版，第402页。

（一）实际施工人提起代位权诉讼的条件

依据《合同法解释（一）》第十一条的规定，实际施工人提起代位权诉讼的条件应当具备：

1. 实际施工人对转包人或者违法分包人享有合法的债权。转包合同或者违法分包合同因违反法律的强制性规定，属于无效合同。但是，如果实际施工人完成的建设工程质量合格，参照《建设工程施工合同解释（一）》第二条关于“建设工程施工合同无效，但建设工程经竣工验收合格，承包人请求参照合同约定支付工程价款的，应予支持”的规定，转包人或者违法分包人仍应参照合同约定支付工程价款。在审判实践中，只要建设工程质量合格，转包人或者违法分包人就应当支付相应的工程款。

2. 转包人或者违法分包人怠于向发包人行使其到期债权，对实际施工人造成损害。“怠于行使”，关键看其是否在债权履行期限届满后不行使债权，其主观动机无须拷问。如果由于客观原因导致转包人或者违法分包人无法向发包人行使到期债权，也不能认定转包人或者违法分包人怠于行使其对发包人的到期债权。结合《合同法解释（一）》第十三条的规定，转包人或者违法分包人怠于向发包人行使其到期债权，对实际施工人造成损害的条件可以细化为：一是转包人或者违法分包人对实际施工人的债务已经到期。二是转包人或者违法分包人不向实际施工人履行该到期债务。三是转包人或者违法分包人对发包人享有具有金钱给付内容的债权。工程价款债权属于具有金钱给付内容的债权，因此对于转包人或者违法分包人对发包人享有的建设工程价款债权，实际施工人可以代位行使。四是转包人或者违法分包人对发包人享有的具有金钱给付内容的债权已经到期。五是转包人或者违法分包人不以诉讼方式或者仲裁方式向发包人主张已到期的具有金钱给付内容的债权。六是转包人或者违法分包人怠于向发包人主张已到期的具有金钱给付内容的债权，致使实际施工人的到期债权未能实现。[①]

---

① 参见最高人民法院民事审判第一庭编著：《最高人民法院建设工程施工合同司法解释（二）理解与适用》，人民法院出版社 2019 年版，第 514~515 页。

3. 转包人或者违法分包人对发包人的债权已经到期。在实际施工人对发包人提起的代位权诉讼中，发包人有权向实际施工人主张其向转包人或者违法分包人的抗辩。若转包人或者违法分包人对发包人的债权没有到期，发包人又以此作为抗辩理由，则实际施工人不能对发包人行使代位权。

4. 转包人或者违法分包人的债权不是专属于其自身债权。根据《合同法解释（一）》第十二条“合同法第七十三条第一款规定的专属于债务人自身的债权，是指基于扶养关系、抚养关系、赡养关系、继承关系产生的给付请求权和劳动报酬、退休金、养老金、抚恤金、安置费、人寿保险、人身伤害赔偿请求权等权利”的规定，专属于发包人的债权，转包人或者违法分包人不得行使代位权诉讼。

综上所述，在实际施工人对发包人提起的代位权诉讼中，存在两个债权债务关系。一是实际施工人与转包人或者违法分包人之间的债权债务关系。由于转包合同和违法分包合同是无效合同，该债权债务关系并非合同之债。但这并不妨碍实际施工人向发包人提起代位权诉讼。二是转包人或者违法分包人与发包人之间的债权债务关系。承包人转包和违法分包行为无效，并不必然导致其与发包人之间的建设工程施工合同无效。因此，转包人或者违法分包人与发包人之间的债权债务关系可能是合同之债，也可能不是合同之债。同时，转包人或者违法分包人与发包人之间的债权债务关系并不限于建设工程施工合同项下的债权债务关系。实际施工人对发包人行使代位权，必须符合以下条件：这两个债权债务关系均合法；这两个债权债务关系中的债务均已到期，且均未履行；第二个债权债务关系中的转包人或者违法分包人享有的债权以给付金钱为标的且不属于专属其自身的债权；违法分包人与转包人未通过公力救济的方式向发包人主张债权。只有同时符合这几个条件时，实际施工人才能向发包人行使代位权。[①]

① 参见最高人民法院民事审判第一庭编著：《最高人民法院建设工程施工合同司法解释（二）理解与适用》，人民法院出版社2019年版，第516页。

（二）实际施工人行使代位权诉讼的法律效果

根据《合同法解释（一）》第二十条之规定，债权人有权直接受领通过代位权诉讼取得的财产。换言之，实际施工人向发包人提起代位权诉讼，应当判决发包人直接向实际施工人履行清偿义务。发包人向实际施工人履行清偿义务后，发包人与转包人或者违法分包人之间债权债务以及实际施工人与转包人或者违法分包人之间债权债务的相应部分消灭。

依据《合同法解释（一）》第二十一条的规定，债权人行使代位权的请求数额不得超过债务人所负债务额的范围。同时，债权人所请求的数额不得超过次债务人对债务人所负债务额的范围。对于超过部分，人民法院不予支持。也就是说，实际施工人代位转包人或者违法分包人向发包人行使债权，不能超过其对转包人或者违法分包人所享有的债权数额，也不能超过转包人或者违法分包人对发包人所享有的债权数额。

七、司法实践中应当注意的问题

在司法实践中，应当注意如下问题：

1. 实际施工人对发包人提起代位权诉讼的管辖法院。依据《合同法解释（一）》第十四条的规定，债权人提起代位权诉讼的，由被告住所地人民法院管辖。因此，实际施工人对发包人提起代位权诉讼的，原则上由发包人住所地人民法院管辖。但是，实际施工人对发包人提起的代位权诉讼往往涉及建设工程施工合同的价款问题，该价款是基于建设工程施工合同纠纷引起的，依据《民事诉讼法解释》第二十八条第二款的规定，建设工程施工合同纠纷按照不动产纠纷确定管辖，即由建设工程所在地管辖。民事诉讼法及其司法解释所规定的专属管辖优先适用于合同法司法解释关于代位权诉讼的管辖。因此，实际施工人对发包人提起代位权诉讼涉及建设工程价款的，应当由建设工程所在地人民法院管辖，不涉及建设工程价款的，应当由发包人住所地人民法院管辖。

2. 转包人或者违法分包人可以被追加为第三人参加诉讼。实际施工人对发包人提起的代位权诉讼，涉及三方当事人的两个法律关系，实际施工人与发包人无直接的合同关系，是转包人或者违法分包人通过与实际施工人和发包人分别订立的合同在发包人与实际施工人之间建立起联系。因此，为了查明发包人与转包人或者违法分包人的债权债务，就需要追加转包人或者违法分包人作为第三人参加诉讼，使得实际施工人与转包人或者违法分包人、转包人或者违法分包人与发包人之间的债权债务清晰，便于减少诉累，公正裁判。

3. 实际施工人对发包人提起代位权诉讼与相关诉讼的关系。《合同法解释（一）》第二十二条第二款规定：“债务人的起诉符合法定条件的，人民法院应当受理；受理债务人起诉的人民法院在代位权诉讼裁决发生法律效力以前，应当依法中止。”因此，实际施工人对发包人提起代位权诉讼并不妨碍转包人或者违法分包人起诉请求发包人履行债务。但是，在前诉裁判发生法律效力之前，后诉需中止审理。[①]

案例指导

成都市国土资源局武侯分局与招商（蛇口）成都房地产开发有限责任公司债权人代位权纠纷案[②]

【裁判摘要】

一、根据《合同法》第七十三条的规定，因债务人怠于行使其到期债权，对债权人造成损害的，债权人可以向人民法院请求以自己的名义代位行使债务人的债权，但该债权专属于债务人自身的除外。债务人与次债务人约定以代物清偿方式清偿债务的，因代物清偿协议系实践性合同，故若次债务人未实际履行代物清偿协议，则次债务人与债务人之间的原金钱债务并未消灭，债权人仍有权代位行使债务人的债权。

---

① 最高人民法院民事审判第一庭编著：《最高人民法院建设工程施工合同司法解释（二）理解与适用》，人民法院出版社2019年版，第520页。

② 详见《最高人民法院公报》2012年第6期（总第188期）。由于《建设工程施工合同解释（二）》刚刚实施，尚没有实际施工人行使代位权诉讼的指导性案例，因此选取最高人民法院的公报案例，以便读者参考适用。

二、企业改制只是转换企业的组织形式和变更企业的经济性质，原企业的债权债务并不因改制而消灭。根据《最高人民法院关于审理与企业改制相关的民事纠纷案件若干问题的规定》第五条的规定，企业通过增资扩股或者转让部分产权，实现他人对企业的参股，将企业整体改造为有限责任公司或者股份有限公司的，原企业债务由改造后的新设公司承担。故债权人代位行使对次债务人的债权，次债务人改制的，由改制后的企业向债权人履行清偿义务。

申请再审人（一审原告、二审上诉人）：成都市国土资源局武侯分局（以下简称武侯国土局）。

被申请人（一审被告、二审被上诉人）：招商（蛇口）成都房地产开发有限责任公司（以下简称招商房地产公司）。

原审第三人：成都港招实业开发有限责任公司（以下简称成都港招公司）。

原审第三人：海南民丰科技实业开发总公司（以下简称民丰公司）。

申请再审人武侯国土局因与被申请人招商房地产公司、第三人成都港招公司、第三人民丰公司债权人代位权纠纷一案，不服四川省高级人民法院（2008）川民终字第90号民事判决，向本院申请再审，本院于2010年12月10日作出民申字第989号民事裁定，提审本案。

案件基本事实和审理过程：略。

武侯国土局向最高人民法院申请再审称：第一，原二审法院采信招商房地产公司改制前与成都港招公司签订的《债权、债务及资产处置协议》证据是错误的。招商房地产公司由招商局公司改制设立，不论是招商局公司注销工商档案，还是招商房地产公司设立工商档案，都无国资行政部门合法审批手续，且评估单位无国资行政单位颁发的《资产评估资格书》，其改制行为因违法而应无效。1999年招商局公司改制时签订的《债权、债务及资产处置协议》约定土地评估总地价为29448874元，而1997年12月该宗土地评估价为34441941元，二者相差将近500万元，说明改制时故意低估国有资产，导致国有资产的流失。招商局公司改制时将优良资产土地交由改制后的招商房地产公司承继，却把全部债务交由成都港招公司承担，其行为本身就是利用企业改制之机，悬空、逃废债务的行为表现，属恶意串通，损害国家、申请人及其他债权人利益。根据《最高人民法院关于人民法院在审理企业破产和改制案件中切实防止债务人逃废债务的紧急通知》第八条“当事人双方恶意串通，损害国家或债权人利益的，应当依法确认有关协议无效”的规定，应当认定《债权、债务及资产处置协议》无效。第二，原二审法院认为招商房地产公司不应当承继改制前招商局公司债务，缺乏法律依据和事实依据。招商房地产公司是通过增资扩股的方式（由800万元注册资金增资1000万元注册资金）实现他人（四川奇峰房地产开发有限责任公司、叶文金、刘宗明）对企业的参股并将企业改造为有限责任公司的。根据《最高人民法院关于审理与企业改制相关的民事纠纷案件若干问题的规定》第五条“企业通过增资扩股……实现他人对企业的参股，将企业整体改造为有限责任公司……的，原企业债务由改造后的新设公司承担”之规定，招商局公司原债务应由招商房地产公司来承担，但二审法院却未适用该司法解释。招商房地产公司通过承担并偿还招商银行贷款230万美元即人民币19056597.56元债务的方式，取得招商局公司改制前价值3400多万元的土地，就算按改制评估价值2900余万元计算也有1000多万元盈利。原审法院以“招商房地产公司只是保留了原招商局公司的涉案土地并以代其偿还230万美元作为对价”为由认为其不再承担债务，违背了债务承继原则和企业债务随企业财产变动原则。第三，原二审法院单以“注册资金、股东构成、企业性质”作为判断招商局公司与招商房地产公司之间关系，从而得出“并非简单更名关系，原招商局公司欠成都港招公司债务，不能等同于现招商房地产公司所欠成都港招公司债务”的结论，违背企业变更债务承继的法定原则。1999年8月6日，成都市工商行政管理向武侯工商行政管理局出具《企业名称变更核准通知书》载明：“招商局蛇口房地产公司”企业名称变更登记材料收悉。经审查，核准该企业名称变更为“招商蛇口房地产公司”，可以证明招商蛇口房地产公司仅是企业改制名称的变更。招商房地产公司为变更《国有土地使用证》均以“名称变更”为由向成都市国土资源局报送材料，并经成都市国土资源局审查“该宗地使用者名称原为招商局蛇口房地产公司，该公司名称变为招商房地产公司”。原二审法院简单从企业注册资金、股东构成、企业性质方面对两企业进行对比，从而得出两企业并非简单“更名关系”的结论，过于草率。既然是国有企业改制，两个企业前后性质、股东构成肯定不同。法律并未规定企业注册资金、股东构成、企业性质发生了工商变更，变更后的企业不承担企业变更前的债务。综上，请求法院依法撤销本案一、二审判决，依法改判支持其一审诉讼请求，并判令招商房地产公司承担诉讼费和保全费。

最高人民法院认为，本案的诉讼焦点是：武侯国土局能否对招商房地产公司行使代位权。该焦点问题可以分解为两个具体问题：其一，武侯国土局能否对改制前的招商局公司行使代位权？其二，改制后的招商房地产公司应否对原招商局公司的债务承担责任？

关于第一个问题，即武侯国土局能否对改制前的招商局公司行使代位权问题。本院认为，根据《合同法》第七十三条第一款关于“因债务人怠于行使其到期债权，对债权人造成损害的，债权人可以向人民法院请求以自己的名义代位行使债务人的债权，但该债权专属于债务人自身的除外”之规定，债权人代位权是债权人为了保全其债权不受损害而以自己的名义代债务人行使权利。本案中，武侯国土局因土地征地费问题与招商局公司、四川港招公司签订的《债权债务转移合同》以及武侯国土局与四川港招公司签订的《交款合同》已为人民法院生效法律文书确认为有效，武侯国土局对四川港招公司的债权合法确定，因此四川港招公司是武侯国土局的债务人。成都港招公司因在开办四川港招公司过程中出资不实而被生效的裁判文书认定应在注册资金不实的 21441941 元范围内对武侯国土局承担责任，故成都港招公司亦是武侯国土局的债务人，武侯国土局对成都港招公司的债权亦属合法且已确定。成都港招公司与招商局公司于 1998 年 4 月 12 日签订《债权债务清算协议书》，约定招商局公司应将其泰丰国际商贸中心项目用地土地使用权以评估价 34441941 元抵偿其所欠成都港招公司的 3481.55 万元的债务。该协议书系双方当事人真实意思表示，不违反法律、行政法规强制性规定，应属有效。根据该协议，招商局公司对成都港招公司负有 3481.55 万元的金钱债务，招商局公司对成都港招公司负有给付泰丰国际商贸中心项目用地土地使用权的义务。本院认为，成都港招公司与招商局公司双方协议以土地作价清偿的约定构成了代物清偿法律关系。依据民法基本原理，代物清偿作为清偿债务的方法之一，是以他种给付代替原定给付的清偿，以债权人等有受领权的人现实地受领给付为生效条件，在新债务未履行前，原债务并不消灭，当新债务履行后，原债务同时消灭。本案中，成都港招公司与招商局公司虽然签订了《债权债务清算协议书》并约定以“以地抵债”的代物清偿方式了结双方债务，但由于该代物清偿协议并未实际履行，因此双方原来的3481.55万元的金钱债务并未消灭，招商局公司仍对成都港招公司负有3481.55万元的金钱债务。据此，招商局公司是成都港招公司的债务人，进而是武侯国土局的次债务人。根据《合同法》第七十三条以及本院《合同法解释（一）》第十一条、第十三条之规定，因为成都港招公司既未向武侯国土局承担注册资金不实的赔偿责任，又未以诉讼或者仲裁方式向招商局公司主张已到期债权，致使债权人武侯国土局的债权未能实现，已经构成《合同法》第七十三条规定的“债务人怠于行使其到期债权，对债权人造成损害”，因此，武侯国土局有权代位行使成都港招公司基于《债权债务清算协议书》而对招商局公司享有的合法金钱债权，但该代位权的行使范围应以其对成都港招公司的债权即注册资金不实的21441941元范围为限。

关于第二个问题，即改制后的招商房地产公司应否对原招商局公司的债务承担责任。本院认为，本案现已查明的事实表明，成都港招公司本来就对四川港招公司出资不实，未将其应当投入四川港招公司的价值21441941元的泰丰国际商贸中心项目用地土地使用权投入四川港招公司，却于1999年7月20日与武侯国土局、四川港招公司签订《债务关系转移合同》，将其欠武侯国土局的征地费21833446.5元转移给其出资不实设立的四川港招公司。在该《债务关系转移合同》签订后尚不到一个月，成都港招公司便于同年8月10日与招商局公司签订《债权、债务及资产处置协议》，将招商局公司改制为招商房地产公司，将本应投入四川港招公司的泰丰国际商贸中心项目用地土地使用权留给了改制后的招商房地产公司并由其负责偿还招商局公司欠招商银行的230万美元贷款，其余资产及其债权、债务以及职工安置均由成都港招公司承担。同年8月22日，招商局公司办理了《企业申请注销登记注册书》，并于8月23日因改制而注销。该改制系采取增资扩股的方式进行，即招商局公司在由800万元注册资金增资1000万元注册资金的同时，将其对增资后更名的招商房地产公司享有的1000万元股权转让给四川奇峰房地产开发有限责任公司、叶文金、刘宗明，从而实现他人对企业的参股并将企业改造为有限责任公司。招商局公司与成都港招公司的上述出资不实、债务转移、债权债务和资产处置以及采增资扩股方式的企业改制等一系列行为，暂且不论其是否真正存在恶意逃债、损害债权人利益的动机和目的，但实际结果的确导致武侯国土局不能实现对四川港招公司和成都港招公司的债权，令本院不得不对其上述系列行为的动机产生怀疑。为了更好地审理企业改制相关的民事纠纷案件，最高人民法院专门制定了《关于审理与企业改制相关的民事纠纷案件若干问题的规定》，该规定所确立的法人财产原则、企业债务承继原则以及企业债务随企业财产变动原则，旨在防止企业在改制过程中造成企业财产流失，避免损害债权人的利益。本院认为，企业改制或者改造只是企业变更的一种形式，根据法人财产原则和企业债务承继原则，变更设立后的公司应当承继原企业的债权债务。虽然招商局公司在改制时与成都港招公司签订了《债权、债务及资产处置协议》，但无论是招商局公司对成都港招公司负有的3481.55万元的债务，还是招商局公司欠招商银行的230万美元的贷款，均是招商局公司改制前的对外负债，根据法人财产原则以及企业债务承继原则，改制后的招商房地产公司均应负责偿还改制前的招商局公司的债务。尽管改制后的招商房地产公司在注册资金数额、股东构成、企业性质等方面均有别于原招商局公司，但企业改制只是转换企业的组织形式和变更企业的经济性质，原企业的债权债务并不因改制而消灭。根据法人财产原则和企业债务承继原则以及本院《关于审理与企业改制相关的民事纠纷案件若干问题的规定》第五条关于“企业通过增资扩股……实现他人对企业的参股，将企业整体改造为有限责任公司或者股份有限公司的，原企业债务由改造后的新设公司承担”之规定，原招商局公司对成都港招公司的债务应由改制后的招商房地产公司承担。故武侯国土局将招商房地产公司作为次债务人，要求其承担原招商局公司所欠成都港招公司的债务，不仅符合《合同法》第七十三条和本院《合同法解释（一）》关于债权人代位权制度及其构成要件之规定，而且符合本院《关于审理与企业改制相关的民事纠纷案件若干问题的规定》的原则和规定。因此，武侯国土局关于要求招商房地产公司承担原招商局公司所欠成都港招公司债务的请求，于法有据，应予支持，招商房地产公司应在21441941元范围内向武侯国土局承担清偿责任。根据本院《合同法解释（一）》第二十条关于“债权人向次债务人提起的代位权诉讼经人民法院审理后认定代位权成立的，由次债务人向债权人履行清偿义务，债权人与债务人、债务人与次债务人之间相应的债权债务关系即予消灭”之规定，招商房地产公司向武侯国土局履行21441941元的清偿责任后，武侯国土局与成都港招公司、武侯国土局与四川港招公司、成都港招公司与招商房地产公司（原招商局公司）之间相应的债权债务关系即予消灭。

综上，最高人民法院认为，武侯国土局对成都港招公司所享有的债权合法有效，成都港招公司对原招商局公司所享有的债权亦经生效法律文书所确定，合法有效并已到期；成都港招公司既未向武侯国土局承担注册资金不实的赔偿责任，又怠于行使其对招商局公司或者改制后的招商房地产公司的到期债权，致使武侯国土局的债权未能实现，故武侯国土局关于要求招商房地产公司承担原招商局公司所欠成都港招公司债务的再审请求和理由成立，本院予以支持。原一、二审判决认定事实基本清楚，但适用法律不当，本院予以纠正。依照《中华人民共和国合同法》第七十三条，《最高人民法院关于适用〈中华人民共和国合同法〉若干问题的解释（一）》第十三条、第十九条、第二十条，《最高人民法院关于审理与企业改制相关的民事纠纷案件若干问题的规定》第五条以及《中华人民共和国民事诉讼法》（1991年版）第一百五十三条第一款第（二）项、第一百八十六条之规定，判决如下：一、撤销四川省高级人民法院（2008）川民终字第90号、四川省成都市中级人民法院（2007）成民初字第19号民事判决；二、招商（蛇口）成都房地产开发有限责任公司向成都市国土资源局武侯分局支付21441941元；三、上述给付义务履行后，成都市国土资源局武侯分局与成都港招实业开发有限责任公司、成都市国土资源局武侯分局与四川港招实业股份有限公司、成都港招实业开发有限责任公司与招商（蛇口）成都房地产开发有限责任公司之间相应的债权债务关系即予消灭。一审、二审案件诉讼费各117220元，诉讼保全费110520元，由招商（蛇口）成都房地产开发有限责任公司负担。

规范指引

《中华人民共和国合同法》

第七十三条 因债务人怠于行使其到期债权，对债权人造成损害的，债权人可以向人民法院请求以自己的名义代位行使债务人的债权，但该债权专属于债务人自身的除外。

代位权的行使范围以债权人的债权为限。债权人行使代位权的必要费用，由债务人负担。

《最高人民法院关于适用〈中华人民共和国合同法〉若干问题的解释（一）》

第十一条 债权人依照合同法第七十三条的规定提起代位权诉讼，应当符合下列条件：

（一）债权人对债务人的债权合法；

（二）债务人怠于行使其到期债权，对债权人造成损害；

（三）债务人的债权已到期；

（四）债务人的债权不是专属于债务人自身的债权。

第十二条 合同法第七十三条第一款规定的专属于债务人自身的债权，是指基于扶养关系、抚养关系、赡养关系、继承关系产生的给付请求权和劳动报酬、退休金、养老金、抚恤金、安置费、人寿保险、人身伤害赔偿请求权等权利。

第十三条 合同法第七十三条规定的“债务人怠于行使其到期债权，对债权人造成损害的”，是指债务人不履行其对债权人的到期债务，又不以诉讼方式或者仲裁方式向其债务人主张其享有的具有金钱给付内容的到期债权，致使债权人的到期债权未能实现。

次债务人（即债务人的债务人）不认为债务人有怠于行使其到期债权情况的，应当承担举证责任。

第十四条 债权人依照合同法第七十三条的规定提起代位权诉讼的，由被告住所地人民法院管辖。

第十五条 债权人向人民法院起诉债务人以后，又向同一人民法院对次债务人提起代位权诉讼，符合本解释第十四条的规定和《中华人民共和国民事诉讼法》第一百零八条规定的起诉条件的，应当立案受理；不符合本解释第十四条规定的，告知债权人向次债务人住所地人民法院另行起诉。

受理代位权诉讼的人民法院在债权人起诉债务人的诉讼裁决发生法律效力以前，应当依照《中华人民共和国民事诉讼法》第一百三十六条第（五）项的规定中止代位权诉讼。

第十六条　债权人以次债务人为被告向人民法院提起代位权诉讼，未将债务人列为第三人的，人民法院可以追加债务人为第三人。

两个或者两个以上债权人以同一次债务人为被告提起代位权诉讼的，人民法院可以合并审理。

第十九条　在代位权诉讼中，债权人胜诉的，诉讼费用由次债务人负担，从实现的债权中优先支付。

第二十条　债权人向次债务人提起的代位权诉讼经人民法院审理后认定代位权成立的，由次债务人向债权人履行清偿义务，债权人与债务人、债务人与次债务人之间相应的债权债务关系即予消灭。

第二十一条　在代位权诉讼中，债权人行使代位权的请求数额超过债务人所负债务额或者超过次债务人对债务人所负债务额的，对超出部分人民法院不予支持。

第二十二条　债务人在代位权诉讼中，对超过债权人代位请求数额的债权部分起诉次债务人的，人民法院应当告知其向有管辖权的人民法院另行起诉。

债务人的起诉符合法定条件的，人民法院应当受理；受理债务人起诉的人民法院在代位权诉讼裁决发生法律效力以前，应当依法中止。

《最高人民法院关于审理建设工程施工合同纠纷案件适用法律问题的解释（二）》

第二十五条　实际施工人根据合同法第七十三条规定，以转包人或者违法分包人怠于向发包人行使到期债权，对其造成损害为由，提起代位权诉讼的，人民法院应予支持。

第二部分

建设工程施工合同效力的司法处理

工程施工合同受到不同领域的多部法律及其他规范性文件调整。法律、行政法规和部门规章中调整建设工程施工合同的强制执行规范就有60多条，如果违反这些规范都以违反法律强制性规定为由认定合同无效，不利于维护合同稳定性，也不利于保护各方当事人的合法权益，还会破坏建筑市场的正常秩序。[①]同时，建设工程施工合同被确认无效后，由于建设工程施工合同标的物的特殊性，并不能严格按照《合同法》所规定的合同无效的处理原则进行处理，应当具体问题具体分析。因此，本部分依据《建设工程施工合同解释（一）》和《建设工程施工合同解释（二）》关于建设工程施工合同效力的规定，主要弄清下列问题：一是建设工程施工合同无效情形的司法认定。建设工程施工合同具有下列情

---

① 最高人民法院民事审判第一庭编著:《最高人民法院建设工程施工合同司法解释的理解与适用》，人民法院出版社2004年版，第8页。

形之一的，应当根据《合同法》第五十二条第（五）项的规定，认定无效：（1）承包人未取得建筑施工企业资质或者超越资质等级的；（2）没有资质的实际施工人借用有资质的建筑施工企业名义的；（3）建设工程必须进行招标而未招标或者中标无效的。二是未取得建设工程规划审批手续签订合同效力的司法认定。当事人以发包人未取得建设工程规划许可证等规划审批手续为由，请求确认建设工程施工合同无效的，人民法院应予支持。发包人在起诉前取得建设工程规划许可证等规划审批手续的，应当认定合同有效。但是，发包人能够办理审批手续而未办理，并以未办理审批手续为由请求确认建设工程施工合同无效的，人民法院对此恶意行为不予支持。三是“黑白合同”的效力认定及判断标准。招标人和中标人另行签订的建设工程施工合同约定的工程范围、建设工期、工程质量、工程价款等实质性内容与中标合同不一致，一方当事人请求按照中标合同确定权利义务的，人民法院应予支持。招标人和中标人在中标合同之外就明显高于市场价格购买承建房产、无偿建设住房配套设施、让利、向建设单位捐赠财物等另行签订合同，变相降低工程价款，一方当事人以该合同背离中标合同实质性内容为由请求确认无效的，人民法院应予支持。四是劳务分包与工程转包的司法认定。具有劳务作业法定资质的承包人与总承包人、分包人签订的劳务分包合同，当事人以转包建设工程违反法律规定为由请求确认无效的，不予支持。五是建设工程施工合同无效后工程的处理原则。建设工程施工合同无效，但建设工程经竣工验收合格，承包人请求参照合同约定支付工程价款的，应予支持。建设工程施工合同无效，且建设工程经竣工验收不合格的，按照以下情形分别处理：（1）修复后的建设工程经竣工验收合格，发包人请求承包人承担修复费用的，应予支持；（2）修复后的建设工程经竣工验收不合格，承包人请求支付工程价款的，不予支持。因建设工程不合格造成的损失，发包人有过错的，也应承担相应的民事责任。六是建设工程施工合同无效损失赔偿的司法处理。建设工程施工合同无效，一方当事人请求对方赔偿损失的，应当就对方过错、损失大小、过错与损失之间的因果关系承担举证责任。损失大小无法确定，一方当事人请求参照合同约定的质量标准、建设工期、工程价款、支付时间等内容确定损失大小的，人民法院可以结合双方过错程度、过错与损失之间的因果关系等因素作出裁判。七是出借用资质的民事责任承担。缺乏资质的单位或者个人借用有资质的建筑施工企业名义签订建设工程施工合同，发包人请求出借方与借用方对建设工程质量不合格等因出借资质造成的损失承担连带赔偿责任的，人民法院应予支持。八是建设工程施工合同中垫资条款的效力认定。当事人对垫资和垫资利息有约定，承包人请求按照约定返还垫资及其利息的，应予支持，但是约定的利息计算标准高于中国人民银行发布的同期同类贷款利率的部分除外。当事人对垫资没有约定的，按照工程欠款处理。当事人对垫资利息没有约定，承包人请求支付利息的，不予支持。

专题一：建设工程施工合同无效情形的司法认定

【核心提示】建设工程施工合同具有下列情形之一的，应当根据《合同法》第五十二条第（五）项的规定，认定无效：（1）承包人未取得建筑施工企业资质或者超越资质等级的；（2）没有资质的实际施工人借用有资质的建筑施工企业名义的；（3）建设工程必须进行招标而未招标或者中标无效的。

实务争点

建设工程施工领域中，无效合同大量出现、无法按约实施，特别是在对于《合同法》第五十八条规定合同无效后果的研究相对缺失的背景下，一方面容易导致承包双方及实际施工人的利益失衡甚至变相纵容不诚信行为，另一方面严重影响当事人行为预期和市场运行秩序。对此，有观点认为，应淡化资质对合同效力的影响，回归“保证建筑工程的质量和安全”之立法目的，如果建设工程竣工验收合格，仅以承包方不具备相应资质为由主张合同无效应不予支持。也有观点认为，目前对于建设工程领域招投标的规定过于苛刻，比如《工程建设项目招标范围和规模标准规定》中关系社会公共利益、公众安全的公用事业项目的范围包括商品房限制过于严格，工程建设项目施工单项合同估算200万元以上的必须进行招标过于苛刻，应放宽对于招投标无效认定的限制。此观点在无效合同频繁、当事人利益失衡，乃至当事人故意追求合同无效取得额外利益的背景下有一定的道理，相关行政部门亦对此关注并日益完善。对此，《建设工程施工合同解释（一）》第一条规定：“建设工程施工合同具有下列情形之一的，应当根据合同法第五十二条第（五）项的规定，认定无效：（一）承包人未取得建筑施工企业资质或者超越资质等级的；（二）没有资质的实际施工人借用有资质的建筑施工企业名义的；（三）建设工程必须进行招标而未招标或者中标无效的。”第四条规定：“承包人非法转包、违法分包建设工程或者没有资质的实际施工人借用有资质的建筑施工企业名义与他人签订建设工程施工合同的行为无效。人民法院可以根据民法通则第一百三十四条规定，收缴当事人已经取得的非法所得。”第五条规定：“承包人超越资质等级许可的业务范围签订建设工程施工合同，在建设工程竣工前取得相应资质等级，当事人请求按照无效合同处理的，不予支持。”

理解适用

对《建设工程施工合同解释（一）》第一条、第四条、第五条规定的理解与适用

合同性质及其效力认定是民商事合同案件审理的基础。在建设工程施工合同纠纷中，合同效力的认定备受争议，理论研究与司法实务标准不一。无效合同是指合同虽然已经成立，但因其在内容上违反了法律、行政法规的强制性规定或损害国家利益、社会公共利益而无法律效力的合同。《民法总则》第一百五十三条规定：违反法律、行政法规的强制性规定的民事法律行为无效，但是该强制性规定不导致该民事法律行为无效的除外。违背公序良俗的民事法律行为无效。在建设工程施工合同纠纷中，据南方某地法院统计，有30% 的合同被认定为无效。早在2009 年的《最高人民法院关于当前形势下审理民商事合同纠纷案件若干问题的指导意见》中指出，应当综合法律法规的意旨，权衡相互冲突的权益，诸如权益种类、交易安全及其规制的对象等，综合认定强制性规定的类型。确认合同无效，应当以全国人大及其常委会制定的法律和国务院制定的行政法规为依据，不得以地方性法规、行政规章为依据。强制性规定分为效力性强制性规定和管理性强制性规定，《合同法》第五十二条第（五）项规定的强制性规定指的是效力性强制性规定。二者区分的标准为：（1）法律法规明确规定一旦违反将导致合同无效，属于效力性强制性规定；（2）法律法规虽未明确规定违反将导致合同无效，但若使合同继续有效并获得履行将损害国家利益和社会公共利益的，也应当认定为效力性强制性规定；（3）法律法规未明确规定违反将导致合同无效，但若使合同继续有效并得到履行，不会损害国家利益和社会公共利益的，属于管理性强制性规定。

实践中建设工程施工合同无效的原因主要有以下几个方面：一是不具备相应建筑施工企业资质，《建设工程施工合同解释（一）》第一条规定承包人未取得建筑施工企业资质或超越资质等级、没有资质的实际施工人借用有资质的建筑施工企业名义的，合同应当认定无效；二是违反招投标法律规定，建设工程必须进行招标而未招标或者中标无效的，建设工程施工合同无效；三是非法转包与违法分包，《建设工程施工合同解释（一）》第四条规定承包人非法转包、违法分包建设工程的，建设工程施工合同无效。

目前对于建设工程合同效力认定应该把握两个原则：一是正确认定契约自由与契约正义的关系。合同效力体现国家强制与私法强制的关系。尊重契约自由是人民法院民商事审判工作坚持的六个原则之一，我国已经逐步建立以“严格合同主义”为特征的合同法律体系，提倡契约精神、尊重契约自由。但应当正确处理契约自由与契约正义的关系，契约自由是基础，通过尊重契约自由，充分发挥市场主体的能动性，促进提升市场经济活力，增加社会财富；契约正义属于立法的分配正义，是克服契约自由弊端的矫正器，司法实践中应当严格按照法律及司法解释规定来认定建设工程施工合同性质及效力。二是正确认识建设工程合同的特殊性。建设工程质量关系到人民群众的基本生活，关系到国家的基础设施建设和国民经济的正常运转，所有工程建设都要坚持“百年大计，质量第一”的要求。为加强建设工程质量，有必要建立严格的建设工程质量监管机制。建筑施工企业资质及招投标管理即为建设工程质量管理的“车之双轮，鸟之两翼”。目前在立法尚未作出专门规定的情况下，仍要严格适用合同法、建筑法、招标投标法、城乡规划法及《建设工程施工合同解释（一）》第一条和第四条关于合同无效情形的规定，对于应当招标而未招标或中标无效，非法转包、违法分包、肢解分包，不具有相应资质等级等签订建设工程施工合同的，应当依法认定无效。①

---

① 人民法院出版社法规编辑中心编：《建设工程施工合同司法解释及司法观点全编》，人民法院出版社 2019 年版，第 60 页。

一、承包人未取得建筑施工企业资质或者超越资质等级承揽建设工程的

这里的承包人主要指建筑施工企业。建筑施工企业是指从事建筑施工生产活动的独立生产、独立经营、独立核算的经济组织。建筑施工企业包括建筑工程施工总承包企业、建筑工程承包企业和建筑专项分包企业三类。建筑工程施工总承包企业，是指从事建筑工程施工阶段总承包活动的企业。对工程从立项到交付使用全过程承包的企业应当具备施工图设计、工程施工、设备采购、材料订货、工程技术开发应用、配合生产使用部门进行生产准备直到竣工投产等能力。建筑工程承包企业，是指从事建筑工程施工承包活动的企业。建筑专项分包企业，是指从事建筑工程施工专项分包活动和承包限额以下小型工程活动的企业。关于限额小型建筑工程的范围，根据目前的有关规定，由省、自治区、直辖市人民政府建设行政主管部门确定。由于建设工程质量是建设工程的生命，而建筑施工企业的建筑施工能力是保证建设工程质量的前提条件，故而《建筑法》对建筑施工企业实行资质强制管理制度。《建筑法》规定建设行政主管部门根据建筑施工企业的现实条件对建筑施工企业做不同的资质等级划分，并将法定资质等级作为建筑施工企业承揽建筑工程的前提条件，建筑施工企业取得的资质等级决定其承揽工程的范围。《建筑法》第十三条规定，从事建筑活动的建筑施工企业、勘察单位、设计单位和工程监理单位，按照其拥有的注册资本、专业技术人员、技术装备和已完成的建筑工程业绩等资质条件，划分为不同的资质等级，经资质审查合格，取得相应的资质等级证书后，方可在其资质等级许可的范围内从事建筑活动。第二十六条规定，承包建筑工程的单位应当持有依法取得的资质证书，并在其资质等级许可的业务范围内承揽工程。禁止建筑施工企业超越本企业资质等级许可的业务范围或者以任何形式用其他建筑施工企业的名义承揽工程。从事建筑活动单位的资质审查制度是指勘察、设计单位、建筑施工企业、工程监理单位经建设行政主管部门进行资质审查、取得相应等级资质证书并在资质等级许可的范围内从事建筑活动的制度。资质是指人员素质、管理水平、资金数量、技术装备和建筑工程业绩等。所谓资质等级是指按照人员素质、管理水平、资金数量、技术装备和建筑工程业绩等情

形划分从事建筑活动的级别。

从事建筑活动的勘察、设计单位、建筑施工企业和工程监理单位应当具备下列条件：（1）有符合国家规定的注册资本。注册资本是指设立建筑施工企业的出资人实际缴纳并在企业登记机关登记的出资数额。（2）有与其从事的建筑活动相适应的具有法定执业资格的专业技术人员。这是对专业技术人员的要求。专业技术人员一是要具有法定的执业资格，必须经过考核合格持有有关部门颁发的资格证书；二是该单位的专业技术人员持有的执业资格证书必须同所在单位从事的建筑活动相适应。一级建筑施工企业不能招收只能从事三级建筑施工活动的专业技术人员。《建筑法》第十四条规定，从事建筑活动的专业技术人员，应当依法取得相应的执业资格证书，并在执业资格证书许可的范围内从事建筑活动，如国务院在《注册建筑师条例》中规定，注册建筑师，是指依法取得注册建筑师证书并从事房屋建筑设计及相关业务的人员。注册建筑师分为一级建筑师和二级建筑师。注册建筑师考试合格，取得相应的建筑师资格的，可以申请注册。（3）有从事相关建筑活动所相应的技术装备。这是对技术装备的要求。不同的建筑活动，所要求的技术装备是不一样的。按照本条规定，技术装备要与所从事的建筑活动相适应。从事建筑活动的勘察、设计、监理、建筑施工企业，按照其拥有的注册资本、专业技术人员和已完成的建筑工程业绩等资质条件，划分为不同的资质等级。禁止建筑施工企业以任何形式允许其他单位或者个人使用本企业的资质证书、营业执照，以本企业的名义承揽工程。

《建筑法》及相关部门规章对建筑施工企业取得相应资质的标准及资质范围内可以从事的建筑施工活动作出了明确的规定。任何依据现实条件进行放宽标准的行为，都不应当与法律规定相抵触。《建筑法》对建筑施工企业资质等级的强制性规定，在于严格审核建筑施工企业进入建筑施工市场的条件，以保证建筑工程质量。任何对“建筑施工企业承揽工程必须与其资质等级相一致”的放宽，都会给建筑工程质量带来隐患，与《建筑法》的立法目的相抵触。故而，对此问题，应严格按照法律规定来予以理解和掌握。①

① 最高人民法院民事审判第一庭编著：《最高人民法院建设工程施工合同司法解释的理解与适用》，人民法院出版社2015年版，第27页。

二、没有资质的实际施工人使用有资质的建筑施工企业名义承揽工程的合同无效

我国房地产业的快速发展，使得建筑业市场空前繁荣。建筑业市场需求的扩大及高额的利润回报，吸引大量的企业进入建筑行业，但《建筑法》对建筑施工企业的从业资格作了严格的限定，明确规定从事建筑活动的建筑施工企业取得相应等级的资质证书后，方可在其资质等级许可的范围内从事建筑活动。并同时规定，禁止建筑施工企业以任何形式用其他建筑施工企业的名义承揽工程。禁止建筑施工企业以任何形式允许其他单位或者个人使用本企业的资质证书、营业执照，以本企业的名义承揽工程。禁止总承包单位将工程分包给不具备相应资质条件的单位。这种情势下，有相当一部分企业由于不具备取得法定资质的条件，又被建筑行业的利润所吸引，故而通过各种方法借用具有法定资质企业的名义对外承揽工程。在民营企业当中，由于民营企业起步时规模较小、资金不足，建设能力较弱，故而无法取得法定的建设工程资质等级，因此借用具有法定资质条件的建筑施工企业名义对外承揽工程是一种普遍现象。在建筑行业中，这种现象规避了行政管理机关对建筑施工企业资质条件的管理，扰乱了建筑市场秩序，严重影响了建设工程的质量。在审判实践中，无法定资质企业借用具有法定资质企业名义对外承揽工程的合同纠纷时有发生，但由于缺少处理这类合同的明确法律依据，导致各地人民法院对此类合同如何处理掌握的原则不一致，不能及时解决纠纷，遏制违法行为，规范建筑市场，维护经济秩序。故而，本条司法解释明确规定借用具有法定资质企业名义承揽工程的合同无效。在司法解释征求意见时，有意见认为，鉴于不具有法定资质的民营企业使用具有法定资质建筑施工企业名义对外承揽工程情况的普遍存在，不应认定这类合同全部无效，否则，容易遏制民营企业的发展，不利于推动我国经济的快速发展。

此种意见不可取，理由是，虽然民营企业借用具有法定资质建筑施工企业名义对外承揽工程的情况普遍存在，但这种普遍存在的情况是违反法律禁止性规定的，如果我们放宽对无资质企业借用具有法定资质企业名义对外承揽工程的限制，牺牲的是法律规定的价值，最终导致的是建筑业市

场的混乱，影响建筑业市场的健康有序发展，影响建筑工程质量，给国家和人民的生命财产安全带来威胁。我们严格规定建筑施工企业的资质条件，可以促进民营企业健康发展。施工人没有资质而使用有资质建筑施工企业名义承揽工程的形式有很多，有无资质的施工人挂靠具有资质的施工企业，无资质的施工人变相作为具有资质的施工企业的内部承包单位，无资质施工人与具有资质施工企业名义上的联营等。最高人民法院在制定《建设工程施工合同解释（一）》时，曾试图将借用具有资质施工企业名义对外承揽工程的形式予以概括，由于无资质的施工人借用其他建筑施工企业资质形式的多样性及不断发展变化，对其概括没有实践基础。因此，《建设工程施工合同解释（一）》没有对使用具有法定资质条件企业名义对外承揽工程的形式进行概括，而将这一认定交给了法官，由法官根据案件的具体事实，来认定是否构成无资质施工人借用具有法定资质施工企业名义对外承揽工程。

三、建设工程必须进行招标而未招标或者中标无效的

这一条规定的法律依据是《中华人民共和国招标投标法》（以下简称《招标投标法》）。该法第三条第一款规定，在中华人民共和国境内进行下列工程建设项目包括项目的勘察、设计、施工、监理以及与工程建设有关的重要设备、材料等的采购，必须进行招标：（1）大型基础设施、公用事业等关系社会公共利益、公共安全的项目；（2）全部或者部分使用国有资金投资或者国家融资的项目；（3）使用国际组织或者外国政府贷款、援助资金的项目。《招标投标法》是规范建筑市场招投标活动的具有公法性质的一部法律，目的是通过规范建筑项目的招投标活动，进而保护国家利益和社会公共利益及公共安全。本司法解释规定必须招标的项目而没有招标的，建设工程合同无效，符合《招标投标法》立法目的及宗旨。《招标投标法》第五十条、第五十二条、第五十三条、第五十四条、第五十五条、第五十七条规定了中标无效的六种情形。按照该法规定，中标是发包单位与承建单位签订建设施工合同的前提条件，只有符合法律规定的中标，才会形成合法的建设工程施工合同。中标无效，必然导致建设工程施工合同无效。规定上述合同无效，有利于规范建

筑项目的招标投标行为，进而达到规范建筑市场的目的。

四、非法转包与违法分包

《建筑法》从规范建筑业市场，保证建设工程质量的目的出发，明确规定禁止承包人非法转包、违法分包建设工程。禁止未取得资质等级证书的企业承揽工程。但在建筑业市场中，有些承包人为追求不正当利益，将承包的建设工程非法转包、违法分包。无资质的施工企业为承揽工程，常常通过各种形式使用法定资质建筑施工企业名义与他人签订建设工程施工合同。上述违法行为，一方面导致建筑业市场承发包行为不规范，竞争无序，扰乱建筑业市场的正常运转；另一方面极易导致建筑工程质量出现缺陷，发生安全事故，危及人民生命及财产安全，扰乱社会安定。但法律对承包人转包、违法分包建设工程的合同是否无效，没有作出明确规定，人民法院对如何适用法律认定此类合同效力理解不同，导致在此类合同效力认定上存在差异。人民法院对合同性质认定的不一致，使案件审判达不到良好的社会效果，同时不利于制裁民事违法行为，进而达到规范建筑业市场的目的。故而，《建设工程施工合同解释（一）》第四条明确规定，承包人非法转包、违法分包的建设工程施工合同无效。[①]

案例指导

南通长城建设集团有限公司、济宁创业房地产开发有限公司建设工程施工合同纠纷再审案[②]

再审申请人（一审原告、二审上诉人）：南通长城建设集团有限公司（原南通长城建筑安装工程有限公司，以下简称长城公司）。

被申请人（一审被告、二审被上诉人）：济宁创业房地产开发有限公司

---

① 最高人民法院民事审判第一庭编著：《最高人民法院建设工程施工合同司法解释的理解与适用》，人民法院出版社2015年版，第40页。

② 详见最高人民法院（2017）最高法民申1154号民事裁定书。

（以下简称创业公司）。

被申请人（一审被告、二审被上诉人）：济宁创业房地产开发有限公司金乡分公司（以下简称金乡分公司）。

被申请人（一审被告、二审被上诉人）：山东省九星房地产开发有限公司（以下简称九星公司）。

再审申请人长城公司因与被申请人创业公司、金乡分公司、九星公司建设工程施工合同纠纷一案，不服山东省高级人民法院（2016）鲁民终1936号民事判决，向最高人民法院申请再审。

长城公司申请再审称，首先，一审、二审判决认定的基本事实缺乏证据证明。2009年8月8日签订的《建设工程施工合同》（以下简称8.8合同）为涉案工程的主合同及中标备案合同，应作为涉案工程的结算依据，2009年8月21日的《补充协议》（以下简称8.21协议）系对2009年8月8日主合同未决内容的补充，不能独立于主合同，更不能作为本案涉案工程结算的唯一依据。8.8合同是各方当事人实际履行的合同，该合同第5条约定“合同价款为5000万元”为大包干合同，专用条款第23.2条约定“风险范围以外合同价款调整方法：见补充协议”，专用条款第47.2条约定“本工程结算方式为合同价款加经甲方及现场监理总工程师书面认可的设计变更，现场签证后进行结算”，综上，8.21协议是对设计变更部分的补充约定。一审、二审法院认为8.21协议对工程结算方式进行了变更，认定以8.21协议作为涉案工程结算依据错误，缺乏证据证明。

其次，一审、二审判决适用法律确有错误。涉案工程为大包干合同，不需要进行工程造价的鉴定，即使鉴定也只需按照合同约定鉴定设计变更、现场签证部分的工程造价。一审、二审法院要求长城公司根据8.21协议申请对涉案工程全部工程量进行鉴定，适用法律错误。我国法律法规对工程结算及“黑白合同”均作出了详细规定。《建设工程施工合同解释（一）》第二十一条规定：“当事人就同一建设工程另行订立的建设工程施工合同与经过备案的中标合同实质性内容不一致的，应当以备案的中标合同作为结算工程价款的根据。”本案中，备案的中标合同只能是8.8合同，双方不能以补充协议的形式变更中标合同中体现实质性内容之一的“价款”条款。原审法院要求“对全部工程进行司法鉴定”不符合《建设工程施工合同解释（一）》第二十二条“当事人约定按照固定价结算工程价款，一方当事人请求对建设工程造价进行鉴定的，不予支持”的规定。综上，长城公司以8.8合同主张工程款符合法律规定。依据《民事诉讼法》第二百条第（二）项、第（六）项，请求撤销一审、二审判决，依法支持其诉讼请求。

最高人民法院经审查认为，本案审查的主要问题是原审判决驳回长城公司的诉讼请求是否正确。最高人民法院认为，原审判决驳回长城公司的诉讼请求认定事实清楚，适用法律正确。

关于8.8合同和8.21协议效力问题。本案工程是住宅楼和商住楼，根据《招标投标法》第三条规定，属于必须进行招投标的项目。长城公司主张涉案工程经过招投标程序，以两份中标通知书复印件为证，创业公司、金乡分公司、九星公司以该两份证据为复印件为由不予认可。长城公司在民事起诉状中自认“此工程属先开工后办招标手续的项目”，创业公司、金乡分公司、九星公司在二审中陈述涉案工程“应该是经过了这个（招投标）程序，就是走了个形式而已”。由此可知，案涉工程在招标开始前即已确定了施工人并已开工建设，且已订立8.8合同，该行为影响中标结果。而案涉工程属于必须进行招投标的建设工程项目，案涉双方未进行招投标而订立的8.8合同因违反法律禁止性规定当属无效。因此，原审判决认定即便进行了招投标程序，长城公司中标无效，并据此认定8.8合同和8.21协议均属无效合同，并无不当。

关于能否以8.21协议作为结算工程款依据的问题。8.8合同和8.21协议无效，应参照双方实际履行的建设工程施工合同的约定确认工程款数额。8.8合同专用条款第47条约定：“二、……本工程结算方式为合同价款加经甲方及现场监理总工程师书面认可的设计变更、现场签证后进行结算。……十五、本合同与补充协议不一致之处，以补充协议为准。”8.21协议约定：“……二、工程价款结算执行2003年《山东省建筑工程消耗量定额》，其费率、税金及法律、法规等政策性调整执行合同签订时政府发布的相关文件，定额人工费按38元/工日计取。”从上述约定内容可以看出，8.21协议对8.8合同的内容进行了实质性变更，长城公司主张8.21

协议是对8.8合同未决内容补充的理由，没有根据。长城公司在民事起诉状中自认“原告（长城公司）和被告金乡分公司商定以2009年8月21日签订的《补充协议》作为工程施工合同”，原审法院认定双方实际履行的是8.21协议，并以该协议作为结算工程款的依据，并无不当。

关于适用法律是否正确的问题。长城公司主张8.8合同应为备案合同，8.21协议对备案合同进行了实质性变更，应以备案合同作为结算工程款的依据。根据原审查明的事实，无法确定8.8合同是本案中标备案合同，且由于8.8合同和8.21协议均属无效合同。因此，无论8.8合同是否为备案合同，均应参照双方实际履行的合同作为结算工程款的依据，而本案实际履行的合同为8.21协议。按照8.21协议“工程价款结算执行2003年《山东省建筑工程消耗量定额》，其费率、税金及法律、法规等政策性调整执行合同签订时政府发布的相关文件，定额人工费按38元/工日计取”的约定，确定工程款数额需要对案涉全部工程进行鉴定，在一审法院两次要求长城公司提交鉴定申请，并告知长城公司鉴定范围和不提交鉴定申请的法律后果的情况下，长城公司仍不提交对工程全部进行鉴定的申请，应承担举证不能的法律后果。原审判决驳回长城公司诉讼请求，适用法律并无不当。

综上，最高人民法院认为长城公司的再审申请理由不能成立，不予支持。依照《中华人民共和国民事诉讼法》第二百零四条第一款，《最高人民法院关于适用〈中华人民共和国民事诉讼法〉的解释》第三百九十五条第二款规定，裁定如下：驳回南通长城建设集团有限公司的再审申请。

规范指引

《中华人民共和国建筑法》

第二十六条 承包建筑工程的单位应当持有依法取得的资质证书，并在其资质等级许可的业务范围内承揽工程。

禁止建筑施工企业超越本企业资质等级许可的业务范围或者以任何形式用其他建筑施工企业的名义承揽工程。禁止建筑施工企业以任何形式允许其他单位或者个人使用本企业的资质证书、营业执照，以本企业的名义承揽工程。

第二十七条　大型建筑工程或者结构复杂的建筑工程，可以由两个以上的承包单位联合共同承包。共同承包的各方对承包合同的履行承担连带责任。

两个以上不同资质等级的单位实行联合共同承包的，应当按照资质等级低的单位的业务许可范围承揽工程。

第二十八条　禁止承包单位将其承包的全部建筑工程转包给他人，禁止承包单位将其承包的全部建筑工程肢解以后以分包的名义分别转包给他人。

第二十九条　建筑工程总承包单位可以将承包工程中的部分工程发包给具有相应资质条件的分包单位；但是，除总承包合同中约定的分包外，必须经建设单位认可。施工总承包的，建筑工程主体结构的施工必须由总承包单位自行完成。

建筑工程总承包单位按照总承包合同的约定对建设单位负责；分包单位按照分包合同的约定对总承包单位负责。总承包单位和分包单位就分包工程对建设单位承担连带责任。

禁止总承包单位将工程分包给不具备相应资质条件的单位。禁止分包单位将其承包的工程再分包。

《中华人民共和国招标投标法》

第三条　在中华人民共和国境内进行下列工程建设项目包括项目的勘察、设计、施工、监理以及与工程建设有关的重要设备、材料等的采购，必须进行招标：

（一）大型基础设施、公用事业等关系社会公共利益、公众安全的项目；

（二）全部或者部分使用国有资金投资或者国家融资的项目；

（三）使用国际组织或者外国政府贷款、援助资金的项目。

前款所列项目的具体范围和规模标准，由国务院发展计划部门会同国务院有关部门制订，报国务院批准。

法律或者国务院对必须进行招标的其他项目的范围有规定的，依照其规定。

第五十四条　投标人以他人名义投标或者以其他方式弄虚作假，骗取中标的，中标无效，给招标人造成损失的，依法承担赔偿责任；构成犯罪的，依法追究刑事责任。

依法必须进行招标的项目的投标人有前款所列行为尚未构成犯罪的，处中标项目金额千分之五以上千分之十以下的罚款，对单位直接负责的主管人员和其他直接责任人员处单位罚款数额百分之五以上百分之十以下的罚款；有违法所得的，并处没收违法所得；情节严重的，取消其一年至三年内参加依法必须进行招标的项目的投标资格并予以公告，直至由工商行政管理机关吊销营业执照。

第五十五条 依法必须进行招标的项目，招标人违反本法规定，与投标人就投标价格、投标方案等实质性内容进行谈判的，给予警告，对单位直接负责的主管人员和其他直接责任人员依法给予处分。

前款所列行为影响中标结果的，中标无效。

《最高人民法院关于审理建设工程施工合同纠纷案件适用法律问题的解释》

第一条 建设工程施工合同具有下列情形之一的，应当根据合同法第五十二条第（五）项的规定，认定无效：

（一）承包人未取得建筑施工企业资质或者超越资质等级的；

（二）没有资质的实际施工人借用有资质的建筑施工企业名义的；

（三）建设工程必须进行招标而未招标或者中标无效的。

第四条 承包人非法转包、违法分包建设工程或者没有资质的实际施工人借用有资质的建筑施工企业名义与他人签订建设工程施工合同的行为无效。人民法院可以根据民法通则第一百三十四条规定，收缴当事人已经取得的非法所得。

第五条 承包人超越资质等级许可的业务范围签订建设工程施工合同，在建设工程竣工前取得相应资质等级，当事人请求按照无效合同处理的，不予支持。

专题二：未取得建设工程规划审批手续签订合同效力的司法认定

【核心提示】当事人以发包人未取得建设工程规划许可证等规划审批手续为由，请求确认建设工程施工合同无效的，人民法院应予支持。发包人在起诉前取得建设工程规划许可证等规划审批手续的除外。但是发包人能够办理审批手续而未办理，并以未办理审批手续为由请求确认建设工程施工合同无效的，人民法院不予支持。

实务争点

目前，理论和实务界对于建设单位未取得建设用地规划许可证和建设工程规划许可证是否会导致建设工程施工合同归于无效的问题，主要存在如下两种观点：第一种观点认为，建设单位未取得建设用地规划许可证和建设工程规划许可证，意味着该工程建设完毕后即成为违法建筑，如果认定建设工程合同有效，合同履行完毕后该建设工程依法仍然需要予以拆除，将会造成巨大的社会成本和资源浪费，因此，未取得建设用地规划许可证和建设工程规划许可证的建设工程合同应当无效。这一意见曾被最高人民法院有关判决予以确认。后各地方法院在指导意见中承继了最高人民法院的意见。第二种观点认为，建设单位未取得建设用地规划许可证和建设工程规划许可证，其施工合同并不必然无效。建设用地规划许可证和建设工程规划许可证仅是针对发包人是否有权使用国有土地建筑房屋等工程项目颁发的权属证书或行政许可，这与建设工程施工合同的效力无关，承包人也没有对发包人是否取得建设用地规划许可证和建设工程规划许可证进行审查的义务。而且《中华人民共和国城乡规划法》（以下简称《城乡规划法》）第六十四条仅属于管理性规定，不属于《建设工程施工合同解释（一）》认定合同无效的两大类强制性规定，不会造成合同无效的法律后果。对此，《建设工程施工合同解释

（二）》第二条规定：当事人以发包人未取得建设工程规划许可证等规划审批手续为由，请求确认建设工程施工合同无效的，人民法院应予支持，但发包人在起诉前取得建设工程规划许可证等规划审批手续的除外。发包人能够办理审批手续而未办理，并以未办理审批手续为由请求确认建设工程施工合同无效的，人民法院不予支持。

理解适用

对《建设工程施工合同解释（二）》第二条规定的理解与适用

2015 年《全国民事审判工作会议纪要》第四十二条规定："就尚未取得建设工程规划许可审批手续的工程，发包人与承包人签订的建设工程施工合同无效。但在一审法庭辩论终结前发包人取得相应审批手续或者经主管部门批准建设的，应当认定合同有效。" 2015 年 12 月 24 日在第八次全国民商事审判工作会议上，时任最高人民法院民一庭庭长程新文又进一步强调"要严格适用《关于审理建设工程施工合同纠纷案件适用法律问题的解释》第一条和第四条关于合同无效情形的规定，对于应当招标而未招标或中标无效，转包、违法分包、肢解发包，不具有相应资质等级以及未取得建设工程规划许可审批手续等签订建设工程施工合同的，应当依法认定无效"。①

地方法院也对此类问题出台了相似的指导意见，如四川高院民一庭 2015 年 3 月 16 日印发的《关于审理建设工程施工合同纠纷案件若干疑难问题的解答》第二条第一款规定："未取得建设用地规划许可证，建设工程规划许可证签订的建设工程施工合同无效。但在审理期间取得建设用地使用权，办理了相应审批手续或者经行政主管部门批准建设且已经竣工验收合格的，应当认定为有效。"江苏高院 2018 年 6 月 26 日印发的《关于审理建设工程施工合同纠纷案件若干问题的解答》第三条规定："发包人未取得建设工程规划许可证，与承包人签订的建设工程施工合同，应认定为无效。但在一审法庭辩

① 杜万华主编：《第八次全国法院民事商事审判工作会议（民事部分）纪要理解与适用》，人民法院出版社 2017 年版，第 68 页。

论终结前取得建设工程规划许可证或者经规划部门认可的，可以认定有效。发包人未取得建设工程施工许可证的，不影响建设工程施工合同的效力。”①

一、关于建设规划许可证的法律效力

城市规划许可作为“图纸上”城市规划的实施和管理手段，贯穿于整个建设项目过程中。无论是建设用地规划许可证，还是建设工程规划许可证，其核心都必须以城市规划为依据。城市规划分为总体规划和详细规划。总体规划是城市在一定时期内的发展计划和各项建设的总体部署。详细规划分为控制性详细规划和修建性详细规划，前者以总体规划和分区规划为依据，用以控制建设用地性质、使用强度和空间环境，作为城市规划管理的依据，并指导修建性详细规划的编制；后者以城市总体规划、分区规划或控制性详细规划为依据，用以指导各项建筑和工程设施的设计和施工。

1. 建设用地规划许可证的法律效力。根据《城乡规划法》第三十七条、第三十八条的规定，建设用地规划许可证制度的目的在于通过对建设用地的事先控制，对建设项目的选址、性质、开发强度是否符合城市规划，从方向上作出评估，即建设用地需符合控制性详细规划。控制性详细规划是衔接总体规划、分区规划的宏观要求与指导修建性详细规划编制的承上启下的编制层次，既是编制修建性详细规划的主要指导性文件，为其提供规划设计准则，又是城市规划管理、土地开发的重要技术依据。作为城市政策的载体，控制性详细规划通过传达城市政策方面的信息，在引导城市社会、经济、环境协调发展方面具有综合能力。市场运作过程中各类经济组织和个人可以通过规划所提供的政策以及经过充分协调颁行的关于城市未来发展的政策和相关信息来消除这些未来在决策时所面对的不确定性，从而实现资源的有效配置和合理利用。根据《城乡规划法》第三十九条的规定，建设用地规划许可对建设单位至关重要，不能取得用地规划许可，意味着建设单位不能取得建设用地。

---

① 李玉生主编：《建设工程施工合同案件审理指南》，人民法院出版社2019年版，第441页。

2. 建设工程规划许可证的法律效力。根据《城乡规划法》第四十条的规定，除建设用地规划许可证之外，工程建设还需要经过建设工程规划许可。从功能上看，用地规划许可主要是为了保证建设项目整体上符合城市规划；工程规划许可则是对建设项目的具体方案进行审查。从效力上看，用地规划许可是工程规划许可的前提。没有得到用地规划许可的建设项目，不可能取得工程规划许可。同时，工程规划许可也不能突破用地规划许可的内容。

二、关于建设工程规划许可等规划审批手续的理解

《建设工程施工合同解释（二)》中规定的未取得建设工程规划许可等规划审批手续主要是指未取得建设工程规划许可证或者未按照建设工程规划许可证的规定进行建设。建设工程规划许可证是城市规划行政主管部门依法核发的建设单位建设工程的法律凭证，是建设活动中接受监督检查时的法定依据。建设规划许可制度是落实城市规划的重要措施，其目的是限制建筑选址，使项目建设符合城市总体规划和各种控制性规划，如建设项目的高度、绿化面积、容积率等。《城乡规划法》第四十条规定了需办理工程规划许可证的工程范围和条件，在城市、镇规划区内进行各种建设，应当依法取得工程规划许可证。实践中，建设项目行政审批阶段包括：规划许可审批、土地批准审批、“大循环”审批（包括消防、卫生、人防、环保等部门的审批)、施工图审查、缴纳建设项目相关费用、施工许可审批（含中标通知书、工程质量监督、安全监督、施工合同备案、监理合同备案等项目的审批)。

需要指出的是，根据《建筑法》第七条、《城乡规划法》第四十条的规定，办理建设用地使用权证和建设工程规划许可证的法定义务主体是发包方，因此，因未取得建设用地使用权证和建设工程规划许可证而导致合同无效的过错在发包方，如果因合同无效造成承包方损失的，发包方需要承担过错责任。

另外，应当注意把握合同效力补正的时间节点“起诉前”。[①]

---

① 最高人民法院民事审判第一庭编著:《最高人民法院建设工程施工合同司法解释（二）理解与适用》，人民法院出版社2019年版，第71页。

所谓合同效力补正理论，是指当事人所订立的合同因违反法律禁止性规定，导致合同不能满足有效条件，当事人可以通过事后补正或者实际履行来使合同满足有效的条件，促使合同有效。合同效力补正的直接法律后果是使原本无效的合同发生效力上的转化，成为有效合同。合同效力补正理论是由最高人民法院通过对实践的总结在司法解释中确立的。1995 年，最高人民法院发布的《关于审理房地产管理法施行之前房地产开发经营案件若干问题的解答》中规定了一些房地产相关合同在“一般应当认定为无效”的情形下，如果在“一审诉讼期间”补办了相关手续的，可以认定合同有效。此后，最高人民法院先后制定的《最高人民法院关于审理商品房买卖合同纠纷案件适用法律若干问题的解释》《最高人民法院关于审理涉及国有土地使用权合同纠纷案件适用法律问题的解释》《最高人民法院关于审理城镇房屋租赁合同纠纷案件具体应用法律若干问题的解释》等涉及房地产合同纠纷案件的相关司法解释均沿用了合同效力的补正原则，并且进一步扩展了合同效力补正的范围，基本上涵盖了所有的房地产合同。确立这一原则主要是考虑到，在房地产领域中，法律对房地产交易环节设定了审批制度，一般来说，以未通过审批的房地产为标的而签订的合同是无效的，但为避免资源浪费，尊重当事人合同自由，根据《合同法解释（一）》规定的精神，在房地产相关司法解释中应确立房地产效力的补正规则。《建设工程施工合同解释（一）》第五条继续采纳了合同效力的补正理论，明确规定了承包人超越资质等级许可的范围承揽建设工程所订立的建设工程施工合同，在建设工程竣工前承包人取得相应资质等级的，人民法院应当按照有效的建设工程施工合同处理。

就合同效力补正的时间节点而言，没有统一标准，不同司法解释的规定也不尽一致，实践中应注意区分。时间节点采用“一审法庭辩论终结前”的司法解释主要包括：《合同法解释（一）》第九条，《最高人民法院关于审理城镇房屋租赁合同纠纷案件具体应用法律若干问题的解释》第二条和第三条；采用“起诉前”的司法解释主要包括：《最高人民法院关于审理涉及国有土地使用权合同纠纷案件适用法律问题的解释》第二条、第九条、第十一条、第十五条、第十六条，《最高人民法院关于审理商品房买卖合同纠纷案件适用法律若干问题的解释》第二条。应当注意的是，《建设工程施工合同解释（一）》第五条将补正时间限定在竣工验收前，这与诉讼程序时间节点是无关的。

三、发包人故意不办理规划审批手续的后果

根据相关法律规定，发包人作为建设单位应当在取得各种许可手续后才能开工建设工程项目，这是发包人的法定义务。实践中，还存在一种特殊情况，即建设工程项目的各种规划审批手续已经具备办理条件，但发包人出于各种原因迟迟不予办理。显然，发包人故意不办理相关手续，其主观恶意明显，违背了合同法上的严守合同约定、全面履行合同以及诚实信用等基本原则。《建设工程施工合同解释（二）》根据《合同法》第四十五条的规定，对发包人利用恶意反悔获利的行为作出了否定性评价，规定不予支持发包人恶意主张合同无效的请求，并对因发包人迟延办理相关审批手续而给承包人造成损失的，责令其承担赔偿责任。当然，对于办理建设工程规划许可证等规划审批手续的条件成就，发包人能办理而不办理相关手续的主张，承包人应负举证责任。

四、最高人民法院在《建设工程施工合同解释（二）》出台前对此问题的具体解答

未取得建设工程规划许可审批手续等签订建设工程施工合同的，建设工程施工合同的效力如何认定？

根据《城乡规划法》第四十条第一款规定，“在城市、镇规划区内进行建筑物、构筑物、道路、管线和其他工程建设的，建设单位或者个人应当向城市、县人民政府城乡规划主管部门或者省、自治区、直辖市人民政府确定的镇人民政府申请办理建设工程规划许可证”；根据该法第六十四条规定，“未取得建设工程规划许可证或者未按照建设工程规划许可证的规定进行建设的，由县级以上地方人民政府城乡规划主管部门责令停止建设……”。根据上述两条规定可知，取得建设工程规划许可证是进行合法建设的前提。未取得建设工程规划许可证即进行建设或者未按照建设工程规划许可证的规定进行建设是法律明确禁止的行为，故根据《合同法》第五十二条规定，

以该建设行为为主要内容的建设工程施工合同应当认定无效。[1]

案例指导

案例一：江苏悦华建设有限公司与苏州丝蓓绣纺织有限公司建设工程施工合同纠纷上诉案[2]

上诉人（原审原告）：江苏悦华建设有限公司（以下简称悦华公司）。

被上诉人（原审被告）：苏州丝蓓绣纺织有限公司（以下简称丝蓓绣公司）。

上诉人悦华公司因与被上诉人丝蓓绣公司建设工程施工合同纠纷一案，不服江苏省苏州市中级人民法院（2015）苏中民初字第00057号民事判决，向江苏省高级人民法院（以下简称江苏高院）提起上诉。

悦华公司上诉请求：一、撤销一审判决，直接改判或发回重审；二、判令被上诉人承担全部诉讼费用。事实和理由：一、上诉人依法享有工程款优先权。二、双方签署了决算书，应当作为判决支付工程款的依据。三、双方的工程款结算行为与案涉工程是否属于违法建筑没有关联。四、一审认定本案工程没有报建手续继而认定合同无效错误。五、即使合同无效，上诉人也有权主张工程款。六、一审要求变更诉讼请求程序违法。

丝蓓绣公司答辩称：一、涉案工程未取得建设工程规划许可证，双方签订的合同无效，工程未完工，也未竣工验收。悦华公司可以就施工过程中支出的人工费、材料费和机械费向丝蓓绣公司主张，但无权主张工程款及工程款优先受偿权。二、《已做工程决算书》并不是丝蓓绣公司的真实意思表示，不能代表公司。综上，请求驳回悦华公司的上诉，维持原判。

悦华公司向一审法院起诉请求：一、丝蓓绣公司支付工程款1400万元（最终按照工程价款司法审计金额扣减已实付金额计算）；二、丝蓓绣公司承担上

① 详见最高人民法院民事审判第一庭编：《民事审判指导与参考》2017年第1集（总第69集），人民法院出版社2017年版，第251页。

② 详见江苏省高级人民法院（2017）苏民终956号民事判决书。

述前付工程款金额自2014年10月17日起至生效判决确定还款之日止按照同期同类银行贷款利率1.3倍计算的利息；三、丝蓓绣公司承担合同约定每天按照未付款0.2%计算的违约金300万元（最终按实欠金额30%主张）；四、确认悦华公司对完工工程拍卖变现款中优先受偿上述欠款金额本金、利息及其违约金的权利；五、丝蓓绣公司承担本案全部诉讼费用和司法审计费用。

一审法院认定事实：2014年2月17日，悦华公司（承包人）与丝蓓绣公司（发包人）签订《建设工程施工合同》一份，约定丝蓓绣公司将位于苏州吴江汾湖开发区的苏州丝蓓绣厂房建设工程总承包给悦华公司施工（总面积20000平方米），资金来源为自筹，承包范围包括土建、钢结构、水电安装、消防安装及相关市政工程。开工日期为2014年2月28日前（具体以开工令为准），合同工期总日历天数240天。工程质量标准为合格。合同价款1500万元。合同专用条款中约定丝蓓绣公司派驻的工程师为吴珍年，职务为副总经理，职权为工程总指挥。专用条款第六条中约定：本合同价款采用执行《2004年定额》按实结算方式确定。工程结算：按江苏20××年定额下浮3%，材料价格按照苏州市同期信息指导价，其他价格及工人工资调整按照江苏省及当地政府有关文件执行。工程款（进度款）支付：承包方机械设备、工人进场五天内，发包人付承包方材料款10%；工程量达到50%时，再付10%进度款；结构封顶付10%；总款付到30%。2015年1月30日前再付总工程款30%，余款2015年6月30日前付清。专用条款第九条约定，竣工验收由发包方、设计院、监理三方组织验收。专用条款第十条约定，发包人不按合同约定支付工程款（进度款），双方又未达成延期付款协议，导致施工无法进行，承包人可停止施工，由发包人承担应付款0.2%每天的违约责任。发包人其他违约责任由双方协商。专用条款第四十七条约定：因甲方原因（证件不全）而停工，造成乙方损失，其费用由甲方承担。

一审另查明，丝蓓绣公司厂房工程包括厂房三幢，一幢厂房位于丝蓓绣公司厂区（以下简称老厂区厂房），两幢厂房位于吴江能捷新能源有限公司（以下简称能捷公司）厂区（以下简称新厂区厂房），其中老厂区厂房施工完毕，新厂区厂房中一幢主体工程施工至封顶，另一幢完成桩基工程。悦华公司就施工工程提供投标书及预算书，其中老厂区厂房2014年3月17日编制的投标总价为3774438.48元，新厂区已封顶厂房2014年9月28日编制的投标总价为7024718.94元，另一幢厂房桩基工程2014年6月1日编制的预算总价为1573056.48元。一审审理中，悦华公司向一审提供2015年6月29日《已做工程决算书》一份，双方确定已完成工程总价14718858元，决算书上有丝蓓绣公司原法定代表人俞兰签字及双方当事人盖章。悦华公司认可丝蓓绣公司已支付工程款935300元，但未提供完整的收款凭证；丝蓓绣公司认为已支付100余万元工程款，但因公司管理问题，目前无法确认实际付款金额，也无法提供付款凭证。

一审又查明，悦华公司施工资质为：房屋建筑工程施工总承包二级、市政公用工程施工总承包三级、钢结构工程专业承包三级。涉案工程未取得建设工程规划许可证及建设工程施工许可证。一审审理中，一审法院向悦华公司释明涉案工程未取得建设工程规划许可证将对合同效力及工程款的主张产生影响，询问悦华公司是否变更诉讼请求，悦华公司表示已与丝蓓绣公司就已完工工程价款达成决算，丝蓓绣公司应当按照决算支付工程余款，不变更诉讼请求。

一审法院认为，悦华公司与丝蓓绣公司虽然签订了《建设工程施工合同》，但合同约定的建设工程在一审庭审辩论终结前并未取得建设工程规划许可证，属于违法建筑，严重违反了《城乡规划法》的相关规定，故悦华公司与丝蓓绣公司签订的《建设工程施工合同》因违反法律强制性规定而无效。悦华公司按照合同约定进行了施工，但工程尚未完工，已完成工程也未进行验收，悦华公司主张工程款于法无据。悦华公司可以就施工过程中支付的人工费、材料费等损失向丝蓓绣公司主张赔偿，但经一审法院释明，悦华公司不同意变更诉讼请求。故对悦华公司要求丝蓓绣公司支付工程款、逾期付款利息、违约金及就工程款享有优先受偿权的诉讼请求，不予支持。依照《合同法》第五十二条第（五）项、《民事诉讼法》第六十四条规定，一审法院判决：驳回悦华公司的诉讼请求。二审庭审中，双方一致认可丝蓓绣公司已支付工程款1035300元，而非一审查明的935300元。

江苏高院经向苏州市吴江区规划局和江苏省汾湖高新技术产业开发区

建设局调查，涉案工程未取得建设工程规划许可证。二审中，悦华公司提供了2014年11月12日向丝蓓绣公司出具的《申请工程验收报告》，该报告上丝蓓绣公司项目工程师吴珍年在上面签字，日期为2014年11月13日。丝蓓绣公司对此不予认可。江苏高院经向吴珍年核实，其表示字是本人所签，但日期不是该日期。本院认为，由于无法确定签字日期，该证据无法达到其证明目的。

江苏高院认为，本案争议的核心在于悦华公司是否有权向丝蓓绣公司主张工程款及相关权益。对此需要考察悦华公司的请求权基础，根据悦华公司的主张，其主张双方合同有效。但根据该院查明的事实，涉案工程没有取得建设工程规划许可证，根据《城乡规划法》第四十条和第六十四条的规定，基于此签订的建设工程施工合同无效。对于违法建筑，没有被拆除或者责令拆除的，未经竣工验收合格的，只能主张人工费、机械费、材料费等实际支出的费用，根据过错进行损失分担。本案部分工程未完工，完工的工程也未经竣工验收合格，悦华公司无权基于合同约定主张工程价款，只能主张损害赔偿。悦华公司认为按照《已做工程决算书》有权主张工程款，该院认为，该《已做工程决算书》不应作为双方工程价款确定的依据。首先，本案合同无效，只能主张损失赔偿，《已做工程决算书》系按照有效合同进行决算，不符合工程决算的条件。其次，工程决算应符合工程决算的规范，本案除了《已做工程决算书》外，没有其他决算资料予以佐证。最后，从《已做工程决算书》内容看，土地、安装、桩基按照投标预算价计算，不考虑工程实际施工现状等因素，真实性存疑。因此，悦华公司无论是基于按照合同约定结算工程价款，还是基于《已做工程决算书》要求支付工程价款，均没有相应的事实和法律依据。其应当按照无效合同主张损害赔偿的路径来维护自身的权益。由于悦华公司主张工程款的请求权基础错误，且经法院释明不同意变更诉讼请求，其由此主张的工程款、利息、违约金、优先权等均不予支持。

综上所述，悦华公司的上诉请求不能成立，应予驳回。一审判决认定事实清楚，适用法律正确，判决结果并无不当，应予维持。依照《中华人民共和国民事诉讼法》第一百七十条第一款第（一）项规定，判决如下：驳回上诉，维持原判。

案例二：西安闻天科技实业集团有限公司与李琛茹确认合同无效纠纷案[①]

上诉人（一审被告）：李琛茹。

被上诉人（一审原告）：西安闻天科技实业集团有限公司（以下简称闻天公司）。

上诉人李琛茹因与被上诉人闻天公司确认合同无效纠纷一案，不服西安市长安区人民法院（2018）陕0116民初2519号民事判决，向西安市中级人民法院（以下简称西安中院）提起上诉。

西安中院二审查明，2011年4月15日，闻天公司取得案涉房地产开发项目的土地使用权证；2012年1月19日，取得建设用地规划许可证；2017年6月2日，取得建设工程规划许可证；2017年7月27日，取得建筑工程施工许可证；2018年5月10日，缴纳案涉地块廉租住房建设资金6060600元；2018年6月8日，取得商品房预售许可证。案涉房地产项目于2016年5月动工建设，2017年5月工程主体封顶，截至目前，水、电、气、暖及小区道路、绿化等均未完工，也未进行验收。闻天公司于2017年12月引入投资人西安龙湖地产发展有限公司后，同月向陕西秦农农村商业银行股份有限公司偿还了本息合计199801479.32元的贷款，于2018年1月和3月向西安市未央区和平小额贷款有限公司偿还贷款11994444元，并支付了包括农民工工资在内的共计48300000元工程款。二审查明的其他事实与一审一致。

二审审理中，李琛茹以双方纠纷已经和解为由申请撤回上诉。法院法官于2018年10月17日与其谈话了解相关情况，李琛茹以其与闻天公司有保密约定为由不透露和解内容。经审查，西安中院依据《民事诉讼法解释》第三百三十七条之规定，对李琛茹申请撤回上诉依法不予准许。

西安中院认为，根据闻天公司与李琛茹的诉辩主张，本案二审争议的焦

---

① 详见陕西省西安市中级人民法院（2018）陕01民终8145号民事判决书。

点问题为：一、一审程序是否存在违法的问题；二、双方当事人之间是否形成商品房预售合同法律关系；三、如双方当事人之间已经形成商品房预售合同法律关系，其效力如何认定。

一、关于一审程序是否存在违法的问题。

首先，虽然一审法院于第一次庭审时适用简易程序审理本案，但根据案件的实际审理情况，一审法院已于第二次庭审时转为普通程序审理，故并不违反法律规定。其次，李琛茹虽然向一审法院提交了调取证据的申请，但是否予以准许，系人民法院根据李琛茹所申请调查收集的证据与待证事实有无关联、对证明待证事实有无意义或者其他有无调查收集必要等因素综合进行判断的结果，一审法院未予调取相应证据，即表明一审法院认为该证据并不影响本案的审理结果，本案中一审法院未予调取相应证据并无不当。再次，提起反诉是当事人依法享有的诉讼权利，是否提起反诉，何时提起反诉，均由当事人自行决定。本案中，李琛茹未提起反诉，系李琛茹对自身诉讼权利的处分，并非一审法院拒绝接受其反诉请求，故李琛茹主张一审法院剥夺其反诉权利无事实依据，不能成立。最后，李琛茹主张一审法院作出判决的时间与事实不符，经审查，针对合同效力问题，一审法院已于2018年6月5日向李琛茹进行释明，并非在作出一审判决之后。一审法院于2018年6月11日与李琛茹形成谈话笔录，对是否接受李琛茹庭后提交的证据等问题进行答复，故不存在判决时间与事实不符的问题。

据此，李琛茹主张一审存在程序违法的理由不能成立。

二、关于闻天公司与李琛茹之间是否形成了商品房预售合同法律关系问题。

首先，认购合同的名称虽为“紫杉庄园内部认购合同”，但合同对买卖双方当事人名称、商品房基本情况、商品房价款、付款方式、付款时间等内容进行了明确约定，合同内容已经具备了商品房预售合同的主要条款。根据《合同法解释（二）》第一条“当事人对合同是否成立存在争议，人民法院能够确定当事人名称或者姓名、标的和数量的，一般应当认定合同成立。但法律另有规定或者当事人另有约定的除外。对合同欠缺的前款规定以外的其他内容，当事人达不成协议的，人民法院依照合同法第六十一条、第六十二条、第一百二十五条等有关规定予以确定”之规定，闻天公司与李琛茹之间的商品房预售合同成立。根据《合同法》第四十四条第一款“依法成立的合同，自成立时生效”之规定，双方之间的商品房预售合同自2016年4月25日签订之日起即生效。其次，在合同签订当日，李琛茹即支付了房屋总价款1204000元，闻天公司向李琛茹出具了收到购房款的收据，诉讼中闻天公司也没有对李琛茹履行合同的行为提出抗辩，表明双方当事人同意对商品房预售合同实际履行。最后，闻天公司与李琛茹在诉讼中均认可认购合同实质是商品房预售合同。

据此，案涉认购合同实质上是商品房预售合同，闻天公司与李琛茹之间形成了商品房预售合同法律关系。

三、关于闻天公司与李琛茹之间的商品房预售合同法律关系的效力问题。

首先，李琛茹在签订认购合同当日即支付了全额购房款，闻天公司在自身合同目的已经实现的情形下，非但不积极履行应尽的合同义务，因房地产市场出现价格大幅上涨，反而主张合同无效的做法，显然违背诚实信用原则。其次，闻天公司作为房地产开发企业，对房屋预售所需符合的条件应当是清楚的，对自身不办理商品房预售许可证即预售商品房行为的违法性应当是明知的。现闻天公司以自身原因造成的违法事实为由提起本案诉讼，真正目的在于获取超出合同预期的更大利益，闻天公司的行为显然与社会价值导向和公众认知相悖。为弘扬社会主义核心价值观，彰显司法公正，对此种行为不应予以支持。最后，闻天公司签约时未取得商品房预售许可证，虽然违反了有关“商品房预售应当取得商品房预售许可证明”的规定，但是并不必然导致其签订认购合同的民事法律行为无效。

据此，闻天公司与李琛茹签订的认购合同有效，双方之间形成了有效的商品房预售合同法律关系。

综上所述，李琛茹的部分上诉理由成立，应予以采信，其上诉请求依法予以支持。一审判决认定事实部分不清，适用法律错误，依法应予改判。根据《中华人民共和国民法总则》第七条、第一百五十三条，《中华人民共和国民事诉讼法》第一百七十条第一款第（二）项之规定，判决如下：一、撤销西安市长安区人民法院（2018）陕0116民初2519号民事判决；二、驳回西安闻天科技实业集团有限公司的诉讼请求。

规范指引

《中华人民共和国城乡规划法》

第四十条 在城市、镇规划区内进行建筑物、构筑物、道路、管线和其他工程建设的，建设单位或者个人应当向城市、县人民政府城乡规划主管部门或者省、自治区、直辖市人民政府确定的镇人民政府申请办理建设工程规划许可证。

申请办理建设工程规划许可证，应当提交使用土地的有关证明文件、建设工程设计方案等材料。需要建设单位编制修建性详细规划的建设项目，还应当提交修建性详细规划。对符合控制性详细规划和规划条件的，由城市、县人民政府城乡规划主管部门或者省、自治区、直辖市人民政府确定的镇人民政府核发建设工程规划许可证。

城市、县人民政府城乡规划主管部门或者省、自治区、直辖市人民政府确定的镇人民政府应当依法将经审定的修建性详细规划、建设工程设计方案的总平面图予以公布。

第六十四条 未取得建设工程规划许可证或者未按照建设工程规划许可证的规定进行建设的，由县级以上地方人民政府城乡规划主管部门责令停止建设；尚可采取改正措施消除对规划实施的影响的，限期改正，处建设工程造价百分之五以上百分之十以下的罚款；无法采取改正措施消除影响的，限期拆除，不能拆除的，没收实物或者违法收入，可以并处建设工程造价百分之十以下的罚款。

《最高人民法院关于审理建设工程施工合同纠纷案件适用法律问题的解释（二）》

第二条 当事人以发包人未取得建设工程规划许可证等规划审批手续为由，请求确认建设工程施工合同无效的，人民法院应予支持，但发包人在起诉前取得建设工程规划许可证等规划审批手续的除外。

发包人能够办理审批手续而未办理，并以未办理审批手续为由请求确认建设工程施工合同无效的，人民法院不予支持。

《中华人民共和国民法总则》

第七条　民事主体从事民事活动，应当遵循诚信原则，秉持诚实，恪守承诺。

第一百五十三条　违反法律、行政法规的强制性规定的民事法律行为无效，但是该强制性规定不导致该民事法律行为无效的除外。

违背公序良俗的民事法律行为无效。

专题三："黑白合同"的效力认定及判断标准

【核心提示】招标人和中标人另行签订的建设工程施工合同约定的工程范围、建设工期、工程质量、工程价款等实质性内容，与中标合同不一致，一方当事人请求按照中标合同确定权利义务的，人民法院应予支持。招标人和中标人在中标合同之外就明显高于市场价格购买承建房产、无偿建设住房配套设施、让利、向建设单位捐赠财物等另行签订合同，变相降低工程价款，一方当事人以该合同背离中标合同实质性内容为由请求确认无效的，人民法院应予支持。

实务争点

黑白合同，也称阴阳合同，即发包方与承包方就同一建设工程签订两份不同版本的合同，其中一份是中标合同，另一份是内容与中标合同不一致的合同，前者称为白合同，后者称为黑合同。目前立法中并无黑白合同或阴阳合同这一术语，但在建筑市场上却普遍存在，其形成原因是多方面的：一是目前建筑市场竞争激烈，建设方处于优势地位，不少建设方利用自身的地位优势，对施工方提出种种苛刻的要求，而施工方为了生存竞争而签订补充协议，接受不平等的条件。二是发包方和承包方为了共同利益串通，规避招投标及行政监管。如建设方和施工方在相关条款协商好后，为了少交相关规费而进行虚假招投标，并压低合同总价。三是发包方为了后期抬高商品房销售价而在备案合同中抬高价格。《建设工程施工合同解释（一）》第二十一条规定："当事人就同一建设工程另行订立的建设工程施工合同与经过备案的中标合同实质性内容不一致的，应当以备案的中标合同作为结算工程价款的根据。"该条维护了《招标投标法》的权威，规定了建设工程领域较为常见的黑白合同的处理原则，为司法实践明确了尺度，取得了较好的效果。随着建设工程实践的不断发展，实践中对于如何判断"实质性内容不一致"存在争议，在自主招标、自主备案、明标暗定情形下黑白合同的效力如何认定也成为审判中较为困难的问题。如何妥当平衡当事人的合同变更权与国家、社会、他人的利益，成为建设工程合同领域迫切需要解决的难题。对此，《建设工程施工合同解释（二）》第一条规定：招标人和中标人另行签订的建设工程施工合同约定的工程范围、建设工期、工程质量、工程价款等实质性内容，与中标合同不一致，一方当事人请求按照中标合同确定权利义务的，人民法院应予支持。招标人和中标人在中标合同之外就明显高于市场价格购买承建房产、无偿建设住房配套设施、让利、向建设单位捐赠财物等另行签订合同，变相降低工程价款，一方当事人以该合同背离中标合同实质性内容为由请求确认无效的，人民法院应予支持。

理解适用

对《建设工程施工合同解释（一）》第二十一条、《建设工程施工合同解释（二）》第一条的理解与适用

在司法实践中，应当从如下方面理解与适用：

一、招标投标行为与建设工程施工合同订立的关系

1. 招标行为的法律性质是要约邀请。依据合同订立的一般原理，招标人发布招标通告，或者发布邀请书的直接目的在于邀请投标人投标。招标人发布招标通知之后，并不当然要订立合同，因此招标行为仅仅是要约邀请。招

标人可以修改招标公告和招标文件。我国《招标投标法》同样规定招标人可以对招标文件进行澄清或者修改。《招标投标法》第二十三条规定：“招标人对已发出的招标文件进行必要的澄清或者修改的，应当在招标文件要求提交投标文件截止时间至少十五日前，以书面形式通知所有招标文件收受人。该澄清或者修改的内容为招标文件的组成部分。”

2. 投标行为的法律性质是要约行为。投标文件中包含有将来订立合同的具体条款，只要招标人承诺（宣布中标）就可签合同。作为要约的投标行为的法律约束力表现在投标是一次性的，同一投标人不能就同一投标进行一次以上的投标。各个投标人对自己的报价负责；在投标文件发出后的投标有效期限内，投标人不得随意修改投标文件的内容和撤回投标文件。

3. 确定中标人行为的法律性质是承诺行为。招标机构一旦宣布确定中标人，就是对中标人的承诺。招标机构和中标人各自都有权利要求对方签订合同，也有义务与对方签订合同。另外，在确定中标结果和签订合同前，双方不能就合同的内容进行谈判。

《招标投标法》第四十五条规定：“中标人确定后，招标人应当向中标人发出中标通知书，并同时将中标结果通知所有未中标的投标人。中标通知书对招标人和中标人具有法律效力。中标通知书发出后，招标人改变中标结果的，或者中标人放弃中标项目的，应当依法承担法律责任。”《政府采购法》有相同的规定，该法第四十六条规定：“采购人与中标、成交供应商应当在中标、成交通知书发出之日起三十日内，按照采购文件确定的事项签订政府采购合同。中标、成交通知书对采购人和中标、成交供应商均具有法律效力。中标、成交通知书发出后，采购人改变中标、成交结果的，或者中标、成交供应商放弃中标、成交项目的，应当依法承担法律责任。”《招标投标法》第四十六条第一款规定：“招标人和中标人应当自中标通知书发出之日起三十日内，按照招标文件和中标人的投标文件订立书面合同。招标人和中标人不得再行订立背离合同实质性内容的其他协议。”

根据上述规定，在实务中，就建设工程而言，作为业主或者建设方的发包人即招标人在中标通知书发出后应当与施工人即中标人签订书面施工合同。依照对合同订立的通常理解，合同当事人“相互意思表示一致”，即当事人对合同内容达成一致意见，双方之间存在合意，合同成立。依据《合同法》规定，承诺通知到达要约人时生效，承诺生效时合同成立。依上述对招标投标与合同订立关系的分析，中标通知书就是招标人发出的承诺，中标通知书在合理的时间内到达中标人时，招标人的承诺即生效，建设工程施工合同成立。那么《招标投标法》第四十六条第一款中的“书面合同”的含义应当如何理解呢？对此有两种观点：其一，就招投标合同的订立而言，招投标文件是建设工程施工合同订立的主要依据，也是合同的组成部分，合同的实质性内容应当与招投标文件相一致。比如招标人和中标人即合同当事人，招投标书中所涉及的标的、对建设工程质量、竣工时间等的要求也是合同的主要内容，招投标文件中明确表示需要约定的事项必须在合同中予以约定等。但是，建设工程施工合同应以招投标文件为依据，并不否认合同可以应对具体情况的需要对招投标文件予以具体细化。因为事实上，从招投标活动到合同订立有一个过程，在招投标文件中未预见的事项，可能会在签订合同时提及。考虑到建设工程本身的特点，在合同签订阶段，当事人按照招投标文件规定的原则和主要内容，针对建设工程的施工组织、技术创新、安全质量管理、争议处理方式等业务性、技术性事项，只要双方当事人意思表示真实，协商一致，不违背国家法律、行政法规的强制性规定，对合同予以细化和完善是可以的，在法律上也是有效的。其二，《招标投标法》第四十六条规定所称“书面合同”是为顺应建设工程备案制度的要求以及为了合同当事人在手续履行中的便捷，不影响建设工程施工合同的成立时间。上述理解虽然不无道理，但值得商榷。首先，订立书面合同如果是为了完善细节和便利履行，招标人和投标人完全可在相应的招标文件与投标文件以及中标通知书中将建设工程施工合同涉及的所有问题都予以明确与细化。其次，《招标投标法》未规定备案制度，招标人与中标人签订书面合同并非为实现备案目的。

二、建设工程施工合同实质性内容的范围

《招标投标法》第四十六条第一款规定，招标人和中标人不得再行订立背离合同实质性内容的其他协议。《最高人民法院第八次全国法院民事商事

审判工作会议（民事部分）纪要》（以下简称《第八次民事审判会议纪要》）第四十九条规定："招标人和中标人另行签订改变工期、工程价款、工程项目性质等影响中标结果实质性内容的协议，导致合同双方当事人就实质性内容享有的权利义务发生较大变化的，应认定为变更中标合同实质性内容。"《建设工程施工合同解释（二）》第一条第一款列举了以下几种情形：

1. 工程范围。城市规划内各类建设项目（包括住宅、工业、仓储、办公楼、学校、医院、市政交通基础设施等）新建、改建、扩建、翻建，都存在建设范围。承包人具体施工的工程范围由招标文件、投标文件与合同等文件确定。该范围决定了承包人施工的边界。工程范围并不仅仅指建筑物或者构筑物的结构与面积等，更主要是指是否包括土建、设备安装、装饰装修等。不同的工程范围对施工人的技术水平和管理水平要求不同，而且施工人投入的设备、人力等也不相同。工程范围直接决定施工人获得利润的多寡，通常而言，总包利润高于单项工程利润。增加或者减少工程范围直接影响施工人的利益。工程范围通常情形下由招标人即发包人确定，而不是由投标人即施工人确定。

判断工程范围的改变是否构成合同实质性内容的改变，还可以结合《合同法》第二百七十二条第一款中的"……发包人不得将应当由一个承包人完成的建设工程肢解成若干部分发包给几个承包人"的规定。如果发包人肢解工程发包，既违背了《合同法》的规定，也属于背离中标合同另行签订协议的行为，增加或者减少工程范围的可能都存在。应当注意的是，在施工过程中，因发包人的设计变更、建设工程规划指标调整等客观原因，发包人与承包人以补充协议、会谈纪要甚至答证等变更工程范围的，不应当认定为背离中标合同的实质性内容。

2. 建设工期。建设工期是施工人完成施工工程的时间或者期限工期，通常与工程范围直接相关。建设工期的长短，是任何一个建设工程施工合同中必备的条款。在低造价、高质量的前提下，短工期是建设方的理想要求。短工期不仅可以保证建设方尽早使用工程，提高经济效益，而且可以有效避免对第三方承担逾期责任。在实务中，建设方通常对施工人缩短工期予以奖励。然而，实际情况是施工人逾期竣工的案件更多，施工人因逾期而承担的违约金占整个工程价款比例较高，故竞标人以不合理的短工期投标实属不正当竞争的表现。建设工程的工期，除了加强管理、广泛应用新技术、新工艺、新材料和新设备进行科学施工外，真正的决定因素是现有的生产技术条件和自然条件。例如，寒冷的季节客观上影响工期。建设工期依据建设工程的不同情况，以天数或者月数确定。通常情况下，竞标人在投标文件中确定的总竣工日期才是决定是否中标的关键因素。另行签订的协议中，缩短或者延长建设工期的可能都会发生。

3. 工程价款。支付工程价款是发包人最主要的义务，收取工程价款是承包人最主要的权利。在工程范围与工程质量、工期不变的情况下，决定工程中标人的因素往往就是工程价款，即投标文件中工程价款最低者中标。司法实践中，绝大多数案件就是因工程价款产生纠纷。在目前的市场环境下，发包人占主导地位，因而承包人为了能够中标，往往会在投标时或者在另行签订的协议中承诺工程价款在决算价的基础上下浮动较高的比例。工程价款，是对施工人而言的，对建设人则称工程造价。通过招标投标程序发包的建设工程，计价方式无非固定价与可调价两种。当然即使是固定价，无论是单价固定合同还是总价固定合同，当事人仍然会在合同中明确约定可能产生的市场风险如何在两方当事人中分配，在确定可调价作为计价方式时，竞标人为了获得工程建设的机会，必然会在总决算价的基础上给予发包人一定程度的让利。否则，该竞标人在工程价款方面没有竞争的优势。

实务中，承包人通过低价竞标，获得工程建设机会后，再以人工费、材料费等存在重大市场变化为由，要求据实结算的案件并不罕见。这种情形下，可能是承包人不诚信的表现，也可能是发包人盲目选择承包人的结果。毕竟除不可抗力外，双方当事人都应当有相应的能力预见到正常的市场风险。当事人变更价款存在多种形式。直接降低中标人的投标文件提出的工程价款即直接让利是最明显最直接的形式。除此之外，实践中经常发现当事人采取的方式有：中标人同意以明显高于市场价格购买其承建的房产、中标人无偿建设住房配套设施、向建设单位捐赠财物。《建设工程施工合同解释（二）》第一条第二款特别就当事人变相降低工程价款的四种典型形式作了规定。

4. 工程质量。建设工程质量是指依照国家现行有效的法律、法规技术标准、设计文件和合同约定，对工程的安全、适用、经济、环保美观等特性的综合要求。建设工程是人们日常生活和生产、经营、工作的主要场所，是人类生存和发展的物质基础。建设工程的质量，不但关系到生产经营活动的正常运行，也关系到人民生命财产安全。建设工程一旦出现质量问题，特别是发生重大垮塌事故，危及人民生命财产安全，损失巨大，影响恶劣。因此，“百年大计，质量第一”，必须确保建设工程的安全可靠。从总体上看，我国基础设施建设和重大工程的质量是好的。但是，建设工程质量方面存在的问题也比较突出，工程垮塌事故时有发生，一些民用建筑工程特别是住宅工程，影响使用功能质量通病比较普遍，有的还存在影响结构安全的隐患。保证建设工程质量和安全，是《建筑法》的主要立法目的之一。依据《建筑法》的规定，国务院颁布了《建设工程质量管理条例》这一专门管理建设工程质量的行政法规。在招标投标中，竞标人不会以降低工程质量赢得中标机会。相反，竞标人在投标文件中肯定声称保证工程质量符合法律及建设方的要求。招标人与中标人签订施工合同后，即使另行签订协议，也通常要求施工人保证工程质量。但是，另行签订的协议中仍然存在降低工程质量的情形。这表现在以下两方面：一是建设方对自己利益特别是对社会公众利益的漠视。例如经常存在的桥梁、房屋垮塌事件就是建设方降低工程质量的结果。二是一些招标人故意提高工程质量要求，如多层建筑按照高层建筑质量提出招标要求，在特定人中标后，再根据工程的实际情况，在另行签订的协议中，降低工程质量。这种情形的发生，通常是为了排除其他竞标人中标的机会，招标人与中标人之间多存在关联关系或者其他不正当关系。

5. 其他内容。除建设工程范围、建设工期、工程价款和工程质量外，特定情形下，也可能存在背离根据招标文件和中标文件签订的合同的实质性内容的协议。这只能根据建设工程及当事人的具体情况确定。凡是可能限制或者排除其他竞标人的条件都可能构成《招标投标法》第四十六条第一款中的“合同实质性内容”。所以本司法解释第一条只是列举工程范围、建设工期、工程价款与工程质量，而未排除其他可能的因素。[①]

---

① 最高人民法院民事审判第一庭编著：《最高人民法院建设工程施工合同司法解释（二）理解与适用》，人民法院出版社2019年版，第48~52页。

三、实质性内容不一致的判断标准

《建设工程施工合同解释（一）》对黑合同的定义是看其内容与白合同是否有实质性不同。实践中的难点在于如何认定“实质性内容不一致”？其判断标准为何？目前在司法实践中对于背离合同实质性内容的程度，属于法官自由裁量的范畴。施工合同的内容常常包括工程范围、建设工期、中间交工工程的开工和竣工时间、工程质量、工程造价、技术资料交付时间、材料和设备供应责任、拨款和结算、竣工验收、质量保修范围和质量保证期、双方相互协作等条款。建设工程项目性质属于行政强制管理的范畴，改变项目性质应认定为实质性变更。此外，建设工程中事关当事人权利义务的核心条款是工程结算，影响工程结算的主要涉及三个方面：工程量、工程质量和工程期限。工程质量，指建设工程施工合同约定的工程具体条件，也是这一工程区别于其他同类工程的具体特征。工程期限，指建设工程施工合同中约定的工程完工并交付验收的时间。其他条款的变化对工程款结算的影响不大，一般只涉及违约责任的判断，属于非实质性内容的变更，不影响合同的效力。比如对于损失赔偿等约定，属于合同履行过程中的正常变更，不属于《建设工程施工合同解释（一）》第二十一条所规定的“黑合同”。如果备案和未备案的两份施工合同在工程范围、建设工期、施工质量、工程价款等方面发生重大变化的，属于实质性变更。对于中标人出具的以明显低于市场价格购买承建房产、无偿建设住房配套设施、让利、向建设方捐款等协议，系实质性地变更工程价款，亦应认定为变更中标合同的实质性内容。但在建设工程中，价款的变化往往由于工程量增加或减少，工程期限延长或缩短，工程质量要求提高或降低造成。《建设工程施工合同解释（二）》第一条也作了相同的规定。是否涉及这三方面内容的变更均为实质性内容的变更？对此不能一概而论，判断实质性内容的不同，可按以下两个标准：[①]

1. 实质性内容的变化对工程质量的影响力。如果招投标并签订合同时要求

---

① 李玉生主编：《建设工程施工合同案件审理指南》，人民法院出版社 2019 年版，第 103 页。

工程质量是合格，而订立合同后要求工程达到优良，必然相应提高工程价款，此时变更合同符合权利义务相一致原则，可认定该合同系对中标合同的补充，虽未备案但应属有效。反之，如果招标时质量要求优良，但另行订立合同降低质量标准，并降低价款，除非经备案，否则可认定属于实质性变更，该变更无效。

2. 合同价款变化占备案合同的比例。招投标时，因已经过专业评标、发布招标公告、投标人编制投标文件等程序，一般工程范围、工程量大致已定，即使有细微改变，工程价款应不致大起大落。如果变化很大，应当重新进行招投标并备案，否则有恶意串通损害其他投标人利益的嫌疑，进而可以认定为有实质性内容不同的黑合同。工程量、工程期限、工程价款变化大小的判断，可以合同履行中的变化是否超过备案合同的 1/5 为依据，1/5 以内属于正常范围，超过 1/5 且未备案的，认定为黑合同。

在实质性内容不一致的判断上，应当注意处理好黑白合同的认定和当事人变更合同的权利的关系。建设工程开工后，因设计变更、建设工程规划指标调整等客观原因，发包人与承包人通过补充协议、会谈纪要、往来函件、签证等洽商记录形式变更工期、工程价款、工程项目性质的，属于正常的合同变更，不应认定为变更中标合同的实质性内容。实践中有争论的是，建设工程开工后，因主要建筑材料价格异常变动的原因，双方另行签订的协议，是否认定为变更中标合同的实质性内容？对此存在不同观点：第一种观点认为，主要建筑材料价格变动属于因客观原因导致的变动，应认定为正常的合同变更。第二种观点认为，主要建筑材料价格变动属于商业风险，当事人在订立合同时应当有所预料，故应认定为实质性变更。笔者认为，如果主要建筑材料变动达到情势变更的程度，双方另行签订协议属于合同中正常的变更，不应认定为黑白合同情形。

四、黑白合同的效力问题

背离中标合同实质性内容另行签订协议即产生“黑白合同”的问题。背离中标合同实质性内容另签协议，既扰乱了正常的招标投标程序也可能损害中标人的合法权益。《建设工程施工合同解释（一）》第二十一条规定：“当事人就同一建设工程另行订立的建设工程施工合同与经过备案的中标合同实质性内容不一致的，应当以备案的中标合同作为结算工程价款的根据。”中标的备案合同可被简称为“白合同”，另行订立的与备案的中标合同实质性内容不一致的合同可被称为“黑合同”。“白合同”有效是认定“黑合同”无效的前提。如果“白合同”无效，就不能简单地以“白合同”作为计算工程价款的依据，而必须根据当事人的真实意思、实际履行情况等因素判断适用哪份合同，或者通过鉴定据实结算工程价款。“白合同”有效是指招标投标程序合法且中标有效。“黑合同”必须是对中标合同的实质性背离，应当正确把握“实质性背离”与合同变更之间的关系。建筑工程是一项复杂的系统工程，白合同签订之后，由于履行期限长、变化大，随着施工进度的深入，发包方与承包方之间就工程中出现的具体问题进行补充、变更是正常和普遍的。如果“黑合同”的内容，与“白合同”不一致并未构成对“白合同”实质性内容的违反或者背离，则属于合同变更，是合同自由原则的体现。

黑白合同在实践中的问题主要包括以下三个方面：

1. 强制招投标的项目情形。所谓强制招标工程是指根据法律或行政法规规定必须通过招标投标形式签署合同的建设工程。《招标投标法》第三条规定：“在中华人民共和国境内进行下列工程建设项目包括项目的勘察、设计、施工、监理以及与工程建设有关的重要设备、材料等的采购，必须进行招标：（一）大型基础设施、公用事业等关系社会公共利益、公众安全的项目；（二）全部或者部分使用国有资金投资或者国家融资的项目；（三）使用国际组织或者外国政府贷款、援助资金的项目。前款所列项目的具体范围和规模标准，由国务院发展计划部门会同国务院有关部门制订，报国务院批准。法律或者国务院对必须进行招标的其他项目的范围有规定的，依照其规定。”第四条规定：“任何单位和个人不得将依法必须进行招标的项目化整为零或者以其他任何方式规避招标。”对于强制招投标的工程未经过招投标程序签订的施工合同，根据《合同法》第五十二条的规定，该合同因违反法律的强制性规定而无效。对于强制招投标的工程经过了招投标程序签订了建设工程施工合同并经备案，在备案合同之外另行签订了一份施工合同，当事人实际履行的建设工程施工合同与备案的中标合同实质性内容不一致的，此时符合《建设工程施工合同解释（一）》第二十一条的规定，招标备案的合同有效并作为工程价款的结算依据。

实践中争论较大的是强制招投标的范围如何确定，特别是商品房是否属于强制招投标的项目，各地法院对此认识并不统一。《招标投标法》第三条授权国务院发展计划部门会同国务院有关部门制订必须招投标的具体范围和规模标准。2000年国家发改委《工程建设项目招标范围和规模标准规定》（以下简称3号令）第三条规定：商品住宅包括经济适用住房属于关系社会公共利益、公众安全的公用事业项目的范围。而在2018年6月1日施行的国家发改委《必须招标的工程项目规定》和2018年6月6日施行的《必须招标的基础设施和公用事业项目范围规定》中将商品房等民营项目已经排除出强制招投标的范围，3号令同时废止。故之后的商品房未经招投标的，当然有效。[①]

2. 非强制招投标的但经过招投标程序的情形。对于非强制招投标的工程，建设单位根据主管部门要求或者自愿进行招投标并根据招投标结果签订施工合同，将合同进行备案。如果在备案合同之外，当事人又签订实质性内容不同的合同且未备案，以哪份合同作为结算工程价款的依据？对此存在两种观点：第一种观点认为，当事人自愿进行招投标的项目，在备案的合同之外，如果又另行签订的合同并不违反法律禁止性规定，则不存在黑白合同的问题，根据双方当事人实际履行的合同作为结算工程价款的依据。第二种观点认为，虽然工程项目不属于强制招投标范围，但当事人自愿进行招投标，应当受《招标投标法》的约束，同样也存在黑白合同问题，应根据备案的中标合同作为结算工程价款的依据。因为《招标投标法》所保护的不仅是当事人自身的利益，更是对社会招投标市场的规范，事关不特定投标人利益的保护，涉及市场竞争秩序的维护，因此，只要根据《招标投标法》进行的招投标并因此签订的合同均应受该法约束。当事人实际履行的建设工程施工合同与中标合同实质性内容不一致的，以中标合同作为工程价款的结算依据。《建设工程施工合同解释（二）》采纳了第二种观

---

① 李玉生主编：《建设工程施工合同案件审理指南》，人民法院出版社2019年版，第97页。

点，第九条规定："发包人将依法不属于必须招标的建设工程进行招标后，与承包人另行订立的建设工程施工合同背离中标合同的实质性内容，当事人请求以中标合同作为结算建设工程价款依据的，人民法院应予支持，但发包人与承包人因客观情况发生了在招标投标时难以预见的变化而另行订立建设工程施工合同的除外。"第二种观点有其理论和实践价值：一是体现了私益与公益平衡的理念。建设工程招投标不仅关涉施工合同双方的利益，亦关涉竞争秩序的维护和公平价值的弘扬，以备案合同作为结算工程价款的依据有利于维护竞争秩序，弘扬公平正义。二是有利于规范建筑市场。最低价中标是建筑市场广为诟病的问题，根源在于建筑市场参与主体不把备案的合同当回事，以备案合同结算可以维护招投标的权威，引导当事人理性投标，遏制盲目行为。

3. 非强制招投标项目当事人自主备案的情形。实践中存在既非强制招投标项目，当事人又未自愿进行招投标，但根据当地行政主管部门的要求，承、发包双方签订的施工合同必须备案。当事人在备案合同之外，另行签订实质性内容不同的合同且未备案的，依据何份合同结算工程款？笔者认为，未备案的合同不应认定为黑合同。因为备案与否并非合同生效的条件，当事人签订的合同尽管与备案的合同有实质性内容的不同，但并非不能作为结算的依据，此时两份合同均有效，以实际履行的合同作为结算依据。

案例指导

江苏省第一建筑安装集团股份有限公司与唐山市昌隆房地产开发有限公司建设工程施工合同纠纷案①

【裁判摘要】

《建设工程施工合同解释（一）》第二十一条规定，当事人就同一建设工程另行订立的建设工程施工合同与经过备案的中标合同实质性内容不一致

① 详见最高人民法院（2017）最高法民终175号民事判决书，载《最高人民法院公报》2018年第6期。

的，应当以备案的中标合同作为结算工程价款的根据，其适用前提应为备案的中标合同合法有效，无效的备案合同并非当然具有比其他无效合同更优先参照适用的效力。

在当事人存在多份施工合同且均无效的情况下，一般应参照符合当事人真实意思表示并实际履行的合同作为工程价款结算依据；在无法确定实际履行合同时，可以根据两份争议合同之间的差价，结合工程质量、当事人过错、诚实信用原则等予以合理分配。

上诉人（一审原告、反诉被告）：江苏省第一建筑安装集团股份有限公司（以下简称江苏一建）。

被上诉人（一审被告、反诉原告）：唐山市昌隆房地产开发有限公司（以下简称昌隆公司）。

一、河北省高级人民法院一审查明的事实。

在双方签订施工合同之前，昌隆公司作为发包方与江苏一建作为承包方签订了《金色和园基坑支护合同》，将金色和园项目基坑支护工程委托江苏一建施工。合同上未载明签约时间。

2009 年 9 月 28 日，江苏一建、昌隆公司、设计单位及监理单位对案涉工程结构和电气施工图纸进行了四方会审。在履行招投标程序之前，江苏一建已经完成了案涉工程部分楼栋的定位测量、基础放线、基础垫层等施工内容。

2009 年 12 月 1 日，经履行招投标程序，昌隆公司确定江苏一建为其所开发金色和园住宅工程项目的中标人，并向江苏一建发出《中标通知书》，昌隆公司招标文件载明合同价款采用固定总价方式。2009 年 12 月 8 日，双方当事人签订《备案合同》，约定由江苏一建承包昌隆公司开发的金色和园住宅工程，建筑面积为 110998 平方米，承包范围为施工图纸标识的全部土建、水暖、电气、电梯、消防、通风等工程的施工安装；开工日期为 2009 年 12 月 8 日，竣工日期为 2011 年 12 月 7 日，工期总日历天数 730 天；合同价款为 131839227.62 元。在合同第三部分专用条款第 23.2 条，原载明“合同价款采用可调价格合同，合同价款调整方法为：按施工图纸结算，材料价格调整、设计变更洽商现场签证按实调整，执行 2008 年河北省建筑安装工程预算定额及双方协议或约定”，后双方将该约定划掉，改为“合同价款采用固定总价方式确定”，“除设计变更现场签证之外，均包括在合同总价之内”，“风险范围以外合同价款调整方法为由发包人、承包人及监理单位三方签证按总价下浮3%进行调整”，在上述修改处均加盖有双方公章；专用条款第28.1条约定，“承包人采购的材料、设备均应符合国标及设计要求，主要材料及新型材料由发包人认质认价”。该份协议于2009年12月30日在唐山市建设局进行了备案。

2009年12月28日，双方当事人签订《补充协议》，约定该补充协议是对金色和园建筑工程施工合同的有关补充条款进行的明确，作为主合同附件，与主合同具有同等法律效力。该协议第一条约定，合同开工、竣工日期分别为2009年9月30日至2011年9月15日，第三条约定，承包依据是中建北京设计研究院设计的经审查和会审交底后的金色和园施工图纸、做法变更（附件1），主要材料认质认价范围（附件2），国家、省市现行的施工验收规范和相关标准。第四条约定，结算方式：本工程执行河北省2008年定额及相关文件，建筑安装工程费结算总造价降3%。施工及验收阶段以暂定价作为拨款依据。18层住宅地上部分暂定1200元/平方米，18层以下住宅地上部分暂定1000元/平方米，地下部分（含人防）暂定1625元/平方米。第五条约定，价格调整：本工程材料由甲方认质认价（认质认价范围详见附件2），乙方应提前上报材料计划，材料进场前由甲方确认材料价格，材料进场后由甲、乙、监理三方共同确认进场数量，价格以甲方的认价单为准。进场材料必须符合现行标准规定及设计要求，价格应经过甲方确认并以下发的新认价单为准，所涉及的材料数量及工程范围应由甲、乙、监理三方共同确认。施工组织设计费用不进入决算，主体施工模板按大模板和竹胶板计算。设计变更、工程洽商及现场签证以甲方会签批复单为准，单项变更总价在1000元以内的不计费用，由乙方无条件施工，单项变更费用在1000元以上的按2008年定额作相应增减，主要材料价格以甲方同时期的认价单为准。认价材料的运费、采保费按规定计取（认价中已含运费的除外）。另外还约定了工程款支付、违约责任等内容。

2011 年 11 月 30 日，江苏一建所承建的工程全部竣工验收合格。2012 年 8 月底，江苏一建向昌隆公司上报了完整的结算报告，昌隆公司已签收。

双方当事人均认可在施工过程中，除基坑支护部分工程款外，昌隆公司已向江苏一建支付工程款 124939155 元；基坑支护部分工程款数额为 700963.84 元，已全部付清，但因基坑支护工程为单独合同，并不在本案造价审计范围内，因此该 700963.84 元亦不计入本案已付款中。

在审理过程中，江苏一建向一审法院提交案涉工程造价审计申请，该院通过司法技术辅助室依法定程序选定鉴定机构为河北冀诚祥工程造价咨询有限责任公司（以下简称冀诚祥公司）。鉴于双方对于以哪份合同作为审计工程价款的依据存在重大分歧，昌隆公司主张按备案合同约定的固定总价计价方式结算工程款，江苏一建主张按补充协议约定的可调价计价方式结算工程款，因此该院委托鉴定机构按照双方主张分别以两份合同为依据进行审计。冀诚祥公司最终审计结果为：按照备案合同即固定总价合同，鉴定工程总造价为 117323856.47 元；按照补充协议即可调价合同，鉴定工程总造价为 150465810.58 元。该鉴定结论经过双方当事人多次质询、修正，符合法律规定，可以作为认定事实的依据。

一审法院另查明，2011 年 7 月 20 日，江苏一建向昌隆公司及案涉工程监理单位唐山四方工程建设监理有限公司发出工程联系单，主要内容为请求昌隆公司及监理单位确认因昌隆公司原因导致工程窝工 81 天，应给予顺延工期 81 天及合理补偿。监理单位卢连芳签认“情况属实，请甲方与施工单位协商合理解决”，并盖有监理部印章。

二、当事人一审起诉情况。

江苏一建向一审法院起诉请求：（一）判令昌隆公司给付拖欠工程款 43152301 元（以司法鉴定确定的数额为准）及迟延支付工程款自竣工日起至生效判决确定的履行期限届满之日止按中国人民银行同期同类贷款利率计算的利息（为计算诉讼费，估算约为 6040160.69 元）。（二）判令昌隆公司赔偿停工窝工损失 375 万元（以司法鉴定确定的数额为准）。（三）由昌隆公司承担本案诉讼费用。

昌隆公司反诉请求：（一）判令江苏一建赔偿超拨工程款的利息128.2万元；（二）交付工程竣工备案资料；（三）赔偿因逾期交付竣工验收资料造成昌隆公司融资等损失1206.12万元（1077.92万元+128.2万元）；（四）赔偿因工程质量造成昌隆公司赔偿小区业主损失22.83万元；（五）对楼梯间采暖与不采暖走道及住宅间隔墙保温、采暖管道井主管保温工程质量不符合强制性规定部分限期进行整改，昌隆公司暂不支付该部分工程款；（六）江苏一建负担本案诉讼费用。

三、河北省高级人民法院一审认定与判决情况。

一审法院认为，本案的焦点问题包括：一是昌隆公司欠付工程款数额和利息应如何计算；二是江苏一建主张的停工窝工损失应如何处理；三是昌隆公司提出的反诉请求是否成立。

（一）关于昌隆公司欠付工程款及利息的数额应如何计算问题。首先，双方当事人先后签订的两份施工合同均无效：双方于2009年12月8日签订的《备案合同》虽系经过招投标程序签订，并在建设行政主管部门进行备案，但在履行招投标程序确定江苏一建为施工单位之前，江苏一建、昌隆公司、设计单位及监理单位已经对案涉工程结构和电气施工图纸进行了四方会审，且江苏一建已完成部分楼栋的定位测量、基础放线、基础垫层等施工内容，即存在未招先定等违反《招标投标法》禁止性规定的行为，因此该备案合同应认定为无效。而双方于2009年12月28日签订的《补充协议》系未通过招投标程序签订，且对备案合同中约定的工程价款进行了实质性变更，属于《建设工程施工合同解释（一）》第二十一条所规定的黑合同，依法也应认定为无效。其次，本案中的两份施工合同签署时间仅间隔20天，从时间上无法判断实际履行的是哪份合同，双方当事人对于实际履行哪份合同也无明确约定，两份合同内容比如甲方分包、材料认质认价等在合同履行过程中亦均有所体现，且两份合同均为无效合同就意味着法律对两份合同均给予了否定性评价，无效的合同效力等级相同，不涉及哪份合同更优先的问题。因此综合考虑本案情况，可按照《合同法》第五十八条的规定，由各方当事人按过错程度分担因合同无效所造成的损失。本案中该损失即为两份合同之间的差价33141954.11元（150465810.58

元 -117323856.47 元)。昌隆公司作为发包人是依法组织进行招投标的主体，对于未依法招投标应负有主要责任，江苏一建作为具有特级资质的专业施工单位，对于招投标法律及相关规定也应熟知，因此对于未依法招投标导致合同无效也具有过错，综合分析本案情况以按 6∶4 分担损失较为恰当，因此总工程款数额应认定为 137209028.94 元(117323856.47 元 + 33141954.11 元 ×60%)。按此扣减已付工程款 124939155 元后，尚欠工程款 12269873.94 元。至于利息问题，昌隆公司在施工过程中并无拖欠工程进度款情形，在江苏一建报送结算文件后又多次与其核对工程量，从上述事实看昌隆公司并无拖欠工程款的主观恶意，双方对工程欠款发生争议的根本原因在于对以哪份合同作为结算工程款依据发生重大分歧，而双方对于签订两份无效合同并由此导致争议的发生均有过错，因此欠付工程款利息以自江苏一建起诉之日起算为宜，按中国人民银行同期同类贷款利率计息。

(二)关于江苏一建主张的停窝工损失问题。在 2011 年 7 月 20 日的工程联系单中监理单位已经签章确认确实存在因昌隆公司原因导致江苏一建窝工 81 天的事实，但签证单中并未确定损失数额，也没有涉及停工损失的计算方法。江苏一建虽就该损失数额也申请进行鉴定，但因其提供的停窝工损失证据相当一部分是其自己记载、单方提供的工人数量、名单、工资数额、现场机械数量等，昌隆公司对此不予认可，一审法院对上述证据的客观真实性难以确定，以此为依据得出的鉴定结论能否采信也存疑，故未对此委托鉴定。鉴于此前双方在施工过程中也曾发生过 8 天停窝工，双方协商的补偿数额为 7 万元，基本可以反映出停窝工给江苏一建造成的损失程度，在此基础之上，可以酌定该 81 天停窝工损失为 70 万元。

(三)关于昌隆公司反诉的楼梯间保温质量问题。鉴定机构在进行现场勘验时发现楼梯间与不采暖走道及住宅间的隔墙保温层厚度达不到设计要求，且该质量问题并非业主使用造成，而是江苏一建在施工过程中未按图纸施工所致，因此应由江苏一建承担质量责任。昌隆公司要求江苏一建对存在质量问题部分进行整改的诉请符合《合同法》第二百八十一条之规定，应予支持，本案中对该部分工程款 1972553.25 元暂不处理，待江苏一建整改合格之后双方另行结算，故本案中欠付工程款数额暂认定为10297320.69元（12269873.94元－1972553.25元）。至于昌隆公司反诉主张的因其他工程质量问题造成的损失，昌隆公司虽称其曾多次要求江苏一建进行修理，但未能提供证据证明其主张，且其提供的证明损失数额的《费用汇总表》是其单方制作，真实性无法核实，因此对其该项主张不予支持。关于昌隆公司主张因江苏一建迟延交付施工资料致其损失问题，江苏一建主张这是基于昌隆公司欠付工程款而行使抗辩权的结果。一审法院认为，支付工程款是发包人的主要合同义务，在昌隆公司未足额支付工程款的情况下，江苏一建行使抗辩权符合《合同法》第六十七条关于同时履行抗辩权的规定，不构成违约，故对于昌隆公司的该项反诉请求不予支持。但提交竣工验收资料是施工单位的法定义务，其在特定情况下享有抗辩权并不意味着可以一直不履行交付竣工资料的义务，江苏一建在庭审中也认可交付资料，故对昌隆公司的该项诉请予以支持。至于昌隆公司提出的超付工程款利息问题，通过对工程价款及工程欠款的核算，本案并不存在超付工程款情形，因此也不发生利息损失问题，故对该项反诉请求亦不予支持。

综上，一审法院判决：（一）昌隆公司于判决生效之日起15日内给付江苏一建欠付的工程款10297320.69元，并自2013年10月9日起按照中国人民银行同期同类贷款利率支付利息至付清之日止；（二）昌隆公司于判决生效之日起15日内给付江苏一建停工窝工损失70万元；（三）江苏一建于判决生效之日起15日内向昌隆公司交付全部施工资料；（四）驳回江苏一建其他诉讼请求；（五）驳回昌隆公司其他反诉请求。

四、当事人上诉及答辩情况。

江苏一建上诉请求：（一）撤销河北省高级人民法院（2013）冀民一初字第17号民事判决；（二）改判昌隆公司给付欠付工程款25914315.58元，并自2012年1月30日起至付清之日止按中国人民银行同期同类贷款利率计算利息；（三）改判昌隆公司支付停窝工损失375万元；（四）改判江苏一建在昌隆公司支付全部欠款之日起15日内向其交付全部施工资料；（五）本案诉讼费用由昌隆公司负担。事实与理由：

（一）一审判决关于昌隆公司欠付工程款数额和利息认定错误。

案涉《建设工程施工合同》（以下简称《备案合同》）与《金色和园建筑安装工程补充协议》（以下简称《补充协议》）均为无效，并非黑白合同。《备案合同》因违反招标投标法律而无效，双方实际履行的是《补充协议》，是涉案双方真实意思表示。从工程承包范围、开工竣工时间、结算方式、材料设备供应等方面可印证实际履行的合同是《补充协议》，且昌隆公司自认《补充协议》是对《备案合同》的细化与补充。

工程支付价款不应由合同效力决定，而应由工程质量是否合格决定，案涉两份合同无效，应以实际施工工程量进行结算。鉴定结论 1.5 亿元应作为据实结算的工程款数额，以此作为结算依据并支付欠付工程款利息。两份合同差价并非损失，而是承包方实际施工工程款，按照比例分担损失不当。

案涉工程已于 2011 年 11 月 20 日竣工验收合格并交付使用，参考《建设工程价款结算暂行办法》工程应在 60 日内完成结算规定，昌隆公司最迟应于竣工日期之后 60 日即 2012 年 1 月 30 日开始支付利息。

（二）昌隆公司应根据江苏一建实际发生的人工费、机械台班费损失支付窝工损失。该证据为会计账册资料，具有真实性和完整性，一审法院未对停窝工损失进行鉴定，昌隆公司亦未提交证据反驳，则应依此认定。

（三）关于案涉工程楼梯间保温质量问题，对该部分工程款不予处理错误。该费用并未实际发生，即使存在质量问题，亦可通知江苏一建进行维修，昌隆公司如垫付费用可另案解决。

（四）一审法院判令向昌隆公司交付全部施工资料错误。根据《建设工程质量管理条例》第四十九条、第十六条规定，江苏一建资料已经符合要求，只因昌隆公司独立分包资料不齐导致无法提交资料，且从不安抗辩权角度，昌隆公司不及时结算给付工程款，江苏一建亦有权不给付竣工验收资料。

昌隆公司辩称：《备案合同》为主合同，是双方实际履行的合同，《补充协议》细化确认《备案合同》内容，并未发生实质性变更，应以《备案合同》作为工程价款结算依据。《备案合同》约定的保修责任、隐蔽工程中间验收、施工组织和工期、安装工程等内容《补充协议》并未约定。江苏一建施工范围并非《补充协议》约定工程范围，比如小区主环路工程项目虽属《补充协议》约定施工范围，但由其他单位施工完成。《补充协议》的价款结算方式改变《备案合同》约定。一审判决认定事实清楚、适用法律正确，应驳回江苏一建上诉请求。一审判决昌隆公司承担 60% 责任过重。利息支付应以准确本金和合理起算时间存在为前提，江苏一建直至 2015 年 2 月仍不交结算资料，造成发包方无法核算，且没有完成竣工验收备案手续。一审判决从起诉之日计息，昌隆公司认可该结果。对于停窝工损失，江苏一建存在伪造证据、虚构事实行为，出具认定文件不符合认定程序规定，没有昌隆公司签字，且停工 81 天事实缺乏相关证据印证，昌隆公司虽认可该判决但希望二审法院能查明事实。江苏一建交付工程存在不符合设计质量要求，一审法院对此部分工程款暂不处理，符合法律规定。一审判决江苏一建交付施工资料符合法律规定。

五、最高人民法院二审认定与判决。

最高人民法院认为，围绕当事人上诉请求、事实理由与答辩意见，本案争议焦点为：(一) 原判认定昌隆公司支付江苏一建工程欠款数额及利息是否正确；(二) 原判昌隆公司支付江苏一建停窝工损失是否正确。

(一) 原判认定昌隆公司支付江苏一建工程欠款数额及利息是否正确。首先，关于案涉工程价款的结算依据。江苏一建上诉主张本案双方实际履行的合同是《补充协议》，应据此结算工程价款；昌隆公司认为根据《建设工程施工合同解释（一）》规定，《补充协议》为黑合同，应当以《备案合同》作为工程价款结算依据。

第一，《招标投标法》《建设工程项目招标范围和规模标准规定》明确规定应当进行招标的范围，案涉工程建设属于必须进行招标的项目，当事人双方于 2009 年 12 月 8 日签订的《备案合同》虽系经过招投标程序签订，并在建设行政主管部门进行备案，但在履行招投标程序确定江苏一建为施工单位之前，一方面昌隆公司将属于建筑工程单位工程的分项工程基坑支护委托江苏一建施工；另一方面江苏一建、昌隆公司、设计单位及监理单位对案涉工程结构和电气施工图纸进行了四方会审，且江苏一建已完成部分楼栋的定位测量、基础放线、基础垫层等施工内容，一审法院认定案涉工程招标存在未招先定等违反《招标投标法》禁止性规定的行为，《备案合同》

无效并无不当。

第二，当事人双方于2009年12月28日签订的《补充协议》系未通过招投标程序签订，且对备案合同中约定的工程价款等实质性内容进行变更，一审法院根据《建设工程施工合同解释（一）》第二十一条规定，认为《补充协议》属于另行订立的与经过备案中标合同实质性内容不一致的无效合同并无不当。

第三，《建设工程施工合同解释（一）》第二条规定，建设工程施工合同无效，但建设工程经竣工验收合格，承包人请求参照合同约定支付工程价款的，应予支持。《建设工程施工合同解释（一）》第二十一条规定，当事人就同一建设工程另行订立的建设工程施工合同与经过备案的中标合同实质性内容不一致的，应当以备案的中标合同作为结算工程价款的根据。就本案而言，虽经过招投标程序并在建设行政主管部门备案的《备案合同》因违反法律、行政法规的强制性规定而无效，并不存在适用《建设工程施工合同解释（一）》第二十一条规定的前提，也并不存在较因规避招投标制度、违反备案中标合同实质性内容的《补充协议》具有优先适用效力。

《合同法》第五十八条规定，合同无效或者被撤销后，因该合同取得的财产，应当予以返还；不能返还或者没有必要返还的，应当折价补偿。有过错的一方应当赔偿对方因此所受到的损失，双方都有过错的，应当各自承担相应的责任。建设工程施工合同的特殊之处在于，合同的履行过程，是承包人将劳动及建筑材料物化到建设工程的过程，在合同被确认无效后，只能按照折价补偿的方式予以返还。本案当事人主张根据《建设工程施工合同解释（一）》第二条规定参照合同约定支付工程价款，案涉《备案合同》与《补充协议》分别约定不同结算方式，应首先确定当事人真实合意并实际履行的合同。

结合本案《备案合同》与《补充协议》，从签订时间而言，《备案合同》落款时间为2009年12月1日，2009年12月30日在唐山市建设局进行备案；《补充协议》落款时间为2009年12月28日，签署时间仅仅相隔20天。从约定施工范围而言，《备案合同》约定施工范围包括施工图纸标识的全部土建、水暖、电气、电梯、消防、通风等工程的施工安装，《补充协议》约定施工范围包括金色和园项目除土方开挖、通风消防、塑钢窗、景观、绿化、车库管理系统、安防、电梯、换热站设备、配电室设备、煤气设施以外所有建筑安装工程，以及雨污水、小区主环路等市政工程。实际施工范围与两份合同约定并非完全一致。从约定结算价款而言，《备案合同》约定固定价，《补充协议》约定执行河北省2008年定额及相关文件，建筑安装工程费结算总造价降3%，《补充协议》并约定价格调整、工程材料由甲方认质认价。综上分析，当事人提交的证据难以证明其主张所依据的事实，一审判决认为当事人对于实际履行合同并无明确约定，两份合同内容比如甲方分包、材料认质认价在合同履行过程中均有所体现，无法判断实际履行合同并无不当。

在无法确定双方当事人真实合意并实际履行的合同时，应当结合缔约过错、已完工程质量、利益平衡等因素，根据《合同法》第五十八条规定由各方当事人按过错程度分担因合同无效造成的损失。一审法院认定本案中无法确定真实合意履行的两份合同之间的差价作为损失，基于昌隆公司作为依法组织进行招投标的发包方，江苏一建作为对于招投标法等法律相关规定也应熟知的具有特级资质的专业施工单位的过错，结合本案工程竣工验收合格的事实，由昌隆公司与江苏一建按6∶4比例分担损失并无不当。江苏一建上诉主张应依《补充协议》结算工程价款，事实依据和法律依据不足，不予支持。

关于案涉工程价款利息，江苏一建上诉主张应自2012年1月30日起按照中国人民银行同期同类贷款利率支付工程款利息。一审法院认为，昌隆公司在施工过程中并无拖欠工程进度款情形，亦无拖欠工程款的主观恶意，且双方对于签订两份无效合同并由此导致工程价款结算争议发生均有过错，因此欠付工程款利息自江苏一建起诉之日按中国人民银行同期同类贷款利率计算。本院认为，《建设工程施工合同解释（一）》第十八条规定，利息从应付工程价款之日计付。当事人对付款时间没有约定或者约定不明的，下列时间视为应付款时间：（一）建设工程已实际交付的，为交付之日；（二）建设工程没有交付的，为提交竣工结算文件之日；（三）建设工程未交付，工程价款也未结算的，为当事人起诉之日。案涉工程于2011年11月30日竣工验收合格并交付使用，案涉两份合同均被认定无效，一方面合同约定的工程价款给付时间无法参照合同约定适用；另一方面发包人支付工程欠款利息性质为法定孳息，建设工程竣工验收合格交付发包人后，其已实际控制，有条件对诉争建设工程行使占有、使用、收益权利，故从工程竣工验收合格交付计付工程价款利息符合当事人利益平衡。江苏一建公司主张从2012年1月30日起按照中国人民银行同期同类贷款利率支付工程款利息，予以支持。

（二）原判昌隆公司支付江苏一建停窝工损失是否正确。江苏一建上诉主张应根据其实际发生的人工费、机械台班费损失支付停窝工损失。本院认为，案涉工程2011年7月20日的工程联系单中，监理单位已经签章确认确实存在因昌隆公司原因导致江苏一建窝工81天的事实，但签证单中并未确定损失数额，也没有涉及停工损失的计算方法。江苏一建提供的停窝工损失证据相当一部分是其自己记载、单方提供的工人数量、名单、工资数额、现场机械数量等，昌隆公司对此不予认可，一审法院鉴于此前双方在施工过程中也曾发生过8天停窝工，双方协商的补偿数额为7万元，基本可以反映出停窝工给江苏一建造成的损失程度，酌定81天停窝工损失为70万元并无明显不当。

另外，江苏一建上诉主张一审判决预先扣除1972553.25元维修费不当。本院认为，案涉工程鉴定机构在进行现场勘验时发现楼梯间与不采暖走道及住宅间的隔墙保温层厚度达不到设计要求，且该质量问题并非业主使用造成，而是江苏一建在施工过程中未按图纸施工所致，因此应由江苏一建承担质量责任。一审判决认为昌隆公司要求江苏一建对存在质量问题部分进行整改并将该部分工程款1972553.25元暂不处理，待江苏一建整改合格之后双方另行结算并无不当。

江苏一建上诉主张改判昌隆公司支付全部欠款之日起15日内向其交付全部施工资料。本院认为，提交竣工验收资料是施工单位的法定义务，其在特定情况下享有抗辩权并不意味着可以一直不履行交付竣工资料的义务，且江苏一建在一审庭审中也认可交付资料，故一审判决江苏一建于判决生效之日起15日内向昌隆公司交付全部施工资料并无不当。

综上所述，江苏一建的上诉请求部分成立。依照《中华人民共和国民事诉讼法》第一百七十条第一款第（二）项规定，判决如下：一、维持河北省高级人民法院（2013）冀民一初字第17号民事判决第二项、第三项、第五项；二、撤销河北省高级人民法院（2013）冀民一初字第17号民事判决第四项；三、变更河北省高级人民法院（2013）冀民一初字第17号民事判决第一项为：唐山市昌隆房地产开发有限公司于本判决生效之日起15日内给付江苏省第一建筑安装集团股份有限公司欠付的工程款10297320.69元，并自2012年1月30日起按照中国人民银行同期同类贷款利率支付利息至付清之日止；四、驳回江苏省第一建筑安装集团股份有限公司的其他诉讼请求。

规范指引

《中华人民共和国招标投标法》

第四十六条 招标人和中标人应当自中标通知书发出之日起三十日内，按照招标文件和中标人的投标文件订立书面合同。招标人和中标人不得再行订立背离合同实质性内容的其他协议。

招标文件要求中标人提交履约保证金的，中标人应当提交。

《最高人民法院关于审理建设工程施工合同纠纷案件适用法律问题的解释》

第二十一条 当事人就同一建设工程另行订立的建设工程施工合同与经过备案的中标合同实质性内容不一致的，应当以备案的中标合同作为结算工程价款的根据。

《最高人民法院关于审理建设工程施工合同纠纷案件适用法律问题的解释（二）》

第一条 招标人和中标人另行签订的建设工程施工合同约定的工程范围、建设工期、工程质量、工程价款等实质性内容，与中标合同不一致，一方当事人请求按照中标合同确定权利义务的，人民法院应予支持。

招标人和中标人在中标合同之外就明显高于市场价格购买承建房产、无偿建设住房配套设施、让利、向建设单位捐赠财物等另行签订合同，变相降低工程价款，一方当事人以该合同背离中标合同实质性内容为由请求确认无效的，人民法院应予支持。

专题四：劳务分包与工程转包的司法认定

【**核心提示**】具有劳务作业法定资质的承包人与总承包人、分包人签订的劳务分包合同，当事人以转包建设工程违反法律规定为由请求确认无效的，不予支持。

实务争点

根据《合同法》及《建筑法》的有关规定，对转包或者违法分包建设工程的行为应当认定为无效；将建设工程肢解后进行分包的亦应认定合同无效；分包单位将其承包的工程再行分包的也应认定为无效。而在实践中常常会出现总承包人或者分包人将承包工程的劳务作业部分分包给具有相应资质的企业或者其他单位。在这种情况下，不能认为是总承包人或者分包人将建设工程转包或者二次分包，当事人以此为由主张劳务作业分包合同无效的，不应支持。劳务作业分包是将简单劳动从复杂劳动剥离出来单独进行承包施工的劳动，因此，总承包人与劳务作业发包人及分包人与劳务作业承包人之间既不是劳务关系也不是劳动合同关系，而是建设工程施工合同关系。劳务作业承包人对其承担的劳务作业向劳务作业发包人负责；承包人向发包人就建设工程进行负责，但其中劳务作业部分由劳务作业承包人与总承包人共同向发包人负责。对此，《建设工程施工合同解释（一）》第七条规定：具有劳务作业法定资质的承包人与总承包人、分包人签订的劳务分包合同，当事人以转包建设工程违反法律规定为由请求确认无效的，不予支持。

理解适用

对《建设工程施工合同解释（一）》第七条规定的理解与适用

在司法实践中，建设工程施工合同中常常存在工程转包与劳务分包的问题，对其进行分析、判断较为困难。因此，应当正确理解适用《建设工程施工合同解释（一）》第七条的规定。

一、劳务分包的基本问题

（一）劳务分包的概念

劳务分包，又称劳务作业分包，是指施工总承包企业或者专业承包企业即劳务作业发包人将其承包工程的劳务作业发包给劳务承包企业即劳务作业承包人完成的活动。[①] 依据建设部《房屋建筑和市政基础设施工程分包管理办法》（以下简称《办法》）第五条规定，房屋建筑和市政基础设施工程施工分包分为专业工程分包和劳务作业分包。其中专业工程分包是指，施工总承包企业将其所承包工程的专业工程发包给具有相应资质的其他建筑企业即专业分包工程承包人完成的活动。依照建设部《专业承包企业资质等级标准》的规定，专业分包包括：地基与基础工程、土石方工程、建筑装修装饰工程、消防设施工程、建筑防水工程、送变电工程等60种方式的专业承包。每种专业承包对承包人都有相应资质标准的要求。

劳务作业分包人既可以是总承包人，也可以是专业分包的承包人。工程的劳务作业分包无须经过发包人或者总承包人的同意，但根据《办法》第九条规定，专业工程分包除在施工总承包合同中有约定外，必须经建设单位即工程发包人的认可。劳务作业分包与专业工程分包的共同点是：两者承包人都必须自行完成承包的工程或者任务。同时，建设单位不得直接指定分包工程承包人及劳务作业承包人。

---

① 最高人民法院民事审判第一庭编著：《最高人民法院建设工程施工合同司法解释的理解与适用》，人民法院出版社2015年版，第62页。

建设部《建筑业企业资质管理规定》第五条规定，建筑业企业资质分为施工总承包、专业承包和施工劳务三个序列。获得施工总承包资质的企业，可以对工程实行施工总承包或者对主体工程实行施工承包。承担施工总承包的企业可以对所承接的工程全部自行施工，也可以将非主体工程或者劳务作业分包给具有相应专业承包资质或者劳务分包资质的其他建筑企业。获得专业承包资质的企业，可以承接施工总承包企业分包的专业工程或者建设单位按照规定发包的专业工程。专业承包企业可以对所承接的工程全部自行施工，也可以将劳务作业分包给具有相应劳务作业分包资质的劳务分包企业。获得劳务分包资质的企业，可以承接施工总承包企业或者专业承包企业分包的劳务作业。

（二）劳务分包企业的资质标准

建设部在《建筑业劳务分包企业资质标准》（2001 年 3 月 8 日）中，对劳务作业分包的种类及各种类企业的资质标准作出了明确的规定。其中劳务作业分包包括如下 13 种：即（1）木工作业；（2）砌筑作业；（3）抹灰作业；（4）石制作；（5）油漆作业；（6）钢筋作业；（7）混凝土作业；（8）脚手架作业；（9）模板作业；（10）焊接作业；（11）水暖电安装作业；（12）钣金作业；（13）架线作业。每种作业的承包人都分别应当具备相应的资质等级标准及作业的具体范围。以木工作业为例，分包企业资质分为一级、二级。一级资质标准为：（1）企业注册资本金 30 万元以上。（2）企业具有相关专业技术员或本专业高级工以上的技术负责人。（3）企业具有初级以上木工不少于 20 人，其中，中、高级工不少于 50%；企业作业人员持证上岗率 100%。（4）企业近 3 年最高年完成劳务分包合同额 100 万元以上。（5）企业具有与作业分包范围相适应的机具。二级资质标准为：（1）企业注册资本金 10 万元以上。（2）企业具有本专业高级工以上的技术负责人。（3）企业具有初级以上木工不少于 10 人，其中，中、高级工不少于 50%；企业作业人员持证上岗率 100%。（4）企业近 3 年承担过 2 项以上木工作业分包，工程质量合格。（5）企业具有与作业分包范围相适应的机具。一级企业作业分包范围为：可承担各类工程的木工作业分包业务，但单项业务合同额不超过企业注册资本金的 5 倍。二级企业作业分包范围为：可承担各类工程的木工作业分包业务，但单项业务合同额不超过企业注册资本金的 5 倍。在上述规定中，部分分包作业由于过于简单不分等级，如抹灰作业分包企业资质不分等级。

（三）劳务分包合同的主要内容及特殊规定

根据建设部和国家工商行政管理总局于 2003 年 8 月发布的《建设工程施工劳务分包合同示范文本》的表述，劳务分包合同的主要内容有（1）劳务分包人资质情况。（2）劳务分包工作对象及提供劳务内容，主要是指工程名称、工程地点、分包范围、提供分包劳务内容。（3）分包工作期限。（4）质量标准。其中，有些特殊的约定项目，如工程承包人应提供总（分）包合同（有关承包工程的价格细节除外），供劳务分包人查阅。当劳务分包人要求时，工程承包人应向劳务分包人提供一份总包合同或专业分包合同（有关承包工程的价格细节除外）的副本或复印件。劳务分包人应全面了解总（分）包合同的各项规定（有关承包工程的价格细节除外）。（5）关于工程承包人义务主要是对工程的工期和质量向发包人负责。劳务分包人义务主要为：对本合同劳务分包范围内的工程质量向工程承包人负责；未经工程承包人授权或允许，不得擅自与发包人及有关部门建立工作联系；劳务分包人须服从工程承包人转发的发包人及工程师的指令。（6）劳务报酬计算主要有三种方式，即固定劳务报酬、约定不同工种劳务的计时单价，按确认的工时计算及约定不同工作成果的计件单价，按确认的工程量计算。（7）禁止转包或再分包，即劳务分包人不得将本合同项下的劳务作业转包或再分包给他人。

除上述合同约定外，劳务作业分包合同一般还包括如下合同附件：工程承包人供应材料、设备、构配件计划、工程承包人提供施工机具、设备一览表以及工程承包人提供周转、低值易耗材料一览表。

二、劳务分包合同与转包、分包的区别和联系[①]

分包是指已经与发包人签订建设工程施工合同的总承包人将其承包的工程建设任务的一部分交给第三人（即分包人）完成。总承包人与发包人签订的建设工程施工合同称为总包合同，总承包人与分包人签订的合同为分包合同。虽然总包合同与分包合同是两个不同的合同，合同当事人也不一致，但合同的标的是有联系的，即分包合同的标的是总包合同的一部分。发包人、总承包人与分包人基于他们之间的合同关系，形成一个比较复杂的法律关系：首先，对于全部工程建设任务，总承包人都应当对发包人负责，无论其中某一部分的工程是否由分包人完成；其次，在工程分包的情况下，总承包人仍然是与发包人签订的建设工程施工合同的当事人，对交由分包人完成的部分工程，总承包人应当与分包人共同对发包人承担连带责任；最后，分包人虽然不是总承包合同的当事人，但其与总承包人订立分包合同后，分包人就与总承包人共同成为总承包合同的当事人，是发包人的共同债务人，分包人与总承包人共同对发包人承担连带责任。

转包是指承包人在承包建设工程后，又将其承包的工程建设任务部分或者全部转让给第三人（即转承包人），转包后，转让人即承包人退出承包关系，受让人即转承包人成为承包合同的另一方当事人，转让人对受让人的履行行为不承担责任。转包在理论上称为合同的转让，是合同权利义务的概括转移。合同一经转让，转让人即退出原合同关系，受让人取得原合同当事人的法律地位。转包是建设工程承包合同中经常发生的违法现象，也是建设工程质量存在问题的重要原因。

分包和转包既有区别，又有相似的地方。其中相同之处在于：二者都是由第三人完成建设工程的部分工作。区别则主要在于：在分包中，承包人与分包人承担连带责任，在转包中，转包人与转承包人不承担连带责任；分包

---

① 最高人民法院民事审判第一庭编著：《最高人民法院建设工程施工合同司法解释的理解与适用》，人民法院出版社2015年版，第64页。

是在分包人同意的情况下为法律所允许，转包则为法律所禁止。

《合同法》第二百七十二条第一款规定，发包人可以与总承包人订立建设工程合同，也可以分别与勘察人、设计人、施工人订立勘察、设计、施工承包合同。发包人不得将应当由一个承包人完成的建设工程肢解成若干部分发包给几个承包人。《建筑法》第二十八条规定，禁止承包单位将其承包的全部建筑工程转包给他人，禁止承包单位将其承包的全部建筑工程肢解以后以分包的名义分别转包给他人。通常认为上述规定是法律关于禁止工程转包或者肢解分包的规定。在国务院的行政法规中，也有类似的规定。其中，《建设工程质量管理条例》第七十八条第一款规定，本条例所称肢解发包，是指建设单位将应当由一个承包单位完成的建设工程分解成若干部分发包给不同的承包单位的行为；第三款规定，本条例所称转包，是指承包单位承包建设工程后，不履行合同约定的责任和义务，将其承包的全部建设工程转给他人或者将其承包的全部建设工程肢解以后以分包的名义分别转给其他单位承包的行为。

《建筑法》第二十四条规定，提倡对建筑工程实行总承包，禁止将建筑工程肢解发包。建筑工程的发包单位可以将建筑工程的勘察、设计、施工、设备采购一并发包给一个总承包单位，也可以将建筑工程勘察、设计、施工、设备采购的一项或者多项发包给一个工程总承包单位；但是，不得将应当由一个承包单位完成的建筑工程肢解成若干部分发包给几个承包单位。所谓肢解发包，就是将应当由一个承包单位完成的建筑工程肢解成若干部分发包给几个承包单位的行为，这种行为会导致工程管理上的混乱，不能保证建筑工程的质量与安全，容易造成建筑工程工期的延长，增加建设成本。为此，规定禁止肢解分包，但不等于禁止分包，建设部、国家工商行政管理局发布的《关于禁止在工程建设中垄断市场和肢解发包工程的通知》中规定，在工程施工中，总包（包括施工总包）单位有能力并有相应资质承担上下水、暖气、电气、电信、消防工程和清运渣土的，应当由其自行组织施工和清运；若总包单位须将上述某种工程分包的，在征得建设单位同意后，亦可分包给具有相应资质的企业，但必须由总包单位进行统一管理，切实承担总包责任。建设单位要加强监督检查，明确责任，保证工程质量和施工安全。除总包单位外，任何单位和个人均不得以任何方式指定分包单位。但是，若总承包单位出于某方面的考虑，需将上述某种工程分包的，根据合同约定在征得建设单位同意后，亦可分包给具有相应资质的企业，但必须由总包单位统一进行管理，切实承担总包责任。

根据本条解释的规定，劳务分包既不是转包，也不是分包。转包是将全部建设工程转由第三人施工建设，分包是将建设工程的某一部分施工项目有限制地交由第三人施工建设。劳务分包则是将建设工程中的劳务部分转由第三人完成。转包和将工程肢解分包为法律所禁止，分包工程在不违反法律法规禁止性规定的情况下是允许的，劳务分包则不为法律禁止。分包人不能将建设工程二次分包，但可以将劳务部分交由第三人完成，劳务分包亦不能将其作业内容再次交由其他人完成。分包工程承包人应当按照分包合同的约定对其承包的工程向分包工程发包人负责。分包工程发包人和分包工程承包人就分包工程对建设单位承担连带责任，劳务分包承包人按照劳务分包合同的约定对劳务分包作业向劳务分包的发包人负责，劳务分包的发包人和承包人对工程的劳务作业部分向总承包人及建设单位承担连带责任。

三、审判实务中如何认定劳务分包和转包

（一）劳务分包的认定

劳务分包是指建设工程的总承包人或者专业承包人将其承包工程中的劳务作业（包括木工、砌筑、抹灰、石制作、油漆、钢筋混凝土、脚手架、模板、焊接、水暖、钣金、架线等）发包给具有相应劳务资质的劳务作业承包人完成的行为。审判实践中，可以结合下列情形综合认定是否属于劳务分包：劳务作业承包人具有劳务分包企业资质；分包内容是劳务作业而不是工程本身；劳务作业承包人一般仅提供劳务作业，施工技术、工程主要材料、大型机械、设备等均由总承包人或者专业承包人负责；劳务费用一般是通过工日的单价和工日的总数量进行费用结算，不发生主要材料、大型机械、设备等费用的结算，不收取管理费。

（二）转包的认定

转包是指施工单位承包工程后，不履行合同约定的责任和义务，将其承包的全部工程或者将其承包的全部工程肢解后以分包的名义分别转给其他单

位或个人施工的行为。转包性质上属于合同权利义务的概括转移。根据《合同法》第七十九条规定，依照法律规定不得转让的，合同权利义务不得概括转移，因《建筑法》第八十二条、《合同法》第二百七十二条均规定，禁止承包人将承包的全部工程或以肢解分包的形式全部转包，故转包无论是否经过发包人同意均属于无效行为。[①]

根据《建筑工程施工转包违法分包等违法行为认定查处管理办法（试行）》规定，实施了下列行为之一的应当认定为转包：（1）施工单位将其承包的全部工程转给其他单位或个人施工的；（2）施工总承包单位或专业承包单位将其承包的全部工程肢解以后，以分包的名义分别转给其他单位或个人施工的；（3）施工总承包单位或专业承包单位未在施工现场设立项目管理机构或未派驻项目负责人、技术负责人、质量管理负责人、安全管理负责人等主要管理人员，不履行管理义务，未对该工程的施工活动进行组织管理的；（4）施工总承包单位或专业承包单位不履行管理义务，只向实际施工单位收取费用，主要建筑材料、构配件及工程设备的采购由其他单位或个人实施的；（5）劳务分包单位承包的范围是施工总承包单位或专业承包单位承包的全部工程，劳务分包单位计取的是除上缴给施工总承包单位或专业承包单位“管理费”之外的全部工程价款的；（6）施工总承包单位或专业承包单位通过采取合作、联营、个人承包等形式或名义，直接或变相地将其承包的全部工程转给其他单位或个人施工的；（7）法律法规规定的其他转包行为。

案例指导

漳州隆祥暖气通风设备有限公司与银广厦集团有限公司建设工程施工合同纠纷案[②]

上诉人（原审被告）：银广厦集团有限公司（原深圳市银广厦建筑工程有

① 李玉生主编：《建设工程施工合同案件审理指南》，人民法院出版社2019年版，第68页。

② 详见福建省漳州市中级人民法院（2014）漳民终字第746号民事判决书。

限公司）。

被上诉人（原审原告）：漳州隆祥暖气通风设备有限公司（以下简称隆祥公司）。

上诉人银广厦集团有限公司因与被上诉人隆祥公司建设工程施工合同纠纷一案，不服福建省漳浦县人民法院（2014）浦民初字第816号民事判决，向福建省漳州市中级人民法院（以下简称漳州中院）提起上诉。

原审法院查明：2012年3月20日，深圳市银广厦建筑工程有限公司将其在漳浦县古雷镇承包的工程项目——古雷腾龙芳烃热电厂空调及通风排烟工程发包给隆祥公司施工，为此，双方在漳浦县古雷镇签订了一份《通风设备及空调安装工程（劳务）分包合同》，该合同对工程项目、合同价款、工程款支付等内容作了约定。合同签订后，隆祥公司即按照合同约定进行施工，但深圳市银广厦建筑工程有限公司未按合同约定如数支付工程款，仅支付工程款3万元。经协商一致，双方于2012年10月25日签订了《通风设备及空调安装工程（劳务）分包合同终止》协议，同意终止双方在2012年3月20日签订的《通风设备及空调安装工程（劳务）分包合同》，当日经结算深圳市银广厦建筑工程有限公司认欠隆祥公司工程款43412元。终止协议签订后，隆祥公司多次催讨欠款，深圳市银广厦建筑工程有限公司至今未予偿还。

原审法院认为：隆祥公司与深圳市银广厦建筑工程有限公司就本案所涉工程签订的《通风设备及空调安装工程（劳务）分包合同》是双方当事人真实意思表示，内容合法，属于有效合同。在合同履行期间，隆祥公司与深圳市银广厦建筑工程有限公司协商一致终止该合同的履行，亦符合相关法律规定。合同的权利义务终止后，深圳市银广厦建筑工程有限公司应及时支付合同期间尚欠的工程款，现深圳市银广厦建筑工程有限公司经隆祥公司催讨未予支付，已构成违约，应承担相应的违约责任。综上，隆祥公司要求深圳市银广厦建筑工程有限公司支付工程款人民币43412元并支付自2012年10月25日起至还清工程款之日止按中国人民银行同期同类贷款利率计算的逾期付款利息的诉讼请求合法有据，予以支持。被告深圳市银广厦建筑工程有限公司经传票传唤无正当理由拒不到庭参加诉讼，依法可以缺席判决。依据《合同法》第九十一条第一款第（七）项、第一百零七条、《民事诉讼法》第一百四十四条之规定，判决如下：被告深圳市银广厦建筑工程有限公司应于判决生效后十日内偿还原告漳州隆祥暖气通风设备有限公司工程款人民币 43412 元，并支付自 2012 年 10 月 25 日起至还清工程款之日止按中国人民银行同期同类贷款利率计算的逾期付款利息。如未按判决指定的期间履行给付金钱义务，应当依照《民事诉讼法》第二百五十三条之规定，加倍支付迟延履行期间的债务利息。本案一审案件受理费 885 元，减半收取 442.5 元由被告深圳市银广厦建筑工程有限公司负担。

宣判后，银广厦集团有限公司不服，向本院提起上诉。

上诉人银广厦集团有限公司上诉称：1. 原审认定双方当事人之间的合同合法有效是错误的，本案合同实际是建设工程施工合同，被上诉人不具备相应施工资质，双方的合同应为无效合同。2. 上诉人对一审判决支付工程款 43412 元无异议，但对利息的支付起算点有异议，双方对工程款的结算没有约定还款期限，利息应自被上诉人起诉之日起计算。请求撤销原审判决，改判：1. 确认双方当事人的合同无效。2. 上诉人支付被上诉人尚欠工程款人民币 43412 元及利息（从 2014 年 2 月 24 日起至款项还清之日止按中国人民银行同期同类贷款利率计算）。后庭审中经法庭释明，上诉人变更上诉请求：上诉人支付被上诉人尚欠工程款人民币 43412 元及利息（从 2014 年 2 月 24 日起至款项还清之日止按中国人民银行同期同类贷款利率计算）。

双方当事人对原审判决查明的事实均无异议，漳州中院予以确认。

漳州中院另查明，2014 年 4 月 21 日，上诉人名称变更为银广厦集团有限公司。被上诉人隆祥公司的营业执照载明隆祥公司的经营范围为：暖气通风设备加工（不含电镀等表面处理及热处理加工）、销售；暖气通风设备安装、施工及售后服务。上诉人对此没有异议。

漳州中院归纳本案争议的焦点为：1. 本案双方当事人签订的《通风设备及空调安装工程（劳务）分包合同》是否合法有效；2. 本案上诉人尚欠的工程款的利息应如何计算。

漳州中院认为：被上诉人隆祥公司的经营范围包括暖气通风设备加工、

销售及暖气通风设备安装、施工及售后服务，其与上诉人签订《通风设备及空调安装工程（劳务）分包合同》，主要承包涉案工程的厂房通风设备及空调安装工程，在被上诉人的经营范围内，根据《建设工程施工合同解释（一）》第七条的规定，应依法认定双方当事人签订的《通风设备及空调安装工程（劳务）分包合同》系合法有效合同，上诉人提出双方当事人的合同无效，没有法律依据，不予支持。双方当事人已于2012年10月25日对本案工程款进行结算，确认尚欠的工程款为43412元，并协议终止双方的合同，依据《建设工程施工合同解释（一）》第十七条、第十八条的规定，若当事人在结算时对付款期限有约定，应从付款期限届满次日起计算利息，若当事人在结算时没有约定付款期限，应从结算次日起计算利息。故上诉人主张本案尚欠工程款的利息应从起诉之日起计算没有法律依据，不予支持。原审判决正确。上诉人在上诉时没有提出其未收到开庭传票的问题，到二审开庭时提出其未收到原审邮寄的开庭传票，认为原审邮寄的地址与其经营地址不一致，但承认电话号码是正确的，而且，原审送达一审判决书时亦按原来邮寄开庭传票的地址邮寄给上诉人，上诉人却能收到，说明原审邮寄开庭传票的地址虽然有误，并不影响上诉人收到邮寄的材料，而且即使原审程序确有瑕疵，但不影响实体判决，原审判决可予维持。依照《建设工程施工合同解释（一）》第七条、第十七条、第十八条、《民事诉讼法》第一百七十条第一款第（一）项的规定，判决如下：驳回上诉，维持原判。

规范指引

《中华人民共和国建筑法》

第二十八条　禁止承包单位将其承包的全部建筑工程转包给他人，禁止承包单位将其承包的全部建筑工程肢解以后以分包的名义分别转包给他人。

第二十九条　建筑工程总承包单位可以将承包工程中的部分工程发包给具有相应资质条件的分包单位；但是，除总承包合同中约定的分包外，必须经建设单位认可。施工总承包的，建筑工程主体结构的施工必须由总承包单位自行完成。

建筑工程总承包单位按照总承包合同的约定对建设单位负责；分包单位按照分包合同的约定对总承包单位负责。总承包单位和分包单位就分包工程对建设单位承担连带责任。

禁止总承包单位将工程分包给不具备相应资质条件的单位。禁止分包单位将其承包的工程再分包。

《中华人民共和国合同法》

第二百七十二条 发包人可以与总承包人订立建设工程合同，也可以分别与勘察人、设计人、施工人订立勘察、设计、施工承包合同。发包人不得将应当由一个承包人完成的建设工程肢解成若干部分发包给几个承包人。

总承包人或者勘察、设计、施工承包人经发包人同意，可以将自己承包的部分工作交由第三人完成。第三人就其完成的工作成果与总承包人或者勘察、设计、施工承包人向发包人承担连带责任。承包人不得将其承包的全部建设工程转包给第三人或者将其承包的全部建设工程肢解以后以分包的名义分别转包给第三人。

禁止承包人将工程分包给不具备相应资质条件的单位。禁止分包单位将其承包的工程再分包。建设工程主体结构的施工必须由承包人自行完成。

《建设工程质量管理条例》

第七十八条 本条例所称肢解发包，是指建设单位将应当由一个承包单位完成的建设工程分解成若干部分发包给不同的承包单位的行为。

本条例所称违法分包，是指下列行为：

（一）总承包单位将建设工程分包给不具备相应资质条件的单位的；

（二）建设工程总承包合同中未有约定，又未经建设单位认可，承包单位将其承包的部分建设工程交由其他单位完成的；

（三）施工总承包单位将建设工程主体结构的施工分包给其他单位的；

（四）分包单位将其承包的建设工程再分包的。

本条例所称转包，是指承包单位承包建设工程后，不履行合同约定的责任和义务，将其承包的全部建设工程转给他人或者将其承包的全部建设工程肢解以后以分包的名义分别转给其他单位承包的行为。

《最高人民法院关于审理建设工程施工合同纠纷案件适用法律问题的解释》

第七条　具有劳务作业法定资质的承包人与总承包人、分包人签订的劳务分包合同，当事人以转包建设工程违反法律规定为由请求确认无效的，不予支持。

专题五：建设工程施工合同无效后工程的处理原则

【核心提示】建设工程施工合同无效，但建设工程经竣工验收合格，承包人请求参照合同约定支付工程价款的，应予支持。建设工程施工合同无效，且建设工程经竣工验收不合格的，按照以下情形分别处理：（1）修复后的建设工程经竣工验收合格，发包人请求承包人承担修复费用的，应予支持；（2）修复后的建设工程经竣工验收不合格，承包人请求支付工程价款的，不予支持。因建设工程不合格造成的损失，发包人有过错的，也应当承担相应的民事责任。

实务争点

根据《合同法》第五十八条和第五十九条之规定，合同无效的一般处理方法是：返还财产、折价补偿、过错承担，如果恶意串通损害国家集体或者第三人利益，要收归国家所有或者返还集体、第三人。建设工程施工合同的特点在于，施工工程是承包人将劳务、建筑材料物化到建设工程的过程。合同无效后，发包人取得的财产形式上是承包人建设的工程，实际上是承包人对工程投入的劳务及建筑材料等，故无法适用恢复原状，只能折价补偿。合同无效后，以何种标准折价补偿承包人的工程价款，一直是审判实践中的难点问题。建设工程施工合同无效，承包人对参照合同约定结算或者按实结算是否享有选择权，发包人是否也享有同样的权利？对此存在两种观点：第一种观点认为，《建设工程施工合同解释（一）》第二条实际上赋予承包人对工程价款结算方式以选择权，即承包人可以主张参照合同约定的结算方式进行结算，也可以主张按实结算，并没有给予发包人选择按合同约定价款结算的权利。建设工程施工合同无效后，关于双方如何结算的问题，应当适用《合同法》第五十八条的规定，即“合同无效……后，因该合同取得的财产，应当予以返还；不能返还或者没有必要返还的，应当折价补偿……”。第二种观点认为，按照《建设工程施工合同解释（一）》第二条规定的精神，对于经验收合格的工程，合同认定无效后，承包人可以请求按照合同约定支付工程款，只是在文字表述上以承包人的名义出现，并不是只赋予承包人的权利，根据平等保护合同双方当事人利益的原则，发包人同样可以请求按合同约定支付工程款，无论发包人或承包人选择与否，均应参照合同约定支付工程款，除非双方另行协商一致按实结算。对此，《建设工程施工合同解释（一）》第二条规定：建设工程施工合同无效，但建设工程经竣工验收合格，承包人请求参照合同约定支付工程价款的，应予支持。第三条规定：建设工程施工合同无效，且建设工程经竣工验收不合格的，按照以下情形分别处理：（一）修复后的建设工程经竣工验收合格，发包人请求承包人承担修复费用的，应予支持；（二）修复后的建设工程经竣工验收不合格，承包人请求支付工程价款的，不予支持。因建设工程不合格造成的损失，发包人有过错的，也应当承担相应的民事责任。

理解适用

对《建设工程施工合同解释（一）》第二条、第三条规定的理解与适用

建设工程施工合同司法解释的有关规定，赋予了建设施工合同无效但建设工程经竣工验收合格或虽验收不合格但经修复后合格时承包人请求按照合同约定支付工程价款的权利，根据当事人权利义务平等原则，发包人在建设工程验收合格或验收不合格时也应具有相同的权利。

一、合同无效的事由

根据《合同法》第五十二条的规定，合同无效的事由有五项：（1）一方有欺诈、胁迫行为；(2) 双方恶意串通；(3) 以合法形式掩盖非法目的；(4) 损害社会公共利益；(5) 违反法律、行政法规的强制性规定。

采用欺诈手段订立合同，是指一方当事人故意告知对方虚假情况，或者故意隐瞒真实情况，诱使对方作出错误意思表示而订立的合同。

采用胁迫手段订立合同，是指一方当事人以即将发生的物质性强制或精神性强制为要挟，迫使对方在违背自己真实意思表示的情况下而订立的合同。

恶意串通订立的合同，是当事人、代理人在订立合同过程中串通合谋实施的与其内心意思不一致的意思表示。例如债务人为规避强制执行，而与相对方订立假买卖合同、假抵押合同或假赠与合同。

以合法形式掩盖非法目的订立的合同，是一种内容违法的虚假行为，又称伪装行为。在实施这种行为时，行为人故意表现出来的形式或故意实施的行为并非其真正要达到的目的，而只是借助合法的合同外表达到非法的目的。

损害社会公共利益订立的合同，是指合同在目的或效果上有损社会经济秩序和社会道德风尚，有损国家主权和民族尊严，有损国家、集体和公民的合法权益。

违反法律、行政法规的强制性规定订立的合同，是指当事人的订约目的、合同内容和形式违反了民法中的强行性规范，或者违反了其他部门法中的禁止性规范。不过，并非违反法律、行政法规的任何合同都无效，只有违反民法中的强行性规范和其他法律、行政法规中的禁止性规定的合同，才能依法确认为无效合同。法律、行政法规中的任意性规范本身就具有允许行为人以意思选择的意义，所以对于违反非强制性规定的合同，并不影响其效力。合同法所作的这一规定，旨在鼓励交易，防止行政权力对民事活动的过度干预。[①]

二、建设工程施工合同无效的情形

根据《建筑法》的立法目的，依据《合同法》第五十二条第（五）项“违

---

① 李国光主编：《合同法释解与适用》，新华出版社 1999 年版，第 219~227 页。

反法律、行政法规的强制性规定”的合同无效和《建设工程施工合同解释（一）》第一条和第四条的规定，下列建设工程施工合同无效：

1. 承包人未取得建筑施工企业资质或者超越资质等级签订的施工合同。《建筑法》第二十六条规定：“承包建筑工程的单位应当持有依法取得的资质证书，并在其资质等级许可的业务范围内承揽工程。禁止建筑施工企业超越本企业资质等级许可的业务范围或者以任何形式用其他建筑施工企业的名义承揽工程。禁止建筑施工企业以任何形式允许其他单位或者个人使用本企业的资质证书、营业执照，以本企业的名义承揽工程。”据此，没有建筑施工企业资质承揽建筑工程以及超越资质等级承揽工程签订的建设工程施工合同均违反了法律的强制性规定，该类合同均无效。

2. 没有资质的实际施工人借用有资质的建筑施工企业名义签订的施工合同。根据《建筑法》第二十六条的规定，没有资质的实际施工人借用有资质的建筑施工企业名义签订的施工合同因违反法律的强制性规定而无效。

3. 承包人非法转包、违法分包所签订的施工合同。《建筑法》第二十八条规定：“禁止承包单位将其承包的全部建筑工程转包给他人，禁止承包单位将其承包的全部建筑工程肢解以后以分包的名义分别转包给他人。”《合同法》第二百七十二条也有相同的规定。据此，承包人非法转包、违法分包签订的施工合同无效。所谓非法转包，根据《建设工程质量管理条例》第七十八条第三款的规定，是指承包单位承包建设工程后，不履行合同约定的责任和义务，将其承包的全部建筑工程转给他人或者将其承包的全部建设工程肢解以后以分包的名义分别转给其他单位承包的行为。所谓违法分包，根据《建设工程质量管理条例》第七十八条第二款的规定，是指下列行为：（1）总承包单位将建设工程分包给不具备相应资质条件的单位。（2）建设工程总承包合同中没有约定，又未经建设单位认可，承包单位将其承包的部分建设工程交由其他单位完成。（3）施工总承包单位将建设工程主体结构的施工分包给其他单位。（4）分包单位将其承包的建设工程再分包。

4. 建设工程必须进行招标而未招标或者中标无效签订的施工合同。《招标投标法》第三条规定：在中华人民共和国境内进行下列工程建设项目包括项目的勘察、设计、施工、监理以及与工程建设有关的重要设备、材料等的采购，必须进行招标：（1）大型基础设施、公用事业等关系社会公共利益、公众安全的项目。（2）全部或者部分使用国有资金或者国家融资的项目。（3）使用国际组织或者外国政府贷款、援助资金的项目。对于上述三种类型的建筑施工合同，如果没有进行招标，因违反法律的强制性规定，所签合同无效。根据《招标投标法》第五十条、第五十二条、第五十三条、第五十四条、第五十五条和第五十七条的规定，因下列行为签订的施工合同无效：招标代理机构违反该法的规定，泄露应当保密的与招标投标活动有关的情况和资料的，或者与招标人、投标人串通损害国家利益、社会公共利益或者他人合法权益，该行为影响中标结果的，所签施工合同无效；依法必须进行招标项目的招标人向他人透露已获取招标文件的潜在投标人的名称、数量或者可能影响公平竞争的有关招标投标的其他情况，或者泄露标底，影响中标结果的，所签施工合同无效；投标人相互串通投标或者与招标人串通投标的，投标人以向招标人或者评标委员会成员行贿的手段谋取中标的，所签施工合同无效；投标人以他人名义投标或者以其他方式弄虚作假，骗取中标的，所签施工合同无效；依法必须进行招标的项目，招标人违反该法规定，与投标人就投标价格、投标方案等实质性内容进行谈判，影响中标结果的，所签施工合同无效；招标人在评标委员会依法推荐的中标候选人以外确定中标的，依法必须进行招标的项目在所有投标被评标委员会否决后自行确定中标人的，所签施工合同无效。①

三、建设工程施工合同无效的处理原则

（一）建设工程施工合同无效，工程验收合格的处理原则

合同无效后，以何种标准折价支付承包人的工程价款，是审判实践中的难点问题。就建设工程而言，工程的质量一直是建设工程的生命，《建筑法》《合同法》及相关行政法规，均将保证工程质量作为立法的主要出发点和主要目的。《建筑法》《合同法》及《建筑工程质量管理条例》均规定，未经

① 杜万华、宋晓明主编：《基层人民法院法官培训教材》（实务卷·民商事审判编），人民法院出版社 2005 年版，第 110~112 页。

验收或者验收不合格的建设工程，不得交付使用。建设工程经竣工验收合格后，无效合同与有效合同在上述法律和行政法规规定的结果上没有差别。虽然施工合同无效，但是建设工程的质量没有问题。对于工程价款的支付，如果抛开合同约定的工程价款，发包方无论按照何种标准折价补偿承包方，都很难平衡双方之间的利益。因此，《建设工程施工合同解释（一）》第二条规定，建设工程施工合同无效，但建设工程经竣工验收合格，承包人请求参照合同约定支付工程价款的，人民法院应予支持。应支付的工程价款包括以下部分：

1. 支付工程价款。如果建设工程施工合同无效，但是验收后各方面都达标，承包人可以根据合同中关于工程价款的约定向发包人索取工程款。无论建设工程是竣工后一次性验收合格还是经承包方整改修复后验收合格，只要是在约定的时间内达到验收合格的，都可参照合同的约定进行工程款结算。“参照”与“按照”“根据”等词语是有区别的，“参照”带有参考、具有选择性的意思，而“按照”“根据”等词语具有必须、一定的肯定语气。《建设工程施工合同解释（一）》第二条用“参照”一词，意味着除了参照合同的约定明确工程款外，也可以结合案件各种情况通过其他可行的方式来明确工程款。结合现实而言，假如能够选择其他方式进行合同价款的确定，要比根据合同的约定来明确工程价款更科学。这是因为合同中约定的工程价款，除了劳务、建筑材料外，还包括管理费用、工程利润，承包合同认定属无效后，造成合同无效的过错方往往是承包人，假如按照合同中约定的价款进行支付，则意味着承包人不需要为因其过错造成的合同无效后果负责，仍然可以获取工程价款，包括利润。因此，如果可以通过其他方式确定工程的成本价格，在合同被认定为无效时，仅把工程的成本价支付给承包人，承包人没有获取利润，其获得的工程款足以弥补其对工程建设的支出，一定程度上还可以起到惩戒作用，减少无效合同的数量，对建筑领域签订工程施工合同起到指导作用。虽然工程成本造价是合理的支付方式，但操作是有难度的，要做的工作量也很大，因此很多时候都是根据合同中约定的价款进行工程款项支付。但也有例外的时候，如果合同约定的价格明显偏高时，法院就可以不参照合同约定而采取其他方式，如鉴定、评估等方式确定工程款，否则相当于从某种程度上鼓励了承包人的某些违法行为。

2. 支付利息。建设工程施工合同被确认无效后，对承包人是否可以请求发包人支付工程价款的利息，有不同的理解。第一种观点是，工程欠款利息应该由发包人承担。第二种观点是，工程欠款利息应该是法定孳息。工程结算后，如果发包人不支付工程款，此时工程款的性质发生了变化，工程款的性质和借款的性质相接近，发包人和承包人之间的法律关系也发生变化，变成了债权债务关系，发包人需要将工程欠款形成的利息支付给承包人。我们认为，工程欠款利息的性质应是法定孳息，发包人应当支付工程欠款的利息。《建设工程施工合同解释（一）》采纳了后一种观点，即工程欠款利息属于法定孳息，规定无效建设工程施工合同中，工程竣工验收完毕之后，承包人依然可以要求发包人支付工程款及工程欠款利息。在解决了是否需要支付工程欠款利息的问题后，接下来需要解决的另一个问题是：利息应从何时起算？多数人的意见是利息应当从工程款欠付时起算。但因为建设工程付款的时候是结合工程进度进行的，什么时候产生欠款，这个具体的日期无法有效确定，法院在工程欠款发生之日的核算上不统一，遵守的标准也不同。《建设工程施工合同解释（一）》中明确指出，工程付款当天是利息核算的伊始。如果当事人并没有约定具体的工程款支付日期，则结合建设工程的具体状况，将工程欠款利息核算起始日分成三种情况，分别是工程交付当天、承包人提交工程竣工结算日期以及当事人起诉的日期。如果建设工程没有顺利结算，亦没有交付使用，为了能够让发包人尽早支付工程款，可以将承包人要求结算、提交结算报告的当天视为工程欠款利息核算的伊始。当事人因为结算未达成一致而提起诉讼，承包人起诉的当天便是工程欠款利息核算的伊始，将起诉之日作为工程欠款利息的起算时间也具合理性。

（二）建设工程施工合同无效，工程验收不合格的处理原则

《合同法》第五十八条规定，合同无效或者被撤销后，因该合同取得的财产应当予以返还，不能返还或者没有必要返还的，应当折价补偿。建设工程经竣工后验收不合格，主要是建设工程质量不符合国家规定或者行业规定

的标准，一般包括两种情况：一种情况是，建设工程质量虽然不合格，但经过修复可以使缺陷得到弥补，符合国家标准或者行业标准。这种情况下，发包人仍然可以接受建设工程，并在修复后继续使用建设工程。按照《合同法》关于无效合同的处理原则，应当对建设工程予以折价补偿，但由于建设工程没有经过竣工验收，需要进行修复，具备验收条件后方能使用，故而发包人可以要求承包人承担修复费用。另一种情况是，建设工程的质量缺陷无法通过修复进行弥补，建设工程丧失使用价值。对于没有使用价值的建设工程，只能重新进行建设，承包人没有请求支付工程价款的权利。《建筑法》第五十八条第一款规定，建筑施工企业对工程的施工质量负责。按照上述法律规定，对于竣工验收不合格的建设工程，承包人应当承担民事责任。但实践中经常出现工程质量缺陷是由于发包人原因导致的情况，所以按照过错程度，具有过错方承担责任，符合公平原则及《合同法》规定的按照过错承担无效合同赔偿责任的原则。

四、司法实践中应当注意的问题

建设工程施工合同与其他合同比较而言，具有一定的特殊性。在审理时应当把握以下原则：

1. 合同无效后没有返还财产的必要，只能折价补偿。因为建设工程施工合同的过程就是将劳动和建筑材料物化为建筑工程的过程。按照《合同法》第五十八条规定，合同无效或者被撤销后，因该合同取得的财产，应当予以返还；不能返还或者没有必要返还的，应当折价补偿。由建设工程施工合同性质决定了合同无效后不能适用恢复原状的返还原则，而应适用折价补偿的返还原则。

2. 应当区分建设工程质量是否合格，分别处理。按照《合同法》规定，建设工程施工合同无效的法律后果是折价补偿和按照过错赔偿损失。"折价补偿"首先应确定建设工程是否有价值，如果有价值才存在补偿问题；没有价值就不补偿，只能按过错赔偿损失。建设工程是否有价值的衡量标准，应根据《合同法》第二百七十九条第二款的规定，建设工程经验收合格后，方可交付使用；未经验收或者验收不合格的，不得交付使用。

《建筑法》也作出相同规定。建设工程竣工验收不合格就无法交付使用，无法体现其价值，故无法折价补偿。经有关部门验收合格的建设工程应当予以认定。

3. 经验收合格的工程包括工程竣工后验收合格和正在建设中的工程经阶段验收合格、经过修复后验收合格的工程。

4. 参照合同约定支付价款是处理合同无效但工程经竣工验收合格时，双方支付工程款的一项基本原则。但根据案件的具体情况，无法按照合同约定计算工程款，往往发生在工程未完工或者大规模改变设计的情况下，也不排除根据案件的具体情况委托评估的办法来认定工程款的数额。①

案例指导

莫志华、深圳市东深工程有限公司与东莞市长富广场房地产开发有限公司建设工程合同纠纷案②

【裁判摘要】

鉴于建设工程的特殊性，虽然合同无效，但施工人的劳动和建筑材料已经物化在建筑工程中，依据《建筑工程施工合同解释（一）》第二条的规定，建设工程合同无效，但建设工程经竣工验收合格，承包人请求参照有效合同处理的，应当参照合同约定来计算涉案工程价款，承包人不应获得比合同有效时更多的利益。

申请再审人（一审原告、反诉被告、二审上诉人）：莫志华。

被申请人（一审被告、反诉原告、二审被上诉人）：东莞市长富广场房地产开发有限公司（以下简称长富广场公司）。

原审原告：深圳市东深工程有限公司（以下简称东深公司）。

申请再审人莫志华因与被申请人长富广场公司、原审原告东深公司建设

---

① 最高人民法院民事审判第一庭编著：《最高人民法院建设工程施工合同司法解释的理解与适用》，人民法院出版社2015年版，第34页。

② 详见最高人民法院（2011）民提字第235号民事判决书，载《最高人民法院公报》2013年第11期。

工程合同纠纷一案，不服广东省高级人民法院（2008）粤高法民一终字第71号民事判决，向本院申请再审。本院于2010年12月2日作出（2010）民申字第1418号民事裁定，提审本案。

案件基本事实和审理过程：略。

一审法院认为，综合本案案情及需判决的事项归纳成以下几个焦点：一是本案的合同效力问题；二是本案工程款如何确定；三是长富广场公司的反诉请求应否支持；四是莫志华已交纳的履约保证金270万元应否由长富广场公司返还；五是东深公司的诉讼请求应否支持。

一、关于本案合同的效力问题。本案莫志华与东深公司在一审庭审及诉讼中自认莫志华挂靠东深公司承建涉案工程的事实，根据《建筑法》第十二条“从事建筑活动的建筑施工企业、勘察单位、设计单位和工程监理单位，应当具备下列条件：（一）有符合国家规定的注册资本；（二）有与其从事的建筑活动相适应的具有法定执业资格的专业技术人员；（三）有从事相关建筑活动所应有的技术装备；（四）法律、行政法规规定的其他条件”及第二十六条“承包建筑工程的单位应当持有依法取得的资质证书，并在其资质等级许可的业务范围内承揽工程。禁止建筑施工企业超越本企业资质等级许可的业务范围或者以任何形式用其他建筑施工企业的名义承揽工程。禁止建筑施工企业以任何形式允许其他单位或者个人使用本企业的资质证书、营业执照，以本企业的名义承揽工程”之规定，莫志华作为自然人，不具有承包建筑工程的资质，莫志华挂靠有资质的建筑施工企业东深公司承包工程，违反了上述法律的强制性规定。根据《合同法》第五十二条“有下列情形之一的，合同无效：……（五）违反法律、行政法规的强制性规定”及《建设工程施工合同解释（一）》第一条“建设工程施工合同具有下列情形之一的，应当根据合同法第五十二条第（五）项的规定，认定无效：……（二）没有资质的实际施工人借用有资质的建筑施工企业名义的……”之规定，东深公司与长富广场公司签订的《长富广场工程初步协议》《东莞市建设工程施工合同》及《大朗长富商贸广场工程施工合同》依法应认定为无效。根据两原告之间订立的《长富商贸广场工程合作协议书》中约定的“甲乙双方必须保证本协议内容不得对外泄露，严格保密……”以及《长富广场工程初步协议》中载明的乙方为东深公司，《大朗长富商贸广场工程施工合同》上载明的承包人为东深公司，《东莞市建设工程施工合同》上载明的承包方为东深公司，有关施工现场签证单中的施工单位、工程联系单中的收件单位均署名东深公司，有关工程造价协商往来文书中载明的收件单位是深圳市东深工程有限公司项目经理部、主体分部（子分部）工程验收记录中施工单位一栏签章者为东深公司，隐蔽工程载明的施工单位为东深公司，工程移交单中载明的移交单位为东深公司、深圳市东深工程有限公司大朗长富商贸广场工程项目经理部，长富广场公司提交的收款收据表明涉案工程进度款是向东深公司支付的，在有关协调会议中莫志华是以“施工单位深圳市东深工程有限公司”工作人员的名义参加的，即使是莫志华所提交的借条及借据也均是以东深公司大朗长富商贸广场工程项目经理部的名义出具的，以上证据及事实表明，在合同的签订和履行过程中与长富广场公司发生法律关系的是东深公司，同时莫志华与东深公司未能提供充分的证据证明长富广场公司对于莫志华与东深公司之间的挂靠关系知情。因此，本案导致合同无效的根本原因在于莫志华与东深公司，东深公司明知莫志华无建筑资质而让其挂靠承建工程违法却仍然实施了上述行为，故应承担全部过错责任。

二、本案工程款如何确定问题。《合同法》第五十八条规定：“合同无效或者被撤销后，因该合同取得的财产，应当予以返还；不能返还或者没有必要返还的，应当折价补偿。有过错的一方应当赔偿对方因此所受到的损失，双方都有过错的，应当各自承担相应的责任。”本案莫志华与东深公司的要求是请求长富广场公司支付工程款，而长富广场公司取得的是莫志华与东深公司将劳动和建筑材料物化的建筑物。鉴于建设工程合同的特殊性，尽管合同被确认无效，但已经履行的内容不能适用返还的方式使合同恢复到签约前的状态，故只能按折价补偿的方式处理。但如何执行，各方当事人未能达成一致意见。如前所述，导致本案合同无效的原因在莫志华与东深公司，莫志华、东深公司不应因由其过错导致合同无效反而获得比如期履行有效合同还要多的利益，同时，鉴于长富广场公司对于已完成工程的质量未提出异议，因此，本案虽然合同无效，但仍应按照实际完成的工程量以合同约定的结算办法来计算工程造价，增加、减少或变更的工程造价应参考合同约定及鉴定单位通常做法来计算，一审法院只能参照合同约定和参考专业机构鉴定结论来确定。

本案中共有两份合同，分别是2003年5月19日用于备案的东莞市建设工程施工合同（以下简称备案合同）和2003年5月21日的大朗长富商贸广场工程施工合同。合同结算时应以哪份合同为准，莫志华、东深公司主张以2003年5月21日的大朗长富商贸广场工程施工合同为准。长富广场公司称如判决应以备案合同为准，如调解应以2003年5月21日的大朗长富商贸广场工程施工合同为准。但长富广场公司对于按合同结算的工程造价鉴定书中鉴定公司确定的以2003年5月21日的大朗长富商贸广场工程施工合同为结算的依据并未提出异议。可认定2003年5月21日的大朗长富商贸广场工程施工合同反映了各方当事人的真实意思表示，因此，应以2003年5月21日的大朗长富商贸广场工程施工合同作为本案结算的依据（以下所称的合同均指2003年5月21日的大朗长富商贸广场工程施工合同）。

一审法院委托东莞华城工程造价咨询有限公司对工程造价进行结算，结论为：按合同结算的工程造价是52989157.84元。由于合同规定了所有工程价款的应缴税金，包括：营业税、教育费附加、城市建设维护税、代征所得税，均由承包人向税务部门缴纳，所有预算外的其他费用，如：设备、人员进退场费、防护网费、卫生费、取土资源费、弃土费、相邻承包人之间的施工干扰费等，已由承包人在议标报价时一起综合考虑于造价下浮率中，结算时不得计算，因此，有关的行政事业收费已经包括在合同价内，莫志华提出的增加计算行政事业收费531696元的请求不予支持。由于未能举证证明，因此对于莫志华提出的增加社保金1938300.64元的请求，一审法院不予支持。关于长富广场公司提出的基坑支护不属实体工程，而是施工措施的问题。经咨询鉴定机构，基坑支护属于一项实体工程，因此，基坑支护应该作为增加工程，其造价应计入工程造价。关于莫志华就鉴定机构对有些材料以市场询价计算提出异议，要求以其购买价及运输价的总和计算材料价的问题。由于合同中已经固定了上述材料的产地及规格，而合同在

“2.7 材料价格的确定”中规定：“本工程的材料按照本合同 2.6 中所列材料的价格计算，结算时不得调整”，这就意味着订立合同时，合同价格已经规定了上述结算时的取价办法，因此，对于莫志华要求增加河沙及碎石价款的请求，一审法院不予支持。因鉴定单位的鉴定人员是具有专业知识的人员，鉴定程序合法，因此，鉴定机构以市场询价计算定额中未能涉及的材料的价格，并无不当，对莫志华要求增加文化砖、纸皮砖等装饰材料、排气管道及排烟管道及 C30 和 C25 膨胀砼的价差的请求，一审法院不予支持。关于莫志华提出的 C 栋独立费表中涉及的减少工程问题，在按合同结算的造价结算中，包括了清场及垃圾外运等的费用 10 万元，由于 5 月 21 日的合同约定预算包干费用包括了完工清场后的垃圾外运，因此，鉴定机构扣减该部分费用符合合同的约定。至于 C 栋独立费表中扣减及修补洞口 12030 个和扣减混凝土 10 立方米的费用，该工程量有长富广场公司提供的由东深公司、长富广场公司及监理公司东莞市粤建监理工程有限公司共同盖章确认的《长富广场未完成工程量（实量）》为据，作为未完成的工程，应当在计算工程造价时扣减该部分的费用，莫志华要求补回 C 栋独立费表中涉及该部分费用的主张，缺乏依据，一审法院不予支持。关于莫志华提出的增加现场签证费 350000 元，莫志华提交了 2003 年 9 月 17 日及 2004 年 10 月 30 日的施工现场签证单来证明。鉴于签证单上“东莞市粤建监理工程有限公司”一栏虽有工程师签名但该公司没有盖章，长富广场公司不予确认，而莫志华未能提供证据证明签名的工程师系东莞市粤建监理工程有限公司现场监理人员，因此，莫志华的该项证据不能证明该部分费用属其已支出且经长富广场公司同意支付的，对莫志华的该项请求，予以驳回。经询问东莞市华城工程造价咨询有限公司，莫志华针对按实结算的工程造价鉴定书提出的其他意见对于按合同结算的工程造价没有影响。综上，涉案工程总价款为 52989157.84 元。

三、莫志华、东深公司关于支付工程款的请求应否支持。《建设工程施工合同解释（一）》规定支付工程款的前提条件是工程经竣工验收合格。涉案工程作为公共产品，其质量是否合格不能仅仅依据各方当事人的确认，需要经过建设行政主管部门依法验收方能确定。由于莫志华拒绝提供施工资料，涉案工程无法进入竣工验收程序，同时，莫志华请求支付工程款，就负有证明其所建工程经竣工验收合格的责任，现莫志华不配合竣工验收，对其要求支付工程款的诉讼请求，依法予以驳回。

四、莫志华已交纳的履约保证金270万元应否由长富广场公司返还。

……

综上所述，依照《合同法》第五十二条第（五）项、第五十八条，《建筑法》第十二条、第二十六条，《最高人民法院关于民事诉讼证据的若干规定》第一条、第二条、第七十一条、第七十二条及《建设工程施工合同解释（一）》第一条之规定，一审法院于2007年11月30日判决：一、东深公司与长富广场公司签订的《长富广场工程初步协议》《东莞市建设工程施工合同》《大朗长富商贸广场工程施工合同》无效。二、莫志华、东深公司于判决发生法律效力之日起十天内返还长富广场公司多支付的工程款4871657.84元及该款的利息（从2005年4月20日起按中国人民银行规定的同期同类贷款利率计至付清日止）。三、长富广场公司于判决发生法律效力之日起十天内返还莫志华支付的履约保证金270万元及该款的利息（从2005年4月20日起按中国人民银行规定的同期同类贷款利率计至付清日止）。四、驳回莫志华其他的诉讼请求。五、驳回东深公司的诉讼请求。六、驳回长富广场公司反诉的其他诉讼请求。各方当事人如未按本判决指定的期限履行给付金钱义务，应当依照《民事诉讼法》有关规定，加倍支付迟延履行期间的债务利息。本案诉讼费137059元、诉讼保全费75520元、鉴定结算费611146元，共计823725元，由莫志华承担358320元，由东深公司承担358320元，由长富广场公司承担107085元。本案反诉诉讼费44360元，由长富广场公司（反诉原告）承担16618元，由莫志华承担13871元，由东深公司承担13871元。

二审法院认为，莫志华以东深公司的名义与长富广场公司签订的《大朗长富商贸广场工程施工合同》等合同，违反了《建筑法》第二十六条第二款的规定，应确认为无效合同。鉴于建设工程合同的特殊性，双方无法相互返还，故只能按折价补偿的方式处理。从现有证据来看，并无证据显示长富广场公司在签约及履约过程中知道莫志华挂靠东深公司进行施工，因此，造成合同无效的过错责任应由莫志华和东深公司承担。

关于莫志华、东深公司提出合同无效，长富广场公司清楚挂靠事实，也存在过错，已完成的工程应按实结算的问题。无论签约还是履约过程中，莫志华都以东深公司项目经理的名义出现，莫志华的行为都代表东深公司，长富广场公司与莫志华协商有关工程事宜，依照莫志华的指令支付工程款都不能证明长富广场公司知道莫志华与东深公司之间的挂靠关系，莫志华、东深公司认为长富广场公司知道他们之间的挂靠关系，证据不足，不予采纳。本案一审法院委托中介机构对已完成工程分别按合同及按实进行了结算，按实结算的工程造价远高于按合同结算的工程造价。由于长富广场公司没有过错，讼争工程又已实际使用，那么依照公平和诚实信用原则，本案的处理就不能让无过错方长富广场公司承担合同外的损失。而且比照《建设工程施工合同解释（一）》第二条的规定，可以得出如下结论：除非合同无效的原因归于价格条款违反法律、行政法规的强制性规定，否则无效的施工合同仍应按照合同的约定确定工程造价。故一审法院比照原合同约定确定已完成工程的造价是正确的，予以维持。莫志华和东深公司关于应按实结算工程款的依据不足，不予支持。由于比照合同约定进行结算，长富广场公司已多支付了工程款，因此，莫志华、东深公司请求长富广场公司继续支付工程款依据不足，亦不予支持。

关于东深公司提出莫志华挂靠其进行经营，因此对于长富广场公司多付的工程款，应由莫志华的资产偿还，东深公司只应承担补充清偿责任，不应承担共同清偿责任的问题。莫志华以东深公司名义与长富广场公司签订合同、进行施工及收取工程款，东深公司亦予以认可，因此，长富广场公司支付的工程款应视为莫志华和东深公司共同收取的，两者应共同承担还款责任。东深公司的该项上诉请求依据不足，不予支持。综上，一审判决认定事实清楚，适用法律正确，依法应予维持。依照《民事诉讼法》第一百五十三条第一款第（一）项的规定，二审判决：驳回上诉，维持原判。二审案件受理费 181419 元，由东深公司、莫志华各承担 90709.5 元。

最高人民法院再审认为，本案双方当事人在再审中争议的焦点为：一、原判决对于合同无效后责任的认定是否适当。二、涉案工程款应如何计算。包括：1.涉案工程款是应按照合同约定结算还是据实结算；2.原审法院采信的《合同造价鉴定报告》是否经过质证；3.该鉴定报告对于工程款数额的鉴定是否有误。

一、关于原判决对于合同无效后责任的认定是否适当的问题。

双方当事人对于合同无效均不存在争议，但莫志华认为原判决对于合同无效的责任认定有失公正。莫志华认为，长富广场公司对于其挂靠东深公司的行为应当知情，但未提供相应证据证明其主张。从莫志华与东深公司签订的保密协议的内容看，保密协议以外的第三人很难知晓他们之间的挂靠关系。涉案合同的签订主体为长富广场公司与东深公司，长富广场公司提交的收款收据表明涉案工程进度款是向东深公司支付的，且莫志华参加有关协调会议中亦是以东深公司的工作人员身份参加的，莫志华所提交的借条及借据也均是以东深公司大朗长富商贸广场工程项目经理部的名义出具的。以上证据及事实表明，在合同的签订和履行过程中与长富广场公司发生法律关系的是东深公司，而非莫志华。因此，莫志华与东深公司对于合同无效应当承担全部责任，原判决对于合同无效后责任的认定并无不当。即便长富广场公司对此知情，应承担一定的过错责任，也不影响本案的实体处理。过错责任的划分，仅在计算损失赔偿时有意义，对于涉案工程款数额的认定并无影响。依据《合同法》第五十八条的规定，“合同无效或者被撤销后，因该合同取得的财产，应当予以返还；不能返还或者没有必要返还的，应当折价补偿。有过错的一方应当赔偿对方因此所受到的损失，双方都有过错的，应当各自承担相应的责任”。而本案中双方仅对工程款的计算数额存在争议，双方当事人均未提起损害赔偿之诉，因此，过错责任的认定并不影响对于涉案工程款数额的计算。

二、关于涉案工程款应如何计算的问题。

1.关于涉案工程款的计算依据。关于涉案工程款是应按照合同约定结算还是据实结算。鉴于建筑工程的特殊性，虽然合同无效，但莫志华与东深公司的劳动和建筑材料已经物化在涉案工程中，依据《建设工程施工合同解释（一）》第二条的规定，建设工程无效合同参照有效合同处理，应当参照合同约定来计算涉案工程款。莫志华与东深公司主张应据实结算工程款，其主张缺乏依据。莫志华与东深公司不应获得比合同有效时更多的利益。涉案工程款应当依据合同约定结算。

2. 关于《合同造价鉴定报告》是否经过质证。（略）

3. 关于鉴定报告对涉案工程款数额的计算是否有误的问题。（略）

综上，依照《中华人民共和国民事诉讼法》第一百八十六条第一款、第一百五十三条第一款第（三）项之规定，判决如下：一、撤销广东省高级人民法院（2008）粤高法民一终字第71号民事判决；二、维持广东省东莞市中级人民法院（2005）东中法民一初字第11号民事判决第一项、第三项、第四项、第五项、第六项；三、撤销广东省东莞市中级人民法院（2005）东中法民一初字第11号民事判决第二项。

规范指引

《中华人民共和国民法总则》

第一百五十三条第一款 违反法律、行政法规的强制性规定的民事法律行为无效，但是该强制性规定不导致该民事法律行为无效的除外。

第一百五十五条 无效的或者被撤销的民事法律行为自始没有法律约束力。

第一百五十六条 民事法律行为部分无效，不影响其他部分效力的，其他部分仍然有效。

第一百五十七条 民事法律行为无效、被撤销或者确定不发生效力后，行为人因该行为取得的财产，应当予以返还；不能返还或者没有必要返还的，应当折价补偿。有过错的一方应当赔偿对方由此所受到的损失；各方都有过错的，应当各自承担相应的责任。法律另有规定的，依照其规定。

《中华人民共和国合同法》

第五十二条 有下列情形之一的，合同无效：

（一）一方以欺诈、胁迫的手段订立合同，损害国家利益；

（二）恶意串通，损害国家、集体或者第三人利益；

（三）以合法形式掩盖非法目的；

（四）损害社会公共利益；

（五）违反法律、行政法规的强制性规定。

第五十六条 无效的合同或者被撤销的合同自始没有法律约束力。合同部分无效，不影响其他部分效力的，其他部分仍然有效。

第五十七条 合同无效、被撤销或者终止的，不影响合同中独立存在的有关解决争议方法的条款的效力。

第五十八条 合同无效或者被撤销后，因该合同取得的财产，应当予以返还；不能返还或者没有必要返还的，应当折价补偿。有过错的一方应当赔偿对方因此所受到的损失，双方都有过错的，应当各自承担相应的责任。

第五十九条 当事人恶意串通，损害国家、集体或者第三人利益的，因此取得的财产收归国家所有或者返还集体、第三人。

第二百六十九条 建设工程合同是承包人进行工程建设，发包人支付价款的合同。

建设工程合同包括工程勘察、设计、施工合同。

《最高人民法院关于适用〈中华人民共和国合同法〉若干问题的解释（二）》

第十四条 合同法第五十二条第（五）项规定的“强制性规定”，是指效力性强制性规定。

《中华人民共和国建筑法》

第十二条 从事建筑活动的建筑施工企业、勘察单位、设计单位和工程监理单位，应当具备下列条件：

（一）有符合国家规定的注册资本；

（二）有与其从事的建筑活动相适应的具有法定执业资格的专业技术人员；

（三）有从事相关建筑活动所应有的技术装备；

（四）法律、行政法规规定的其他条件。

《最高人民法院关于审理建设工程施工合同纠纷案件适用法律问题的解释》

第一条 建设工程施工合同具有下列情形之一的，应当根据合同法第五十二条第（五）项的规定，认定无效：

（一）承包人未取得建筑施工企业资质或者超越资质等级的；

（二）没有资质的实际施工人借用有资质的建筑施工企业名义的；

（三）建设工程必须进行招标而未招标或者中标无效的。

第二条　建设工程施工合同无效，但建设工程经竣工验收合格，承包人请求参照合同约定支付工程价款的，应予支持。

第三条　建设工程施工合同无效，且建设工程经竣工验收不合格的，按照以下情形分别处理：

（一）修复后的建设工程经竣工验收合格，发包人请求承包人承担修复费用的，应予支持；

（二）修复后的建设工程经竣工验收不合格，承包人请求支付工程价款的，不予支持。

因建设工程不合格造成的损失，发包人有过错的，也应承担相应的民事责任。

第四条　承包人非法转包、违法分包建设工程或者没有资质的实际施工人借用有资质的建筑施工企业名义与他人签订建设工程施工合同的行为无效。人民法院可以根据民法通则第一百三十四条规定，收缴当事人已经取得的非法所得。

第五条　承包人超越资质等级许可的业务范围签订建设工程施工合同，在建设工程竣工前取得相应资质等级，当事人请求按照无效合同处理的，不予支持。

专题六：建设工程施工合同无效损失赔偿的司法处理

【核心提示】建设工程施工合同无效，一方当事人请求对方赔偿损失的，应当就对方过错、损失大小、过错与损失之间的因果关系承担举证责任。损失大小无法确定，一方当事人请求参照合同约定的质量标准、建设工期、工程价款支付时间等内容确定损失大小的，人民法院可以结合双方过错程度、过错与损失之间的因果关系等因素作出裁判。

实务争点

建设工程施工合同无效，因建设工程施工中产生的停窝工损失、双方过错、举证责任、损失范围、认定标准等众多问题在实践中经常发生争议，各地的做法不一，需要统一标准。对此，《建设工程施工合同解释（二）》第三条规定：建设工程施工合同无效，一方当事人请求对方赔偿损失的，应当就对方过错、损失大小、过错与损失之间的因果关系承担举证责任。损失大小无法确定，一方当事人请求参照合同约定的质量标准、建设工期、工程价款支付时间等内容确定损失大小的，人民法院可以结合双方过错程度、过错与损失之间的因果关系等因素作出裁判。

理解适用

对《建设工程施工合同解释（二）》第三条规定的理解与适用

建设工程施工合同的相关司法解释对建设工程施工合同无效时一方当事人要求对方赔偿损失的范围、过错、损失认定等问题作出了明确规定，在具体操作上更具有指导性，便于统一审理标准。

一、建设工程施工合同无效的主要情形

无效合同是指虽然已经成立，但因其在内容上违反了法律、行政法规的强制性规定和社会公共利益而无法律效力的合同。[①] 建设工程施工合同效力是关系到诉讼时效、工程价款结算原则、违约责任、质量保证等与承包、发包双方当事人利益密切相关的重大问题，是法院在审理建设工程施工合同纠纷中首要审查的问题，无论当事人是否对建设工程施工合同的效力提出主张或抗辩，人民法院都应当主动审查其效力。

由于建设工程的专业性和复杂性，为保证建设工程的质量和安全，保护国家利益、社会公共利益和当事人合法权益，多部法律、行政法规都对其进行了规制，其中包含了大量的强制性规定。一方面，合同当事

① 王利明：《〈合同法〉研究》（第一卷），中国人民大学出版社2015年版，第608页。

人违反法律、行政法规强制性规定的，可能导致合同无效；另一方面，审判实践中应谨慎认定合同无效，维护民商事合同的效力及市场交易的安全和稳定。

根据现行规定，建设工程领域中导致施工合同无效的情形主要包括：

（一）因违反招标投标领域法律、行政法规导致施工合同无效的情形

1. 应当进行招标而未招标或中标无效的。根据《建设工程施工合同解释（一）》第一条第（三）项的规定，建设工程属于依法必须进行招标投标的项目，未进行招标的，发包人与承包人签订的建设工程施工合同无效；必须进行招标而中标无效的，发包人与承包人签订的建设工程施工合同无效。

2. 低于成本价中标的。承包人以低于成本的价格投标或竞标，发包人与承包人据此签订建设工程施工合同的，应当依据《招标投标法》第四十一条第（二）项的规定认定为无效。

（二）因违反建筑领域资质管理规定而无效的情形

1. 承包人未取得建筑施工企业资质或者超越资质等级的。根据《建设工程施工合同解释（一）》第一条第（一）项的规定，承包人未取得相应资质或超越资质等级承揽建设工程的，据此签订的建设工程施工合同无效。

2. 没有资质的实际施工人借用有资质的建筑施工企业名义的。根据《建设工程施工合同解释（一）》第一条第（二）项的规定，没有资质的实际施工人借用有资质的建筑施工企业名义的，即“挂靠”情形下签订的建设工程施工合同无效。

（三）因非法转包或肢解发包、违法分包而无效的情形

1. 转包。根据《建设工程施工合同解释（一）》第四条的规定，承包人承揽工程后非法转包工程的，签订的建设工程施工合同无效。

2. 违法分包。根据《建设工程施工合同解释（一）》第四条的规定，承包人承揽工程后存在违法分包工程的，签订的建设工程施工合同无效。

（四）因违反工程建设审批手续而无效的情形

根据《建设工程施工合同解释（二）》第二条的规定，对于未取得建设工程规划审批手续签订的建设工程施工合同，应认定无效。

（五）违反工程质量标准和压缩合理工期的情形

根据《第八次民事审判会议纪要》第三十条的规定，当事人违反工程建设强制性标准，任意压缩合理工期、降低工程质量标准的，应认定无效。①

二、无效合同损失赔偿的举证责任

（一）举证责任主体

举证责任是指当事人对自己提出的主张有收集或提供证据的义务，并有运用该证据证明主张的案件事实成立或有利于自己的主张的责任，否则，将承担其主张不能成立的风险。《民事诉讼法》第六十四条确立了我国民事诉讼采取“谁主张，谁举证”的诉讼规则。2001 年《最高人民法院关于民事诉讼证据的若干规定》和 2015 年《民事诉讼法解释》则进一步就举证责任的后果进行了规定，并明确了举证责任分配规则。“谁主张，谁举证”的诉讼规则要求当事人对自己提出的主张有责任提供证据加以证明，不能空口无凭；倘若对自己提出的主张不能举证，将要承担败诉的法律后果。这样规定除了维护当事人的合法权益外，也是为了防止一方当事人滥用诉讼权利，避免将无辜的另一方当事人缠入诉讼并损害其合法利益的情形出现。

1. 合同是否约定工期的举证责任。发包方根据双方的合同约定，举证工程实际竣工时间晚于约定竣工时间，承包方存在延长工期的违约情形，如果承包方认为，工期延长的原因在于发包方，则其对该反驳事实的成立

① 最高人民法院民事审判第一庭编著:《最高人民法院建设工程施工合同司法解释（二）理解与适用》，人民法院出版社 2019 年版，第 79~80 页。

承担举证责任，承包方举证证明存在正当事由或法律规定的顺延工期的情形，则不承担相应的违约责任。合同中没有约定工期或者约定工期不明确时，根据《合同法》第六十一条、第六十二条的规定，应当由双方进行协商，协商不成，由发包方承担举证责任，此时，发包方应当提请人民法院对合理工期进行鉴定。

2. 工程量变化导致工期延长的举证责任。对于合同履行过程中，工程量的变化导致工期变化的举证责任应区分几种情形来分配举证责任：属于原合同内容的变更，如建筑材料、施工工艺、变更设计等，这些变更对工期的影响，可能会增加工期，也可能会减少工期，需要通过专业鉴定机构予以确定。在发包方否认内容的变更导致工期延长的情况下，由承包方承担举证责任较为合适，即承包方申请专业机构鉴定。对于工程量增加导致的工期顺延，发包方认为工期顺延时间超过合理期间的，由发包方承担举证责任，即发包方申请对增加的工程量进行鉴定。对于因天气、重大体育赛事等事由导致的工期顺延，应当由承包方承担举证责任。在司法实践中，对顺延工期的天数有两种确定方式，一种是法院依职权酌定，一种是提请司法鉴定。一般而言，对于天数较少，对整体工期影响不大或者可以通过常识确定顺延天数的，可以由法院依职权酌定，必要时可向专业机构进行咨询；对于争议较大，或对工期影响较大的，因法院并非工程方面的专业性机构，应当由负有举证义务的一方即承包方提请专业机构进行鉴定。

（二）举证责任内容

1. 损失应限于实际损失

通说认为，合同无效后的赔偿责任属于缔约过失责任。缔约过失行为所造成的损失一般都是信赖利益的损失，而不包括尚未实现的利益。对于无效的建设工程施工合同而言，因一方的过错导致合同无效的，过错方应赔偿因合同无效而给对方造成的实际损失；若双方都有过错的，依过错大小各自承担相应的赔偿责任。无论是建设工程施工合同尚未履行的，还是尚未履行完毕的，或者已经履行完毕的，一旦合同被确认为无效，过错方都应承担缔约过失责任，赔偿因合同无效而给对方造成的实际损失。根据

“谁主张，谁举证”的诉讼规则，主张权利方应当对实际损失的存在承担举证责任。这里需要注意，在合同被确认无效的情况下，无效合同赔偿范围不包括可得利益损失，这主要是因为“无效合同的处理以恢复原状为原则，因此赔偿的范围以实际损失为限，不应当赔偿期待利益”。可得利益损失较难确定，只能借助法官的自由心证行使自由裁量权，如一概纳入损失赔偿范围，易导致利益失衡。

此外，本条的实际损失不包括工程欠款利息。承包人向发包人请求支付的拖欠工程价款的利息在性质上属于法定孳息，对工程价款具有附随性，与合同效力无关，与是否支付工程款有关。根据《建设工程施工合同解释（一）》第十七条的规定，欠付工程款利息的计付标准有约定从约定，没有约定的，按照中国人民银行发布的同期同类贷款利率计息。在建设工程施工合同被依法确认无效后，承包人依据《建设工程施工合同解释（一）》第二条的规定，有权请求发包人参照合同约定支付工程价款，自然有权请求发包人支付工程价款的利息，这既是承包人履行建设工程施工合同后应得的利益，也是发包人拖欠工程价款应当支付的对价。

2. 对方当事人存在过错

合同无效后，应当根据当事人的过错大小，合理划分过错责任。信赖利益损害赔偿也适用过失相抵规则。一般情况下，如果一方出于故意，另一方出于过失，则故意一方承担责任的比例应高于过失一方；如果一方的过错系造成合同无效的主要原因，其承担责任的比例也应高于另一方。但是，如果当事人一方或双方故意订立违法合同而给自己造成财产损失的，应由自己承担。实践中，合同当事人的过错一般根据造成建设工程施工合同无效的原因予以认定，在审查上未尽到合理注意义务的各方均有过错。如无资质或者超越资质承揽建设工程订立的无效合同，过错一方主要是承包人，发包方出于过失（如对资质疏于审查，对工程没有及时跟进监督）也存在一定过错；又如法律规定必须招标的建设工程未招标订立的无效合同，过错一方主要是发包人，承包方承担次要过错责任；再如未办理相关用地使用手续和建设用地规划许可手续的，发包人应承担主要责任，承包人负次要责任；等等。

3. 损失与过错之间具有因果关系

因果关系是指各种自然现象和社会现象之间的一种内在的必然联系。民事主体只为自己实施行为的损害后果承担责任，没有因果关系的损害赔偿责任是不成立的。合同无效赔偿中的因果关系是指一方当事人的违法行为与另一方当事人的损害结果之间具有必然的因果联系。就建设工程合同无效而言，对于合同无效造成的损失，必须是由导致合同无效的发包人或者承包人的违法行为造成，即损失与导致合同无效的过错之间具有因果关系。只有当二者间存在因果关系时，行为人才应承担相应的民事责任。依据过错责任原则，在确定赔偿责任时，应以过错作为确定责任的要件和确定责任范围的依据，即在确定行为人责任的前提下，在确定责任的大小时，要考虑行为人的主观过错程度。实践中，确定损失与无效合同之间的因果关系，既包括无效合同的订立，也包括在履行合同过程中当事人对诚实信用原则的违反。与合同订立、履行无关的损失不能列入赔偿范围，即应根据各方当事人违背诚实信用原则的程度来分清各自责任大小，按照各自的过错，分担损失。

（三）损失大小可参照合同约定的方式确定

"有损失有救济。"实际上，《建设工程施工合同解释（一）》第二条的规定是针对合同无效后进行折价补偿的规定，"参照合同约定"是确定折价标准的一种方式而已，不是按有效合同处理，"参照合同约定"不等同于"按照合同约定"。对"参照合同约定"应进行限制性的理解，即仅限于合同中对计价标准的约定，对于合同约定的付款条件、付款时间、付款方式以及工程款扣减事由以及质保金的扣留及返还等事项，不属于该条司法解释规定的参照范围，不应适用。虽然建设工程施工合同无效，无过错方当事人有权就其实际损失要求过错方进行赔偿，但由于有些情况下对于实际损失难以举证，如果严格按照举证不能的规则处理，则对遭受损失一方当事人不公平，容易导致利益失衡。根据《合同法》及《民法总则》确立的公平原则，从平衡合同双方当事人的利益角度出发，在施工合同无效且当事人双方对损失赔偿标准有明确约定的前提下，基于在无效施工合同参照合同约定支付工程款的现行处理规则，在司法实践中原则上也可以参照合同约定赔偿损失。因此，在当事人无法举证证明实际损失的情况下，应当允许其请求参照合同约定的质量标准、建设工期、工程价款支付时间等内容来确定损失大小。这样处理并非将无效合同当作有效处理，而是寻找一种符合建设工程施工合同特点的损失赔偿的计算方式。这主要考虑到建设工程施工合同很特殊，引起建设工程施工合同无效的事由很多，大多数是违反了国家对于建筑行业和建筑市场关于招投标、资质等行政管理的强制性规定。但双方当事人在签订施工合同时，关于工程计价、计量、工程款支付比例、支付时间、工程质量、工期、结算程序、质保金的扣留等约定内容，均是当事人的真实意思表示，是双方签约时对施工合同中最核心的内容慎重考虑后作出的决定，不应因合同违反国家行政管理相关规定无效而只选择性适用计价和计量条款，将其他支付条款全盘否定。因此，可以参照上述合同约定内容来确定实际损失大小，以避免当事人因合同无效而获得比合同有效更多的利益。

三、承包人因合同无效向发包人主张损失赔偿的范围

（一）实际支出损失

根据《建设工程施工合同解释（一）》第一条的规定，因发包人的原因造成建设工程施工合同被确认无效的情形，主要包括依法必须进行招标的建设工程项目，发包人规避招标、虚假招标导致所订立的合同无效；发包人违反国家规定的工程建设程序未取得规划审批手续而订立的国家重点建设工程合同无效等。因发包人的过错导致建设工程施工合同被确认无效，应赔偿承包人因办理招标投标手续支出的费用、合同备案支出的费用、订立合同支出的费用、除工程价款之外的因履行合同支出的费用等实际损失。

（二）停工、窝工损失

1. 停工、窝工损失赔偿的请求权基础

《合同法》第二百七十八条规定：“隐蔽工程在隐蔽以前，承包人应当通知发包人检查。发包人没有及时检查的，承包人可以顺延工程日期，并有权要求赔偿停工、窝工等损失。”第二百八十三条规定：“发包人未按照约定的

时间和要求提供原材料、设备、场地、资金、技术资料的，承包人可以顺延工程日期，并有权要求赔偿停工、窝工等损失。”该两条规定了因发包人原因造成工程停建、缓建的责任承担。在实践中，发包人应当按照合同约定履行自己的义务，为承包人提供必要的条件和协助，如果是发包人的原因导致工程建设无法按照约定的进度进行，承包人可以停建或缓建。根据《第八次民事审判会议纪要》第三十二条、第三十三条规定，因发包人未按照约定提供原材料、设备、场地、资金、技术资料的，隐蔽工程在隐蔽之前，承包人已通知发包人检查，发包人未及时检查等原因致使工程中途停、缓建，发包人应当赔偿因此给承包人造成的停（窝）工损失，包括停（窝）工人员人工费、机械设备窝工费和因窝工造成设备租赁费等停（窝）工损失。发包人不履行告知变更后的施工方案、施工技术交底、完善施工条件等协作义务，致使承包人停（窝）工，以致难以完成工程项目建设的，承包人催告在合理期限内履行，发包人逾期仍不履行的，人民法院视违约情节，可以依据《合同法》第二百五十九条、第二百八十三条规定裁判顺延工期，并有权要求赔偿停（窝）工损失。①

2. 承包人有权主张停工、窝工损失的情形

依照《合同法》第二百八十三条以及《第八次民事审判会议纪要》的规定，因发包人原因导致承包人停工、窝工，承包人有权主张停工、窝工损失的情形主要包括：

（1）建设工程施工过程中涉及隐蔽工程的，隐蔽工程在隐蔽以前，承包人应当通知发包人检查，如发包人没有及时检查的，承包人可以要求顺延工程日期，并有权要求发包人赔偿窝工损失。

（2）建设工程合同中约定由发包人提供原材料、设备、场地、资金、技术资料的，发包人未按照约定的时间和要求提供原材料、设备、场地、资金、技术资料，承包人可以要求顺延工期，并有权要求发包人赔偿损失。

（3）发包人不履行告知变更后的施工方案、施工技术交底、完善施工条

① 李玉生主编：《建设工程施工合同案件审理指南》，人民法院出版社 2019 年版，第 171 页。

件等协作义务，致使承包人窝工，以致难以完成工程项目建设，承包人催告在合理期限内履行，发包人逾期仍不履行的，承包人有权要求发包人赔偿窝工损失。

3. 承包方的通知义务和减损义务

根据《合同法》第一百一十九条第一款的规定，在工程施工合同履行过程中，如果因发包人违反合同约定，未提供原材料、设备、场地、资金、技术资料，或隐蔽工程在隐蔽之前，未及时检查等，致使工程中途停、缓建，承包人有义务采取适当措施，防止窝工损失扩大。因发包人的原因导致工程建设无法正常进行的，承包人可以停建、缓建，顺延工期，并及时通知发包人。承包人在停建、缓建期间应当采取合理措施减少和避免损失，妥善保护好已完成工程和做好已购材料、设备的保护和移交工作。承包人在施工中，发现设计错误和不合理之处，应当通知发包人；发包人在接到通知后，应当及时与设计单位研究确定修改意见或变更设计，并及时将修订后的设计文件送交承包人。承包人将停建、缓建期间发生的经济支出和其他实际发生的费用向发包人提出报告，如果承包人没有就此及时向发包人或监理单位报告，其停建、缓建期间的损失将因举证不能而难以得到支持。承包方主张发生停工、窝工的事实，应当有监理单位签证或者施工方与建设方往来函件予以证实。对于发包方因自身原因致使施工现场滞留承包方工人，承包方函件业已告知存在停工、窝工损失的事实，如不及时处理会带来更大损失，但发包方未积极处理，承包方也没有采取合理方法避免损失的，根据双方的过错程度确定各自应承担的责任。①

四、发包人因合同无效向承包人主张损失赔偿的范围

（一）实际支出的费用

因承包人造成建设工程施工合同被确认无效的情形，主要包括承包人无

---

① 李玉生主编:《建设工程施工合同案件审理指南》，人民法院出版社 2019 年版，第 173 页。

资质或者超越资质等级承揽建设工程订立的合同；没有资质的承包人借用资质承揽建设工程订立的合同；承包人转包建设工程订立的合同；承包人违法分包建设工程订立的合同等。因承包人的过错导致建设工程施工合同无效的，应赔偿发包人因办理招标投标手续支出的费用、合同备案支出的费用、订立合同支出的费用、准备或者实际履行合同支出的费用等实际支出损失。

（二）工期索赔

工期索赔，即针对工期延误所造成的损失的索赔，对于发包方而言，因工期延误不能及时接收并使用建设工程，不仅造成其工程管理费用、投资成本增加，而且还导致其不能按计划实现投资目的，失去盈利机会，损失交易利润。对于承包方而言，工期延误会增加工程成本，企业信誉受到影响，还可能承担工期赔偿责任。笔者认为，建设工程施工合同被认定为无效，合同约定的工期条款、违约条款等均为无效，但这并不意味着承包人不再承担工期延误责任。实践中，对于合同无效，通常发包人和承包人均存在过错，如果因合同无效而使得承包人免除了工期延误赔偿责任，将导致发包人和承包人之间的利益失衡。故承包人因逾期竣工给发包人造成损失的，应当基于公平原则和诚实信用原则进行补偿，补偿的范围仅包括实际发生的损失，对于尚未确定或发生的损失，发包人可在损失确定或发生后再另行主张。

作为无效施工合同中出现的逾期竣工损失，原则上仍应遵循无效合同的一般处理原则，即按照发包方举证证明的实际损失，结合双方过错责任进行处理。但同样基于建设施工合同的特殊性，在因逾期竣工导致发包方出现实际损失的情况下，发包方对损失的举证往往较为困难，尤其是在承建经营性用房或生产性厂房等无效施工合同中，因逾期竣工导致发包人延期使用经营性或生产性用房，其实际损失已经发生，但对损失的数额却难以界定及举证。因承包人的权利可以通过参照合同约定对工程款进行结算的方式得以救济，但发包方在因承包方的过错行为导致产生损失的情况下却因对损失举证不能导致权利丧失，如此处理在实体上显然会导致利益失衡，有违公平原则。而在发包方对损失难以举证的情形下，完全依靠法官的自由裁量权对损失进行确定，则同样易导致利益分配不均衡、权责匹配不协调的现象，并会影响到裁判的统一性和严肃性。实际上，当事人在无效合同中约定的逾期竣工违约责任条款往往更符合双方对可预见损失的心理价值预期，也更契合双方的真实意思表示。因此，在发包方损失确实存在又难以举证的情形下，参照无效合同中约定的逾期竣工违约责任条款来确定发包方损失，并结合双方过错责任确定损失责任分担，更符合公平及诚实信用原则。

（三）工程质量导致的损失

根据《合同法》第二百八十一条的规定，合同无效，因施工人原因导致工程质量损失的，发包人有权向承包人主张损失赔偿责任。如果发包人对质量不合格也存在过错，发包人也应承担一定责任。发包人与承包人对工程质量均有责任的，由双方按过错程度来承担责任。实践中需要注意的是，合同无效与工程质量不一定存在因果关系，即导致合同无效的原因并不一定导致工程质量问题的产生。在处理时，应注意区分合同无效的原因以及工程质量问题产生的原因，分清发包人与承包人的责任，妥善处理双方纠纷。

（四）其他人身和财产损失

根据《合同法》第二百八十二条的规定，如果因承包人的原因致使建设工程质量发生缺陷造成发包人受到人身和财产损害的，发包人有权要求承包人承担损失赔偿责任。

案例指导

浙江东阳建工集团有限公司、安徽省阜阳市中南置业有限责任公司、安徽省阜阳市中南投资发展有限公司建设工程施工合同纠纷案[①]

上诉人（原审原告）：浙江东阳建工集团有限公司（以下简称东阳建工）。

① 详见最高人民法院（2018）最高法民终696号民事判决书。

上诉人（原审被告）：安徽省阜阳市中南置业有限责任公司（以下简称中南置业公司）。

上诉人（原审被告）：安徽省阜阳市中南投资发展有限公司（以下简称中南投资公司）。

案件事实：略。

最高人民法院认为，根据各方当事人的诉辩主张，本案二审的争议焦点是：1. 双方签订的案涉《建设工程施工合同》的效力如何认定；2. 案涉工程造价数额如何认定，即一审认定案涉工程造价数额是否正确；3. 欠付的工程款是否应当计算逾期利息；4. 中南置业公司是否应当支付违约金；5. 中南投资公司是否对中南置业公司欠付工程款及利息承担连带责任；6. 东阳建工是否对案涉工程享有优先受偿权。

（一）关于案涉《建设施工协议书》和两份《建设工程施工合同》的效力问题。

《招标投标法》第三条第一款第（一）项规定，在中华人民共和国境内进行的大型基础设施、公用事业等关系社会公共利益、公众安全的项目的勘察、设计、施工、监理以及与工程建设有关的重要设备、材料的采购，必须进行招投标。上述关系社会公共利益、公众安全的基础设施的项目范围，根据国家发展计划委员会颁布实施的《工程建设项目招标范围和规模标准规定》第七条的规定，包括施工单项合同估算价在 200 万元人民币以上的工程建设项目，总投资额在 3000 万元人民币以上的商品住宅项目。本案中，东阳建工与中南置业公司于 2011 年 1 月 10 日和 11 月 20 日签订两份《建设工程施工合同》，暂定案涉商业裙楼和 1—10# 楼合同价款分别为 22100 万元和 10200 万元，均已超出上述规定的合同预估价范围，属于必须招投标的大型工程建设项目。东阳建工主张案涉项目系非国有投资，不属于必须招投标的项目，但 2018 年 6 月 1 日生效实施的《必须招标的工程项目规定》中虽未明确以自有资金进行大型基础设施建设的工程项目需要招投标，亦规定“关系社会公共利益、公众安全的大型基础设施、公用事业项目，其招标范围由国务院发展改革部门会同国务院有关部门按照确有必要、严格限定的原则制订并报国务院批准”。因案涉工程早于该规定颁布实施即建设完工，目前是否属于无须招标项目尚无明确规定，故东阳建工关于案涉工程不属于必须招投标项目的主张不能成立，本院不予采信。

我国《招标投标法》明确规定，在确定中标人前，招标人不得与投标人就投标价格、投标方案等实质性内容进行谈判；依法必须进行招标的项目，招标人违反规定，与投标人就投标价格、投标方案等实质性内容进行谈判的，中标无效。根据《建设工程施工合同解释（一）》规定，建设工程中标无效的，建设工程施工合同无效。2010年12月28日，东阳建工收到案涉工程中标通知书，但根据2010年10月30日《施工签证单》记载，10月30日前“浙江东阳建工集团有限公司中南红星美凯龙全球家居生活广场（可隆大厦）项目部”已经成立。东阳建工对此不予认可，上诉主张一审法院以《质量检查表》记载的错误时间作为案涉工程的开工时间，推断东阳建工与中南置业公司存在提前磋商系事实认定错误，并提供工程监理负责人王某出具的证明以说明记载系笔误，但王某并未出庭进行质证，东阳建工亦在一审中主张180万元赶工费时称：“赶工增加费实际上是提前进场损失费……双方有会议纪要写明此费用为提前进入工地增加费，属于提前进场补贴费，当时中南置业公司要求东阳建工管理人员和部分班组在2010年3月到现场准备施工，而后由于中南置业公司的施工许可证等手续迟迟未办理，施工队在现场等待开工直到2011年2月中南置业公司才下达开工报告。”可见，东阳建工已经于中标前被确定为实际中标人并被要求提前进场施工，并在签订两份备案合同之前签订《建设施工协议书》作为建设项目的框架协议，一审法院据此认定东阳建工与中南置业公司就合同主要条款进行了实质性磋商违反上述规定，案涉三份合同均属无效合同并无不当，东阳建工此上诉理由不能成立，本院不予支持。

（二）关于案涉工程造价数额的认定问题。

虽然本案双方签订的三份合同均属无效，但案涉工程已经竣工验收合格并投入使用，依照《建设工程施工合同解释（一）》第二条“建设工程施工合同无效，但建设工程经竣工验收合格，承包人请求参照合同约定支付工程价款的，应予支持”的规定，应参照双方合同约定结算工程价款。一审法院根据东阳建工的申请，依法委托华诚咨询公司对案涉工程进行工程造价鉴定。该公司于2017年5月25日作出［铜华诚鉴定（2017）第005号］《鉴定意见书》，包括确定性结果、推断性结果和选择性结果三项内容。因双方对部分鉴定内容涉及造价存在争议，本院逐项认定如下：

1. 钢材是否应调增 10078989.04 元及带 E 钢筋抗震费用 1369463.41 元是否应予计取。根据《建设施工协议书》第三部分第二条的规定，在合同施工期内，材料价差按照施工期间同期《阜阳工程造价信息》中发布信息价的平均价进行材料价格调整。因双方对钢材价格计取时间即“施工期间”存在争议，华诚咨询公司在《鉴定意见书》中以东阳建工主张的主体结构施工期间平均价和中南置业公司主张的开工至竣工期间平均价作出两种选择性结果。本院认为，虽然对于材料价格的调整区间确有整个工期内和开工到主体结构竣工期内两种区间计取方法，但是从案涉《建设施工协议书》的内容来看，双方在协议中自始至终采用“施工期间”作为各项条款约定的时间区间，该期间系指自开工至竣工的整个合同期间。东阳建工对此提出异议，但其作为从事建设工程施工的专业企业，在明知存在不同调差计取方式的情况下，并未在材料价差计取时明确选择开工至主体结构封顶期间的调差计取方式，且施工期间材料价格波动亦为合同双方应预见到的风险之一，故东阳建工要求调增钢材价差 10078989.04 元的主张不能成立。对于带 E 钢筋抗震费用 1369463.41 元的计取时间区间亦应遵循上述原则，故对于东阳建工该两项主张，本院均不予支持。

2. 钢筋价格上涨 4% 费用 4587131.53 元应否计取。东阳建工上诉主张因工程中所使用的钢筋市场价格远高于阜阳市信息价，故要求按照工程联系单和签证单的记载调整钢筋价格。本院认为，依照《建设施工协议书》第三部分第二条第二款的约定，无价材料或需确定品牌的材料，由甲方（中南置业公司）制定品牌并确认到场价格，列入材料费，计取双方约定的综合费率。因中南置业公司于 2011 年 7 月 13 日在《中南投资公司工程部工作联系单》中确认案涉工程使用钢筋的品牌及相应价格，并在 2011 年 11 月 10 日《工程联系单》中签章确认“全部钢材计价原上调 3% 基础按阜阳信息价二类钢厂再平均上调 1% 计价”，应视为以此标准作为计算钢筋价格的依据，故一审判决认定东阳建工关于钢筋价格上涨 4% 费用 4587131.53 元的主张缺少合同依据与事实不符，本院予以纠正。

3. 有瑕疵签证 429764 元应否计取。根据东阳建工的上诉主张，有瑕疵但应计取费用的签证单共有 7 张。经审查，编号为 2011-7-16、2011-07-14-1、2011-07-14-4 的 3 张工作联系单，缺少建设单位最终同意签章，与《建设施工协议书》第七部分第三条工程签证应经甲方主管领导审批并加盖甲方印章后生效的约定不符，故对该 3 份签证单，本院不予确认。对于编号为 2013-03-27、2013-05-05-3 的施工签证单，编号为 10、11 的工程现场签证单，均有施工单位、监理单位、建设单位项目部及建设单位分管领导签字、盖章确认，其内容为独立费部分增加的地下室桩基费用、增加管桩检测费用以及增加的汽运费等费用，共计 337994.78 元，本院对鉴定单位该选择性结果部分予以选择认定。

4. 脚手架调差 2705048.54 元应否计取。东阳建工认为因案涉工程采用全钢管脚手架，应将鉴定意见书选择性结果中增调 2705048.54 元计入工程造价。中南置业公司虽认可脚手架材质变更为钢管，但主张双方在签订施工合同时已经达成一致意见确定使用 2000 年定额计算工程价款，东阳建工的主张缺乏合同依据，不能成立。经查，鉴定机构对此问题回复称，安徽省造价总站认为全钢管脚手架可以调价，但综合脚手架的调价应从其当地规定。因阜阳市对此没有出具相关文件，故参照相邻蚌埠市补充定额标准，确定可调增造价 2705048.54 元。本院认为，虽然双方施工前确定以 2000 年定额计价，但国家已经明令禁止案涉工程类工地采用毛竹搭建脚手架，考虑到双方均未在签订合同时提出该项意见，本院酌定由中南置业公司承担脚手架调差价格的 50%，即 1352524.27 元。

5. 防火涂料 1783698 元应否计取。东阳建工在鉴定意见书作出后，已经就该项费用提出异议，对此，鉴定机构已经就此答复，因 006 号签证单确认的是防火涂料材料单价，鉴定机构按照该材料单价测算每吨钢梯防火涂料的综合单价。东阳建工现再次提出异议，主张鉴定机构计算方法有误，但未提供其他合理的计算方法和理由，故本院对其主张不予支持。

6. 文明施工费 3493973 元应否计取。东阳建工主张因案涉工程被评为省级建筑施工安全质量标准化示范工程，故应在 1.5%—3% 的区间内以 3% 计取文明施工费。经查，因双方未对省级优质工程文明施工增加费事先约定，鉴定机构按照合同依据阜阳市地方规定以工程直接费的1.5%计算符合《建设工程施工现场管理规定》按直接费的1.5%—3%计取的规定，一审法院据此确定并无不当。

7. 赶工费180万元应否扣减。2011年7月15日，经中南置业公司与东阳建工协商后确定对于施工单位提前进入工地增加费用共计360万元，双方各承担50%费用，并约定增加此费用要求承包方需在2011年12月30日完成四层结构封顶。中南置业公司据此主张东阳建工未按约完成封顶工程，该项费用不应计算。但中南置业公司未提供证据证明系因东阳建工原因导致案涉工程未在约定时间内完成封顶，且2014年8月28日会议纪要亦记载工期延长系各种原因造成，双方已不再相互追究责任，故中南置业公司主张扣减赶工费用缺少合同依据，本院不予支持。

8. 有争议项目造价15473113.52元应否扣减。中南置业公司上诉认为双方有争议项目包括桩基签证部分、钢筋横向接头、裙楼部分、1—10#住宅有争议工程量问题共涉及造价15473113.52元均应予扣减。关于桩基签证部分涉及造价12338384.51元的争议主要在于管桩如何套用定额的问题，中南置业公司在一审中已经提出异议，鉴定机构予以书面回复。经查，依据双方合同约定，案涉工程结算标准执行2000年定额，该定额估价表总说明第六条第二款确定其未包括的项目，且属单项性质的，可执行1998年定额标准计算。鉴定机构以此作为鉴定依据符合合同约定。关于钢筋横向接头涉及1294505.1元部分，安徽省阜阳市建设工程质量监测站出具的《钢筋接头检验报告》确定案涉工程钢筋接头采用气压焊接方式，鉴定机构据此确定该部分费用计价方式符合实际情况，中南置业公司就此异议无事实依据。关于裙楼涉及508.12元部分及1—10#住宅楼有争议工程量部分涉及1839715.79元，因中南置业公司在一审中从未提出异议，亦未提出充分的应予扣减依据，本院对此异议不予采纳。

9. 是否存在虚增工程造价15059939.15元。原告诉称中南置业公司上诉称存在虚增工程造价15059939.15元应予扣除，其中包括“115号签证内容与实际施工不符”“排水管件及排水装饰圈不应另行计取费用”“工程现场实际情况与图纸不符”“住宅楼实际施工与图纸不符造价差价”“5层以下定额内已包含费用”“5# 楼未施工部分造价”“鉴定单位定价与实际施工采用材料品牌、材质造价差价”等内容。本院认为，中南置业公司在一审诉讼中就案涉工程水电安装部分存在虚增造价问题向鉴定机构提出异议后，鉴定机构于 2017 年 11 月 4 日作出书面回复，针对当事人提出的异议部分进行了必要的核对，对部分工程量和材料价格予以调整，并核减 1574888.36 元。一审法院在鉴定结论的基础上结合双方当事人实际履行情况就工程造价进行了核定。现中南置业公司再次就鉴定结论存在多算、错算等问题提出异议，但并未提供合理的依据。故中南置业公司该部分主张缺乏事实和法律依据，本院不予支持。

10. 总承包服务费应否记取。东阳建工与中南置业公司分别在《建设施工协议书》和补充协议中约定了总承包服务费的计取标准和方式。中南置业公司上诉认为该部分费用不应计取，与合同约定不符。中南置业公司又主张东阳建工未在部分分包协议上加盖其公司公章，未尽到配合义务，至少应扣减未提供服务部分的服务费，但总承包服务费是指总承包人为配合、协调建设单位进行的专业工程发包，对建设单位自行采购的材料、工程设备等进行保管以及施工现场管理、竣工资料汇总整理等服务所需的费用，仅以协议上是否加盖印章作为总承包人履行管理义务的凭据，显然依据并不充分。故一审法院在中南置业公司未能提供分包工程实际造价低于案涉合同价格情况下，采纳鉴定单位以计算分包工程服务配合费的基础数据为东阳建工提供的分包合同的合同价的意见，有事实和法律依据，本院予以维持。

综上，本院认定案涉工程造价总计为 484581788.61 元（一审判决认定案涉工程造价 478304138.03 元 +4587131.53 元 +337994.78 元 +1352524.27 元）。经一审查明，中南置业公司已付工程款 396895572.72 元，中南置业公司尚欠付工程款 87686215.89 元。

（三）关于欠付的工程款是否应当计算逾期利息的问题。

中南置业公司认为其已付工程款超过合同约定时间，不存在逾期付款行为，一审法院判决其支付逾期工程款利息没有依据。经一审查明，中南置业公司应在 2015 年 5 月 28 日前支付 97% 的工程款，但截至本案诉讼时，中南置业公司已付工程款396895572.72元，尚欠87686215.89元工程款未付。一审法院依照《建设工程施工合同解释（一）》第十七条、第十八条的规定，判决中南置业公司自2015年5月28日起承担欠付工程款逾期利息符合双方在《建设施工协议书》中有关“中南置业公司未按约支付东阳建工工程款时，中南置业公司应承担银行同期利息”的约定，本院予以维持。

（四）关于中南置业公司是否应当支付违约金的问题。

因案涉合同、协议均属无效，其所约定的违约金条款亦无效，东阳建工据此提出违约金的诉讼请求，无事实和法律依据。至于东阳建工主张其所遭受实际损失，并未举证证明。故东阳建工依据违约金条款主张中南置业公司赔偿损失的上诉请求不能成立，本院不予支持。

（五）关于中南投资公司是否对中南置业公司欠付工程款及利息承担连带责任的问题。

《担保法》第五条规定“担保合同是主合同的从合同，主合同无效，担保合同无效。担保合同另有约定的，按照约定。担保合同被确认无效后，债务人、担保人、债权人有过错的，应当根据其过错各自承担相应的民事责任”，该规定明确规定担保合同无效后，担保人有过错的，应承担相应的民事责任。对此，中南投资公司以其不是房地产企业，对建设工程相关法律法规不清楚故不存在过错为由上诉主张其不承担担保责任。经本院查明，案涉部分施工签证单或工程联系单的建设单位处曾出现“安徽省阜阳市中南投资发展有限公司工程部”字样的签章，可见该公司虽然并非注册房地产企业，但已经从事相关建设工程类经营活动。而从中南置业公司提交的多份施工签证单或工程联系单内容来看，其中2010年10月30日施工签证单恰系该公司主张合同因串标而无效的主要证据，故本院对中南投资公司关于不知道本案存在串标行为的主张不予采信。一审法院根据上述规定，在中南投资公司对案涉债务的发生存在过错的情形下，依照《最高人民法院关于适用〈中华人民共和国担保法〉若干问题的解释》第八条的规定，判决中南投资公司对案涉债务不能清偿部分承担三分之一的赔偿责任，并无不当。

（六）关于东阳建工是否对案涉工程在工程款数额内享有优先受偿权的问题。

《合同法》第二百八十六条规定："发包人未按照约定支付价款的，承包人可以催告发包人在合理期限内支付价款。发包人逾期不支付的，除按照建设工程的性质不宜折价、拍卖的以外，承包人可以与发包人协议将该工程折价，也可以申请人民法院将该工程依法拍卖。建设工程的价款就该工程折价或者拍卖的价款优先受偿。"设置建设工程价款优先受偿权是考虑到承包人的劳动已经物化到建筑物之中，当发包人不能按照约定支付工程款时，赋予承包人对工程款优先受偿的权利，以保护承包人对工程价款的实际受偿。故建设工程价款优先受偿权的基础权利来源于承包人所享有的工程款债权，承包人可自该债权应受清偿之日起主张工程价款优先受偿权。本案中，双方在《建设施工协议书》中约定"工程竣工验收合格，并交付中南置业公司完整工程资料起，中南置业公司对东阳建工上报的竣工决算在4个月内审核完毕。中南置业公司应自竣工结算完毕后60日内支付至工程结算总价的97%工程款，余下3%工程款作为工程质量维修金，分三年逐步返还"。按照上述约定，中南置业公司应于2015年5月28日支付97%工程款，即若其未在该日期前完成相应的付款义务，东阳建工自此时起对中南置业公司享有工程款债权，并起算优先受偿权的期限。中南置业公司对此持有异议，认为应当严格适用《最高人民法院关于建设工程价款优先受偿权问题的批复》（以下简称16号批复）第四条规定，自建设工程竣工之日或建设工程合同约定的竣工之日起计算承包人行使优先受偿权的期限。本院认为，通常情况下，建设工程的竣工之日也是工程应予结算之日，承包人可以此作为主张工程价款优先受偿权的起算点，但本案中双方当事人已经明确约定工程款支付时间晚于工程竣工之日，承包人行使优先受偿权的期限不应再从工程竣工之日起计算，而应从发包人应付工程款期间届满之日起算。故东阳建工于2015年11月10日提起本案诉讼，主张工程价款优先受偿权，并未超过优先受偿权保护期限，一审判决适用法律并无不当。中南置业公司该上诉主张不能成立。此外，案涉合同、协议虽属无效，但不存在《最高人民法院关于印发〈全国民事审判工作会议纪要〉的通知》

第二十九条“因违法分包、转包等导致建设工程合同无效的，实际施工人请求依据合同法第二百八十六条规定对建设工程行使优先受偿权的，不予支持”规定的情形，中南置业公司主张东阳建工因合同无效自始不享有建设工程价款优先受偿权的主张亦不能成立。因此，一审法院判决东阳建工有权在欠付工程款范围内对案涉工程折价或拍卖的价款优先受偿有事实和法律依据，本院予以维持。

综上，东阳建工的部分上诉理由成立，中南置业公司、中南投资公司的上诉理由不能成立。依照《中华人民共和国民事诉讼法》第一百七十条第一款第（二）项、第一百七十五条规定，判决如下：一、撤销安徽省高级人民法院（2016）皖民初 8 号民事判决第四项。二、变更安徽省高级人民法院（2016）皖民初 8 号民事判决第一项为：安徽省阜阳市中南置业有限责任公司自本判决生效之日起 15 日内给付浙江东阳建工集团有限公司工程款 87686215.89 元及利息（利息计算方式为：自 2015 年 5 月 28 日起至款清之日止，以 73148762.23 元为基数，按照中国人民银行发布的同期同类贷款利率计算；自 2017 年 12 月 5 日起至款清之日止，以 14537453.66 元为基数，按照中国人民银行发布的同期同类贷款利率计算）。三、变更安徽省高级人民法院（2016）皖民初 8 号民事判决第二项为：浙江东阳建工集团有限公司在 87686215.89 元工程款范围内对案涉工程折价或者拍卖的价款优先受偿。四、变更安徽省高级人民法院（2016）皖民初 8 号民事判决第三项为：安徽省阜阳市中南投资发展有限公司对安徽省阜阳市中南置业有限责任公司不能清偿浙江东阳建工集团有限公司 87686215.89 元工程款及利息的三分之一承担清偿责任。五、驳回浙江东阳建工集团有限公司的其他诉讼请求。

规范指引

《中华人民共和国民法总则》

第一百五十七条　民事法律行为无效、被撤销或者确定不发生效力后，行为人因该行为取得的财产，应当予以返还；不能返还或者没有必要返还的，应当折价补偿。有过错的一方应当赔偿对方由此所受到的损失；各方都有过错的，应当各自承担相应的责任。法律另有规定的，依照其规定。

《中华人民共和国合同法》

第五十八条 合同无效或者被撤销后，因该合同取得的财产，应当予以返还；不能返还或者没有必要返还的，应当折价补偿。有过错的一方应当赔偿对方因此所受到的损失，双方都有过错的，应当各自承担相应的责任。

《最高人民法院关于审理建设工程施工合同纠纷案件适用法律问题的解释》

第二条 建设工程施工合同无效，但建设工程经竣工验收合格，承包人请求参照合同约定支付工程价款的，应予支持。

第三条 建设工程施工合同无效，且建设工程经竣工验收不合格的，按照以下情形分别处理：

（一）修复后的建设工程经竣工验收合格，发包人请求承包人承担修复费用的，应予支持；

（二）修复后的建设工程经竣工验收不合格，承包人请求支付工程价款的，不予支持。

因建设工程不合格造成的损失，发包人有过错的，也应承担相应的民事责任。

《最高人民法院关于审理建设工程施工合同纠纷案件适用法律问题的解释（二）》

第三条 建设工程施工合同无效，一方当事人请求对方赔偿损失的，应当就对方过错、损失大小、过错与损失之间的因果关系承担举证责任。

损失大小无法确定，一方当事人请求参照合同约定的质量标准、建设工期、工程价款支付时间等内容确定损失大小的，人民法院可以结合双方过错程度、过错与损失之间的因果关系等因素作出裁判。

第十一条 当事人就同一建设工程订立的数份建设工程施工合同均无效，但建设工程质量合格，一方当事人请求参照实际履行的合同结算建设工程价款的，人民法院应予支持。

实际履行的合同难以确定，当事人请求参照最后签订的合同结算建设工程价款的，人民法院应予支持。

第十九条　建设工程质量合格，承包人请求其承建工程的价款就工程折价或者拍卖的价款优先受偿的，人民法院应予支持。

第二十条　未竣工的建设工程质量合格，承包人请求其承建工程的价款就其承建工程部分折价或者拍卖的价款优先受偿的，人民法院应予支持。

专题七：出借用资质的民事责任承担

【核心提示】缺乏资质的单位或者个人借用有资质的建筑施工企业名义签订建设工程施工合同，发包人请求出借方与借用方对建设工程质量不合格等因出借资质造成的损失承担连带赔偿责任的，人民法院应予支持。

实务争点

建筑行业经常遇到挂靠的情况，有时也称为借用资质，关于挂靠行为的性质，与借用资质、出借资质、资质挂靠有什么不同，实践中有不同理解。在建筑施工纠纷中，挂靠人能否向发包人主张权利，做法不一。有观点认为，挂靠人系实际施工人，而被挂靠人仅是出借资质并未参与施工，应认定挂靠人与发包人形成了事实上的合同关系，挂靠人可以向发包人主张权利；也有观点认为，在发包人明知挂靠的情况下，可以认定挂靠人与发包人形成事实合同关系；[①] 还有观点认为，挂靠施工属于借名法律关系，即不具备资质的挂靠人借用有资质的被挂靠人，以被挂靠人的名义与发包人签订建设工程施工合同，但挂靠人与发包人并不必然形成合同关系，应该区别对待。在发包人明知并且追求或者放任挂靠的情况下，发包人与挂靠人均具有受意思表示拘束的意思，应当认定该合同直接约束发包人和挂靠人。发包人在订立合同时并不明知挂靠事实的情况下，因发包人并不明知，只能认定发包人只愿意

---

① 江苏省扬州市中级人民法院（2015）扬民终字第002139号民事判决书。

与被挂靠人实施法律行为，挂靠人不能以合同当事人的身份基于合同直接向发包人主张权利。[①] 对此，《建设工程施工合同解释（二）》第四条规定：缺乏资质的单位或者个人借用有资质的建筑施工企业名义签订建设工程施工合同，发包人请求出借方与借用方对建设工程质量不合格等因出借资质造成的损失承担连带赔偿责任的，人民法院应予支持。

理解适用

对《建设工程施工合同解释（二）》第四条规定的理解与适用

建设工程有关司法解释对建设工程领域关于挂靠、出借资质的行为进行了规定，明确了发包人可以因建设工程质量不合格要求出借资质方和借用资质方承担连带责任。根据这一规则，同时解决了因借用资质双方请求对方承担民事责任的基础关系。

一、建筑行业借用资质、出借资质、资质挂靠的关系与区别

1998 年《建筑法》第二十六条规定“禁止建筑施工企业超越本企业资质等级许可的业务范围或者以任何形式用其他建筑施工企业的名义承揽工程”，第六十六条规定“建筑施工企业转让、出借资质证书或者以其他方式允许他人以本企业的名义承揽工程的，责令改正，没收违法所得，并处罚款，可以责令停业整顿，降低资质等级；情节严重的，吊销资质证书……”《建筑法》的两个法律条文采用了“用”和“出借”这两个关键词。《建设工程施工合同解释（一）》第一条规定“……应当根据合同法第五十二条第（五）项的规定，认定无效：……（二）没有资质的实际施工人借用有资质的建筑施工企业名义的……”直接采用了“借用”一词。在相似意思表述下，之前的法律、法规中曾采用“挂靠”一词，“挂靠”一词在《辞海》中的意思为机构或组织从属或依附于另一机构或者组织，显然词义与法条表达的意思有一定出入，因此，在 1998 年的《建筑法》和 2004 年的《建设工程

---

① 王林清、杨心忠、柳适思、赵蕾：《建设工程合同纠纷裁判思路》，法律出版社 2014 年版，第 33~35 页。

施工合同解释（一）》中抛弃了“挂靠”一词改用“用”“出借”和“借用”。但目前在理论界和实务界“挂靠”一词还经常使用。

笔者认为，建筑行业中的挂靠经营行为，主要是指没有相应资质或建筑资质较低的企业、其他组织、个体工商户、个人合伙或者自然人以营利为目的，借用其他有相应建筑资质或者资质较高的建筑施工企业的名义承揽建设工程的行为，工程挂靠的准确法律术语叫作“借用资质”，而通过其基本表现形式可以概括其法律含义的内核为“借用行为”。根据《建筑法》第二十六条的规定，凡是转让、出借资质证书或者以其他方式允许他人使用本单位名义承揽建设工程的，均属借用资质或者资质挂靠行为。

二、借用资质、出借资质、资质挂靠的情形

根据法律和司法解释的相关规定以及工程行业的实践情况，工程挂靠的主要表现形式包括但不限于以下情形：

1. 直接签订挂靠协议。挂靠方与被挂靠方签订挂靠协议，挂靠方进行工程承包。当挂靠人获得了工程招标通知，但因其资质不够，无法顺利投标，为了承包项目与被挂靠企业签订挂靠协议，借用资质参与投标，向挂靠企业缴纳挂靠费。这样挂靠方从形式上看具备完善的资质，符合建筑行业的基本要求。然而，事实上施工单位并不具备资质。除此之外，虽然挂靠方符合资质要求，但是发展水平较差，经济实力有限，不能够竞标成功，这样挂靠方一般也会选择与规模较大的企业签订合同，以增加中标的概率。

2. 以内部承包的形式挂靠。挂靠方与被挂靠方签订内部承包协议，进行工程承包。参与投标的是具备资质的企业，由于资金或者人力的原因，该企业无法完成施工任务，在利益的驱动下，无资质的挂靠方与被挂靠企业以内部承包的名义，使挂靠方顺理成章地负责项目的具体施工和各项管理工作，同时向被挂靠方缴纳一定的管理费用。

3. 该种形式的挂靠在司法实践中有争议，但是北京市高级人民法院在其解答文件中曾对此作出了明确说明，下述情况可被判定为挂靠行为：“建筑企业满足资质条件，采用联营以及合作等方式同意其他单位以本企业之名承接

工程项目。”[①]2005年山东省高级人民法院印发的《全省民事审判工作座谈会纪要》中曾明确提出：“承包人将其承包的全部工程转包给第三人，或者以内部联营、挂靠等方式承包给第三人，或者将其承包的全部建设工程肢解以后以分包的名义分别转包给第三人，或者将工程分包给不具备相应资质条件的单位，以及分包单位将承包的工程再分包的，应依法认定为无效。”上述两地的高级人民法院明确了联营行为也属于挂靠。

4. 没有资质的实际施工人借用有资质的建筑施工企业名义。

5. 建筑施工企业以任何形式允许其他单位或者个人使用本企业的资质证书、营业执照，以本企业的名义承揽工程。

6. 某一建筑施工企业以其他形式借用另一建筑施工企业的名义承揽工程。

7. 资质等级低的建筑施工企业借用资质等级高的建筑施工企业的名义承揽工程。

8. 资质等级相符的建筑施工企业借用对方的名义承揽工程。

虽然借用资质或者资质挂靠的表现形式多种多样，但大都表现得隐蔽性强、形式合法，实为规避法律规定，给司法实践的识别带来一定困难。

三、借用资质、出借资质、资质挂靠的认定标准

由于借用资质挂靠的现象在建筑市场长期存在，表现形式各种各样，因此，要准确判定借用资质的挂靠行为并非易事。司法实践中主要从司法层面和行政管理层面进行认定。从司法层面来看，最高人民法院并未规定借用资质的挂靠行为如何认定，但部分地方法院根据《合同法》《建筑法》的立法精神和有关部门规章的规定，结合审判实践，探索出一些认定标准。尽管各地认定挂靠行为的规定不尽相同，但其主要特征可归纳总结为以下两个要素：

1. 核心要素：一是挂靠人没有资质或者超越资质，且与被挂靠单位没有劳动或隶属关系；二是挂靠人为了规避资质许可限制而以具有相应资质的被

---

① 参见肖芳、郭丁铭：《建设工程施工合同法律实务精解与百案评析》，中国法制出版社2012年版。

挂靠单位的名义承揽工程。至于被挂靠单位是否收取"管理费""挂靠费""服务费"等费用，不是认定"挂靠"行为的要素之一。从建设行政管理层面来看，2019 年 1 月 3 日起住房和城乡建设部印发的《建筑工程施工发包与承包违法行为认定查处管理办法》对如何具体认定"挂靠"行为作出了规定，具有一定的参考意义。其中，第十条规定："存在下列情形之一的，属于挂靠：（一）没有资质的单位或个人借用其他施工单位的资质承揽工程的；（二）有资质的施工单位相互借用资质承揽工程的，包括资质等级低的借用资质等级高的，资质等级高的借用资质等级低的，相同资质等级相互借用的；（三）本办法第八条第一款第（三）至（九）项规定的情形，有证据证明属于挂靠的。"第八条第一款规定："存在下列情形之一的，应当认定为转包，但有证据证明属于挂靠或者其他违法行为的除外：……（三）施工总承包单位或专业承包单位未派驻项目负责人、技术负责人、质量管理负责人、安全管理负责人等主要管理人员，或派驻的项目负责人、技术负责人、质量管理负责人、安全管理负责人中一人及以上与施工单位没有订立劳动合同且没有建立劳动工资和社会养老保险关系，或派驻的项目负责人未对该工程的施工活动进行组织管理，又不能进行合理解释并提供相应证明的；（四）合同约定由承包单位负责采购的主要建筑材料、构配件及工程设备或租赁的施工机械设备，由其他单位或个人采购、租赁，或施工单位不能提供有关采购、租赁合同及发票等证明，又不能进行合理解释并提供相应证明的；（五）专业作业承包人承包的范围是承包单位承包的全部工程，专业作业承包人计取的是除上缴给承包单位'管理费'之外的全部工程价款的；（六）承包单位通过采取合作、联营、个人承包等形式或名义，直接或变相将其承包的全部工程转给其他单位或个人施工的；（七）专业工程的发包单位不是该工程的施工总承包或专业承包单位的，但建设单位依约作为发包单位的除外；（八）专业作业的发包单位不是该工程承包单位的；（九）施工合同主体之间没有工程款收付关系，或者承包单位收到款项后又将款项转拨给其他单位和个人，又不能进行合理解释并提供材料证明的。"

2. 表象要素：一是看合同的订立时间和合同内容。对于挂靠人在承揽到建设工程后通过立即与被挂靠人签订劳动合同来规避政府监管的行为，可以通过审查二者之间劳动合同的订立时间和劳动合同的内容来进行判断。通常由于承揽建设工程项目与签订劳动合同在时间上的高度关联性，从时间上来判断是否有挂靠的嫌疑是比较容易确定的。同时，如果在劳动合同中约定，被雇佣者的一切社会保障费用和工伤保障费用均由其本人自己承担，则可以结合劳动合同的签订时间认定为存在挂靠行为。二是看建设工程施工的税费承担者和利润的实际获得者是谁。在建设工程项目施工结束后，如果发现，项目过程中的税费承担者和最终实际利润的获得者是施工者，而不是建设工程项目的承包者，尤其是施工者不仅承担了建设工程项目中产生的税费，而且还向建设工程项目的承包者缴纳管理费，则可以认定建设工程项目承包中存在挂靠行为。三是看签订合同的施工单位是否有管理人员对建设工程项目进行管理和监督。被挂靠的主体通常不参与建设工程项目的施工管理和监督，而如果承包方在获得建设工程项目后，其对建设工程施工完全处于不闻不问的状态，则其中很有可能存在挂靠行为。

四、借用资质挂靠行为的特征

根据建设行政主管部门规章的相关规定，结合建筑市场的实际情况，借用资质挂靠具有以下特征：

1. 挂靠人不具备资质或资质不够而利用有相应资质的建筑企业的名义对外承接工程，其主体资格存在缺陷。资质是建筑企业民事行为能力的主要体现之一，它不仅代表建筑企业工程施工的能力，也代表该企业民事责任的承担能力，因此法律明令禁止无资质或资质不够的民事主体承接建筑工程。但是部分民事主体在利益的驱使之下，通过利用他人名义承接工程的方式来规避法律，达到牟利的目的。

2. 被挂靠的施工企业具有与建设项目的要求相适应的资质等级，其主体资格合法。因此形成了挂靠人与被挂靠人之间的需求，双方为谋取各自的利益而共同规避法律，违反法律法规的禁止性规定。

3. 挂靠人向被挂靠人上缴一定数额的费用。上缴的这部分费用通常是以管理费、承包费、服务费等形式表现出来。而有资质的建筑企业并没有依双方约定的条款履行任何管理义务，它所做的只是配合挂靠人承接工程，而不承担任何工程施工管理，不承担技术、质量、经济责任。

4. 合同约定的施工单位与现场实际施工人之间无产权关系；无统一的财务管理，各自实行独立核算；无合法的人事调动、任免、聘用及社会保险关系。

5. 挂靠人的经营方式是独立核算、自主经营、自负盈亏。这表明，就与被挂靠人的关系来讲，挂靠人是一个独立的民事主体，与被挂靠人的民事法律地位是平等的，不存在隶属关系。挂靠人是实体义务的履行者和权利的最终享有者，它对工程进行独立核算，独自组织工程施工，也是盈亏的最终承受者。而被挂靠人只是形式上拥有相关权利，不直接履行合同约定的相关义务。

五、借用资质挂靠情形下的责任承担

借用资质挂靠情形下签订的建设工程施工合同，规避了行政管理机关对建筑施工企业资质条件的强制管理，扰乱了建筑市场的正常秩序，严重影响了建设工程的质量。在法律评价上，保障建筑工程质量的价值应当高于合同自由的价值。因此，《建设工程施工合同解释（一）》第一条对此作出了否定性评价。

关于挂靠经营情形下的挂靠人（实际施工人）和被挂靠人（名义施工人）之间的责任承担问题，现行立法没有作出明确规定，最高人民法院相关司法解释、批复等司法文件规定不一致，理论界争论较大，而且，各地法院对此的认识和做法也是不尽相同。一种观点认为，挂靠人和被挂靠人应承担连带责任。另一种观点认为，应区分合同相对人是否对挂靠事实明知而适用不同的责任类型。如果合同相对人对于挂靠事实不明知，由挂靠人和被挂靠人承担连带民事责任；如果合同相对人对于挂靠事实明知，先由挂靠人承担责任，被挂靠人承担补充民事责任。

连带责任是法律直接规定的责任形态，责任主体之间承担连带责任须有明确的法律依据。《建筑法》第六十六条对工程质量的连带责任作出了明确规定。该规定主要是考虑到挂靠会给工程质量带来极大隐患，由于资质不合格、转包、分包等行为，使得工程质量与安全的责任约束降到了最低限度；

偷工减料，不执行工程建设强制性标准等行为，导致工程质量低劣、安全生产状况恶化，引发安全事故危及人民生命财产安全，为社会稳定留下了隐患，故规定挂靠人与被挂靠人应当对工程质量损失承担连带赔偿责任。[①]

六、挂靠人承担连带责任的法理基础

法律、司法解释之所以规定挂靠人与被挂靠人就质量问题承担连带赔偿责任，其法理基础是共同侵权责任，而非违约责任，亦非缔约过失责任。由于挂靠方借用资质签订的建设工程施工合同因违反法律的禁止性规定而无效，合同自始无效则不存在违约责任，所以，挂靠人和被挂靠人承担连带赔偿责任的法理基础不是违约责任。借用资质的挂靠人与发包人产生的质量纠纷也不属于缔约过失责任。因为质量问题所造成的损失并非发生在合同缔结阶段，且借用资质的挂靠人不是建设工程施工合同的当事人，合同当事人只有发包人和被挂靠人，该情形与《合同法》第四十二条规定不符。特别是在发包方知晓挂靠行为的情形下，不适用《合同法》第四十二条的规定追究挂靠人和被挂靠人的缔约过失责任。但是，《建筑法》第六十六条规定只要出现质量问题，不区分发包方是否知晓对方的挂靠行为，均由挂靠方和被挂靠方承担连带赔偿责任，所以，挂靠方和被挂靠方承担连带赔偿责任的法理基础也不是缔约过失责任。

无效合同的归责原则可以适用或者类推适用侵权法上的过错责任原则。因挂靠人借用资质导致施工合同无效时造成发包人损失的，当可归属于被挂靠人与挂靠人共同对发包人实施侵权造成损害的情形。《侵权责任法》第八条规定："二人以上共同实施侵权行为，造成他人损害的，应当承担连带责任。"在法理上，尽管对于共同侵权行为的"共同性"判断标准主要有所谓意思共同的主观说、行为关联共同的客观说、综合主客观说的折中说以及叠加主客观说对"共同"要件采取广义解释的兼指说四种，但是最高人民法院认为，立法者对审判实务中扩大连带责任适用范围倾向持谨慎态度，其价值

① 最高人民法院民事审判第一庭编著：《最高人民法院建设工程施工合同司法解释（二）理解与适用》，人民法院出版社2019年版，第102~103页。

取向更注重责任承担与主观过错的统一，因而对共同侵权的“共同性”要件采取了严格立场，只认可有意思联络的主观共同侵权，而不认可行为关联的客观共同侵权。就实际施工人借用资质引起的施工合同无效而言，一方面，在施工合同订立阶段，挂靠人与被挂靠人共谋与发包人订立无效施工合同的行为，显然符合意思联络的主观共同侵权；另一方面，共同侵权可分为共同故意或过失的侵权。由于被挂靠人未实际参与工程施工，不能认定被挂靠人对于工程质量问题有故意，只是可以认为被挂靠方收取了管理费，就应该负有工程质量管理义务，如果工程质量出现问题，其在监管方面有过失。存在过失的被挂靠人与存在故意或过失的挂靠方一起就质量问题构成共同侵权，应向发包方承担连带赔偿责任。所以，挂靠人和被挂靠人承担连带赔偿责任的法理基础是共同侵权。至于赔偿以后，在挂靠方和被挂靠方内部责任的划分上，可以考虑让被挂靠人在收取管理费的范围内按份承担责任。

具体来讲，在借用资质的法律关系中，符合侵权行为的构成要件主要包括：第一，出借资质的被挂靠人向借用资质的实际施工人实施了借用资质的违法行为。第二，挂靠人与被挂靠人的违法行为在主观上存在过错，挂靠人没有相应施工资质借用他人资质，被挂靠人为了追逐利益，违法同意他人借用其资质承包工程。挂靠人与被挂靠人均明知行为非法，因此存在主观过错。第三，法律禁止借用资质的目的正在于保障建设工程质量。第四，被挂靠人将资质借给不具有相应资质的挂靠人，对工程可能出现的质量问题负有过错，并且该可能产生的质量问题在其预料范围之内。第五，被挂靠人与实际施工人的借用资质行为与给发包人造成损失的工程质量问题存在法律上的因果关系。

七、借用资质挂靠情形的诉讼主体

借用资质挂靠承揽工程施工，往往会产生一系列的法律问题，引起一系列的法律后果。在建设工程挂靠行为中，通常存在发包人、挂靠人、被挂靠人以及租赁合同或者购销合同的当事人等法律主体，只有厘清挂靠情形下各主体之间的基本法律关系，才能在发生争议时正确列明诉讼主体。笔者认为，应根据当事人的诉讼请求来决定诉讼当事人。司法实践中主要有以下几种情形：

1. 发包人就工程质量提起诉讼。根据《民事诉讼法解释》第五十四条、《建设工程施工合同解释（一）》第二十五条的规定，发包人因建设工程质量单独起诉出借资质的建筑企业（被挂靠人）或者借用资质的实际施工人（挂靠人）的，人民法院应当追加借用资质的挂靠人或者出借资质的被挂靠人作为诉讼当事人参加诉讼。也就是说，借用资质的实际施工人与发包人发生建设工程质量纠纷的，应以挂靠人和被挂靠人为共同诉讼当事人，并对发包人承担连带责任。

2. 挂靠人就工程款提起诉讼。借用资质的挂靠人对发包人和被挂靠方提起共同诉讼或者单独对发包人提起诉讼主张欠付工程价款的，根据《建设工程施工合同解释（一）》第二十六条的规定，为查明案件事实和分清责任，应当追加被挂靠人作为诉讼当事人参加诉讼。即此种情形下，发包人与被挂靠人应当是共同诉讼当事人，根据合同相对性原则，合同的权利义务只在合同当事人之间产生，只对合同当事人具有法律约束力，而不及于其他人。由于发包人与实际施工人（挂靠人）之间不存在合同关系，挂靠人不是合同当事人，两者似乎没有法律关系，但《建设工程施工合同解释（一）》却突破了合同相对性原则，允许挂靠人以实际施工人身份主张权利。而《建设工程施工合同解释（一）》第二十六条中规定可以追加转包人或违法分包人为案件当事人，既能够方便查清案件的事实，分清当事人的责任，也便于实际施工人实现自己的权利。所以，在审理涉及挂靠关系的案件时，也可以追加被挂靠人为案件当事人，作为共同被告，便于查清案件事实。

3. 第三人因拖欠租金或材料款提起诉讼。因挂靠人对外拖欠租金或者材料款，第三人对挂靠人提起诉讼或者对挂靠人与被挂靠人提起共同诉讼的，应当区分挂靠人对外以谁的名义签订合同来确定当事人。如果挂靠人对外仅以自己名义签订合同，根据合同相对性原则，应当以挂靠人为被告，如果挂靠人抗辩是职务行为，则应追加被挂靠人为当事人，以便查清案件事实，分清责任主体。如果挂靠人对外明确以被挂靠人的名义签订合同的，则挂靠人与被挂靠人为共同当事人。

4. 第三人因建筑物倒塌提起侵权赔偿诉讼。挂靠人在施工过程中因为建筑物倒塌造成第三人损害，第三人对发包人和被挂靠人提起诉讼的，应当追加挂靠人为当事人。根据《侵权责任法》第八十六条规定，建筑物、构筑物或者其他设施倒塌造成他人损害的，由建设单位与施工单位承担连带责任，由于是挂靠关系，此处的施工单位应当包含挂靠人和被挂靠人两个主体，故挂靠人应作为当事人参加诉讼。

5. 被挂靠人就管理费提起的诉讼。在挂靠关系中挂靠人通常要向被挂靠人缴纳一定的管理费，以作为借用资质的对价。被挂靠人依据挂靠协议起诉挂靠人索要挂靠费的，根据合同相对性原则，发包人无须作为当事人参加诉讼。此外，还有一种追偿权纠纷，因为在挂靠协议中往往会约定，若因挂靠人的过错导致被挂靠人受损的（包括但不限于向发包人、材料设备供应商、雇佣人员支付违约金、赔偿金等），被挂靠人可以在承担相关责任后向挂靠人追偿，即基于挂靠协议关系，被挂靠人行使追偿权而发生的纠纷。该纠纷也是根据合同相对性原则列诉讼主体。[①]

6. 第三人因劳动争议、劳务合同、追索劳动报酬提起诉讼。在建设工程施工合同纠纷案件中，农民工追索劳务报酬纠纷案件的数量逐年增加。应将挂靠人、被挂靠人以及发包人、雇佣人都作为共同诉讼当事人，可最大限度保障农民工的合法权利。

八、挂靠人与被挂靠人之间的内部责任划分

根据《侵权责任法》第八条的规定，在工程质量争议中，挂靠人和被挂靠人对发包人共同侵权，承担连带赔偿责任，赔偿后内部可以看作按份责任。因承包合同的权益实际上由挂靠人享有，责任实际上也是由挂靠人承担，而被挂靠人取得的收益只是管理费，故可以考虑被挂靠人在收取管理费的范围内承担按份责任。如果发包人明知存在挂靠关系，也明知被挂靠人只是出借资质，则实际上发包人与挂靠人形成了事实上的施工合同关系，应视为发包

---

① 最高人民法院民事审判第一庭编著:《最高人民法院建设工程施工合同司法解释（二）理解与适用》，人民法院出版社 2019 年版，第 110~112 页。

人参与该违法行为，说明发包人存在过错，应当承担一定的过错责任，不宜再单独保护发包人的利益。此时，被挂靠人仍应在收取管理费的范围内承担责任，对发包人则仍应承担连带责任。

九、损失与借用资质具有因果关系

国家通过法律、法规的强制性规定，规范建筑施工企业的准入门槛，严禁没有取得相应资质的企业和个人承包工程，主要是因为施工资质不仅是保障建筑工程质量的第一道门槛，更是保障工程质量和安全最为关键的环节。如不对承包人无资质承揽工程的行为予以否定性评价，建筑工程质量将无法保障，必然会危及社会公共利益，建筑市场也将陷入混乱无序的状态。借用资质挂靠施工的挂靠人显然在被规制之列。从表面上看，被挂靠人作为承包人具有符合建设活动要求的相应资质条件，其作为合同主体符合法律规定，发包人与被挂靠人之间签订的建筑工程承包合同合法有效。但实际上被挂靠人并不亲自施工，而是将其企业名称、公章、资质证明出借给挂靠人，由挂靠人实际施工并履行合同相关义务。显然，被挂靠人的行为违反了《建筑法》第二十六条、《建设工程质量管理条例》第二十五条等强制性规定，因此，发包人与被挂靠人签订的建设工程施工合同无效，挂靠人与被挂靠人签订的挂靠协议亦无效。发包方和被挂靠方是建筑工程承包合同的双方主体，而挂靠方是建筑工程的实际履行者，工程质量问题与挂靠人的实际履行行为和被挂靠人的出借资质行为之间有必然的因果关系。被挂靠人与挂靠人应对发包人因此遭受的工程质量等损失承担连带赔偿责任。由建设工程合同的实际履行人即挂靠人承担责任自属当然，而责令出借资质的被挂靠人承担责任既因为它是合同意义上的主体，又因为法律必须对这种挂靠行为作否定性的评价而科以严格的责任，以此来达到遏制或杜绝此类行为的立法用意。

理解本条应注意以下两个问题：

1. 该损失必须是因借用资质的原因所造成，即损失的产生必须与借用资质存在因果关系。对此，根据“谁主张、谁举证”的诉讼规则，发包人应当负有举证责任，证明包括工程质量在内的损失是因挂靠人借用资质造成的，而非其他原因所致。其中对于工程质量举证难度较小，因为有明确的法律依据。《建筑法》第六十六条明确规定，建筑施工企业出借资质的，对因该项承揽工程不符合规定的质量标准造成的损失，建筑施工企业与使用本企业名义的单位或者个人承担连带责任。也就是说，挂靠人与被挂靠人对发包人承担连带赔偿责任，就责任范围而言，只有工程质量损失是有明确法律规定的，对于其他损失则没有明确的依据。故对于其他损失，发包人如果要求挂靠人与被挂靠人承担连带赔偿责任，则必须举证证明该损失是因借用资质而产生，二者存在因果关系，否则，发包人的主张不成立。虽然挂靠行为为法律所禁止，并已有相应的惩罚措施，但不能无故扩大挂靠人与被挂靠人的责任。司法实践中，发包人只需要证明损失的存在以及挂靠人借用资质的事实即完成初步证明责任，如果挂靠人否认损失的产生与借用资质有关，则举证责任发生转移，应由挂靠人证明损失是由其他原因产生，而非借用资质。

2. 在挂靠情形下建设工程施工合同无效的，应适用《建设工程施工合同解释（二）》第三条的规定确定损害赔偿，即发包人应对损失大小、对方过错、损失与过错之间的因果关系承担举证证明责任。对于损失数额无法确定的，可以参照合同约定的质量标准、建设工期、工程价款支付时间等内容确定损失大小。由人民法院结合双方过错程度、损失与过错之间的因果关系等因素作出裁判。也就是说，发包人有权主张损失，但发包人对损失的产生有过错的，也应当承担过错责任。该过错既包括对合同无效存在过错，也包括对损失的产生存在过错。

十、发包人“明知”挂靠人借用资质的责任

《建设工程施工合同解释（二）》第四条与《建设工程施工合同解释（一）》第二十五条以及《建筑法》第六十六条对发包人权利的保护均建立在发包人对挂靠行为不知情的基础之上。如果发包人“明知”挂靠人借用资质的，责任该如何承担？司法实践中，发包人“明知”实际施工人借用资质主要有两种情形：一种是订立合同时已明知；另一种是订立合同后得知。

对于第一种情形，发包人订立合同时即知道借用资质挂靠施工，有些还是故意参与的，则其对于挂靠行为无效的法律后果是明知的，因其追求或者放任合同无效的后果发生而具有过错，应对因合同无效产生的损失承担相应

责任。当然，发包人“明知”的过错应仅及于承担合同无效的相应责任，不应扩展至其后因挂靠人或被挂靠人合同履行不当的责任。

对于第二种情形，发包人在订立合同后才知道挂靠的，此时发包人应当意识到挂靠行为的违法后果会导致合同无效。基于诚实信用原则，发包人应当在“明知”后，采取适当措施避免因无效合同造成的损失扩大，合同尚未履行或者尚未履行完毕的，一般应当采取措施终止履行；合同已经履行完毕的，应当采取合理的清算措施。因此，发包人订立合同后明知实际施工人借用资质，未采取合理措施避免损失扩大的，发包人应就扩大的损失承担相应责任。

司法实践中对“发包人明知”的事实应结合当事人的举证情况综合判断。由于挂靠行为具有极强的隐蔽性，无论发包人还是挂靠人、被挂靠人均不会主动承认挂靠的事实，各方都会极力掩饰从而逃避监管。一般情况下，实际施工人不会直接以自己的名义参与施工管理，而在发包人签章的各类文件上只能看到被挂靠的施工单位的公章、项目部的印章或指定项目经理的签字，发包人的工程款也是直接支付到施工单位账户上的，实际施工人同时留下痕迹的证据是较少的。这不仅会给认定“借用资质”的事实带来困难，更难认定发包人对此“明知”的事实，除非发包人自愿承认“明知”。只有发包人向挂靠人或被挂靠人主张权利时，出于对自身利益的维护，挂靠人或被挂靠人才会举证证明发包人对“借用资质”挂靠施工的事实是明知的，进而减轻自己的责任。对于“发包人明知”的事实的举证责任自然属于挂靠人或者被挂靠人。

十一、挂靠人对外买卖、租赁等民事行为的处理

司法实践中，挂靠人为完成工程施工，经常发生对外商事行为，签订购销合同或者租赁合同等，当其未能按约定向材料供应商、设备租赁商支付货款、租金时，便会与第三方发生纠纷。处理此类纠纷应当注意以下几方面：

1. 关于对外商事合同效力的认定，应从合同本身考虑，是否存在挂靠的情形，并非出卖人、出租人等合同相对人需要考虑的范畴，亦对合同的效力不会产生影响。

2. 关于对外责任，应分不同情形予以认定。在合同之债中，挂靠人和被

挂靠人对外承担的责任形式分为两种，一种为连带责任，一种为合同相对方单方责任。如何对外承担责任，应区分不同情形处理。债权人基于债之关系，得向债务人请求给付。债务人的义务与债权人的权利，乃同一给付关系的两面。此种仅特定债权人得向特定债务人请求给付的法律关系，称之为债权的相对性。[①]一般而言，合同只在当事人双方之间产生债权债务关系，与合同外第三人无关。如果挂靠人以自己的名义对外签订合同，则权利和义务应当由其本人承受，不应当溯及基础的挂靠关系。无论挂靠方是自然人还是单位，发生争议时均应当由挂靠人作为民事主体独立对外承担责任，根据合同的相对性原则，不能因物的性质或物的流转方向发生变化而突破合同的相对性，让非合同相对人承担本应由合同相对人承担的责任，合同相对方也不得以材料、设备已用于工程建设而要求被挂靠方承担责任。

具体而言，如果挂靠人以自己的名义签订合同，当依照《合同法》的规定，结合签订合同时挂靠人所出示或具备的书面文件、履行方式外观宣示和合同相对方的善意与否等因素，判断交易过程是否构成了表见代理。如果构成表见代理则应当由被挂靠人承担合同责任，如果不构成表见代理，则应当由实际履行方即挂靠人承担合同责任。因此，在此类合同中，如果让被挂靠人承担连带责任，不仅缺乏法律的规范基础，且从合同的角度也难以找寻依据。如果挂靠人以被挂靠人名义对外签订合同，第三方明知挂靠人与被挂靠人之间存在挂靠关系，均应由挂靠人与被挂靠人对外承担连带责任。因为被挂靠人是合同相对方，是形式上的合同主体，挂靠人是合同的实际履行主体，故应共同对合同债务承担民事责任。而且被挂靠方从挂靠中取得了挂靠利益，挂靠人的商事行为与被挂靠人为挂靠提供便利之间存在因果关系，判令挂靠双方当事人承担责任也有利于保护善意第三人（出卖人）的合法权益。

关于挂靠人的表见代理。挂靠人虽然以自己的名义对外签订合同，但相对方有理由相信挂靠人是在履行与被挂靠人的施工合同义务有关的职务行为亦可能构成表见代理。《合同法》第四十九条规定："行为人没有代理

① 王泽鉴:《民法概要》，北京大学出版社 2011 年版，第 130 页。

权、超越代理权或者代理权终止后以被代理人名义订立合同，相对人有理由相信行为人有代理权的，该代理行为有效。”该条是对合同行为中表见代理的规定。如何认定“相对人有理由相信行为人有代理权”，也即表见代理的识别问题。通说认为，以相对人对无权代理的发生没有过错作为表见代理的唯一构成要件，其中包括客观和主观两个方面：客观上，必须具有使相对人相信行为人具有代理权的客观情况。主观上，相对人必须善意且无过失，即相对人不知无权代理人的代理行为欠缺代理权，此为善意；相对人的这种不知不可归咎于他的疏忽或者是懈怠，此为无过失。因此，对“有理由相信”的判断应当坚持主观和客观标准。也就是说，看一个行为是否构成表见代理，关键是看行为人的表意行为与代理行为是否具有相同的外观，且这种外在表现形式是否足以使相对人相信其具有代理权，如无权代理人持有具有代理权意义的介绍信、授权委托书、印鉴或无权代理人系被代理人的固定业务员等，第三人基于对这些信息的审查和判断，在选择交易对象时是明确的，没有过失的。审判实践中，挂靠人与相对方订立合同时一般都不持有介绍信、授权委托书等权利凭证，仅仅在合同书中加盖项目部印章，如该印章未在相关部门备案，就不能单独作为认定构成表见代理的证据，还要结合相关事实综合认定，如由挂靠人施工的工程是以被挂靠人的名义与发包人签订建设工程施工合同，挂靠人购买的材料或者租赁的机械设备送至被挂靠人工地并用于该建设工程，合同相对方在订立合同时不知道挂靠人与被挂靠人之间的挂靠关系，挂靠人是以被挂靠人或其项目部的名义与相对方签订合同的，等等。这些情形应视为挂靠人以被挂靠人名义发生民事行为，被挂靠人应与挂靠人对外承担连带责任。因被挂靠人对挂靠人仅仅收取了一定比例的管理费，其在承担责任后有权向挂靠人再行追偿。此亦与《民事诉讼法解释》第五十四条规定相符。

实践中还要注意，对表见代理的认定应当慎重。法律之所以确立表见代理制度，主要是为了维护善意第三人的利益，因为该第三人在订立合同过程中是善意且无过失的。但是在对第三人进行救济的同时，也要考虑对被代理人利益的平衡。因为，表见代理的行为人本来就没有代理权，因此其行为不仅损害第三人的利益，对被代理人也构成伤害。第三人作为具有独立民事行为能力的主体，在从事民事行为的过程中，应当基于自己的信任和判断去选择交易对象，并通过自愿协商的方式确定各自的权利义务。如果因第三人在与挂靠人订立合同时存在重大过失，如并不存在挂靠人具有代理权的表象，或者第三人选择的交易对象根本就是挂靠人，那么挂靠人的违约对债权人而言，则纯属交易风险，此系其自主选择的结果，和挂靠与否没有因果关系，事前既不会因挂靠的存在使其风险增加，事后也不应因挂靠的存在使其风险得以弥补。

案例指导

中建东方装饰有限公司、西安世纪金花珠江时代广场购物有限公司、上海迪旻建筑装饰工程有限公司建设工程施工合同纠纷再审案①

再审申请人（一审被告、二审被上诉人）：中建东方装饰有限公司（以下简称中建公司）。

被申请人（一审被告、二审上诉人）：西安世纪金花珠江时代广场购物有限公司（以下简称金花公司）。

被申请人（一审原告、二审被上诉人）：上海迪旻建筑装饰工程有限公司（以下简称迪旻公司）。

一审法院查明：略。

一审法院认为：（一）关于中建公司应支付迪旻公司工程款数额的问题。中建公司与迪旻公司签订《世纪金花珠江时代广场购物中心装修（分包）合同》系中建公司将其承包的涉案工程转包给没有相应资质等级的迪旻公司，违反法律、行政法规的强制性规定，应认定为无效，但涉案工程经竣工验收合格，可以参照合同约定计算工程价款。涉案工程于2013年10月竣工后，中建公司与迪旻公司进行了结算，结算总价为105219212元，中建公司共支付迪旻公司的款项为66040236.28元，剩余39178975.72元予以确认。迪旻公司在2017年11月25日的补充协议中表明同意在案件审理和执行过程中，放弃向中建公司主张未付工程款的权利，迪旻公司将直接向金花公司主

① 详见最高人民法院（2018）最高法民再265号民事判决书。

张未付工程款，但在庭审时予以否认，认为中建公司应继续履行其付款义务，因当事人要放弃实体权利应意思表示明确，迪旻公司在庭审中未明确放弃向中建公司主张工程款的权利，故中建公司应承担支付迪旻公司工程款39178975.72元的义务。

（二）关于金花公司是否应对中建公司欠付工程款向迪旻公司承担付款责任的问题。金花公司是涉案工程发包人，其与中建公司已进行结算，结算造价为109603346元，双方无争议已付款为66313649元，予以确认，有争议部分为5758381.14元，因该部分大多涉及质量问题扣款，与质保金有关，应是金花公司请求范围，其在本案中未反诉，不予涉及，该款项应暂计入金花公司的已付款，故金花公司欠付中建公司的工程款为37531315.86元。依据《建设工程施工合同解释（一）》第二十六条第二款“实际施工人以发包人为被告主张权利的，人民法院可以追加转包人或者违法分包人为本案当事人。发包人只在欠付工程价款范围内对实际施工人承担责任”的规定，迪旻公司作为实际施工人，金花公司应在欠付中建公司工程款37531315.86元范围内，对迪旻公司承担付款责任。迪旻公司的诉讼请求部分成立，依法应予部分支持。依据《合同法》第六十条、第一百零七条、第一百零九条，《建设工程施工合同解释（一）》第一条第（二）项、第二条、第二十六条第二款规定，判决：一、中建公司于判决生效后十日内向迪旻公司支付工程款39178975.72元；二、金花公司在欠付中建公司工程款37531315.86元范围内对迪旻公司承担付款责任；三、驳回迪旻公司的其余诉讼请求。案件受理费277775元，由迪旻公司负担55555元，由金花公司负担222220元；保全费5000元，由金花公司负担。

二审法院认为，本案二审争议的焦点问题是，金花公司是否应在欠付中建公司工程款的范围内，对迪旻公司承担付款责任。《建设工程施工合同解释（一）》第二十六条第二款规定：“实际施工人以发包人为被告主张权利的，人民法院可以追加转包人或者违法分包人为本案当事人。发包人只在欠付工程价款范围内对实际施工人承担责任。”根据本条规定，只有在涉案工程被转包或者违法分包的情况下，实际施工人才可主张发包人在欠付工程价款范围内对其承担责任。迪旻公司和中建公司之间是借用资质的挂靠关系，而非转包或违法分包关系，故不符合本条司法解释的适用情形。一审判决适用该条规定，判令发包人金花公司在欠付中建公司工程价款范围内对迪旻公司承担付款责任，适用法律确有错误，予以纠正。综上所述，金花公司的上诉请求成立，予以支持。依照《合同法》第六十条、第一百零七条、第一百零九条，《建设工程施工合同解释（一）》第二十六条第二款，《民事诉讼法》第一百七十条第一款第（二）项规定，判决：一、维持一审判决第一项和第三项，即“中建公司于判决生效后十日内向迪旻公司支付工程款 39178975.72 元”，“驳回迪旻公司的其余诉讼请求”；二、撤销一审判决第二项，即“金花公司在欠付中建公司工程款 37531315.86 元范围内对迪旻公司承担付款责任”。一审案件受理费 277775 元，保全费 5000 元，合计 282775 元，由迪旻公司负担 60555 元，由中建公司负担 222220 元。二审案件受理费 229457 元，由迪旻公司负担。

最高人民法院再审认为，本案的争议焦点为：一、中建公司与迪旻公司之间法律关系的性质是挂靠关系还是工程分包或转包关系；二、金花公司和中建公司是否应当以及如何向迪旻公司承担支付工程款的责任。

关于第一个争议焦点。虽然中建公司与迪旻公司签订的《世纪金花珠江时代广场购物中心装修（分包）合同》的名称中含有“分包”字样，但在迪旻公司出具的情况说明及其与中建公司签订的结算对账确认书和结算对账确认书补充协议中，均承认其与中建公司之间属于借用资质的挂靠关系。而且，二审时，迪旻公司和金花公司均认可中建公司与迪旻公司之间系挂靠关系。金花公司认为迪旻公司与中建公司系转包关系的抗辩理由，与事实不符，不能成立。因此，原判决认定中建公司与迪旻公司之间系挂靠关系是正确的，本院予以确认。

关于第二个争议焦点。由于迪旻公司与中建公司属于挂靠关系，《建设工程施工合同解释（一）》第一条第（二）项规定：“建设工程施工合同具有下列情形之一的，应当根据合同法第五十二条第（五）项的规定，认定无效：……（二）没有资质的实际施工人借用有资质的建筑施工企业名义的……”《建筑法》第二十六条第二款规定：“禁止建筑施工企业超越本企业资质等级许可的业务范围或者以任何形式用其他建筑施工企业的名义承揽工程。禁止建筑施工企业以任何形式允许其他单位或者个人使用本企业的资质证书、营业执照，以本企业的名义承揽工程。”《合同法》第五十二条第（五）项规定：“违反法律、行政法规的强制性规定。”金花公司与中建公司签订的《世纪金花珠江时代广场购物中心外立面装修工程施工承包合同》《世纪金花珠江时代广场购物中心装修工程施工承包合同》，中建公司与迪旻公司签订的《世纪金花珠江时代广场购物中心装修（分包）合同》，因违反法律强制性规定，均属无效合同。但是，涉案工程已经验收并交付金花公司使用，依照《建设工程施工合同解释（一）》第二条“建设工程施工合同无效，但建设工程经竣工验收合格，承包人请求参照合同约定支付工程价款的，应予支持”的规定，涉案合同虽无效，但仍然在实际施工人（挂靠人）、发包人与被挂靠人之间存在着参照合同约定支付工程款的债权债务关系。参照中建公司与迪旻公司签订的《世纪金花珠江时代广场购物中心装修（分包）合同》的约定，中建公司对迪旻公司的义务，是在金花公司工程款到达中建公司银行账户后，中建公司扣除相关费用，向迪旻公司支付工程款；如果金花公司不向中建公司支付工程款，则中建公司无须向迪旻公司支付工程款；迪旻公司也无权在中建公司没有收到金花公司支付的工程款的情况下，要求中建公司向其支付。而且，迪旻公司在其 2017 年 11 月 25 日与中建公司签订的结算对账确认书补充协议和 2017 年 12 月 9 日向中建公司出具的两份情况说明中，进一步表示中建公司在涉案工程并无欠付迪旻公司工程款的事实，还承诺无条件放弃向中建公司主张工程款的实体权利。这是中建公司与迪旻公司对彼此债权债务关系的约定，代表了双方的真实意思表示，亦应依照相关法律规定，予以支持。本案中，对于金花公司和中建公司而言，迪旻公司是涉案工程的实际施工人，根据《建设工程施工合同解释（一）》第二十六条的规定，实际施工人迪旻公司有权向发包人金花公司主张工程款，金花公司应当在其欠付工程款的范围内向迪旻公司承担支付责任。金花公司与中建公司对涉案工程的工程款进行了结算，结算造价为 109603346 元；双方无争议已付款为 66313649 元，有争议部分为 5758381.14 元，该 5758381.14 元因大多涉及质量问题扣款，应是金花公司请求范围，但金花公司在本案中未就涉案工程施工质量提起反诉，一审法院将该争议部分款项计入金花公司已付款，缺乏事实和法律依据，应予纠正。金花公司与中建公司结算造价为109603346元，减去已付款66313649元，欠付工程款应为43289697元。涉案工程竣工后，中建公司与迪旻公司进行了结算，迪旻公司应得的工程款为105219212元，迪旻公司已经收到工程款为66040236.28元，还有39178975.72元未收到，在金花公司应付未付的工程款范围之内。故本案应判令金花公司向迪旻公司支付工程款39178975.72元。原判决判令中建公司向迪旻公司付款，不符合双方当事人的约定和相关法律规定；原判决不支持金花公司在欠付工程款范围内对迪旻公司承担付款责任，适用法律错误，本院均予以纠正。依照《中华人民共和国民事诉讼法》第二百零七条第一款、第一百七十条第一款第（二）项规定，判决如下：一、撤销陕西省西安市中级人民法院（2017）陕01民初979号民事判决、陕西省高级人民法院（2018）陕民终184号民事判决；二、西安世纪金花珠江时代广场购物有限公司在本判决生效后十日内支付上海迪旻建筑装饰工程有限公司工程款39178975.72元；三、驳回上海迪旻建筑装饰工程有限公司的其余诉讼请求。

规范指引

《中华人民共和国建筑法》

第十三条　从事建筑活动的建筑施工企业、勘察单位、设计单位和工程监理单位，按照其拥有的注册资本、专业技术人员、技术装备和已完成的建筑工程业绩等资质条件，划分为不同的资质等级，经资质审查合格，取得相应等级的资质证书后，方可在其资质等级许可的范围内从事建筑活动。

第二十六条　承包建筑工程的单位应当持有依法取得的资质证书，并在其资质等级许可的业务范围内承揽工程。

禁止建筑施工企业超越本企业资质等级许可的业务范围或者以任何形式用其他建筑施工企业的名义承揽工程。禁止建筑施工企业以任何形式允许其他单位或者个人使用本企业的资质证书、营业执照，以本企业的名义承揽工程。

第二十九条　建筑工程总承包单位可以将承包工程中的部分工程发包给

具有相应资质条件的分包单位；但是，除总承包合同中约定的分包外，必须经建设单位认可。施工总承包的，建筑工程主体结构的施工必须由总承包单位自行完成。

建筑工程总承包单位按照总承包合同的约定对建设单位负责；分包单位按照分包合同的约定对总承包单位负责。总承包单位和分包单位就分包工程对建设单位承担连带责任。

禁止总承包单位将工程分包给不具备相应资质条件的单位。禁止分包单位将其承包的工程再分包。

《建设工程质量管理条例》

第七条 建设单位应当将工程发包给具有相应资质等级的单位。

建设单位不得将建设工程肢解发包。

第十八条 从事建设工程勘察、设计的单位应当依法取得相应等级的资质证书，并在其资质等级许可的范围内承揽工程。

禁止勘察、设计单位超越其资质等级许可的范围或者以其他勘察、设计单位的名义承揽工程。禁止勘察、设计单位允许其他单位或者个人以本单位的名义承揽工程。

勘察、设计单位不得转包或者违法分包所承揽的工程。

第二十五条 施工单位应当依法取得相应等级的资质证书，并在其资质等级许可的范围内承揽工程。

禁止施工单位超越本单位资质等级许可的业务范围或者以其他施工单位的名义承揽工程。禁止施工单位允许其他单位或者个人以本单位的名义承揽工程。

施工单位不得转包或者违法分包工程。

《建筑工程施工发包与承包违法行为认定查处管理办法》

第六条 存在下列情形之一的，属于违法发包：

（一）建设单位将工程发包给个人的；

（二）建设单位将工程发包给不具有相应资质的单位的；

（三）依法应当招标未招标或未按照法定招标程序发包的；

（四）建设单位设置不合理的招标投标条件，限制、排斥潜在投标人或者投标人的；

（五）建设单位将一个单位工程的施工分解成若干部分发包给不同的施工总承包或专业承包单位的。

第七条　本办法所称转包，是指承包单位承包工程后，不履行合同约定的责任和义务，将其承包的全部工程或者将其承包的全部工程肢解后以分包的名义分别转给其他单位或个人施工的行为。

第八条　存在下列情形之一的，应当认定为转包，但有证据证明属于挂靠或者其他违法行为的除外：

（一）承包单位将其承包的全部工程转给其他单位（包括母公司承接建筑工程后将所承接工程交由具有独立法人资格的子公司施工的情形）或个人施工的；

（二）承包单位将其承包的全部工程肢解以后，以分包的名义分别转给其他单位或个人施工的；

（三）施工总承包单位或专业承包单位未派驻项目负责人、技术负责人、质量管理负责人、安全管理负责人等主要管理人员，或派驻的项目负责人、技术负责人、质量管理负责人、安全管理负责人中一人及以上与施工单位没有订立劳动合同且没有建立劳动工资和社会养老保险关系，或派驻的项目负责人未对该工程的施工活动进行组织管理，又不能进行合理解释并提供相应证明的；

（四）合同约定由承包单位负责采购的主要建筑材料、构配件及工程设备或租赁的施工机械设备，由其他单位或个人采购、租赁，或施工单位不能提供有关采购、租赁合同及发票等证明，又不能进行合理解释并提供相应证明的；

（五）专业作业承包人承包的范围是承包单位承包的全部工程，专业作业承包人计取的是除上缴给承包单位“管理费”之外的全部工程价款的；

（六）承包单位通过采取合作、联营、个人承包等形式或名义，直接或变相将其承包的全部工程转给其他单位或个人施工的；

（七）专业工程的发包单位不是该工程的施工总承包或专业承包单位的，但建设单位依约作为发包单位的除外；

（八）专业作业的发包单位不是该工程承包单位的；

（九）施工合同主体之间没有工程款收付关系，或者承包单位收到款项后又将款项转拨给其他单位和个人，又不能进行合理解释并提供材料证明的。

两个以上的单位组成联合体承包工程，在联合体分工协议中约定或者在项目实际实施过程中，联合体一方不进行施工也未对施工活动进行组织管理的，并且向联合体其他方收取管理费或者其他类似费用的，视为联合体一方将承包的工程转包给联合体其他方。

第九条 本办法所称挂靠，是指单位或个人以其他有资质的施工单位的名义承揽工程的行为。

前款所称承揽工程，包括参与投标、订立合同、办理有关施工手续、从事施工等活动。

第十条 存在下列情形之一的，属于挂靠：

（一）没有资质的单位或个人借用其他施工单位的资质承揽工程的；

（二）有资质的施工单位相互借用资质承揽工程的，包括资质等级低的借用资质等级高的，资质等级高的借用资质等级低的，相同资质等级相互借用的；

（三）本办法第八条第一款第（三）至（九）项规定的情形，有证据证明属于挂靠的。

第十一条 本办法所称违法分包，是指承包单位承包工程后违反法律法规规定，把单位工程或分部分项工程分包给其他单位或个人施工的行为。

第十二条 存在下列情形之一的，属于违法分包：

（一）承包单位将其承包的工程分包给个人的；

（二）施工总承包单位或专业承包单位将工程分包给不具备相应资质单位的；

（三）施工总承包单位将施工总承包合同范围内工程主体结构的施工分包给其他单位的，钢结构工程除外；

（四）专业分包单位将其承包的专业工程中非劳务作业部分再分包的；

（五）专业作业承包人将其承包的劳务再分包的；

（六）专业作业承包人除计取劳务作业费用外，还计取主要建筑材料款和大中型施工机械设备、主要周转材料费用的。

《最高人民法院关于审理建设工程施工合同纠纷案件适用法律问题的解释（二）》

第二十条　未竣工的建设工程质量合格，承包人请求其承建工程的价款就其承建工程部分折价或者拍卖的价款优先受偿的，人民法院应予支持。

专题八：建设工程施工合同中垫资条款的效力认定

【核心提示】当事人对垫资和垫资利息有约定，承包人请求按照约定返还垫资及其利息的，应予支持，但是约定的利息计算标准高于中国人民银行发布的同期同类贷款利率的部分除外。当事人对垫资没有约定的，按照工程欠款处理。当事人对垫资利息没有约定，承包人请求支付利息的，不予支持。

实务争点

垫资承包问题一直以来都是建筑业界与法律界的焦点和核心问题，对垫资承包问题的态度也存在较大的分歧。一种观点认为，垫资是不正当的竞争手段，是扰乱建筑市场秩序的根源，应认定为无效。另一种观点认为，垫资承包是当事人双方意思自治原则的体现，符合国际惯例，而且垫资承包并不在法律禁止范围之内，应当认定为有效。《建设工程施工合同解释（一）》认可了垫资合同的效力，对处理该类问题可以说是一个突破，从而确立了垫资既不同于拆借资金，又不同于一般工程欠款的处理原则。在垫资合同或者合同中的垫资条款中对垫资本金及利息有明确约定的，如双方发生纠纷，应按照合同的约定处理本金及利息的问题；如果仅对垫资本金有约定，对利息没有约定，则对承包人请求返还利息的主张不予支持；

如果虽有垫资的行为，但合同中没有关于垫资的约定，则发生纠纷后，已经发生的垫资按照一般的工程欠款处理。因此，《建设工程施工合同解释（一）》第六条规定：当事人对垫资和垫资利息有约定，承包人请求按照约定返还垫资及其利息的，应予支持，但是约定的利息计算标准高于中国人民银行发布的同期同类贷款利率的部分除外。当事人对垫资没有约定的，按照工程欠款处理。当事人对垫资利息没有约定，承包人请求支付利息的，不予支持。

理解适用

对《建设工程施工合同解释（一）》第六条规定的理解与适用

建设工程施工合同有关司法解释明确了建设工程施工中垫资行为的合法性，垫资承包是市场经济体制下的必然结果，符合市场经济发展的客观规律。垫资承包带来的负面影响，主要是相关的法律和制度不完善的结果。通过建立完善的垫资承包法律法规和制度，规范垫资承包方和发包方行为，防范垫资风险，不仅可以避免负面影响的产生，而且可以带来巨大的正能量。

一、关于垫资条款问题

（一）垫资条款的含义及表现形式

所谓垫资，是指承包方在合同签订后，不要求发包方先支付工程款或者支付部分工程款，而是利用自有资金先进行施工，待工程施工到一定阶段或者工程全部完成后，再由发包方支付垫付的工程款。其表现形式主要有全额垫资和部分垫资。所谓全额垫资就是整个工程的建设全部由承包人自己来垫付完成，也就是说在整个工程建设过程中，发包人不向承包人支付任何工程价款，而要等待工程项目建设完毕并经竣工验收合格后，方按照约定支付工程价款；所谓部分垫资是指承包人自己垫付工程总造价的一部分，其主要表现为：一是发包人要求承包人以支付保证金的形式作为工程项目启动资金；二是利用工程进度款的不足额支付造成部分垫资施工。约定按照进度付款，比如约定基础完成开始支付进度款，或结构封顶付至工程价款的一定比例等。

（二）垫资条款的性质

自垫资承包现象出现后，各方对建设工程中垫资条款的法律效力问题争议较大，形成了两种截然对立的观点。一种观点认为，垫资承包没有违反法律法规，是市场经济发展的大势所趋，因此垫资承包行为应该合法[①]。另一种观点认为，垫资承包扰乱建筑市场秩序，带来诸多经济纠纷和社会问题，违反了相关法律法规，垫资承包合同应该无效。

笔者同意第一种观点，原因如下：第一，垫资是当事人的自愿行为。工程垫资实际上是承发包双方根据市场的“双向选择”原则，在承认现实的基础上确定合作对象的一种方式，是双方的合意行为。第二，所垫资金系用于工程施工合同所指向的工程建设。如果承包商垫付的资金不是用于工程建设本身，而是由发包人用于其他用途，其性质就不是工程垫资，而是变成了企业之间的借贷关系。工程垫资并非独立的民事法律关系或行为，而是一种从属的民事行为。第三，垫资是一种业务承揽的手段。虽然大部分承包商对于工程垫资有些无奈，但对于部分承包商而言却是承揽工程、展示实力、在合同洽谈中加重自身砝码的一个有力的武器。实力雄厚的建筑企业，为了在竞争中击败对手，往往不惜采用各种手段，垫资施工即其方式之一。第四，垫资是履行合同的一种方式。建设工程施工合同就其内容来讲，属于一种特殊的承揽合同。与承揽合同中承揽人按照定作人的要求完成工作、交付工作成果相对应，建设工程施工合同中承包人履行合同的过程，就是将劳动和建筑材料物化于建筑产品，向发包人交付合格的建设工程的过程。工程建设包含人工、材料等在内的投入可由发包人预支，也可由承包人垫付。因此，工程垫资是完成工程建设这一履约义务的实现方式之一。第五，垫资是法律、行政法规未予禁止的行为。将垫资施工列入禁止行为，主要系依据1996年原国家计划委、建设部和财政部出于防止企业间非法借贷和减轻施工企业负担

---

① 崔建远：《我国合同效力制度的演变》，载《河南省政法管理干部学院学报》2007年第2期。

等目的联合发布的《关于严格禁止在工程建设中带资承包的通知》和2006年建设部等四部门联合颁布的《关于严禁政府投资项目使用带资承包方式进行建设的通知》，该两份通知属于政府规章，不能据以对抗民事合同效力。《合同法》的立法精神是鼓励交易，充分尊重当事人的意思自治，行政干预的现状已经被改变，因而对合同的效力不轻易否定。其中第五十二条对合同无效进行了严格界定：合同只有违反法律、行政法规的强制性规定，才能被认定为无效。《合同法解释（一）》第四条明确规定，合同法实施以后，人民法院确认合同无效，应当以全国人大及其常委会制定的法律和国务院制定的行政法规为依据，不得以地方性法规、行政规章为依据。而《建筑法》《合同法》《招标投标法》等都没有对垫资承包进行禁止性规定，那么垫资承包理当是合法行为。《建设工程施工合同解释（一）》中规定，当事人对垫资和垫资利息有约定，承包人请求按照约定返还垫资及其利息的，应予以支持。其承认了垫资承包的合法性，对垫资承包持肯定态度，且对其给予法律保护。垫资承包是建设单位和承包单位就合同标的物达成一致意见，由承包方投入一定资金进行建设，项目竣工验收合格后，交付建设方使用，并由建设方支付工程价款。这与加工承揽合同中规定的权利与义务基本相同。《合同法》对建筑工程的专项规定明确指出，《合同法》没有规定的，可以参考加工承揽合同的规定，以此推断，垫资承包合同的合法性是有法律依据的。

（三）垫资条款效力阶段的分析

1. 垫资条款的无效阶段。1999年10月1日新的《合同法》颁布实施前，有观点认为，凡是关于垫资、带资、垫款等约定的条款，都是无效的；以带资、垫资作为合同生效和履行的先决条件或者要求全部垫资的，合同无效；合同的双方当事人应当根据各自的过错，分别承担相应的民事责任。这种观点的主要依据是原建设部、财政部、国家计划委在1996年6月4日颁布实施的《关于严格禁止在工程建设中带资承包的通知》[①]。在此阶段，人民法院

① 该文件第四条中明确规定："任何建设单位都不得以要求施工单位带资承包作为招标投标条件，更不得强行要求施工单位将此类内容写入工程承包合同……"

参照该规定精神，将垫资条款认定为无效。

2. 垫资条款的相持阶段。从 1999 年 10 月 1 日《合同法》颁布实施开始，至 2004 年 12 月 31 日《建设工程施工合同解释（一）》颁布实施为止，是垫资条款协议效力的相持阶段。在此期间，对于垫资条款的效力有两种不同的观点：一种观点认为，垫资条款不违反法律的禁止性规定，为有效条款。理由是“两部一委”的《关于严格禁止在工程建设中带资承包的通知》在法律位阶上既不是法律也不是法规，且《民法通则》《合同法》《建筑法》等法律法规中对于垫资条款均没有禁止性规定。垫资条款属于当事人的意思自治的范围，应当确认为有效。另一种观点认为，垫资承包违背了国家的反不正当竞争领域的禁止性法律规定，属于变相的发放借款，因此应当确认为无效。在这一时期，反映两种观点的判决均不同程度存在，甚至同一个法院在审理不同案件时，也出现同案不同判的情况，造成对于垫资条款效力的不同认识。

3. 垫资条款的有效阶段。2004 年 10 月 25 日，最高人民法院颁布了《建设工程施工合同解释（一）》。该解释第六条第一款规定：“当事人对垫资和垫资利息有约定，承包人请求按照约定返还垫资及其利息的，应予支持，但是约定的利息计算标准高于中国人民银行发布的同期同类贷款利率的部分除外。”该解释明确提出对于建设工程垫资条款不作无效处理，认可了垫资条款的效力，这也是从法律上第一次明确认可工程垫资的合法性。将垫资条款按照有效处理，确立了垫资既不同于拆借资金，又不同于一般工程的欠款的原则，并对垫资利息也有了明确的处理方式，即对垫资问题的处理包含返还垫资本金、支付垫资利息两个方面。对于垫资本金的返还，按当事人之间的约定处理，如果当事人没有约定则按照工程欠款处理。对于垫资利息的支付，同样按此分别处理。

二、正确处理垫资问题

建筑工程施工合同纠纷是当前房地产纠纷案件中占比较大的一部分，其中垫资建房导致的纠纷是突出的一种。该种纠纷的形成与目前我国建筑市场的不规范及相关法律的不健全有直接的关系。从目前法院受案的情况看，此类纠纷为数不少，多数表现为提供垫资一方因在施工中垫资过高，无力继续承担的情况下，转而要求建设方给付工程款，建设一方则要求继续按合同履行。法院在审理该类纠纷过程中，如果对有关建筑施工的程序了解不透，政策尺度掌握不一，特别是对产生“垫资”的原因、性质及后果未做深入了解的话，其处理结果将难以获得良好的社会效果。正确处理这种纠纷，应首先明确产生纠纷的原因、性质及后果，只有这样才能总结出适合当前建筑市场现状的审判思路。

（一）垫资建房的原因

一般来讲，作为承包方，其承接工程的目的，就是通过工程款获取施工利润。但由于我国房地产市场尚处于发育阶段，特别是在房地产开发中，相关法律法规不健全、不配套，尤其是有关建筑工程公开招投标的竞标程序尚未法律化，即使颁布了有关政策、法规，也缺乏有效强制保证实施，造成在建筑市场中，一些未经过公开招标程序而产生的“人情合同”非常多。施工单位，特别是一些实力雄厚的建筑公司为了在竞争中击败对方，拿到工程合同，不惜压低报价，或以其他不正当的竞争方式来争取合同。承诺垫资施工即其中一种方式。同时，其他中小建筑企业为生存，也不惜以向银行贷款为代价以垫资方式参与竞争。在上述方式中，最大的受益者即为建设单位。因为一些资金不足的开发商，仅凭有关部门批准的立项、规划手续，就可以通过施工单位垫资方式进行施工，而一分钱不花地等着建筑物的落成。更有甚者，有些开发商是以房屋的预售、销售款来支付工程款，而将市场风险全部转嫁给施工一方。这就是垫资施工建房易出现纠纷的主要原因。有些观点认为，垫资建房属于建设单位与施工单位的纠纷，且垫资行为是施工单位自愿的意思表示，如果施工单位无法继续履行约定，无能力提供充分的施工资金，违约责任应由其自行承担。但从客观上讲，垫资建房也存在相应的社会危害性。由于在市场竞争中，承包方较发包方是相对弱者，为了拿到合同，不惜以垫资为代价。而资金来源中的一部分为自筹资金，另一部分通常是由贷款而来，并以其先行启动工程。施工过程中的一些材料费、设备费往往通过赊欠其他单位来实现。与此同时，施工单位为缓解资金压力及加快工期进度，屡屡在施工过程中减少资金投入，偷工减料、拖欠工人工资和材料费。由于施工单位工程款的回收情况取决于开发商的经营效果，一旦开发商销售业绩低于预计水平，就会导致建设单位无力支付工程款，从而一系列问题均会相伴而来。所以，一般在垫资纠纷案件审理过程中，除有工程款纠纷外，还常伴有双方的劳务费纠纷与材料商的材料款纠纷、与银行的借款纠纷以及工程质量瑕疵等诸多问题。另外，在施工中，随着市场的变化，原材料费、人工费等难免会调整变化，这些变化产生的经营风险无疑也将由施工单位承担。而作为建设单位，由于是由施工单位垫资，在资金上并无压力，其给付工程款一般是从预售、销售房款中支取，故双方合同约定能否完全顺利履行，主要依房屋预售、销售情况而定。如果房屋销售业绩不佳，建设单位一般总是以各种借口拒付、拖欠或克扣工程款。即使顺利销售房屋，建设单位也总是先考虑再次开发的用款，而对拖欠的工程款采取尽可能回避、拖延的态度。同时，如果在房屋建成之后施工单位仍无法回收工程款，势必会面对银行、材料商、施工工人及其他债权人的强大压力。为了尽快解决债务困扰，施工单位不得不勉强满足建设单位的各种不合理的要求。由此可以看出，垫资建房在很大程度上损害了施工单位的权益且对建筑市场正常的经济秩序具有潜在危害性。

（二）垫资建房的性质

垫资建房从表面上看是双方自愿的一种合同方式，它可以使建设单位在自有资金短缺的情况下，通过施工单位提供资金的做法及时启动工程。施工单位亦可在承揽到工程的同时，防止停产损失并获取施工报酬和利益。但是，垫资建房还存在不少问题，其掩盖了建设单位（开发商）资金不足的事实。开发商建房是为了出售，本身应属其经营行为的生产环节，为其生产环节筹措资金建房是经营者承担经营风险的义务。某些开发商利用他人资金生产，又不承担风险及法律责任，使用不正当的手段抢占市场，破坏正常的房地产市场秩序。因此有人认为，垫资的实质是两个非金融企业之间的资金拆借；也有人认为，垫资是同行业之间不正当竞争的手段。笔者认为，首先，垫资合同不是单纯的借贷合同，虽然承包人为发包人预垫工程款类似于借贷行为，但就合同的目的而言，双方根本的合意还是完成某一特定的工程，本质还是建设工程合同，将其简单理解为借贷合同未免有些牵强。其次，这类合同也不属于买卖合同的范畴，因为建设方拥有土地使用权，所以其对建设项目自始拥有所有权，而不是在施工单位完成一部分建筑工程后，建设方按约支付相应款项后才拥有这一部分的所有权。建设单位也正是基于所有权人的身份，才能将房屋进行预售或者将在建工程予以抵押。尽管是施工单位垫资施工，但是一旦其购买的建筑材料用于工程建设，施工单位就不再简单地拥有该建筑材料的所有权，否则势必造成建筑市场的混乱局面。最后，也不能简单地认为垫资是行业不正当竞争的手段，能否垫资施工也是承包人承揽工程实力的体现。承包方资金及技术等施工实力的加强，更有利于工程的施工建设和房地产市场的发展，而不会成为建设施工的不利因素。基于以上分析，笔者认为，垫资合同实际上是契约当事人根据意思自治这一民法的基本原则，在建筑工程合同中就承包人进行工程建设、发包人支付价款的一种约定。只要它充分反映当事人的真实意思，是双方当事人自愿实施的行为，就应当予以充分的尊重，赋予其应有的法律效力。

（三）如何防范垫资施工的风险

对在目前市场条件下还不可能简单拒绝“垫资”的施工企业来说，如何防范风险比较重要。应主要注意以下几点：1. 要充分研究招标文件。如果对招标文件分析不透彻，盲目投标，很可能会给垫资施工带来巨大风险。2. 要对建设单位资信进行充分调查，特别是首度合作的建设单位。调查内容包括开发项目的真实性和建设单位的注册资金情况、项目资金的来源以及到位情况、既往经营业绩、履约能力以及社会信誉等各方面情况。3. 充分研究和分析招标文件。企业应重点研究招标文件中的工程质量、工期和工程款支付的方式、垫资回收等相关方面的可行性，避免不分析或分析不透而盲目投标，给垫资施工带来不应有的风险。4. 要重视合同管理。签订合同时，仔细斟酌每一款条文，尽可能在合约中对垫资回收时间有具体的约定，在合同履行期间，承包人需及时催告发包人依约履行支付价款义务，因此必须由专人负责合同管理和签证管理，保证施工方在合同层面上的利益。5. 争取在合同条款中约定建设单位工程款支付保证。一旦达成约定，对今后按照合同约定回收垫资款非常有利、便捷。目前河北、北京、深圳等地已经在地方法规或规章中明确该项制度，企业更应积极努力，争取在合同条款中将这一内容固定下来。6. 实行项目合约经理委派制，将项目合约经理定位为项目副经理，赋予其特定的职责权限，由公司直接领导，不受项目经理的行政干预，让他们能够在职责范围内开展风险防范和预警工作。同时还应实行项目部资金经理委派制，由其及时收取工程款，严格分包（劳务）商和材料商应付款项的审查与支付，监控现金流向。7. 加强工程的中间结算和竣工结算。及时进行中间结算，有利于工程款及时核算和垫资的回收。及时的竣工结算则更为重要，应在合同的约定范围内，整理签证的原始证据和施工联系单，防止因竣工结算的拖延而造成工程款的拖欠。8. 对已经发生的拖欠应允许将拖欠款置换发包人的生产要素，如产品、机电设备、库存材料、房地产、股票、第三方债务的追索权等，通过以股抵款、以债抵款、以物抵债等方式进行债务清理。9. 工程款优先受偿权是施工企业的法定权利，但适用《合同法》的该项权利，施工企业必须在履约过程中为其真正适用创造充分的条件，即工程竣工后 28 天内向发包人递交工程竣工报告及竣工验收资料；发包人确认后的 28 天内，承包人向发包人递交结算报告；发包人逾期不结算的，承包人应当向其发出催款函；与发包人协商就其承建的工程折价或申请法院拍卖。10. 施工企业必须牢记，在一般情况下，有效维护自身权益的两个非常重要的因素是质量和工期。因此，千方百计地保证工程质量和工期是企业必须做到的基本条件。①

三、审判实践中处理垫资案件时应注意的问题

1. 应当做到及时处理案件。在诉讼期间需要中止履行建筑工程施工合同，这将造成多方面的损失。对建设单位而言，因工程不能按时交付无法及时获得出卖房产的预期利益；对施工单位而言，在审理过程中不仅要承担停工损失，还要面临因不能及时偿还银行贷款和支付材料费、劳务费导致利息增加

---

① 最高人民法院民事审判第一庭编著：《最高人民法院建设工程施工合同司法解释的理解与适用》，人民法院出版社 2015 年版，第 56~60 页。

的问题。如果诉讼期间过长，难免造成这些损失不断扩大。因此，法院应当本着及时审理的原则，尽快作出裁判。

2. 审执结合处理原则。对于社会影响较大、涉及面较广的案件，法院除应保证一个案件顺利地审理完结，亦应尽可能地保证在执行过程中真正实现社会多方面利益，这也是法院审理案件、解决纠纷的最终目的。为了达到这一目的，重点以适当的方式对建设单位的房产（即施工单位垫资施工的房产）采取诉讼保全措施，具体做法应以既能保证支付施工单位的垫资投入又不影响工程的进一步施工为原则。单纯的冻结财产只会造成停工损失的无端扩大，原被告双方均会因此产生新的纷争。审理期间的保全措施要以保障执行工作顺利进行为根本，不能代替执行。否则建设单位一旦将项目转让或将竣工的房产售出后拒不支付工程款，就会使当事人及其他债权申请人的利益难以得到救济，案件审理也就失去了其真正意义。

3. 区别不同案件的情况作出具体处理。（1）对于未实际履行的合同（双方在签订了附有垫资条款的合同之后，施工单位尚未进场开工或者仅仅是办理了开工手续双方即产生了矛盾），人民法院应当首先对合同的效力进行认定。合同被确认无效的，如果无效的原因可以消除，双方对继续履行合同能够达成共识，法院可以要求双方变更或者重新修订合同，使其符合法律的规定；如果已经没有继续履行的可能，法院可以对在实际履行之前双方的投入进行审核，一般建设单位会产生办理开工手续、合同鉴证等费用；施工单位产生进场或者进场前的准备费用等。对上述费用，可以根据无效合同的过错原则由双方按比例承担。合同有效的，按照合同的有关约定进行处理。（2）对于已履行的合同，承包方与发包方一旦订立了垫资条款，就应当按照条款约定履行垫资义务，否则就会构成违约，应当承担违约责任。由于垫资约定条款受到法律保护，承包商不能因资金困难达不到合同约定的垫资条件而要求发包人支付进度款。（3）承包商如果不能按照合同约定垫资施工时，必须在保证已完工程质量的前提下，及时向发包人提出解除或变更该合同条款。不论双方是否达成一致，发包人都应对其已完工程按照合同约定的计价标准结算工程款。（4）承包合同可以约定垫资的返还本金和利息的承担内容，但不能高于央行发布的同期同类贷款利率；如果合同中对此没有约定，则承包人主张垫资利息时人民法院不予支持。

案例指导

海天建设集团有限公司、北海穗丰房地产开发有限责任公司建设工程施工合同纠纷再审案①

再审申请人（一审被告、二审上诉人）：海天建设集团有限公司（以下简称海天公司）。

被申请人（一审原告、二审上诉人）：北海穗丰房地产开发有限责任公司（以下简称穗丰公司）。

案件事实及审理情况：略。

最高人民法院再审审查认为，本案再审审查的焦点问题是：第一，海天公司在施工过程中实际投入的9000万元应认定为工程垫资款还是民间借款；第二，《会议纪要》约定的9000万元投资回报2520万元是否应予调整。

关于海天公司实际投入的9000万元的性质如何认定的问题。垫资承包施工，是指在工程项目建设过程中，承包人利用自有资金为发包人垫资进行工程项目建设，直至工程施工至约定条件或全部工程施工完毕后，再由发包人按照约定支付工程价款的项目施工承包方式。本案中，海天公司为承接案涉穗丰金湾小区建设项目分别与穗丰公司签订了《建设工程施工合同》《建设工程施工补充合同》《建设工程施工补充合同（二）》等，双方由此构成建设工程施工合同关系。其中，2009年9月9日的《建设工程施工合同》明确约定，海天公司以自筹方式承包施工穗丰公司开发的穗丰金湾小区；2011年6月15日的《建设工程施工补充合同（二）》约定，二期工程由海天公司垫资施工到主体结构封顶，主体结构封顶后一个月内，穗丰公司将海天公司垫资额的全部已完工程造价的工程款付至85%。由此可见，海天公司作为承包人，其投入案涉工程的资金应认定为工程垫资款。虽然2013年8月13日的《会议纪要》将海天公司实际投入的9000万元确定为融资成本，但海天公司

① 详见最高人民法院（2017）最高法民申4260号民事裁定书。

在案涉工程中赚取利润的方式主要是获取工程款，而非工程垫资款的利息，故《会议纪要》关于融资成本的约定不能改变海天公司投入的是工程垫资款的属性，更不能由此直接认定海天公司和穗丰公司之间构成普通的民间借贷关系。因此，广西高院二审判决认定该 9000 万元为工程垫资款，并无不当。海天公司申请再审并主张该 9000 万元为民间借款，无事实依据，本院不予支持。

关于 9000 万元投资回报 2520 万元是否应予调整的问题。虽然《会议纪要》明确约定海天公司有权向穗丰公司收取 9000 万元的投资回报 2520 万元，但该约定必须合法有效才能予以支持。由于该 2520 万元投资回报是在 9000 万元基础上按照 28% 计算而来，而根据前述分析，9000 万元是工程垫资款，并非普通民间借款，也不是投资款，故 2520 万元的性质应是工程垫资款的利息，并非民间借款的利息，也不是投资款的利润回报。根据《建设工程施工合同解释（一）》第六条的规定，当事人约定的垫资利息计算标准不能高于中国人民银行发布的同期同类贷款利率，说明《会议纪要》约定的 2520 万元利息违反了前述司法解释的规定，该部分约定无效，应予调整。原审按照中国人民银行发布的同期同类贷款年利率计算出海天公司应获得的垫资利息为 540 万元，并无不当。原审认定《会议纪要》的内容合法有效，有失严谨，但并不影响本案的实体处理结果。海天公司申请再审并要求按照《会议纪要》的约定认定投资回报 2520 万元，没有法律依据，本院不予支持。

除此之外，本案海天公司和穗丰公司于 2009 年 10 月 23 日签订的《建设工程施工补充合同》还约定，如果穗丰公司资金周转方便，不需要海天公司垫资施工时，工程结算总投资在原合同条款下浮 5% 的基础上再下浮 2%，即该期工程总投资下浮 7%。由此可见，如果海天公司是垫资施工，则穗丰公司应支付的工程款比海天公司没有垫资的情形下要高，这说明海天公司在垫资施工时已通过获得更多的工程款弥补了其垫付的资金成本。况且，是否垫资承包施工，本就可能是承包方成功中标的一个筹码。因此，海天公司以原审调整了《会议纪要》约定的垫资利息而主张其遭受重大损失的理由，不能成立。综上所述，海天公司的再审申请不符合《民事诉讼法》第二百条规定的情形。依照《民事诉讼法》第二百零四条第一款、《民事诉讼法解释》第三百九十五条第二款的规定，裁定如下：驳回海天建设集团有限公司的再审申请。

规范指引

《最高人民法院关于审理建设工程施工合同纠纷案件适用法律问题的解释》

第六条　当事人对垫资和垫资利息有约定，承包人请求按照约定返还垫资及其利息的，应予支持，但是约定的利息计算标准高于中国人民银行发布的同期同类贷款利率的部分除外。

当事人对垫资没有约定的，按照工程欠款处理。

当事人对垫资利息没有约定，承包人请求支付利息的，不予支持。

第十七条　当事人对欠付工程价款利息计付标准有约定的，按照约定处理；没有约定的，按照中国人民银行发布的同期同类贷款利率计息。

第三部分

建设工程质量与鉴定的司法处理

建设工程具有显著的公共性，这使得建设工程施工合同涉及公共利益和第三人利益保护问题。司法对公共利益和第三人利益的保护，主要通过保障建设工程质量安全来实现。因此，保障建设工程质量、保护人民群众人身和财产安全是最高人民法院制定建设工程司法解释和司法政策、指导下级人民法院审理建设工程施工合同纠纷案件的首要价值选择。[①]一是明确了建设工程质量瑕疵的处理原则。依据《建设工程施工合同解释（一）》第十一条、第十二条的规定，因承包人的过错造成建设工程质量不符合约定，承包人拒绝修理、返工或者改建，发包人请求

① 参见《最高人民法院民一庭负责人就〈最高人民法院关于审理建设工程施工合同纠纷案件适用法律问题的解释（二）〉答记者问》，载最高人民法院民事审判第一庭编著:《最高人民法院建设工程施工合同司法解释（二）理解与适用》，人民法院出版社2019年版，第14页。

减少支付工程价款的，应予支持。发包人具有下列情形之一，造成建设工程质量缺陷，应当承担过错责任：（1）提供的设计有缺陷；（2）提供或者指定购买的建筑材料、建筑构配件、设备不符合强制性标准；（3）直接指定分包人分包专业工程。承包人有过错的，也应当承担相应的过错责任。二是明确了未经验收发包方擅自使用建设工程的法律后果。依据《建设工程施工合同解释（一）》第十三条的规定，建设工程未经竣工验收，发包人擅自使用后，又以使用部分质量不符合约定为由主张权利的，不予支持；但是承包人应当在建设工程的合理使用寿命内对地基基础工程和主体结构质量承担民事责任。三是明确了发包人主张工程质量问题的司法处理。依据《建设工程施工合同解释（二）》第七条的规定，发包人在承包人提起的建设工程施工合同纠纷案件中，以建设工程质量不符合合同约定或者法律规定为由，就承包人支付违约金或者赔偿修理、返工、改建的合理费用等损失提出反诉的，人民法院可以合并审理。四是明确了质量保证金返还期限的司法处理。依据《建设工程施工合同解释（二）》第八条的规定，有下列情形之一，承包人请求发包人返还工程质量保证金的，人民法院应予支持：（1）当事人约定的工程质量保证金返还期限届满。（2）当事人未约定工程质量保证金返还期限的，自建设工程通过竣工验收之日起满二年。（3）因发包人原因建设工程未按约定期限进行竣工验收的，自承包人提交工程竣工验收报告90日后起当事人约定的工程质量保证金返还期限届满；当事人未约定工程质量保证金返还期限的，自承包人提交工程竣工验收报告90日后起满二年。发包人返还工程质量保证金后，不影响承包人根据合同约定或者法律规定履行工程保修义务。五是明确了诉讼前委托造价咨询效力的司法处理。依据《建设工程施工合同解释（二）》第十三条的规定，当事人在诉讼前共同委托有关机构、人员对建设工程造价出具咨询意见，诉讼中一方当事人不认可该咨询意见申请鉴定的，人民法院应予准许，但双方当事人明确表示接受该咨询意见约束的除外。六是明确了一审未申请鉴定的法律后果及二审处理原则。依据《建设工程施工合同解释（二）》第十四条的规定，当事人对工程造价、质量、修复费用等专门性问题有争议，人民法院认为需要鉴定的，应当向负有举证责任的当事人释明。当事人经释明未申请鉴定，虽申请鉴定但未支付鉴定费用或者拒不提供相关材料的，应当承担举证不能的法律后果。一审诉讼中负有举证责任的当事人未申请鉴定，虽申请鉴定但未支付鉴定费用或者拒不提供相关材料，二审诉讼中申请鉴定，人民法院认为确有必要的，应当以事实不清为由，发回重审或者查清事实后改判。七是明确了委托鉴定内容的确定及对材料、鉴定意见的质证。依据《建设工程施工合同解释（二）》第十五条、第十六条的规定，人民法院准许当事人的鉴定申请后，应当根据当事人申请及查明案件事实的需要，确定委托鉴定的事项、范围、鉴定期限等，并组织双方当事人对争议的鉴定材料进行质证。人民法院应当组织当事人对鉴定意见进行质证。鉴定人将当事人有争议且未经质证的材料作为鉴定依据的，人民法院应当组织当事人就该部分材料进行质证。经质证认为不能作为鉴定依据的，根据该材料作出的鉴定意见不得作为认定案件事实的依据。

专题一：建设工程质量瑕疵的处理原则

【核心提示】因承包人的过错造成建设工程质量不符合约定，承包人拒绝修理、返工或者改建，发包人请求减少支付工程价款的，应予支持。发包人具有下列情形之一，造成建设工程质量缺陷，应当承担过错责任：（1）提供的设计有缺陷；（2）提供或者指定购买的建筑材料、建筑构配件、设备不符合强制性标准；（3）直接指定分包人分包专业工程。承包人有过错的，也应当承担相应的过错责任。

实务争点

建设工程的质量关系到公共安全，为了确保建设工程的质量，我国《合同法》《建筑法》等法律、行政法规都做出了许多具体规定。一般情况下，承包人的主要合同义务就是按照合同的约定和国家标准施工，将合格的建设工程交付发包人，如果工程质量有缺陷，应由承包人承担责任。如我国《合同法》第二百八十一条规定："因施工人的原因致使建筑工程质量不符合约定的，发包人有权要求施工人在合理期限内无偿修理或者返工、改建。经过修理或者返工、改建后，造成逾期交付的，施工人应当承担违约责任。"第二百六十二条规定："承揽人交付的工作成果不符合质量要求的，定作人可以要求承揽人承担修理、重作、减少报酬、赔偿损失等违约责任。"但是，当建设工程质量缺陷与发包人的过错有关，如果发包人不承担相应的责任是不公平的。因此，《建设工程施工合同解释（一）》第十一条规定，因承包人的过错造成建设工程质量不符合约定，承包人拒绝修理、返工或者改建，发包人请求减少支付工程价款的，应予支持。该解释第十二条规定：发包人具有下列情形之一，造成建设工程质量缺陷，应当承担过错责任：（一）提供的设计有缺陷；（二）提供或者指定购买的建筑材料、建筑构配件、设备不符合强制性标准；（三）直接指定分包人分包专业工程。承包人有过错的，也应当承担相应的过错责任。

理解适用

对《建设工程施工合同解释（一）》第十一条、第十二条规定的理解与适用

建设工程质量事关人们的生命、财产安全，容不得半点“水分”。无论是发包人还是承包人，只要有过错，就应当承担相应的民事责任。

一、对《建设工程施工合同解释（一）》第十一条的理解与适用

建设工程施工合同的双方当事人在签订《建设工程施工合同》时，一般会明确约定建设工程质量，承包人应当按照合同约定进行施工建设。如果因承包人的原因致使建设工程质量出现了瑕疵，承包人应依照合同约定的质量标准予以修复、返工或者改建等；如果承包人拒绝修理、返工或者改建，那么依照该条规定，发包人就可以请求承包人减少工程价款或者请求承包人承担建设工程修复的合理费用，而且对发包人的该项请求，人民法院应给予支持。

《合同法》第二百八十一条“因施工人的原因致使建筑工程质量不符合约定的，发包人有权要求施工人在合理期限内无偿修理或者返工、改建。经过修理或者返工、改建后，造成逾期交付的，施工人应当承担违约责任”及第二百六十二条“承揽人交付的工作成果不符合质量要求的，定作人可以要求承揽人承担修理、重作、减少报酬、赔偿损失等违约责任”是本条规定做出的依据。建设工程施工合同在性质上属于完成工作成果的合同。完成工作成果的合同是指民事主体之间的一方当事人为另一方当事人完成某项工作，另一方当事人接受工作成果并支付工作报酬的合同。有义务完成工作成果的当事人，称为承揽人或者承包人；有义务接受工作成果并支付工作报酬的人，称为定作人或者发包人。完成工作成果的合同属于诺成合同、双务合同、有偿合同。承揽人或者承包人必须按照合同约定完成工作，而定作人或发包人

必须接受工作成果并支付报酬。① 建设工程合同虽和一般的承揽合同一样都属于完成不动产工程项目的合同，具备一般承揽合同的特征，但其还具有自身特色，比如建设工程合同系要式合同，合同的主体以法人为主，合同的标的物是建设工程等。因此，《合同法》第二百八十七条规定："本章没有规定的，适用承揽合同的有关规定。"

建设工程质量不符合约定，其责任一般应由承包方承担。但实际施工过程中，建筑工程质量出现问题，其原因是多方面的，如建设工程倾斜、断裂等，其原因可能是勘察、设计造成的工程质量不合格，此时应当由建筑施工企业对工程施工质量负责。因建筑工程承包方原因造成的工程质量问题主要包括以下几种情形：

1. 建筑工程施工方不按照工程设计图纸和施工技术规范施工造成的工程质量问题。建筑工程质量得以保证的重要前提是按照设计图纸和施工技术标准施工，同时工程设计图纸和施工技术规范也是划分责任的重要依据，施工方应当严格依照工程设计进行施工，如擅自修改工程设计导致出现质量问题，施工方应当承担责任。

2. 建筑工程施工方未按照工程设计要求、施工技术标准和合同的约定，对建筑材料、建筑构配件和设备进行检验，使用不合格的建筑材料、建筑构配件和设备等造成的质量问题。建筑工程施工方对建筑材料、建筑构配件和设备进行检验要依据一定标准进行，如果施工方使用不合格的建筑材料、建筑构配件和设备会直接造成建筑施工质量问题，此时，建筑工程施工方要承担工程质量责任。如果建筑工程施工方拒绝使用不合格的建筑材料、建筑构配件和设备的，由此产生的后果是谁的责任就追究谁的责任。

3. 建筑物在合理使用寿命内，地基基础工程和主体结构的质量出现问题。一项建筑工程在一定期限内若地基基础工程和主体结构出现质量问题，即使其他部分施工质量再好也难以保证整个建筑工程质量。因此，建筑物的地基

---

① 最高人民法院民事审判第一庭编著：《最高人民法院建设工程施工合同司法解释的理解与适用》，人民法院出版社2015年版，第93~94页。

基础工程和主体结构工程的质量在合理使用寿命内必须得到确保。

因上述原因造成工程质量不合格或质量瑕疵的，根据《合同法》第二百八十一条、《建筑法》第六十条及《建设工程质量管理条例》第三十二条的规定，建筑工程施工方对已发现的工程质量缺陷应当无偿修理、返工及改建等，以达到约定的质量要求和标准。

二、对《建设工程施工合同解释（一）》第十二条的理解与适用

本条是关于因发包人原因造成建设工程质量缺陷，发包人应承担相应责任的规定。根据本条规定：发包人原因造成工程质量瑕疵的主要有以下几个情形：

（一）提供的设计有缺陷

建筑工程的勘察、设计、施工符合国家规定的安全标准、技术规范及合同约定的要求，是保证建设工程质量三个必不可少的环节。因勘察有缺陷造成的质量问题比较少见，故本条仅提到提供的设计有缺陷这种情形。依照国家有关规定，发包方不仅应提供符合约定要求的设计文件，同时还必须提供符合约定要求的勘察数据、施工图纸以及说明书等资料。根据相关法规规定，承包建设工程的发包方所提供的勘察、设计资料必须符合以下要求：

1. 符合有关法律、行政法规的规定。其包括符合《合同法》《建筑法》《城乡规划法》《土地管理法》以及其他相关的法律、行政法规的规定。

2. 符合建设工程质量、安全的标准。建设工程质量、安全的标准是指按照标准化法及有关行政法规的规定制定的保证建设工程质量和安全的国家标准和行业标准。国家标准和行业标准分为强制性标准和推荐性标准。其中国家有关建设工程安全的标准是涉及保障人身、财产安全，属于强制性标准。其勘察、设计必须符合国家有关建设工程安全标准的要求，保证其勘察、设计质量。

3. 符合建设工程勘察、设计的技术规范。建设工程勘察、设计的技术规范通常是以标准形式制定、发布的。对有关建设工程勘察、设计规范的强制

性标准，必须遵照执行。

4. 符合合同约定。勘察、设计文件在符合法律、行政法规的规定和有关质量、安全标准的前提下，还应当符合勘察、设计合同约定的特殊质量要求。根据《建筑法》及《合同法》的有关规定，勘察、设计不符合上述要求的应由勘察人、设计人承担责任，或者由其继续完善勘察、设计等。

该条之所以规定发包方承担责任，是因为：第一，依照《合同法》第二百八十三条规定，发包方应向承包方提供符合要求的建筑工程技术资料。这是发包方必须履行的义务，即发包方应当依照合同约定的时间和份数向承包人提供符合约定要求的技术资料。其技术资料应包括勘察数据、设计文件、施工图纸以及说明书等。根据法律、行政法规的规定，承包人必须按照国家规定的质量标准、技术规程和设计图纸、施工图纸等技术资料进行施工。就发包方与承包方而言，如果建设工程质量出现瑕疵，其原因是由勘察、设计造成的，首先，发包方应承担责任，其承担责任后，如果勘察人、设计人对勘察、设计亦有责任，发包人可再追究勘察人、设计人的责任。其次，在建设施工过程中经常会遇到，发包人擅自变更建设工程设计的情形。如因发包人变更设计导致工程质量瑕疵的，发包人亦应承担相应的责任。[①]

（二）提供或者指定购买的建筑材料、建筑构配件、设备不符合国家强制性标准

按照国家有关规定及合同约定，由发包方提供建筑材料、建筑构配件和设备的，应当保证建筑材料、建筑构配件和设备符合设计文件和合同要求。发包方采购建筑材料、建筑构配件和设备的，应当符合《建设工程施工合同（示范文本）》（GF-1999-0201）提出的具体操作要求。对发包人提供建筑材料、建筑构配件和设备的，承包人要依据建筑工程设计要求、施工技术标准和合同的约定对建筑材料、建筑构配件和设备进行检验，不符合合同约定要求的，不得使用。

---

① 最高人民法院民事审判第一庭编著：《最高人民法院建设工程施工合同司法解释的理解与适用》，人民法院出版社 2015 年版，第 100 页。

（三）肢解发包建设工程

在工程建设中，存在发包方将应当由一个承包方整体承包的工程，肢解为若干部分，分别承包给不同的承包单位，使得工程建设在管理及技术上缺乏整体上的统筹协调，责任不清，造成施工现场秩序混乱，严重影响工程建设的质量。因此，相关法律法规如《建筑法》第二十四条、《建设工程质量管理条例》第七条、《合同法》第二百七十二条均规定发包人不得将建设工程肢解分包。否则，造成建设工程质量瑕疵，发包人根据本司法解释规定即应承担建设工程质量瑕疵责任。

（四）直接指定分包人分包专业工程

本条规定主要是针对建设单位直接指定分包人分包专业工程出现质量问题应承担责任的规定，规范的是建设单位即发包人的行为。建设单位在工程分包时直接指定分包人分包工程的，如果工程质量出现瑕疵，建设单位亦应承担相应的责任。《建筑法》第二十九条和《合同法》第二百七十二条均对建设单位及总承包人在建设工程分包时不得违反的情况作了规定。所谓建筑工程的分包，是指对建设工程实行总承包的单位，将其总承包的工程项目的某一部分或某几部分发包给其他的承包人，与其签订总承包合同项下的分包合同，此时，总承包合同的承包人即成为分包合同的发包人。分包合同一般有两种情况：第一种为分别承包，即各承包人均独立地与发包人建立合同关系，各承包人之间并不发生法律关系。第二种为联合承包，即承包人相互联合为一体，与发包人签订总包合同，然后各个承包人再签订数个分包合同，将项目建设中的各个单项工作落实到每个承包人。分包是有限制性规定的。根据《建筑法》的相关规定，分包的限制条件是：（1）总承包人只能将部分工程分包给具有相应资质条件的单位；（2）为防止总承包人擅自将应当由自己完成的工程分包出去或者自己将工程分包给建设单位所不信任的承包人，分包的工程应是总承包合同约定可以分包的工程、合同没有约定的，须经建设单位认可；（3）为防止某些承包人在拿到工程项目以后以分包的名义倒手转包，损害建设单位的利益，破坏建设市场秩序，《建筑法》规定实行总承包的，建设工程的主体结构必须由总承包人自行完成，不得分包。

（五）对本条第二款的理解

本条第二款规定承包人有过错的，也应当承担相应的过错责任。因为依照《建设工程质量管理条例》第二十五条、第二十六条的规定，承包人是具有相应资质等级的单位，施工单位对建设工程的质量负有法定责任和义务。而且《建筑法》第五十四条、第五十九条也对承包人和建设单位的行为进行了规制。在审判实践中我们可以从以下几个方面确定承包人是否具有过错：1. 承包人明知建设单位提供的工程设计有问题或者在建设施工中发现设计文件和图纸有差错，而没有及时提出意见和建议，并继续进行施工的；2. 对建设单位提供的建筑材料、建筑构配件、设备和商品混凝土等未进行检验，或检验不合格仍予以使用的；3. 对建设单位提出的违反法律、行政法规和建筑工程质量、安全标准，降低工程质量要求，承包人不予拒绝而进行施工的。依据本条司法解释，承包人只要具有上述过错之一，就可认定其有过错，在发包人承担责任的同时，承包人也应当承担相应的过错责任。[①]

案例指导

乌鲁木齐新扶桑投资开发总公司与新疆维吾尔自治区第四建筑工程公司建设工程施工合同纠纷案[②]

上诉人（原审原告、反诉被告）：乌鲁木齐新扶桑投资开发总公司（以下简称新扶桑公司）。

被上诉人（原审被告、反诉原告）：新疆维吾尔自治区第四建筑工程公司（以下简称新疆四建）。

原审法院查明：略。

---

① 最高人民法院民事审判第一庭编著：《最高人民法院建设工程施工合同司法解释的理解与适用》，人民法院出版社 2015 年版，第 106 页。

② 详见最高人民法院（2001）民一终字第 31 号民事判决书。

一审法院经审理认为：宝冠公司与新疆四建签订的建设工程施工合同及补充协议是平等自愿的，系双方当事人的真实意思表示，合同中无违法内容，且裙楼工程已实际履行，故应认定为有效。在裙楼施工过程中，宝冠公司的股东发生变化，不影响其对外的债权债务关系，宝冠公司被注销后新扶桑公司又继受了裙楼的全部权利，其理应承担相应义务，故本案的诉讼主体并不存在问题。新扶桑公司主张应由宝冠公司原股东承担责任的理由不能成立。裙楼工程经质量监督部门检验、评定均符合施工合同或规范要求，在交工验收及交付使用中亦无质量瑕疵的记载。新扶桑公司无充分证据证实工程存在其所提及的质量问题，更不能证实其提及的工程质量问题是由新疆四建违反合同或违规施工造成的，其所提出的744万元的损失亦无有效的证据证实，故新扶桑公司所主张的工程质量赔偿的请求不能成立，应予驳回。裙楼工程经审定后已确定新扶桑公司拖欠新疆四建工程款的事实，在新扶桑公司不能及时清偿的情况下，新疆四建为避免自己的损失进一步扩大，参照建设施工合同条件第二十八条的规定留置部分楼层并无不妥。180万元贷款的事实，有宝冠公司与新疆四建签订的协议及宝冠公司的收款收据为证，是实际发生的，1995年6月21日，股东变更后，宝冠公司与新疆四建签订的协议对此也予以认可。新扶桑公司诉请确认1997年2月25日双方签订的还款协议书无效的诉讼请求，不能支持。双方在还款协议书中确认的新扶桑公司欠付新疆四建款额及偿付期限是明确的，应予确认。新扶桑公司提出的质量问题均在质检范围内，现质保期已过，953289元保修金不再预留。还款协议书第三条确认的2085469.61元，构成的主要部分是利息，不应再计息，第四条的约定系重复计息，应按日万分之五计算。关于第五条、第六条所涉及的问题，双方均表示不再主张。新扶桑公司在起诉中提出延期交工违约金等损失亦包括在其中。据此判决：（一）驳回新扶桑公司的诉讼请求；（二）新扶桑公司偿还新疆四建工程欠款2422878.23元及利息（自1997年3月30日至给付之日，按日万分之五计）；（三）新扶桑公司偿付新疆四建贷款利息等款项2085469.61元及预留保修金953289元，案件受理费60885元，反诉费37318.18元，诉讼保全费27828.18元，均由新扶桑公司负担。上述款项自判决生效后30日内付清。

新扶桑公司不服一审判决，向最高人民法院提起上诉，请求撤销一审判决、依法改判，判令新疆四建赔偿新扶桑公司744万元工程质量损失，驳回新疆四建5461636.84元的反诉，由新疆四建承担本案全部诉讼及保全费用。

二审期间，最高人民法院组织新扶桑公司、新疆四建双方共同到现场就工程质量状况进行了查看。宝冠公司在设计裙楼时，将宽4.5米的和平渠自东向西靠近裙楼南侧横穿地下室一层和二层之间，跨度长达32米，因当时施工防水层和结构板粘接不牢，形成剥离，造成后来每逢放水季节（每年5—11月）地下室箱形基础的顶板（即二层底部）出现多处面积不等的渗水、滴漏，个别地方比较严重，出现钢筋锈蚀；地下室一层靠近和平渠帮处有1处渗水现象；一层顶部多处出现长短不一的龟裂；一层至十八层电梯和门厅处所贴大理石面有大面积空洞；十八层顶部出现渗漏现象，墙面有水渍痕迹，楼外墙有贴砖脱落现象。对上述工程质量问题，双方均予认可。新疆四建称，上述质量问题可以采取措施补救解决。

最高人民法院经审理认为：宝冠公司与新疆四建的《建设工程施工合同》及《补充协议》是在平等自愿的基础上签订的，系双方当事人的真实意思表示，内容不违反国家法律和行政法规的强制性规定，且裙楼工程已实际履行完毕，故一审判决认定上述合同为有效，并无不当。新扶桑公司与供销公司之间的股权转让协议经乌鲁木齐市计划委员会批准时，该委将批文抄送了乌鲁木齐市政府，并抄送了乌鲁木齐市对外经济贸易委员会，均未提异议。新扶桑公司在其与供销公司签订的股权转让协议经当地有关部门批准的情况下，潘苏灵即以宝冠公司法定代表人的身份对外开展活动，行使权力的同时即应承担相应的义务。因此在裙楼施工过程中，因宝冠公司的股东发生变化，宝冠公司被注销后，新扶桑公司又继受了裙楼的全部权利，应依法承担相应的义务，新扶桑公司提出其不是本案所涉合同的主体，应由宝冠公司原股东承担责任的理由不成立，本院不予支持。本案讼争裙楼工程经乌鲁木齐市建设工程质量监督站检验、评定，主体工程为优良，整个工程属于合格，该质检站在《遗留问题处理通知书》中开列的质量瑕疵，属于合格工程中存在的需要整改的质量保修范围。新扶桑公司提出的大楼使用过程中发现的质量问题，不能推翻当地质检部门对工程质量等级的认定，以否定有关部门核发的工程合格证书的效力。并且建设行政主管部门对建设工程核发合格证书，是法律和行政法规规定的房地产作为商品进入市场的一道必经程序，属于一种确认性质的具体行政行为，不是人民法院委托中介机构对建筑工程造价进行的鉴定或者评估，新扶桑公司认为该工程合格证书核发行为不符合法定要求和程序，应通过行政诉讼途径解决。鉴于核发该讼争裙楼工程合格证书的行为发生在1965年，自此至今新扶桑公司始终未提起行政诉讼，因此乌鲁木齐市建设工程质量监督站所核发的宝冠公司裙楼工程的合格证书具有法律效力，在审理民事案件时应作为认定工程质量是否合格的依据。新扶桑公司提出请求二审法院委托国家级质检部门对讼争裙楼重新进行质量认证，理由不充分，不予采纳。新扶桑公司提出因工程质量存在问题属于工程返修和质量保证问题，应按合同约定的质量保修问题对待，故其请求判令新疆四建赔偿744万元的证据不充分，本院不予支持。但新扶桑公司提出的质量问题均在质检范围内，自1997年3月14日双方发生纠纷诉至一审法院，直到2000年11月22日该院作出一审判决，诉讼期间一直持续，双方又未就有关部分返修及保修工程问题协商一致，故这段期间应予扣除，新扶桑公司提出在裙楼使用过程中发现工程存在质量问题，新疆四建对其中部分问题予以认可，应由新疆四建承担相应的返修和保修责任。新疆四建应对乌鲁木齐市建设工程质量监督站在《遗留问题处理通知书》中开列的质量以及二审期间双方当事人现场查看所确认的相关工程质量问题进行返修和保修，所需费用由新疆四建负担，经质检部门验收合格后，新扶桑公司953289元预留保修金退给新疆四建。一审判决认定新扶桑公司提出的质量问题均在质检范围内，现质保期已过，保修金不再预留不当，应予纠正。讼争裙楼设计建造在乌鲁木齐市的和平渠之上，是原建设单位宝冠公司选址确定，为日后箱涵基础工程施工增加难度并产生质量问题留下一定隐患，应与作为建筑承包单位的新疆四建无关。关于新扶桑公司应付款项数额问题，新扶桑公司拖欠新四建款项的数额是经双方协议确认的，其主张1997年2月25日双方达成的还款协议书是受新疆四建胁迫以及存有重大误解所致，属于无效，证据不足，本院不予支持；还款协议书确认尚欠新疆四建2422878.23元，新扶桑公司应于1997年3月30日一次性付清；欠新疆四建贷款利息等项2085469.61元，新扶桑公司应于同年4月30日一次性付清。上述两笔款项的数额及偿付期限明确具体，其中180万元货款系由宝冠公司与新疆四建签订协议产生，有宝冠公司的收款收据为凭，1995年6月21日股东变更后，宝冠公司与新疆四建签订的协议也予以认可，新扶桑公司继受宝冠公司权利义务后，亦应对该笔贷款及利息承担偿还义务，其在1997年2月25日的协议中也予认可，一审法院判令新扶桑公司偿付该笔款项是正确的，应予维持。据此，2001年9月4日，最高人民法院依照《中华人民共和国民事诉讼法》第一百五十三条第一款第（三）项之规定，作出判决如下：一、维持一审法院判决第一项、第二项。二、变更一审法院判决第三项为：新扶桑公司偿付新疆四建贷款利息等款项2085469.61元。上述款项自本判决生效后三十日内付清。三、新疆四建对质检部门确定以及双方认可的工程质量瑕疵范围进行返修和保修；在上述返修和保修工程经验收合格后三十日内，新扶桑公司将953289元预留保修金退给新疆四建。一审本诉案件受理费60885元、反诉案件受理费37318.18元、诉讼保全费27828.18元，按一审判决执行；二审案件受理费98204.18元，由新扶桑公司负担80000元，新疆四建负担18204.18元。

规范指引

《中华人民共和国合同法》

第二百五十六条 定作人提供材料的，定作人应当按照约定提供材料。承揽人对定作人提供的材料，应当及时检验，发现不符合约定时，应当及时通知定作人更换、补齐或者采取其他补救措施。

承揽人不得擅自更换定作人提供的材料，不得更换不需要修理的零部件。

第二百六十二条 承揽人交付的工作成果不符合质量要求的，定作人可以要求承揽人承担修理、重作、减少报酬、赔偿损失等违约责任。

第二百七十二条第一款 发包人可以与总承包人订立建设工程合同，也可以分别与勘察人、设计人、施工人订立勘察、设计、施工承包合同。发包人不得将应当由一个承包人完成的建设工程肢解成若干部分发包给几个承包人。

第二百八十一条 因施工人的原因致使建筑工程质量不符合约定的，发包人有权要求施工人在合理期限内无偿修理或者返工、改建。经过修理或者返工、改建后，造成逾期交付的，施工人应当承担违约责任。

第二百八十三条　发包人未按照约定的时间和要求提供原材料、设备、场地、资金、技术资料的，承包人可以顺延工程日期，并有权要求赔偿停工、窝工等损失。

《最高人民法院关于审理建设工程施工合同纠纷案件适用法律问题的解释》

第十一条　因承包人的过错造成建设工程质量不符合约定，承包人拒绝修理、返工或者改建，发包人请求减少支付工程价款的，应予支持。

第十二条　发包人具有下列情形之一，造成建设工程质量缺陷，应当承担过错责任：

（一）提供的设计有缺陷；

（二）提供或者指定购买的建筑材料、建筑构配件、设备不符合强制性标准；

（三）直接指定分包人分包专业工程。

承包人有过错的，也应当承担相应的过错责任。

《最高人民法院关于审理商品房买卖合同纠纷案件适用法律若干问题的解释》

第十二条　因房屋主体结构质量不合格不能交付使用，或者房屋交付使用后，房屋主体结构质量经核验确属不合格，买受人请求解除合同和赔偿损失的，应予支持。

第十三条　因房屋质量问题严重影响正常居住使用，买受人请求解除合同和赔偿损失的，应予支持。

交付使用的房屋存在质量问题，在保修期内，出卖人应当承担修复责任；出卖人拒绝修复或者在合理期限内拖延修复的，买受人可以自行或者委托他人修复。修复费用及修复期间造成的其他损失由出卖人承担。

《中华人民共和国建筑法》

第二十四条　提倡对建筑工程实行总承包，禁止将建筑工程肢解发包。

建筑工程的发包单位可以将建筑工程的勘察、设计、施工、设备采购一并发包给一个工程总承包单位，也可以将建筑工程勘察、设计、施工、设备采购的一项或者多项发包给一个工程总承包单位；但是，不得将应当由一个承包单位完成的建筑工程肢解成若干部分发包给几个承包单位。

第二十九条 建筑工程总承包单位可以将承包工程中的部分工程发包给具有相应资质条件的分包单位；但是，除总承包合同中约定的分包外，必须经建设单位认可。施工总承包的，建筑工程主体结构的施工必须由总承包单位自行完成。

建筑工程总承包单位按照总承包合同的约定对建设单位负责；分包单位按照分包合同的约定对总承包单位负责。总承包单位和分包单位就分包工程对建设单位承担连带责任。

禁止总承包单位将工程分包给不具备相应资质条件的单位。禁止分包单位将其承包的工程再分包。

第五十四条 建设单位不得以任何理由，要求建筑设计单位或者建筑施工企业在工程设计或者施工作业中，违反法律、行政法规和建筑工程质量、安全标准，降低工程质量。

建筑设计单位和建筑施工企业对建设单位违反前款规定提出的降低工程质量的要求，应当予以拒绝。

第五十八条 建筑施工企业对工程的施工质量负责。

建筑施工企业必须按照工程设计图纸和施工技术标准施工，不得偷工减料。工程设计的修改由原设计单位负责，建筑施工企业不得擅自修改工程设计。

第五十九条 建筑施工企业必须按照工程设计要求、施工技术标准和合同的约定，对建筑材料、建筑构配件和设备进行检验，不合格的不得使用。

第六十条 建筑物在合理使用寿命内，必须确保地基基础工程和主体结构的质量。

建筑工程竣工时，屋顶、墙面不得留有渗漏、开裂等质量缺陷；对已发现的质量缺陷，建筑施工企业应当修复。

《建设工程质量管理条例》

第七条 建设单位应当将工程发包给具有相应资质等级的单位。

建设单位不得将建设工程肢解发包。

第二十五条 施工单位应当依法取得相应等级的资质证书，并在其资质等级许可的范围内承揽工程。

禁止施工单位超越本单位资质等级许可的业务范围或者以其他施工单位的名义承揽工程。禁止施工单位允许其他单位或者个人以本单位的名义承揽工程。

施工单位不得转包或者违法分包工程。

第二十六条　施工单位对建设工程的施工质量负责。

施工单位应当建立质量责任制，确定工程项目的项目经理、技术负责人和施工管理负责人。

建设工程实行总承包的，总承包单位应当对全部建设工程质量负责；建设工程勘察、设计、施工、设备采购的一项或者多项实行总承包的，总承包单位应当对其承包的建设工程或者采购的设备的质量负责。

第三十二条　施工单位对施工中出现质量问题的建设工程或者竣工验收不合格的建设工程，应当负责返修。

专题二：未经验收发包方擅自使用建设工程的法律后果

【核心提示】建设工程未经竣工验收，发包人擅自使用后，又以使用部分质量不符合约定为由主张权利的，不予支持；但是承包人应当在建设工程的合理使用寿命内对地基基础工程和主体结构质量承担民事责任。

实务争点

在司法实践中，当一个建设工程由发包人与承包人签订了建设工程施工合同，承包人继而进行施工，但在工程未进行竣工验收时，发包人擅自使用后，发现工程存在质量问题，在此种情形下，谁应当承担责任？是承担全部责任还是部分责任？承包人是否不再承担任何责任？存在较大争议。对此，《建设工程施工合同解释（一）》第十三条规定：建设工程未经竣工验收，发包人擅自使用后，又以使用部分质量不符合约定为由主张权利的，不予支持；但是承包人应当在建设工程的合理使用寿命内对地基基础工程和主体结构质量承担民事责任。

理解适用

对《建设工程施工合同解释（一）》第十三条规定的理解与适用

《建设工程施工合同解释（一）》第十三条的规定涉及未经验收发包方擅自使用建设工程的法律后果。

一、未经验收建设工程被发包人擅自使用的，出现质量问题，其应自行承担责任

《合同法》第二百七十九条第二款规定："建设工程竣工经验收合格后，方可交付使用；未经验收或者验收不合格的，不得交付使用。"《建筑法》第六十一条和《建设工程质量管理条例》第十六条同样作出了建设工程竣工以后，经验收合格方可交付使用的相关规定。由于工程建设的特殊性和复杂性，引起质量问题的原因尤为复杂，其既可能在勘察、设计阶段，也可能在施工阶段。因此国家对建设工程质量法律法规及技术标准、竣工验收等各个方面作出了较为细致的规定。竣工验收是对工程质量认定的一项程序，其目的是检验工程质量是否合格。为了保证建设工程质量，我国法律法规对工程竣工验收程序进行了严格的规定：建设工程交付进行竣工验收，必须符合国家规定的建设工程质量标准和其他竣工条件等，工程质量合格的，通过竣工验收，可以交付使用；工程质量不合格的不通过竣工验收，不得交付使用。竣工验收不同于交工验收。工程验收一般分为交工验收（完工验收）和竣工验收两个阶段。交工验收阶段的主要工作是：检查施工合同的执行情况，评价工程质量，对各参建单位的工作进行初步评价。竣工验收阶段的主要工作是：对工程质量、参建单位和建设项目进行综合评价，并对工程建设项目作出整体性综合评价。二者的明显区别是：（1）从时间上来说，交工验收在前，竣工验收在后；（2）从验收主体上来说，交工验收由项目法人组织进行，而竣工验收由建设单位组织设计、施工、工程监理等有关单位进行，并向建设主管部门备案。交工验收与竣工验收在验收时间、主题、程序、内容、功能等方面均有不同，交工验收只是竣工验收前的一个阶段性程序，不能取代竣工验收。[1] 因此交付

---

① 秦德平：《建设工程施工合同审理审查实务》，人民法院出版社 2019 年版，第 198~199 页。

使用的建设工程都必须经过竣工验收这一环节，并且还须验收合格，对不合格的工程不予验收，也不得交付使用。

施工单位是建设工程的承包人，是建设工程质量的直接责任人。《合同法》第二百八十一条规定："因施工人的原因致使建设工程质量不符合约定的，发包人有权要求施工人在合理期限内无偿修理或者返工、改建。经过修理或者返工、改建后，造成逾期交付的，施工人应当承担违约责任。"《建筑法》第五十八条、《建设工程质量管理条例》第二十六条也有施工单位对建设工程施工质量负责的相关规定。建设单位在具备竣工验收条件时应当及时组织参加验收，没有经过竣工验收或者验收未通过的，发包人不得提前使用，对发包人擅自或强行使用的，根据本条司法解释由此发生的质量问题及其他问题，由发包人自行承担责任。该规定表明交付工程责任风险的转移。[①] 发包人使用未经竣工验收的工程时，应当预见工程可能会验收不合格或者存在质量问题，但是其仍坚持使用，应当视为发包人对建筑工程质量是认可的或自愿承担工程质量责任，此时工程质量责任风险由承包人随之转移给发包人。

该条解释适用的前提是"发包人擅自使用"，但如果未对建设工程进行竣工验收，发包人由于实际情况必须提前使用，且并非发包人擅自使用，则不能适用该条解释的规定。如在最高人民法院审理的内蒙古承远建设工程承包有限责任公司与巴彦淖尔市磴口县滨辉水务有限公司建设工程施工合同纠纷案中，最高人民法院认为，《建筑法》第五十八条规定，建筑施工企业对工程的施工质量负责。施工单位获得工程款的对价应是交付合格工程。滨辉水务公司虽使用了涉案工程，但因工程质量存在问题暂停运行后，被磴口县人民政府以磴政办字（2010）77号《关于恢复污水处理厂生产运行的通知》要求恢复使用，并非擅自使用。承远建设公司在初次验收为不合格工程且未全面履行整改义务的情形下，即提起本案工程款之诉。原判决依据《建设工程施工合同解释（一）》第三条第（二）项"修复后的建设工程经竣工验收不合格，承包人请求支付工程价款的，不予支持"的规定，

---

① 参见最高人民法院民事审判第一庭编著：《最高人民法院建设工程施工合同司法解释的理解与适用》，人民法院出版社2015年版，第108页。

对承远建设公司的诉请不予支持，适用法律并无不当。故如果承包人尚未完成施工，未对工程进行竣工验收，但由于实际情况必须提前使用的，建议可提前收集相关证据（如政府文件、会议纪要等），证明该工程由于实际情况必须提前使用，而并非发包人擅自使用。[①]

二、发包人仅对其擅自使用部分承担责任

在《建设工程施工合同解释（一）》中规定的发包人擅自使用未经验收工程的，其应对使用部分还是全部工程承担质量责任问题，在实践中存有不同观点：

第一种观点认为，建设工程是一个整体，一旦发包人擅自使用未经过竣工验收或者验收未通过的工程，无论使用多少，承包方对未使用部分无法管理、施工，同时也违反法律的强制性规定，因此应承担全部工程的质量风险责任。第二种观点认为，发包人仅应对使用部分承担工程质量责任。理由为：一是依照有关法律规定，建设工程质量责任应由施工单位负责，对发包人应承担的质量责任应该作严格限制，不宜作扩大性的解释。二是规定发包人对使用部分承担质量责任较为合理。[②]

我们同意第二种观点，发包人不经验收程序直接使用的原因，较为复杂，不能“一刀切”地以工程是否通过了验收程序作为转移质量风险的标准，而是应当全面地、综合地来看发包人不验收的原因以及出现质量问题的原因来判定承发包人双方的责任。[③]

三、承包人应当在建设工程的合理使用寿命内对地基基础工程和主体结构质量承担民事责任

《建筑法》第六十条规定：“建筑物在合理使用寿命内，必须确保地基基

---

① 详见最高人民法院（2014）民申字第1336号民事裁定书。

② 参见最高人民法院民事审判第一庭编著:《最高人民法院建设工程施工合同司法解释的理解与适用》，人民法院出版社2015年版，第109页。

③ 参见王成欢:《建设工程未经竣工验收擅自使用的法律问题研究》，载《法制博览》2019年1月（中）。

础工程和主体结构的质量……”由此可以看出，无论建筑工程是否经过验收、发包人是否擅自使用，如果建筑工程在合理使用寿命内地基基础工程和主体结构质量出现问题，承包人仍不能免责。

所谓建筑物的地基，是指支撑由基础传递的上部结构荷载的土体或岩体。为保证建筑工程的安全和正常使用，首先要求地基在荷载作用下不致产生破坏，其次组成地基的地层因某些原因产生的变形不能过大，否则将会使建筑物遭到破坏，无法满足使用要求。由此可以看出建筑物的地基基础在建筑物整体构造中起到的重要作用。建筑物的主体结构，是指在建筑中由若干构件连接而成的能承受作用的平面或空间体系。主体结构要具备足够的强度、刚度、稳定性，用以承重建筑物上的各种荷载。建筑物的主体结构可以由一种或者多种材料构成，建筑物的主体结构工程更是建筑物工程的重要组成部分。[①]因此，建筑物的地基基础工程和主体结构工程的质量对整个建筑工程的质量意义重大，是承包方和监理单位检查的重点，也是政府质量监督的重要内容。因此对于建设工程的地基基础工程和主体结构质量的损害，承包人应当承担责任。

建筑物的合理使用寿命即设计年限，一般是指建筑物的设计单位按设计的建筑物的地基基础和主体结构形式、施工方式和工艺等技术条件所确定的保证该建筑物正常使用的最低年限。[②]关于“合理使用寿命”问题，目前没有统一的规定，具体的各类建设工程的合理使用年限，要根据建筑物的实际情况由专门的技术部门作出判断。在实践过程中，对建设工程的地基和主体结构产生质量问题，应首先确定该建筑物的合理使用寿命，有确定年限的，以该年限为准；没有确定年限的由原设计单位或有权确认的部门进行确定，然后以确定的年限为准。

未经竣工验收，发包人入住，房屋的屋面和外墙产生质量问题由谁承担？对于这个问题，实践中主要有两种观点：第一种观点认为，房屋的屋面

---

① 参见最高人民法院民事审判第一庭编著：《最高人民法院建设工程施工合同司法解释的理解与适用》，人民法院出版社2015年版，第110页。

② 参见最高人民法院民事审判第一庭编著：《最高人民法院建设工程施工合同司法解释的理解与适用》，人民法院出版社2015年版，第110页。

和外墙虽然属于房屋的一个重要组成部分，但该部分没有得到实际使用，不属于发包人或房屋实际占有人使用的范围。因此，房屋未经竣工验收而发包人擅自使用产生的质量问题，根据有关质检部门得出的鉴定结果，由承包人和发包人中对侵害事实的发生有过错的一方承担责任。第二种观点认为，房屋是一个整体，房屋的屋面和外墙应该属于主体结构的一个重要组成部分，建筑物未经竣工验收，发包人擅自使用后产生质量问题，无论质量问题产生的原因是什么，均应按本条解释规定由承包人自行承担民事责任。我们同意第一种观点，对于屋面和外墙部分出现的质量问题，应具体案件具体分析，根据权威质检部门的鉴定结论，按照过错责任原则来划分当事人的责任，如果盲目适用本条解释的规定要求承包人承担责任，显然有失公正。

案例指导

青海省建筑工程总承包有限公司与王忠诚、洪云彬、王琪博建设工程施工合同纠纷案[①]

上诉人（一审原告、反诉被告）：青海省建筑工程总承包有限公司（以下简称青海建总公司）。

上诉人（一审被告、反诉原告）：王忠诚。

上诉人（一审被告、反诉原告）：洪云彬。

上诉人（一审被告、反诉原告）：王琪博。

上诉人青海建总公司因与上诉人王忠诚、洪云彬、王琪博（以下简称王忠诚等三人）建设工程施工合同纠纷一案，不服青海省高级人民法院（2017）青民初34号民事判决，提起上诉。

青海建总公司上诉请求：一、依法改判一审判决第一项为：判令王忠诚等三人限期支付自2013年6月1日起至生效判决指定付款履行期满之日止，依据双方约定“按合同总价的日千分之一”计算逾期未付工程款违约金，维持一审判决第一项中关于王忠诚等三人给付剩余600万元工程款的判决；

---

① 详见最高人民法院（2018）最高法民终384号民事判决书。

二、依法改判一审判决第二项为：判决生效后由青海建总公司向王忠诚等三人交付已有的施工资料，并在合理期限内协助王忠诚等三人办理竣工验收手续，如因王忠诚等三人原因无法在规定期限内办理完毕，青海建总公司有权要求有偿配合或终止；三、依法改判一审判决第三项为：判决生效后由青海建总公司按照合同约定期间税务部门规定的税率，向王忠诚等三人提供发票，超出合同约定期间税务部门规定税率所产生的一切费用，由王忠诚等三人自行承担并及时支付给青海建总公司，如因王忠诚等三人未按规定按时补交税款，造成青海建总公司无法提供发票的一切后果由王忠诚等三人自行承担，王忠诚等三人不得再次要求青海建总公司开具发票；四、依法改判支持青海建总公司一审主张的判令王忠诚等三人支付以未到期承兑汇票抵付工程进度款造成的贴现损失 36 万元（承兑汇票 1200 万元按 3% 贴现率计）；五、本案一、二审诉讼费由王忠诚等三人承担。

王忠诚等三人上诉请求：一、撤销一审判决第一项、第五项；二、依法改判驳回青海建总公司一审本诉全部诉讼请求；三、依法改判支持王忠诚等三人一审反诉全部诉讼请求；四、一、二审诉讼费及鉴定评估费均由青海建总公司承担。

青海建总公司向一审法院起诉请求：一、判令王忠诚等三人支付工程款 600 万元及自 2013 年 6 月 1 日起至一审判决指定付款履行期满之日止逾期未付工程款的违约金（按合同总价的日千分之一计算）；二、判令王忠诚等三人支付以未到期承兑汇票抵付工程进度款造成的贴现损失 36 万元（承兑汇票 1200 万元按 3% 贴现率计）。

王忠诚等三人向一审法院提起反诉请求：一、依法确认青海建总公司未依约完成的工程项目及价格，并判令作相应的抵扣或返还；二、判令青海建总公司赔偿王忠诚等三人因工程质量问题造成的损失 100 万元；三、判令青海建总公司向王忠诚等三人交付案涉工程竣工验收所需的施工资料并配合办理竣工验收手续；四、判令青海建总公司向王忠诚等三人提供发票。

一审法院认定事实：2013 年 4 月 21 日，富博公司与青海建总公司签订《工程施工结算协议书》，约定富博公司将从青海禾木房地产开发有限公司（以下简称禾木公司）转让的案涉项目交由青海建总公司施工。施工范围为青海省西宁市黄河路11号泰和祥花园除地震局以外所有剩余地下室及原规划绿地下新增商业部分及负二楼停车场通道（从黄河路经循化办事处到负二层），具体为补充设计施工图范围内所有内容。合同价款3000万元一次性包死，中途不再发生任何费用。协议签订后，预付工程备料款30%，工程进度款依据青海建总公司每月实际完成进度的80%支付，工程完工后付至总价款的97%，剩余3%为保修款，待保修期满后一次支付。工期：2013年4月30日开工，2013年12月30日竣工，工期245天。逾期完工，每天按合同总价的千分之一支付违约金，因富博公司不能及时按协议约定支付各项工程款，给青海建总公司造成所有损失由富博公司承担，并每天按合同总价的千分之一支付违约金，工期顺延，不可抗力除外。同时约定，富博公司与禾木公司签订的《转让协议》、本合同工程建设标准、图纸及有关技术文件、附件等为组成分包合同的文件。2013年4月25日，富博公司与青海建总公司签订《补充协议》，约定2013年4月21日《工程施工结算协议书》总承包工程款3000万元，含负二楼停车场回填及水泥地坪，按标准化施工。案涉工程于2013年4月30日开工建设，2014年3月在未竣工验收的情况下，富博公司开始使用该工程。现青海建总公司收到工程款2400万元，含承兑汇票1200万元，且案涉工程的施工图纸由禾木公司提供。另查明，富博公司是于2012年2月9日注册成立，2013年8月1日富博公司因经营问题，公司股东会议决议终止经营并进行清算。于2013年9月30日清算完毕，公司债权债务由股东王忠诚等三人承继，2014年1月15日经青海省工商行政管理局注销登记。再查明，针对案涉工程，王忠诚等三人曾于2014年7月15日以青海建总公司为被告向西宁市中级人民法院提起诉讼，请求判令：对青海建总公司施工工程的合同总金额核减1285.5万元，青海建总公司赔偿逾期交工违约金510万元。在该诉讼中，经王忠诚等三人申请，西宁市中级人民法院委托青海百鑫工程造价司法鉴定所对案涉工程进行了司法鉴定，结论为：一、负一层、负二层实际完成工程造价1134.835213万元；二、负一层建筑面积实际测量1681.62平方米；三、负一层根据设计图纸、施工图纸计算为3502.798平方米；四、负二层建筑面积实际测量3079.36平方米。对该司法鉴定意见书，王忠诚等三人予以认可，青海建总公司不予认可。该案判决后，青海建总公司、王忠诚等三人均不服，向青海省高级人民法院提起上诉。二审审理中，经组织王忠诚等三人与青海建总公司项目负责人及鉴定人现场踏勘，负一层根据设计图纸、施工图纸计算为3502.798平方米，①号至⑨号轴线未施工部分属于地震局范围，不属于富博公司与青海建总公司所签《工程施工结算协议书》约定的施工范围，青海建总公司按图纸施工，实际完成负一层建筑面积为1681.62平方米。

一审法院认为，一、青海建总公司与富博公司签订的《工程施工结算协议书》及《补充协议》合法有效。青海建总公司与王鑫之间既非转包关系亦非借用资质关系，该公司与王鑫之间签订有《劳动合同书》，王鑫作为青海建总公司职工在工程部工作，对工程项目施工进行动态管理，系项目负责人。案涉工程系青海建总公司将承揽的专项工程分派给下属项目经理部的内部经营管理行为，对外青海建总公司为第一责任人，承担全部经济法律责任。项目部作为内部实际经济责任人，按《项目部（内部）承包经营合同》的约定承担相应责任。青海建总公司与富博公司签订的《工程施工结算协议书》及《补充协议》有效。二、根据《工程施工结算协议书》约定，本案富博公司与青海建总公司所签为固定总价合同，3000万元一次性包死，一审法院生效判决已认定“青海建总公司按设计图纸施工，不存在实际建成面积小于设计图纸面积的情形”以及王忠诚等三人承继富博公司债权债务事实，案涉工程已付工程款2400万元，欠付工程款600万元，王忠诚等三人应向青海建总公司支付。对王忠诚等三人提出青海建总公司依约应完成工程项目中未完成部分相应价款应予扣减的问题，一审法院依法委托青海省规划设计研究院司法鉴定所对该事项进行鉴定，因鉴定范围及当事人提交的未完工程清单项目无法确认，故终结鉴定。据此，王忠诚等三人应承担举证不能的法律责任，对王忠诚等三人的该项反诉请求，一审法院不予支持。对王忠诚等三人主张因青海建总公司完成部分的工程存在质量缺陷，返工修复费用应予扣减的问题，因案涉工程于2014年3月交付使用，截至起诉之日已三年有余，根据《建设工程施工合同解释（一）》第十三条“建设工程未经竣工验收，发包人擅自使用后，又以使用部分质量不符合约定为由主张权利的，不予支持……”之规定，王忠诚等三人使用工程的行为应当视为其对建设工程质量的认可或者虽然工程质量不合格，但其自愿承担质量责任，故对王忠诚等三人提出的质量鉴定申请，一审法院不予准许，对该项反诉请求一审法院亦不予支持。三、双方所签《工程施工结算协议书》约定“因富博公司不能及时按协议约定支付各项工程款，给青海建总公司造成所有损失由富博公司承担，并承担每天按合同总价的千分之一支付违约金”，该违约金约定过高，应予调整。王忠诚等三人逾期支付工程款，造成青海建总公司被占用资金期间的利息损失应视为青海建总公司的实际损失，因违约金除具有补偿性之外兼具惩罚性，故王忠诚等三人对欠付工程款600万元，应按中国人民银行发布的同期同类贷款利率上浮30%支付青海建总公司违约金。建设工程已实际交付的，交付之日为应付款时间，案涉工程于2014年3月交付使用，王忠诚等三人应于2014年4月1日前付清工程款，故本案违约金应自2014年4月1日起计算至本判决生效之日止。四、本案双方在合同中没有约定工程款支付方式，也没有相关解决支付方式争议的条款，因此，应当遵循交易习惯，即可以承兑汇票方式支付工程款。因青海建总公司在接收王忠诚等三人以承兑汇票支付工程款时未提出异议，也没有对贴现损失由谁承担另行约定，应由持票人青海建总公司自行承担提前承兑的贴现损失，对青海建总公司的该项请求，一审法院不予支持。五、按照法律规定，建设工程未经竣工验收不得交付使用，承包人在交付经竣工验收合格的工程的同时，应交付竣工验收资料并配合办理竣工验收手续。虽王忠诚等三人在案涉工程未经竣工验收的情况下便擅自使用，但并不因此免除青海建总公司交付施工资料的义务，因案涉工程用途发生改变，故青海建总公司应交付其所掌握的施工资料并对竣工验收履行协助义务。六、合同成立并生效后对当事人即具有约束力，当事人应按合同约定全面履行各自的义务。作为发包人的王忠诚等三人应按期足额支付工程款，承包方青海建总公司应出具相应额度的发票。青海建总公司应履行开具发票的协助义务，对王忠诚等三人的该项诉求，一审法院予以支持。综上，一审法院判决：一、王忠诚等三人于判决生效后十日内向青海建总公司给付剩余工程款600万元，并按中国人民银行发布的同期同类贷款利率上浮30%支付违约金（自2014年4月1日起计算至判决生效之日止）；二、青海建总公司于判决生效后十日内向王忠诚等三人交付施工资料并协助办理竣工验收手续；三、青海建总公司于判决生效后十日内向王忠诚等三人提供发票；四、驳回青海建总公司的其他诉讼请求；五、驳回王忠诚等三人的其他反诉请求。如果未按本判决指定的期间履行给付金钱义务，应当按照《民事诉讼法》第二百五十三条之规定，加倍支付迟延履行期间的债务利息。本诉案件受理费 281800 元，减半收取 140900 元，由青海省建筑工程总承包有限公司负担 117792 元，由王忠诚等三人负担 23108 元；反诉案件受理费 13800 元，减半收取 6900 元，由王忠诚等三人负担。

最高法院认为，本案二审的争议焦点为：一、青海建总公司与富博公司签订的《工程施工结算协议书》及《补充协议》的效力问题；二、王忠诚等三人应向青海建总公司支付工程款的数额及其主张扣减未完工程价款和赔偿工程质量损失的诉求能否成立的问题；三、青海建总公司主张王忠诚等三人支付未到期承兑汇票贴现损失 36 万元的诉求应否支持的问题；四、王忠诚等三人是否构成逾期付款的违约行为及应如何承担违约责任的问题；五、王忠诚等三人主张青海建总公司交付案涉工程竣工验收资料并配合办理竣工验收手续、提供发票的诉求应否支持的问题。

一、关于青海建总公司与富博公司签订的《工程施工结算协议书》及《补充协议》的效力问题。

法院认为，王忠诚等三人在青海省西宁市中级人民法院审理的（2014）宁民一初字第 132 号及青海省高级人民法院审理的（2016）青民终 174 号案件中，均未对王鑫作为青海建总公司项目经理的身份提出过异议。在本案一审中，王忠诚等三人提交了 2017 年 5 月 4 日现场录音资料一份，拟证明王鑫系借用青海建总公司资质和名义的实际施工人。一审法院认为该录音资料含混不清，亦无其他证据予以佐证，依据《民事诉讼法》第七十一条“人民法院对视听资料，应当辨别真伪，并结合本案的其他证据，审查确定能否作为认定事实的根据”之规定，对该录音证据不予采信并无不当。依据王忠诚等三人在一审中提供的 900 万元工程备料款收据中收款人和经办人注明的内容及青海建总公司与王鑫签订的《劳动合同书》《项目部（内部）承包经营合同》，可认定王鑫与青海建总公司具有劳动关系，青海建总公司委派王鑫作为案涉工程的项目经理，负责工程的施工。因此，一审法院认定青海建总公司与富博公司签订的《工程施工结算协议书》及《补充协议》合法有效正确。王忠诚等三人主张青海建总公司与富博公司签订的《工程施工结算协议书》及《补充协议》无效的上诉理由不能成立，本院不予支持。

二、关于王忠诚等三人应向青海建总公司支付工程款的数额及其主张扣减未完工程价款和赔偿工程质量损失的诉求能否成立的问题。

王忠诚等三人主张案涉工程存在未完工程项目，应扣减相应工程价款。经一审法院委托鉴定，鉴定部门因鉴定范围不明确及当事人提交的未完工程清单项目无法确认而终结鉴定，本案亦无其他有效证据可以证实王忠诚等三人的该项主张。且青海省高级人民法院（2016）青民终174号生效民事判决已认定“青海建总公司按设计图纸施工，不存在实际建筑面积小于设计图纸面积的情形”，故案涉工程已按设计图纸完成施工。一审法院依据双方合同的约定及查明的王忠诚等三人已付款情况，认定其尚应向青海建总公司支付剩余工程款600万元，并无不当。

关于王忠诚等三人主张的工程质量损失问题。因案涉工程未经竣工验收，王忠诚等三人即擅自使用，且其也无证据证明案涉工程地基基础及主体结构存在质量问题。一审法院依据《建设工程施工合同解释（一）》第十三条“建设工程未经竣工验收，发包人擅自使用后，又以使用部分质量不符合约定为由主张权利的，不予支持；但是承包人应当在建设工程的合理使用寿命内对地基基础工程和主体结构质量承担民事责任”之规定，对王忠诚等三人主张的工程质量损失不予支持，并无不当。

综上，王忠诚等三人主张应扣减未完工程价款和应扣减工程质量损失的上诉理由缺乏事实和法律依据，不能成立，不予支持。

三、关于青海建总公司主张王忠诚等三人支付未到期承兑汇票贴现损失36万元的诉求应否支持的问题。

青海建总公司与富博公司签订的协议中未约定工程款支付方式，亦无相关解决支付方式争议的条款。青海建总公司在接收王忠诚等三人以承兑汇票的形式支付工程款时未提出异议，且双方亦未对贴现损失的承担另行约定。

依据我国票据法及结算规则，持票人接受银行承兑汇票享有到期请求支付票面金额的权利，如提前承兑，青海建总公司作为持票人应自行承担提前承兑的贴现损失。青海建总公司主张由王忠诚等三人支付未到期承兑汇票贴现损失 36 万元，缺乏法律依据，本院不予支持。

四、关于王忠诚等三人是否构成逾期付款的违约行为及应如何承担违约责任的问题。

青海建总公司与富博公司签订的《工程施工结算协议书》约定："因富博公司不能及时按协议约定支付各项工程款，给青海建总公司造成所有损失由富博公司承担，并承担每天按合同总价的千分之一支付违约金。"依据《建设工程施工合同解释（一）》第十八条规定："利息从应付工程价款之日计付。当事人对付款时间没有约定或者约定不明的，下列时间视为应付款时间：（一）建设工程已实际交付的，为交付之日；（二）建设工程没有交付的，为提交竣工结算文件之日；（三）建设工程未交付，工程价款也未结算的，为当事人起诉之日。"案涉工程已于 2014 年 3 月实际交付使用，王忠诚等三人应于交付之日向青海建总公司支付工程款，但王忠诚等三人至今仍欠付青海建总公司工程款 600 万元，已构成违约，应当支付自 2014 年 4 月 1 日起至判决生效之日止的违约金。因双方约定违约金过高，一审法院对违约金的支付标准予以适当调整，按中国人民银行发布的同期同类贷款利率上浮 30% 确定违约金数额符合法律规定。青海建总公司主张违约金不应予以调整及王忠诚等三人主张其不构成逾期付款的违约行为和违约金数额计算有误的上诉理由均不能成立，本院不予支持。

五、关于王忠诚等三人主张青海建总公司交付案涉工程竣工验收资料并配合办理竣工验收手续、提供发票的诉求应否支持的问题。

青海建总公司作为案涉工程的施工方，应依照《合同法》第六十二条之规定，交付竣工验收资料并配合办理竣工验收手续，一审法院判决青海建总公司于判决生效后十日内向王忠诚等三人交付施工资料并协助办理竣工验收手续符合法律规定。青海建总公司收到案涉工程款，应当履行向王忠诚等三人开具发票的协助义务。一审法院对王忠诚等三人的该项诉求予以支持并无不当。

综上，青海建总公司和王忠诚等三人的上诉请求均不能成立，应予驳回；一审判决认定事实清楚，适用法律正确，应予维持。依照《中华人民共和国民事诉讼法》第一百七十条第一款第（一）项规定，判决如下：驳回上诉，维持原判。二审案件受理费67500元，由上诉人青海省建筑工程总承包有限公司承担6700元，由上诉人王忠诚、洪云彬、王琪博承担60800元。

规范指引

《中华人民共和国合同法》

第二百七十九条第二款 建设工程竣工经验收合格后，方可交付使用；未经验收或者验收不合格的，不得交付使用。

第二百八十一条 因施工人的原因致使建设工程质量不符合约定的，发包人有权要求施工人在合理期限内无偿修理或者返工、改建。经过修理或者返工、改建后，造成逾期交付的，施工人应当承担违约责任。

《中华人民共和国建筑法》

第五十八条 建筑施工企业对工程的施工质量负责。

建筑施工企业必须按照工程设计图纸和施工技术标准施工，不得偷工减料。工程设计的修改由原设计单位负责，建筑施工企业不得擅自修改工程设计。

第六十条 建筑物在合理使用寿命内，必须确保地基基础工程和主体结构的质量。

建筑工程竣工时，屋顶、墙面不得留有渗漏、开裂等质量缺陷；对已发现的质量缺陷，建筑施工企业应当修复。

第六十一条 交付竣工验收的建筑工程，必须符合规定的建筑工程质量标准，有完整的工程技术经济资料和经签署的工程保修书，并具备国家规定的其他竣工条件。

建筑工程竣工经验收合格后，方可交付使用；未经验收或者验收不合格的，不得交付使用。

《最高人民法院关于审理建设工程施工合同纠纷案件适用法律问题的解释》

第十三条　建设工程未经竣工验收，发包人擅自使用后，又以使用部分质量不符合约定为由主张权利的，不予支持；但是承包人应当在建设工程的合理使用寿命内对地基基础工程和主体结构质量承担民事责任。

专题三：发包人主张工程质量问题的司法处理

【核心提示】发包人在承包人提起的建设工程施工合同纠纷案件中，以建设工程质量不符合合同约定或者法律规定为由，就承包人支付违约金或者赔偿修理、返工、改建的合理费用等损失提出反诉的，人民法院可以合并审理。

实务争点

司法实践中，承包人为追索工程款提起诉讼后，发包人通常以工程质量不符合合同约定或者法律规定为由要求承包人支付违约金或者赔偿修理、返工、改建的合理费用等损失，并据此要求不付、少付所欠的工程款。因此，《建设工程施工合同解释（一）》第十一条规定："因承包人的过错造成建设工程质量不符合约定，承包人拒绝修理、返工或者改建，发包人请求减少支付工程价款的，应予支持。"承包人要求发包人支付工程款，发包人以工程质量存在问题要求不付或者少付工程款，发包人的要求是抗辩还是反诉？就此存在争议：一种意见认为，被告提出减少工程价款主张的，应当属于反诉；另一种意见认为，被告提出减少工程价款的主张只需通过抗辩方式提出，无须提出反诉。究其原因，主要在于反诉与抗辩的功能不同，导致其对案件诉讼程序产生不同的影响，当事人之间的实体权利义务也因此发生了实质性的变化。对此，《建设工程施工合同解释（二）》第七条规定：发包人在承包人提起的建设工程施工合同纠纷案件中，以建设工程质量不符合合同约定或者法律规定为由，就承包人支付违约金或者赔偿修理、返工、改建的合理费用等损失提出反诉的，人民法院可以合并审理。

理解适用

对《建设工程施工合同解释（二）》第七条规定的理解与适用

在司法实践中，承包人向发包人主张支付工程价款，发包人常常以建设工程质量存在问题为由拒绝支付工程价款，《建设工程施工合同解释（二）》第七条明确了处理原则。对此，应当从如下方面理解与适用：

一、抗辩与反诉的判断标准

反诉是指被告向原告提出的、可以成为独立诉讼标的且能够系属于本诉审理法院的诉讼请求。[①] 抗辩，按照大陆法系理论界通说，是指对应于对立规范事实构成要件的事实性主张，包括“阻却权利事实”“消灭权利事实”和“阻碍权利事实”。[②] 抗辩与反诉的区别，主要集中在法律性质、目的、提出时间、诉讼地位、法律效果、处理方式等方面。[③] 具体而言，反诉是被告为了抵销原告的诉讼请求或使原告的诉讼请求失去意义而提出的一个新的诉讼法律关系，是一种独立的诉，必然涉及实体问题；而抗辩则是被告针对原告的请求、事实和理由提出有利于己方的事实、证据和理由，只是被告反驳原告诉讼请求的一种诉讼手段，有可能涉及实体问题也有可能只涉及程序问题。当然，反诉的独立性是相对的，不是完全的，其对本诉具有一定的依赖性，即必须以本诉的提起为前提。

司法实践中，对于抗辩与反诉的判断标准应当从两个方面判断：一是是否超过原告的诉讼请求范围；二是被告是否具有独立给付请求的内容。若被

---

① ［德］罗森贝克、施瓦布、戈特瓦尔德：《德国民事诉讼法》（下），李大雪译，中国法制出版社2007年版，第696页。

② ［德］罗森贝克、施瓦布、戈特瓦尔德：《德国民事诉讼法》（下），李大雪译，中国法制出版社2007年版，第744~747页。

③ 庞小菊：《抗辩与反诉的界定》，载《南京师大学报（社会科学版）》2009年第1期。

告的要求没有超过原告的诉讼请求范围，也没有给付请求内容，则应当认定为抗辩。反之，若被告的要求超过了原告的诉讼请求范围，且其主张具有独立的给付请求内容，则应当认定为反诉，必要时应向被告释明，被告坚持不提反诉的，应在判决中告知被告另行起诉或通过其他方式解决。如原告向被告主张工程欠款，被告主张要求原告返还超付的工程款，则被告的主张显然超出了原告的诉讼请求范围，有独立给付请求内容，故属于反诉，应按反诉处理。如被告提出已经超付，因其主张没有超出原告诉讼请求范围，不具有独立给付请求内容，故只能认定为抗辩。

二、发包人的主张属于抗辩的情形

1. 被告仅以质量问题为由提出减少支付工程款

如果被告仅以质量问题提出“减少支付工程款”主张的，应当属于抗辩，因为被告主张“减少支付工程款”的问题，显然是被告承认拖欠原告工程款，但出于质量问题而要求减少支付，此时，被告的主张没有超过原告诉讼请求范围，且属同一法律关系，而减少工程价款的主张虽然有给付请求内容，但实质仍系在原告主张工程欠款基础上的抵销主张，不具有新的独立的给付请求内容，故仍应认定为抗辩，而无须提出反诉。① 而且《最高人民法院关于审理买卖合同纠纷案件适用法律问题的解释》第四十四条第（一）项规定，出卖人履行交付义务后诉请买受人支付价款，买受人以出卖人违约在先为由提出异议，买受人拒绝支付违约金、拒绝赔偿损失或者主张出卖人应当采取减少价款等补救措施的，属于提出抗辩。

2. 被告提出原告在施工过程中存在偷工减料、未按图施工等情形，要求减少工程价款的

工程已经竣工并验收合格，原告要求支付工程价款，被告提出原告在施工过程中存在偷工减料、未按图施工等工程质量问题，要求减少应付工程价款的。此时，被告的主张没有独立请求原告向其支付的给付请求内容，不构

① 最高人民法院民事审判第一庭编著：《最高人民法院建设工程施工合同司法解释（二）理解与适用》，人民法院出版社 2019 年版，第 164 页。

成一个独立的诉，应属于抗辩。

3. 被告因原告拒绝维修工程而另行委托他人修复后，主张抵扣修复费用的

已完成的建设工程质量不符合约定，原告作为承包人有维修义务。因原告拒绝修复、被告另行委托第三人修复后才通过竣工验收，此时对原告请求工程价款的主张，被告提出应在应付原告工程款中扣除相应修复费用的，该主张可以构成一个独立的诉。但因未超出原告的诉讼请求范围，被告有权选择提出抗辩或者反诉。对被告选择以抗辩形式主张扣除质量修复费用的，法院应作为抗辩进行审理，不应要求被告另行提起反诉。

三、发包人的主张属于反诉或者另行起诉的情形

1. 发包人要求承包人支付违约金或者赔偿损失的

《合同法》第二百八十一条规定："因施工人的原因致使建设工程质量不符合约定的，发包人有权要求施工人在合理期限内无偿修理或者返工、改建。经过修理或者返工、改建后，造成逾期交付的，施工人应当承担违约责任。"发包人主张承包人承担违约责任或赔偿损失的主张明显超过了原告的诉讼请求范围，并具有独立的给付请求内容，属于一个独立的诉，人民法院应当将其作为反诉处理，与本诉合并处理。

2. 原告逾期完工，被告主张工期延误索赔的

原告未按合同约定完工，导致工期拖延，产生工期拖延损失。被告要求原告赔偿工期延误损失的主张，超出了原告的诉讼请求范围，已构成独立之诉，被告应提出反诉。

3. 被告要求原告承担返修义务或赔偿损失的

原告主张被告给付工程欠款，被告提出工程存在质量瑕疵，要求原告返修或者承担损害赔偿责任的，被告的主张超出了原告的诉讼请求范围，已构成了一个独立的诉，被告应提出反诉，或者另行起诉。

4. 发包人要求承包人赔偿因工程质量不符合合同约定而造成人身或者财产损害的

《合同法》第二百八十二条规定："因承包人的原因致使建设工程在合理

使用期限内造成人身和财产损害的，承包人应当承担损害赔偿责任。”发包人因建设工程质量问题造成人身或者财产损害向承包人提出赔偿请求的，属于侵权损害赔偿之诉，该请求虽超出原告请求范围，又具有给付请求内容，属于独立的诉讼请求，但因与建设工程施工合同纠纷不是同一法律关系，发包人不能提起反诉主张权利，只能另行起诉。

四、实务中应当注意的问题

1. 施工合同约定违约金可以直接从工程款中抵扣，被告主张减少工程款并抵扣的，应否提起反诉

建设工程施工合同中，经常发生被告将反诉内容作为抗辩意见提出，要求直接在本诉中抵扣工程款的情况。对此，法官要根据案情分别作出释明并准确判断上述主张属于反诉还是抗辩。对于承包人向发包人主张工程欠款，而发包人以承包人逾期竣工或工程质量存在问题要求承包人承担违约赔偿责任的，应按反诉处理。但由于双方当事人在合同中已明确约定可直接将工程质量违约金或赔偿金从应付工程款中予以扣除，原告也同意在本诉中根据双方合同的约定直接结算抵扣，法官也可以在本诉中一并处理，将被告的该主张视为抗辩，无须再提起反诉。[①]

2. 一、二审对是抗辩还是反诉的认定不一致，应如何处理

如果一审认为是反诉，二审认为是抗辩的，由于一审按照反诉处理，必然会收取反诉的诉讼费用，并对反诉请求进行认定和裁判。此时，二审如果认为是抗辩的，则可能存在两种处理结果：一是抗辩理由成立，抗辩理由与反诉理由相同，此时，二审考虑到诉累和司法资源有限等问题，很可能维持一审的裁判结果；二是抗辩理由成立，抗辩理由与反诉理由不一致，二审则会发回重审或者改判，驳回反诉请求。

如果一审认为是抗辩，二审认为是反诉的，二审有两种处理方式。第一种是根据《民事诉讼法解释》第三百二十八条的规定，根据当事人自愿的原

---

① 王林清:《发包方减少工程款的主张属于抗辩还是反诉》，载《中国审判》2018 年第 16 期。

则就新增加的诉讼请求或者反诉进行调解；调解不成的，告知当事人另行起诉。第二种是二审裁定撤销一审判决发回重审，被告可以在重审时提起反诉，重审时对于被告提出反诉的，可以和本诉合并审理。

3. 反诉不予受理，能否仅在裁判说理部分驳回

实践中，当事人主动提起反诉的，法院在立案审查时，有可能不予受理，并对不予受理反诉在裁判文书说理部分予以驳回。如果提起反诉一方当事人不服提起上诉，则二审很可能以一审违反法定程序为由发回重审，因为根据《民事诉讼法》第一百五十四条的规定，法院不予受理反诉，应当以裁定的形式作出处理。例如，最高人民法院（2016）最高法民终135号中国建筑第八工程局有限公司与辽阳亚龙房地产开发有限公司建筑工程施工合同纠纷二审一案，最高人民法院认为：原审法院对亚龙公司的反诉未予受理属于适用法律错误，且仅在一审判决书“本院认为”部分中对亚龙公司的反诉予以驳回，没有以裁定形式作出处理，存在违反法定程序的情形。①

案例指导

潍坊海韵置业有限公司和山东景芝建设股份有限公司建设工程施工合同纠纷案②

再审申请人（一审被告、反诉原告，二审上诉人）：潍坊海韵置业有限公司（以下简称海韵公司）。

被申请人（一审原告、反诉被告，二审被上诉人）：山东景芝建设股份有限公司（以下简称景建公司）。

原审法院查明：略。

潍坊中院认为，涉案海韵·御花园项目系依法必须进行招投标程序的施工项目，景建公司与海韵公司未依法进行招投标程序，故双方于

---

① 王林清：《发包方减少工程款的主张属于抗辩还是反诉》，载《中国审判》2018年第16期。

② 详见最高人民法院（2017）最高法民再14号民事判决书。

2010 年 4 月 1 日（海韵 · 御花园 1—3#、4# 沿街楼）、2010 年 11 月 20 日（海韵 · 御花园 5—6# 住宅楼及地下车库）及 2010 年 4 月 30 日签订的建设工程施工合同、工程总承包协议因违反法律法规的效力性强制性规范，均属无效合同。

涉案工程现虽未经竣工验收，但从审理查明的事实看，涉案 1—3# 楼已有部分业主实际入住，涉案工程已实际交付使用，景建公司起诉要求海韵公司支付已完工工程款证据充分，理由正当，应予支持。

关于已完工工程造价，根据已生效的（2014）潍刑二终字第 98 号刑事裁定书，可以确认涉案工程已完工工程造价为 70641269.75 元，海韵公司要求对已完工工程造价进行鉴定，理由不成立，不予支持。

关于已付工程款。（1）景建公司主张该款系海韵公司支付的劳保费，并非工程款，对此海韵公司不予认可，且景建公司的该主张与收款收据记载不符，收据中明确载明系“支取工程款”，故景建公司主张系劳保费依据不足，该院不予采信。（2）该款虽系以坊子区人民医院的名义支付的水电费发票，但鉴于景建公司未提供证据证明该段时间内水电费由其支付，且该原始发票由海韵公司持有，涉案项目系坊子区人民医院团购项目，故海韵公司辩称系以坊子区人民医院名义垫付涉案项目施工期间的水电费，符合常理，该院予以采信。（3）海韵公司认可 2012 年 6 月至 2012 年 12 月间公司营业场所搬迁至施工现场，且存在自用电现象，故综合 2013 年 1 月至今其实际用电情况，景建公司称按每月 7000 元计算海韵公司自用电，理由正当，该院确定景建公司应承担的电费为 56868.54 元。另，海韵公司认可 2013 年 1 月至 2014 年 8 月系景建公司停工期，故此期间发生的电费 163364.21 元不应视为景建公司的电费支出，应由海韵公司自行承担。（4）关于防水材料，海韵公司已提交了景建公司工作人员签字的收料单及景建公司出具的发票为证，景建公司认可已收取相应的供材，且景建公司亦未提供案外供货商向其主张材料款的证据，故海韵公司主张的此部分供材款应予确认。

另，景建公司主张其代海韵公司支付安全措施费 250000 元，提交了收款收据为证，该院予以确认。

综上，海韵公司已付工程款为 37665652.39 元，尚欠工程款为 32975617.36

元，另加景建公司代付安全措施费为250000元，海韵公司尚欠景建公司款项为33225617.36元（已完工工程造价70641269.75元减去已付款37665652.39元再加上代交安全措施费250000元）。从审理查明的情况看，双方均认可景建公司施工人员现已撤离施工场地，海韵公司反诉要求判令景建公司施工人员撤离施工场地的诉讼请求已无必要。

景建公司未提交证据证明其已向海韵公司提交工程技术资料，涉案1—3#楼工程现已施工完毕并已交付使用，海韵公司要求景建公司配合工程验收并交付工程技术资料的请求，理由正当，应予支持。

在涉案工程未经竣工验收的情况下，海韵公司擅自将涉案已完工工程交付业主实际使用，且其未提供初步的证据证明涉案工程的地基基础工程和主体结构存在质量问题需要进行维修或已进行了维修等事实，故海韵公司要求鉴定工程质量及返修费用，理由不当，不予支持。

对于海韵公司反诉要求景建公司承担逾期完工违约金的请求，因涉案工程系无效合同，合同无效的原因中既有未经依法招投标的因素，又有景建公司原董事长、总经理赵加良利用职务之便与其操控的海韵公司以不合理价格签订施工合同，损害景建公司利益的因素，在景建公司发现上述问题后及时报案并在海韵公司欠付工程款的情况下停工，该避免损失的举措亦属合理，且景建公司在本案中也仅是起诉要求支付欠付工程款本金并未提出利息损失。综合考虑上述因素，该院对海韵公司主张的逾期完工违约金请求不予支持。

综上，该院依照《中华人民共和国合同法》第八条、第五十二条、第六十条、第一百零九条，《中华人民共和国民事诉讼法》第一百四十二条之规定，作出（2012）潍民初字第34号民事判决：（一）确认景建公司与海韵公司分别于2010年4月1日、2010年11月20日、2010年4月30日签订的建设工程施工合同及工程总承包协议均系无效合同；（二）海韵公司支付景建公司款项（包括应返还的安全措施费）33225617.36元，于该判决生效后十日内付清；（三）景建公司于该判决生效后十日内向海韵公司移交工程技术资料，并在涉案工程具备竣工验收条件后协助海韵公司办理竣工验收；（四）驳回景建公司的其他诉讼请求；（五）驳回海韵公司的其他反诉请求。

案件受理费 290054 元，财产保全费 5000 元，共计 295054 元，由景建公司负担 82126 元，海韵公司负担 212928 元；反诉案件受理费 129322 元，减半收取 64661 元，由海韵公司负担 60000 元，景建公司负担 4661 元。

山东高院认为，本案双方当事人争议焦点如下：（一）一审判决对景建公司已施工工程量的认定是否正确；（二）一审判决对景建公司已完工工程造价的认定是否正确；（三）关于涉案 250000 元安全措施费的承担问题；（四）一审判决未支持海韵公司关于涉案工程存在质量问题并请求景建公司承担维修费用的主张是否正确；（五）海韵公司主张扣除工程质保金是否成立；（六）一审判决未支持海韵公司请求景建公司承担逾期完工违约金的主张是否正确。

关于景建公司已施工工程量的认定问题，涉案工程现虽未经竣工验收，但经查明，涉案 1—3# 楼已有部分业主实际入住，4—6# 楼及地下车库业已主体完工，且生效刑事判决亦是针对已完工工程进行的造价鉴定，故景建公司起诉要求海韵公司支付已完工工程款，并无不当。海韵公司上诉称一审判决未查清景建公司的已施工工程量，故不能支付工程款与事实不符，不能成立。

关于景建公司已完工工程造价认定问题，《民事诉讼法解释》第九十三条规定，已为人民法院发生法律效力的裁判所确定的事实当事人无须举证，但当事人有相反证据足以推翻的除外。本案依据生效刑事裁定作出的认定，涉案已完工工程造价为 70641269.75 元，海韵公司虽有异议，但并无足以推翻的相反证据，故依据生效裁判确认的事实，一审判决确认涉案已完工工程造价为 70641269.75 元，并无不当。

关于涉案 250000 元安全措施费的承担问题，因为生效刑事裁定已对涉案工程造价进行了全面核算鉴定，而安全措施费作为建设工程费用项目组成部分，应认定该费用在鉴定时已计入工程造价。现景建公司未举证证明鉴定结论中不包含该费用，其主张代海韵公司支付安全措施费 250000 元证据不足，一审判决予以确认不当，应予纠正。据此，海韵公司尚欠景建公司款项为 32975617.36 元（已完工工程造价 70641269.75 元减去已付款 37665652.39 元）。

关于海韵公司主张涉案工程存在质量问题并请求景建公司承担维修费用的问题，在涉案工程未经竣工验收的情况下，海韵公司擅自将涉案已完工工程交付业主实际使用，且其未提供证据证明涉案工程的地基基础工程和主体结构存在质量问题，故对于海韵公司要求鉴定工程质量及返修费用的请求，一审判决不予支持并无不当。

关于海韵公司主张扣除工程质保金的问题，虽然工程质保期及质保金的返还涉及工程竣工验收日期，鉴于涉案工程 1—3# 楼已有部分业主实际入住，而 4—6# 楼及地下车库仅主体完工，双方因纠纷于 2011 年 11 月停止施工。至本案二审期间，海韵公司未提交证据证明工程存在质量问题，故海韵公司主张扣除工程质保金，不予处理。

关于海韵公司请求景建公司承担逾期完工违约金的问题，鉴于涉案合同为无效合同，无效合同自始无效，海韵公司主张景建公司承担逾期完工违约金的诉讼请求缺乏相应的合同基础，综合涉案工程的实际情况，景建公司未能在合同约定的期限内完工，其原因是多方面的，且海韵公司未提交证据证实造成其经济损失，对该请求一审不予支持并无不当。

关于海韵公司主张民事案件的判决将导致景建公司重复获利的问题。因本案系景建公司依据双方之间签订的施工合同，主张民事权利，属于人民法院受理民事诉讼的范围。而刑事案件系针对景建公司总经理赵加良应否承担刑事责任进行认定。海韵公司主张民事案件的判决将导致景建公司重复获利，赵加良退赔的款项应在本案中扣除依据不足，不予支持。关于赵加良是否为海韵公司实际控制人的问题不属于本案审理范围。因生效刑事裁定已认定涉案工程已完工工程造价，海韵公司主张扣除报告中的利润问题，不予处理。

综上，海韵公司的上诉请求和事实理由部分成立，一审判决有误，应予纠正。该院依照《中华人民共和国民事诉讼法》第一百六十九条、第一百七十条第一款第（二）项、第一百七十五条之规定，判决如下：（一）维持（2012）潍民初字第 34 号民事判决第一项、第三项、第四项、第五项，即确认景建公司与海韵公司分别于 2010 年 4 月 1 日、2010 年 11 月 20 日、2010 年 4 月 30 日签订的建设工程施工合同及工程总承包协议均系无效合同；景建公司于本判决生效后十日内向海韵公司移交工程技术资料，并在涉案工程具备竣工验收条件后协助海韵公司办理竣工验收；驳回景建公司的其他诉讼请求；驳回海韵公司的其他反诉请求；（二）变更（2012）潍民初字第 34 号民事判决第二项为海韵公司支付景建公司款项（不包括安全措施费）32975617.36 元，于该判决生效后十日内付清。一审本诉案件受理费 290054 元，财产保全费 5000 元，共计 295054 元，由景建公司负担 85026 元，海韵公司负担 210028 元。一审反诉案件受理费 129322 元，减半收取 64661 元，由海韵公司负担 60000 元，景建公司负担 4661 元。二审案件受理费 262175 元，由海韵公司负担 260202 元，景建公司负担 1973 元。

海韵公司不服二审判决，向最高人民法院申请再审。最高人民法院认为：本案争议焦点为：（一）已完工工程款项如何认定；（二）景建公司是否应承担逾期交工的损害赔偿责任；（三）质保金、维修费是否应予扣除。

关于已完工工程款项的问题。尽管案涉建设施工合同因违反法律法规效力性强制性规定而被认定无效，且相应工程也未竣工验收，但是部分工程完工以及业主实际入住均为事实，双方当事人并无异议。因此，二审判决认为海韵公司应向施工方景建公司支付相应工程款项，具有事实依据。至于已完工工程款项的数额认定问题，赵加良刑事案件对已完工工程的市场合理价格进行了鉴定，鉴定程序合法，海韵公司虽有异议，但未能提出足以推翻鉴定结论的相反证据，二审判决依据该鉴定结论确定已完工工程款，具有事实依据。（2016）鲁 07 刑再 12 号刑事判决仅认为依据鉴定报告计算出来的已完工工程合同价格与市场价格的差价，并不能作为赵加良职务侵占的对象，但并未否定鉴定报告对已完工工程市场合理价格的鉴定结果，海韵公司认为（2016）鲁 07 刑再 12 号刑事判决否定了工程款数额，二审判决已失去裁判依据，不能得到支持。

关于景建公司逾期交工的损害赔偿问题。由于本案建设施工合同无效，因此不能依据合同中所约定的交工期限确定双方当事人的权利义务，海韵公司依据合同约定向景建公司主张其逾期交工责任，缺乏合同基础。在海韵公司未能证明逾期交工造成其经济损失的情况下，二审判决对其逾期交工损害赔偿的主张未予支持，并无不当。

关于质保金和修复费的问题。质保金作为合同约定内容，在本案施工合同无效的情况下，海韵公司向景建公司主张质保金缺乏事实依据。结合涉案工程1—3#楼已有部分业主实际入住且海韵公司未能提供证据证明涉案工程存在质量问题的事实，其请求景建公司支付维修费的主张亦不能成立。

综上，二审判决认定事实清楚，适用法律正确，应予维持。本院依照《中华人民共和国民事诉讼法》第二百零七条第一款、《最高人民法院关于适用〈中华人民共和国民事诉讼法〉的解释》第四百零七条第一款之规定，判决：维持山东省高级人民法院（2015）鲁民终字第395号民事判决。

规范指引

《中华人民共和国合同法》

第二百六十九条　建设工程合同是承包人进行工程建设，发包人支付价款的合同。

建设工程合同包括工程勘察、设计、施工合同。

第二百八十一条　因施工人的原因致使建设工程质量不符合约定的，发包人有权要求施工人在合理期限内无偿修理或者返工、改建。经过修理或者返工、改建后，造成逾期交付的，施工人应当承担违约责任。

第二百八十二条　因承包人的原因致使建设工程在合理使用期限内造成人身和财产损害的，承包人应当承担损害赔偿责任。

《中华人民共和国民事诉讼法》

第一百四十条　原告增加诉讼请求，被告提出反诉，第三人提出与本案有关的诉讼请求，可以合并审理。

第一百五十四条　裁定适用于下列范围：

（一）不予受理；

（二）对管辖权有异议的；

（三）驳回起诉；

（四）保全和先予执行；

（五）准许或者不准许撤诉；

（六）中止或者终结诉讼；

（七）补正判决书中的笔误；

（八）中止或者终结执行；

（九）撤销或者不予执行仲裁裁决；

（十）不予执行公证机关赋予强制执行效力的债权文书；

（十一）其他需要裁定解决的事项。

对前款第一项至第三项裁定，可以上诉。

裁定书应当写明裁定结果和作出该裁定的理由。裁定书由审判人员、书记员署名，加盖人民法院印章。口头裁定的，记入笔录。

《最高人民法院关于适用〈中华人民共和国民事诉讼法〉的解释》

第二百五十一条 二审裁定撤销一审判决发回重审的案件，当事人申请变更、增加诉讼请求或者提出反诉，第三人提出与本案有关的诉讼请求的，依照民事诉讼法第一百四十条规定处理。

第三百二十八条 在第二审程序中，原审原告增加独立的诉讼请求或者原审被告提出反诉的，第二审人民法院可以根据当事人自愿的原则就新增加的诉讼请求或者反诉进行调解；调解不成的，告知当事人另行起诉。

双方当事人同意由第二审人民法院一并审理的，第二审人民法院可以一并裁判。

《诉讼费用交纳办法》

第十八条 被告提起反诉、有独立请求权的第三人提出与本案有关的诉讼请求，人民法院决定合并审理的，分别减半交纳案件受理费。

《最高人民法院关于审理建设工程施工合同纠纷案件适用法律问题的解释》

第十一条 因承包人的过错造成建设工程质量不符合约定，承包人拒绝修理、返工或者改建，发包人请求减少支付工程价款的，应予支持。

《最高人民法院关于审理买卖合同纠纷案件适用法律问题的解释》

第四十四条 出卖人履行交付义务后诉请买受人支付价款，买受人以出卖人违约在先为由提出异议的，人民法院应当按照下列情况分别处理：

（一）买受人拒绝支付违约金、拒绝赔偿损失或者主张出卖人应当采取减少价款等补救措施的，属于提出抗辩；

（二）买受人主张出卖人应支付违约金、赔偿损失或者要求解除合同的，应当提起反诉。

专题四：质量保证金返还期限的司法处理

【核心提示】有下列情形之一，承包人请求发包人返还工程质量保证金的，人民法院应予支持：（1）当事人约定的工程质量保证金返还期限届满。（2）当事人未约定工程质量保证金返还期限的，自建设工程通过竣工验收之日起满二年。（3）因发包人原因建设工程未按约定期限进行竣工验收的，自承包人提交工程竣工验收报告90日后起当事人约定的工程质量保证金返还期限届满；当事人未约定工程质量保证金返还期限的，自承包人提交工程竣工验收报告90日后起满二年。发包人返还工程质量保证金后，不影响承包人根据合同约定或者法律规定履行工程保修义务。

实务争点

工程质量保证金是建筑行业中建设单位依照约定收取的一种保证金，由建设单位在支付工程进度款或工程尾款时按一定比例预留，专门用于保证维修建设工程，其设置的目的在于保证工程质量。在司法实践中，工程质量保证金的争议主要集中在返还期限的确定。对于当事人未约定工程质量保证金返还期限的情况下如何确定返还的起始时间，有不同观点：第一种观点认为自工程竣工验收之日起满二年；第二种观点认为自竣工之日起满二年；第三种观点认为自建设工程通过竣工验收之日起满二年。为使文义上更加清晰，同时与相关行政管理规范性文件保持一致，司法解释最终确定了“自建设工程通过竣工验收之日起满二年”的表述。因此，《建设工程施工合同解释（二）》第八条规定：有下列情形之一，承包人请求发包人返还工程质量保证金的，人民法院应予支持：（一）当事人约定的工程质量保证金返还期限届满。（二）当事人未约定工程质量保证金返还期限的，自建设工程通过竣工验收之日起满二年。（三）因发包人原因建设工程未按约定期限进行竣工验收的，自承包人提交工程竣工验收报告九十日后起当事人约定的工程质量保证金返还期限届满；当事人未约定工程质量保证金返还期限的，自承包人提交工程竣工验收报告 90 日后起满二年。发包人返还工程质量保证金后，不影响承包人根据合同约定或者法律规定履行工程保修义务。

理解适用

对《建设工程施工合同解释（二）》第八条的理解与适用

工程质量保证金返还期限的问题，涉及工程质量保证金的相关概念及其性质、工程质量保证金与工程质量保修金的区别、缺陷责任期与质量保修期的区别、不同情况下工程质量保证金的返还期限如何确定以及工程质量保证金返还后保修义务如何承担等问题。

一、相关概念的法律界定

1. 工程质量保证金、工程质量保修金、工程质保金

质量保证金一词的概念最早出现于 2002 年《基本建设财务管理规定》中，在很长一段时间内，工程质量保证金与工程质量保修金的概念在实践中是不加区分的，比如 2004 年财政部、建设部《建设工程价款结算暂行办法》和 2005 年建设部、财政部《建设工程质量保证金管理暂行办法》均使用的是"建设工程质量保证金（保修金）"的概念，直到 2016 年《建设工程质量保证金管理办法》的发布，才正式确立了工程质量保证金制度。随着《建设工程质量保证金管理办法》的制定，实践中，工程质量保证金与工程质量保修金已经统一为工程质量保证金。

质保金这一概念，并不是严格的法律用语，其可以作为质量保证金、质量保修金的简称。在工程实践及司法实践中，宜统一使用工程质量保证金这一概念，其实质为发包人与承包人在建设工程施工合同中约定，从应付的工

程价款中预留，用以保证承包人在缺陷责任期内对建设工程出现的缺陷进行维修的资金。[①]

2. 缺陷责任期与保修期

缺陷责任期与保修期既有联系又有区别。缺陷责任期是指承包人对已交付使用的合同工程承担合同约定的缺陷修复责任的期限，其实质上就是指预留质保金（保证金）的一个期限，具体可由发包方在合同中约定。[②]缺陷是一个法律用词，具体是指建设工程质量不符合工程建设强制性标准、相关文件以及承包合同的约定。缺陷责任期内，由承包人原因造成的缺陷，承包人负责维修，并承担鉴定及维修费用；如承包人未履行缺陷修复义务，则发包人可以按照合同约定扣除工程质量保证金，并由承包人承担相应的违约责任。缺陷责任期届满，发包人应当返还工程质量保证金。[③]

保修期是指发包方、承包方在合同中约定的工程质量保修责任期限。保修期自工程实际竣工之日起计算。保修期内，承包人对建设工程的保修义务属于法定义务，因此，不能通过合同约定予以排除。

缺陷责任期与保修期的区别有以下两点：（1）期间不同。《建设工程质量保证金管理办法》第二条第三款规定："缺陷责任期一般为1年，最长不超过2年，由发、承包双方在合同中约定。"根据该条规定，当事人对缺陷责任期有约定的按约定，没有约定的，一般为两年以内。而保修期除法定期间外，则由发、承包双方共同约定，一般不应短于两年。（2）法律后果不同。缺陷责任期届满，发包人应当返还工程质量保证金。而保修期届满，则承包人义务履行完毕，除附随义务外，不存在其他合同义务。

3. 工程质量保证金的法律性质

关于工程质量保证金的法律性质，目前主要有抵销预约说、附解除条件

---

① 最高人民法院民事审判第一庭编著：《最高人民法院建设工程施工合同司法解释（二）理解与适用》，人民法院出版社2019年版，第181页。

② 秦德平：《建设工程施工合同审理审查实务》，人民法院出版社2019年版，第176页。

③ 最高人民法院民事审判第一庭编著：《最高人民法院建设工程施工合同司法解释（二）理解与适用》，人民法院出版社2019年版，第181页。

债权说、附解除条件的消费寄托说、债权质说及信托的所有权让与说五种学说。目前支持者较多的是信托的所有权让与说，该说认为保证金的交付，其受领人附停止条件的返还义务，系信托的所有权让与行为。受领人在自己债权受清偿之前，无返还的义务，即以交付保证金者将来履行债务作为受领人返还保证金的停止条件，因而其他债权人不得对尚未成立的返还请求权实施强制执行，其受领人得优先受偿。[①] 该学说对于厘清保证金、押金的性质具有重要作用，但由于保证金并非属于保证、定金、担保物权等法定的担保形式，其法律性质还有待于理论与实践中进一步探讨、研究。

还有学者认为，工程质量保证金属于合同的特别担保措施，而非当事人对标的物承担质量瑕疵责任的违约责任的一种方式。质量瑕疵责任和质量保证金担保既有联系，又有区别，违约责任作用发挥更多的是在当事人违约之后，属于事后救济，比较消极和被动，而质量保证金担保则着重防患于未然，二者着重点不同，可以互补。违约责任产生的债权与其他债权人相比无优先性可言，而质量保证金因预先交付，具有优先受偿的效果。[②]

最高人民法院民事审判第一庭认为：（1）工程质量保证金属于金钱担保。金钱担保是指债务人通过交付或从自身应受偿债权预留一定数额的金钱，给予债务人丧失金钱的压力从而督促其适当履行债务的一种担保措施。金钱担保是一种物的担保，但又与物的担保有明显的区别，因为金钱乃一般等价物，而物的担保中的物则一般为特定化的物。金钱在交付之后，其所有权即归属于占有人，如定金、押金等；物的担保中的物即使交付给债权人作为担保，其所有权一般也不会发生转移，如质押、留置等。（2）工程质量保证金属于约定担保。相关部委规章仅是对工程质量保证金涉及的行为进行引导、管理，对于工程质量保证金的担保对象、期限、返还等事项，均需由当事人在合同中进行约定。（3）工程质量保证金一般采取从工程款中预留的方式交付，这使其与其他类型保证金单独预先交纳的特点有所不同。买卖合同中的质量保证金更多地尊重当事人之间的意思自治，在担保

---

① 杨兴龄：《民法物权》，台湾地区五南图书出版公司 1981 年版，第 218~219 页。

② 王富博、都星羽：《质量保证金的法律探讨》，载《人民司法》2012 年第 7 期。

范围、担保期限、返还期限上均可以自行约定，但工程质量保证金则由行政管理部门进行规制，当事人在约定工程质量保证金时需受到相关管理规定的约束，缺乏任意性。①

二、当事人对返还期限有约定的处理

当事人对返还工程质量保证金有约定，是指当事人在签订建设工程施工合同时对返还工程质量保证金有专门约定，包括在合同的通用条款、专用条款中的返还工程质量保证金的约定，或者签订的其他协议中关于返还工程质量保证金的约定。②如果当事人在合同通用条款、专用条款或者其他协议中对返还工程质量保证金的期限、方式有约定的，一般应遵照其约定，这是贯彻当事人意思自治原则的应有之义。

三、当事人对返还期限没有约定的处理

通常情况下，当事人对返还工程质量保证金没有约定期限的包括如下三种情形：一是当事人对返还工程质量保证金期限没有形成任何书面协议或者其他形式的协议。二是当事人对返还工程质量保证金期限虽有约定，但约定全部或者部分违反了《建设工程质量保证金管理办法》的相关规定。三是当事人对返还工程质量保证金期限虽有约定，但约定不明且根据合同相关条款及相关证据又无法确定返还期限。司法解释的本项内容吸收了《建设工程质量保证金管理办法》的相关规定，即当事人对返还工程质量保证金期限没有约定，自建设工程通过竣工验收之日起满二年返还质量保证金。司法实践中，如果当事人对“工程通过竣工验收之日”产生争议的，应按照《建设工程施工合同解释（一）》第十四条的规定进行认定处理。

---

① 最高人民法院民事审判第一庭编著：《最高人民法院建设工程施工合同司法解释（二）理解与适用》，人民法院出版社 2019 年版，第 184~185 页。

② 最高人民法院民事审判第一庭编著：《最高人民法院建设工程施工合同司法解释（二）理解与适用》，人民法院出版社 2019 年版，第 186 页。

四、因发包人原因导致工程未能竣工验收的处理

因发包人原因导致工程未能竣工验收是指建设工程具备竣工验收条件而因发包人原因未组织竣工验收。“发包人原因”一般是指发包人无故拖延、不予配合等导致建设工程未按约定时间进行竣工验收。“竣工验收”是指承包人已经完成合同范围内的全部工程并准备齐全竣工资料而申请的验收。司法解释的本项内容充分吸收了《建设工程质量保证金管理办法》第八条的规定，即缺陷责任期从工程通过竣工验收之日起计。由发包人原因导致工程无法按规定期限进行竣工验收的，在承包人提交验收报告 90 天后，工程自动进入缺陷责任期。需要注意的是，工程自动进入缺陷责任期后，仍然需要考量当事人之间对于工程质量保证金的返还期限有无约定，如有约定，则自承包人提交工程竣工验收报告 90 日后起算约定的缺陷责任期，缺陷责任期满，发包人即有返还工程质量保证金的义务；如当事人未约定缺陷责任期，自承包人提交工程竣工验收报告 90 日后起满二年，发包人即有返还工程质量保证金的义务。另外，无论工程按期竣工还是存在顺延、拖延情形，只要承包人提交竣工验收报告后发包人在约定期限内及时组织了竣工验收，工程质量保证金返还期限就不适用本司法解释第八条第一款第（三）项的规定，只有发包人未按约定期限进行竣工验收才属于本项规定规范的情形。工期顺延、拖延而产生的相关法律责任，应根据法律及当事人合同约定加以解决，与质量保证金的返还属于两个方面的问题。

五、实务中应当注意的问题

在司法实践中，应当注意下列问题：

1. 工程款与工程质量保证金能否一并或分开主张的问题

通常情况下，当事人主张工程款与工程质量保证金时有以下四种情形：一是单独主张工程质量保证金；二是明确在扣除工程质量保证金的情况下主张工程款；三是将工程款与工程质量保证金分开主张；四是将工程款与工程质量保证金一并主张，即在主张工程款的同时包括了工程质量保证金。工程质量保证金是发包人从应付工程款中预留的资金，就其功能而言，属于用以

保证承包人在缺陷责任期内对建设工程缺陷进行维修的资金，本质上是工程款。因此，承包人将工程款与工程质量保证金一并主张并不存在法律上的障碍。但是，承包人单独主张工程质量保证金时，或者将工程款与工程质量保证金分开主张时，如果建设工程尚在缺陷责任期内，则因工程质量保证金未到返还时间，其主张难以得到支持。如果承包人在缺陷责任期内仅就应付工程款提起诉讼，未主张工程质量保证金，只要其起诉符合《民事诉讼法》第一百一十九条规定的起诉条件，可以单独成诉。另外，如果当事人在一审起诉时因建设工程尚在缺陷责任期内，但在诉讼过程中或二审期间建设工程缺陷责任期届满，承包人主张工程质量保证金的，应根据《民事诉讼法》及相关司法解释的相关规定进行处理。

2. 发包人能否以工程存在质量缺陷为由拒绝返还或部分返还工程质量保证金

工程质量保证金制度设置的目的是保证承包人在缺陷责任期内对建设工程缺陷承担维修责任。缺陷责任期内，由于承包人的原因，造成建设工程缺陷的，承包人应负责维修，并承担鉴定及维修费用。如果承包人拒不维修又不承担鉴定及维修费用，发包人有权从工程质量保证金中扣除。故在此种情形下，发包人可以拒绝返还或部分返还工程质量保证金。实践中，建设工程产生质量缺陷的原因相对复杂，此时，双方应先共同邀请第三方评估机构确定缺陷原因和责任，后双方共同协商确定是否应从工程质量保证金中扣除费用。扣除部分费用的，发包人在缺陷责任期届满后应将其余保证金及时返还；维修费用超出工程质量保证金金额的，发包人还可以按合同约定向承包人索赔。如果是非承包人的原因造成的建设工程缺陷，应由发包人负责维修，承包人不承担费用，且发包人在缺陷责任期届满后应及时将工程质量保证金返还给承包人，否则，应按合同约定承担违约责任。

3. 建设工程没有通过竣工验收的缺陷责任期如何确定

因缺陷责任期从工程通过竣工验收之日起计算，所以缺陷责任期确定的前提是工程通过竣工验收。如果因工程质量不合格、工程手续不完备导致工程无法通过竣工验收时，无论是承包人的原因还是发包人的原因，都不具备确定缺陷责任期的前提条件。因此，发包方、承包方应适当履行各自在建设工程施工合同中的权利义务，使得建设工程竣工验收合格，方能确定缺陷责任期。

4. 关于逾期返还工程质量保证金的违约责任

发包人逾期返还工程质量保证金是否应当承担违约责任，关键看逾期返还工程质量保证金是否具有法定或合同约定的抗辩事由，如果有有效的抗辩事由，则不应承担违约责任；如果没有有效的抗辩事由，又未在质量缺陷期满后的约定期限内或《建设工程质量保证金管理办法》规定的核实后的14天内返还工程质量保证金的，应按约定承担违约责任。

案例指导

大同北岳建筑安装有限责任公司诉大同市天力房地产开发有限责任公司建设工程施工合同纠纷案[①]

再审申请人（一审被告、二审上诉人）：大同市天力房地产开发有限责任公司（以下简称天力房地产公司）。

被申请人（一审原告、二审上诉人）：大同北岳建筑安装有限责任公司（以下简称北岳建安公司）。

原审法院查明及审理经过：略。

原审法院判决：一、天力房地产公司于该判决生效后十五日内支付北岳建安公司工程款13853731元；二、天力房地产公司于该判决生效后十五日内支付北岳建安公司逾期付款利息，分别为：以21190333元为基数，按中国人民银行同期同类贷款利率标准，从2013年10月29日计算至2014年11月28日止；以10522032元为基数，按中国人民银行同期同类贷款利率标准，从2014年11月29日计算至该判决生效之日止；三、驳回北岳建安公司的其他诉讼请求。一审案件受理费342927元，由北岳建安公司负担100000元，天力房地产公司负担242927元。

北岳建安公司与天力房地产公司均不服一审判决，故又向山西省高级

① 详见最高人民法院（2016）最高法民再304号民事判决书。

人民法院提起上诉。二审法院认为本案二审主要争议的焦点问题是：北岳建安公司与天力房地产公司各自主张的工程款数额是多少；原判关于保修期满后5%的质保金和工程造价下浮4%以及利息计算认定的依据是否错误；所签《施工补充合同》对双方是否有约束力；关于北岳建安公司与天力房地产公司各自主张的工程款数额是多少的问题。经查，在由双方盖章签字并有合同建设工程造价员高志勇等人名章的《建设工程结算书》和《工程汇总表》显示，鑫成国际一期C#、D#、3#、4#楼及商场工程总造价为118418101元，扣除天力房地产公司所供材料款、合同约定工程造价下浮4%以及水电费，合计为54379035元，天力房地产公司还应支付工程款为64039066元。一审根据上述事实和证据，认定天力房地产公司还应付给北岳建安公司工程款的数额并无不当。关于质保金和工程造价下浮4%以及利息计算认定的依据是否错误以及所签《施工补充合同》对双方是否有约束力的问题。经查，双方在《建设工程施工合同》第三十四条第一款中约定了保修责任以及缺陷责任期，但并未明确约定质保金返还期限，因本案工程已于2013年10月29日验收备案，并已实际使用，故北岳建安公司要求一并返还质保金的请求应予支持。因双方在《工程汇总表》中确认的5%保修金为3201953元，故应以此数额返还质保金。关于下浮4%工程款的认定，经查，因《施工补充合同》对双方不发生法律效力，故该费用不应在总工程款中予以扣除。另关于北岳建安公司上诉称，一审判决将天力房地产公司支付二期工程款的500万元计算到其已付一期工程款中，因双方当事人庭审时已作陈述，二期工程款项尚未结算，且北岳建安公司并未提供充分的法律依据加以证明，对此如有异议，可在二期工程款结算时处理，故该院不予支持。综上，北岳建安公司与天力房地产公司的上诉请求均缺乏事实和法律依据，该院不予支持。原审法院认定事实清楚，适用法律正确，在质保金问题上虽作论述但未处理，应予补正。二审法院判决：一、维持大同中院（2014）同商初字第14号民事判决。二、天力房地产公司应于该判决生效之日起十日内向北岳建安公司支付质保金3201953元。一审案件受理费按原判决执行；二审案件受理费46800元由北岳建安公司负担，104922元由天力房地产公司负担。

天力房地产公司不服山西省高级人民法院（2015）晋商终字第65号民

事判决，故又向最高人民法院申请再审。最高人民法院认为本案再审争议焦点是：一、案涉《施工补充合同》的法律效力及《建设工程结算书》应否作为本案工程款的结算依据。二、二审判决第二项是否属于重复计算工程欠款，是否应予撤销。三、5% 保修金支付时间应如何认定。四、工程款利息的计算是否正确。关于案涉《施工补充合同》的法律效力及《建设工程结算书》应否作为本案工程款结算依据的问题。一、二审判决依据《建设工程施工合同》与《施工补充合同》的约定内容及备案情况，认定《施工补充合同》对中标的《建设工程施工合同》内容进行了实质性变更，本案应以中标的《建设工程施工合同》而非《施工补充合同》作为结算依据，符合《最高人民法院关于审理建设工程施工合同纠纷案件适用法律问题的解释》第二十一条规定的情形，并无不当。关于二审判决第二项是否属于重复计算工程欠款，是否应予撤销的问题。本院查明的有关案涉《建设工程结算书》及《工程汇总表》一节事实表明，案涉工程造价小计 64039066 元已经包括 5% 保修金 3201953 元。一审判决在认定《施工补充合同》对双方当事人不发生法律效力的前提下，以《建设工程结算书》及《工程汇总表》为依据，认定当事人原先约定的下浮 4% 工程款（即 2594915 元）不再予以扣除，认定天力房地产公司应支付工程款为 66633981 元（即 64039066 元加上 2594915 元），再减去已付的工程款 52780250 元，得出判决结论天力房地产公司应支付工程款为 13853731 元。这说明一审判决在确认天力房地产公司应支付工程款的问题时已经考虑并包含了 5% 保修金 3201953 元。二审判决认定“一审判决在保修金问题上虽作论述但未处理”，系对一审判决的误读，二审判决在维持一审判决的基础上，判决第二项又判令天力房地产公司应支付 5% 保修金 3201953 元给北岳建安公司，属重复计算，本院予以纠正。关于保修金支付时间及工程款利息的计算是否正确的问题。《建设工程施工合同》仅约定了保修责任及缺陷责任期，未约定保修金的返还期限，而案涉工程已于 2013 年 10 月 29 日验收备案，并已实际使用。故一、二审判决均支持了北岳建安公司返还保修金的诉请，符合《建设工程质量保证金管理办法》第二条、第五条的规定，具有事实与法律依据。诉争工程款利息系欠付工程款的法定孳息，一、二审判决依据案涉《建设工程施工合同》有关付款方式的约定，结合天力房地产公司实际付款情况，认定欠款数额及相应利息，并无不当。

综上所述，天力房地产公司的再审请求部分成立。最高人民法院判决：一、撤销山西省高级人民法院（2015）晋商终字第65号民事判决。二、维持山西省太原市中级人民法院（2014）同商初字第14号民事判决。二审案件受理费151722元，由大同北岳建筑安装有限责任公司负担46800元，由大同市天力房地产开发有限责任公司负担104922元。

规范指引

《中华人民共和国民事诉讼法》

第一百一十九条 起诉必须符合下列条件：

（一）原告是与本案有直接利害关系的公民、法人和其他组织；

（二）有明确的被告；

（三）有具体的诉讼请求和事实、理由；

（四）属于人民法院受理民事诉讼的范围和受诉人民法院管辖。

《建设工程质量保证金管理办法》

第二条 本办法所称建设工程质量保证金（以下简称保证金）是指发包人与承包人在建设工程承包合同中约定，从应付的工程款中预留，用以保证承包人在缺陷责任期内对建设工程出现的缺陷进行维修的资金。

缺陷是指建设工程质量不符合工程建设强制性标准、设计文件，以及承包合同的约定。

缺陷责任期一般为1年，最长不超过2年，由发、承包双方在合同中约定。

第八条 缺陷责任期从工程通过竣工验收之日起计。由于承包人原因导致工程无法按规定期限进行竣工验收的，缺陷责任期从实际通过竣工验收之日起计。由于发包人原因导致工程无法按规定期限进行竣工验收的，在承包人提交竣工验收报告90天后，工程自动进入缺陷责任期。

第九条 缺陷责任期内，由承包人原因造成的缺陷，承包人应负责维修，并承担鉴定及维修费用。如承包人不维修也不承担费用，发包人可按合同约定从保证金或银行保函中扣除，费用超出保证金额的，发包人可按合同约定向承包人进行索赔。承包人维修并承担相应费用后，不免除对工程的损失赔偿责任。

由他人原因造成的缺陷，发包人负责组织维修，承包人不承担费用，且发包人不得从保证金中扣除费用。

第十条　缺陷责任期内，承包人认真履行合同约定的责任，到期后，承包人向发包人申请返还保证金。

第十一条　发包人在接到承包人返还保证金申请后，应于14天内会同承包人按照合同约定的内容进行核实。如无异议，发包人应当按照约定将保证金返还给承包人。对返还期限没有约定或者约定不明确的，发包人应当在核实后14天内将保证金返还承包人，逾期未返还的，依法承担违约责任。发包人在接到承包人返还保证金申请后14天内不予答复，经催告后14天内仍不予答复，视同认可承包人的返还保证金申请。

《最高人民法院关于审理建设工程施工合同纠纷案件适用法律问题的解释》

第十四条　当事人对建设工程实际竣工日期有争议的，按照以下情形分别处理：

（一）建设工程经竣工验收合格的，以竣工验收合格之日为竣工日期；

（二）承包人已经提交竣工验收报告，发包人拖延验收的，以承包人提交验收报告之日为竣工日期；

（三）建设工程未经竣工验收，发包人擅自使用的，以转移占有建设工程之日为竣工日期。

专题五：诉讼前委托造价咨询效力的司法处理

【核心提示】当事人在诉讼前共同委托有关机构、人员对建设工程造价出具咨询意见，诉讼中一方当事人不认可该咨询意见申请鉴定的，人民法院应予准许，但双方当事人明确表示受该咨询意见约束的除外。

实务争点

在司法实践中，一方当事人不认可合同主体共同委托有关机构、人员对建设工程造价出具的咨询意见，提出申请鉴定的，应当如何处理？存在争议：一种意见认为，一方当事人申请鉴定的，人民法院原则上不予准许，例外准许鉴定；另一种意见认为，原则上应准予鉴定，除非当事人事先明确表示接受该咨询意见约束的，不准予鉴定。由于咨询意见与鉴定意见不存在可以直接替代的关系，人民法院不能仅以有咨询意见为由，剥夺当事人申请鉴定的程序权利。当然，如果双方已明确表示接受该咨询意见的结果，一方当事人事后再申请鉴定，与其之前的自认相矛盾，且不符合诉讼诚信原则，人民法院可对其鉴定申请不予准许。对此，《建设工程施工合同解释（二）》第十三条规定：当事人在诉讼前共同委托有关机构、人员对建设工程造价出具咨询意见，诉讼中一方当事人不认可该咨询意见申请鉴定的，人民法院应予准许，但双方当事人明确表示受该咨询意见约束的除外。

理解适用

对《建设工程施工合同解释（二）》第十三条的理解与适用

在民事诉讼中，一方当事人不认可当事人共同委托有关机构、人员对建设工程造价出具的咨询意见，向人民法院申请鉴定，应当依据《建设工程施工合同解释（二）》第十三条的规定处理。在司法实践中，应当从如下方面理解与适用：

一、咨询意见与鉴定意见的区别

当事人共同委托有关机构、人员对建设工程造价出具的咨询意见与诉讼中当事人申请人民法院委托鉴定机构鉴定或人民法院依职权委托鉴定机构出具的鉴定意见性质不同、内容不同。咨询意见本质上是受托人的咨询机构按约定委托鉴定机构就专门问题进行鉴定所作出的鉴定意见。而鉴定意见本质上是司法机关委托鉴定机构就专门性问题进行鉴定得出的鉴定结果。咨询意见与鉴定意见最大的不同在于鉴定意见的委托人是司法机关或仲裁机构，鉴定机构的鉴定行为发生在诉讼过程中，所形成的鉴定意见是《民事诉讼法》规定的八种证据形式之一；咨询意见的委托人是当事人等民事主体，咨询机构的咨询行为发生在诉讼前，所形成的咨询意见本身并非鉴定意见。故咨询意见与鉴定意见分属不同证据类型，不能仅以有咨询意见为由，剥夺当事人申请鉴定的程序权利，除非当事人双方已明确表示接受该咨询意见的结果。

二、咨询意见的性质认定

因当事人在诉讼前共同委托有关机构、人员对建设工程造价出具的咨询意见并不属于《民事诉讼法》规定的八种法定证据类型，那么咨询意见的性质如何认定呢？实践中，主要有以下几种观点：一是非证据说。按证据严格法定主义，认为咨询意见不属于《民事诉讼法》规定的八种法定证据类型，不能作为证据使用。二是证人证言说。认为受委托机构因接受委托而事实上成为知道案件情况的专家，其出具的咨询意见属于证人证言。三是书证说。认为当事人委托咨询意见在不出庭的情况下符合书证的表现形式，因而将委托咨询意见划为书证。最高人民法院在《最高人民法院关于民事诉讼证据的解释》（征求意见稿）中将委托咨询意见定性为书证。

既然咨询意见更多地具有书证特征，那么当事人自行委托有关机构、人员出具咨询意见时，供后者使用的基础材料都是双方当事人自己提供的，难免作有利于自己的取舍，造成咨询意见不能客观、完全地体现争议事实的真实面貌。同时，有关机构、人员的专业资格、计算工程造价的程序和方法等也没有接受人民法院的监督，使得其出具的咨询意见不具有权威性，当事人事后质疑也在所难免。除非双方已通过委托合同或者其他方式明确表示接受咨询意见约束，人民法院则应从尊重当事人意思自治出发，对当事人一方事后申请鉴定的行为，不予准许。[①]

---

① 最高人民法院民事审判第一庭编著：《最高人民法院建设工程施工合同司法解释（二）理解与适用》，人民法院出版社2019年版，第304页。

三、实务中应注意的问题

在司法实践中，适用《建设工程施工合同解释（二）》第十三条的规定，还应当注意下列问题：

1. 工程造价鉴定与资产评估的关系

实务中，一些不具备工程造价鉴定执业资格的中介机构，也在以资产评估报告的形式为工程造价鉴定出具成果文件，一些法院也在指定工程造价鉴定机构时不考虑其是否具备专业执业资格问题。事实上，工程造价鉴定与资产评估有很大的区别：一是价格估算时点上不同。工程造价鉴定仅以工程建设行为发生时的合同条件或其他计价条件（如政府公布的调价文件）作为依据。资产评估的估算必须以财产的存续时间为计价参数，随着财产存续期间的延续，其价格也随之发生变化。二是可利用状况不同。工程造价鉴定仅以建造行为发生或工程项目形成为条件，此后因自然和物理上的原因所产生的有形或无形损耗，不影响工程造价的价格估算。资产评估中，被评估对象的使用年限、折旧情况是对财产已经丧失的使用价值的会计表述。

2. 当事人不认可咨询意见而申请鉴定是否需要举证证明该咨询意见存在瑕疵

根据《最高人民法院关于民事诉讼证据的若干规定》第四十一条的规定，对于一方当事人就专门性问题自行委托有关机构或者人员出具的意见，另一方当事人有证据或者理由足以反驳并申请鉴定的，人民法院应予准许。需要注意的是，一方当事人对另一方当事人自行鉴定的反驳必须提供证据或理由。反驳的证据或理由应当围绕鉴定资格、鉴定程序、鉴定依据的真实性、合法性、科学性、公正性来进行证明，只要能证明另一方当事人自行鉴定的结论在上述某一个方面存在疑点，具有不可采性，并申请重新鉴定的，人民法院应当予以重新鉴定。但将该条与本条对比可知，二者存在以下不同：一是委托的主体不同。本条是双方当事人共同委托，《最高人民法院关于民事诉讼证据的若干规定》第四十一条规定的是一方当事人自行委托。二是是否以提出反驳意见为前提不同。本条没有强调另一方当事人必须有证据足以反驳，《最高人民法院关于民事诉讼证据的若干规定》则强调不但要不接受该鉴定意见，还必须举出足够证据或理由反驳该鉴定意见。

案例指导

江苏南通二建集团有限公司与连云港市远通房地产开发有限公司建设工程施工合同纠纷案[①]

上诉人（原审被告）：连云港市远通房地产开发有限公司（以下简称远通公司）。

被上诉人（原审原告）：江苏南通二建集团有限公司（以下简称南通二建）。

上诉人远通公司因与被上诉人南通二建建设工程施工合同纠纷一案，不服江苏省高级人民法院（以下简称原审法院）（2014）苏民初字第 8 号民事判决，提起上诉。

案件基本事实和审理过程：略。

远通公司向最高人民法院上诉请求：1. 撤销原判，改判驳回南通二建的诉讼请求或裁定发回重审；2. 本案一、二审诉讼费用由南通二建承担。事实和理由：1. 案涉施工合同无效。2. 案涉工程质量不合格，南通二建拒不整改，远通公司有权停止支付工程款。3. 远通公司已向原审法院提供案涉工程质量不合格的证据，南通二建不认可，应由其提起工程质量鉴定申请。4. 连云港德晖工程项目管理咨询有限公司（以下简称德晖公司）出具的工程结算审计报告不能作为案涉工程款结算依据。5. 原审法院判令远通公司支付南通二建工程款利息，缺乏事实和法律依据。6. 南通二建不享有建设工程价款优先受偿权。7. 原审法院程序违法。

最高人民法院认为，本案二审双方当事人争议焦点为：1. 案涉施工合同是否合法有效；2. 案涉工程施工质量是否合格；3. 案涉工程款是否具备付款条件；4. 德晖公司出具的工程结算审计报告能否作为案涉工程价款结算依据；

---

① 详见最高人民法院（2017）最高法民终 20 号民事判决书。

5. 远通公司应否支付南通二建工程款利息，一审法院判令远通公司按年利率15% 支付南通二建工程款利息是否适当；6. 南通二建对案涉工程是否享有建设工程价款优先受偿权。

关于案涉施工合同是否合法有效。远通公司主张南通二建将案涉工程违法转包给不具有资质的实际施工人黄某、钱某，虽然其提供证据证明案涉工程款有部分付至黄某、钱某个人账户及南通二建子公司账户，但南通二建对此付款方式予以认可，且南通二建在一审时已提交证据证明两人系该公司工作人员，远通公司在案涉工程施工过程中以及在一审期间签订《连云港“东方海逸豪园”备忘录》时，也认可黄某、钱某系南通二建工作人员，故一审法院对远通公司的该项主张不予支持，并无不当。本院对其该项上诉意见，不予采纳。二审期间，为证明黄某、钱某并非南通二建工作人员，远通公司申请调取黄某、钱某等人工资发放的财务账簿、劳动合同等证据材料。鉴于以上分析，根据《民事诉讼法解释》第九十五条“当事人申请调查收集的证据，与待证事实无关联、对证明待证事实无意义或者其他无调查收集必要的，人民法院不予准许”的规定，本院对远通公司的该项申请，不予准许。远通公司申请对南通二建与远通公司所有往来函件中南通二建的章印与南通二建在工商行政机关备案的章印是否一致进行鉴定，以证明黄某、钱某伪造南通二建印章，南通二建存在违法转包行为，但南通二建对双方函件中其章印的真实性予以确认，故即便该章印与南通二建在工商行政机关备案的章印不一致，也不能认定黄某、钱某伪造南通二建印章以及南通二建将案涉工程违法转包给黄某、钱某。因此，对远通公司的该项申请，本院亦不予准许。远通公司提交的《连云港市市区危旧房片区（棚户区）改造工作领导小组办公室文件》，不能证明案涉工程属于《中华人民共和国招标投标法》第三条第一款规定的必须进行招标的工程项目，故其关于案涉工程未进行公开招标、施工合同无效的上诉理由，亦不能成立。

关于案涉工程施工质量是否合格。远通公司在与南通二建就案涉工程签订《退场协议书》及办理退场交接时未提出南通二建施工质量不合格，案涉工程在南通二建退场后已有其他施工人进场施工，且远通公司向一审法院提交工程质量鉴定申请后又撤回申请，并在一审法院组织听证中确认对工程质量不再提出异议，之后其又提出案涉工程施工质量不合格，有违诚信原则。其在二审中提交的《公证书》《工程暂停令》《监理工程师通知单（质量控制类）》《监理工程师通知单（安全文明类）》等也不能证明案涉工程施工质量不合格。故对其关于案涉工程施工质量不合格的上诉主张，本院不予支持。

关于案涉工程款是否具备付款条件。远通公司关于案涉工程质量不合格的上诉理由不能成立，其以工程质量不合格为由，提出不应支付工程款的主张，自然亦不能成立。开具并交付工程款发票属于南通二建履行本案合同的附随义务，并非法定或双方当事人约定的工程款支付条件，更不会导致远通公司无法依约支付工程款，故远通公司关于南通二建迟延交付远通公司8615.5万元工程款增值税发票，导致其无法支付工程款的上诉理由，无事实和法律依据。由此，一审法院认定案涉工程款具备支付条件并判令远通公司支付工程款，并无不当。

关于德晖公司出具的工程结算审计报告能否作为案涉工程价款结算依据。一审诉讼前，远通公司已委托德晖公司对案涉工程节点进度款进行审核。一审诉讼中，南通二建申请对案涉工程造价进行鉴定，一审法院依法委托江苏中恒工程造价咨询有限公司对案涉工程造价进行鉴定。在鉴定过程中，远通公司、南通二建又与德晖公司自行签订《江苏省建设工程造价咨询合同》，共同委托德晖公司对案涉工程造价进行结算审核。同时，南通二建向一审法院撤回了工程造价鉴定申请。因德晖公司是工程造价咨询乙级企业，不具有对案涉工程进行造价审核的资质等级，一审法院专门就此向远通公司、南通二建进行了释明，双方承诺不就德晖公司资质问题提出异议。德晖公司出具案涉工程结算审计报告后，双方在该报告的工程结算审定单上签字、盖章予以确认。该工程结算审定单，是双方在德晖公司对工程造价进行审核的基础上，对案涉工程价款达成的结算协议，系双方的真实意思表示，不违反法律规定，双方应当依此结算工程价款。在签订结算协议后，远通公司又出尔反尔，以德晖公司不具有对案涉工程进行造价审核的资质等级为由，主张其出具的咨询报告不能作为结算依据。一审法院对其该项主张不予支持，并无不当。现远通公司上诉再次提出德晖公司不具备资质等级，其出具的咨询报告不能作为结算依据的意见，本院不予采纳。德晖公司对案涉工程造价进行审核并出具审计报告，系基于远通公司与南通二建的共同委托，并非一审法院委托，不属于司法鉴定，故远通公司关于德晖公司出具的审计报告未进行现场勘验，违反司法鉴定程序规范的上诉理由，不能成立。远通公司二审时提交了德晖公司出具的《东方海逸豪园项目工程造价咨询情况说明》《关于东方海逸豪园项目工程造价咨询情况的补充说明》，证明德晖公司此前出具的工程结算审计报告内容有误，不能作为工程价款结算依据，但该两份说明系德晖公司应远通公司单方要求而作出的，德晖公司作出说明前并未组织双方当事人对说明中调整的价款进行核算、确认，两份说明上亦无审核案涉工程造价的注册造价工程师的签字或盖章，且对核减工程价款亦未提出明确可信的依据。因此，该两份说明不能推翻双方此前达成的结算协议。对于远通公司的该项主张，本院不予支持。远通公司二审时申请证人徐某出庭，证明德晖公司出具的工程结算审计报告有错，但徐某无注册造价工程师资质，并非德晖公司、远通公司或南通二建的工作人员，且其也未参加案涉工程造价审核，本院对其证言不予采信。

关于案涉工程款利息。远通公司与南通二建在《东方海逸豪园总承包合作协议》中约定，如果远通公司不能按合同约定时间支付工程进度款，需提前20天书面通知南通二建，由南通二建借款，未付部分的工程进度款利息按南通二建内部借款利率标准支付，但年利率不得高于15%。一审庭审中，远通公司自认“双方达成一致的是如果我方没有办法支付工程款，我方责任是承担年利率15%的利息”。远通公司与南通二建在《连云港“东方海逸豪园”备忘录》中确认，截至2014年4月28日，远通公司已拖欠南通二建工程款7992万元、利息2495万元。一审法院根据上述约定和自认，认定远通公司应付的工程款利息，并无不当。远通公司提出《连云港“东方海逸豪园”备忘录》系受黄某、钱某停工要挟被迫签订，欠付2495万元利息的约定无效，缺乏证据证明。本案双方当事人在合同中约定的利息，以及一审法院判令远通公司支付南通二建的利息均系欠付工程进度款、工程结算款利息，并非垫资利息，故远通公司提出的双方以年利率15%计算工程款利息的约定，违反了《建设工程施工合同解释（一）》第六条关于当事人约定的垫资利息计算标准不得高于中国人民银行发布的同期同类贷款利率的规定，一审法院按此约定判令远通公司支付利息错误的上诉理由，不能成立。

关于南通二建对案涉工程是否享有建设工程价款优先受偿权。《最高人民法院关于建设工程价款优先受偿权问题的批复》第四条规定，建设工程承包人行使优先受偿权的期限为六个月，自建设工程竣工之日或者建设工程合同约定的竣工之日起算。远通公司和南通二建在《连云港“东方海逸豪园”备忘录》中约定将案涉工程竣工时间调整为2014年8月28日。南通二建于2014年6月10日向一审法院提起诉讼，主张建设工程价款优先受偿权，符合上述法律规定的行使期限。远通公司关于应以双方在施工合同中约定的竣工日期2013年1月21日作为案涉建设工程价款优先受偿权行使期限的起算点，南通二建行使该项权利已超出法律规定期限的上诉理由，无事实和法律依据。

关于远通公司提出的一审法院对其回避申请未予处理的问题，经查，远通公司在一审庭审中确认不申请合议庭成员回避，庭审后又提出回避申请，且其申请的事由不符合法律规定，故一审法院对其回避申请未予支持，并无不当。一审法院综合本案事实和证据情况，对远通公司关于调取黄某、钱某劳动合同、工资发放账簿等证据的申请，关于鉴定形成远通公司与南通二建之间往来函件上南通二建章印的公章真伪的申请，关于证人徐某出庭作证的申请，未予准许，并不违反法律规定。远通公司提出的一审法院对其上述申请不予准许违反法定程序的上诉理由，不能成立。

综上所述，远通公司的上诉请求不能成立，应予驳回；一审判决认定事实清楚，适用法律正确，应予维持。依照《中华人民共和国民事诉讼法》第一百七十条第一款第（一）项规定，判决如下：驳回上诉，维持原判。二审案件受理费881473.93元，由连云港市远通房地产开发有限公司负担。

规范指引

《中华人民共和国民事诉讼法》

第六十三条　证据包括：

（一）当事人的陈述；

（二）书证；

（三）物证；

（四）视听资料；

（五）电子数据；

（六）证人证言；

（七）鉴定意见；

（八）勘验笔录。

证据必须查证属实，才能作为认定事实的根据。

《最高人民法院关于适用〈中华人民共和国民事诉讼法〉的解释》

第一百二十二条 当事人可以依照民事诉讼法第七十九条的规定，在举证期限届满前申请一至二名具有专门知识的人出庭，代表当事人对鉴定意见进行质证，或者对案件事实所涉及的专业问题提出意见。

具有专门知识的人在法庭上就专业问题提出的意见，视为当事人的陈述。

人民法院准许当事人申请的，相关费用由提出申请的当事人负担。

《最高人民法院关于民事诉讼证据的若干规定》

第四十一条 对于一方当事人就专门性问题自行委托有关机构或者人员出具的意见，另一方当事人有证据或者理由足以反驳并申请鉴定的，人民法院应予准许。

《建设工程价款结算暂行办法》

第十八条 工程造价咨询机构接受发包人或承包人委托，编审工程竣工结算，应按合同约定和实际履约事项认真办理，出具的竣工结算报告经发、承包双方签字后生效。当事人一方对报告有异议的，可对工程结算中有异议部分，向有关部门申请咨询后协商处理，若不能达成一致的，双方可按合同约定的争议或纠纷解决程序办理。

专题六：一审未申请鉴定的法律后果及二审处理原则

【核心提示】当事人对工程造价、质量、修复费用等专门性问题有争议，人民法院认为需要鉴定的，应当向负有举证责任的当事人释明。当事人经释明未申请鉴定，虽申请鉴定但未支付鉴定费用或者拒不提供相关材料的，应当承担举证不能的法律后果。一审诉讼中负有举证责任的当事人未申请鉴定，虽申请鉴定但未支付鉴定费用或者拒不提供相关材料，二审诉讼中申请鉴定，人民法院认为确有必要的，应当以事实不清为由，发还重审或者查清事实后改判。

实务争点

根据《民事诉讼法》第六十四条的规定，当事人对自己提出的主张，有责任提供证据。因此在对工程造价、质量、修复费用等专门性问题有争议的案件中，负有举证责任的一方当事人可以向人民法院申请鉴定。但是在实践中，部分当事人囿于法律知识不足、不愿交纳鉴定费等原因，不申请鉴定。此种情形下，人民法院应否行使释明权，实践中存在着不同的看法。有观点认为，是否申请司法鉴定属于当事人举证范畴，人民法院不应介入。笔者认为，由于建设工程案件的复杂性，往往存在不通过鉴定就无法确定案件争议事实、导致“案结事不了”的情形。这种情形下，需要人民法院行使释明权，如果释明以后当事人仍不申请鉴定，虽申请鉴定但未支付鉴定费用或者拒不提供相关材料的，当事人应当承担举证不能的法律后果。对此，《建设工程施工合同解释（二）》第十四条规定：当事人对工程造价、质量、修复费用等专门性问题有争议，人民法院认为需要鉴定的，应当向负有举证责任的当事人释明。当事人经释明未申请鉴定，虽申请鉴定但未支付鉴定费用或者拒不提供相关材料的，应当承担举证不能的法律后果。一审诉讼中负有举证责任的当事人未申请鉴定，虽申请鉴定但未支付鉴定费用或者拒不提供相关材料，二审诉讼中申请鉴定，人民法院认为确有必要的，应当以事实不清为由，发还重审或者查清事实后改判。

理解适用

对《建设工程施工合同解释（二）》第十四条的理解与适用

《建设工程施工合同解释（二）》第十四条对一审程序中应当进行鉴定的事项，当事人未申请鉴定应当承担的法律后果，以及二审程序中当事人又申请鉴定时人民法院应如何处理进行了规定。在司法实践中，应当从如下方面理解与适用：

一、人民法院如何行使释明权

“人民法院认为需要鉴定”意味着并非所有争议都需要鉴定。《建设工程施工合同解释（一）》第二十二条规定：“当事人约定按照固定价结算工程价款，一方当事人请求对建设工程造价进行鉴定的，不予支持。”第二十三条规定：“当事人对部分案件事实有争议的，仅对有争议的事实进行鉴定，但争议事实范围不能确定，或者双方当事人请求对全部事实鉴定的除外。”根据《民事诉讼法》第七十六条和《民事诉讼法解释》第一百二十一条规定，当事人可以向人民法院申请鉴定，但是否准许，人民法院应结合“申请鉴定的事项与待证事项有无关联、鉴定的事项对证明待证事实有无意义”进行审查。所以，即使当事人提出鉴定申请，如果人民法院认为不需要进行鉴定，可不予准许。在实践中，鉴定的启动和过程具有时间长、成本高的特点，因此，为了提升审判效率应对鉴定采取慎用的态度。除非不鉴定不能查明相关事实，否则不能轻易启动鉴定，不鉴定可以查明事实的，就不应进行鉴定；对部分事实进行鉴定即可查明事实的，不应对全部事实进行鉴定。

虽然鉴定意见原则上应由当事人举证，但鉴于建设工程施工合同纠纷案件复杂，且案件事实的认定对鉴定的依赖性较大，所以当事人如果没有提出鉴定申请，人民法院为了查明事实认为需要进行鉴定的应当进行释明。此处与《民事诉讼法》第七十六条第二款规定的“当事人未申请鉴定，人民法院对专门性问题认为需要鉴定的，应当委托具备资格的鉴定人进行鉴定”是一致的。此处的鉴定与《建设工程施工合同解释（二）》第十四条规定的鉴定应加以区分。当事人未提出鉴定申请，人民法院认为对专门性问题需要鉴定的，应首先向当事人释明，由当事人提出鉴定申请，只有在满足依职权调查收集证据的情形下，才依职权委托鉴定。这也体现了对当事人处分自己诉讼权利的尊重和民事诉讼中的辩论主义原则。

人民法院行使释明权，指的是人民法院应当告知对该争议的专门性问题负有举证责任的一方当事人鉴定的必要性以及不鉴定的法律后果，并询问其是否申请鉴定。比如在承包人诉请工程款的案件中，一般情况下，承包人应当对工程造价承担举证责任，但并不绝对。如承包人以合同约定的固定工程总价的金额主张工程款，但是发包人认为工程没有完工或者发生了设计变更，工程造价应少于约定的固定总价的，则发包人应当对是否少于、少多少承担举证责任。又如承包人诉请工程款，但是发包人以工程质量问题提出抗辩或者反诉的，发包人应当对工程质量是否存在不合格情形承担举证责任。再如在逾期竣工的情形下，发包人和承包人就逾期竣工的原因和责任主体存在争议的，因承包人是工程施工方，原则上应保证工期符合合同约定，故其若主张逾期竣工的原因不在己方的，应当对此承担举证责任。确定哪一方负有举证责任，一方面是因为申请鉴定方原则上应预交鉴定费用，更为重要的是负有举证责任的一方若未完成举证责任的，应承担举证不能的法律后果。[①]

二、负有举证责任的当事人经释明未申请鉴定、虽申请鉴定但未支付鉴定费用、拒不提供相关材料的，应当承担举证不能的法律后果

《最高人民法院关于民事诉讼证据的若干规定》第九十五条规定："一方当事人控制证据无正当理由拒不提交，对待证事实负有举证责任的当事人主张该证据的内容不利于控制人的，人民法院可以认定该主张成立。"从实践看，一些法院亦有这种做法，比如《北京市高级人民法院关于审理建设工程施工合同纠纷案件若干疑难问题的解答》第三十二条第二款规定："鉴定过程中，一方当事人无正当理由在规定期限内拒绝提交鉴定材料或拒不配合，导致鉴定无法进行，经法院释明不利后果后其仍拒绝提交或拒不配合的，应承担举证不能的不利后果。"《河北省高级人民法院建设工程施工合同案件审理指南》第二十七条规定："鉴定过程中，各方当事人均有提交鉴定资料的义务。当事人在鉴定过程中未按法院指定的期限提交鉴定资料，经过催告仍不提交，且不能做出合理解释的，视为拖延提交鉴定资料，应承担举证不能的法律后果。"

负有举证责任的一方当事人如果未能通过鉴定完成举证的，则其针对鉴

① 参见最高人民法院民事审判第一庭编著：《最高人民法院建设工程施工合同司法解释（二）理解与适用》，人民法院出版社 2019 年版，第 318~319 页。

定相关的待证事实的主张不能成立。比如承包人诉请工程款，发包人以工程质量不合格为由提出抗辩，如果对工程质量需要进行鉴定，而发包人又未申请鉴定的，则发包人的抗辩理由不能成立，不能以此对抗承包人的诉讼请求。在实践中，对该法律后果如何理解存有争议：第一种观点认为，承包人在诉讼请求中对工程造价提出了一个数额，发包人不认可，但主张另外一个数额的，如果承包人不能举证证明自己主张的数额，则应按照发包人认可的数额认定工程造价。第二种观点认为，承包人在诉讼请求中对工程造价提出了一个数额，如果承包人不能举证证明的，属于工程造价无法确定，应驳回承包人的诉讼请求。我们赞成第一种观点，发包人认可了一个数额，可以按照自认处理，既使承包人承担了举证不能的法律后果，又平衡了双方当事人之间的利益。而按照第二种观点的逻辑，承包人是因证据不足被驳回全部诉讼请求，若承包人就同一事由再次起诉，那么按照一事不再理原则，就不应当再受理。如此一来，承包人的工程款就没有了法律救济的途径。

三、负有举证责任的当事人一审不申请鉴定，二审申请鉴定的，人民法院如何处理

人民法院不能一概不予准许。《民事诉讼法》中对于逾期提供的证据，并非绝对不予采纳。由于建设工程合同纠纷案件的特殊性及工程鉴定的重要性，即使一审诉讼中当事人明确表示不申请鉴定，或者通过不支付鉴定费用、拒不提供相关材料的方式，致使无法通过鉴定查明相关事实的，二审程序中其又提出鉴定申请的，人民法院要对是否确有必要进行鉴定予以审查，而不能以其一审时未鉴定为由一概不予准许。

人民法院认为鉴定确有必要的，实践中通常有两种做法：第一，二审法院直接委托鉴定。比如《河北省高级人民法院建设工程施工合同案件审理指南》第二十八条规定“人民法院经审理认为就建设工程价款等专门性问题需要进行鉴定的，应当向负有举证责任的当事人进行充分释明、明确告知其不申请鉴定可能承担的不利后果。当事人经释明后未申请鉴定的，可参照民事诉讼法逾期举证的规定，由其承担相应的法律后果。一审诉讼中负有举证责任的当事人未对工程价款申请鉴定，二审诉讼中申请鉴定的，

人民法院可予准许。人民法院准许后，可以将案件发回一审法院委托鉴定，但不得违反民事诉讼法的相关规定。对经一审法院释明未申请鉴定的当事人，可参照民事诉讼法对逾期举证的规定，对当事人进行训诫、罚款。”第二，二审法院发回一审法院重审。对于应当进行鉴定而没有鉴定，致使基本事实不清的，应当依照《民事诉讼法》第一百七十条第一款第（三）项的规定处理，即“原判决认定基本事实不清的，裁定撤销原判决，发回原审人民法院重审，或者查清事实后改判”。[①]

四、实务中应当注意的几个问题

在司法实践中，应当注意下列问题：

1. 当事人在一审中未进行建设工程造价鉴定，二审中又申请进行鉴定的，应当如何处理？

当事人在一审中申请建设工程造价鉴定，一审法院应当予以准许而未准许，或者一审法院应当向当事人释明申请建设工程造价鉴定而未释明，当事人在二审中又申请建设工程造价鉴定的，二审法院原则上应当发回一审法院重审，由一审法院进行鉴定。经一审法院释明后当事人拒不申请鉴定，或者当事人拒不选择鉴定机构、拒不交纳鉴定费用、拒不提交完整的鉴定资料等，导致一审法院未能进行建设工程造价鉴定，当事人在二审中又申请鉴定，二审法院认为应当进行建设工程造价鉴定的，原则上应当在二审中进行鉴定，但应当参照《民事诉讼法解释》第一百零一条、第一百零二条规定的逾期举证的相关规则予以处理。[②]

2. 一审、二审程序中都没有申请鉴定，在审判监督程序中又提出申请的，能否准许？

《民事诉讼法解释》第三百九十九条规定：“审查再审申请期间，再审申请人申请人民法院委托鉴定、勘验的，人民法院不予准许。”因此，《建设工

① 参见最高人民法院民事审判第一庭编著：《最高人民法院建设工程施工合同司法解释（二）理解与适用》，人民法院出版社 2019 年版，第 324 页。

② 参见《重庆市高级人民法院关于建设工程造价鉴定若干问题的解答》第九条。

程施工合同解释（二）》第十四条第二款规定仅适用于二审程序，不适用于审判监督程序。当事人在一审、二审期间均未申请鉴定，未完成举证，在再审审查期间又提出鉴定申请的，人民法院应不予准许。[①]

案例指导

陈向红、中国水利水电第九工程局有限公司建设工程施工合同纠纷案[②]

上诉人（原审原告）：陈向红。

被上诉人（原审被告）：中国水利水电第九工程局有限公司（以下简称水电九局）。

原审第三人：贵州乌江水电开发有限责任公司构皮滩发电厂（以下简称构皮滩发电厂）。

上诉人陈向红因与被上诉人水电九局以及原审第三人构皮滩发电厂建设工程施工合同纠纷一案，不服贵州省高级人民法院（以下简称贵州高院）（2016）黔民初116号民事判决，提起上诉。

陈向红上诉请求：1. 撤销贵州高院（2016）黔民初116号民事判决；2. 改判水电九局支付拖欠陈向红的工程款2081万元，并承担从工程合格之日起至支付之日止的同期同类银行贷款利息；3. 判决构皮滩发电厂承担代支付的责任；4. 本案一、二审诉讼费由水电九局承担。

一审法院经审理查明：2003年11月，由中国华电集团公司投资建设的构皮滩水电站正式开工，并由构皮滩电站建设公司负责承建。后构皮滩电站建设公司将《构皮滩电站7号公路1号隧道部分洞段二次衬砌加固工程》《乌江构皮滩水电站施工区右岸上游库清理工程》《乌江构皮滩水电站乌江达到微端路基边坡地质灾害处理工程》《乌江构皮滩水电站5#公路边坡防

---

① 参见最高人民法院民事审判第一庭编著：《最高人民法院建设工程施工合同司法解释（二）理解与适用》，人民法院出版社2019年版，第325页。

② 详见最高人民法院（2018）最高法民终376号民事判决书。

护工程》《乌江构皮滩水电站大坝坝顶部分表孔检修门槽混凝土盖板工程》《乌江构皮滩电站尾水出口南侧边坡排水洞工程》《乌江构皮滩水电站螃蟹溪渣场迹地恢复三期》等工程发包给水电九局承建。水电九局承接上述工程后成立了中国水利水电第九工程局乌江构皮滩电站项目部（以下简称水电九局构皮滩项目部）。2004 年 4 月至 2007 年 3 月，陈向红挂靠湖南省涟源市金源建筑安装有限公司（以下简称金源公司）、湖南三鑫水利水电建设工程有限公司（以下简称三鑫公司）等公司与水电九局构皮滩项目部签订了六份施工合同。这六份合同中均未约定水电九局构皮滩项目部是否收取管理费及比例问题。

合同签订后，陈向红即以水电九局支护一队的名义对所承包的工程进行施工。2008 年年底，陈向红施工部分竣工验收，并移交构皮滩发电厂使用。水电九局承接的工程除陈向红施工队（水电九局支护一队）外，还有水电九局主变洞施工队、水电九局开挖三队、水电九局支护四队、水电九局吴胜辉施工队、水电九局支护三队等施工队进行过施工。

2010 年 2 月 10 日到 2015 年 2 月 2 日，三鑫公司多次向水电九局构皮滩项目部发函要求向其支付构皮滩发电厂建设工程款，并申明是水电九局以未审计为由，一直不与其办理最后结算。在此期间，水电九局构皮滩项目部多次回函要求陈向红携带相关证明材料到项目部进行核实，并称是三鑫公司要求解决双方完工结算所存在的问题，但三鑫公司一直未提供任何存在问题的书面报告，仅仅要求支付工程款，水电九局构皮滩项目部已经完全履行了合同，如三鑫公司授权委托人不遵循合同和不以项目现场事实为依据而拒绝签订核实后的合同完工结算，水电九局构皮滩项目部将视三鑫公司对合同中间计量结算支付不再有争议并完全放弃完工结算权利，水电九局构皮滩项目部以中间计量结算支付作为与三鑫公司的结算。各方当事人均认为是对方不履行结算义务，故产生争议，诉至一审法院。

2014 年 1 月 1 日，三鑫公司出具《说明》："我公司与水电九局构皮滩项目部所签订的施工合同的权利义务主体均系陈向红施工队，所有工程款系陈向红施工队所有。" 2014 年 12 月 1 日，金源公司出具《证明》："2004 年 4 月 10 日我公司委托陈向红与水电九局构皮滩项目部签订了《乌江构皮滩水电站地下厂房尾水渠边坡支护工程劳务分包合同》。陈向红系该工程的实际施工承包人，所有债权归陈向红个人所有，陈向红行使我公司在该项目部所有权利。”2015年2月2日，三鑫公司向构皮滩发电厂发函：“请求构皮滩发电厂履行自己的义务，依法监督水电九局支付三鑫公司的分包款项。”

另查明，构皮滩发电厂与构皮滩电站建设公司均为隶属于贵州乌江水电开发有限责任公司的下级单位，现为两块牌子一套人马进行工作。构皮滩发电厂主要负责电力生产运行，构皮滩电站建设公司主要负责通航工程建设。

经本案各方当事人共同确认：陈向红在构皮滩电站施工除上述六份合同项下的施工内容外，还包括1#公路、尾调公路工程、3#导流洞导墙及再延伸工程、水轮机转轮现场加工场地工程、下游围堰、八九联营体水垫塘工程。该六项工程并未签订相关合同。其中螃蟹溪加固工程、水轮机轮转现场加工场地工程是水电九局从构皮滩电站建设公司承接后再分包给陈向红施工，其余工程是构皮滩电站建设公司向水电十四局发包，水电十四局承建后转包水电九局，水电九局再行分包给陈向红施工。水电十四局及水电九局承接的工程已与业主结算，并收取了工程款。

根据各方当事人的诉辩主张及举证质证情况，一审法院归纳本案的争议焦点为：一、陈向红是否有权向水电九局主张工程款；二、本案所涉工程价款如何计算。

一审法院认为，《建设工程施工合同解释（一）》第一条规定：“建设工程施工合同具有下列情形之一的，应当根据合同法第五十二条第（五）项的规定，认定无效：（一）承包人未取得建筑施工企业资质或者超越资质等级的；（二）没有资质的实际施工人借用有资质的建筑施工企业名义的……”陈向红借用三鑫公司、金源公司等公司名义与水电九局构皮滩项目部签订《乌江构皮滩水电站地下厂房尾水渠边坡支护工程劳务分包合同》《乌江构皮滩水电站地下厂房地面开关站支护及砼浇筑工程施工承包合同协议书》《乌江构皮滩水电站地下厂房主变洞砼工程施工承包合同书》无效。《构皮滩电站螃蟹溪箱涵加固工程施工承包合同协议书》《乌江构皮滩水电站地下厂房尾水塔混凝土工程劳务分包合同》是陈向红个人与水电九局构皮滩项目部签订，因陈向红没有取得相应施工资质，亦属于无效。

（一）关于陈向红是否有权向水电九局主张工程款。

一审法院认为，陈向红有权向水电九局主张工程款。《建设工程施工合同解释（一）》第二十六条规定："实际施工人以转包人、违法分包人为被告起诉的，人民法院应当依法受理。实际施工人以发包人为被告主张权利的，人民法院可以追加转包人或者违法分包人为本案当事人。发包人只在欠付工程价款范围内对实际施工人承担责任。"该司法解释第二条规定："建设工程施工合同无效，但建设工程经竣工验收合格，承包人请求参照合同约定支付工程价款的，应予支持。"本案中，所涉工程合同是由陈向红个人或借用其他企业名义与水电九局构皮滩项目部签订，在实际施工过程中亦由陈向红实际完成涉案工程施工，陈向红为本案所涉工程的实际施工人且各方均无异议，本案工程也已经投入使用。另外，三鑫公司、金源公司均已表示认可水电九局工程的工程款项，陈向红是债权债务的相对方。因此，陈向红有权向水电九局主张工程款。对于水电九局抗辩认为只有合同相对方三鑫公司等才能主张工程款，不予支持。

对于构皮滩发电厂责任承担问题，其已经提供本案所涉工程款已全部支付完毕证据，各方当事人均无异议。无须再行承担本案所涉工程款。

（二）关于本案所涉工程价款如何计算。

陈向红在诉讼过程中未向一审法院提供能够证明工程量及价款的相关证据，其申请一审法院向构皮滩发电厂和水电九局调取证据。在调取相关证据后，陈向红主张工程量和工程价款应在构皮滩电站建设公司与水电九局和水电十四局结算的基础上，扣除水电九局与水电九局主变洞施工队、水电九局开挖三队、水电九局支护四队、水电九局吴胜辉施工队、水电九局支护三队等队伍所做的工程量即为陈向红所做工程量，结合合同约定的工程单价及扣减相应的管理费便可以计算工程价款，并制作了相关的计算表即《汇总对比表》。水电九局抗辩认为陈向红《汇总对比表》2#–1 施工支洞封堵存在虚报、主变洞与母线洞工程量存在虚假、补偿项目没有依据，且存在超付工程款的情形。一审法院认为，建设工程施工往往涉及多方主体，约定价格、税费承担、工程量计算方式、管理费比例、单价调整均千差万别，而本案所涉工程有多方转包、分包，一项工程又由多个施工队或施工企业共同完成，且有些施工企业已经注销，对于厘清各自的工程量和工程价款不能通过简单的扣减得出工程量与工程价款。另外，本案在诉讼过程中，水电九局亦明确表示其与水电十四局仍未形成最终的结算，本案所涉的工程量及价款水电九局还难以确定。

《最高人民法院关于民事诉讼证据的若干规定》第二十五条第二款规定："对需要鉴定事项负有举证责任的当事人，在人民法院指定的期限内无正当理由不提出鉴定申请或者不预交鉴定费用或者拒不提供相关材料，致使对案件争议的事实无法通过鉴定结论予以认定的，应当对该事实承担举证不能的法律后果。"本案中，当事人对工程价款存在争议，既未达成结算协议，也无法采取其他方式确定工程款，一审法院在 2017 年 8 月 25 日、2017 年 9 月 25 日、2017 年 11 月 24 日的调查笔录中均向陈向红释明，要求负有举证责任的陈向红向一审法院启动工程鉴定，但陈向红明确表示不愿意启动鉴定，故应当承担举证不能的法律后果。陈向红主张的工程价款没有证据予以支撑，对其要求水电九局支付 2081 万元工程款的诉求不予支持。

综上，一审法院依据《中华人民共和国民事诉讼法》第六十四条，《最高人民法院关于民事诉讼证据的若干规定》第二条、第二十五条第二款，《建设工程施工合同解释（一）》第一条、第二十六条之规定，判令驳回陈向红的诉讼请求。一审案件受理费 145850 元，由陈向红负担。

根据一审证据，二审补充查明：2006 年 7 月 30 日，水电九局构皮滩项目部与陈向红签订的《乌江构皮滩水电站地下厂房地面开关站支护及砼浇筑工程施工承包合同协议书》第 12.5 条约定："乙方应在每月 20—22 日内到甲方规定的计量小组处确认工程量签认单，每月 20 日前把零星工程量签认单报给甲方调度室汇总，甲方在工程量确定后 3 日内向乙方办理工程价款结算。若甲方工程周转资金短缺，可推迟 2—3 月付款，乙方应予理解。"

2007 年 3 月 13 日，水电九局构皮滩项目部与三鑫公司签订的《乌江构皮滩水电站地下厂房主变洞砼工程施工承包合同书》第二部分合同条款第三条工程计量第二款约定："工程计量由甲方有关部门及相关人员组成计量小组出示工程量签认单后由各职能部门进行审定，再送甲方计划经营部门出具经甲方项目经理（或指定委托代理人）签字并加盖项目部公章的书面资料作为甲方对乙方工程计量的唯一有效凭据，其余任何部门或个人对乙方的计量均无效。"

陈向红于2018年5月25日向本院提出申请，请求对案涉工程造价进行审计。

最高人民法院认为，本案二审的争议焦点有二：一是本案所涉工程价款如何计算的问题；二是构皮滩发电厂是否需要对陈向红承担支付责任的问题。

（一）关于本案所涉工程价款如何计算的问题。

首先，陈向红认为根据其与水电九局的合同约定，“结算工程量必须同时满足以下三个条件：（1）工程量是经甲方确认由乙方实际完成的工程量；（2）工程量是设计范围内或者设计变更、有关合同条款规定可以计量，并按规范及业主招标文件适用的《工程量计算规则》计算的净值；（3）工程量必须是经监理认可经业主批复的，方可结算”。故应当以业主与承包人水电九局、水电十四局的结算工程总量减去其他施工队伍完成的工程量，来确定陈向红的结算工程量。但案涉六份合同中关于工程计量的约定有两条，第一条即前述约定，第二条约定“由甲方计划经营部门出具经甲方项目经理（或指定委托代理人）签字并加盖项目部公章的书面资料作为甲方对乙方工程计量的唯一有效凭据”。因此，“经监理认可业主批复的工程量”仅是结算工程量应当符合的条件之一但并非最终的计量依据，只有经水电九局构皮滩项目部加盖公章并由相关人员签字的书面资料才是合同约定的计量依据，故陈向红向水电九局主张结算工程款应当举示有水电九局构皮滩项目部盖章的书面资料。并且，根据《乌江构皮滩水电站地下厂房地面开关站支护及砼浇筑工程施工承包合同协议书》第二部分第12.5条约定，陈向红应当每月到水电九局构皮滩项目部计量小组处确认工程量签认单，水电九局构皮滩项目部在工程量确定后3日内向陈向红办理工程价款结算。可见，在施工过程中陈向红应当定期向水电九局构皮滩项目部申报工程量并形成工程量签认单以作为双方结算依据。

其次，双方在施工过程中亦形成了工程量签认单，对于陈向红认可的有签证资料的工程量双方已进行了结算。现陈向红提起本案诉讼主张存在“没有签证资料”的未结算工程，根据《民事诉讼法解释》第九十条关于“当事人对自己提出的诉讼请求所依据的事实或者反驳对方诉讼请求所依据的事实，应当提供证据加以证明……”的规定，陈向红应对该事实的成立负有基本的举证义务，但陈向红并未举示任何证据，应当承担举证不能的法律后果。

最后，一审法院根据陈向红的申请调取了构皮滩电站建设公司与水电十四局的结算资料，但水电十四局与水电九局之间尚未完成结算，陈向红亦在一审庭审中陈述业主与水电十四局的结算没有单独区分水电九局承建的部分，故目前尚不能确定在业主与水电十四局的结算资料中水电九局承建的工程项目及相应工程量。陈向红系从水电九局处再次分包，且有六个工程没有签订书面合同，其具体施工的范围与业主结算资料中的项目无法一一对应。水电九局分包给其他施工队伍的工程项目及相应工程量是否清楚无争议亦无法确定。故陈向红主张的工程量结算方式，即从业主结算的总工程量中扣除其他施工单位或施工队伍完成的工程量，剩余即为陈向红施工的工程量，在客观上也难以完成，其申请委托第三方机构对其主张的工程价款进行审计的请求本院不予准许。

综上，陈向红关于案涉工程存在尚未结算的工程量，不但未举示证据证明，经人民法院反复释明，陈向红还拒绝对其主张的未结算工程造价进行司法鉴定，故其上诉请求不能成立。

（二）关于构皮滩发电厂是否需要对陈向红承担支付责任的问题。

首先，构皮滩发电厂和构皮滩电站建设公司虽为两块牌子一套人马，但均系独立法人，构皮滩发电厂并非案涉工程发包人，与陈向红及水电九局均不具有合同关系，所以不应对陈向红的工程款承担支付责任。其次，构皮滩电站建设公司也已经与水电九局和水电十四局分别完成了工程结算，并支付了相应价款，其作为发包人亦不存在欠付工程款的情况，即使构皮滩发电厂与构皮滩电站建设公司存在混同，也不应承担《建设工程施工合同解释（一）》第二十六条规定的发包人的责任。

综上所述，陈向红的上诉请求不能成立，应予驳回。一审判决认定事实清楚，适用法律正确，应以维持。依照《中华人民共和国民事诉讼法》第一百七十条第一款第（一）项规定，判决如下：驳回上诉，维持原判。二审案件受理费 145850 元由陈向红负担。

规范指引

《中华人民共和国民事诉讼法》

第七十六条　当事人可以就查明事实的专门性问题向人民法院申请鉴定。当事人申请鉴定的，由双方当事人协商确定具备资格的鉴定人；协商不成的，由人民法院指定。

当事人未申请鉴定，人民法院对专门性问题认为需要鉴定的，应当委托具备资格的鉴定人进行鉴定。

《最高人民法院关于民事诉讼证据的若干规定》

第九十五条　一方当事人控制证据无正当理由拒不提交，对待证事实负有举证责任的当事人主张该证据的内容不利于控制人的，人民法院可以认定该主张成立。

《最高人民法院关于审理建设工程施工合同纠纷案件适用法律问题的解释》

第二十二条　当事人约定按照固定价结算工程价款，一方当事人请求对建设工程造价进行鉴定的，不予支持。

第二十三条　当事人对部分案件事实有争议的，仅对有争议的事实进行鉴定，但争议事实范围不能确定，或者双方当事人请求对全部事实鉴定的除外。

《最高人民法院关于审理建设工程施工合同纠纷案件适用法律问题的解释（二）》

第十四条　当事人对工程造价、质量、修复费用等专门性问题有争议，人民法院认为需要鉴定的，应当向负有举证责任的当事人释明。当事人经释明未申请鉴定，虽申请鉴定但未支付鉴定费用或者拒不提供相关材料的，应当承担举证不能的法律后果。

一审诉讼中负有举证责任的当事人未申请鉴定，虽申请鉴定但未支付鉴定费用或者拒不提供相关材料，二审诉讼中申请鉴定，人民法院认为确有必要的，应当依照民事诉讼法第一百七十条第一款第三项的规定处理。

专题七：委托鉴定内容的确定及对材料、鉴定意见的质证

【核心提示】人民法院准许当事人的鉴定申请后，应当根据当事人申请及查明案件事实的需要，确定委托鉴定的事项、范围、鉴定期限等，并组织双方当事人对争议的鉴定材料进行质证。人民法院应当组织当事人对鉴定意见进行质证。鉴定人将当事人有争议且未经质证的材料作为鉴定依据的，人民法院应当组织当事人就该部分材料进行质证。经质证认为不能作为鉴定依据的，根据该材料作出的鉴定意见不得作为认定案件事实的依据。

实务争点

建设工程施工合同纠纷中，鉴定的情况较为普遍。但由于目前对建设工程鉴定机构的管理较为分散，存在重准入许可、轻日常监管的现象，使得建设工程鉴定中出现了很多不规范的现象。同时，由于建设工程鉴定专业性强、复杂程度高，使得技术问题和法律问题交织在一起，如果法官不能有效地行使司法审判权，就容易出现过分依赖鉴定意见、“以鉴代审”的问题。因此对当事人的鉴定申请是否准许，鉴定的范围、依据、期限等事项均应当由人民法院确定，并且人民法院要组织当事人对有争议的鉴定材料进行质证。实践中还会存在鉴定人将未经质证的鉴定材料制作成鉴定意见的情形，人民法院应当组织双方当事人对未经质证的材料质证，若经过质证双方无异议，则该部分材料可以作为鉴定依据，若经质证后认为该部分材料不能作为鉴定依据，那么这部分材料作出的鉴定意见就不能作为认定案件事实的依据。对此，《建设工程施工合同解释（二）》第十五条规定：人民法院准许当事人的鉴定申请后，应当根据当事人申请及查明案件事实的需要，确定委托鉴定的事项、范围、鉴定期限等，并组织双方当事人对争议的鉴定材料进行质证。第十六条规定：人民法院应当组织当事人对鉴定意见进行质证。鉴定人将当事人有

争议且未经质证的材料作为鉴定依据的，人民法院应当组织当事人就该部分材料进行质证。经质证认为不能作为鉴定依据的，根据该材料作出的鉴定意见不得作为认定案件事实的依据。

理解适用

对《建设工程施工合同解释（二）》第十五条、第十六条规定的理解与适用

在建设工程施工合同诉讼中涉及的建设工程委托鉴定，应当属于人民法院司法审判权范围。因此，《建设工程施工合同解释（二）》第十五条、第十六条对委托鉴定、材料及鉴定意见的质证作出了明确规定。在司法实践中，应当从如下方面理解与适用：

一、人民法院准许当事人鉴定后，确定委托鉴定的事项、范围、鉴定期限等事项应根据当事人申请及查明案件事实的需要

2012 年 12 月 1 日，中国建设工程造价管理协会发布《建设工程造价鉴定规程》（CECCA/GC82012），这是首个关于建设工程案件司法鉴定的行业标准。2014 年 3 月 17 日，司法部办公厅发布了《建设工程司法鉴定程序规范》（SF/ZJDO65000-2014），涵盖造价鉴定依据、鉴定资料、鉴定委托、鉴定程序、鉴定结论等方面的问题，对工程鉴定工作具有广泛的指导意义。

首先，人民法院应当确定鉴定事项和鉴定范围。鉴定事项一般包括：工程造价、工程质量、工程修复费用等。鉴定范围即当事人“有争议的事实”，鉴定范围依当事人申请且申请应当与待证事实具有关联性。人民法院确定鉴定范围后，出具《鉴定委托书》，鉴定机构应根据《鉴定委托书》中列明的鉴定范围进行鉴定，不可擅自扩大或缩小鉴定范围。鉴定机构对鉴定范围有疑问的，应及时与人民法院联系。

其次，人民法院应确定鉴定期限。《建设工程司法鉴定程序规范》第 5.17.1 条规定“司法鉴定机构应在收到委托人出具的鉴定委托书或签订《建设工程司法鉴定协议书》之日起六十个工作日内完成委托事项的鉴定”。此

为司法部对司法鉴定机构提出的一般性要求。对于具体案件而言，人民法院作为委托人，应当根据鉴定事项的复杂、疑难程度以及案件审理的需要，对每个鉴定提出具体的期限要求，可以少于60个工作日，也可以多于60个工作日。当鉴定事项涉及复杂、疑难、特殊的技术问题或者检验过程需要较长时间的，鉴定机构如果认为需要延长鉴定期限的，应当与人民法院协商确定。在鉴定过程中，因补充或者重新提取鉴定资料，司法鉴定人复查现场、赴鉴定项目所在地进行检验和调取鉴定资料所需的时间，不计入鉴定时限。[①]

最后，人民法院应确定鉴定中涉及的其他法律性问题。鉴定机构在鉴定过程中发现当事人双方对施工合同效力、举证责任分配、应否让利、奖惩、交纳管理费等其他法律问题存在争议时，应及时告知人民法院。人民法院对上述争议作出认定后，鉴定机构再依据人民法院的认定继续鉴定。

二、人民法院应当组织双方当事人对鉴定材料进行质证

组织双方当事人对有争议的鉴定材料进行质证，是人民法院的职权。鉴定机构进行鉴定，依赖于双方当事人提交的材料，因此鉴定资料是否充分、真实，直接影响鉴定结果。为了保证鉴定的中立性，一方当事人提交的鉴定材料，都应当允许对方当事人知悉并发表意见。《建设工程司法鉴定程序规范》第4.1.3条规定："委托人应向鉴定机构提供真实、充分的鉴定资料，并对鉴定资料的真实性、合法性负责……"即原则上所有的鉴定资料都要由委托人提供，由人民法院委托的机构鉴定，当事人应把材料提交给人民法院，人民法院组织进行证据交换、质证后，再把经过当事人证据交换、确认、签字、质证，即确定了真实性、合法性的材料交给鉴定机构，鉴定机构经过分析、判断，决定哪些材料可作为工程鉴定的根据，用于计算造价、确定质量情况等。鉴定机构不能从当事人处直接接收材料。[②] 实践中，由于建设工程鉴定的技术性强、复杂性高，法官可能无法单独完成所有证据的质证，对于

---

① 参见最高人民法院民事审判第一庭编著:《最高人民法院建设工程施工合同司法解释（二）理解与适用》，人民法院出版社2019年版，第336~337页。

② 参见最高人民法院民事审判第一庭编著:《最高人民法院建设工程施工合同司法解释（二）理解与适用》，人民法院出版社2019年版，第337~338页。

专业技术资料，比如施工图纸、签认单、预算书等，人民法院可以邀请鉴定机构派人参加质证程序。

建设工程造价鉴定过程中，鉴定人认为需要补充提交鉴定资料的，应当向人民法院发送书面函件。书面函件应当载明需要补充提交鉴定资料的名称、提交主体以及与鉴定事项的关系。人民法院经审查认为确需补充提交的，可以责令当事人限期提交。人民法院收到当事人补交的鉴定资料后，应组织双方当事人进行质证，并对鉴定资料进行认定后移交鉴定人。[①]

三、鉴定意见质证难的解决

鉴定意见属于民事证据的一种，人民法院应当组织各方当事人进行质证，但是实践中对于鉴定意见的质证一直存在质证难、采信难两大难题，对此，《民事诉讼法》规定了专家辅助人制度和鉴定人出庭制度。

《民事诉讼法》第七十九条规定："当事人可以申请人民法院通知有专门知识的人出庭，就鉴定人作出的鉴定意见或者专业问题提出意见。"《民事诉讼法解释》第一百二十二条进一步规定："当事人可以依照民事诉讼法第七十九条的规定，在举证期限届满前申请一至二名具有专门知识的人出庭，代表当事人对鉴定意见进行质证，或者对案件事实所涉及的专业问题提出意见。具有专门知识的人在法庭上就专业问题提出的意见，视为当事人的陈述。……"第一百二十三条规定："人民法院可以对出庭的具有专门知识的人进行询问。经法庭准许，当事人可以对出庭的具有专门知识的人进行询问，当事人各自申请的具有专门知识的人可以就案件中的有关问题进行对质。……"专家辅助人属于当事人委托的专业人士，扮演着诉讼参加人的角色，其可以从专业角度对鉴定人进行询问，协助当事人质疑或支持鉴定意见，从而弥补当事人在专门知识领域质证能力的不足，也可以为法官准确判断鉴定意见的客观、可靠性提供参考。

《民事诉讼法》第七十八条规定："当事人对鉴定意见有异议或者人民法院认为鉴定人有必要出庭的，鉴定人应当出庭作证。经人民法院通知，鉴定

---

① 参见《重庆市高级人民法院关于建设工程造价鉴定若干问题的解答》第二十三条。

人拒不出庭作证的，鉴定意见不得作为认定事实的根据；支付鉴定费用的当事人可以要求返还鉴定费用。”在鉴定人出庭作证的情况下，双方当事人及其代理人能够当庭就鉴定意见中的问题、疑惑或者鉴定意见中没有反映出来但与鉴定有关的问题，进行质询或者反驳。如果鉴定人不出庭，当事人无法在法庭上询问鉴定人，对鉴定意见有疑问不能当庭质证，容易导致当事人对鉴定人的公正性和鉴定意见的科学性产生怀疑。另外，鉴定人出庭陈述其鉴定意见，有利于人民法院全面了解案情，正确分析判断鉴定意见的证据价值，从而确定鉴定意见的可靠性和证明力。

四、鉴定人根据未经质证的材料作出鉴定意见的解决

程序上，人民法院应当组织当事人就未经质证的部分材料进行质证，听取当事人的质证意见。经质证后，如果人民法院认为该部分材料真实合法，能够作为鉴定资料的，则该鉴定意见可以作为认定案件事实的依据；如果认为该部分材料不能作为鉴定依据，则根据该材料作出的鉴定意见不能作为认定案件事实的根据。此处并非对鉴定意见的整体否定，如果鉴定意见可分，则未经质证或经质证不能作为鉴定依据的材料所对应部分不能作为认定案件事实的根据；如果鉴定意见不可分，则整个鉴定意见均不能作为认定案件事实的根据。如果在案件审理中，当事人没有对质证提出异议，人民法院主动审查后发现，应当询问当事人对此问题是否提出异议，如果当事人明确表示认可鉴定意见的，则视为当事人放弃提出异议的权利；如果当事人就此提出异议的，应当按照本条规定处理。如果一审中当事人未提出异议，人民法院也未发现存在上述问题，二审时当事人又提出此异议的，二审法院应当进行审查，如果审查后发现确实存在上述问题的，应当按照本条规定处理。

承包人主张给付工程欠款，发包人称工程有质量问题并请求减少给付工程款的，工程质量鉴定和修复费用鉴定应由谁提出申请？根据《合同法》《建筑法》及《建设工程质量管理条例》的规定承包人是工程质量的责任主体之一，因承包人的过错造成建设工程质量不符合约定的，承包人应当负责返修。当其拒绝修复时，发包人如何救济？根据《建设工程施工合同解释（一）》

第十一条的规定，因承包人的过错造成建设工程质量不符合约定，承包人拒绝修理、返工或者改建，发包人请求减少支付工程价款的，应予支持。

实践中，该类案件不在少数。承包人诉请工程款，发包人能否提出质量抗辩？笔者认为，若仅是以质量问题对抗承包人的诉讼请求的，应当允许其作为抗辩理由提出，但是发包人应当对工程存在质量问题承担举证责任。如果需要通过鉴定确定是否存在质量问题，应由发包人提出工程质量鉴定申请。确定存在质量问题后，如果发包人进一步请求减少支付工程价款的，根据对《建设工程施工合同解释（一）》第十一条规定的理解，可以请求减少的数额应相当于工程修复的合理费用。工程修复的合理费用如何确定？在双方不能达成一致意见时，可以采用对质量修复费用进行鉴定的方法予以确定。故关于质量修复费用鉴定，原则上仍应由发包人提出申请。[①]

案例指导

江苏中盛建设集团有限公司与青海亚楠房地产开发有限公司建设工程施工合同纠纷案[②]

上诉人（原审被告）：青海亚楠房地产开发有限公司（以下简称亚楠公司）。

被上诉人（原审原告）：江苏中盛建设集团有限公司（以下简称中盛公司）。

上诉人亚楠公司因与被上诉人中盛公司建设工程施工合同纠纷一案，不服青海省高级人民法院（2014）青民一初字第5号民事判决（以下简称一审判决），提起上诉。

亚楠公司上诉请求：一、撤销一审判决，对双方当事人之间的工程款重新鉴定；二、亚楠公司不应向中盛公司支付利息；三、一、二审诉讼费

① 参见最高人民法院民事审判第一庭编著：《最高人民法院建设工程施工合同司法解释（二）理解与适用》，人民法院出版社2019年版，第352~353页。

② 详见最高人民法院（2015）民一终字第99号民事判决书。

用由中盛公司承担。事实和理由：一、一审判决依据的司法鉴定结论有误。经青海省高级人民法院（以下简称一审法院）同意，委托青海省规划设计研究院司法鉴定所进行了工程造价鉴定，然而对鉴定机构提供的初稿，亚楠公司明确提出存在的问题后，鉴定机构却未给出合理解释即提交了正本。鉴定机构的鉴定结论缺乏客观公正性，请求二审重新委托鉴定机构鉴定工程造价。二、一审判决要求亚楠公司承担利息没有依据。由于中盛公司一直未提交符合条件的结算文件，导致涉案工程没有结算，工程款一直没有确定，不存在拖欠工程款应当支付利息的前提。三、一审判决漏判了中盛公司应承担的违约责任。亚楠公司依照中盛公司的要求支付了 150 万元工程款，然而中盛公司至今未办理竣工验收手续，依据其承诺应当判令其承担相应责任，然而一审判决对此未作任何处理。

中盛公司向一审法院起诉请求：一、请求依法判令亚楠公司向中盛公司支付工程款 15727639.29 元；二、判令亚楠公司向中盛公司支付利息 1045888 元；三、判令亚楠公司向中盛公司赔偿经济损失 1452544.22 元；四、本案诉讼费由亚楠公司承担。

一审法院认定事实：2009 年 11 月 2 日，中盛公司与亚楠公司就亚楠公司开发建设的青海西宁屹海怡园小区 1 号楼、2 号楼及裙楼工程未经招投标即签订了《建设工程施工合同》，签订合同后补办了招投标手续。合同约定：开工日期为 2009 年 11 月 4 日，交工日期为 2011 年 9 月 15 日，合同工期为 695 天。单价按建筑面积 1400 元 / 平方米计算，一次性包死，最终按工程面积计算工程款，现场签证、设计变更、合同外增减工程量另行结算。合同签订后，中盛公司于 2009 年 11 月 4 日进场施工，案涉工程于 2012 年 8 月 10 日前均已交付亚楠公司使用。经青海省测绘院测量，中盛公司施工完成的合同内裙楼、1 号楼、2 号楼建筑面积总计为 42306.71 平方米，除以上合同约定的工程量外，案涉工程发生了现场签证、设计变更、合同外增减工程量。现案涉工程未办理结算事宜，亦未进行竣工验收。

因双方对变更增加工程款存有争议，一审法院委托青海省规划设计研究院司法鉴定所对变更增加工程部分的工程款、亚楠公司主张的部分扣减项工程量及工程款进行了鉴定，鉴定意见为：（一）涉案工程现场签证工程量依据合同约定的计价标准进行计算鉴定价格为 3131017.72 元。（二）涉案工程合同外签证工程量依据合同约定的计价标准进行计算鉴定价格为 2835232.38 元。（三）涉案工程合同外签证（编号：120817）双方当事人有争议，依据合同约定的计价标准进行计算鉴定价格为 449862.46 元。（四）亚楠公司主张的应扣减的工程量及工程造价鉴定价格为 1024825.46 元。该项经向鉴定机构核实分为以下小项：1. 铜芯电缆与铜包铝电缆差价为 129132.41 元；2. 1—5 楼裙楼暖气、电器等合计 147203.3 元；3. 1—5 楼裙楼抹灰粉刷经双方确认扣减 333576.21 元；4. 地下室回填土双方确认为 1.7 米未回填，价格为 186565.53 元；5. 防火卷帘门未做，价格为 228348.01 元。（五）双方当事人有争议，需经人民法院审理确认的大屋面顶砼构架项目鉴定价格为 130437.20 元。

一审法院认为，一、关于中盛公司与亚楠公司签订的《建设工程施工合同》的效力问题。案涉工程属于大型基础设施且关系公众安全的项目，属于必须招投标的范围，但本案当事人之间未经招投标即签订合同，违反法律的强制性规定，签订的《建设工程施工合同》应属无效。

二、关于中盛公司主张亚楠公司给付欠付工程款及利息的请求能否成立的问题。

1. 应付工程款问题。一审法院认为，本案工程虽未竣工验收，但因亚楠公司已经实际使用建筑物，案涉工程视为已经竣工验收，中盛公司因此取得了主张工程款的权利。按合同约定计算合同内工程总价款为 59229394 元，对此双方无异议，予以认定。合同约定现场签证、设计变更、合同外增加工程量的工程款另行结算，对该部分工程款双方无法达成合意，中盛公司提交的证据材料均为单方制作，无监理、建设方签字盖章，不予认定。亚楠公司申请对现场签证、设计变更、合同外增加工程量的工程款进行鉴定，一审法院委托青海省规划设计研究院司法鉴定所进行鉴定，鉴定程序合法，鉴定意见客观真实，故鉴定意见可以采信，经鉴定该部分工程款为 6416112.56 元（3131017.72 元 + 2835232.38 元 + 449862.46 元），亚楠公司应付中盛公司工程款合计 65645506.56 元（59229394 元 + 6416112.56 元）。

2. 已付工程款问题。经过核算双方初步达成已付工程款 55072108 元的意思表示，其中有争议的就是代付汤雷强、以房抵款的款项，双方也认可存在这两项争议。经进一步核实，双方对代付汤雷强的100000元达成一致意见，亚楠公司同意从已付款中扣除；关于以房抵款的争议问题，因中盛公司不接受亚楠公司的抵顶单价，亚楠公司不同意以房抵款，对于以房抵款的事实不再确认，亚楠公司以单价8000元计算的抵顶工程的房屋价款1146480元应从前期双方初步达成的55072108元中予以扣除，因双方计算单价不一致而产生的以房抵款180000元差额的问题亦不复存在。综上，亚楠公司已付中盛公司工程款为53825628元（55072108元-100000元-1146480元）。关于中盛公司应缴纳税金的问题，因税金缴纳属于行政机关职权范围，在双方不能协商一致是否直接扣除的情况下人民法院不宜直接处理，双方可另行协商处理或在执行中再行处理。

3. 扣减工程款问题。施工图纸可以证明应使用铜芯电缆，但实际施工中改为铜包铝电缆，差价部分理应扣减，经鉴定该部分差价为129132.41元。楼顶花架图纸设计为钢结构花架，该设计图纸经过亚楠公司同意，且由双方共同前往设计院所做，实际施工中也是按照该图纸施工做成，因此亚楠公司直接按照钢结构花架结算即可，不存在差价问题，该部分费用不应再扣减。关于1—5楼裙楼暖气设备、电器灯头插座开关、粉刷的造价，鉴定过程中经双方确认后，经鉴定机构鉴定暖气、电器设备未做部分造价为147203.3元，粉刷抹灰未做部分造价为333576.21元（中盛公司同意扣减），以上未做部分理应从总造价中扣减，应扣减金额为480779.51元。对地下室少回填1.7米，该部分少回填的工程费用应予扣减，经鉴定，地下室少回填1.7米的造价为186565.53元。鉴定中双方均认可防火卷帘门未做，经鉴定未做的卷帘门造价为228348.01元，应予扣减。中盛公司已完成裙楼1—5层楼每层四个窗户的施工，对此亚楠公司也认可，亚楠公司无证据证实所溅水泥砂浆由中盛公司造成，故该部分费用不应扣减。案涉工程部分临建设施为前期施工队所建，亚楠公司已付清前期施工队修建临建设施的费用，依建设工程惯例，临建设施为施工方义务，支出费用为施工方投入成本，后案涉工程的施工方为中盛公司，故亚楠公司支付的该部分临建设施费用应由中盛公司承担，该部分支出费用200000元应予扣减。亚楠公司未向施工方提交施工现场周围地形、地底情况材料，施工方按图施工即可，在施工地基部分时斜向打孔导致电信公司电缆受损的过错在于亚楠公司，该部分费用应由亚楠公司承担，不应从应付工程款中扣减。以上亚楠公司应扣减中盛公司工程款合计 1224825.46 元。

综上，亚楠公司合同内应付工程款为 59229394 元，现场签证、设计变更、合同外变更增加工程款为 6416112.56 元，亚楠公司总计应付中盛公司工程款为 65645506.56 元（59229394 元 + 6416112.56 元），亚楠公司应扣减工程款为 1224825.46 元，已付工程款为 53825628 元，亚楠公司欠付中盛公司工程款为 10595053.10 元（65645506.56 元 -1224825.46 元 - 53825628 元）。案涉工程已于 2012 年 8 月 10 日全部交付，该日即为应付工程价款之日，从此日开始亚楠公司即应支付未付工程款利息，利率按中国人民银行同期同类贷款利率计算。中盛公司自愿从 2013 年 1 月 1 日开始主张利息，是对其权利的处分，应予准许。中盛公司起诉主张的将利息按中国人民银行同期同类贷款利率计算至 2013 年 12 月 31 日的请求合法有据，予以支持，经计算亚楠公司应支付中盛公司利息 635703.2 元。

三、关于中盛公司主张亚楠公司赔偿损失 1452544.22 元的请求能否成立的问题。2010 年 11 月 20 日，西宁伟业混凝土有限公司（以下简称伟业混凝土公司）与中盛公司、亚楠公司达成《承诺书》，对中盛公司、亚楠公司给付伟业混凝土公司货款的数额及期限、逾期付款违约金作出了约定，后中盛公司、亚楠公司未能如期付款，伟业混凝土公司诉至法院，青海省西宁市中级人民法院（2012）宁民二初字第 100 号民事判决中明确中盛公司给付伟业混凝土公司 2363967.5 元，并承担违约金 70 万元，亚楠公司在 2130736 元的范围内承担连带责任，该判决已经对三方达成的《承诺书》进行了审理，对承诺书中约定的违约金进行了计算并对违约金这部分损失由谁承担进行了判决，判决明确违约金 70 万元的损失由中盛公司承担。中盛公司诉求的 70 万元损失已经由法院进行了审理并作出了生效判决，对责任承担也作出了划分，已经明确了该 70 万元损失由中盛公司承担，本案不应对该问题再进行审理；且中盛公司提交的证据《承诺书》中也明确约定如中盛公司、亚楠公司逾期付款，则违约金由中盛公司承担，中盛公司亦签字同意，该协议为当事人真实意思表示，据此中盛公司也不应再对该 70 万元违约金损失提出主张，其提出亚楠公司承担该70万元损失的请求不应得到支持。

2011年11月10日，中盛公司向亚楠公司出具报告协商用亚楠公司在案涉工程中的两套房屋抵顶中盛公司欠付西宁辉宏金属材料有限公司（以下简称辉宏金属材料公司）钢材款152万元，亚楠公司在报告上盖章同意。之后辉宏金属材料公司将青海金品园林工程有限公司（以下简称金品园林公司）、中盛公司诉至西宁市中级人民法院，该院判决金品园林公司给付辉宏金属材料公司货款1525442.22元，并承担违约金752544.22元，中盛公司在货款1525442.22元范围内承担连带责任，该判决已经生效，根据判决内容违约金由金品园林公司承担，中盛公司并没有承担违约金752544.22元，中盛公司并未产生损失，故中盛公司要求亚楠公司赔偿损失752544.22元没有事实和法律依据，对其请求不予支持。

综上，一审法院依照《中华人民共和国合同法》第五十二条第一款第（五）项、第五十八条，《中华人民共和国招标投标法》第三条第一款第（一）项、《最高人民法院关于审理建设工程施工合同纠纷案件适用法律问题的解释》第二条、第十四条第一款第（三）项、第十八条第一款第（一）项，《中华人民共和国民事诉讼法》第六十四条第一款、第一百二十四条第一款第（五）项、第一百四十二条之规定，判决：一、亚楠公司于本判决生效之日起15日内给付中盛公司工程款10595053.10元及利息635703.2元；二、驳回中盛公司的其他诉讼请求。如果未按本判决指定的期间履行给付金钱义务，应当依照《中华人民共和国民事诉讼法》第二百五十三条之规定，加倍支付迟延履行期间的债务利息。案件受理费131156元，由中盛公司负担50338元，亚楠公司负担80818元；鉴定费74571元，由中盛公司负担10440元，亚楠公司负担64131元。

二审法院认为，本案的争议焦点为：一、一审法院委托鉴定人作出的鉴定意见能否作为认定案件事实的依据；二、亚楠公司应否承担未支付部分工程款的利息。

一、关于一审法院委托鉴定人作出的鉴定意见能否作为认定案件事实依据的问题。

亚楠公司上诉称，一审法院委托的鉴定人作出的鉴定意见未依据双方签订的《建设工程施工合同》进行，因工程未进行竣工验收，不能达到支付工程款的条件。根据一审法院查明的事实以及中盛公司提交的证据可知：

第一，对涉案工程进行司法鉴定申请及选择司法鉴定人的均为亚楠公司，亚楠公司对于鉴定人的资质也不存在异议。

第二，鉴定人青海省规划设计院司法鉴定所于 2014 年 12 月 28 日向双方当事人发出了［2014］青法司技字第 195 号《审查初步鉴定意见通知书》、青规划司法鉴定所［2014］造价鉴字第 30 号《青海省规划设计研究院司法鉴定所对西宁市屹海怡园小区 1#、2# 及裙楼签证及未完工程价款鉴定意见书》（初稿）及相关数据明细，并要求对该初稿提出书面意见。双方均对《青海省规划设计研究院司法鉴定所对西宁市屹海怡园小区 1#、2# 及裙楼签证及未完工程价款鉴定意见书》（初稿）提出了各自的意见。2014 年 12 月 31 日，一审法院专门组织中盛公司、亚楠公司及鉴定人青海省规划设计研究院司法鉴定所召开了听证会，听证会上双方就各自认为鉴定机构不合法、不合理的鉴定依据、计算方法等提出了质疑，鉴定人进行了逐一答复，进行了相关更改，并专门出具了《关于西宁市屹海怡园小区 1#、2# 及裙楼签证及未完工程价款意见书异议的答复》，随后出具了正式的鉴定意见书。

第三，鉴定意见是在诉讼活动中由有资质的鉴定人运用科学技术或者专门知识对诉讼涉及的专门性问题进行鉴别和判断并提供意见的活动。属于证据的一种，在经过质证后才可以被法院采纳。鉴定意见的证明能力需要具有客观性、相关性和合法性，其中合法性主要是指鉴定机构主体合法、鉴定程序以及审查鉴定的过程和方法合法、鉴定文书的内容及实质合法。对于当事人提出的问题和异议是否采纳，应以鉴定人的专业知识等进行判断，未采纳当事人提出的部分意见或者采纳的意见不符合当事人意愿，并不能以此证明鉴定意见存在错误或者违法。本案中，鉴定人根据双方当事人的约定、行业标准及行业惯例出具的鉴定意见，在当事人提出意见，经过质证后，由具有专业资质的鉴定人以专业知识出具的鉴定意见符合证据证明标准，并不存在亚楠公司提出的鉴定人对于其所提的问题未给出合理解释即提交了正本的情况，亚楠公司也未对鉴定意见不具合法性提出其他证据证明。

综上，一审法院委托鉴定人作出的鉴定意见可以作为认定案件事实的依据，故本院对亚楠公司的该项上诉请求和理由不予支持。

二、关于亚楠公司应否承担未支付工程款的利息的问题。

首先，就未支付款项的性质而言。中盛公司已于2012年8月10日将涉案工程全部交付亚楠公司，且相关住户也已入住。亚楠公司按照双方约定，已向中盛公司支付工程款超过80%。根据《建设工程施工合同解释（一）》第十四条规定，当事人对建设工程实际竣工日期有争议的，按照以下情形分别处理：……（三）建设工程未经竣工验收，发包人擅自使用的，以转移占有建设工程之日为竣工日期。据此可以认定，涉案工程已于2012年8月10日竣工。一、二审庭审中，双方当事人对竣工日期均无异议。故中盛公司可以此主张涉案工程的总结算款，即亚楠公司未支付部分工程款应为工程结算款。亚楠公司上诉称涉案工程未经竣工验收，按照付款进度无须再支付工程款的理由于法无据，本院不予支持。

其次，就案涉工程款是否确定而言。亚楠公司上诉称，中盛公司一直未提交符合条件的结算文件，工程量及工程款并未确定，故其不应向中盛公司支付工程款利息。根据一、二审查明的事实，如前所述，中盛公司已于2012年8月10日将涉案工程全部交付亚楠公司，且相关住户也已入住，故可认定涉案工程于2012年8月10日竣工。中盛公司又于2012年11月23日向亚楠公司递交了施工过程中的现场签证单，要求亚楠公司核实合同内增加项目及合同外增加项目的工程量及工程款，但亚楠公司既未给予确认也未提出修改意见。根据财政部、原建设部发布的《建设工程价款结算暂行办法》第十三条“（二）工程量计算”的相关规定：1.承包人应当按照合同约定的方法和时间，向发包人提交已完工程量的报告。发包人接到报告后14天内核实已完工程量……2.发包人收到承包人报告后14天内未核实完工程量，从第15天起，承包人报告的工程量即视为被确认，作为工程价款支付的依据，双方合同另有约定的，按合同执行。……因双方当事人对此并无特别约定，故中盛公司向亚楠公司提交的工程量应被视为确认，并作为涉案工程价款支付的依据。

再次，就应否支付利息而言。在工程款确定后，发包人仍然不向承包人支付工程价款，此时欠付的工程款通常被认为已经转化为类似借款合同的性质，因此，发包人应当向承包人支付的欠付工程款利息的性质就是法定孳息，欠付的价金利息与价金之间存在附随关系。在案涉工程款已经确定且亚楠公司存在部分未支付的情形下，亚楠公司应当向中盛公司支付应付工程款及利息。

最后，就案涉工程款起息时间而言。根据一审法院查明的事实，涉案工程因未进行招标，违反了《招标投标法》的强制性规定，导致双方签订的《建设工程施工合同》无效。根据《建设工程施工合同解释（一）》第二条规定，建设工程施工合同无效，但建设工程经竣工验收合格，承包人请求参照合同约定支付工程价款的，应予支持。涉案工程已于2012年8月10日全部交付亚楠公司，相关住户也已经入住，属于虽未竣工验收，但因亚楠公司已经实际使用，应以当事人转移占有建设工程之日即2012年8月10日为竣工日期。根据《建设工程施工合同解释（一）》第十八条规定，利息从应付工程价款之日计付。当事人对付款时间没有约定或者约定不明的，下列时间视为应付款时间：（一）建设工程已实际交付的，为交付之日。……故亚楠公司的付款时间及起息时间应从实际交付之日起计算，即2012年8月10日。中盛公司自愿从2013年1月1日开始主张利息，是对其权利的处分，应予准许。亚楠公司提出的不应向中盛公司支付利息的上诉请求，于法无据，本院不予支持。

综上所述，亚楠公司的上诉请求不能成立，应予驳回；一审判决认定事实清楚，适用法律正确，应予维持。依照《中华人民共和国民事诉讼法》第一百七十条第一款第（一）项规定，判决如下：驳回上诉，维持原判。二审案件受理费21085.70元，由青海亚楠房地产开发有限公司负担。

规范指引

《中华人民共和国民事诉讼法》

第七十八条 当事人对鉴定意见有异议或者人民法院认为鉴定人有必要出庭的，鉴定人应当出庭作证。经人民法院通知，鉴定人拒不出庭作证的，鉴定意见不得作为认定事实的根据；支付鉴定费用的当事人可以要求返还鉴定费用。

第七十九条 当事人可以申请人民法院通知有专门知识的人出庭，就鉴定人作出的鉴定意见或者专业问题提出意见。

《最高人民法院关于适用〈中华人民共和国民事诉讼法〉的解释》

第一百二十二条第一款、第二款 当事人可以依照民事诉讼法第七十九条的规定，在举证期限届满前申请一至二名具有专门知识的人出庭，代表当事人对鉴定意见进行质证，或者对案件事实所涉及的专业问题提出意见。

具有专门知识的人在法庭上就专业问题提出的意见，视为当事人的陈述。

第一百二十三条 人民法院可以对出庭的具有专门知识的人进行询问。经法庭准许，当事人可以对出庭的具有专门知识的人进行询问，当事人各自申请的具有专门知识的人可以就案件中的有关问题进行对质。

具有专门知识的人不得参与专业问题之外的法庭审理活动。

《最高人民法院关于审理建设工程施工合同纠纷案件适用法律问题的解释（二）》

第十四条 当事人对工程造价、质量、修复费用等专门性问题有争议，人民法院认为需要鉴定的，应当向负有举证责任的当事人释明。当事人经释明未申请鉴定，虽申请鉴定但未支付鉴定费用或者拒不提供相关材料的，应当承担举证不能的法律后果。

一审诉讼中负有举证责任的当事人未申请鉴定，虽申请鉴定但未支付鉴定费用或者拒不提供相关材料，二审诉讼中申请鉴定，人民法院认为确有必要的，应当依照民事诉讼法第一百七十条第一款第三项的规定处理。

第四部分

建设工期的认定与建设工程价款的结算

关于建设工期的认定与建设工程价款的结算主要明确下列问题：一是实际开工日期的司法认定。当事人对建设工程开工日期有争议的，人民法院应当分别按照以下情形予以认定：（1）开工日期为发包人或者监理人发出的开工通知载明的开工日期；开工通知发出后，尚不具备开工条件的，以开工条件具备的时间为开工日期；因承包人原因导致开工时间推迟的，以开工通知载明的时间为开工日期。（2）承包人经发包人同意已经实际进场施工的，以实际进场施工时间为开工日期。（3）发包人或者监理人未发出开工通知，亦无相关证据证明实际开工日期的，应当综合考虑开工报告、合同、施工许可证、竣工验收报告或者竣工验收备案表等载明的时间，并结合是否具备开工条件的事实，认定开工日期。二是工期顺延的司法认定。当事人约定顺延工期应当经发包人或者监理人签证等方式确认，承包人虽未取得工期顺延的确认，但能够证明在合同约定的期限内向发包人或者监理人申请过工期顺延且顺延事由符合合同约定，承包人以此为由主张工期顺延的，人民法院应予支持。当事人约定承包人未在约定期限内提出工期顺延申请视为工期不顺延的，按照约定处理，但发包人在约定期限后同意工期顺延或者承包人提出合理抗辩的除外。三是实际竣工时间的司法认定。当事人对建设工程实际竣工日期有争议的，按照以下情形分别处理：（1）建设工程经竣工验收合格的，以竣工验收合格之日为竣工日期；（2）承包人已经提交竣工验收报告，发包人拖延验收的，以承包人提交验收报告之日为竣工日期；（3）建设工程未经竣工验收，发包人擅自使用的，以转移占有建设工程之日为竣工日期。四是工程价款计算标准的司法处理。当事人对建设工程的计价标准或者计价方法有约定的，按照约定结算工程价款。因设计变更导致建设工程的工程量或者质量标准发生变化，当事人对该部分工程价款不能协商一致的，可以参照签订建设工程施工合同时当地建设行政主管部门发布的计价方法或者计价标准结算工程价款。建设工程施工合同有效，但建设工程经竣工验收不合格的，不予支付工程价款。五是工程价款利息计算的司法处理。当事人对欠付工程价款利息计付标准有约定的，按照约定处理；没有约定的，按照中国人民银行发布的同期同类贷款利率计息。利息从应付工程价款之日计付。当事人对付款时间没有约定或者约定不明的，下列时间视为应付款时间：（1）建设工程已实际交付的，为交付之日；（2）建设工程没有交付的，为提交竣工结算文件之日；（3）建设工程未交付，工程价款也未结算的，为当事人起诉之日。六是无须招标而招标的建设工程价款结算依据。发包人将依法不属于必须招标的建设工程进行招标后，与承包人另行订立的建设工程施工合同背离中标合同的实质性内容，当事人请求以中标合同作为结算建设工程价款依据的，人民法院应予支持，但发包人与承包人因客观情况发生了在招标投标时难以预见的变化而另行订立建设工程施工合同的除外。七是“黑白合同”工程价款的结算依据。当事人签订的建设工程施工合同与招标文件、投标文件、中标通知书载明的工程范围、建设工期、工程质量、工程价款不一致，一方当事人请求将招标文件、投标文件、中标通知书作为结算工程价款的依据的，人民法院应予支持。八是多份合同无效时建设工程价款的结算依据。当事人就同一建设工程订立的数份建设工程施工合同均无效，但建设工程质量合格，一方当事人请求参照实际履行的合同结算建设工程价款的，人民法院应予支持。实际履行的合同难以确定，当事人请求参照最后签订的合同结算建设工程价款的，人民法院应予支持。

专题一：实际开工日期的司法认定

【核心提示】当事人对建设工程实际开工日期有争议的，原则上以发包人或监理人发出的开工通知载明的开工日期为准。若是尚未具备开工条件就发出开工通知，以开工条件成就之日为开工日期；但如果不具备开工条件系由承包人原因导致，则以开工通知上载明的日期为准；如果承包人在与发包人协商后，已经实际进场施工，则以承包人实际进场施工的日期为开工日期；如果既没有发包人或监理人发出开工通知，也没有相关证据证明实际开工日期，则要综合考虑开工报告、合同、施工许可证、竣工验收报告或竣工验收备案表等记载的时间，并结合是否具备开工条件，确定开工日期。

实务争点

依照《建筑工程施工许可管理办法》的规定，除了工程投资额在 30 万元以下或者建筑面积在 300 平方米以下的建筑工程可以不申请办理施工许可证之外，其他的建设工程均需要申请办理施工许可证，否则一律不得开工。对于不需要取得建筑施工许可证的工程开工日期的计算，就依照施工合同的约定或者实际的施工日期计算即可。对于需要办理施工许可证的工程，其开工日期的争议往往与发、承包双方是否履行了开工前各自应当履行的合同义务，尤其是工程是否具备开工条件等争议相关联。争议的焦点是在实际开工日期与合同约定的开工日期不一致的情况下，承包方是否应当承担违约责任。开工日期可以体现在多种建设工程施工的书面材料中，比如：合同约定的开工日期、开工报告上的开工日期、开工令上的开工日期、施工许可证中的开工日期、竣工报告上的开工日期等，以上开工日期可能与实际开工日一致，但更多的是不一致。[①] 因此，《建设工程施工合同解释（二）》第五条规定：当事人对建设工程实际开工日期有争议的，原则上以发包人或监理人发出的开工通知载明的开工日期为准。若是尚未具备开工条件就发出开工通知，以开工条件成就之日为开工日期；但如果不具备开工条件系由承包人原因导致，则以开工通知上载明的开工日期为准；如果承包人在与发包人协商后，已经实际进场施工，则以承包人实际进场施工的日期为开工日期；如果既没有发包人或监理人发出开工通知，也没有相关证据证明实际开工日期，则要综合考虑开工报告、合同、施工许可证、竣工验收报告或竣工验收备案表等记载的时间，并结合是否具备开工条件的事实，确定开工日期。

理解适用

对《建设工程施工合同解释（二）》第五条规定的理解与适用

对实际开工日期的认定，《合同法》及《建设工程施工合同解释（一）》均未作规定，仅对竣工日期的确定方式进行了规定。司法实践中，经常发生争议。因为建设工期是合同的实质性条款，只有确定了开工日期和竣工日期，才能认定建设工期，作为建设工程施工合同的实质性内容之一，工期的法律意义涉及确定承包人是否违约及计算违约金的数额、给付工程款的本金及利息的计算时间、建设工程交付及风险转移等诸多问题，故开工日期的认定有重大意义。《建设工程施工合同解释（二）》弥补了这一漏洞，使得司法实践能够有法可依。开工日期的认定规则是如果双方当事人能够协商一致，应以双方确认的日期为实际开工日期；当双方对实际开工日期有争议时，应分情况予以处理：

一、以发包人或监理人发出的开工通知上记载的开工日期为准

《建设工程施工合同（示范文本）》（2017 年版）通用条款第 7.3.2 条规定："……工期自开工通知中载明的开工日期起算。……" 开工通知是记录

① 秦德平：《建设工程施工合同审理审查实务》，人民法院出版社 2019 年版，第 163 页。

开工事实的文件，无论从形式上还是内容上，其证明力都优于其他证据。通常情况下，开工通知中确定的开工时间更接近实际开工时间。在实践中，可能发生发包人或监理人发出开工通知，但是实际施工条件并不具备的情况。为维护承包人的利益，司法解释规定，这种情况以开工条件具备的日期为实际开工日期。开工条件成就是承包人进场开始正常施工的前提条件，若开工条件未成就，即使发包人按施工合同约定的时间发出开工通知，承包人也不能进场施工，或者只能进行一些前期辅助工作，不可能开展大规模施工行为。若不考虑实际情况，在非因承包人原因而导致开工条件尚不具备的情况下，单纯以发包人或监理人发出的开工通知中规定的开工时间为实际开工时间，对承包人极不公平，也不符合实事求是的原则。

正常情况下，发包人、监理人经过招投标，完善相关的行政审批手续后再向承包人发出开工通知。承包人接到通知后，将机器设备及人员运送到施工现场，开始施工，但实际情况往往不会这么顺利。开工条件是施工图纸经过会审，图纸会审记录已经有关单位法定代表人签字、单位盖章，并发给相关单位的一种事实状态。开工条件的具备主要包括以下几个方面：合同或协议已经签订；建筑工程施工许可证已经领取；三材指标或实物已经落实；施工组织设计或施工方案已经编制并经批准；临时设施、工棚、施工道路、施工用水、施工用电等条件已基本完成；工程定位测量已具备条件；施工图纸预算已经编制和审定；其他条件，比如材料、成品、半成品和工艺设备等能满足连续施工要求，临时设备能满足施工和生活的需要，施工器械经过检修能保证正常运转，劳动力已调集能满足施工需要，安全消防设备已经备齐等条件。

在开工条件中，发包人需完善相关的行政审批手续，交付可以施工的现场，提供地质勘察资料、施工图纸等，而具体到施工设备、人员等情况，承包人需要做好准备，对施工现场和施工条件进行查勘等。发包人和承包人中任何一方有所迟延，均会造成事实上无法开工的局面。若是由于承包人原因导致不能及时开工，应当由承包人对相应后果负责，也就是开工时间仍然以开工通知中规定的时间为准，由此造成的延误工期或违反合同约定等一系列后果应由承包人承担。开工条件是否具备应由相应责任方举证证明，如涉及施工许可证以及相关的测绘图纸等已经具备的事实，发包人应予以举证。涉及人员、设备到位等情况，由承包人举证。[①]

二、承包人经过发包人同意，已经进场施工的，以实际进场施工日期为准

以实际进场施工日期为准，强调的是承包人应经发包人同意，与发包人就实际进场施工时间达成一致意思表示。开工日期的确定应尊重当事人的意思表示和事实。如果承包人经过发包人同意，提前进场施工，本质上属于风险自担行为。原材料价格上涨，开工的现实条件已经具备或者在可以预见的范围内已经具备，发包人与承包人一致认为建设工程项目没有任何行政审批上的问题等均会驱使承包人提前进场施工，以期获得更大利润。此时应以承包人进场施工时间为开工时间。实际进场施工系承包人的机器、设备到场，人员进场施工，在发生争议时，由于缺乏相关证据，承包人是否已经实际进场施工较难认定。具体日期可以通过项目工程监理单位的监理记录，当事人间的会议纪要等文件确定。实践中，承包人经常主张现场不具备施工条件，施工队入场仅依据前期施工或者辅助性施工，应当结合施工条件是否具备的事实作出认定。如果承包人经发包人同意进场，但是现场不具备施工条件，亦不能将实际进场时间作为开工时间。[②]

三、如果既没有开工通知，也没有相关证据证明实际开工日期的，人民法院应当综合考虑开工报告、合同、施工许可证、竣工验收报告或者竣工验收备案表等载明的时间，并结合是否具备开工条件的事实，认定实际开工日期

开工日期和开工报告不同，开工报告是由建设项目承包方申请拟进行项目工程施工的报告。开工报告记载的时间系承包人对整体建设工程未来规划

---

① 最高人民法院民事审判第一庭编著:《最高人民法院建设工程施工合同司法解释（二）理解与适用》，人民法院出版社 2019 年版，第 124~125 页。

② 最高人民法院民事审判第一庭编著:《最高人民法院建设工程施工合同司法解释（二）理解与适用》，人民法院出版社 2019 年版，第 126 页。

的预期计划，对于认定开工日期有重要影响，在没有开工通知的情况下，开工报告所记载的开工日期最接近实际开工时间。施工合同中当事人约定的开工日期通常为暂定日期。在计算工期时，施工合同约定的日期很重要，但是对于认定实际开工时间，开工报告更能准确反映当事人履行中的意思表示。施工许可证上也记载开工日期，司法实践中有观点认为，应依据建设行政主管部门出具的施工许可证记载的日期认定开工日期。这种观点的不足之处在于，建设工程施工许可证反映的是行政许可关系，其上记载的开工时间不足以反映施工合同当事人的意思表示及事实。实践中，实际开工时间晚于或早于施工许可证上记载的开工日期的情况均有。关于竣工验收报告或竣工验收备案表等材料对于实际施工日期的影响：竣工验收报告在建设工程施工中至关重要，在竣工验收报告中也多载明开工日期，但竣工备案表、竣工验收报告出具时与实际开工日期相距较远，实践中可能会出现后补开工日期的情况，未必能够反映实际开工时间。因此，竣工验收报告载明的开工日期也仅能作为一个考虑因素，最终还是要综合考虑全案查明的事实，以确定开工日期。①

四、建设工程施工许可证对开工日期的证明力

实践中对建设工程实际开工日期的争议主要是事实认定问题。在很多案件的裁判中认为建设工程施工许可证的证明力较强，倾向于以施工许可证上记载的开工日期为实际开工日期，理由如下：（1）施工许可证是由行政主管部门颁发的，与其他诸如施工合同、竣工验收报告等文件相比，证明力更强，更能反映实际开工时间；（2）一般情况下，建设工程开工前，建设单位应申领施工许可证，在证件发放之前，系开工准备。但是根据本条司法解释的规定，施工许可证并非确定开工日期的唯一凭证。因为是否取得施工许可证是施工是否获得行政许可的问题，《建筑法》第六十四条关于施工许可证的规定属建设主管部门的行政管理范围，没有办理施工许可证先行动工的，主管部门应责令其进行更正，对不满足开工要求的，则应指令其立即暂停继续施

① 最高人民法院民事审判第一庭编著：《最高人民法院建设工程施工合同司法解释（二）理解与适用》，人民法院出版社2019年版，第127页。

工，也可以处以罚款，但是这对开工日期并不必然产生实质性影响。开工时间问题则涉及当事人应否承担违约责任等民法问题，是事实认定问题，对当事人的影响较大，人民法院不应当仅依据施工许可证上的日期进行认定，这有可能损害当事人的合法权益，应当有所担当，坚持实事求是的原则，维护当事人合法权益。①

五、开工条件对开工日期及工期顺延的影响

开工日期的审查主要与开工顺延相关。如果没有法定或者约定理由，发包人和承包人不能随意顺延工期。在履行合同过程中，承包人可以顺延工程日期的情形之一即未能在开工通知中载明开工日期。根据《合同法》第二百八十三条的规定，发包人未按照约定的时间和要求提供原材料、设备、场地、资金、技术资料的，承包人可以顺延工程日期。开工条件是否具备影响着开工日期和工期顺延。如果开工条件不具备是发包人的原因，则开工日期应以开工条件具备时为准，工期顺延。如果因承包人的原因导致实际开工日期推迟，则开工日期不发生变化，仍然以开工通知载明的时间为开工日期，工期不能顺延。②

六、其他记载开工日期的文件对开工日期的认定

发包人与承包人签订施工合同时无法预见所有情况，实际开工日期往往受现场施工条件、施工许可证手续办理等多种因素影响。施工合同约定开工日期与开工报告日期不一致，宜以开工报告日期作为工期的计算起点。当然，如果发包人有证据证明系由于承包人原因拖延开工，则仍然以施工合同约定时间为开工时间。

竣工备案表也记载开工日期，从证明力上看，竣工备案表经发包人、承

---

① 最高人民法院民事审判第一庭编著:《最高人民法院建设工程施工合同司法解释（二）理解与适用》，人民法院出版社 2019 年版，第 128 页。

② 参见最高人民法院民事审判第一庭编著:《最高人民法院建设工程施工合同司法解释（二）理解与适用》，人民法院出版社 2019 年版，第 130 页。

包人、监理人签字，其上记载的开工日期得到各方认可，并且有观点认为，竣工备案表出具给行政机关，证明力较强，其上记载的开工日期应作为开工日期。实践情况较为复杂，当事人也可能为达到某种目的，记载的开工时间与实际进场施工时间存在出入，故不能一概而论。衡量各份文件的证明力不能脱离个案事实及工程施工惯例，如果根据当事人主张的开工日期至竣工日期计算的工期与合同约定的工期相比，具有不合理之处，则当事人主张的开工日期未必属实。总之，对于开工日期的认定，始终要坚持实事求是的原则，同时根据当事人的举证责任及证据的证明力，确定最接近事实并且符合证据规定的开工时间。①

案例指导

湖南顺天建设集团有限公司与益阳市资阳商贸投资开发有限公司建设工程施工合同纠纷案②

再审申请人（一审被告、二审上诉人）：湖南顺天建设集团有限公司（以下简称顺天公司）。

被申请人（一审原告、二审上诉人）：益阳市资阳商贸投资开发有限公司（以下简称资阳商贸公司）。

资阳商贸公司向益阳市中级人民法院起诉请求：一、判令益阳大厦二期改扩建工程未完工部分的施工费用8358721.5元从合同总价118000000元中予以扣除；二、判令顺天公司按照工程总价0.02%每日向资阳商贸公司支付违约赔偿金22608800元（从2013年3月8日起暂计算至2015年10月21日止）。

益阳市中级人民法院经审理认为，案件中，资阳商贸公司与顺天公司签订的《建设工程施工合同》约定，案涉工程开工时间为2012年2月1

---

① 参见最高人民法院民事审判第一庭编著：《最高人民法院建设工程施工合同司法解释（二）理解与适用》，人民法院出版社2019年版，第132页。

② 详见最高人民法院（2018）最高法再442号民事判决书。

日，自开工日起算，总工期为13个月，主体工程竣工时间为10个月，合同工期总日历天数为400天，主体工程竣工时间为310天。同时，双方在其后签订的两份《补充协议》中均约定该两份《补充协议》系原《建设工程施工合同》的补充，其施工工期、质量标准、工程款支付、发（承）包人双方职责、违约、索赔、争议、保修等均按原合同相关条款执行，未尽事宜亦参照原合同。虽然益阳市住房和城乡建设局于2012年9月3日才下发建筑工程施工许可证，但顺天公司提交的益阳大厦二期改扩建工程新建商住楼经济技术签证资料能够证明其已于2012年2月1日开工，故案涉工程的开工日期应确定为2012年2月1日。依据合同约定，顺天公司应于2012年12月7日完成主体工程竣工，应于2013年3月7日完成合同约定的全部工程。依据双方合同约定，除不可抗力因素外，不做工期调整，至本案辩论终结前，益阳大厦二期改扩建工程新建商住楼项目仍未完成工程竣工验收，其行为已构成违约，应当对资阳商贸公司承担违约责任。判决：一、确认益阳大厦二期改扩建工程顺天公司未完工部分的施工费用为4585548.74元，该费用从资阳商贸公司与顺天公司于2011年12月21日签订的《建设工程施工合同》总价118000000元（未包含益阳大厦二期改扩建工程新建商住楼1#、2#栋住宅公共过道，电梯前室地面砖施工工程、连廊土建工程以及变更、增补工程）中予以扣除；二、顺天公司于判决生效之日起十五日内支付资阳商贸公司违约金14763314.66元；三、驳回资阳商贸公司的其他诉讼请求。案件受理费196638元，由资阳商贸公司负担74722元，顺天公司负担121916元；鉴定费229200元，由资阳商贸公司负担164600元，顺天公司负担64600元。

顺天公司与资阳商贸公司对一审判决均不服，向湖南省高级人民法院提出上诉称：一审法院认定顺天公司延期交付案涉工程，承担责任的时间为576天错误，案涉工程开工日期为2012年9月3日，并非一审法院认定的2012年2月1日，因为资阳商贸公司于2012年9月3日才取得施工许可证，虽然顺天公司于2012年2月1日进场施工，但益阳市住房和城乡建设局于2012年4月2日向顺天公司下达了行政处罚告知书，顺天公司不得不停止施工，直至取得施工许可证为止，工期应顺延220天。2012年8月22日起，又因万寿宫居民阻工导致案涉工程停工，直至2013年4月1日才复工，工期顺延212天。另，为安置万寿宫居民，顺天公司在原合同之外加建了两层，因此工期顺延60天。

资阳商贸公司上诉称：一、益阳大厦二期改扩建工程未完成工程量的工程造价应为8358721.5元，而不是4585548.74元；二、本案虽然是建设工程施工合同纠纷，但不涉及对工程款的结算，一审法院认定顺天公司的益阳大厦二期改扩建工程现场签证及增补项目所对应的工程造价9463773.07元是错误的，属于超范围审理。

湖南高院认为，首先，资阳商贸公司取得施工许可证日期为2012年9月3日，但顺天公司提交的经济技术签证资料能够证明项目2012年2月1日已经开工，顺天公司上诉中亦未否定其曾于2012年2月1日进场施工，虽然顺天公司提交的《益阳市住房和城乡建设局行政处罚告知书》，能够证明由于案涉项目未取得施工许可证擅自施工，顺天公司被行政处罚罚款8000元之事实，但该事实并不能证明顺天公司由此而停工，顺天公司对项目因此停工未提交证据予以证明，故对于顺天公司关于一审认定的工程延期576天中应扣除2012年2月1日至2012年9月3日停工220天的上诉请求，二审法院不予支持。其次，不可抗力是指合同订立时不能预见、不能避免并不能克服的客观情况，对于工程项目中的村民阻工并非双方订立合同时不能预见之情况，不属于不可抗力。双方签订的《建设工程施工合同》的第二部分专用条款第9.1条约定，除不可抗力因素外，不做工期调整。故对于顺天公司关于万寿宫村民于2012年8月22日阻工至2013年4月1日复工的期间212天，应从一审法院确认的工程延期576天中扣除之上诉请求，二审法院不予支持。最后，顺天公司还称，其为了安置万寿宫居民，对案涉项目进行了两层加建，因此该部分工程顺延的60天时间应当扣除。但顺天公司对于为何应当顺延60天并未提交充分证据予以证明，且对于该两层加建项目之工程量是否包含在益阳精工建设工程造价师事务所针对案涉项目改扩建工程现场签证及增补项目作出的益精造师［2016］造鉴字第55号司法鉴定意见书认定的工程造价9463773.07元内，亦未提交证据予以证明，故对于顺天公司的该项上诉请求，二审法院不予支持。

资阳商贸公司与顺天公司的上诉请求均不能成立，应予以驳回。一审认定事实清楚，适用法律正确，程序合法，应予维持，遂作出判决：驳回上诉，维持原判。

湖南高院二审后，顺天公司仍不服，向最高人民法院申请再审。最高人民法院于2018年9月27日作出民事裁定，提审本案。

最高人民法院认为：一、开工日期的确定要坚持实事求是的原则，以合同约定及施工许可证上记载的日期为基础，结合工程的客观实际情况，以最接近实际进场施工的日期作为开工日期。本案双方签订的《建设工程施工合同》约定的开工日期为2012年2月1日，顺天公司提交的经济技术签证资料也能够证明项目自2012年2月1日已经开工，且顺天公司在本案诉讼中对其曾于该日期进场施工亦不否认。故虽然资阳商贸公司取得施工许可证日期为2012年9月3日，但从上述情况来看，2012年2月1日应为最接近实际进场施工的日期。顺天公司主张未取得施工许可证的施工行为不能视为法律意义上的开工，应以2012年9月3日建设单位取得施工许可证的时间来确定本案的开工日期，该主张与客观事实不符，不应得到支持。至于案涉工程在未取得施工许可证前已经实际施工的问题，属于行政处罚范围，有关行政机关亦对该行为作出了相应的行政处罚决定，该事实不影响本院对实际开工日期的认定。

二、关于阻工所耽误的工期及《补充协议》所对应的工程工期是否应当扣除的问题。首先，关于《补充协议》的效力问题。双方于2013年3月25日签订《补充协议》的目的实为顺天公司以负责完成案涉工程的加层建设（包含一切相关费用）以及万寿宫居民3号楼36户居民产权过户等其他补偿安置过程发生的一切费用为对价，取得万寿宫36户居民旧楼产权。从该协议内容可见，顺天公司和资阳商贸公司对万寿宫36户居民旧楼产权作出了处分。即使认为资阳商贸公司并非该旧楼产权人，无权对该旧楼作出处分，参照《最高人民法院关于审理买卖合同纠纷案件适用法律问题的解释》第三条的规定，当事人一方以出卖人在缔约时对标的物没有所有权或者处分权为由主张合同无效的，人民法院不予支持。故顺天公司提出《补充协议》无效的主张，本院不予支持。

其次，阻工耽误工期的扣除问题。本案中，双方当事人对于施工过程中存在万寿宫居民阻工的事实均无异议。顺天公司主张该事实构成情势变更，所耽误的工期应当顺延；资阳商贸公司则认为案涉《建设工程施工合同》仅约定“除不可抗力因素外，不做工期调整”，该事实不符合不可抗力，工期不应顺延。本院认为，发包人履行必要的协助义务是合同法诚实信用原则的基本要求，通常情况下发包人提供符合正常施工条件的场地亦是其应尽的基本义务。万寿宫居民阻工并非因顺天公司施工不当所致，而是因工程建设项目本身引起。资阳商贸公司作为发包人，无论是在工程项目开工前还是项目建设过程中，均应妥善处理好施工现场与周围相邻环境的关系，确保施工正常进行。本案因周边居民阻工影响工程施工进度，造成的工期延误显然不可归责于顺天公司。《补充协议》虽有顺天公司“自行承担施工过程中的停工损失”的约定，但此处的停工损失应当指顺天公司因停工造成己方的损失，不应得出顺天公司自愿承担由此造成工期延误违约损失的意思表示。因此，对于万寿宫居民阻工造成的工期延误应当扣除。综合2013年9月3日的《工程联系单》、2013年3月25日的《补充协议》来看，案涉工程系于2012年8月22日发生阻工，双方亦均认可在《补充协议》签订后一周之内即4月1日之前启动1#楼施工，故自2012年8月22日至2013年3月31日，实际发生阻工时间为222天。同时，根据《工程联系单》《补充协议》及当事人双方在再审庭审中的陈述，可认定万寿宫居民阻工主要影响1#楼的施工进展。综合考虑1#楼和2#楼主体结构和楼层相似，及该两栋楼一并于2015年1月1日交付使用等情况，基于公平原则，本院酌情认定因阻工应扣除的工期延误天数为222÷2=111天。

最后，关于《补充协议》所涉加层施工工期扣除的问题。双方均承认加层建设项目并不在案涉《建设工程施工合同》的施工范围内，该部分工程的工期也并不包含在案涉《建设工程施工合同》工期中。故顺天公司因加层项目施工产生的工期亦不存在扣除问题。

顺天公司另提出，资阳商贸公司存在未按照双方施工合同约定支付工程款的违约行为，应减轻顺天公司的责任。因本案系资阳商贸公司就顺天公司工期延误主张违约赔偿，顺天公司既未提出反诉，也未在一、二审中就此问题抗辩举证，同时也未在本院再审中提供证据证明，故该主张本院不予支持。

资阳商贸公司另主张，本案系顺天公司在与资阳商贸公司签订执行和解协议后又对原判决申请再审，故不应得到支持。《民事诉讼法解释》第四百零二条第（三）项规定，再审申请审查期间，当事人达成和解协议且已履行完毕的，裁定终结审查，当事人在和解协议中声明不放弃申请再审权利的除外。据本院再审查明的事实，资阳商贸公司和顺天公司虽然签订执行和解协议，但该协议明确约定顺天公司保留对本案申请再审的权利。根据上述司法解释的规定，本院应对顺天公司的再审申请进行审查。当事人签订执行和解协议的事实，并不影响本案的审查结果。

综上所述，顺天公司主张的上述工期顺延中关于阻工工期扣除部分成立，应予支持，应当在原判决认定的工程逾期 576 天中扣除 111 天，即为 465 天。根据合同约定按工程总价每日万分之二的标准计算，顺天公司应支付的违约金为 11918300.9 元。顺天公司再审请求部分成立，本院予以支持。判决如下：一、撤销湖南省高级人民法院（2017）湘民终 425 号民事判决；二、维持湖南省益阳市中级人民法院（2015）益法民一初字第 21 号民事判决第一项；三、撤销湖南省益阳市中级人民法院（2015）益法民一初字第 21 号民事判决第三项；四、变更湖南省益阳市中级人民法院（2015）益法民一初字第 21 号民事判决第二项为：湖南顺天建设集团有限公司于本判决生效之日起十五日内支付益阳市资阳商贸投资开发有限公司违约金 11918300.9 元；五、驳回益阳市资阳商贸投资开发有限公司的其他诉讼请求。一审案件受理费 196638 元，由益阳市资阳商贸投资开发有限公司负担 94722 元，湖南顺天建设集团有限公司负担 101916 元；鉴定费 229200 元，由益阳市资阳商贸投资开发有限公司负担 184600 元，湖南顺天建设集团有限公司负担 44600 元。二审案件受理费 180691.05 元，由益阳市资阳商贸投资开发有限公司负担 100311.05 元，湖南顺天建设集团有限公司负担 80380 元。本判决为终审判决。

规范指引

《中华人民共和国合同法》

第六十条第一款 当事人应当按照约定全面履行自己的义务。

第一百零七条 当事人一方不履行合同义务或者履行合同义务不符合约定的，应当承担继续履行、采取补救措施或者赔偿损失等违约责任。

第一百一十四条第一款 当事人可以约定一方违约时应当根据违约情况向对方支付一定数额的违约金，也可以约定因违约产生的损失赔偿额的计算方法。

《中华人民共和国建筑法》

第六十四条 违反本法规定，未取得施工许可证或者开工报告未经批准擅自施工的，责令改正，对不符合开工条件的责令停止施工，可以处以罚款。

《最高人民法院关于审理建设工程施工合同纠纷案件适用法律问题的解释（二）》

第五条 当事人对建设工程开工日期有争议的，人民法院应当分别按照以下情形予以认定：

（一）开工日期为发包人或者监理人发出的开工通知载明的开工日期；开工通知发出后，尚不具备开工条件的，以开工条件具备的时间为开工日期；因承包人原因导致开工时间推迟的，以开工通知载明的时间为开工日期。

（二）承包人经发包人同意已经实际进场施工的，以实际进场施工时间为开工日期。

（三）发包人或者监理人未发出开工通知，亦无相关证据证明实际开工日期的，应当综合考虑开工报告、合同、施工许可证、竣工验收报告或者竣工验收备案表等载明的时间，并结合是否具备开工条件的事实，认定开工日期。

专题二：工期顺延的司法认定

【核心提示】当事人约定顺延工期应当经发包人或者监理人签证等方式确认，承包人虽未取得工期顺延的确认，但能够证明在合同约定的期限内向发包人或者监理人申请过工期顺延且顺延事由符合合同约定，承包人以此为由主张工期顺延的，人民法院应予支持。当事人约定承包人未在约定期限内提出工期顺延申请视为工期不顺延的，按照约定处理，但发包人在约定期限后同意工期顺延或者承包人提出合理抗辩的除外。

实务争点

建设工程施工合同履行中，因种种原因造成工期顺延的情况时有发生，建设工程不能按期完工，发包人要求承包人承担违约责任时，承包人往往会以工期顺延来抗辩。若承包人已经取得工期顺延的签证确认，这种情况就比较好处理，但在司法实践中，承包人未取得工期顺延确认较为常见。由于建筑市场不规范，承包人的法律意识淡薄，风险防控能力较低，即使因发包人的原因导致工期延误，承包人未能及时主张工期顺延即未在约定期限内提出工期顺延，此时会有何种法律后果，审判实践中，有两种不同的观点：第一种观点认为，根据意思自治的原则，若承包人未按约定的期限和程序主张工期顺延，“法律不保护躺在权力上睡觉的人”，应视为工期不顺延；第二种观点认为，因为建设工程施工合同的复杂性和特殊性，承包人未按照约定提出工期顺延，并不一定丧失工期顺延的权利。对此，《建设工程施工合同解释（二）》第六条规定：当事人约定顺延工期应当经发包人或者监理人签证等方式确认，承包人虽未取得工期顺延的确认，但能够证明在合同约定的期限内向发包人或者监理人申请过工期顺延且顺延事由符合合同约定，承包人以此为由主张工期顺延的，人民法院应予支持。当事人约定承包人未在约定期限内提出工期顺延申请视为工期不顺延的，按照约定处理，但发包人在约定期限后同意工期顺延或者承包人提出合理抗辩的除外。

理解适用

对《建设工程施工合同解释（二）》第六条规定的理解与适用

《合同法》第四条明确规定“当事人依法享有自愿订立合同的权利，任何单位和个人不得非法干预”。这是法律赋予当事人契约自由的权利，即只要不违背法律规定，当事人有权决定签订合同的内容。但因建筑市场领域中的发包人与承包人地位不平等等多种复杂因素的影响，施工合同对工期顺延问题往往作了严格约定，且这种约定对承包人具有不利的因素。《建设工程施工合同解释（二）》第六条就是从实际出发而制定，以便更好地维护当事人的权利，促进社会公平。该条关于“工期顺延的认定”实际包含四层含义：工期顺延已经发包人或者监理人签证确认的；没有取得签证确认但在合同约定期限内提出申请且事由符合法律规定的；在约定期限内未提出，按约定处理；有约定，但发包人事后同意或者承包人提出合理的抗辩理由的。因第一层含义中的“工期顺延”已经得到签证确认，在施工合同的当事人之间已经形成明确的统一意见，故不是本条关注的核心，本条重点解决承包人未能取得发包人或者监理人工期顺延签证确认时如何认定的问题。

一、工期顺延的常见情形

工程工期指承包人完成工程的时间或者期限，一般情况下，低造价、高质量、短工期是建设单位最理想的要求。但在合同履行过程中，一些外界因素常常导致施工方无法正常施工，此时施工方可以申请工期顺延。除了合同当事人约定的工期顺延的事由外，工期顺延的情形包括[①]：建设单位未按照约定提供图纸及开工条件；建设单位未按照约定支付预付款、进度款，致使施工不能正常进行；建设单位指定的代表未按照约定提供指令、批准，致使施

---

① 参见秦德平：《建设工程施工合同审理审查实务》，人民法院出版社2019年版，第166页。

工不能正常进行；设计变更和工程量增加；一周内非施工单位原因停水、停电、停气造成停工累计超过 8 小时；发生不可抗力事件；隐蔽工程在隐蔽前，施工企业发出检查通知，建设单位未及时检查；建设单位未按照约定时间和要求提供原材料、设备、场地等。

建设工程施工合同纠纷案件中，工程工期延误是发包人抗辩承包人追索工程款的主要理由。对此，承包人往往以发包人违约、设计变更、不可抗力等原因主张工期顺延进行抗辩。主要法律依据：《合同法》第二百七十八条规定："隐蔽工程在隐蔽以前，承包人应当通知发包人检查。发包人没有及时检查的，承包人可以顺延工程日期，并有权要求赔偿停工、窝工等损失。"《合同法》第二百八十三条规定："发包人未按照约定的时间和要求提供原材料、设备、场地、资金、技术资料的，承包人可以顺延工程日期，并有权要求赔偿停工、窝工等损失。"《合同法》第二百八十四条规定："因发包人的原因致使工程中途停建、缓建的，发包人应当采取措施弥补或者减少损失，赔偿承包人因此造成的停工、窝工、倒运、机械设备调迁、材料和构件积压等损失和实际费用。"因此，凡属于非承包人原因导致工程工期延误的，都可以构成承包人主张工期顺延的事由，承包人不仅可以按合同约定向发包人主张工期顺延，而且还可以要求发包人承担损失费用，维护自己的权益。

二、当事人未取得工期顺延的确认而主张工期顺延的正确理解

在施工合同中，当事人对工期的约定比较明确，其目的是督促承包人及时完工，同时也会约定顺延工期应当经发包人或者监理人签证等方式予以确认。但是，工期顺延的签证并非承包人单方行为，需要发包人对签证内容予以认可，但目前建筑市场中发包人处于强势，其对承包人工期顺延的申请"视而不见、听而不闻"的现象常常存在，承包人往往在施工过程中很难获得工期顺延的签证。在这种情况下，不能以发包人单方不认可不利于自身利益的事实即否认承包人的工期顺延，如果仍按照当事人的约定处理工期顺延问题，必将导致承包人与发包人利益的失衡。

针对承包人获得工期顺延签证确认较为困难这一情况，该条明确规定，只要承包人能够证明在合同约定的期限内向发包人或者监理人申请过工期

顺延且顺延事由符合合同约定，其主张工期顺延的，应予支持。这既能保障承包人的权益，也可以督促承包人及时向发包人或者监理人申请工期顺延，注意收集符合合同约定或者法律规定延期事由的证据，同时，这也提醒承包人不能对已经发生的影响工期顺延的事由“无动于衷”，否则将承担不利的法律后果。实践中，如果发包人或者监理人向承包人出具工期顺延签证确认，就是证明其同意顺延工期的最直接最有力的证据，但如果发包人或者监理人未出具工期顺延的签证，承包人主张工期顺延，应当注意以下两个方面：

1. 承包人应当在约定的期限内及时向发包人提出顺延工期的要求或主张，并保留该证据。这里需要说明两点，第一要把握时间，承包人需在双方约定的期限内提出工期顺延的申请，这不仅是合同约定的义务，也是当事人在履行合同中诚实信用的表现；第二要注意方式，承包人的工期顺延申请应明确具体，特别注意应该明确记载工期顺延天数，并且建议通过书面形式将工期顺延申请发给发包人，以便固定证据，作为将来处理纠纷的依据。

2. 承包人应证明施工过程中发生了系非因自身原因导致工期延误的事实。非因承包人自身原因导致工期顺延这是基本的前提，若系因承包人的原因发生工期延误，不仅不能主张工期顺延，还将面临着违约责任。另外，承包人应提供充分证据证明发生了符合合同约定或者法律规定的延期事由，且顺延事由严重影响施工进度的，比如变更设计致使工程量增加、质量标准提高、施工图纸没有到位、开工延迟、指令错误、拖延验收隐蔽工程等事实，并且这些事实与工期延误之间具有因果关系，即拖延的事实必须在关键线路上，对工程的工期有一定的影响。

三、处理涉及工期顺延纠纷案件应当注意的其他法律问题

1. 承包人未在约定的时间内提出工期顺延申请的。契约自由是合同法的一项基本原则，契约自由就是意思自治原则，是指在不违反法律和社会公共利益的前提下，当事人享有充分的合同自由，合同能完全体现当事人自己的意志，任何单位和个人不得非法干涉。根据《合同法》第八条规定：“依法成立的合同，对当事人具有法律约束力。当事人应当按照约定履行自己的义务，

不得擅自变更或者解除合同。依法成立的合同，受法律保护。”若当事人在合同中已经明确约定，承包人未在约定时间内提出工期顺延申请视为工期不顺延的，应遵从合同的约定，即当事人丧失了要求工期顺延的权利，这是充分尊重当事人意思自治的应有之义。

2. 发包人在约定期限后同意工期顺延的。如上文所述，根据当事人意思自治原则，承包人未在双方约定时间内提出工期顺延申请视为工期不顺延的，按约定处理，工期不顺延。但是，若发包人后期同意工期顺延，此时，发包人与承包人就工程工期达成新的确认，同理，法律亦应充分尊重当事人意思自治，工期顺延问题达成新的确认在施工合同双方之间有了法律约束力。

3. 承包人未按照约定申请工期顺延但提出合理抗辩事由的。施工合同的履行受多种外界因素的影响，确定当事人的意思表示不仅仅依据合同约定，同时应当结合案件的实际情况综合分析判断。如在施工期间存在工程设计变更，或者发生了不可抗力的事件导致停工，承包人以此提出抗辩的，即使承包人未能提出工期顺延申请，但能对其未申请工期顺延有合理解释的，工期应予以顺延。

4. 发包人迟延支付工程款与工期顺延的关系。承包人能否直接以因发包人迟延支付工程预付款、进度款而主张工期顺延，一直以来争议较大，但是在实践中应结合具体情况分析。通常认为，发包人未按照约定及时支付工程款时，承包人主张工期顺延，应满足一些条件：工程款未及时支付系因发包人的原因，而非承包人的原因；因工程款未及时支付导致工程无法正常进行，比如不能正常购买材料、支付机械设备费用等，影响整体工期；承包人提出工期补偿等申请。

5. 工程设计变更与工期顺延的关系。建设工程施工合同履行过程中，如果因施工设计发生了变更，超出原图纸施工范围，由此引起的等待指令、设备变更、材料采购、技术准备、人员增加等工作，承包人有权提出工期顺延。实际中，如果工程设计发生变更，施工合同的双方经过协商形成新的合约关系时，会一并提出工期问题，故工程设计变更与工期顺延一般较为同步。

6. 工程量变更与工期顺延的关系。一般而言，工程量变更并不必然改变工期，有些工程增量并不会影响工期，对于大量工程的变更影响施工工期的，承包人及时提出工期顺延的书面申请，如果未提出，则难以确定顺延天数，发生纠纷时，将对承包人不利。

7. 工程鉴定与工期顺延的关系。建设工程竣工前，当事人对质量发生争议的，此时可能会暂时停工进行工程质量鉴定，而鉴定需要一定的时间，那么鉴定期间能否作为工期顺延期间？《建设工程施工合同解释（一）》第十五条规定："建设工程竣工前，当事人对工程质量发生争议，工程质量经鉴定合格的，鉴定期间为顺延工期期间。"这条明确了工程质量的鉴定能否作为工期顺延的理由，主要以工程质量是否合格作为判断标准和依据，即经鉴定工程质量合格的，鉴定期间应作为顺延工期期间；若经鉴定工程质量不合格的，工期不应顺延，承包人应按照合同约定承担逾期完工的违约责任。这对施工合同的双方而言，也是比较公平合理的。

8. 未办理工期顺延确认对工期延误的认定。工程工期延误认定是一项专业性极强、极其复杂的工作，工程工期延误责任无法依据证据材料确认时必须借助专业知识确定，双方对工程工期延误责任争议较大、工程工期延误损失或违约责任涉及金额较大的情况下，举证方应当委托专业机构对非承包人原因导致的工程工期延误天数或延误责任进行司法鉴定。

9. 地方司法实践。因为在工程施工过程中，经常会发生工期延误的情形，在《建设工程施工合同解释（二）》出台前，地方法院发布的一些规定与该解释关于工期顺延的规定精神一致，也值得借鉴参考。如《北京市高级人民法院关于审理建设工程施工合同纠纷案件若干疑难问题的解答》第二十六条规定，因发包人拖欠工程预付款、进度款、迟延提供施工图纸、场地及原材料、变更设计等行为导致工程延误，合同明确约定顺延工期应当经发包人签证确认，经审查承包人虽未取得工期顺延的签证确认，但其举证证明在合同约定的办理期限内向发包人主张过工期顺延，或者发包人的上述行为确实严重影响施工进度的，对承包人顺延相应工期的主张，可予支持。《浙江省高级人民法院民事审判第一庭关于审理建设工程施工合同纠纷案件若干疑难问题的解答》（2012）第六条规定，发包人仅以承包人未在规定时间内提出工期顺延申请而主张工期不能顺延的，该主张不能成立。但合同明确约定不在规定时间内提出工期顺延申请视为工期不顺延的，应遵从合同的约定。《安徽省高级人民法院关于审理建设工程施工合同纠纷案件适用法律问题的指导意见》(2009)第十五条规定，承包人以发包人未按合同约定支付工程进度款为由主张工期顺延权，发包人以承包人未按合同约定办理工期顺延签证抗辩的，如承包人举证证明其在合同约定的办理工期顺延签证期限内向发包人提出过顺延工期的要求，或者举证证明因发包人迟延支付工程进度款严重影响工程施工进度，对其主张，可予支持。因发包人迟延支付工程进度款而认定承包人享有工期顺延权的，顺延期间自发包人拖欠工程进度款之日起至进度款付清之日止。

案例指导

青海方升建筑安装工程有限责任公司与青海隆豪置业有限公司建设工程施工合同纠纷案①

上诉人（一审原告、反诉被告）：青海方升建筑安装工程有限责任公司（以下简称方升公司）。

上诉人（一审被告、反诉原告）：青海隆豪置业有限公司（以下简称隆豪公司）。

2011 年 9 月 1 日，方升公司与隆豪公司签订《建设工程施工合同》约定：由方升公司为隆豪公司的建设工程施工。工程名称为：海南藏文化产业创意园商业广场；工程内容为：建筑结构为独立基础、框架结构，层数为 1 层、局部 2 层和 3 层；建筑高度分别为：5.70 米、10.20 米、14.10 米，建筑面积为 36745 平方米，最终以双方审定的图纸设计面积为准；开工日期为 2011 年 5 月 8 日，竣工日期为 2012 年 6 月 30 日，工期 419 天。工程单价 1860 元 / 平方米，单价一次性包死，合同总价款 68345700 元。

2011 年 5 月 15 日，方升公司开始施工；2012 年 6 月 13 日，方升公司、

① 详见最高人民法院（2014）民一终字第 69 号民事判决书。

隆豪公司与相关单位组织主体验收；2011 年 6 月，北京龙安华诚建筑设计有限公司（以下简称龙安华诚公司）完成设计图纸，同月 27 日双方当事人及有关单位进行图纸会审；2011 年 11 月 23 日，方升公司、隆豪公司、监理单位、设计单位、勘察单位、质检单位在海南州共和县隆豪公司售房部形成《基础验收会议纪要》，工程基础验收合格。

2012 年 1 月 9 日，龙安华诚公司向隆豪公司作出《设计变更通知单》，通知单内容为：对广场地砖、涂料、找平、找坡、结构板等进行变更；2012 年 3 月 31 日，设计单位向隆豪公司发出了《海南州共和县恰卜恰镇藏文化产业创意园商业广场》的变更通知单，通知单内容为面层、结构板等变更要求；2013 年 5 月 27 日，设计单位下发了《设计修改通知单》，对原结施节点详图中过梁作了补充和变更；2012 年 3 月、4 月、5 月，方升公司向监理单位分别报送《隆豪置业有限公司工程进度申报（审核）表》，监理单位盖有印鉴。

2012 年 6 月 19 日，方升公司发出《通知》，要求隆豪公司于 2013 年 6 月 23 日前支付 1225.14 万元工程款，否则将停止施工。2012 年 6 月 25 日，隆豪公司发出《通知》，内容为：方升公司不按约履行合同，拖延工程进度，不按图施工，施工力量薄弱，严重违约，导致工程延误、给隆豪公司造成了巨大经济损失，要求解除合同，并要求方升公司接到通知的一日内撤场、拆除临舍。之后，双方解除合同，方升公司撤场。隆豪公司将方升公司未完成工程发包给其他公司施工。

2011 年 8 月 10 日至 2012 年 4 月 18 日，隆豪公司陆续支付给方升公司工程款包括垫付的民工工资、水费等费用合计 30957562 元。

2012 年 7 月 9 日，方升公司向青海省高级人民法院（以下简称一审法院）起诉称：2011 年 5 月 8 日，方升公司与隆豪公司签订《建设工程施工合同》，合同签订后，方升公司依约进行了施工。至 2012 年 6 月 13 日，方升公司已完成合同约定工程的基础及主体，方升公司、隆豪公司、设计单位、监理单位均同意对基础及主体进行验收。经过验收，勘察、监理单位均确认基础及主体质量合格。现方升公司已完成主体工程，但因为隆豪公司拖欠进度款 22439200 元，致使方升公司无法继续施工，并造成无法支付民工工资，无法继续履行合同。同时，按约隆豪公司应承担所欠工程款万分之二的违约金。请求：判令隆豪公司向方升公司支付工程款22439200元及违约金。

隆豪公司反诉称：2011年9月1日，隆豪公司与方升公司签订《建设工程施工合同》，合同约定的总工期为419天，其中开工日期为2011年5月8日，竣工日期为2012年6月30日。在合同履行过程中，方升公司由于技术力量严重不足，施工管理及施工现场混乱，施工人员不足且极不稳定，根本不具备与承建工程相适应的施工能力，造成工期严重延误。方升公司不按设计图纸及规范施工，经常发生违规施工情况，造成工程出现严重质量问题。方升公司的上述行为，严重违反了合同约定和法律规定，给隆豪公司造成了巨额经济损失，隆豪公司于2012年6月25日书面通知方升公司解除合同。请求判令：方升公司赔偿隆豪公司工期延误造成的损失4678199.40元和工期延误违约金425000元。

对于方升公司要求隆豪公司支付工程款及违约金的诉讼请求，一审法院经审理后认为该请求缺乏事实依据，不予支持，判决驳回方升公司的诉讼请求（具体理由省略）。

对于隆豪公司的反诉请求，即方升公司是否存在工期延误及是否赔偿工期延误损失的问题，一审法院认为，本案合同生效时间为2011年9月1日，双方当事人合同约定的开工日期为2011年5月8日，竣工日期为2012年6月30日，合同总工期为419天。在合同生效之前，方升公司已开始施工。方升公司施工期间，双方当事人与有关单位于2011年6月27日完成图纸会审，此时施工的内容才得以明确具体，双方当事人对合同约定的施工内容在合同生效时进一步得到最终的确认。另外，在方升公司施工期间也存在部分工程的设计变更，虽然方升公司未提交证据证明发生以上事实后办理了工期顺延手续，但结合本案的实际，方升公司的施工期限不应严格依照合同约定的施工期间执行。隆豪公司发出解除合同通知时，方升公司仍在施工。隆豪公司主张方升公司延误工期，赔偿工期延误损失，不符合本案实际，并且其主张工期延误损失的计算方法亦依据不足。因此，对隆豪公司的反诉请求，不予支持。

综上，一审法院判决驳回方升公司的诉讼请求和隆豪公司的反诉请求。

方升公司和隆豪公司均不服一审判决，分别提起上诉。

方升公司上诉称：（上诉理由省略）一审判决既无法律根据也无合同依据，适用法律错误。

隆豪公司上诉称：方升公司故意拖延施工，造成工期严重延误，在本案中是铁一般的事实。一审判决以双方与有关单位于2011年6月27日完成图纸会审，此时施工内容才得以明确具体；施工期间存在部分工程的设计变更，施工期限不应严格依照合同约定的施工期限执行为由，驳回隆豪公司要求赔偿因工期延误造成的损失和违约责任的主张，不符合当事人合同中的明确约定，亦有悖于法律规定。

方升公司针对隆豪公司上诉理由辩称：隆豪公司认为工期延误不是事实，是实际开工时间和施工许可证上载明的时间不一致，应当以施工许可证上的时间为准。没有完成工程是因为隆豪公司单方解除合同，因此交付违约金的理由也不成立。

二审法院认为，隆豪公司在事先未与方升公司协商的情况下单方解除了合同，且未依约支付工程款，构成违约，应当承担相应的违约责任。方升公司提出的隆豪公司应当承担相应违约责任的上诉理由于法有据，本院予以支持。一审判决认定隆豪公司没有违约显然与事实不符，应予纠正。

针对隆豪公司的上诉理由，二审法院认为，在工程施工期间，合同双方当事人与有关单位于2011年6月27日才完成图纸会审，施工内容才得以明确具体；施工期间还存在着部分工程的设计变更；隆豪公司解除合同时，方升公司已经完成了基础和主体工程的施工。由此而见，方升公司并不存在工程延误的情形。一审判决认定方升公司未延误工期正确，应予维持；隆豪公司提出的方升公司故意拖延施工造成工期严重延误的上诉理由不当，不予支持。

综上所述，一审判决认定事实部分错误，适用法律不当，应予以纠正，依照《中华人民共和国民事诉讼法》第一百七十条第一款第（二）项、第一百七十五条之规定，撤销一审判决，判决隆豪公司向方升公司支付工程款及违约金，同时驳回隆豪公司要求方升公司赔偿工期延误造成的损失及工期延误违约金的反诉请求。

工期是否应予顺延是建设工程施工合同纠纷中常见的争议，对施工合同双方的权利和义务有较大的影响，因此也是司法实践中的难点，《建设工程施工合同司法解释（二）》第六条将工期顺延的认定标准明确，其目的就是避免产生不公平的法律后果，促进社会的公平正义。在这个案件的审理过程中，一、二审法院均认为，在施工合同履行过程中，施工设计、施工内容发生了变更，必将影响承包人的施工进度，施工工期必将发生变化，承包人并不存在工期延误的情形。因此，在审判实践中，审判法官不会简单地以承包人未进行工期顺延签证而否认承包人的工期顺延权利，而是会结合案件的证据综合判断承包人的工期顺延是否合理。

规范指引

《中华人民共和国合同法》

第四条　当事人依法享有自愿订立合同的权利，任何单位和个人不得非法干预。

第八条　依法成立的合同，对当事人具有法律约束力。当事人应当按照约定履行自己的义务，不得擅自变更或者解除合同。依法成立的合同，受法律保护。

第二百七十八条　隐蔽工程在隐蔽以前，承包人应当通知发包人检查。发包人没有及时检查的，承包人可以顺延工程日期，并有权要求赔偿停工、窝工等损失。

第二百八十三条　发包人未按照约定的时间和要求提供原材料、设备、场地、资金、技术资料的，承包人可以顺延工程日期，并有权要求赔偿停工、窝工等损失。

第二百八十四条　因发包人的原因致使工程中途停建、缓建的，发包人应当采取措施弥补或者减少损失，赔偿承包人因此造成的停工、窝工、倒运、机械设备调迁、材料和构件积压等损失和实际费用。

《最高人民法院关于审理建设工程施工合同纠纷案件适用法律问题的解释》

第十五条　建设工程竣工前，当事人对工程质量发生争议，工程质量经鉴定合格的，鉴定期间为顺延工期期间。

《最高人民法院关于审理建设工程施工合同纠纷案件适用法律问题的解释（二）》

第六条 当事人约定顺延工期应当经发包人或者监理人签证等方式确认，承包人虽未取得工期顺延的确认，但能够证明在合同约定的期限内向发包人或者监理人申请过工期顺延且顺延事由符合合同约定，承包人以此为由主张工期顺延的，人民法院应予支持。

当事人约定承包人未在约定期限内提出工期顺延申请视为工期不顺延的，按照约定处理，但发包人在约定期限后同意工期顺延或者承包人提出合理抗辩的除外。

专题三：实际竣工时间的司法认定

【核心提示】 当事人对建设工程实际竣工日期有争议的，按照以下情形分别处理：（一）建设工程经竣工验收合格的，以竣工验收合格之日为竣工日期；（二）承包人已经提交竣工验收报告，发包人拖延验收的，以承包人提交验收报告之日为竣工日期；（三）建设工程未经竣工验收，发包人擅自使用的，以转移占有建设工程之日为竣工日期。

实务争点

建设工程施工合同的竣工日期一般在合同中写明，但是实际竣工日期往往与约定竣工日期不同。诉讼中，建设单位与施工单位常常因实际竣工日期发生争议。当事人协商不成时，关于实际竣工日期的确定有三种意见，即分别以工程的实际完工日期、验收合格日期或验收备案日期来确定实际竣工日期。对此，《建设工程施工合同解释（一）》第十四条规定：当事人对建设工程实际竣工日期有争议的，按照以下情形分别处理：（一）建设工程经竣工验收合格的，以竣工验收合格之日为竣工日期；（二）承包人已经提交竣工验收报告，发包人拖延验收的，以承包人提交验收报告之日为竣工日期；（三）建设工程未经竣工验收，发包人擅自使用的，以转移占有建设工程之日为竣工日期。

理解适用

对《建设工程施工合同解释（一）》第十四条的理解与适用

当事人对建设工程实际竣工日期有争议的，如果建设工程经过竣工验收属于优良或合格，以竣工验收合格之日作为竣工日期；若经验收属于不合格工程，则需要承包方按合同约定标准或有关工程质量技术规范进行整改，直至达到合同约定标准或符合有关工程质量技术规范，此时以重新验收合格之日作为实际竣工日期；如果承包人早已提交了竣工验收报告，而发包人出于种种目的而拖延验收，竣工验收合格的时间就可能拖后，这时应以承包人提交验收报告之日作为工程竣工的日期；如果建设工程未经竣工验收就被发包人擅自使用的，则以转移占有建设工程之日作为确定竣工日期的标准。

一、竣工日期认定的意义

竣工日期一般是指施工合同当事人对建设工程符合约定的质量标准且已完工的状态进行确认的时间节点。竣工日期的认定有着重要的法律意义，主要表现在以下几个方面：

1. 认定发包方是否按时支付工程款，以明确其应否承担延期付款利息及违约责任。建设工程施工合同通常会将工程竣工日期作为工程进度款支付的重要节点，因此要判断发包方是否按时支付工程款，通常先要确定竣工日期。如果发包方未能在确定竣工日期后约定时间内支付工程款，则需向承包方支付延期付款利息并承担相应的违约责任。

2. 认定发包方向承包方退还质量保证金的时间。质量保证金退还时间一般以竣工日期作为起点计算，因此必须确定竣工日期才能明确质量保证金的退还时间。

3. 认定承包方是否承担逾期完工的违约责任以及享有向发包方主张工期奖励的权利。工期是以实际开工日期和实际竣工日期作为基础计算得出的，因此竣工日期的认定是认定承包方是否承担逾期完工违约责任的前提之一；

同时，如果建设工程施工合同中对提前完工设有奖励的，竣工日期的认定还会影响到承包方的奖励金额。

4. 认定承包方建设工程价款优先受偿权的起算日。根据《最高人民法院关于建设工程价款优先受偿权问题的批复》第四条规定，“建设工程承包人行使优先权的期限为六个月，自建设工程竣工之日或者建设工程合同约定的竣工之日起计算。”因此竣工日期直接关系到建设工程价款优先受偿权自何时起算。

5. 认定缺陷责任期及保修期的起算时间。建设工程施工合同中约定缺陷责任期及保修期，通常会以竣工日期作为起算点，因此竣工日期的认定会对承包方是否继续承担缺陷责任及保修责任产生影响。

6. 认定承包方将工程风险进行移转的时间节点。工程竣工后常常伴随着工程的交付，由于我国法律对于工程风险转移并无明文规定，根据《合同法》的规定，建设工程施工合同的风险转移应当参照买卖合同，即交付转移。因此，竣工日期的认定也可能会对工程风险转移产生影响。

二、竣工日期的认定规则

依据《建设工程施工合同解释（一）》第十四条的规定，竣工日期的认定，应当遵循下列原则：

1. 以双方确认的日期为竣工日期。如果双方当事人签字确认了竣工日期，则该确认的日期为竣工日期。确认的形式一般是书面的，可以是竣工验收登记表、协议、会议纪要、往来函件、监理记录等。[①]

2. 建设工程经竣工验收合格的，以竣工验收合格之日为竣工日期。根据《合同法》第二百七十九条规定：“建设工程竣工后，发包人应当根据施工图纸及说明书、国家颁发的施工验收规范和质量检验标准及时进行验收。验收合格的，发包人应当按照约定支付价款，并接收该建设工程。建设工程竣工经验收合格后，方可交付使用；未经验收或者验收不合格的，不得交付使用。”从该规定可以看出，发包方按照约定支付工程价款的基本前提应当是

---

① 秦德平：《建设工程施工合同审理审查实务》，人民法院出版社 2019 年版，第 165 页。

工程验收合格，并以竣工验收合格之日作为竣工日期。

如果建设工程经验收不合格，发包人有权要求承包人在合理期限内无偿修理或返工、改建，承包方对建设工程修复后，经再次验收合格之日为工程竣工日期。

3. 承包人已经提交了申请竣工验收的报告，而发包人迟迟不予验收的，以承包人提交竣工验收报告之日为竣工日期。《建设工程质量管理条例》第十六条第一款规定："建设单位收到建设工程竣工报告后，应当组织设计、施工、工程监理等有关单位进行竣工验收。"建设工程完工后，承包方应当按照国家竣工验收的有关规定，向建设方（发包方）提供完整的竣工资料和竣工验收报告，请发包方组织竣工验收。发包方收到竣工验收报告后，应及时组织验收。如果建设单位为了自己的利益恶意阻止条件成就的，应当视为条件已成就。也就是说，承包方已经提交竣工验收报告，发包方为了达到拖欠工程款等其他目的，故意拖延验收，那么本来应以验收合格之日为实际竣工日期，但为了保护承包人的合法权益，制裁发包人恶意阻止条件成就的行为，则以承包人提交验收报告之日为竣工日期，这款规定也是为了强化发包人的及时验收意识。

4. 在建设工程未经竣工验收的情况下，发包人擅自使用的，以转移占有建设工程之日为竣工日期。《建筑法》第六十一条第二款规定，建筑工程竣工验收合格后，方可交付使用；未经验收或验收不合格的，不得交付使用。在实践中，经常会出现发包人出于自己的需要，为提前获得投资利益，没有经过验收就急于使用已经竣工工程的情况。发包人实际接收后，意味着承包人已完成其合同义务，从而开始享有请求支付工程价款的权利，同时也意味着，工程的意外风险开始转移至发包人承担。[①]《建设工程施工合同解释（一）》第十四条第（三）项规定，建设工程未经竣工验收，发包人擅自使用的，以转移占有建设工程之日为竣工日期。理由如下：（1）发包人在工程未经竣工验收的情况下擅自使用工程，违反了上述相关法律规定，应承担相应的责任；

① 最高人民法院民事审判第一庭编著：《最高人民法院建设工程施工合同司法解释的理解与适用》，人民法院出版社2015年版，第115页。

（2）发包人使用工程，表明其已经实现合同的目的；（3）发包人使用工程后，若再进行竣工验收，便出现质量责任不清晰的问题。所以，应认定发包人使用工程日期即该工程转移占有的日期为竣工日期。[①]

案例指导

福建闽安建筑工程有限公司与宿迁市中宝投资集团有限公司建设工程施工合同纠纷案[②]

再审申请人（一审被告、二审上诉人）：宿迁市中宝投资集团有限公司（以下简称中宝公司）。

被申请人（一审原告、二审上诉人）：福建闽安建筑工程有限公司（以下简称闽安公司）。

2010 年 6 月 11 日，中宝公司与闽安公司签订建设工程施工合同，约定由闽安公司负责中宝公司宿迁市某钢材市场商铺的工程建设。双方对工程概况、工程承包范围、合同工期、质量标准、合同价款、工期延误、工程量的确认、工程款的支付方式和支付时间等均进行了约定。其中，约定工程竣工验收后，支付款应达到 98%，余款 2% 为工程质量保证金，在工程交付使用后，按国家有关规定在保修期满后 14 日内将剩余保证金分批付清，逾期支付工程款的按照月息 2% 计算违约金。

合同签订后，闽安公司开始组织施工。施工过程中，双方又补办了招投标手续，2011 年 1 月 24 日，确定由闽安公司中标。2011 年 2 月 28 日，双方签订的合同除进行了部分工程范围变更外，其余内容与双方在 2010 年 6 月 11 日签订的合同内容基本相同，2011 年 5 月 6 日，该合同在宿迁市招投标管理办公室进行了合同备案。之后，双方就配套工程签订了场地工程施工合同，2011 年 5 月 24 日，双方又就钢材市场商铺工程室外场地工程签订了施工合同。

---

① 秦德平：《建设工程施工合同审理审查实务》，人民法院出版社 2019 年版，第 166 页。

② 详见最高人民法院（2015）民申字第 101 号民事裁定书、江苏省高级人民法院（2013）苏民终字第 257 号民事判决书。

截至2012年5月21日，中宝公司仅向闽安公司支付工程款22603944元。闽安公司为证明其承建的工程已完工并经竣工验收，提供了2012年1月13日单位竣工验收证明书11份、竣工验收会议纪要、宿迁市宿豫区建设工程质量监督站的监督报告、中宝公司出具给宿迁市宿豫区建设工程质量监督站的单位竣工验收通知书、中宝公司盖章确认的单位竣工验收报告等证据，用以证明工程已完工并经竣工验收，中宝公司则对闽安公司的证据均予以否认，认为竣工验收证明书上己方“代表”周义兴早已离开中宝公司，中宝公司也没有授权周义兴代表公司办理验收手续，所有的证明书上面都没有验收日期；会议纪要仅是一张签名单，没有纪要内容，监理单位也没有盖章，中宝公司的签名人员是郑正文，郑正文已将其全部股份转让给他人，闽安公司的项目负责人系明知；工程并未完工，在2011年11月29日，双方签订的施工协议书，此时预埋的电缆还没有到位。

2012年5月21日，闽安公司向江苏省宿迁市中级人民法院提起诉讼，要求判令中宝公司支付下欠工程款18935211元及违约金，确认其对涉案的商铺工程享有建设工程优先受偿权，诉讼费由中宝公司负担。

宿迁市中级人民法院认为，关于闽安公司承建的工程是否已完工并经竣工验收的问题，闽安公司提供的7组证据相互印证，形成了证据链，能够证明其承建的工程于2012年1月13日经竣工验收合格的事实，对其证据效力予以确认。中宝公司对上述证据虽不予认可，但未提供充分证据予以推翻，不予采信。中宝公司主张2011年11月29日电缆尚未到位，证明此时工程没有全部完工，但该协议载明“闽安公司确保在2012年1月5日前将该市场的总验收完成”，证明工程已进入收尾阶段，与双方于2012年1月13日进行竣工验收并不矛盾。中宝公司未按照竣工验收时要支付合同总价98%的时间节点支付工程款，应承担逾期付款的违约责任，判决：一、中宝公司给付闽安公司下欠工程款13651271.6元；二、支付逾期付款违约金1697355.48元（暂计算至2013年4月15日，以后以13651271.6元为本金，按每月1%计算至判决确定的给付之日止）；三、闽安公司对其承建的相关工程的折价或拍卖款在13651271.6元限额内享有优先受偿权。诉讼费、鉴定费由闽安公司负担42811元，中宝公司负担180000元。

闽安公司、中宝公司对一审判决均不服，上诉至江苏省高级人民法院。

闽安公司上诉称，双方约定的逾期付款违约金为月息2%，不违反法律规定，一审将违约金调整为1%缺乏依据，违约金应计算至实际履行完毕之日，而不是判决确定的给付之日。

中宝公司上诉称，中宝公司不存在违约行为，涉案工程至今未完成竣工验收，部分工程未完工，质量不合格，且每月2%的标准过高，应当以实际损失确定违约金计算标准。竣工验收证明书系闽安公司与中宝公司前法定代表人郑正文及验收单位恶意串通制作形成，不能作为证据使用。

江苏高院经审理认为，工程竣工验收证明书中签字的周义兴当时已不在公司，无权代表公司签字，但该证明书中不仅有周义兴签字，还盖有中宝公司印章，监理单位、设计单位亦对此盖章确认，中宝公司未能提供证据证明上述单位或个人存在恶意串通的情形，不足以否认该证明书的效力。且根据建设部《房屋建筑工程和市政基础设施工程竣工验收规定》第六条规定，工程竣工验收应当按以下程序进行：工程完工后，施工单位向建设单位提交工程竣工报告，申请工程竣工验收。建设单位收到工程竣工报告后，对符合竣工验收要求的工程，组织勘察、设计、施工、监理等单位组成验收组，制定验收方案。对于重大工程和技术复杂工程，根据需要可邀请有关专家参加验收组。建设单位应当在工程竣工验收7个工作日前将验收时间、地点及验收组名单书面通知工程质量监督机构。最后由建设单位组织工程竣工验收。

本案中，中宝公司向宿迁市宿豫区建设工程质量监督站发出的竣工验收通知书载明，工程定于2012年1月13日验收，请该站派员参加。宿迁市宿豫区建设工程质量监督站亦在验收后出具了建设工程质量监督报告。上述证据能够相互印证，且符合建设部有关验收程序的规定，故原审法院认定上述工程于2012年1月13日验收合格并无不当，中宝公司认为工程未验收的主张不能成立。关于附属工程的验收问题，中宝公司出具的证明明确载明涉案工程已全部竣工验收，其中室外工程等附属工程由中宝公司与闽安公司双方进行了竣工验收，中宝公司虽对该证明中其单位公章的来源提出异议，但未提供反驳证据，其该项主张不能成立。由于涉案工程已经竣工验收合格，中宝公司认为尚有工程未完工、部分工程存在质量问题的主张亦不能成立。

江苏高院认为，原审认定事实清楚，适用法律正确，因二审中闽安公司同意对违约金计算基数进行调整，高院对原审判决予以变更。对其他判项均予以维持。

二审判决后，中宝公司仍不服，向最高人民法院申请再审称:《工程质量整改完成报告》属新证据，该证据可以证明案涉工程至2012年3月26日才整改完毕。因此，本案主体工程实际竣工日期应是经整改后确认的合格日期2012年3月26日，而非原审认定的2012年1月13日，工程至今尚未竣工，不具备竣工结算条件。原审法院仅依据闽安公司提供的不具有真实性、关联性、合法性的7组证据即认定案涉工程已经完成了竣工验收，认定事实不清，举证责任分配不公。

最高人民法院经审理认为，原审期间，闽安公司为证明其承建的工程已完工并经竣工验收向法庭提供了如下7组证据：11份竣工验收证明书、竣工验收会议纪要、宿迁市宿豫区建设工程质量监督站的监督报告、闽安公司与中宝公司盖章确认的综合验收证明、中宝公司出具给宿迁市宿豫区建设工程质量监督站的单位工程竣工验收通知书、中宝公司盖章确认的单位工程竣工验收报告、闽安公司向中宝公司发出的工作联系函。闽安公司提供的单位工程竣工验收证明书载明，涉案主体工程即1—11号商铺于2012年1月13日竣工验收合格，该工程竣工验收证明书加盖有中宝公司的印章，监理单位、设计单位亦对此予以确认。中宝公司向宿迁市宿豫区建设工程质量监督站发出的竣工验收通知书亦载明，工程定于2012年1月13日验收，请该站派员参加，宿迁市宿豫区建设工程质量监督站亦在验收后出具了建设工程质量监督报告。闽安公司提供的上述7组证据相互印证形成了完整的证据链，能够证明案涉工程已由闽安公司全部施工完毕且验收合格，综合验收的日期为2012年1月13日。中宝公司对上述证据虽不予认可，但未提供充分证据予以推翻。因此，原审法院采信闽安公司提供的证据，认定案涉工程于2012年1月13日经竣工验收合格，并无不当。中宝公司申请再审中举示的《工程质量整改完成报告》的落款时间为2012年3月26日，该报告并非中宝公司新发现、新取得、新形成的证据，不属于《最高人民法院关于适用〈中华人民共和国民事诉讼法〉审判监督程序若干问题的解释》第十条规定的新证据，且从该报告“整改情况简述”的四项内容看，仅涉及楼梯及梯间窗护栏、建筑物污染部分及墙面出现的裂缝以及建筑物四周与地坪处的连接、开关、插座、电源控制箱进行施工、清理及处理等收尾工作，并不影响整个主体工程及附属工作的竣工验收。中宝公司以此为据主张本案主体工程实际竣工日期为2012年3月26日的理由，不能成立，本院不予支持。

同时，二审法院根据闽安公司在二审中明确表示对该部分工程的工程欠款不主张逾期付款违约金，并同意以10510749.1元为基数自2013年4月15日鉴定结论出具之日计算之后的违约金的实际情况，将中宝公司承担该部分工程逾期付款违约金的时间变更为自鉴定结论出具之日起算，并未损害中宝公司的利益；违约金是对违约行为的一种处罚，它具有惩罚性和赔偿性两种功能。因此，违约行为，并不以是否造成实际损失为违约人承担责任的前提条件。由于中宝公司逾期付款的行为已构成违约，原审法院判令该公司对其违约行为承担一定的违约责任，并无不当。中宝公司申请再审认为闽安公司未举证证明存在实际损失，因此其无须承担违约责任的理由，缺乏法律依据，本院不予支持，裁定驳回中宝公司的再审申请。

规范指引

《中华人民共和国合同法》

第二百七十九条 建设工程竣工后，发包人应当根据施工图纸及说明书、国家颁发的施工验收规范和质量检验标准及时进行验收。验收合格的，发包人应当按照约定支付价款，并接收该建设工程。

建设工程竣工经验收合格后，方可交付使用；未经验收或者验收不合格的，不得交付使用。

《最高人民法院关于审理建设工程施工合同纠纷案件适用法律问题的解释》

第十四条 当事人对建设工程实际竣工日期有争议的，按照以下情形分别处理：

（一）建设工程经竣工验收合格的，以竣工验收合格之日为竣工日期；

（二）承包人已经提交竣工验收报告，发包人拖延验收的，以承包人提交验收报告之日为竣工日期；

（三）建设工程未经竣工验收，发包人擅自使用的，以转移占有建设工程之日为竣工日期。

第十七条　当事人对欠付工程价款利息计付标准有约定的，按照约定处理；没有约定的，按照中国人民银行发布的同期同类贷款利率计息。

第十八条　利息从应付工程价款之日计付。当事人对付款时间没有约定或者约定不明的，下列时间视为应付款时间：

（一）建设工程已实际交付的，为交付之日；

（二）建设工程没有交付的，为提交竣工结算文件之日；

（三）建设工程未交付，工程价款也未结算的，为当事人起诉之日。

《房屋建筑和市政基础设施工程竣工验收规定》

第四条　工程竣工验收由建设单位负责组织实施。

第六条　工程竣工验收应当按以下程序进行：

（一）工程完工后，施工单位向建设单位提交工程竣工报告，申请工程竣工验收。实行监理的工程，工程竣工报告须经总监理工程师签署意见。

（二）建设单位收到工程竣工报告后，对符合竣工验收要求的工程，组织勘察、设计、施工、监理等单位组成验收组，制定验收方案。对于重大工程和技术复杂工程，根据需要可邀请有关专家参加验收组。

（三）建设单位应当在工程竣工验收 7 个工作日前将验收的时间、地点及验收组名单书面通知负责监督该工程的工程质量监督机构。

（四）建设单位组织工程竣工验收。

1. 建设、勘察、设计、施工、监理单位分别汇报工程合同履约情况和在工程建设各个环节执行法律、法规和工程建设强制性标准的情况；

2. 审阅建设、勘察、设计、施工、监理单位的工程档案资料；

3. 实地查验工程质量；

4. 对工程勘察、设计、施工、设备安装质量和各管理环节等方面作出全面评价，形成经验收组人员签署的工程竣工验收意见。

参与工程竣工验收的建设、勘察、设计、施工、监理等各方不能形成一致意见时，应当协商提出解决的方法，待意见一致后，重新组织工程竣工验收。

专题四：工程价款计算标准的司法处理

【核心提示】当事人对建设工程的计价标准或者计价方法有约定的，按照约定结算工程价款。因设计变更导致建设工程的工程量或者质量标准发生变化，当事人对该部分工程价款不能协商一致的，可以参照签订建设工程施工合同时当地建设工程主管部门发布的计价方法或者计价标准结算工程价款。建设工程施工合同有效，但建设工程经竣工验收不合格的，不予支付工程价款。

实务争点

长期以来，在我国的建设工程领域，很多建设工程施工合同在签订时没有对工程款的计价标准和计价方法进行约定或约定不明，导致在结算工程款时发包方和承包方说法不一。在施工过程中由于情况多变，往往会出现变更工程量和工程质量标准的情况，由于各地法院对法律适用的理解不同，导致在具体案件中，对双方未就变更部分的工程价款协商一致以及建设施工合同有效但经竣工验收不合格等情况下工程价款应当如何计算的裁判结果差异较大。为此，《建设工程施工合同解释（一）》第十六条规定：当事人对建设工程的计价标准或者计价方法有约定的，按照约定结算工程价款。因设计变更导致建设工程的工程量或者质量标准发生变化，当事人对该部分工程价款不能协商一致的，可以参照签订建设工程施工合同时当地建设行政主管部门发布的计价方法或者计价标准结算工程价款。建设工程施工合同有效，但建设工程经竣工验收不合格的，工程价款结算参照本解释第三条规定处理。

理解适用

对《建设工程施工合同解释（一）》第十六条规定的理解与适用

在建设工程施工合同中，发包人以支付建设工程价款为义务，以取得合同标的物建设工程为权利；承包人以取得建设工程价款为权利，以交付合同标的物建设工程为义务。一般而言，双方本着诚实信用原则履行合同义务，则各自在合同中的权利自然会顺利实现。然而，司法实践纷繁复杂，应当从如下方面理解与适用《建设工程施工合同解释（一）》第十六条的规定。

一、建设工程价款的结算

建设工程价款的结算，是指建设工程的发包方和承包方在签订建设工程施工合同时对合同价款进行约定并依据合同约定进行工程预付款、工程进度款、工程竣工价款结算的活动。建设工程发承包及实施阶段的工程造价包括分部分项工程费、措施项目费、其他项目费、规费和税金等。《建筑法》第十八条对建设工程的造价作了相应规定："建筑工程造价应当按照国家有关规定，由发包单位与承包单位在合同中约定。公开招标发包的，其造价的约定，须遵守招标投标法律的规定。发包单位应当按照合同的约定，及时拨付工程款项。"根据建筑法的这条规定，我们可以明确看出，发包方和承包方在签订建设工程施工合同时如果对建设工程的造价进行了约定，那么在进行工程价款结算时就应该遵从约定。在实践中可能会遇到签订合同时双方约定的工程造价高于或低于市场价格，在进行工程款结算时发生纠纷的情形，我国《合同法》第四条规定："当事人依法享有自愿订立合同的权利，任何单位和个人不得非法干预。"第六条规定："当事人行使权利、履行义务应当遵循诚实信用原则。"第八条规定："依法成立的合同，对当事人具有法律约束力。当事人应当按照约定履行自己的义务，不得擅自变更或者解除合同。依法成立的合同，受法律保护。"根据上述自愿原则和诚实信用原则，只要双方在签订合同时的约定不违反法律法规的规定，那么双方均应按照合同约定履行自己的义务，不得擅自变更或解除。双方在合同中约定的工程款结算标准和建设工程行业主管部门颁布的工程定额标准和计价办法不一致的，应当以双方签订的合同中约定的结算标准为准。因为各地建设工程主管部门颁布的工程定额标准和计价办法，是根据当地建筑行业的具体情况确定的指导当地整个建筑市场的非强制性规范，双方当事人在自愿的情况下，根据市场行情订立不同于定额标准的工程结算标准，属于一种市场经营行为，也体现了我国合同法中的自愿原则。

建设工程在施工过程中，由于受多种因素的影响，建设工程的工程量或者工程质量标准都有可能会发生变化。所谓工程量的变化，顾名思义就是工程多少的变化，这种变化可能是合同工程任何一项工作的增、减、取消，也可能是因为设计图纸的修改，招标工程量清单的错、漏引起的。工程质量标准的变化可能是因为某种原因使原定合同中的工程质量标准升高或者降低。由于这些变化在订立合同时无法预估，导致该部分工程的工程价款在结算时没有依据，在这种情况下，发包方和承包方可就变化的工程量或工程质量涉及的工程价款进行协商，如果能够协商一致，双方可按协商的价款进行结算；如果不能协商一致，依照本条司法解释的原则就是"可以参照签订建设工程施工合同时当地建设工程主管部门发布的计价方法或者计价标准结算工程价款"。这里需要注意的问题有以下两点：1. 是可以不是必须，是参照不是按照；2. 计价标准或计价方法是双方签订建设工程合同时相关建设工程主管部门发布的，不是双方发生争议时发布的，也就是说，签订合同时当地建设行政主管部门采用的计价方法或计价标准，就是纠纷发生时当事人结算工程价款的参考依据。如果双方参照这个原则还不能解决纠纷，那么还可以委托有资质的机构对相关的工程造价进行审定，但该审价结论必须经过庭审质证才能作为最终确定工程造价的依据。

二、建设工程量与建设工程质量对建设工程价款的影响

工程质量是一项建设工程的核心内容，工程质量经验收是否合格，直接关系到发包方和承包方的切身利益。建设工程施工合同有效但工程质量经竣工验收却不合格，本条规定应参照本解释第三条关于建设工程施工合同无效且工程质量经竣工验收不合格时工程价款如何支付的规定处理。总的来说，工程质量最终验收不合格，承包方请求支付工程价款是不予支持的，这里存在一个修复的问题，可以分为两种情形：第一种情形是工程质量经竣工验收不合格，但该工程存在的缺陷是可以修复的，发包方和承包方都同意对工程存在的缺陷进行修复，且修复后经竣工验收合格。在这种情况下，修复后

的建设工程发包方仍然可以接受，对其仍有利用价值，所以应当向承包方支付工程价款，但是因修复产生的修复费用或者因修复给发包方造成的其他损失，发包方要求承包方承担的，承包方也应当予以负担。第二种情形是工程质量存在缺陷，但该缺陷不可修复，或者修复后经竣工验收仍然不合格，这种情况下，承包方没有权力请求发包方支付工程价款。因为该存在缺陷的工程对发包方来说已经丧失了利用价值，让发包方对没有利用价值的建设工程付款显然是不公平的。但是如果发包方对该缺陷的造成有过错的话，其应当承担相应的责任。

在实践中因为工程质量不合格，双方产生的矛盾一般都比较大，合同双方对工程质量是否能够修复的认识可能存在分歧，这时如果依照国家有关建设工程的相关质量标准或行业标准，双方均认可该建设工程存在的质量问题是可以修复的，且修复后经验收合格，承包人同意对工程质量的缺陷进行修复，可以由承包人进行修复并承担相应的修复费用。如果合同双方对工程质量缺陷是否能够修复存在不同意见，又无法达成共识的，这时可以委托专门机构进行评定，以评定的最终结果作为工程质量缺陷是否可以修复的依据。《合同法》第二百八十一条规定："因施工人的原因致使建设工程质量不符合约定的，发包人有权要求施工人在合理期限内无偿修理或者返工、改建。经过修理或者返工、改建后，造成逾期交付的，施工人应当承担违约责任。"第二百八十七条规定："本章没有规定的，适用承揽合同的有关规定。"第二百六十二条规定："承揽人交付的工作成果不符合质量要求的，定作人可以要求承揽人承担修理、重作、减少报酬、赔偿损失等违约责任。"《建设工程质量管理条例》第三十二条规定："施工单位对施工中出现质量问题的建设工程或者竣工验收不合格的建设工程，应当负责返修。"结合这些法律规定，本条司法解释将合同有效但工程质量经验收不合格的工程款支付原则按照无效合同的结算原则处理，承包人对工程质量验收不合格应当承担相应的违约责任，发包人可据此要求承包人减少价款或者承包人承担修复费用，体现了法律的公平原则。

案例指导

汪清县宝泉房地产开发有限公司与江苏长安建设集团有限公司建设工程施工合同纠纷再审案[①]

再审申请人（一审原告、反诉被告、二审被上诉人）：汪清县宝泉房地产开发有限公司（以下简称宝泉公司）。

被申请人（一审被告、反诉原告、二审上诉人）：江苏长安建设集团有限公司（以下简称长安公司）。

一审第三人：长春市博亚建筑设计有限公司（以下简称博亚公司）。

2012 年 5 月 8 日，宝泉公司（甲方）与长安公司（乙方）签订《建设工程施工合同及补充条款（示范文本）》，合同对结算方式、工程款支付方式、违约责任、开竣工时间等进行了约定，约定整体工程竣工时间为 2013 年 11 月 30 日，合同签订后，长安公司进场施工，整体工程于 2013 年 11 月 30 日竣工，并向宝泉公司交付了工程。宝泉公司在组织相关部门验收时，因长安公司已完工程尚存在质量问题需要整改，未能通过验收。长安公司完成的工程总价款 66024579 元，其中外墙玻璃丝棉复合保温板单项工程价款 4413279 元。宝泉公司已向长安公司支付工程价款 52218042 元。2014 年 5 月 11 日，长安公司施工的综合楼外墙体玻璃丝棉保温板发生脱落，双方因外墙体保温板维修事宜发生争议。经由建设主管部门组织质量检测、设计单位、监理单位、施工单位、建设单位进行了会商，结论为外墙体玻璃丝棉保温板工程无法修复，只能在现有基础上采用铝单板干挂。因长安公司无该项施工资质，由宝泉公司将该工程发包给案外人北京市金星卓宏幕墙工程有限公司吉林分公司施工完成，竣工时间为 2015 年 8 月 30 日。经宝泉公司申请，一审法院委托工程造价咨询有限公司对外墙体铝单板幕墙工程造价进行鉴定，鉴定结论造价为 11269075 元，宝泉公司为此支付鉴定费 8 万元。经宝泉公司申请，一审法院委托吉林省建筑工程质量检测中心对

① 详见最高人民法院（2018）最高法民再 235 号民事裁定书。

长安公司施工的综合楼外墙体玻璃丝棉保温板工程质量进行鉴定，经鉴定，改建后的工程质量部分不合格。宝泉公司为此支付鉴定费 89220 元。另外，该外墙体设计使用材料为玻璃丝棉复合保温板已被国家建设主管部门禁止使用于高层建筑物外墙体装饰工程。

一审法院认为，长安公司在施工过程中未对玻璃丝棉复合保温板交付检验便使用，未严格按照施工技术标准进行施工，是导致外墙体装饰工程质量不合格并无法修复的直接原因。由于外墙体玻璃丝棉复合保温板工程质量不合格且无法修复，在长安公司以其不具备干挂工程施工资质为由拒绝改建的情况下，宝泉公司将外墙装饰工程由玻璃丝棉复合保温板施工变更为铝单板干挂施工，并将变更后的施工工程另行发包他人施工符合法律规定，所发生的改建费用超出原玻璃丝棉复合保温板单项工程价款的部分应当由长安公司承担，根据《建设工程施工合同解释（一）》第三条规定："建设工程施工合同无效，且建设工程经竣工验收不合格的，按照以下情形分别处理：（一）修复后的建设工程经竣工验收合格，发包人请求承包人承担修复费用的，应予支持；（二）修复后的建设工程经竣工验收不合格，承包人请求支付工程价款的，不予支持。因建设工程不合格造成的损失，发包人有过错的，也应承担相应的民事责任。"由于长安公司施工的外墙体玻璃丝棉复合保温板工程质量不合格，经修复后仍然不合格，因此，长安公司请求支付该部分工程价款即 4413279 元，不予支持，并赔偿宝泉公司的逾期竣工损失。

后长安公司不服一审判决，上诉要求改判其不承担改建费用（设计变更后的铝单板干挂费用）和逾期竣工验收损失。

二审法院认为，长安公司对于施工质量不合格存在事实上的施工责任，且其出具有材料予以认可，故应由长安公司对上述工程质量问题承担一定的修复责任，关于外墙铝单板幕墙工程款，应由长安公司和宝泉公司按比例分担。关于外墙体玻璃丝棉复合保温板工程价款 4413279 元，该部分工程已由长安公司施工完毕，虽施工质量不合格，但因长安公司已经就此项施工内容付出人力和物力，并物化至上述工程中，且长安公司已被认定应承担上述工程的改建费 5634537.5 元，宝泉公司不应因上述工程存在质量问题后被改建合格，而不支付相应的对价，故宝泉公司不应扣减外墙体玻璃丝棉复合保温板工程价款4413279元。因案涉工程整体已于2013年11月30日竣工，并交付宝泉公司使用，即长安公司已经依据合同约定时间竣工并交付案涉工程，其不存在逾期竣工的情形，二审法院没有支持宝泉公司主张长安公司赔偿其逾期竣工损失的诉讼请求。

最高人民法院经再审认为，该案争议焦点为：长安公司应否对案涉外墙保温工程质量缺陷承担民事责任及应否承担逾期竣工违约责任；如承担，应如何承担。

一、长安公司应否承担案涉外墙保温工程质量缺陷责任及如何承担的问题，宝泉公司与长安公司对案涉外墙保温工程存在质量缺陷并无异议，主要争议涉及以下三方面问题：一是，造成案涉外墙保温工程质量缺陷的责任；二是，长安公司应否承担工程质量缺陷的民事责任；三是，外墙保温工程款及改建费用应如何承担。

关于造成案涉外墙保温工程质量缺陷的责任。根据吉林省建筑工程质量检测中心出具的《司法鉴定意见书》，案涉外墙保温工程存在施工中玻璃丝棉复合板粘贴面积等六项不满足标准要求以及工程外墙保温做法与设计不符的问题。长安公司在其出具的两份外墙脱落施工方案中自认施工中存在"黏结点没达到规范要求，没有按规范要求打锚栓，锚栓过少所导致复合棉保温板开裂、脱落"等施工不到位的问题。上述司法鉴定结论及长安公司在纠纷发生前对外墙保温工程质量缺陷作出的自认，均表明案涉外墙保温工程质量缺陷系因施工人施工不符合规范标准或设计要求等造成。长安公司在与宝泉公司等往来函件及本案诉讼中主张，宝泉公司及设计单位也应对该工程质量缺陷承担责任，但并没有提供充分证据佐证其主张。2015年7月30日，吉林省住房和城乡建设厅发布《关于吉林省建筑节能外墙保温工程技术（产品）限制使用的通知》，限制使用的外墙保温工程技术（产品）中虽包括本案争议的外墙保温材料，但该通知发布于讼争工程项目施工完成之后，且仅依据上述通知载明的限制使用的保温工程技术（产品）存在"抗拉强度低，吸水率高，易变形，耐久性差，不能满足严寒地区建筑工程外墙体保温薄抹灰系统标准要求"等缺陷，不能证明本案工程使用的材料存在的缺陷与出现的外墙保温工程质量缺陷间存在直接因果关系的证据的情形下，缺乏得出案涉外墙保温工程质量缺陷与使用的材料选择不当有关结论的充分依据。故在案证据证明，造成案涉外墙保温工程质量缺陷的责任在施工方，即长安公司。

关于长安公司应否承担工程质量缺陷的民事责任。《建筑法》第五十八条规定，建筑施工企业对工程的施工质量负责。建筑施工企业必须按照工程设计图纸和施工技术标准施工，不得偷工减料。工程设计的修改由原设计单位负责，建筑施工企业不得擅自修改工程设计。本案中，长安公司作为工程的承包人也即施工人，负有按照施工合同约定以及国家有关建筑工程质量、安全标准施工，并对承建工程质量负责的合同义务和法定义务。如前所述，造成案涉外墙保温工程质量缺陷的责任在施工方即长安公司，长安公司应当依法依约承担工程质量缺陷的民事责任。

关于外墙保温工程款及改建费用的承担。《建设工程施工合同解释（一）》第十六条第三款规定，建设工程施工合同有效，但建设工程经竣工验收不合格的，工程价款结算参照本解释第三条规定处理。该解释第三条规定，建设工程施工合同无效，且建设工程经竣工验收不合格的，按照以下情形分别处理：（1）修复后的建设工程经竣工验收合格，发包人请求承包人承担修复费用的，应予支持；（2）修复后的建设工程经竣工验收不合格，承包人请求支付工程价款的，不予支持。因建设工程不合格造成的损失，发包人有过错的，也应承担相应的民事责任。本案中，对外墙保温工程出现的质量缺陷，长安公司虽曾制订两套修复方案，但后经建设主管部门与建设方、施工方、设计单位、质量检测单位等会商，确定该质量缺陷无法修复，只能在现有基础上采用铝单板干挂。故一审法院认定案涉外墙保温工程经修复后仍然不合格，长安公司请求宝泉公司支付该部分工程款 4413279 元缺乏法律依据，认定事实及适用法律正确，质量不合格外墙保温工程款 4413279 元由长安公司自行承担。对于案涉外墙保温工程改建费用的承担问题。本案中，因长安公司不具有铝单板干挂的施工资质，并明确拒绝进行改建施工，宝泉公司另行发包给具备法定资质的其他施工企业施工，并无不当。经宝泉公司申请，一审法院委托延边明正工程招标造价咨询有限公司对改建后的案涉外墙铝单板幕墙工程造价进行司法鉴定，鉴定结论为工程造价 11269075 元。经审查，鉴定结论确定的该部分工程造价并未包含原有的玻璃丝棉复合保温板施工的造价。因长安公司施工的外墙保温工程质量缺陷无法修复，宝泉公司通过采用铝单板干挂改建方式完成外墙保温工程，为此超出原外墙保温工程造价的工程款6855796元（11269075元-4413279元），属于宝泉公司因工程质量缺陷需多承担的工程费用，应认定属长安公司施工的工程质量缺陷给宝泉公司造成的损失，长安公司应承担赔偿责任。但因案涉外墙保温工程质量缺陷系采用铝单板干挂方式改建，改建造价远高于原外墙工程造价，且原设计使用的外墙保温材料已被限制使用，改建后的外墙保温工程避免了原设计使用的材料因不具有耐久性等缺陷而在将来使用过程中可能出现的问题。故综合本案长安公司和宝泉公司对案涉外墙保温工程质量缺陷责任，比对原施工合同约定的外墙保温工程设计使用的材料、工程造价与改建方案确定的使用材料、工程造价情况，以及签约时施工合同当事人可预见的因工程质量产生的民事责任预期等因素，本院酌定，就宝泉公司案涉外墙保温工程改建超出原工程造价的费用6855796元，由长安公司承担60%的赔偿责任，即4113477.6元，其余部分由宝泉公司自行承担。

二、长安公司应否承担逾期竣工违约责任及如何承担的问题。长安公司虽于2013年11月30日完成案涉工程施工并向宝泉公司交付，但因工程质量未达到约定交付条件，未能通过竣工验收。之后，又发生外墙保温板脱落事故，双方为此进行多轮协商解决未果。至本案纠纷发生时仍没有进行竣工验收。因2015年8月30日，是本案争议的外墙保温改建工程竣工时间，案涉工程已具备竣工验收条件，将该时间点视为长安公司施工的案涉工程竣工时间，符合本案实际情况，也不违背上述司法解释对认定竣工日期确立的法律规则。《合同法》第二百八十一条规定："因施工人的原因致使建设工程质量不符合约定的，发包人有权要求施工人在合理期限内无偿修理或者返工、改建。经过修理或者返工、改建后，造成逾期交付的，施工人应当承担违约责任。"双方签订的《建设工程施工合同》补充条款中已经约定逾期交付的违约责任，双方合同约定竣工时间为2013年11月30日，案涉工程的实际竣工时间为2015年8月30日，长安公司逾期竣工630天。案涉工程未能通过竣工验收的原因系因长安公司施工的工程质量存在缺陷，不符合竣工验收交付条件，故系长安公司的原因造成工期延误，长安公司构成违约，依据合同约定应承担违约责任。

通过最高院对本案的裁判意见我们可以看出，工程质量经竣工验收不合格，经过修复或改建后仍不合格的，发包方不予支付工程价款，因修复产生的费用承包方应当予以承担，承包方还应赔偿因工程质量不合格导致逾期交付给发包人造成的经济损失，发包人有过错的，也应承担相应的民事责任。这也正是《建设工程施工合同解释（一）》第十六条规定的精神体现。

规范指引

《中华人民共和国合同法》

第六条 当事人行使权利、履行义务应当遵循诚实信用原则。

第二百八十一条 因施工人的原因致使建设工程质量不符合约定的，发包人有权要求施工人在合理期限内无偿修理或者返工、改建。经过修理或者返工、改建后，造成逾期交付的，施工人应当承担违约责任。

《最高人民法院关于审理建设工程施工合同纠纷案件适用法律问题的解释》

第三条 建设工程施工合同无效，且建设工程经竣工验收不合格的，按照以下情形分别处理：

（一）修复后的建设工程经竣工验收合格，发包人请求承包人承担修复费用的，应予支持；

（二）修复后的建设工程经竣工验收不合格，承包人请求支付工程价款的，不予支持。

因建设工程不合格造成的损失，发包人有过错的，也应承担相应的民事责任。

第十六条 当事人对建设工程的计价标准或者计价方法有约定的，按照约定结算工程价款。

因设计变更导致建设工程的工程量或者质量标准发生变化，当事人对该部分工程价款不能协商一致的，可以参照签订建设工程施工合同时当地建设行政主管部门发布的计价方法或者计价标准结算工程价款。

建设工程施工合同有效，但建设工程经竣工验收不合格的，工程价款结算参照本解释第三条规定处理。

《建设工程质量管理条例》

第三十二条 施工单位对施工中出现质量问题的建设工程或者竣工验收不合格的建设工程，应当负责返修。

专题五：工程价款利息计算的司法处理

【核心提示】当事人对欠付工程款利息计付标准有约定的，按照约定处理；没有约定的，按照中国人民银行发布的同期同类贷款利率计息。利息从应付工程款价款之日计付。当事人对付款时间没有约定或者约定不明的，下列时间视为应付款时间：（1）建设工程已实际交付的，为交付之日；（2）建设工程没有交付的，为提交竣工结算文件之日；（3）建设工程未交付，工程价款也未结算的，为当事人起诉之日。

实务争点

审判实践中，有的法院在判决发包方偿付工程价款时，判决应当承担利息，有的法院则不支持利息。在计算利息时，因建设工程是根据工程的施工进度支付工程价款，实践中因很多案件难以确定工程欠款的起付日，各地法院对工程欠款起付日的确定方法不统一，对是否付息和利息起付时间的认识也不一致。为此，《建设工程施工合同解释（一）》第十七条、第十八条规定：当事人对欠付工程价款利息计付标准有约定的，按照约定处理；没有约定的，按照中国人民银行发布的同期同类贷款利率计息。利息从应付工程价款之日计付。当事人对付款时间没有约定或者约定不明的，下列时间视为应付款时间：（1）建设工程已实际交付的，为交付之日；（2）建设工程没有交付的，为提交竣工结算文件之日；（3）建设工程未交付，工程价款也未结算的，为当事人起诉之日。

理解适用

对《建设工程施工合同解释（一）》第十七条、第十八条的理解与适用

在司法实践中，应当从如下方面理解与适用《建设工程施工合同解释（一）》第十七条、第十八条的规定。

一、欠付建设工程价款利息的法律性质

1. 向承包人支付工程款和欠付的工程款利息是发包人的法定义务或者是基于双方签订的建设工程合同而产生的合同义务

《合同法》第二百六十九条规定："建设工程合同是承包人进行工程建设，发包人支付价款的合同。建设工程合同包括工程勘察、设计、施工合同。"第二百七十五条规定："施工合同的内容包括工程范围、建设工期、中间交工工程的开工和竣工时间、工程质量、工程造价、技术资料交付时间、材料和设备供应责任、拨款和结算、竣工验收、质量保修范围和质量保证期、双方相互协作等条款。"第二百八十三条规定："发包人未按照约定的时间和要求提供原材料、设备、场地、资金、技术资料的，承包人可以顺延工程日期。并有权要求赔偿停工、窝工等损失。"另外《建筑法》第十八条也规定了"建筑工程造价应当按照国家有关规定，由发包单位与承包单位在合同中约定。公开招标发包的，其造价的约定，须遵守招标投标法律的规定。发包单位应当按照合同的约定，及时拨付工程款项"。依照上述法律规定，发包人向承包人及时支付工程价款是发包人的法定义务，发包人不按时向承包人支付相应的工程价款时，应当承担相应的民事责任。

2013年住房和城乡建设部颁发的《建设工程工程量清单计价规范》（以下简称《工程量清单计价规范》）和建设部下发的建设工程施工制式合同中对工程预付款、工程进度款和工程竣工结算款都作了相应规定。实行工程预付款的，发包人和承包人在签订建设工程施工合同时，应当在专用条款中约定发包人向承包人预付工程款的时间和数额。《工程量清单计价规范》中规

定，预付款应从每一个支付期应支付给承包人的工程进度款中扣回，直到扣回的金额达到合同约定的预付款金额为止。承包人应在签订合同或向发包人提供与预付款等额的预付款保函后向发包人提交预付款支付申请。发包人应在收到支付申请的 7 天内进行核实，向承包人发出预付款支付证书，并在签发支付证书后的 7 天内向承包人支付预付款。发包人没有按合同约定按时支付预付款的，承包人可催告发包人支付；发包人在预付款期满后的 7 天内仍未支付的，承包人可在付款期满后的第 8 天起暂停施工。发包人应承担由此增加的费用和延误的工期，并应向承包人支付合理利润。建设部下发的建设工程施工制式合同第 24 条关于工程预付款中约定，发包人在收到承包人要求预付的通知后，仍不按要求预付的，发包人应从约定应付之日向承包人支付应付款的贷款利息，并承担违约责任。关于工程进度款，《工程量清单计价规范》中规定，发包人和承包人应按照合同约定的时间、程序和方法，根据工程计量结果，办理期中价款结算，支付进度款。进度款支付周期应与合同约定的工程计量周期一致。发包人未按照规定支付进度款的，承包人可催告发包人支付，并有权获得延迟支付的利息。建设工程施工制式合同第 26.3 条约定，发包人收到承包人通知后仍不能按要求付款，可与承包人协商签订延期付款协议，经承包人同意后可延期支付，协议应明确延期支付的时间和从计量结果确认后第 15 天起计算应付款的贷款利息。关于工程竣工结算款，《工程量清单计价规范》中规定，工程完工后，发、承包双方必须在合同约定时间内办理工程竣工结算。发包人应在收到承包人提交的竣工结算文件后的 28 天内核对，发包人不核对或未提出核对意见的，视为承包人提交的竣工结算文件已被发包人认可，此时，发包人应当向承包人支付工程竣工结算价款。建设部下发的建设工程施工制式合同中第 33.3 条有关竣工结算的约定为：发包人收到竣工结算报告及结算材料后 28 天内无正当理由不支付工程竣工结算价款，从第 29 天起按承包人同期向银行贷款利率支付拖欠工程价款的利息，并承担违约责任。由此可以看出，发包人在欠付工程预付款、工程进度款、竣工结算价款时应当按照银行贷款利率向承包人支付利息。

在实践中，发包方和承包方在签订合同时大多约定了欠付工程价款利息的支付标准，这时应按照双方的约定计付。

2. 欠付的工程款利息属法定孳息

孳息的原意是指繁殖生息，法律词条孳息的意义是：孳息与原物是彼此分离的，孳息是相对于原物而言的，孳息是原物派生的。根据民法，孳息可以分为天然孳息和法定孳息，天然孳息是指依据物的自然性能或者物的变化而取得的收益，比如母鸡生的蛋，牲畜下的崽等；法定孳息是指因法律关系产生的收益，如存款利息等。欠付的工程款是工程结算后发包人仍未向承包人支付的工程价款，此时欠付工程款的性质就类似于借款合同的性质，属于单纯的债权债务关系，这种情况下产生的利息当然属于法定孳息。《合同法》第二百零四条规定，办理贷款业务的金融机构贷款的利率，应当按照中国人民银行规定的贷款利率的上下限确定。第二百零七条规定，借款人未按照约定的期限返还借款的，应当按照约定或者国家有关规定支付逾期利息。因为欠付工程款的利息和借款合同的单纯债权债务并无本质上的区别，所以在发包人欠付工程价款的情况下，如果有约定，应当按照约定向承包人支付利息，如果没有约定，按照中国人民银行公布的同期同类贷款利率支付利息。这里需要注意的是双方对欠付的工程款数额应当确定，如果欠付数额不确定，就无法计算利息。另外，发包方和承包方约定的利率计算标准，不能超过国家规定的基准利率。

二、欠付建设工程价款利息从何时开始支付

确定了利息的支付标准，那么从何时开始计算利息，在实践中认识不统一，掌握的标准也不一致。本解释第十八条对利息的起付时间作了明确的规定，即从应付工程价款之日计付，发包人和承包人在建设工程合同中对工程款的付款时间有明确约定的，应遵从双方的约定，这也体现了合同的意思自治原则和合同应当全面履行的原则。该条又将双方对付款时间没有约定或约定不明的情况下的应付款时间分为三种情形：一是建设工程已实际交付的，为交付之日；二是建设工程没有交付的，为提交竣工结算文件之日；三是建设工程未交付，工程价款也未结算的，为当事人起诉之日。

因为建设工程施工合同的特殊性，发包方和承包方大多在合同中约定的是根据工程进度支付相应的工程价款，由于在施工过程中情况多变，可能会存在工程量和工程质量标准的变更，导致工程进度不能按照预期完成，故确切的付款时间点无法确定，本条依据不同的情况确定不同的应付款时间不能说绝对公平，但可以使大部分案件当事人的权益得到保护，也足以体现法律的公平。

《建设工程施工合同解释（一）》第十八条规定的第一种情况是建设工程已实际交付的，此时诉争的建设工程已实际由发包人控制，其对该建设工程有条件享有占有、使用、收益的权利，如果发包人仍然欠付承包人的工程价款，显然对承包人是不公平的，故把建设工程实际交付之日作为应付款之日，并从这时开始计算欠付款利息更有利于平衡双方利益。第二种情况是建设工程没有交付的，这时诉争的建设工程仍在承包人的掌控之中，这种情况下，承包人如果在该建设工程竣工验收合格后已经依照合同约定的时间向发包人提交了竣工结算文件，而发包人在合同约定的时间内却不予答复，这时承包人提交竣工结算文件的时间应认定为付款时间。因为在实践中存在发包人故意拖延审核承包人提交的竣工结算文件来推迟向承包人支付工程价款的情形。将承包人提交竣工结算文件的时间确定为发包人向承包人支付工程价款的应付之日，有利于促使发包人尽快审核承包人提交的竣工结算文件，并及时向承包人支付工程价款。第三种情况是建设工程未交付，工程价款也未结算的，这种情况多为建设工程施工未完成或者是施工完成后工程未经验收。因为工程价款的结算需在工程竣工验收合格的情况下进行，在这种情况下，因结算工程价款的条件尚未成就，所以无法确定工程价款应付之日，在此时若产生纠纷，如何确定应付款之日和计息时间成为关键。为平衡各方利益，将起诉时间作为应付款时间，是因为起诉时间是承包人正式向司法机关主张自己权利的时间，经过法院审理之后，发包人欠付承包人工程价款的事实得以认定，发包人亦应承担欠付工程款的利息，如果诉讼期间的利息不予认定，势必会扩大承包人的损失。

案例指导

北京市常青市政工程有限公司与北京升达房地产发展有限公司建设工程施工合同纠纷再审案[①]

再审申请人（一审原告、反诉被告，二审上诉人）：北京市常青市政工程有限公司（原北京市常青市政工程公司，以下简称常青公司）。

被申请人（一审被告、反诉原告，二审被上诉人）：北京升达房地产发展有限公司（以下简称升达公司）。

1999 年 3 月 19 日，升达公司（甲方）与常青公司第三分公司（乙方）签订《协议书》，约定由乙方承包升达公司兴建的位于北京市海淀区上庄乡翠湖花园别墅一期室外市政工程，常青公司对其第三分公司的签约履约行为予以确认。

《协议书》签订后，常青公司在施工过程中，工程范围有所变化，工程进行了增项。2001 年 6 月 8 日，升达公司（甲方）与常青公司第三分公司（乙方）签订《补充协议》，约定：一、原合同及《补充协议》已明确之内容，双方明确按合同及《补充协议》执行；二、定额执行标准问题，原则上按 1996 年北京市建设工程概算定额计算，概算定额未包含之内容，参照市政或装修（1999 年建筑装饰工程参考定额与报价）有关定额执行；三、在双方确认之工程量、单价计取费基础上所计算的工程总造价，乙方同意按合同既定优惠标准下浮 12% 计取工程费，已签合同、协议的，由于已优惠不再下浮；四、对乙方第一项目部 2001 年 3 月 21 日报告之“翠湖别墅 2001 年 3 月 15 日前工程结算统计表”中双方理解不一致的问题，经研究予以明确；五、本协议双方确认并签署后，翠湖小区在 2001 年 3 月 15 日以前施工工程的决算款已全面包含其中，双方不再提出有关工程决算的任何异议（有关工程结算统计表见附件）。2001 年 3 月 16 日以后安排的工作量按照本协议第二条、第三条执行。

---

① 详见最高人民法院（2013）民申字第 1121 号民事裁定书。

常青公司于2003年5月完工，并交付升达公司使用。2005年6月29日，常青公司向忠鹏与升达公司沈东在《市政工程决算统计表》上签字。该表主要内容为，除待定项目14349233元外，小计决算款72705549元，其中2001年3月15日协议结算价57347368元。该决算价格为在确认2001年6月8日双方签订的协议前提下，确认工程项目决算价款，仅供双方领导参考，双方最终决算价由双方公司领导确定。常青公司诉讼请求为要求升达公司支付工程欠款1347.7万元及利息（自2005年6月29日起至付款之日，按照中国人民银行同期同类贷款利率计算），并按工程欠款的30%支付违约金404.31万元。升达公司反诉请求为要求常青公司赔偿因工程延误给升达公司造成的损失1095万元。

北京一中院认为，常青公司与升达公司之间的承发包关系是在《招标投标法》实施之前建立的，双方所签订的《建设工程施工合同》是双方真实意思，双方应自觉履行。由于施工期间双方的施工范围和内容均发生变化，双方经协商于2001年6月8日签订《补充协议》，明确了施工内容并初步计算了2001年3月15日前的工程决算款。2001年3月15日以后的工程发生了装修、电源锅炉房改建、土建等增项，根据双方工程人员在2005年6月29日签署的《市政工程决算统计表》再次确定的数额，2001年3月15日前协议结算价款为57347368元，此后发生的工程费用为15358100元，另有待定工程项目款14349233元。并注明此决算价为2001年6月8日《补充协议》前提下确认的决算价款，仅供双方领导参考，最终决算价由双方领导确定。对上述约定，双方均没有具体落实和实际履行，常青公司承建的工程在没有全面整体验收，部分工程未完的情况下即交付使用，双方对已完成工程的工程量有异议未能结算，故常青公司要求按照2005年6月29日《市政工程决算统计表》确定工程款的请求缺乏事实及法律依据，不予支持。

对于常青公司施工工程的价款，北京一中院委托鉴定机构进行了鉴定，根据鉴定结论，常青公司已完成的工程价款为57932538.89元，而升达公司已向常青公司支付工程款60898387元，故常青公司要求升达公司支付工程欠款、承担违约责任并支付相应欠款利息缺乏事实及法律依据。

故此北京一中院驳回了常青公司的诉讼请求。常青公司不服，上诉至北京高院，北京高院经二审驳回了原告常青公司的上诉请求，其理由基本同北京一中院。

常青公司不服二审判决，向最高人民法院申请再审，最高人民法院经审理认为，东方华太公司出具的《司法鉴定报告》中有关常青公司已完成工程价值为 57932538.89 元的鉴定结论不能作为定案依据。因为该数额不仅低于升达公司在市政工程审核表中自认的工程造价，而且与案件证据证明的事实严重不符。从双方当事人在《协议书》中约定的付款方式看，升达公司应按照施工进度的 70% 付进度款，余款在竣工验收后 6 个月内付 20%、12 个月内付 10%。案涉工程于 2003 年 5 月完工并交付升达公司使用，但 2003 年以后升达公司付款仅 2085335 元。双方当事人在《补充协议》中确认 2001 年 3 月 15 日前施工部分的工程款已经达到 57460313 元，但鉴定结论中整个案涉已完工程造价仅为 57932538.89 元，这就意味着在其后两年多时间（至 2003 年 5 月完工并交付使用）的工程价款仅有不到 50 万元。在此情况下，如果依据该结论认定本案事实，升达公司不仅不存在欠付的问题，甚至还超付了工程款，此与本案事实明显相悖。故一、二审法院将该鉴定结论作为处理本案的定案依据错误。

1999 年 3 月 19 日《协议书》签订后，常青公司在施工过程中，工程范围有所变化，工程存在增项。2001 年 6 月 8 日，双方当事人签订了《补充协议》，确定 2001 年 3 月 15 日以前施工工程的决算款为 57460313 元。根据《建设工程施工合同解释（一）》第十六条第一款有关“当事人对建设工程的计价标准或者计价方法有约定的，按照约定结算工程价款”的规定，2001 年 6 月 8 日《补充协议》中确定的 57460313 元应当作为确认 2001 年 3 月 15 日前工程款的基础。常青公司在本案中主张应按 2005 年 6 月 29 日《市政工程决算统计表》结算工程款，而该统计表载明的 2001 年 3 月 15 日以前的工程款为 57347368 元，此系常青公司的自认。东方华太公司根据法院委托对“2001 年 3 月 15 日前施工工程，常青公司是否已完工”问题进行了鉴定，得出的结论是道路工程未完工，常青公司认为该部分工程已经完成施工，但未提交充分证据证明。对未完工程量对应的价款，升达公司提交的《市政工程决算审核表》载明，该部分扣减额为132万元，常青公司对该扣减数额并未提出足以反驳的相关证据。据此，2001年3月15日以前施工工程的工程款应认定为57347368元减去132万元，即56027368元。

2005年6月29日《市政工程决算统计表》明确载明："此决算价格为在确认2001年6月8日双方签订的协议前提下，确认工程项目决算价款，仅供双方领导参考，双方最终决算价由双方公司领导确定。"但该统计表最终未得到双方领导的确认，故无法直接依据该表确定2001年3月15日以后工程的工程款。常青公司主张应当根据《市政工程决算统计表》确定本案争议的2001年3月15日以后的工程价款，缺乏事实依据。根据《补充协议》约定，该部分工程价款按照《补充协议》第二条、第三条执行。在双方当事人没有就此达成一致的情况下，只能通过司法鉴定最终确定，而双方当事人在该案中均不申请重新鉴定。就案涉工程，常青公司于2003年5月完工并交付升达公司使用至今已达十余年，依职权委托鉴定的可能性已经不存在。解决此问题只能在本次诉讼中通过案件相关证据予以综合判断和认定。尽管升达公司提交的《市政工程决算审核表》亦非双方合意的结果，但却属于本案中认定2001年3月15日以后工程价款的唯一证据。综合考虑上述客观情况，最高人民法院认为，可以依据该《市政工程决算审核表》确定2001年3月15日以后的工程价款。

最终，最高人民法院依据2005年6月29日《市政工程决算统计表》确定了升达公司2001年3月15日以后应付常青公司的工程价款数额，并判定升达公司应当自2005年6月29日起按照中国人民银行同期同类贷款利率向常青公司支付应付工程价款的利息。

规范指引

《中华人民共和国合同法》

第二百零四条 办理贷款业务的金融机构贷款的利率，应当按照中国人民银行规定的贷款利率的上下限确定。

第二百零七条 借款人未按照约定的期限返还借款的，应当按照约定或者国家有关规定支付逾期利息。

第二百六十九条 建设工程合同是承包人进行工程建设，发包人支付价款的合同。建设工程合同包括工程勘察、设计、施工合同。

第二百七十五条 施工合同的内容包括工程范围、建设工期、中间交工工程的开工和竣工时间、工程质量、工程造价、技术资料交付时间、材料和设备供应责任、拨款和结算、竣工验收、质量保修范围和质量保证期、双方相互协作等条款。

《最高人民法院关于审理建设工程施工合同纠纷案件适用法律问题的解释》

第十七条 当事人对欠付工程价款利息计付标准有约定的，按照约定处理；没有约定的，按照中国人民银行发布的同期同类贷款利率计息。

第十八条 利息从应付工程价款之日计付。当事人对付款时间没有约定或者约定不明的，下列时间视为应付款时间：

（一）建设工程已实际交付的，为交付之日；

（二）建设工程没有交付的，为提交竣工结算文件之日；

（三）建设工程未交付，工程价款也未结算的，为当事人起诉之日。

《中华人民共和国建筑法》

第十八条 建筑工程造价应当按照国家有关规定，由发包单位与承包单位在合同中约定。公开招标发包的，其造价的约定，须遵守招标投标法律的规定。

发包单位应当按照合同的约定，及时拨付工程款项。

专题六：无须招标而招标的建设工程价款结算依据

【核心提示】发包人将依法不属于必须招标的建设工程进行招标后，与承包人另行订立的建设工程施工合同背离中标合同的实质性内容，当事人请求以中标合同作为结算建设工程价款依据的，人民法院应予支持，但发包人与承包人因客观情况发生了在招标投标时难以预见的变化而另行订立建设工程施工合同的除外。

实务争点

《建设工程施工合同解释（二）》第九条的规定结束了长达数年的非必须招标项目"黑白合同"争议，目前招投标已是商业行为中的惯常做法，但因发包人、承包人对招投标领域的法律规定不重视，甚至违反《招标投标法》的规定进行招投标活动。实践中常见发包人与承包人为了规避相关行政主管部门的监管，往往选择在签订中标合同之后，另行签订一份合同，即黑白合同。即使不属于必须招标的工程，在招投标后，发包人与承包人依然会选择另行签订与中标合同实质性内容相背离的施工合同，那么此种情况下是否仍然受到《招标投标法》的调整和约束？

在《建设工程施工合同解释（二）》发布前，司法实践中对于非必须招标项目进行招标后，是否属于《招标投标法》的调整范围、是否应适用《建设工程施工合同解释（一）》第二十一条规定处理"黑白合同"问题，始终存在争议。《建设工程施工合同解释（一）》第二十一条的规定为"当事人就同一建设工程另行订立的建设工程施工合同与经过备案的中标合同实质性内容不一致的，应当以备案的中标合同作为结算工程价款的根据"。按照这一规定，对属于必须招标的建设工程项目，如果发包人进行了招标之后，又与承包人另行订立背离经过备案的中标合同实质性内容的建设工程施工合同，人民法院将会依法认定以备案的中标合同作为结算工程价款的依据。然而，对于不属于必须招标的建设工程项目，是否同样适用该规定？不属于依法必须招标的工程，当事人采取招标投标程序订立建设工程施工合同后，又另行订立合同对中标合同的实质性内容进行变更的，应当以中标合同还是当事人实际履行的合同作为工程价款结算依据在司法实践中产生了巨大的争议。在大量建设工程纠纷案件中，就有不少非必须招标项目进行了招标，当事人在中标合同之外又签订了一份，甚至数份与中标合同实质性内容不一致的施工合同。此时，案件最大的争议焦点就围绕在应以哪一份合同作为工程款的结算依据。一种观点认为，非必须招标项目不属于必须招标的项目范围，即使当事人自愿选择招标，也不属于《招标投标法》的调整范围，不存在“黑白合同”问题，不应适用《建设工程施工合同解释（一）》第二十一条规定；另一种观点恰恰与之相反，认为既然选择招标方式，就应受制于《招标投标法》的相关规定，存在“黑白合同”，应适用《建设工程施工合同解释（一）》第二十一条规定，以中标合同作为结算工程价款的依据，主要理由是《招标投标法》第四十六条规定并未区分依法必须招标的工程和自主招标工程，而是适用于一切招标投标行为。而且，当事人选择自主招标投标程序订立建设工程施工合同，不仅涉及招标人与中标人的利益，还涉及其他投标人利益及招标投标市场秩序，故不应允许当事人另行订立与中标合同实质性内容不同的合同。有人认为应当以实际履行的合同作为结算工程价款的依据，主要理由是：第一，通过招标投标程序订立建设工程施工合同，根本目的是促进建筑市场公开、公平竞争，确保建设工程质量，保护社会公共利益。非必须招标的工程，不涉及社会公共利益，应交由当事人自主决策。第二，合同法以合同自由为原则。对于非必须招标的工程，当事人有权选择通过招标投标的方式或者其他方式缔结契约。第三，对招标人和中标人滥用招标投标程序损害他人合法权益的担心是多余的，因为当事人选择招标投标程序订立合同也会给自己带来高昂的缔约成本。即使招标人和中标人因过错造成了其他投标人的损失，受损失方可以要求其承担赔偿责任，不必通过限制当事人契约自由来规制。第四，对于非必须招标投标的工程，当事人本就有私下订立合同的自由，其在中标合同之外另行订立其他合同，对市场秩序并无损害。第五，建筑市场变化较大，如果在订立中标合同之后，当事人的情况或者市场条件发生变化，不允许当事人在中标合同之外另行订立合同或者要求当事人只能通过新的招标投标程序订立合同，会提高交易成本，与民法鼓励交易、保护交易的价值取向相悖。第六，从有关职能部门最新的规定和中央“放管服”的改革方向来看，压缩必须招标投标工程范围、弱化招标投标程序对建设工程施工合同的规制作用是未来发展的方向，人民法院的司法解释应顺应这一改革方向。由于争议较大，《建设工程施工合同解释（二）》第九条对这两种方案作了平衡，规定：发包人将依法不属于必须招标的建设工程进行招标后，与承包人另行订立的建设工程施工合同背离中标合同的实质性内容，当事人请求以中标合同作为结算建设工程价款依据的，人民法院应予支持，但发包人与承包人因客观情况发生了在招标投标时难以预见的变化而另行订立建设工程施工合同的除外。

理解适用

对《建设工程施工合同解释（二）》第九条规定的理解与适用

对于不属于必须招标的建设工程，招标后当事人又另行订立了背离中标合同实质性内容的合同的，仍需根据当事人请求以中标合同作为结算依据。本条严格遵循了《招标投标法》第四十六条的规定，有利于维护招标投标市场秩序和保护其他投标人的利益。同时，考虑到建筑市场具有多变性，如果当事人在招标投标完成后，因客观情况发生了变化，确需另行订立建设工程施工合同，则基于合同自由的考虑，人民法院允许当事人按照另行订立的合同进行结算。

一、非必须招标工程项目是否适用招标相关法律

对于非必须招标工程项目，当事人选择通过何种方式缔结合同是一种自由，双方可以选择通过谈判直接发包的方式、通过居间人从中协调的方式或者通过招标投标的方式。但是如果当事人一旦选择了通过招标投标的方式缔结合同，则必须遵守法律确定的规则。

《招标投标法》第二条规定："在中华人民共和国境内进行招标投标活动，适用本法。"第四十六条第一款规定："招标人和中标人应当自中标通知书发出之日起三十日内，按照招标文件和中标人的投标文件订立书面合同。招标人和中标人不得再行订立背离合同实质性内容的其他协议。"从《招标投标法》第二条的立法本意来看，凡是在我国境内进行的招标投标活动，不论是属于法定强制招标项目，还是属于由当事人自愿采用招标方式进行采购的项目，其招标投标活动均应当适用《招标投标法》，并且不应当存在例外情形。因此，《建设工程施工合同解释（二）》第九条的规定，不仅符合《招标投标法》第二条的立法本意，并且从司法裁判的角度维护《招标

投标法》第二条、第四十六条第一款的贯彻实施，有利于规范建设工程领域的招标投标活动。

《招标投标法》第二条已对该法的调整范围作了明确规定："在中华人民共和国境内进行招标投标活动，适用本法。"据此，笔者理解：第一，从适用的空间领域而言，指的是在"中国境内"的招投标活动；第二，从适用的对象而言，指的是"招标投标活动"，具体指对项目的勘察、设计、施工、监理以及与工程建设有关的重要设备、材料等采购进行招标投标的活动；第三，从适用的范围而言，指的是"所有的招投标活动"，既包括该法规定的必须进行招标的活动，也包括必须招标以外的其他项目的招投标活动。综上，从《招标投标法》第二条规定的立法本意出发，非必须招标项目进行的招标投标活动，应当遵守《招标投标法》的相关规定，故应根据《建设工程施工合同解释（一）》第二十一条确定工程价款的结算依据。

《建设工程施工合同解释（二）》第九条规定与《招标投标法》中不得背离中标合同的规定相衔接，明确了在非必须招标项目中背离中标合同实质性内容的法律后果仍应当以中标合同为依据，这与《招标投标法》的立法原则及目的是相符的，更有利于维护招投标市场秩序和其他投标人权益。

二、对"客观情况发生难以预见的变化"的理解

建设工程是一项长期、复杂的工作，在合同履行过程中不可避免地会发生变化、调整。《建设工程施工合同解释（二）》第九条所规定的客观情况变化，在此情形下，即客观情况发生了在招标投标时难以预见的变化时，允许当事人另行订立施工合同，变更原中标合同内容。因此，在司法实践中，应当正确把握好允许当事人依法变更合同内容和为规避行政监管恶意签订黑白合同的区别。

1. 客观情况发生变化的情形。客观情况发生变化必须是当事人在招标投标时难以预见的，属于发包人、承包人意志范畴之外非正常范围的商业风险。

2. 客观情况发生变化必须符合的条件。第一，客观情况变化应发生在招标投标之后。如果客观情况在招标投标之前就已经存在，当事人应当预见到

其招标投标行为的后果，不能以此为由另行订立实质性内容与中标合同不一致的建设工程施工合同。第二，客观情况变化应属重大。客观情况变化必须达到改变了当事人订立合同的基础的程度，即变化后的客观情况会直接导致当事人重新决定订立合同或者变更合同对价，如果不另行订立合同，会导致当事人利益严重失衡或受损。

三、背离中标合同实质性内容及其例外的合理认定

1. 原则上以中标合同作为工程款结算依据

对于非必须招投标的工程，发包人本可以自行发包，但是发包人自愿选择招投标程序，说明当事人对受到招标投标法律的约束和调整是明知的，如之后双方签订与中标合同实质性内容不一致的施工合同，此时同样会出现黑白合同的问题。《建设工程施工合同解释（一）》第二十一条规定："当事人就同一建设工程另行订立的建设工程施工合同与经过备案的中标合同实质性内容不一致的，应当以备案的中标合同作为结算工程价款的根据。"该条并未区分必须招标和非必须招标工程，而且《招标投标法》所保护的不仅涉及当事人自身的利益，还要规范招投标市场秩序，事关不特定投标人以及社会公众利益的保护，涉及招投标市场竞争秩序的维护。因此，《建设工程施工合同解释（二）》第九条对此作重申规定，非必须招投标工程存在黑白合同时，仍然应当以中标合同作为工程价款结算依据。

《建设工程施工合同解释（二）》第一条第一款已经对此明确规定为"招标人和中标人另行签订的建设工程施工合同约定的工程范围、建设工期、工程质量、工程价款等实质性内容，与中标合同不一致，一方当事人请求按照中标合同确定权利义务的，人民法院应予支持"。

2. 合同实质性内容的界定

关于合同实质性内容的界定，可参考《中华人民共和国招标投标法实施条例》（以下简称《招标投标法实施条例》）第五十七条规定。根据该规定，标的、价款、质量、履行期限系合同实质性内容。其中，期限包括付款节点及工期，工程标的涵盖了工程范围、工程性质等，合同价格的外延大于工程造价。

四、该条文适用的前提条件

该条适用的前提条件包括以下四个方面：第一，发包人将依法不属于必须招标的建设工程项目进行招标，且中标合法有效；第二，发包人完成招标后，与承包人另行订立背离中标合同实质性内容的建设工程施工合同；第三，发包人与承包人双方对作为结算建设工程价款的合同依据产生争议，一方当事人向人民法院请求以中标合同作为结算建设工程价款的依据；第四，不存在因客观情况发生了发包人与承包人双方在招标投标时难以预见的变化而另行订立建设工程施工合同的情形。

虽然非必须招投标工程存在黑白合同时，原则上以中标合同作为结算依据，但是法律也尊重当事人依法变更合同的权利。《建设工程施工合同解释（二）》第九条后半段规定，允许双方当事人因客观情况发生了在招标投标时难以预见的变化而另行订立施工合同，变更原中标合同内容。因此，在司法实践中，应当正确把握好黑白合同和合同变更的区别，对于客观情况确实发生重大变化的，为了保持双方权利义务相对平衡，允许当事人依法变更合同内容；但是黑白合同签订的目的在于规避行政监管，主观上存在恶意，此时应当受到招投标法律的约束，以中标合同作为工程价款结算依据。

五、实务中应注意的问题

在司法实践中，应当注意下列问题：

1. 依照《建设工程施工合同解释（二）》第九条后半句但书内容的规定，发包人将不属于必须招标的建设工程项目进行招标后，因客观情况发生了在招标投标时难以预见的变化，即使发包人与承包人双方另行订立的建设工程施工合同背离中标合同实质性内容，人民法院同样予以保护。然而，因客观情况发生的变化是否确实属于招标投标活动开展时当事人难以预见是人民法院需要查明的事实之一，对于该事实，应当由哪一方承担举证责任？《建设工程施工合同解释（二）》第九条的重要规范目的是坚决维护建设工程招标投标市场秩序，其预设作为结算建设工程价款的合同依据是中标合同。因此，如果当事人一方主张适用《建设工程施工合同解释（二）》第九条后半句但书内容的，原则上应当由其承担相应的举证责任，当然也会发生举证责任转移的情形，具体应当根据个案情况进行确定。

2. 对于不属于必须招标的建设工程项目，如果发包人仍然决定采用招标的方式选定承包人的，则要严格依照《招标投标法》《招标投标法实施条例》等相关招标投标法律法规的规定，依法开展招标活动，并依照约定履行中标合同的相关内容。如果因客观情况发生了在招标投标时难以预见的变化，发包人与承包人双方协商一致，需要另行签订建设工程施工合同的，则建议在建设工程施工合同中对合同变更缘由进行明确说明，尤其对因客观情况发生了在招标投标时难以预见的变化的相关内容作出尽可能详细的说明，谨防出现争议时相对方违反诚实信用原则否认建设施工合同变更的缘由，加重己方的举证责任。

3. 以招标方式发包的工程项目，中标合同与另行签订的合同在实质性内容上不一致的，施工企业可以请求以中标合同作为工程价款结算依据。也就是说，无论是否属于必须招标的工程，只要以招标方式发包，一旦在中标合同之外存在实质性内容与之不一致的施工合同，则施工企业均可以请求以中标合同作为结算依据。

4. 以招标方式发包的工程项目，施工企业基于各种因素在中标合同之外以让利等单方承诺变相降低工程价款的，施工企业可以请求确认该等承诺无效，要求以中标合同为工程价款结算依据。

在中标合同之外存在实质性内容不一致的另行订立的合同时，施工企业可以请求以中标合同作为工程价款结算的依据。实践中，在中标合同之外，很可能双方并未另行签订施工合同，只是向发包人单方承诺以高于市场的价格购买承建房产、无偿建设住房配套设施、让利等方式变相降低工程价款。在《建设工程施工合同解释（二）》出台之前，类似单方承诺的效力一直颇有争议。现在，该规定从实质上否定了类似单方承诺的效力，之前出具的该等单方承诺书也将不被认可，施工企业可以直接请求发包人以中标合同为工程价款结算依据。

案例指导

济源市北街瀚兴置业有限公司与红旗渠建设集团有限公司建设工程施工合同纠纷案[①]

上诉人（原审被告、反诉原告）：济源市北街瀚兴置业有限公司（以下简称瀚兴置业公司）。

被上诉人（原审原告、反诉被告）：红旗渠建设集团有限公司（以下简称红旗渠建设集团）。

瀚兴置业公司上诉请求：一、撤销一审判决，改判其公司支付红旗渠建设集团工程款 1401582.11 元，并不支付利息；二、本案一、二审诉讼费用由红旗渠建设集团承担。事实和理由：一、一审判决由瀚兴置业公司支付红旗渠建设集团工程款 4470624.5 元错误。瀚兴置业公司与红旗渠建设集团于 2010 年 7 月 31 日签订的建设工程施工合同约定的工程价格为 12365000 元（固定价格），后双方又签订了多份协议，对工程价格进行变更。根据《建设工程施工合同解释（一）》第二十一条规定，当事人就同一建设工程另行订立的建设工程施工合同与经过备案的中标合同实质性内容不一致的，应当以备案的中标合同作为结算工程价款的依据。本案中，备案的中标合同价款为 12365000 元，后双方对合同的价款作出了实质性的变更，瀚兴置业公司同意按备案的中标合同价款进行计算，即应按该固定价格 12365000 元来计算总工程价款，扣除红旗渠建设集团未施工部分 57806.89 元，再扣除瀚兴置业公司已支付工程款 10905611 元，共计 1401582.11 元未支付。一审法院阐述按中标合同价款即固定价款 12365000 元来确定涉案工程价款，但却不按总价款 12365000 元来计算，而是按鉴定结论载明的总价款 15376235.5 元来计算。如果按照鉴定结论上的数额来计算总工程价款，应按双方最后签订的合同为准，既然都不按照备案的中标合同来计算，那么就按双方最后合意的结果来计算工程总价款，即按 2013 年 4 月 2 日双方签订的协议书为准，按总决算

---

① 详见济源市中级人民法院（2018）豫 96 民终 1233 号民事判决书。

下浮 10% 来计算工程总价款即按 13890638.16 元计算，扣除红旗渠建设集团未施工部分 57806.89 元，再扣除瀚兴置业公司已经支付工程款 10905611 元，共计 2927220.27 元未支付。不论按照哪一种算法，一审判决都是错误的，明显对瀚兴置业公司不公平。二、一审判决瀚兴置业公司支付红旗渠建设集团利息不符合法律规定。瀚兴置业公司与红旗渠建设集团于 2010 年 7 月 31 日签订的建设工程施工合同中约定，发包人收到竣工结算报告及结算资料后 28 天内无正当理由不支付工程竣工结算价款，从第 29 天起按承包人同期向银行贷款利率支付拖欠工程价款的利息，因此，只有同时拥有竣工结算报告和结算资料，且瀚兴置业公司在 28 天内无正当理由不支付工程款的才能计算利息。按照一审法院所述，瀚兴置业公司与红旗渠建设集团之间并没有进行结算，红旗渠建设集团也未提供证据证明何时向瀚兴置业公司提交过竣工结算报告及结算资料，一审法院却判决瀚兴置业公司自双方及其他主体共同出具工程竣工验收报告的最后签名盖章日期的次日开始计算欠付工程款利息。既然双方并没有进行结算，红旗渠建设集团也未提供证据证明何时向瀚兴置业公司提交过竣工结算报告及结算资料，结合双方在合同中约定的条款，瀚兴置业公司不应该支付利息。

红旗渠建设集团向一审法院起诉请求：判令瀚兴置业公司给付工程款及押金 800 万元，并支付逾期利息。一审庭审中，红旗渠集团变更诉讼请求为请求判令瀚兴置业公司给付剩余工程款 5434042.4 元和押金 1500000 元，并自 2012 年 4 月 28 日至被告支付工程款之日按河南省济源农村商业银行同期贷款利率计算逾期利息。

瀚兴置业公司向一审法院反诉请求：一、判令红旗渠集团赔偿其公司违约金 500000 元；二、判令红旗渠集团给付其公司因工程质量问题造成返工的维修费用 172753.95 元。

一审法院认定事实：2010 年 6 月 4 日，红旗渠建设集团与瀚兴置业公司分别签订了一份星湖湾小区 2、5 号楼和 1、3 号楼建设工程施工合同及补充协议，均约定承包范围详见补充协议书，工期总天数 190 日历天，自 2010 年 6 月 14 日至 2010 年 12 月 21 日；合同价款采取按本工程施工图预算造价优惠率方式形成（规费、安全文明措施费、发包人暂定的材料价不在优惠范围内），变更、签证及增加的合同外工程预算造价亦执行此优惠率，本工程施工图预算造价采用定额计价模式，安全文明措施费只计取基本费；承包人承诺按合同要求及补充协议要求计算的本工程施工图预算造价（经发包人认可的）优惠率为6%。补充协议约定付款方式；签订合同时，承包人须向发包人缴纳履约保证金100万元，在无任何违约的前提下，二层结构主体完成退还履约保证金的20%，四层结构主体完成累计退还履约保证金的30%，主体结构封顶累计退还履约保证金的70%，经五大责任主体竣工验收通过并移交累计退还履约保证金的90%，竣工工程结算完成后，剩余履约保证金一周内如数退还，不计利息，承包人在工程工期、质量、安全文明施工、须履行的义务和承诺中，任何一项没有达到约定，都将产生剩余履约保证金不予退还的法律后果；如承包人未能按照合同约定的工期完成合同工程，则必须向发包人支付合同约定的金额作为拖延工期损失赔偿金，同时自约定的交工日期或已批准的延长工期至实际交工日期，按日历天计算承担违约金。

2010年8月12日和16日，瀚兴置业公司出具三份收据，分别载明收到红旗渠建设集团（林泽新）保证金500000元、红旗渠建设集团（尤章军）保证金500000元、红旗渠建设集团（尤章军）保证金100万元。

2010年8月18日，红旗渠建设集团与瀚兴置业公司签订一份补充协议，约定星湖湾小区1号楼工程造价为404.37万元，3号楼工程造价为297.07万元，采用固定总价承包，结算时只调整暂定价部分材料价和变更签证部分，双方确认合同造价后，若因承包人原因漏算、错算，发包人视同含在合同造价内，双方同意不再调整。

2011年3月25日，红旗渠建设集团星湖湾小区1号、3号楼项目部和2号、5号楼项目部向瀚兴置业公司各出具一份顺延工期报告。2013年4月2日，红旗渠建设集团与瀚兴置业公司签订一份协议书，约定：1.决算依据：四栋楼决算执行2008年定额依实决算，材差、人工工资调整执行定额站发布的相对应的季度价格；2.决算价格：按总决算价下浮10%后，即为红旗渠建设集团的最后决算价，照此价格双方达成付款协议；3.备案资料：结算完成，付款协议完成，红旗渠建设集团把备案资料交于质监站开始备案。该协议中载明：具体协议详见付款协议；结算必须在4月15日之前完成；付款协议在4月20日之前完成。

2013年6月17日，红旗渠建设集团名称在工商部门由河南红旗渠建设集团有限公司变更登记为红旗渠建设集团有限公司。

一审法院认为，根据《建设工程施工合同解释（一）》第二十一条规定，当事人就同一建设工程另行订立的建设工程施工合同与经过备案的中标合同实质性内容不一致的，应当以备案的中标合同作为结算工程价款的根据。应认定本案红旗渠建设集团施工的工程总价款为15376235.5元。红旗渠建设集团认可瀚兴置业公司已支付工程款10905611元，故瀚兴置业公司还应给付红旗渠建设集团剩余工程款4470624.5元。根据《建设工程施工合同解释（一）》第十七条、第十八条规定，当事人对欠付工程价款利息计付标准有约定的，按照约定处理；没有约定的，按照中国人民银行发布的同期同类贷款利率计息；利息从应付工程价款之日计付，当事人对付款时间没有约定或者约定不明的，下列时间为应付款时间：（一）建设工程已实际交付的，为交付之日；（二）建设工程没有交付的，为提交竣工结算文件之日。因红旗渠建设集团与瀚兴置业公司约定的欠付工程价款利息不明确，故该院确定按照中国人民银行发布的同期同类贷款利率计息。根据本案实际情况，该院确定自红旗渠建设集团、瀚兴置业公司及其他主体共同出具工程竣工验收报告的最后签名盖章日期的次日开始计算欠付工程款利息。

红旗渠建设集团共给付瀚兴置业公司保证金2000000元，红旗渠建设集团认可瀚兴置业公司已退还1000000元，现本案涉及工程已超过合同约定的质保期，故红旗渠建设集团要求瀚兴置业公司给付剩余保证金1000000元，理由正当，证据充分，该院予以支持。

瀚兴置业公司反诉要求红旗渠建设集团赔偿因工程质量造成返工的维修费用，但瀚兴置业公司已在工程竣工验收报告中认可红旗渠建设集团施工的工程合格，且瀚兴置业公司未充分举证证明红旗渠建设集团施工的工程存在质量问题，故该项反诉请求，证据不足，该院不予支持。

瀚兴置业公司提供的顺延工期报告显示瀚兴置业公司允许红旗渠建设集团在2011年5月底、6月底、7月底前完工，但红旗渠建设集团、瀚兴置业公司及其他验收主体在 2012 年 5 月才对红旗渠建设集团承建的工程进行竣工验收，虽红旗渠建设集团辩称因瀚兴置业公司未按合同约定付款、未及时退还保证金；消防工程延误工期；北街居委会群众闹事更换开发商、瀚兴置业公司资金不到位延误工期；瀚兴置业公司开发土地手续不健全延误工期；但红旗渠建设集团未充分举证证明其公司延误工期有正当合法理由并经瀚兴置业公司同意，故瀚兴置业公司要求红旗渠建设集团赔偿延误工期的违约金，理由正当，证据充分，该院予以支持，红旗渠建设集团主张的违约金数额 500000 元，不超过顺延工期报告载明的延误工期赔偿金额，且亦具有一定的合理性，该院予以支持，红旗渠建设集团的辩解理由，该院不予采纳。一审法院依照《中华人民共和国合同法》第六十条、第一百零七条、《最高人民法院关于审理建设工程施工合同纠纷案件适用法律问题的解释》第十七条、第十八条、第二十一条和《中华人民共和国民事诉讼法》第六十四条第一款规定，判决：一、瀚兴置业公司于该判决生效后二十日内给付红旗渠建设集团工程款 4470624.5 元及利息（自 2012 年 5 月 17 日至实际给付之日按中国人民银行发布的同期同类贷款利率计息）；二、瀚兴置业公司于该判决生效后二十日内退还红旗渠建设集团保证金 1000000 元；三、红旗渠建设集团于该判决生效后二十日内赔偿瀚兴置业公司延误工期违约金 500000 元；四、驳回瀚兴置业公司其他反诉请求。如未按照该判决指定的期间履行给付金钱义务，应当按照《中华人民共和国民事诉讼法》第二百五十三条之规定，加倍支付迟延履行期间的债务利息。案件受理费 60438 元（已交 33950 元，缓交 26488 元），由红旗渠建设集团负担 12755 元，瀚兴置业公司负担 47683 元。反诉费 5264 元，由瀚兴置业公司负担 1352 元，红旗渠建设集团负担 3912 元。财产保全费 5000 元，由瀚兴置业公司负担。鉴定费 110000 元，由瀚兴置业公司负担。

二审法院认为，本案的争议焦点为：一是涉案工程总价款的结算依据应如何确定；二是瀚兴置业公司应否就未支付工程款支付利息。

关于争议焦点一，根据《建设工程施工合同解释（一）》第二十一条规定，当事人就同一建设工程另行订立的建设工程施工合同与经过备案的中标合同实质性内容不一致的，应当以备案的中标合同作为结算工程价款的依据。因红旗渠建设集团与瀚兴置业公司针对涉案星湖湾小区1号、2号、3号、5号楼工程曾另行签订多份建设工程施工合同及补充协议，而双方另行签订的多份建设工程施工合同及补充协议与双方在2010年7月31日签订的经过备案的建设工程施工中标合同有关工程价款的约定不尽一致，因此，一审按照上述法律规定以备案建设工程合同作为涉案工程价款的结算依据并无不当。但在双方签订的备案建设工程合同专用条款第六项“合同价款与支付”第23.2条第（1）款中约定，本合同价款采用固定价格合同，合同价款中包括的风险范围按补充条款执行，同时，该专用条款第十一项“其他”第47条约定补充条款详见补充协议，由于双方在此后又针对工程价款的决算问题另行签订了相关补充协议，而相关补充协议对于工程价款的优惠率约定不尽相同，在此情况下，应当以双方于2013年4月2日最后签订的协议来确定涉案工程的总价款。根据该协议约定，涉案四栋楼决算执行2008年定额依实决算，按总决算价下浮10%后，即为红旗渠建设集团的最后结算价，因此，本案应当按照河南圣基工程咨询有限公司作出的鉴定结论中涉案工程的总造价下浮10%来确定涉案工程的总造价，据此，涉案工程总造价应为13890638.16元。在此基础上，扣除红旗渠建设集团未施工部分57806.89元及瀚兴置业公司已支付的工程款10905611元，瀚兴置业公司仍应支付红旗渠建设集团剩余工程款2927220.27元。红旗渠建设集团公司的该项上诉理由成立，予以采纳。

关于争议焦点二，《建设工程施工合同解释（一）》第十八条规定：“利息从应付工程价款之日计付。当事人对付款时间没有约定或者约定不明的，下列时间视为应付款时间：（一）建设工程已实际交付的，为交付之日；（二）建设工程没有交付的，为提交竣工结算文件之日；（三）建设工程未交付，工程价款也未结算的，为当事人起诉之日。”本案中，涉案星湖湾小区1号、2号、3号、5号楼工程已于2012年5月16日全部经过竣工验收，但瀚兴置业公司至今仍未向红旗渠建设集团付清工程款，且瀚兴置业公司也存在未按合同约定的支付时间节点支付工程款的情形，给红旗渠建设集团造成一定的经济损失，因此，一审法院根据本案的实际情况确定自双方及其他主体共同出具工程竣工验收报告的最后签名盖章日期的次日（2012年5月17日）

开始计算欠付工程款利息并无不当，红旗渠建设集团的该项上诉理由不能成立，不予采纳。

综上所述，一审判决认定基本事实清楚，但处理结果不当，本院依法予以纠正。依照《中华人民共和国合同法》第八条、第六十条、第一百零七条、第二百六十九条、第二百七十九条，《最高人民法院关于审理建设工程施工合同纠纷案件适用法律问题的解释》第十七条、第十八条、第二十一条，《中华人民共和国民事诉讼法》第一百七十条第一款第（一）项、第（二）项，《最高人民法院关于适用〈中华人民共和国民事诉讼法〉的解释》第九十条之规定，判决如下：一、维持济源市人民法院（2015）济民一初字第5734号民事判决第二项、第三项、第四项；二、变更济源市人民法院（2015）济民一初字第5734号民事判决第一项为“济源市北街瀚兴置业有限公司于本判决生效后二十日内给付红旗渠建设集团有限公司工程款2927220.27元及利息（自2012年5月17日至实际给付之日按中国人民银行发布的同期同类贷款利率计息）”。如未按本判决指定的期间履行给付金钱义务，应依照《中华人民共和国民事诉讼法》第二百五十三条的规定，加倍支付迟延履行期间的债务利息。

规范指引

《中华人民共和国合同法》

第五十八条　合同无效或者被撤销后，因该合同取得的财产，应当予以返还；不能返还或者没有必要返还的，应当折价补偿。有过错的一方应当赔偿对方因此所受到的损失，双方都有过错的，应当各自承担相应的责任。

第七十七条　当事人协商一致，可以变更合同。

法律、行政法规规定变更合同应当办理批准、登记等手续的，依照其规定。

《中华人民共和国招标投标法》

第二条　在中华人民共和国境内进行招标投标活动，适用本法。

第四十六条第一款　招标人和中标人应当自中标通知书发出之日起三十

日内，按照招标文件和中标人的投标文件订立书面合同。招标人和中标人不得再行订立背离合同实质性内容的其他协议。

《最高人民法院关于审理建设工程施工合同纠纷案件适用法律问题的解释》

第二十一条 当事人就同一建设工程另行订立的建设工程施工合同与经过备案的中标合同实质性内容不一致的，应当以备案的中标合同作为结算工程价款的根据。

《最高人民法院关于审理建设工程施工合同纠纷案件适用法律问题的解释（二）》

第九条 发包人将依法不属于必须招标的建设工程进行招标后，与承包人另行订立的建设工程施工合同背离中标合同的实质性内容，当事人请求以中标合同作为结算建设工程价款依据的，人民法院应予支持，但发包人与承包人因客观情况发生了在招标投标时难以预见的变化而另行订立建设工程施工合同的除外。

专题七：涉及“黑白合同”工程价款结算依据的司法处理

【核心提示】当事人签订的建设工程施工合同与招标文件、投标文件、中标通知书载明的工程范围、建设工期、工程质量、工程价款不一致，一方当事人请求将招标文件、投标文件、中标通知书作为结算工程价款的依据的，人民法院应予支持。

实务争点

在建设工程施工领域，因多种原因，发包方与承包方之间签订多份合同的情况大量存在，行业中，大家习惯把这样的合同称为“黑白合同”或“阴阳合同”。在涉及“黑白合同”时，审判实践对如何处理工程价款的结算问题有不同的看法和观点，主要表现为两种：第一种观点认为，根据契约自由的原则，当事人签订的建设工程施工合同与招标文件、投标文件、中标通知书载明的工程范围、建设工期、工程质量、工程价款不一致，应尊重当事人的意思表示，双方签订的建设工程施工合同可以作为结算工程价款的依据；第二种观点认为，当事人签订的建设工程施工合同与招标文件、投标文件、中标通知书载明的工程范围、建设工期、工程质量、工程价款不一致违反了《招标投标法》第四十六条的强制性的规定，根据《合同法》第五十二条规定，违反法律、行政法规的强制性规定的合同无效，因此，双方签订的建设工程施工合同属于无效合同，故不能作为结算工程价款的依据，而应以招标文件、投标文件、中标通知书作为结算工程价款的依据。对此，《建设工程施工合同解释（二）》第十条明确规定：当事人签订的建设工程施工合同与招标文件、投标文件、中标通知书载明的工程范围、建设工期、工程质量、工程价款不一致，一方当事人请求将招标文件、投标文件、中标通知书作为结算工程价款的依据的，人民法院应予支持。

理解适用

对《建设工程施工合同解释（二）》第十条规定的理解与适用

《建设工程施工合同解释（一）》第二十一条规定，当事人就同一建设工程另行订立的建设工程施工合同与经过备案的中标合同实质性内容不一致的，应当以备案的中标合同作为结算工程价款的根据。这是针对建设工程施工领域中出现“黑白合同”时，最高人民法院最早就工程价款结算依据确定的原则。2019年2月1日起施行的《建设工程施工合同解释（二）》第十条进一步明确：当事人签订的建设工程施工合同与招标文件、投标文件、中标通知书载明的工程范围、建设工期、工程质量、工程价款不一致，一方当事人请求将招标文件、投标文件、中标通知书作为结算工程价款的依据的，人民法院应予支持。这一条也被称为“基石作用”，对于杜绝“黑白合同”的乱象，维持建筑市场秩序起到重要作用。

一、建设工程施工领域中关于合同相关知识的理解

合同，亦叫契约，是指当事人之间设立、变更和终止民事权利义务关系而形成的协议。《合同法》第二条第一款规定："本法所称合同是平等主体的自然人、法人、其他组织之间设立、变更、终止民事权利义务关系的协议。"因工程的建设施工是一项长期复杂的过程，《合同法》第二百六十九条规定："建设工程合同是承包人进行工程建设，发包人支付价款的合同。建设工程合同包括工程勘察、设计、施工合同。"第二百七十条规定："建设工程合同应当采用书面形式。"在建设工程施工领域，通过招投标订立合同的方式比较常见，《合同法》第二百七十一条规定："建设工程的招标投标活动，应当依照有关法律的规定公开、公平、公正进行。"下文将对招投标行为与订立合同之间的关系、"黑白合同"相关知识逐一说明。

1. 招投标行为与合同订立之间的法律关系

我国《合同法》第十五条规定："要约邀请是希望他人向自己发出要约的意思表示。寄送的价目表、拍卖公告、招标公告、招股说明书、商业广告等为要约邀请……"很明显，招标属于要约邀请，其目的在于邀请投标人投标。投标人的投标行为属于要约，其目的是与对方当事人缔结合同。招标人发出要约邀请（招标文件），投标人积极响应（投标文件），之后经过法定程序确定中标人，并向中标人发出中标通知书，中标通知书属于承诺，我国《招标投标法》第四十五条第二款规定："中标通知书对招标人和中标人具有法律效力。中标通知书发出后，招标人改变中标结果的，或者中标人放弃中标项目的，应当依法承担法律责任。"因此，中标通知书发出后，当事人不能违背招投标文件、中标通知书另行签订合同。

2. "黑白合同"的来源和概念

"黑合同"一词最早出现在 2003 年 10 月 27 日全国人大常委会副委员长李铁映所作的《全国人大常委会执法检查组关于检查〈中华人民共和国建筑法〉实施情况的报告》中。"黑合同"指建设单位在工程招投标过程中，除公开签订的合同外，又私下与中标单位签订合同，且该合同

与招标文件、投标文件、中标通知书载明的工程范围、建设工期、工程质量、工程价款不一致。与“黑合同”相对的是“白合同”，是指经过合法的招投标程序，依据招标文件、投标文件、中标通知书签订的合同。“黑合同”是当事人内部实际执行的合同，但它违反了法律、法规的强制性规定，属于无效合同，“白合同”虽有效，但往往却成了摆设，是“桌面上的合同”。

对同一工程项目，为何会出现“黑白合同”，究其原因，主要有两个方面：一是市场地位不平等，在建筑领域，建设单位与施工单位往往处于不平等的市场地位，多数情况下，施工单位往往处于弱势地位，“僧多粥少”，竞争激烈，施工单位为了能承揽工程，不得不接受一些苛刻条件，主要有较低的价款、较短的工期甚至是垫资施工等方面，有些条件不能出现在招投标文件中，当事人就另行订立一份“黑合同”作为履行依据；二是规避法律法规，合同当事人为了少缴税费，压低工程价款，签订中标合同，私下再签一份双方认可的真实价款的“黑合同”。通常情况下，签订“黑白合同”有利于发包人而不利于承包人的情形较为常见。

不论何种原因，同一工程项目出现“黑白合同”，危害极大，这不仅损害当事人的利益（损害施工方的利益较为常见），而且极易造成建筑工程质量隐患，危害广大群众的人身安全和财产安全，最终危害社会公共利益和国家利益，同时有悖诚实信用的原则，扰乱了正常的建筑市场的秩序。

二、涉及“黑白合同”工程价款的结算依据

对于同一建设工程，当事人之间签订多份合同在工程价款结算时应依据哪份合同作为标准，《建设工程施工合同解释（二）》第十条确定了一项基本原则，即当事人签订的建设工程施工合同的实质性内容只要与招标文件、投标文件、中标通知书的记载不一致，就应当以招标文件、投标文件、中标通知书作为结算建设工程价款的依据，以杜绝“黑白合同”的乱象。这里出现一个概念就是“实质性内容”，这也是区别“黑合同”与“白合同”的重要标准。根据司法解释和司法实践，“黑合同”与“白合同”的实质性内容最大的区别在于工程范围、建设工期、工程价款和工程质量四个方面。

（1）工程范围。工程范围就是发包人和承包人确定的建设范围，具体的工程范围应由招投标文件确定。工程范围不仅仅指建筑物的结构和面积，还要确定是否包含土建工程、设备安装、装饰装修等工程。工程范围对施工单位的技术、设备和人力的要求不同，而且决定了施工单位逾期获得利润的多少，因此，工程范围的增加或者减少将直接影响施工单位的利益，改变工程范围也就改变了合同的实质性内容。（2）建设工期。建设工期指施工人完成施工工程的时间或者期限。建设工期的长短与工程范围有直接关系。通常情况下，低造价、高质量、短工期是建设单位最理想的要求。在实践中，建设方通常会与施工方另行签订协议，缩短建设工期，以更好地实现经济效益。（3）工程价款。工程价款是影响工程中标人的关键因素，在工程范围、工程质量和工期不变的情况下，投标文件中工程价款最低者中标。在建筑市场领域，承包人为了能够获得工程建设的机会，往往会与发包人另行签订合同，承诺工程价款会在决算价的基础上下浮较高的比例，给予发包人更多的让利。当事人变更工程价款的形式多样，除直接降低工程价款是最明显的表现形式外，还有一些变相降低工程价款的形式，如《建设工程施工合同解释（二）》第一条第二款规定的“……中标人在中标合同之外就明显高于市场价格购买承建房产、无偿建设住房配套设施、让利、向建设单位捐赠财物……”。无论何种形式的变更工程价款，都是法律所禁止的。（4）工程质量。工程质量直接关系到广大群众的生命安全和财产安全。在招投标中，中标人不可能以降低工程质量赢得工程建设机会，实践中，即使存在另签协议，招标人也会要求中标人保证工程质量，但是，也存在降低工程质量的情况，特别是在招标人与投标人串标的情况下。

《建设工程施工合同解释（二）》第十条规定只要当事人签订的合同的实质性内容与招标文件、投标文件、中标通知书的记载不一致，就应当以招标文件、投标文件、中标通知书作为结算建设工程价款的依据，其法理依据[①]主要是招标文件、投标文件、中标通知书对招标人、投标人具有法律效力，

---

① 参见最高人民法院民事审判第一庭编著：《最高人民法院建设工程施工合同司法解释（二）理解与适用》，人民法院出版社2019年版，第239页。

特别是中标通知书已经在招标人、投标人之间成立合同关系，该合同对招标人、投标人具有法律效力。根据《招标投标法》第四十六条第一款规定，“招标人和中标人应当自中标通知书发出之日起三十日内，按照招标文件和中标人的投标文件订立书面合同。招标人和中标人不得再行订立背离合同实质性内容的其他协议”。招标人、投标人应当根据招标文件、投标文件订立书面合同，该合同称为中标合同，若经过备案则称为备案合同，不论是中标合同还是备案合同均应与招投标文件相一致，特别是合同的实质性条款即工程范围、建设工期、工程质量和工程价款方面不能背离招投标文件，应以招投标文件为准，否则不能产生法律效力。

这里需要注意的是，将招投标文件作为工程价款结算的依据需满足一定的前提，即招投标行为合法有效且当事人通过招投标方式订立建设工程施工合同。若当事人未进行招投标活动或者未进行实质性的招投标活动制定的仅用于备案的合同，不能作为结算工程价款的依据，因为这种行为不仅干扰了正常的招投标秩序，损害了其他投标人的合法权益，而且违背了法律的规定，整个招投标行为无效，故签订的合同也无效。

三、处理涉及“黑白合同”工程价款结算案件应注意的其他问题

1. 注意“黑合同”与合同变更的区别。变更合同是法律赋予当事人的权利，我国《合同法》第七十七条第一款规定：“当事人协商一致，可以变更合同。”因建设工程的工期一般较长，影响合同履行的外界因素较多，当事人会通过不断修订合同条款或签订补充协议规避可能发生的风险，这时就要正确区分“黑合同”与合同变更的区别。在司法实践中，应结合变更的原因、变更的幅度等因素综合判断，若当事人因客观原因经过协商对合同内容进行修改、变更且不会涉及利益的重大调整，从而更有利于合同的履行，这就属于正常的合同变更，是合同自由原则的体现，受法律保护。总之，处理这类案件，应把握好原则，也要尊重因客观因素发生变化产生的正常的合同变更，维护好合同双方的权益。

2. “黑白合同”均无效时的工程价款结算依据。如前文所述，《建设工程施工合同解释（二）》第十条规定适用的前提是“白合同”合法有效即招投

标程序合法且中标有效，若招投标过程违法，即使通过招投标程序签订的合同也不是“白合同”，此时的伪“白合同”无效，合同中关于工程价款结算的约定亦无效，故不能作为工程价款结算的依据。此时，工程质量合格，应综合考虑并参照双方实际履行的合同作为结算工程价款的依据，《建设工程施工合同解释（二）》第十一条第一款规定：“当事人就同一建设工程订立的数份建设工程施工合同均无效，但建设工程质量合格，一方当事人请求参照实际履行的合同结算建设工程价款的，人民法院应予支持。”若工程质量不合格，应通过鉴定据实结算工程价款。

3. 当事人已就工程价款结算达成协议时的处理。《建设工程施工合同解释（二）》第十条解决的是双方对工程价款结算未达成一致意见且未结算完毕的情况下以哪份合同作为结算依据的问题，若施工合同的当事人已经就工程价款的结算达成协议且签字或盖章确认，尤其是在结算完毕的情况下，该条司法解释也没有适用余地，一方当事人不能以结算协议对中标合同的价款进行了变更而要求发包人重新结算工程款，这与该条司法解释的立法精神和适用条件不符，也违背了诚实信用原则的规定；若当事人达成结算协议，但未结算，承包人有证据证明结算协议或结算行为存在胁迫等情形，可以根据法律规定要求推翻结算协议。

4. 该条司法解释与《建设工程施工合同解释（一）》第二十一条的区别。《建设工程施工合同解释（一）》第二十一条规定：“当事人就同一建设工程另行订立的建设工程施工合同与经过备案的中标合同实质性内容不一致的，应当以备案的中标合同作为结算工程价款的根据。”该条司法解释明确规定结算工程价款以“备案”的中标合同为依据。《建设工程施工合同解释（二）》第十条将“备案”二字删除，就是因为住房和城乡建设部2018年9月28日发布的《住房城乡建设部关于修改〈房屋建筑和市政基础设施工程施工招标投标管理办法〉的决定》，删除了有关报送备案的规定，即自2018年9月28日起，中标合同的备案制度已经废止，所以，“白合同”现无须进行备案。

案例指导

案例一：濮阳市中房建筑工程有限公司与桐柏海之畔房地产开发有限公司建设工程施工合同纠纷案①

上诉人（一审被告）：桐柏海之畔房地产开发有限公司（以下简称桐柏海之畔公司）。

被上诉人（一审原告）：濮阳市中房建筑工程有限公司（以下简称濮阳中房公司）。

上诉人桐柏海之畔公司因与被上诉人濮阳中房公司建设工程施工合同纠纷一案，不服桐柏县人民法院（以下简称一审法院）民事判决，向南阳市中级人民法院提起上诉。

桐柏海之畔公司上诉请求：撤销一审判决改判确认桐柏海之畔公司应支付濮阳中房公司工程款1492001.92元（其他上诉请求略）。事实和理由：一审认定《建设工程施工合同》让利比例10%违背中标建筑工程施工合同实质性内容错误，导致判决桐柏海之畔公司多支付工程款576661.98元，应依法予以纠正。2015年12月23日，双方签订的《建设工程施工合同》并没有到相关管理部门备案，不存在与备案合同冲突的事实。该合同是双方真实意思表示且实际结算确认，应予以认定。

濮阳中房公司辩称，一审认定《建设工程施工合同》让利比例10%违背了中标建设工程合同的实质性内容是正确的。依据《招标投标法》第四十六条第一款规定，招标人与投标人应当自中标通知发出之日起30日内，按照招标文件和中标人的投标文件订立书面合同。招标人和中标人不得再行订立背离合同实质性内容的其他协议。本案中的《建设工程施工合同》就是对成交通知书成交价中工程总造价为准让利5%合同内容的实质性变更。该行为因违反了法律、行政法规的强制性规定而无效，不能作为结算的依据。请求驳回上诉，维持原判。

---

① 详见河南省南阳市中级人民法院（2018）豫13民终7310号民事判决书。

濮阳中房公司向一审法院起诉请求：判令桐柏海之畔公司支付工程款300万元；本案的诉讼费用由桐柏海之畔公司承担。

一审法院认定事实：2015年9月6日，桐柏海之畔公司作为招标人与招标代理机构就本案涉及的"淮源府邸"项目一期7号楼、商业裙房及二期工程项目向濮阳中房公司出具成交通知书，通知书明确该项目成交价为工程总造价为准让利5%。同年12月23日，双方就该工程项目签订了《建设工程施工合同》，合同约定按工程总价的10%向发包人优惠让利。2018年2月10日，南阳市天舒造价咨询有限公司就本案涉及的工程项目作出《工程造价审核报告》，审核该项目工程造价为11533238.92元，且该审核报告以《建设工程施工合同》约定让利10%作为计算标准。另查明：桐柏海之畔公司已向濮阳中房公司支付工程款10041237元。

一审法院认为，濮阳中房公司与桐柏海之畔公司签订的《建设工程施工合同》系双方当事人建立在平等自愿基础上的真实意思表示，应为有效合同，现濮阳中房公司作为承包方要求桐柏海之畔公司（发包方）支付工程款，符合法律规定，予以支持。因桐柏海之畔公司与招标代理机构共同向濮阳中房公司出具的成交通知书约定该项目成交价为工程总造价为准让利5%，后双方签订的《建设工程施工合同》改变了该让利标准，直接改变了工程价款，实质性内容发生了改变。根据《建设工程施工合同解释（一）》第二十一条规定：当事人就同一建设工程另行订立的建设工程施工合同与经过备案的中标合同实质性内容不一致的，应当以备案的中标合同作为结算工程价款的根据。故本案涉及的工程项目结算审核计价应以让利5%为准，因此，该项目工程造价应为11533238.92元÷（1–10%）×（1–5%）=12173974.42元，以濮阳中房公司计算的12109900.9元为准。综上，桐柏海之畔公司仍欠濮阳中房公司工程款为12109900.9元–10041237元=2068663.9元。依照《中华人民共和国合同法》第六十条第一款、第一百零七条、第二百八十六条，《最高人民法院关于审理建设工程施工合同纠纷案件适用法律问题的解释》第十七条、第十八条、第二十一条之规定，判决桐柏海之畔房地产开发有限公司于本判决生效之日起十日内向濮阳市中房建筑工程有限公司支付工程款2068663.9元。

二审法院认为，依据《招标投标法》第四十六条之规定，招标人与投标人应当自中标通知发出之日起 30 日内，按照招标文件和中标人的投标文件订立书面合同。招标人和中标人不得再行订立背离合同实质性内容的其他协议。桐柏海之畔公司与招标代理机构共同向濮阳中房公司出具的成交通知书中约定了该项目成交价为工程总造价为准让利 5%，而桐柏海之畔公司与濮阳中房公司签订的《建设工程施工合同》中约定按工程总价的 10% 优惠让利，直接改变了对工程价款的约定，构成对中标文件约定的实质性变更，应当认定为无效，一审对该让利 10% 的约定未予认定处理适当，二审法院予以维持。

案例二：西安市临潼区建筑工程公司与陕西恒升房地产开发有限公司建设工程施工合同纠纷案①

上诉人（一审原告）：西安市临潼区建筑工程公司（以下简称临潼公司）。

被上诉人（一审被告）：陕西恒升房地产开发有限公司（以下简称恒升公司）。

临潼公司与恒升公司建设工程施工合同纠纷一案，陕西省高级人民法院（以下简称一审法院）于 2007 年 3 月 19 日作出（2006）陕民一初字第 15 号民事判决。临潼公司不服该判决，向最高人民法院（以下简称二审法院）提起上诉。

一审法院经审理查明：2003 年 3 月 10 日，临潼公司依照约定进入恒升公司位于陕西省西安市建工路 8 号的恒升大厦综合楼工程工地进行施工。同年 9 月 10 日，临潼公司与恒升公司签订《建设工程施工合同》，约定：恒升公司（甲方）将其建设的恒升大厦综合楼项目的土建、安装、设备及装饰、装修和配套设施等工程发包给临潼公司（乙方）；开竣工日期：2003 年 3 月 10 日至 2005 年 9 月 10 日；合同价款：承包总价以决算为准，由乙方包工包料。

2004 年 4 月 5 日，西安市城乡建设监察大队对未经招标的恒升大厦综合

---

① 案例来源于《最高人民法院公报》2008 年第 8 期（总第 142 期）。

楼工程进行了处罚，恒升公司即委托临潼公司张安明在西安市招投标办公室补办了工程报建手续，双方所签合同已经备案。诉讼中双方持有的合同，内容区别是有无第29–3条。恒升公司持有西安市城市建设档案馆出具的备案合同附有此条。其内容为：本工程为乙方垫资工程，以实结算，实做实收，按工程总价优惠8个点，工程结算以本合同为准。

2005年2月2日，恒升公司与临潼公司、设计单位、监理公司等就恒升大厦综合楼地基与基础分部工程，主体（1—10层）分部工程进行验收，认定该工程为合格工程。11—24层主体工程已完工但未进行竣工验收，恒升公司承认主体已封顶。后双方发生纠纷，致使工程于2005年4月停工至今。

临潼公司起诉至一审法院称，2003年9月10日，临潼公司与恒升公司签订《建设工程施工合同》，约定：由临潼公司包工包料承包恒升大厦综合楼工程，恒升公司按工程进度向其支付工程价款。工程施工到正负零时，恒升公司向临潼公司首次支付已完工程量95%的工程价款。正负零以上工程，由临潼公司每月25日报告当月工程量，经恒升公司审核后在次月1—3号将上月所完成工程量价款95%支付给临潼公司。若恒升公司不能依约支付工程款项，应赔偿因违约给临潼公司造成的损失，并支付逾期付款利息。临潼公司先后完成正负零以下工程、大厦主体工程，经验收均为合格，但恒升公司仅付工程款284万元。故请求：判令恒升公司立即支付拖欠的工程款29480391.06元及逾期利息2825417元。

恒升公司辩称，双方签订《建设工程施工合同》属实，但对该工程进行施工的不是临潼公司，而是借用临潼公司资质的个人包工头张安明。本案合同项目为商业、住宅用途的商品房，关系社会公共利益、公共安全，但对施工单位的选定却未进行招标投标工作，违反了法律、法规的强制性规定，本案合同应当认定无效，临潼公司主张的利息及损失的诉讼请求依法应予驳回。

一审法院经审理认为，临潼公司与恒升公司双方签订并经西安市城乡建设委员会备案的建设工程施工合同，系双方当事人真实意思表示，张安明作为工地负责人组织施工，该工程应视为临潼公司实施完成，该合同内容不违反法律、行政法规的强制性规定，应依法有效。审理中双方当事人持有的合同内容不同，但鉴于备案合同手续是由临潼公司工地代表张安明办理，且一审法院对备案合同中有关第29–3条内容到西安市城市建设档案馆进行了核查，故对备案合同应予认定并作为结算依据。……同时该报告依据备案合同约定在总造价中优惠8个点并扣除四项保险费，符合合同和法律规定，应予采信。临潼公司未提供第29–3条系事后添加的相关证据，故其主张不应在总造价中优惠8个点的理由不能成立。……据此判决：一、临潼公司与恒升公司签订并备案的《建设工程施工合同》依法有效；二、恒升公司于判决生效之日起30日内支付临潼公司工程款9709971.04元及利息（自2006年5月15日起按照同期同类银行贷款利率计息）；三、驳回临潼公司的其他诉讼请求。

临潼公司不服一审判决，向二审法院提起上诉称，恒升公司提交的存档合同文本是经过篡改和伪造的，不能作为定案的依据。双方2003年9月10日签订的《建设工程施工合同》一式四份均经备案，双方各持一份，存档两份。本案中恒升公司开始提供的合同文本与临潼公司提交的合同文本并无差异，在工程造价鉴定结果出来之后又提供添加了第29–3条的存档文本。第29–3条的字迹明显与前款不同，非一人所写，同时其内容又明显与其他条款相矛盾。故请求撤销一审判决；改判恒升公司支付工程款22173276.52元。

恒升公司答辩称，临潼公司所主张备案合同第29–3条是擅自添加的上诉理由，既不是事实也无足够的证据支持。备案合同中的第29–3条是双方经过协商同意，由何西京填写的。该合同是施工方代表张安明和建设方代表何西京一起到西安市城乡建设委员会办理的备案手续，张安明对备案合同中填写第29–3条是知道或应当知道的。根据最高人民法院建设工程的司法解释的规定，建设工程施工合同若出现“阴阳合同”，即备案合同和实际履行合同不一致，依法应以备案合同为有效合同并以此办理工程结算。

二审法院认为，根据临潼公司的上诉请求和庭审调查辩论，双方当事人争议的焦点问题为：本案所涉工程应以哪个《建设工程施工合同》文本作为结算依据（其他焦点略）。

关于本案所涉工程应以哪个《建设工程施工合同》文本作为结算依据的问题。恒升公司与临潼公司于2003年9月10日签订《建设工程施工合同》，2004年4月5日在西安市城乡建设委员会进行了备案。双方当事人在一审举证期限内向一审法院提供的《建设工程施工合同》文本内容是一致的，即没有第29-3条的内容，长安监理公司出具的《情况说明》也证明《建设工程施工合同》的文本没有第29-3条的内容。《建设工程施工合同》第十一条约定了工程进度款问题，对具体的工程进度和付款期限作了明确约定，恒升公司自己也主张已向临潼公司支付工程款12219182.8元，而第29-3条的内容与《建设工程施工合同》第十一条明显矛盾。《建设工程施工合同解释（一）》第二十一条规定："当事人就同一建设工程另行订立的建设工程施工合同与经过备案的中标合同实质性内容不一致的，应当以备案的中标合同作为结算工程价款的根据。"该条是指当事人就同一建设工程签订两份不同版本的合同，发生争议时应以备案的中标合同作为结算工程价款的依据，而不是指以存档合同文本为依据结算工程价款。恒升公司提交的西安市城市建设档案馆存档的《建设工程施工合同》文本，该合同文本上的第29-3条是恒升公司何西京书写的，没有证据证明该条款系经双方当事人协商一致的。故应以一审举证期限届满前双方提交的同样内容的《建设工程施工合同》文本作为本案结算工程款的依据。一审判决仅凭招投标补办手续档案中有临潼公司向恒升公司出具的"法人代表授权委托书"，认定备案合同手续是由临潼公司工地代表张安明办理并按恒升公司提交的存档合同文本作为工程价款结算根据，缺乏事实和法律依据，二审法院应予纠正。

综上，根据《中华人民共和国民事诉讼法》第一百五十三条第一款第（二）项之规定，判决如下：一、维持陕西省高级人民法院（2006）陕民一初字第15号民事判决第一项、第三项；二、变更陕西省高级人民法院（2006）陕民一初字第15号民事判决第二项为：陕西恒升房地产开发有限公司于本判决生效之日起30日内支付西安市临潼区建筑工程公司工程款15039897.24元及利息（自2005年4月12日起按照中国人民银行同期同类贷款利率计息）。

规范指引

《中华人民共和国合同法》

第十五条第一款　要约邀请是希望他人向自己发出要约的意思表示。寄送的价目表、拍卖公告、招标公告、招股说明书、商业广告等为要约邀请。

第五十二条　有下列情形之一的，合同无效：

（一）一方以欺诈、胁迫的手段订立合同，损害国家利益；

（二）恶意串通，损害国家、集体或者第三人利益；

（三）以合法形式掩盖非法目的；

（四）损害社会公共利益；

（五）违反法律、行政法规的强制性规定。

第七十七条第一款　当事人协商一致，可以变更合同。

第二百六十九条　建设工程合同是承包人进行工程建设，发包人支付价款的合同。

建设工程合同包括工程勘察、设计、施工合同。

第二百七十条　建设工程合同应当采用书面形式。

第二百七十一条　建设工程的招标投标活动，应当依照有关法律的规定公开、公平、公正进行。

《中华人民共和国招标投标法》

第四十五条　中标人确定后，招标人应当向中标人发出中标通知书，并同时将中标结果通知所有未中标的投标人。

中标通知书对招标人和中标人具有法律效力。中标通知书发出后，招标人改变中标结果的，或者中标人放弃中标项目的，应当依法承担法律责任。

第四十六条　招标人和中标人应当自中标通知书发出之日起三十日内，按照招标文件和中标人的投标文件订立书面合同。招标人和中标人不得再行订立背离合同实质性内容的其他协议。

招标文件要求中标人提交履约保证金的，中标人应当提交。

第五十九条　招标人与中标人不按照招标文件和中标人的投标文件订立

合同的，或者招标人、中标人订立背离合同实质性内容的协议的，责令改正；可以处中标项目金额千分之五以上千分之十以下的罚款。

《最高人民法院关于审理建设工程施工合同纠纷案件适用法律问题的解释》

第二十一条 当事人就同一建设工程另行订立的建设工程施工合同与经过备案的中标合同实质性内容不一致的，应当以备案的中标合同作为结算工程价款的根据。

《最高人民法院关于审理建设工程施工合同纠纷案件适用法律问题的解释（二）》

第一条 招标人和中标人另行签订的建设工程施工合同约定的工程范围、建设工期、工程质量、工程价款等实质性内容，与中标合同不一致，一方当事人请求按照中标合同确定权利义务的，人民法院应予支持。

招标人和中标人在中标合同之外就明显高于市场价格购买承建房产、无偿建设住房配套设施、让利、向建设单位捐赠财物等另行签订合同，变相降低工程价款，一方当事人以该合同背离中标合同实质性内容为由请求确认无效的，人民法院应予支持。

第十条 当事人签订的建设工程施工合同与招标文件、投标文件、中标通知书载明的工程范围、建设工期、工程质量、工程价款不一致，一方当事人请求将招标文件、投标文件、中标通知书作为结算工程价款的依据的，人民法院应予支持。

专题八：多份合同均无效时建设工程价款的结算依据

【核心提示】当事人就同一建设工程订立的数份建设工程施工合同均无效，但建设工程质量合格，一方当事人请求参照实际履行的合同结算建设工程价款的，人民法院应予支持。实际履行的合同难以确定，当事人请求参照最后签订的合同结算建设工程价款的，人民法院应予支持。

实务争点

由于建设工程具有资金投入大、施工周期长、专业技术复杂、涉及内容广等特点，一个建设工程项目，在立项审批、招投标程序、正式合同的签订、合同的备案、合同实际履行、竣工验收等环节，频繁出现违法违规行为如恶性竞标、订立黑白合同、不具备资质的施工人违法承包、非法转包、违法分包等。基于承包人未取得资质或者超越资质等级、实际施工人借用资质挂靠、违法分包、非法转包、必须招标而未招标、围标串标等行为而致使合同无效的情形大量存在。那么如何处理建设工程施工合同无效时的法律纠纷，有效解决合同无效时的法律问题呢？《建设工程施工合同解释（一）》第二条明确规定，“建设工程施工合同无效，但建设工程经竣工验收合格，承包人请求参照合同约定支付工程价款的，应予支持”，为了双方经济效益和实际考虑，此条确定了参照合同约定结算工程价款的处理规则。《建设工程施工合同解释（二）》第十一条仍然坚持了这一观点，并对于存在多份无效合同时，确立了实际履行合同优先，实际履行合同难以确定时最后签订合同优先的原则。这正是针对多份合同无效的适用仍存在争议的解决途径。一份建设工程施工合同被认定无效时，只要建设工程经竣工验收合格，承包人请求参照该无效合同的约定支付其工程价款的，应予支持。但如果数份建设工程施工合同均被认定为无效，如何结算工程价款，存在几种观点：一种观点认为应当参照当事人真实合意并实际履行的合同结算工程价款，另一种观点认为应当结合缔约过错、已完成工程的质量、利益平衡等因素综合确定工程价款。关于实际履行的合同难以确定的处理，最后由《建设工程施工合同解释（二）》确认优先参照实际履行合同，实际履行合同确定不了时参照最后签订合同的原则。《建设工程施工合同解释（二）》第十一条规定：当事人就同一建设工程订立的数份建设工程施工合同均无效，但建设工程质量合格，一方当事人请求参照实际履行的合同结算建设工程价款的，人民法院应予支持。实际履行的合同难以确定，当事人请求参照最后签订的合同结算建设工程价款的，人民法院应予支持。

理解适用

对《建设工程施工合同解释（二）》第十一条规定的理解与适用

目前我国建筑市场上，当事人之间基于各种主客观因素的考虑，签订多份建设工程合同的情形大量存在，一旦所签订的数份合同均无效，合同中约定的权利义务也就无效，所以，当事人会因依据哪份合同结算工程价款而产生纠纷，最终成讼。具体如何理解本条的适用范围和条件，应重点把握以下几点。

一、当事人的范围

这里的"当事人"是指同一建设工程的发包人与承包人，但是没有资质的实际施工人借用有资质的建筑企业名义与他人签订的建设工程施工合同，也属于本条所指无效建设工程施工合同当事人；还有一种情形即发包人将建设工程发包给承包人之后，承包人将其转包给第三人或违法分包给第三人。此时，在承包人与转包第三人或违法分包第三人之间也存在无效建设工程施工合同。该无效建设工程施工合同中的发包人是原建设工程施工合同中的承包人，该无效建设工程施工合同中的承包人是转包第三人或者违法分包第三人。故转包或违法分包都有可能成立无效建设工程施工合同，属于本条规范对象。至于转包第三人或违法分包第三人则因与原建设工程施工合同发包人没有直接关系，不具有合同相对性，彼此之间不成立无效建设工程施工合同。另外，建设工程施工合同纠纷实务中，还存在建设工程施工合同履行过程中，承包人一方中途退场后，新承包人进场就同一建设工程签订新的建设工程施工合同的情形，此情形不属于本条规范对象范围。

二、对"同一建设工程"的理解

一般是指当事人签订数份建设工程施工合同共同指向的施工内容，也即"同一建设工程"首先强调的是建设工程具有同一性。具体而言，同一性主要表现为该建设工程的设计、规划、质量等内容未发生变化。

除了建设工程未发生变化之外，实践中还存在当事人基于各种主客观因素，就建设工程作出非实质性内容变化的约定情形。此时，即便建设工程发生了非实质性内容变化，也可纳入本条所指的同一建设工程范畴。至于当事人的新约定背离了原建设工程施工合同实质性内容情形，建设工程因设计、规划等不可控因素影响发生实质性变化调整，不影响本条中所指建设工程的"同一性"。

三、哪些建设工程合同无效

1. 无效合同是指违反法律、行政法规的强制性规定，因而不受法律保护的合同。《合同法》第五十二条规定："有下列情形之一的，合同无效：（一）一方以欺诈、胁迫的手段订立合同，损害国家利益；（二）恶意串通，损害国家、集体或者第三人利益；（三）以合法形式掩盖非法目的；（四）损害社会公共利益；（五）违反法律、行政法规的强制性规定。"以上是一般合同无效的法律规定，同样适用于建设工程施工合同。

2. 基于建设工程施工合同的特殊性，法律法规和司法解释对无效建设工程施工合同作了专门的规定。《建设工程施工合同解释（一）》第一条规定了三类建设工程施工合同无效：（1）承包人未取得建筑施工企业资质或者超越资质等级的；（2）没有资质的实际施工人借用有资质的建筑施工企业名义的；（3）建设工程必须进行招标而未招标或者中标无效的。第四条规定了两种行为无效：承包人非法转包、违法分包建设工程或者没有资质的实际施工人借用有资质的建筑施工企业名义与他人签订建设工程施工合同的行为无效。

3. 根据造成合同无效的原因，进行如下分类：

（1）因签订合同的主体导致合同无效。依据《建筑业企业资质管理规定》，建筑企业必须取得建筑资质，并在资质许可的范围内承揽工程。如果建筑企业不具有施工资质或者资质不符合承揽工程的要求，所签的施工合同就是无效合同。个人签订的建设工程施工合同，必然无效。

（2）因必须招投标而没有招投标或者中标无效导致建设工程施工合同无效。依据《招标投标法》第三条第一款规定，在中华人民共和国境内进行下列工程建设项目，包括项目的勘察、设计、施工、监理以及与工程建设有关的重要设备、材料等的采购，必须进行招标：①大型基础设施、公用事业等关系社会公共利益、公众安全的项目；②全部或者部分使用国有资金投资或者国家融资的项目；③使用国际组织或者外国政府贷款、援助资金的项目。以上三大类工程项目必须招投标，没有招投标签订的建设工程施工合同就是无效合同。

《招标投标法》还规定了六种中标无效的情况：①招标代理机构泄密或恶意串通；②招标人泄露招标情况或标底；③投标人串通或行贿；④投标人弄虚作假骗取中标；⑤招标人在确定中标前与投标人进行实质性谈判；⑥招标人违法确定中标人。以上六项是因为招投标无效，导致建设工程施工合同无效。

（3）因违法分包、非法转包导致建设工程施工合同无效。违法分包的情况有四种：《建设工程质量管理条例》第七十八条规定："……本条例所称违法分包，是指下列行为：（一）总承包单位将建设工程分包给不具备相应资质条件的单位的；（二）建设工程总承包合同中未有约定，又未经建设单位认可，承包单位将其承包的部分建设工程交由其他单位完成的；（三）施工总承包单位将建设工程主体结构的施工分包给其他单位的；（四）分包单位将其承包的建设工程再分包的。……"关于非法转包，《建筑法》第二十八条规定："禁止承包单位将其承包的全部建筑工程转包给他人，禁止承包单位将其承包的全部建筑工程肢解以后以分包的名义分别转包给他人。"《合同法》第二百七十二条第二款进一步规定："……承包人不得将其承包的全部建设工程转包给第三人或者将其承包的全部建设工程肢解以后以分包的名义分别转包给第三人。"

（4）因建设方未办理合法用地手续和建设工程报建手续导致建设工程施工合同无效。比如：没有取得建设用地许可证，没有办理建设工程规划许可证等。

四、多份合同无效时工程价款的结算规则

（一）优先以实际履行的合同作为结算建设工程价款的依据

1. 合同无效时不再适用《建设工程施工合同解释（一）》第二十一条

的处理规则。对于经过招投标程序签订的中标合同，当事人就同一建设工程另行订立的建设工程施工合同与经过备案的中标合同实质性内容不一致的，根据《建设工程施工合同解释（一）》第二十一条的规定原则上应当以中标合同为结算工程价款的根据，但是该条适用的前提必须是合同有效，在多份合同均无效的情况下，继续以中标合同为准已经缺乏秩序意义，此时应当尊重当事人之间的真实意思，参照实际履行的合同结算建设工程价款。

2. 请求结算工程价款的前提是工程质量合格。承包人请求参照实际履行的合同结算工程价款时，需要证明建设工程质量合格，如何理解“建设工程质量合格”，应当分为两个层面：一是建设工程质量不合格的，发包人有权拒绝支付工程款。因为在合同无效的情形下，承包人本质上只能主张不当得利返还，如果工程质量不合格，那么发包人事实上并未获得利益，承包人也不存在请求返还不当得利的基础。二是工程是否完工不影响工程价款的结算。根据建设工程完工程度，可以分为在建工程质量合格和竣工工程质量合格，建设工程经竣工验收合格的，承包人请求结算工程价款自无疑问。如果工程尚未竣工双方即发生纠纷，承包人的实际投入物化到已完成的工程量上且发包人客观上受益，若该部分工程量质量合格，则同样应当赋予承包人救济的合法权益，允许其就已完成工程量的部分主张结算。

（二）实际履行的合同难以确定的以最后签订的合同为结算依据

司法实践中，法院一般从双方实际履行的施工范围、建设工期、质量标准、工程价款约定等主要条款判断实际履行的建设工程施工合同，但是由于建设工程施工领域的复杂性，当事人有可能同时履行两份以上合同内容，难以确定实际履行的合同，对此实践中存在不同的操作：有的法院认为应当按照当事人之间形成了新的合同来处理，有的法院直接参照两份合同的差价确定工程价款，还有的法院按照市场价格信息确定工程价款，缺乏统一的标准。

从最接近当事人真实意思表示的角度考虑，上述操作均存在一定的问题，因此《建设工程施工合同解释（二）》第十一条最终选择了时间标准，以当事人最后签订的合同作为工程价款结算依据，最后签订的合同代表了当事人之间最新的意思表示，以此推定其为当事人实际履行的合同最接近事实。

五、实务中需注意的问题

1. 目前我国建筑市场上，无效建设工程合同大量存在，其数量甚至大于有效合同。有效合同受法律保护，一方违反合同约定，应当按照合同约定承担违约责任；无效合同不受法律保护，合同无效，合同中约定的权利义务也就无效，所以，无效合同不存在追究违约责任的问题。比如，2006 年 4 月 18 日，北京双建房地产公司（以下简称双建公司）与同方股份公司（以下简称同方公司）签订了建设工程施工合同，约定双建公司将双建花园项目的空调、采暖工程发包给同方公司施工。合同中约定，如果双建公司违约，赔偿同方公司违约金 200 万元。合同签订以后，双建公司并未按照约定，将工程发包给同方公司，而是另行发包给了其他公司施工。此后，同方公司诉至法院，请求判令双建公司按照合同约定，给付违约金 200 万元。法院认为，双方签订的建设工程施工合同，因未依法办理招投标手续，合同无效，其中约定的违约条款也就无效，因此，判决驳回了同方公司的请求。可见，无效建设工程合同与有效建设工程合同的处理原则和处理结果有着根本区别。因此，准确判断建设工程施工合同的效力，预测无效合同的处理结果，对于建设方和施工方处理建设工程纠纷，具有不可估量的实际意义。

2. 关于没有资质的实际施工人借用有资质的建筑施工企业名义的认定。其实，这种情形就是最典型的“挂靠”行为，包括：（1）不具有从事建筑活动主体资格的个人、合伙组织或企业以具有从事建筑活动资格的建筑企业的名义承揽工程；（2）资质等级低的建筑企业以资质等级高的建筑企业的名义承揽工程；（3）不具有工程总包资格的建筑企业以具有总包资格的建筑企业的名义承揽工程。另外，我们也可以从以下角度予以关注：第一，是否存在转让、出借企业资质证书的；第二，是否存在以其他方式允许他人以本企业的名义承揽工程的；第三，项目负责人、技术负责人、项目核实人、质量管理人员、安全管理人员等是不是本单位员工等。当然，在实践中，法院要认定“挂靠”并不容易，一方面，由于施工单位怕受到行政处罚而不愿意主动提出；另一方面，建设单位的管理人员也担心主动提出会变成是自己的工作失职。

3. 关于实际施工人。大量的建设工程中均存在实际施工人，需要明确实际施工人的概念才能切实有效地进行相关法律实务操作。实际施工人是在施工合同无效情况下实际履行工程施工义务的主体，是最终实际投入资金、材料和劳力进行工程施工的民事主体，是案涉工程的“出资人”、组织者、管理者，即包工头，工地老板等，包括转包、违法分包、借用资质与他人签订建设工程合同的承包人三种类型，实际施工人与合同法第十六章建设工程施工合同中的“施工人”，即合法的主体不同，其基于实际施工而取得相应的工程价款，与民工之间属于雇佣关系或劳务关系。在处理建设工程施工合同纠纷关于实际施工人的审判实务中，并不适用合同法第十六章建设工程施工合同相关法律规定。

4. 承担缔约过失责任的原则。所谓缔约过失责任，是指因缔约人故意或过失违反法定附随义务或先合同义务，给缔约相对人造成损失，缔约人所应依法承担的民事责任。因此，在双方签订建设工程施工合同的过程中，因一方的过错导致建设工程施工合同无效的，过错方应赔偿因合同无效而给对方造成的实际损失。若双方在签订合同的过程中均存在过错，则应依过错大小各自承担相应的赔偿责任。无论建设工程施工合同是尚未履行的，还是尚未履行完毕的，或者已经履行完毕的，一旦合同被认定为无效，过错方都应承担缔约过失责任。承担缔约过失责任的主要方式是赔偿对方的实际损失，这其中不包括尚未实现的利益。根据《民事诉讼法》中关于“谁主张，谁举证”的原则，缔约过失责任应由无过错方举证。

5. 不再履行的原则。合同一旦无效则自始无效，那么该合同对当事人则无任何约束力，合同当事人当然可以不再履行合同。因此若合同双方当事人已经订立建设工程施工合同，但合同仍尚未履行，被人民法院或者仲裁机构确认无效的，双方当事人均无须履行合同。若是合同已经履行但尚未履行完毕被确认无效的，合同则终止履行，尚未履行部分不再履行。对建设工程施工合同确立此原则，是对当事人违法行为的及时纠正，以免因合同的继续履行导致更严重的法律后果。

6. 民事、刑事、行政等责任并重原则。合同无效后的继续履行、赔偿损失等行为均是承担民事责任的体现，相关方在承担民事责任之外还可能需要承担相应的行政责任，其主要形式包括对违法行为处以罚款、责令停业整顿、吊销资质证书、降低资质等级等。如果相关方在订立合同过程中存在欺诈、胁迫、行贿、受贿等涉嫌犯罪行为，则还需承担相应的刑事责任。

在建设工程合同签订和施工过程中，建设单位及承包人均应本着诚实信用原则，依法进行招投标，合同条款约定明确且公平，施工过程中更应各司其职，始终以质量至上为原则和最终追求，切实履行自身的责任和义务，才能减少纠纷，共同营造良好的建设工程施工环境。

案例指导

远海建工（集团）有限公司与新疆厚德置业有限公司哈密分公司、新疆厚德置业有限公司建设工程施工合同纠纷案[①]

上诉人（原审原告、反诉被告）：远海建工（集团）有限公司（以下简称远海公司）。

上诉人（原审被告、反诉原告）：新疆厚德置业有限公司哈密分公司（以下简称厚德哈密分公司）。

被上诉人（原审被告）：新疆厚德置业有限公司（以下简称厚德公司）。

上诉人远海公司因与上诉人厚德哈密分公司、被上诉人厚德公司建设工程施工合同纠纷一案，不服新疆维吾尔自治区高级人民法院（2014）新民一初字第21号民事判决，向最高人民法院提起上诉。

2009年8月6日，厚德哈密分公司（甲方）与远海新疆分公司（乙方）签订《建设工程施工补充协议》，主要约定：工程名称为德林名苑住宅小区A区9#、11#、12#住宅楼，B区5#、8#住宅楼；有效工期180天；采取一次

① 详见最高人民法院（2016）最高法民终736号民事判决书。

性包死价，砖混结构 710 元 / 平方米，框架结构 735 元 / 平方米，以上包死价不包含甲方分包工程造价；本工程甲方不支付预付款，三层主体工程施工完成后 7 日内甲方向乙方支付合同造价的 23%；主体工程完成后 7 日内甲方向乙方支付合同造价的 22%；装修安装部分完成后 7 日内甲方向乙方支付合同造价的 20%；竣工验收合格交付钥匙后 7 日内甲方向乙方支付合同造价的 10%；竣工备案资料和甲方提供的全部资料交付完成后甲方向乙方支付合同价款的 10%，剩余 5% 作为工程的质量保修金。

厚德哈密分公司向远海新疆分公司发出中标通知书。2009 年 8 月 30 日，厚德哈密分公司作为发包人、远海新疆分公司作为承包人签订《建设工程施工合同》，主要约定，工程名称为德林名苑住宅小区 A 区 9#、11#、12# 住宅楼，B 区 5#、8# 住宅楼；开工日期 2009 年 8 月 17 日，竣工日期 2010 年 6 月 30 日，合同工期 318 天；合同价款 17529587.29 元，采用固定价格方式；所有支付款必须支付远海新疆分公司基本账户；三层主体完成支付 23%；主体完成支付 22%；装修完成支付 20%；具备验收条件支付 20%；验收合格，结算完成支付 10%；留保修金 5%，保修期满付清；质量保修期从工程实际竣工之日算起，土建工程为二年，屋面防水工程为五年；电气管线、上下水管线安装工程为二年，供热及供冷为二年。

2009 年 10 月 6 日，厚德哈密分公司（甲方）与远海新疆分公司（乙方）签订《建设工程施工补充协议》，主要约定：工程名称为 A 区 5#、6#、7# 住宅楼，B 区 6# 住宅楼；承包范围为施工图纸内全部施工内容（塑钢窗、地暖除外）；合同价款为 11456967 元，本工程采取一次性包死价，砖混结构 710 元 / 平方米，框架结构 735 元 / 平方米，以上包死价不包含塑钢窗和地暖的工程造价；开工日期 2009 年 9 月 30 日，竣工日期 2010 年 8 月 30 日；工程款支付方式为工程基础、地下室工程完成并经过质量监督部门认证合格后 10 日内支付工程款 10%；三层主体工程施工完成后 10 日内支付合同造价的 15%；主体工程完成后 10 日内支付合同造价的 20%；装修安装部分完成后支付合同造价的 15%；工程竣工具备验收条件支付合同造价的 10%；竣工验收合格交付钥匙后 10 日内支付合同造价的 15%；竣工备案资料和向甲方提供的全部资料交付完成后支付合同造价的 10%。剩余 5% 作为本工程的质量保修金；延期交工1—5天，每天罚款总造价的0.2‰；延期交工6—10天，每天罚款总造价的0.3‰；延期交工11—15天，每天罚款总造价的0.4‰；延期交工15天以上除罚款外余款暂不支付。

厚德哈密分公司向远海新疆分公司发出中标通知书。2009年11月20日，厚德哈密分公司作为发包人、远海新疆分公司作为承包人签订《建设工程施工合同》，主要约定，工程名称为德林名苑住宅小区A区5#、6#、7#住宅楼，商住楼B区6#商住楼；开工日期2009年11月15日，竣工日期2010年8月30日，合同工期410天；合同价款12227762元，采用固定价格方式确定，支付工程款必须支付远海新疆分公司基本账户。三层主体完成支付总价的23%；主体完成支付22%；装修完成支付20%；具备验收条件支付20%；验收合格，结算完成支付10%；留保修金5%，保修期满付清。

远海新疆分公司对涉案工程进行了施工，经验收合格后向厚德哈密分公司交付使用。涉案工程竣工时间为：一期工程：A9#、A11#、A12#、B5#、B8#：2010年10月30日；二期工程：A5#、A7#：2010年12月10日，A6#：2010年12月30日，B6#：2011年10月25日。

厚德哈密分公司委托哈密市置业房地产中介服务有限责任公司作出《房屋测绘技术报告书》认定：涉案工程最终建筑面积：一期工程：A9#：4100.24平方米，A11#：5353.72平方米，A12#：4285.5平方米，B5#：5026.18平方米，B8#：4415.04平方米；二期工程：A5#：4138.05平方米，A6#：2803平方米，A7#：5349.36平方米，B6#：3551.78平方米。

最高人民法院审理认为：

一、《建设工程施工补充协议》及《建设工程施工合同》的效力如何认定的问题。《招标投标法》第四十三条规定："在确定中标人前，招标人不得与投标人就投标价格、投标方案等实质性内容进行谈判"；第五十五条规定："依法必须进行招标的项目，招标人违反本法规定，与投标人就投标价格、投标方案等实质性内容进行谈判的，给予警告，对单位直接负责的主管人员和其他直接责任人员依法给予处分。前款所列行为影响中标结果的，中标无效。"案涉工程的性质为商品住宅，施工合同估算价超过200万元，依据《招标投标法》第三条、《工程建设项目招标范围和规模标准规定》第三条、第七条之规定，属于必须进行招标的项目。双方当事人对于必须进行招标的项目，在招标开始前就签订了《建设工程施工补充协议》，确定了远海公司为施工人，并对工程范围、工期、工程价款等作了具体明确的约定，属于就“实质性内容进行谈判”的情形，违反了《招标投标法》第四十三条规定，故两份《建设工程施工补充协议》应为无效。同时，上述行为影响中标结果，依据《招标投标法》第五十五条规定，中标应认定无效。中标无效后，根据《建设工程施工合同解释（一）》第一条规定，中标后签订的《建设工程施工合同》亦应认定无效，一审判决对此认定并无不当。远海公司主张《建设工程施工补充协议》及《建设工程施工合同》因缔约主体均为分公司、不具备相应资质而应认定无效，但根据《公司法》第十四条第一款规定的“……分公司不具有法人资格，其民事责任由公司承担”，故虽然《建设工程施工补充协议》及《建设工程施工合同》的缔约主体为分公司，但行为后果和民事责任均由远海公司和厚德公司承担，而根据远海公司提交的资料记载，远海公司具备对案涉工程进行施工的资质。故远海公司关于这一点的上诉理由不能成立。

二、案涉工程价款的结算依据如何确定的问题。在案涉四份《建设工程施工补充协议》及《建设工程施工合同》均无效的情形下，本案不再适用《建设工程施工合同解释（一）》第二十一条规定，故《建设工程施工合同》虽为中标后签订，但不必然成为双方结算工程价款的根据。根据该司法解释第二条规定“建设工程施工合同无效，但建设工程经竣工验收合格，承包人请求参照合同约定支付工程价款的，应予支持”，案涉工程已经竣工验收合格，应参照合同约定支付工程价款，具体应以哪一份合同作为参照，应结合双方的实际履行情况、工程成本等因素确定。比较同一期工程所对应的《建设工程施工补充协议》及《建设工程施工合同》的具体内容，《建设工程施工补充协议》对工程价款约定了固定平方米均价，《建设工程施工合同》约定了工程总价；《建设工程施工补充协议》约定固定平方米均价不包含地暖、塑钢窗等甲方分包工程的造价，《建设工程施工合同》对此则没有约定。根据一审判决认定，案涉工程的塑钢窗和地暖工程是由第三方而非远海公司施工，远海公司对此未提起上诉，应视为认可。远海公司在二审期间主张《建设工程施工合同》约定的工程总价亦是扣除了塑钢窗和地暖费用之后的价格，但《建设工程施工合同》对此没有体现，其提交的一期工程商务标和二期工程投标书反而在（概）预算书中列明了塑钢窗和地暖费用，投标价与预算费用虽有差额，但该差额与塑钢窗和地暖费用的数额也不能完全对应，故远海公司关于这一点的主张不能成立。综上，从约定的工程价款是否扣除了甲方分包的塑钢窗和地暖费用这个角度来看，双方实际履行的应为《建设工程施工补充协议》，应参照此协议约定的计算标准和计算方法认定工程价款。《建设工程施工补充协议》约定了平方米均价，乘以双方当事人均认可的一审判决认定的案涉工程的建筑面积，案涉工程总造价应为28305284.45元，一审判决对此认定并无不当，远海公司关于此点的上诉理由不能成立。

规范指引

《最高人民法院关于审理建设工程施工合同纠纷案件适用法律问题的解释》

第二十六条 实际施工人以转包人、违法分包人为被告起诉的，人民法院应当依法受理。

实际施工人以发包人为被告主张权利的，人民法院可以追加转包人或者违法分包人为本案当事人。发包人只在欠付工程价款范围内对实际施工人承担责任。

《最高人民法院关于审理建设工程施工合同纠纷案件适用法律问题的解释（二）》

第十一条 当事人就同一建设工程订立的数份建设工程施工合同均无效，但建设工程质量合格，一方当事人请求参照实际履行的合同结算建设工程价款的，人民法院应予支持。

实际履行的合同难以确定，当事人请求参照最后签订的合同结算建设工程价款的，人民法院应予支持。

第二十四条 实际施工人以发包人为被告主张权利的，人民法院应当追加转包人或者违法分包人为本案第三人，在查明发包人欠付转包人或者违法分包人建设工程价款的数额后，判决发包人在欠付建设工程价款范围内对实际施工人承担责任。

第五部分

建设工程施工合同解除的司法处理

合同法对合同的解除以及合同解除后的处理原则作了明确规定，基于建设工程施工合同标的物的特殊性，《建设工程施工合同解释（一）》对建设工程施工合同的解除及处理原则作了明确规定。一是明确了发包人合同解除权的司法处理。依据《建设工程施工合同解释（一）》第八条的规定，承包人具有下列情形之一，发包人请求解除建设工程施工合同的，应予支持：(1）明确表示或者以行为表明不履行合同主要义务的；(2）合同约定的期限内没有完工，且在发包人催告的合理期限内仍未完工的；(3）已经完成的建设工程质量不合格，并拒绝修复的；(4）将承包的建设工程非法转包、违法分包的。二是明确了承包人合同解除权的司法处理。依据《建设工程施工合同解释（一）》第九条的规定，发包人具有下列情形之一，致使承包人无法施工，且在催告的合理期限内仍未履行相应义务，承包人请求解除建设工程施工合同的，应予支持：

（1）未按约定支付工程价款的；（2）提供的主要建筑材料、建筑构配件和设备不符合强制性标准的；（3）不履行合同约定的协助义务的。三是明确了建设工程施工合同解除后的处理原则。依据《建设工程施工合同解释（一）》第十条的规定，建设工程施工合同解除后，已经完成的建设工程质量合格的，发包人应当按照约定支付相应的工程价款；已经完成的建设工程质量不合格的，参照本解释第三条的规定处理。因一方违约导致合同解除的，违约方应当赔偿因此而给对方造成的损失。

专题一：发包人合同解除权的司法处理

【核心提示】承包人具有下列情形之一，发包人请求解除建设工程施工合同的，应予支持：（1）明确表示或者以行为表明不履行合同主要义务的；（2）合同约定的期限内没有完工，且在发包人催告的合理期限内仍未完工的；（3）已经完成的建设工程质量不合格，并拒绝修复的；（4）将承包的建设工程非法转包、违法分包的。

实务争点

法定解除权主要体现在《合同法》第九十四条，对于守约方和违约方谁享有法定解除权的问题，存在两种观点：第一种观点认为，两方都可以行使解除权；第二种观点认为，对法定解除权应作限缩性解释，理解为只有守约方才能行使解除权，而违约方不享有解除权。我国目前主流观点为第二种。[①] 在建设工程施工合同法定解除权情形中，该观点同样适用。《建设工程施工合同解释（一）》对建设工程施工合同的发包人、承包人的合同解除权以及合同解除后的处理原则作了明确规定，其中第八条规定：承包人具有下列情形之一，发包人请求解除建设工程施工合同的，应予支持：（1）明确表示或者以行为表明不履行合同主要义务的；（2）合同约定的期限内没有完工，且在发包人催告的合理期限内仍未完工的；（3）已经完成的建设工程质量不合格，并拒绝修复的；（4）将承包的建设工程非法

---

① 崔建远：《合同法总论》（中卷），中国人民大学出版社2013年版，第594~649页；王利明：《合同法研究》（第二卷），中国人民大学出版社2011年版，第307~313页；韩世远：《合同法总论》（第三版），法律出版社2011年版，第515~518页。

转包、违法分包的。

理解适用

对《建设工程施工合同解释（一）》第八条的理解与适用

《建设工程施工合同解释（一）》第八条的规定，主要是解释《合同法》第九十四条规定的法定解除权在建设工程施工合同中的具体适用情形。在司法实践中，应当从如下方面理解适用。

一、关于合同协议解除与法定解除问题

合同的解除是在合同有效成立后，当合同具备解除条件时，因当事人一方或双方的意思表示而使合同关系归于消灭的行为。合同的解除有协议解除和法定解除之分。协议解除是当事人通过行使约定的解除权或者双方协商决定而进行的合同解除。法定解除是解除的条件由法律直接规定，当该条件具备时，当事人可以将合同解除。

（一）合同的协议解除

根据《合同法》第九十三条“当事人协商一致，可以解除合同。当事人可以约定一方解除合同的条件。解除合同的条件成就时，解除权人可以解除合同”之规定，当事人双方经过协商，达成一致的意思表示可以导致合同解除；当事人也可以在合同中约定一方行使解除权的条件，待条件成就时单方解除合同，这就是合同的约定解除。其中，前一种约定解除的情形称为协商解除，后一种约定解除的情形称为约定解除。

1. 协商解除

协商解除，即合同有效成立后，未履行或未完全履行之前，当事人双方通过协商而解除合同，使合同效力消灭的行为。因协商解除是在合同有效成立后，而非是在合同订立时约定解除，故又称之为事后协商解除。

协商解除的条件是当事人双方协商一致，是将原合同协商一致解除，也就是在双方之间又重新成立了一个合同，其内容主要是把原来的合同放弃，使基于原合同发生的债权债务归于消灭。学理上又称之为反对合同。根据合

同自由原则，当事人不仅享有自愿订立合同的权利，同时也享有协商解除合同的权利。不过，协商解除的内容不得违反法律、行政法规的强制性规定，不得违背国家利益和社会公共利益。否则，解除协议无效，当事人仍要按原合同履行义务。如北京市第一中级人民法院在审理孟元诉中佳旅行社旅游合同纠纷案时认为：《合同法》第九十三条第一款规定："当事人协商一致，可以解除合同。"本案中，原告虽提出解除合同，但同时附加了全部退款的条件，原告与被告中佳旅行社并未就如何解除合同达成一致意见，应认定原告单方违约。一方当事人提出解除合同时，有权要求对方当事人采取合理措施，尽可能减少因解除合同所造成的损失，但无权在未与对方协商一致的情况下，即单方面强行解除合同，并要求对方承担解除合同的全部损失。本案中，原告提出解除合同和要求退款是可以理解的，但中佳旅行社亦有权提出异议。在双方没有达成一致时，仍应继续履行合同所规定的权利和义务，违反合同约定的一方，应承担合同违约的责任。原告在双方未对是否解除合同达成一致意见时，拒绝对方减少其损失的建议，坚持要求对方承担解除合同全部损失，并放弃履行合同，致使损害结果发生，故应承担全部责任。[①] 该案的裁判意见表明，一方当事人提出解除合同后，在未与对方协商一致的情况下，拒绝对方减少其损失的建议，坚持要求对方承担解除合同的全部损失，并放弃履行合同，致使自身利益受到损害的，应自负全部责任。

2. 约定解除

约定解除，即当事人双方在合同中明确约定一定的条件，在合同有效成立后，未履行或未完全履行之前，当事人一方在出现某种情况后享有解除权，并通过行使解除权消灭合同关系。约定解除具有如下特点：

（1）当事人双方既可以在订立合同时约定一方解除合同的条件，也可以在订立合同以后另行约定一方解除合同的条件。解除权的约定也是当事人双方订立的合同，它是一方行使解除权解除原合同的基础。如最高人民法院在审理北海越亚房地产开发有限公司与合浦县华兴房地产开发公司土地使用权转让合同纠纷再审案时认为，当事人在合同中明确赋予一方当事人以单方解

① 详见《最高人民法院公报》2005 年第 2 期（总第 112 期）。

除合同的权利，当解除条件成就时，当事人行使解除权，经法院审查该解除条件不违反法律强制性规定，没有侵害国家、第三人的利益，合同依约定解除。即使对方当事人已经履行了绝大部分的合同义务，也不得成立对抗解除合同的事由。[①]该案的裁判意见表明，最高人民法院在民事裁判工作中恪守中立，尊重当事人意思自治，尊重相对人的契约自由的价值取向。[②]简言之，合同的履行、解除，均由当事人决定。

（2）约定将来享有解除权本身并不导致合同的解除。当事人双方约定将来享有解除权，只是赋予当事人在某种情况下享有解除合同的权利，但合同的权利义务在约定解除权时并不终止。因此，约定将来享有解除权本身并不导致合同的解除。

（3）约定将来享有解除权解除合同，是对将来合同效力的约定。在当事人双方达成解除合同条件的协议时，合同的权利义务并不终止，只有将来发生了约定的解除合同的条件，合同的权利义务才得以终止。如最高人民法院在审理西岳山庄与建发公司、三公司建设工程施工合同纠纷案[③]时认为，根据《施工合同》第 18 条 18—1 的约定，只要因一方违约导致合同不能继续履行，另一方即可解除合同并应提前 10 天通知对方，无须征得对方同意。三公司解除合同前已撤离施工现场，西岳山庄就同一工程与环建公司签订续建的施工合同，客观上《施工合同》已不能继续履行，三公司行使合同解除权符合合同约定。本案的裁判意见表明，合同中约定解除权的条件成就时，享有解除权的当事人可依法行使解除权。

（4）约定解除合同的条件发生，并不导致合同的自动解除。合同必须由解除权人行使解除权才能解除。也就是说，在发生了约定的解除合同的条件以后，只有约定享有解除权的一方当事人根据自己的情况，作出解除合同的

① 详见苏泽林主编、最高人民法院立案庭编:《立案工作指导》(2008 年第 4 辑)，人民法院出版社 2009 年版，第 68~74 页。

② 梁曙明:《恪守中立，尊重当事人的意思自治——北海越亚房地产开发有限公司与合浦县华兴房地产开发公司土地使用权转让纠纷申请再审案》，载苏泽林主编、最高人民法院立案庭编:《立案工作指导》(2008 年第 4 辑)，人民法院出版社 2009 年版，第 75 页。

③ 参见最高人民法院（2007）民一终字第 10 号民事判决书。

意思表示，合同的权利义务才得以终止。约定享有解除权的当事人不作出解除合同的意思表示，即使发生了约定解除合同的条件，合同的权利义务也不终止，合同继续有效。

（5）约定的解除合同的条件发生以后，只要享有解除权的一方作出解除合同的意思表示，合同的权利义务就终止了，而无须再获得另一方的同意。

3. 协商解除与约定解除的区别

协商解除与约定解除都是通过当事人协商一致的意思表示，使有效存在的合同关系归于消灭的制度，但二者亦有明显的区别。主要表现在：

（1）协商解除是事后约定的解除，它是当事人根据已经发生、需要解除合同的情况而决定解除合同；而约定解除是事前约定的解除，它仅在合同中规定解除合同的条件以及一方享有的解除权。

（2）协商解除是当事人协商确定合同的解除，它一定能导致合同的解除；约定解除不一定能导致真正解除合同，因为如果解除合同的条件不成就，合同就不能解除。

（3）协商解除并非一定要存在一方违约，只要双方当事人愿意，就可以解除合同；约定解除往往约定在一方当事人违约的情况下，另一方当事人享有解除权。

（4）协商解除是双方解除，这种解除是双方协商的结果；约定解除一般是单方解除，因为行使解除权的往往是一方当事人。

（二）合同的法定解除

我国《合同法》第九十四条规定了合同的法定解除之情形，即“有下列情形之一的，当事人可以解除合同：（一）因不可抗力致使不能实现合同目的；（二）在履行期限届满之前，当事人一方明确表示或者以自己的行为表明不履行主要债务；（三）当事人一方迟延履行主要债务，经催告后在合理期限内仍未履行；（四）当事人一方迟延履行债务或者有其他违约行为致使不能实现合同目的；（五）法律规定的其他情形。”

1. 因不可抗力导致的合同解除

不可抗力是一种不受当事人意志所支配的、人力所不能抗拒的力量。与诸多民事制度一样，不可抗力制度起源于罗马法，并在不同程度上为大陆法系国家所继受。在英美法系国家，英国上诉法院在1903年的克雷尔诉亨利的著名案例中确立起来的合同目的落空原则，也在一定程度上包含了不可抗力的内容。对不可抗力的界定及其外延范围，各国立法、学说上一直存在争议。根据我国《民法通则》第一百五十三条的规定，“不可抗力”是指不能预见、不能避免并不能克服的客观情况。按照这种解释，首先，不可抗力具有客观性的特点，它是发生在当事人外部的事件，不受当事人意志的支配，单个人的行为不能构成不可抗力；其次，对何种事件能成为不可抗力的确定，则需考虑当事人是否尽到了应有的注意义务等主观因素。凡是基于外来因素发生的，当事人虽尽了最大努力仍不能预见、不能避免并不能克服的事件属不可抗力，而事件的发生虽是客观的，但当事人能够预见而没有预见，或者是未尽最大努力克服或避免的，则不能成立不可抗力。

对不可抗力的具体外延，我国立法尚无明确规定。根据各国立法及我国学说的观点，不可抗力主要包括以下几种情形：（1）自然灾害，如水灾、地震、台风、海啸等。自然灾害是典型的不可抗力。当然，对作为不可抗力的自然灾害，其具体范围将随着人类对自然灾害的预见能力、避免能力和克服能力的不断提高而逐渐缩小。（2）政府行为。即当事人订立合同后，因政府发布新的法律和行政法规而导致合同客观上不能履行，为一种不可抗力。而如果仅仅是国家经济政策的调整使客观情势发生巨大变化，致使合同履行将对一方当事人没有意义或者造成重大损害，则属于意外事件，由情势变更原则规制。（3）社会突发事件。如战争等社会事件的突然发生，使原定的合同不能履行。而一般的社会骚乱、罢工等则应归入意外事件领域，主要由情势变更原则进行调整。

因不可抗力导致合同解除时，除需存在不可抗力外，还需具备因不可抗力致使不能实现合同目的的要件。合同目的主要指双方当事人订立合同的经济目的，即通过合同这种法律手段实现各自的经济利益。当上述不可抗力的出现使订立合同的目的落空时，任何一方当事人均有权解除合同。

“非典”疫情的出现能否作为免责解除合同的依据？北京市第一中级人民法院在审理孟元诉中佳旅行社旅游合同纠纷案时认为：原告孟元和被告中

佳旅行社签订的三亚自由人旅行团旅游合同，是双方真实意思的表示，合同的内容不违背法律的禁止性规定，应认定有效，双方都应遵守合同约定的权利和义务。在中佳旅行社履行了自己的义务后，孟元以出现“非典”疫情为由，要求与中佳旅行社解除合同并全部退款，其免责解除合同请求权的行使，应符合《合同法》的规定。当时我国虽然出现了“非典”病例，但疫情范围很小，对普通公众的日常生活不构成危害，即原告不能以当时“非典”疫情的出现作为免责解除合同的依据。[①] 本案的裁判意见表明，“非典”疫情是否构成不可抗力需要根据时间进行判断。2003 年春季，“非典”疫情的影响非常广泛，由于防疫，很多地区都采取了严格的检查措施，禁止和尽量减少人员之间的往来，从而给人们的生产、生活带来诸多不便，称之为不可抗力，并不过分。[②] 而本案发生在 2004 年春季，虽有“非典”疫情，但范围很小，又为人们所控制，故不构成不可抗力。

2. 因预期违约导致的合同解除

预期违约，又称之为先期违约，是英美法系的概念，是指合同一方在合同规定的履行时间到来之前毁弃合同。所谓毁弃合同（repudiation of contract），就是否认合同的有效性，或者说，就是明确表示不履行自己承担的合同义务。根据英美法系，如果合同的任何一方在合同规定的履行合同的时间到来之前毁弃合同，另一方通常可以将这种毁弃作为现时发生的对合同的重大违反，并立即就毁约方所许诺的履行的整个价值提起诉讼。[③]

我国《合同法》借鉴英美法系的经验，将预期违约作为合同解除的法定情形。根据《合同法》第九十四条第（二）项之规定，预期违约的两种表现形态是：

（1）一方明确表示不履行，即拒绝履行。这是指债务人能够履行债务而

---

① 详见《最高人民法院公报》2005 年第 2 期（总第 112 期）。

② 最高人民法院在审理济南东风制药厂与吉林九鑫药业集团有限公司代理销售合同纠纷案［最高人民法院（2004）民二终字第 163 号民事判决书］，即将 2003 年春季的“非典”疫情认定为不可抗力。详见最高人民法院民事审判第二庭编：《民商事审判指导》（2004 年第 2 辑），人民法院出版社 2004 年版，第 227~232 页。

③ 参见王军编著：《美国合同法》，中国政法大学出版社 1996 年版，第 375~376 页。

违约作出不履行的意思表示，它是违约的一种形态。拒绝履行的要件是：一是有合法的债务存在，而且这种债务的履行须为可能，拒绝履行是债务人能为履行而不为，若不能为履行则属于履行不能的问题；二是债务人须有明确的拒绝履行的表示，这种表示是明示的而不是默示的；三是拒绝履行是债务人违约表示不履行债务，对于债务的履行，债务人若有正当的拒绝权的，如拒绝履行诉讼时效完成的债务则不发生违约拒绝，因而不属于违约意义上的拒绝履行。

（2）以自己的行为表明不履行，这是指一方当事人通过自己的行为，让对方当事人有确切的证据预见到，其在履行期限届满时将不履行或者不能履行合同主要义务。例如，出卖人与甲就某一特定物订立买卖合同，约定三天后交付，在一天后又转而与乙就同一标的物订立了买卖合同，并且即时交付。这种情况下，出卖人虽然没有明确通知甲不履行合同义务，但其以自己的行为已经表明自己不会履行与甲订立的合同。

3. 因迟延履行且经催告导致的合同解除

迟延履行，是指当事人本应在合同约定的履行期限内履行合同义务，但是由于其自身的过错在履行期限届满时未能履行，造成履行在实践上的迟延。迟延履行使得对方当事人的债权不能实现，给对方当事人造成损害，故而也是一种应当承担违约责任的不当行为。迟延履行的一方当事人可能仍有继续履行的意愿和能力，并且在合理期限内继续履行其合同义务，此时，迟延履行就成为逾期履行；但也可能在迟延之后，明确表示不再继续履行其合同义务，此时，迟延履行就转化为不履行或拒绝履行。在前一种情况下，如果迟延履行并未给对方当事人造成多大损害，对方当事人应允许其继续履行，同时可以要求其赔偿损失或者依照合同约定给付迟延履行的违约金。[①] 迟延履行在广义上包括给付迟延（债务人的迟延）和受领迟延（债权人的迟延）。给付迟延是指债务人在履行期限到来时，能够履行而没有按期履行债务。受领迟延则是指债权人在债务人作出履行时，未能及时接受债务人的履

---

① 详见最高人民法院民事审判第一庭编：《最高人民法院民事案件解析》（房屋买卖、租赁纠纷），法律出版社 2010 年版，第 55 页。

行或没有为债务人履行债务提供必要的协作。《合同法》第九十四条第（三）项所规定的当为给付迟延。

根据《合同法》第九十四条第（三）项之规定，给付迟延的合同解除，必须具备如下要件：

（1）债务人在履行期届满后未履行义务或债权人未按期接受债务人的履行。在履行期限到来后，债务人未按约履行债务，即构成了迟延，通常债务人在迟延一段时间后，仍会继续履行；但如果债务人在履行期届满后明示或默示不履行合同，则履行迟延转化为拒绝履行，适用拒绝履行规则。另外，在债务人已按期进行了适当履行后，债权人未按期及时接受履行，也将构成迟延。

（2）在履行期到来后，债务人没有履行合同主要义务，或债权人未及时接受主要义务的履行。债务人没有履行任何义务，或者债权人没有及时接受任何义务的履行，都违反了合同的约定，都应承担违约责任。解除合同为一种比较剧烈的经济手段，一旦合同解除将导致恢复原状的法律效果，当事人都不必履行各自原定的义务，合同目的自此落空。如果仅仅是合同从义务或附随义务的迟延履行，就允许相对人解除合同，对迟延人未免不公平，也会损害正常的交易秩序。因此，只有迟延履行的是合同的主要义务才可能导致合同解除的后果。如最高人民法院在审理万顺公司与永新公司等合作开发协议纠纷案[①]时认为，从合作协议项下一方义务的履行角度看，应当认定永新公司已经构成违约。由于合同解除制度之意旨在于将解除权赋予守约方，而永新公司发出“4.1”函时仍处于违约状态，故永新公司不能享有合同解除权。[②]该案的裁判意见表明，一般而言，因不可抗力而导致合同解除，当事人双方均可成为合同解除权的行使主体。除此之外，合同解除权的行使主体只能是守约方，而不是违约方。

（3）需经债权人催告，债务人在合理期限内仍未履行合同义务。非定期行为的履行迟延，需经催告方可解除合同，此为大陆法系和英美法系各国的

---

① 参见最高人民法院（2003）民一终字第 47 号民事判决书。

② 详见《最高人民法院公报》2005 年第 3 期（总第 113 期）。

通例。合同解除权的行使导致合同效力溯及既往地归于消灭。而履行期限一般不会对合同当事人的期待利益产生根本影响，迟延履行往往并不会导致合同期待利益严重或完全丧失。债务人迟延履行债务，通过由其承担损害赔偿的违约责任即可维护交易公平。若规定一旦迟延履行，债权人即有权解除合同，对债务人过于苛刻，也违背“履行优先”原则，将会阻碍商品的畅通流转，妨害物尽其用效能的充分发挥。因此，对非定期行为的履行迟延，债权人必须进行催告，给予履行人第二次机会，在额外期限届满仍不履行的，方可解除合同，这从社会公益和当事人利益的平衡上，都较为适宜。如最高人民法院在审理重庆中建工程公司与中国信达资产管理公司重庆办事处等借款合同纠纷案[①]时认为，当事人双方签订《以物抵债协议书》，约定债务人承诺在抵债协议书签订之日起 18 个月内办理抵债房屋的土地使用权和房屋手续，且同时将其办至债权人名下，但债务人在签约之后长达 4 年的时间里虽经多次催告仍未将抵债房产过户，违反了该合同约定的主要义务，债权人的合同目的没有实现。依据《合同法》第九十四条第（三）项、第（四）项之规定，当事人可以解除合同。[②]本案的裁判意见表明，当事人未将房产过户登记到对方名下，对方当事人对该房屋就不享有占有、使用、收益和处分的权利，因此不能确认对方当事人是该抵债房产的合法所有人，则债务人构成根本违约，债权人享有合同解除权。

4. 因违约导致的合同解除

合同订立以后，当事人一方不按照合同的约定履行合同义务，或者当事人一方履行合同义务不符合约定的，是该当事人违约。违约的形式有很多，包括迟延履行债务、交付的标的物不符合合同规定的质量要求、不按约定的地点履行等。当事人一方有违约行为并不必然导致另一方享有解除权，只有在一方违约致使不能实现合同目的时，另一方才享有解除权。如最高人民法院在审理武汉劳业综合开发有限公司与湖北方泰房地产开发有

① 参见最高人民法院（2004）民二终字第 168 号民事判决书。

② 详见最高人民法院民事审判第二庭编:《民商事审判指导》(2005 年第 1 辑)，人民法院出版社 2005 年版，第 260~266 页。

限公司项目转让合同纠纷再审案[①]时认为，当事人双方签订以取得项目转让款为目的的合同，因一方违约行为持续多年，致使涉案项目长期无法完成，其虽认可双方确认的项目转让尾款，但未能作出愿意支付项目尾款并有能力支付该笔款项的明确意思表示。转让方通过该项目合同所享有的利益无法实现，故对转让方行使法定解除权的行为应予支持。[②]本案的裁判意见表明，在一方因持续违约行为造成合同目的无法实现的情形下，应对履约方行使法定解除权的行为予以支持。

再如，最高人民法院在审理亚坤商贸有限公司（以下简称亚坤公司）与新疆精河县康瑞棉花加工有限公司（以下简称康瑞公司）买卖合同纠纷案[③]时认为，鉴于亚坤公司未能提交其所购棉花将全部用于加工的相应证据，故其关于合同目的不能实现的上诉理由不能成立。对于棉花因质量减等所造成的违约损失，是可以依据双方签订合同时的棉花等级差价、通过康瑞公司以现金补偿的方式予以救济的。在康瑞公司与亚坤公司之间的买卖合同已经履行完毕，亚坤公司业已将棉花全部售出的事实基础上，本院认为康瑞公司不适当履行合同的行为仅构成一般违约，并不构成根本违约，也并不影响亚坤公司合同目的的实现，不构成《合同法》第九十四条关于解除合同的法定条件。[④]本案的裁判意见表明，因一方当事人的一般违约行为并不影响合同目的的实现时，另一方当事人并不能享有合同法定解除的权利。

5. 因法律规定的其他情形导致的合同解除

除上述四种情形外，如果法律另有规定的，当事人可以根据该法律规定，单方解除合同。如最高人民法院在审理青岛嘉成制造有限公司与青岛市黄岛区长江路街道办事处北江路社区居民委员会房屋买卖合同纠纷再审案[⑤]时认为，再审判决依据《合同法》第一百六十七条第一款“分期付款的买受人未

---

① 参见最高人民法院（2006）民一监字第162-1号民事裁定书。

② 详见苏泽林主编、最高人民法院立案庭编:《立案工作指导》（2009年第3辑），人民法院出版社2010年版，第55~73页。

③ 参见最高人民法院（2006）民二终字第111号民事判决书。

④ 详见《最高人民法院公报》2006年第11期（总第121期）。

⑤ 参见最高人民法院（2007）民一终字第399-1号民事裁定书。

支付到期价款的金额达到全部价款的五分之一的，出卖人可以要求买受人支付全部价款或者解除合同”的规定，认定出卖人享有合同解除权是正确的。本条款为强制性规范，既可看作对出卖人的法定救济，又可认为是出卖人对分期付款买卖合同的控制。在适用上，即使买卖双方没有约定，卖方仍可基于此项规定行使权利。本案中买受人未支付到期价款已超过合同总价款的五分之一，符合适用该条款的法定条件，对出卖人提出的该项理由依法予以支持。[①] 本案的裁判意见表明，《合同法》总则第六十九条、第九十四条对合同法定解除的情形作了规定，而《合同法》分则对合同的法定解除情形也有规定，如本案的情形即是。在审判实践中应当根据特殊法优于一般法的原则，当同一情形既构成分则规定的法定解除事由，又构成总则规定的法定解除事由时，应当优先适用分则的规定。

二、关于合同解除的程序问题[②]

我国《合同法》第九十六条对行使解除权的程序作了规定，即“当事人一方依照本法第九十三条第二款、第九十四条的规定主张解除合同的，应当通知对方。合同自通知到达对方时解除。对方有异议的，可以请求人民法院或者仲裁机构确认解除合同的效力。法律、行政法规规定解除合同应当办理批准、登记等手续的，依照其规定。”依此规定，当事人在行使其解除权时，应当遵守法定的程序：（1）必须具备法定解除合同的条件。《合同法》对约定解除和法定解除作了规定，据此，具备以下条件，不必经对方当事人同意，只需向对方作出解除合同的意思表示，就可以解除合同：当事人约定的解除合同的条件成就；因不可抗力致使不能实现合同目的；在履行期限届满之前，当事人一方明确表示或者以自己的行为表明不履行主要债务；当事人一方迟延履行主要债务，经催告后在合理期限内仍未履行；当事人一方迟延履行债务或者有其他违约行为致使不能实现合同目的；法律规定的其他情形。不具

---

① 详见苏泽林主编、最高人民法院立案庭编：《立案工作指导》（2010 年第 2 辑），人民法院出版社 2010 年版，第 122~131 页。

② 参见最高人民法院研究室编著：《最高人民法院关于合同法司法解释（二）理解与适用》，人民法院出版社 2009 年版，第 175~177 页。

备上述条件，一方当事人不能解除合同。（2）行使解除权应当通知对方当事人。当事人一方行使解除合同的权利，必然引起合同的权利义务的终止，为了防止一方当事人因不知道对方已行使合同解除权而仍为履行的行为，从而遭受损害，当事人根据约定解除权和法定解除权主张解除合同的，应当通知对方。合同自通知到达对方时解除。当事人接到解除合同的通知后，认为不符合约定的或者法律规定的解除合同的条件，不同意解除合同的，可以请求人民法院或者仲裁机构确认能否解除合同。（3）法律、行政法规规定解除合同应当办理批准、登记手续的，未办理有关手续，合同不能终止。比如，《中外合资经营企业法》规定，合营企业如发生严重亏损、一方不履行合同和章程规定的义务、不可抗力等，经合营各方协商同意，报审查批准机关批准，并向国家工商行政管理部门登记，可终止合同。如果没有履行法律规定的批准登记手续，中外合资经营合同没有终止。

《合同法》赋予合同一方解除权的同时，也赋予合同另一方异议权，其目的有两个：一是防止享有合同解除权的一方滥用解除权；二是维护合同非解除权方的利益。合同的解除对非解除权方会产生重大影响，其维护自己利益的最好办法就是阻止对方行使解除权，即合同非解除权方有权对行使解除权方解除合同的行为提出异议。《合同法》第九十六条第一款明确规定，享有合同解除权的一方“……主张解除合同的，应当通知对方。合同自通知到达对方时解除。对方有异议的，可以请求人民法院或者仲裁机构确认解除合同的效力”。由此可见，我国《合同法》对非解除权人异议权作了规定。

《合同法》规定，合同解除权人行使解除权时，应通知对方，合同自通知到达对方时解除，无须征得对方同意，这对于保护合同解除权人的合法权益具有重要意义，但解除权是一种形成权，只需权利人的单方行为，而不必征得相对人同意，便能达到解除合同的目的。这有可能造成合同当事人之间权益的失衡。因此，为了平衡双方的利益，法律在保障一方行使解除权时，同时赋予另一方异议权，即在解除通知到达对方当事人后，如果对方当事人对解除合同的效力有异议的，可以提起确认之诉。《合同法》采取了裁判方式作为行使异议权的方式，这种方式增加了行使异议权的成本，在一定程度上可以抑制异议权的滥用。但仅此还不够，更重要的应当对异议期限作出明确规定，若相对方不及时行使异议权，则会使解除合同的效力长期处于不确定和不稳定状态，既不利于对合同解除权人合法权益的及时有效保护，也不利于维护合同交易的安全和稳定。因此，从平等保护合同双方合法权益的目的出发，在赋予合同解除相对方对合同解除的异议权的同时，也应对异议权的行使期限作出明确限定，促使其及时行使异议权，使合同的效力尽快稳定下来。双方没有约定异议期间，可直接适用司法解释关于异议期间的规定，这种制度不仅可以防止异议权的滥用，更重要的是可以使经济关系迅速地确定下来。

异议期间应当与解除权的行使期限相当。根据合同自由原则，应当允许当事人在合同中对异议期间作出约定。司法解释据此对异议期间的确定规定了两种方式：一是当事人约定异议期间。即在约定解除权时，事先约定异议权的行使期间，异议期间届满相对方没有表示异议的，则相对方的异议权消灭。解除权人也可以在行使解除权时提出合理的异议期间，如果对方表示同意，即可视为对异议期间作出了约定。二是司法解释规定异议期间。在双方没有事先约定异议期间，事后也无法就异议期间达成协议时，法律需要确定非解除权人行使异议的期间。但该异议期间不能过长，否则会使法律关系长期不稳定，也使得法律关于解除权的规定落空。当然，该异议期间也不能过短，否则非解除权人就没有合理的时间行使异议权。综合各方的意见，结合审判实践的需要，司法解释将异议期间确定为三个月。

非解除权人在约定的异议期间或者法定的异议期间内没有行使异议权，会导致什么样的法律后果呢？司法解释规定，在约定的异议期限届满后才提出异议并向人民法院起诉的，人民法院不予支持；当事人没有约定异议期间的，在解除合同或者债务抵销通知到达之日起三个月以后才向人民法院起诉的，人民法院不予支持。

合同解除权是形成权，一旦解除通知到达相对人，合同即行解除。异议权是一种请求权，是请求撤销合同解除行为。尽管异议权被认为是为了保护相对人即非解除权人的合法权益，防止解除权人滥用解除权而赋予非解除权人的一种对解除权表示异议的权利，但对非解除权人来说，也必须谨慎地行使。异议期限届满非解除权人没有表示异议的，应当认为非解除权人的异议权消灭，合同无争议地解除。非解除权人在约定或法定期限届满后向人民法院起诉的，人民法院不予支持。

如最高人民法院在审理广西桂冠电力股份有限公司（以下简称桂冠公司）与广西泳臣房地产开发有限公司（以下简称泳臣公司）房屋买卖合同纠纷案[①]时认为，关于工程工期及交付问题，双方作如下规定：主体工程开工28个月内竣工验收，验收合格后2个月内交付桂冠公司使用。在权利义务方面双方约定：桂冠公司有权监督工程进展，在工程形象进度未达到计划要求时，有权拒绝支付任何款项。在交付方面约定：当泳臣公司无法按期交付时，则桂冠公司可以选择通知泳臣公司解除协议或继续等待。如果桂冠公司选择继续等待，则等待时间由桂冠公司决定，等待后仍然可以解除协议。依据本案事实，现泳臣公司并未按期交工，依据双方合同约定，桂冠公司有权解除合同。该案的裁判意见表明，当事人对合同解除有异议，通过人民法院裁判方式来最终认定可否解除合同。

三、合同解除权的消灭

我国《合同法》第九十五条规定了解除权的消灭，即“法律规定或者当事人约定解除权行使期限，期限届满当事人不行使的，该权利消灭。法律没有规定或者当事人没有约定解除权行使期限，经对方催告后在合理期限内不行使的，该权利消灭”。依此规定，在掌握合同解除权的消灭时，应注意下列问题：

1. 法律对某种典型合同解除权的行使期限有明确规定，当事人在订约时或事后对解除权的行使期限进行了明确约定的，解除权人在该法定或约定期限内不行使权利的，该解除权消灭。

2. 在法律没有规定，当事人也没有约定解除权的情形下，义务人在法定或约定解除条件成就后，可主动出击，为权利人解除权的行使确定合理期限，并催告解除权人在该期限内行使权利，期限届满解除权人未通知合

---

① 参见最高人民法院（2009）民一终字第23号民事判决书。

同解除的，该解除权即归于消灭。如最高人民法院在审理深圳富山宝实业有限公司与深圳市福星股份合作公司、深圳市宝安区福永物业发展总公司、深圳市金安城投资发展有限公司等合作开发房地产合同纠纷案[①]时认为，合同一方当事人构成根本违约时，守约的一方当事人享有法定解除权。合同的解除在解除通知送达违约方时即发生法律效力，解除通知送达时间的拖延只能导致合同解除时间相应后延，而不能改变合同解除的法律后果。当事人没有约定合同解除异议期间，在解除通知送达之日起三个月以后才向人民法院起诉的，人民法院不予支持。[②]

3. 解除权行使的期限，无论是法定期限还是约定期限，在性质上属于除斥期间，即法律规定解除权于存续期间届满当然消灭的期间。除法律另有规定的以外，当事人双方也可以在合同中约定一方行使约定解除权的期限，该期限应明确地列入合同的解除权条款中。正如法定解除权和约定解除权可以同时并存一样，在有法律规定的解除期限时，当事人之间可以通过约定解除权行使的期限来改变法定解除期限。从合同自由原则出发，应承认这些约定的效力。

4.《合同法》第九十五条第二款所称的“催告”不同于该法第九十四条因迟延履行而解除合同的催告：前者是义务人向解除权人发出的要求其行使解除权的意思表示，后者是解除权人向义务人发出的要求其履行主要债务的意思表示；前者导致解除权的消灭，后者导致解除权的发生。

四、建设工程施工合同发包方行使合同解除权的条件

《建设工程施工合同解释（一）》第八条第（一）项、第（二）项、第（三）项之规定源于《合同法》第九十四条关于合同解除条件的规定，第（四）项的规定源于《合同法》第二百五十三条的规定，具体表述如下：

关于本条第（一）项的规定，承包人明确表示或者以行为表明不履行合同主要义务的，发包人可以行使合同解除权。该规定基本与《合同法》第

① 参见最高人民法院（2010）民一终字第 45 号民事判决书。

② 详见《最高人民法院公报》2011 年第 5 期（总第 175 期）。

九十四条第（二）项的规定一致。在建设工程施工合同中，承包人的主要合同义务是完成建设工程，如果承包人明示或者以自己的行为表示不履行合同的主要义务，发包人作为守约方就有权解除合同。在司法实践中，明确表示不履行合同的情况并不多见，但承包人以行为表示不再履行合同的情况是存在的，主要表现是擅自停工，但这时要查明停工的原因及其他履行合同的状况区分是否解除合同。如果是因为发包人没有依照合同约定支付工程进度款，且合同明确约定对不支付工程款可以行使停工权利的，承包人不是违约方，发包人自然不能以此为条件要求解除合同。此时，承包人是守约方，如其不愿意解除合同，应认定发包人违约而不宜判令合同解除，尽量维护合同的稳定性。

关于本条第（二）项的规定，合同约定的期限内没有完工，且在发包方催告的合理期限内仍未完工的，发包人有权请求解除合同。该规定源于《合同法》第九十四条第（三）项的规定，在理论上和条文的规定上没有突破《合同法》的相关规定，即没有完工应认定为没有履行合同约定的主要义务。在司法实践中，主要考量催告的有效方式及催告的合理期限两个因素。

关于本条第（三）项的规定，已经完成的建设工程质量不合格，承包人又拒绝修复的，发包人可以行使合同解除权。该项规定源于《合同法》第九十四条第（四）项的规定，即当事人一方迟延履行债务或者有其他违约行为致使不能实现合同目的的，另一方当事人有权主张解除合同。本条是针对建设工程施工合同，指出了合同目的不能实现的情形，即已完成的建设工程质量不合格且承包人拒绝进行修复，此时承包人的行为构成根本违约，发包人依法享有合同解除权。值得注意的是，本条通常情形是指工程部分完工，因为如果工程全部完工，发包人行使合同解除权已无实际意义，其会通过追究承包人的违约责任，请求减少支付工程款并要求承包人支付违约金的方式，使自己的权利得到救济。现实中还有一种情形是，承包人同意对不合格工程实施修复，但仍不能使工程达到合格标准的，发包人是否以本条规定请求解除合同，法律没有明确规定，笔者认为，经修复工程仍不合格的，如构成根本违约，发包人可以主张解除合同。

关于本条第（四）项的规定，承包人将工程非法转包、违法分包的，发包人可以解除合同。该项规定源于《合同法》第二百五十三条第二款规定，即承揽人将其承揽的主要工作交由第三人完成的，应当就第三人完成的工作成果向定作人负责；未经定作人同意的，定作人也可以解除合同。《合同法》第二百八十七条规定，建设工程合同一章没有规定的，适用承揽合同的有关规定，而建设工程合同一章没有关于工程非法转包或者违法分包后发包人是否可以解除合同的规定，故在本解释中作了上述的补充性规定。本条释放的明确信号是，法律禁止非法转包和违法分包，承包人应当以自己的技术和劳动能力完成建设工程施工合同约定的工作，如非法转包或者违法分包，非法转包合同和违法分包合同应认定为无效，发包人有权行使合同解除权。

案例指导

海南昌江鑫龙房地产开发有限公司与海南献林建筑安装工程有限公司建设工程施工合同纠纷案①

再审申请人（一审原告、反诉被告、二审被上诉人）：海南昌江鑫龙房地产开发有限公司（以下简称鑫龙公司）。

被申请人（一审被告、反诉原告、二审上诉人）：海南献林建筑安装工程有限公司（以下简称献林公司）。

再审申请人鑫龙公司因与被申请人献林公司建设工程施工合同纠纷一案，不服海南省高级人民法院（2016）琼民终256号民事判决，向最高人民法院申请再审。

2014年1月27日，献林公司中标鑫龙公司建设的山海黎巷（一期）工程，中标价98682324.26元，施工计划工期360日历天。2014年2月26日，献林公司与鑫龙公司签订《建设工程施工合同》（GF-2013-0201），合同约定，工程承包范围为山海黎巷（一期）工程的土建及安装工程等，合同价为98682324.26元，工期总天数360日历天，计划开工日期2014年3月1日，计划竣工日期2015年3月1日，工程质量为合格。在《建设工程施工合同》、

① 详见最高人民法院（2017）最高法民申51号民事裁定书。

合同协议书、通用合同条款、专用合同条款等合同文件内无对工程款支付方式的约定，但结合中标通知书、招标文件、投标函及其附录等其他合同文件的内容，双方在工程款支付方式上已达成了一致的意思表示：合同签订后支付合同价款的25%，工程量完成50%后，支付至合同价款的65%，工程竣工验收合格后，发包方委托有资质的单位进行结算审核后，支付至确定的结算款的95%，并扣除合同价款5%的工程保修金后付结算款。2014年1月30日，献林公司进场开工。2014年10月13日，因献林公司使用的椰树牌水泥存在问题，专题会议决定对1#、7#楼暂时停工，检测砼强度。2014年11月20日，监理单位针对1#、7#楼的全部施工发出工程暂停令。2014年12月7日、2014年12月25日，献林公司针对1号楼主体结构、7号楼正负零以上主体部分提出复工，项目监理机构及鑫龙公司均同意。1号楼加固处理工程于2015年6月10日竣工验收，献林公司交工。1号、2号、7号楼地基、基础与主体均已完工且质量合格，S#7—S#15于2014年11月已经完工且通过鑫龙公司的初步验收。2015年9月11日，2#楼主体分部工程质量验收合格，2015年11月14日，1#、7#楼主体分部工程质量验收合格。

海南省第二中级人民法院认为，鑫龙公司与献林公司于2014年2月26日签订的《建设工程施工合同》系双方的真实意思表示，双方应当遵照合同的约定履行。其中，合同对工期总天数作了具体的约定，即360日历天。经献林公司申请，项目监理机构于2014年1月30日签发《开工令》，献林公司进场施工。按照合同约定，献林公司应当在2015年1月25日前竣工，但经鑫龙公司多次合理催告，至今涉案工程仍未竣工。且献林公司在施工过程中，并未按照合同约定进行施工，导致其所建工程出现严重的质量问题，1号、7号楼建设严重不符合规定，虽献林公司对施工项目进行加固、返修、重建，但这是其严重违反合同约定所采取的必要的补救义务，亦是造成目前工程至今仍未能进行竣工验收的主要原因，献林公司不能以此作为抗辩。据此，献林公司确实存在在合同约定的期限内没有完工，且经鑫龙公司催告后仍不能在合理期限完工的客观事实。故认为鑫龙公司主张先行解除双方于2014年2月26日签订的《建设工程施工合同》有事实和法律根据，予以支持。

被告献林公司不服一审判决，向海南省高级人民法院提起上诉。理由是，鑫龙公司未按合同约定支付工程款，至今拖欠工程进度款4000余万元，严重影响工程进度，并致使工期延误；鑫龙公司实际长期无能力按合同约定支付工程款。在涉案工程因献林公司垫资约7000万元已基本完工的情况下，要达到长期拖欠献林公司工程款，且仅支付少量款项完成涉案工程的目的的唯一方法就是解除合同。合同解除后，鑫龙公司可仅支付少量款项就能在利用献林公司已垫资约7000万元的基础上完成涉案工程，并进行销售。至于拖欠献林公司的工程款则可通过漫长的诉讼程序继续长期拖欠。

海南省高级人民法院认为，结合本案证据及一审认定，从鑫龙公司开始付款至2014年4月，鑫龙公司累计付款3300000元，未达到双方约定的25%；至2014年10月，因为水泥问题导致1#、7#楼出现质量问题时，鑫龙公司累计付款9100000元，亦未达到双方约定的25%；至2014年11月，S#7—S#15完工且通过初步验收，鑫龙公司累计付款10800000元，仍未达到双方约定的25%；至2015年11月14日，1#、2#、7#楼主体分部工程质量验收合格，鑫龙公司累计付款虽达到双方约定的25%，但未达到双方约定的65%。因此，鑫龙公司存在未按约定支付工程款的违约事实。献林公司因补救质量问题拖延了工期，但经过整改补救，1#、7#号楼已验收合格。献林公司虽构成迟延履行，但属一般违约。相比而言，鑫龙公司未按合同约定足额支付工程款，构成严重违约。根据当事人行使解除合同的法定解除权立法原意及诚实信用原则，鑫龙公司在长期未按约定足额支付工程款的情况下，不享有法定解除权，故一审法院在未查清上述事实的基础上，先行判决认定双方于2014年2月26签订的《建设工程施工合同》解除不当，本院予以纠正。因双方合同未解除，故一审判决献林公司向鑫龙公司移交“山海黎巷（一期）工程”项目施工现场、已施工工程及施工资料亦不当，本院予以纠正。据此，海南省高级人民法院于2016年11月21日判决：一、撤销海南省第二中级人民法院（2016）琼97民初6号民事判决；二、驳回海南昌江鑫龙房地产开发有限公司关于先行判决解除双方于2014年2月26日签订的《建设工程施工合同》及要求海南献林建筑安装工程有限公司向海南昌江鑫龙房地产开发有限公司移交“山海黎巷（一期）工程”项目施工现场、已施工工程及施工资料的诉讼请求。关于一审案件受理费，由于本案为部分先行判决，先行判决时并未对案件受理费进行计算及分配，故一审案件受理费待本案其他部分判决后再确定。二审案件受理费 100 元，由海南昌江鑫龙房地产开发有限公司负担。

二审被上诉人鑫龙公司不服，向最高人民法院申请再审。

最高人民法院认为，鑫龙公司该主张不能得到支持。首先，《合同法》第九十四条第（三）项关于“当事人一方迟延履行主要债务，经催告后在合理期限内仍未履行”，当事人可以解除合同的规定，以及《建设工程施工合同解释（一）》第八条第（二）项关于“合同约定的期限内没有完工，且在发包人催告的合理期限内仍未完工的”，发包人请求解除建设工程施工合同的，应予支持的规定，均为规定法定解除合同的条款，即合同生效后，没有履行或者未履行完毕前，当事人在法律规定的解除条件出现时，行使解除权而使合同关系消灭。法定解除权，就其性质而言是一种形成权，是指权利人依自己单方意思表示即可使民事法律关系消灭的权利，正由于法定解除权赋予了权利主体以单方意思表示干预法律关系的权利，从保护相对人免受不公平结果损害，以及维护交易安全和稳定，鼓励交易的角度出发，法定解除权通常应赋予守约方而非违约方。就本案而言，即便承包人出现了迟延履行，如其有正当理由，发包人解除合同的主张亦不能得到支持。其次，根据二审查明的事实，依据 2014 年合同等合同文件的约定，案涉项目中标价为 98682324.26 元，鑫龙公司应于合同签订后支付合同价款的 25% 即 24670581.06 元，于工程量完成 50% 时支付至合同价款的 65% 即 64143510.77 元。从鑫龙公司开始付款至 2014 年 4 月，鑫龙公司累计付款 330 万元，未达到合同价款的 25%；至 2014 年 10 月，因水泥问题导致 1#、7# 楼出现质量问题时，鑫龙公司累计付款 910 万元，亦未达到合同价款的 25%；至 2014 年 11 月，S#7—S#15 完工且通过初步验收，鑫龙公司累计付款 1080 万元，仍未达到合同价款的 25%。因此，鑫龙公司未按合同约定支付工程价款，构成违约。献林公司虽因补救质量问题拖延了工期，但经过整改补救，1#、7# 号楼主体分部工程质量验收合格。故二审法院认为献林公司属一般违约，相比而言，鑫龙公司未按合同约定足额支付工程款，构成严重违约，不支持鑫龙公司解除 2014 年合同的主张，亦未有不当。

此外，鑫龙公司需依约按期支付工程价款的义务不因献林公司是否有催促其支付而免除；鑫龙公司在合同签订后便应支付献林公司合同价款25%的工程价款，该项支付义务不以工程量的完成进度为前提，故献林公司是否有按月报送工程量报告亦不能免除鑫龙公司迟延支付的违约责任；工程量是否已完成50%及其具体时间节点不详，亦不影响鑫龙公司因未依约按期支付献林公司合同价款25%的工程价款而产生的违约责任。且鑫龙公司在二审庭审中认可献林公司大约完成工程量5000万元。本案因鑫龙公司违约在先，献林公司的迟延履行存在正当理由，鑫龙公司依据《合同法》第九十四条第（三）项以及《建设工程施工合同解释（一）》第八条第（二）项的规定请求解除2014年合同，因不符合上述条款有关法定解除合同的条件，其该项申请再审理由无事实和法律依据。据此，最高人民法院于2017年3月27日裁定如下：驳回海南昌江鑫龙房地产开发有限公司的再审申请。

规范指引

《中华人民共和国合同法》

第九十四条 有下列情形之一的，当事人可以解除合同：

（一）因不可抗力致使不能实现合同目的；

（二）在履行期限届满之前，当事人一方明确表示或者以自己的行为表明不履行主要债务；

（三）当事人一方迟延履行主要债务，经催告后在合理期限内仍未履行；

（四）当事人一方迟延履行债务或者有其他违约行为致使不能实现合同目的；

（五）法律规定的其他情形。

《最高人民法院关于审理建设工程施工合同纠纷案件适用法律问题的解释》

第八条 承包人具有下列情形之一，发包人请求解除建设工程施工合同的，应予支持：

（一）明确表示或者以行为表明不履行合同主要义务的；

（二）合同约定的期限内没有完工，且在发包人催告的合理期限内仍未完工的；

（三）已经完成的建设工程质量不合格，并拒绝修复的；

（四）将承包的建设工程非法转包、违法分包的。

专题二：承包人合同解除权的司法处理

【核心提示】发包人具有下列情形之一，致使承包人无法施工，且在催告的合理期限内仍未履行相应义务，承包人请求解除建设工程施工合同的，应予支持：（1）未按约定支付工程价款的；（2）提供的主要建筑材料、建筑构配件和设备不符合强制性标准的；（3）不履行合同约定的协助义务的。

实务争点

《建设工程施工合同解释（一）》第八条规定了建设工程施工合同的承包人存在严重违约行为，致使建设工程施工合同目的不能实现时发包人依法享有合同的解除权。而在司法实践中，建设工程“僧多粥少”的现状使得建设工程的发包人往往处于优势地位，承包人处于“求爷爷、告奶奶”的劣势地位。当签订建设工程施工合同之后，发包人违约并致使承包人合同目的不能实现或者造成严重经济损失的，承包人如何行使建设工程施工合同的解除权的规定并不明确。对此，《建设工程施工合同解释（一）》第九条规定：发包人具有下列情形之一，致使承包人无法施工，且在催告的合理期限内仍未履行相应义务，承包人请求解除建设工程施工合同的，应予支持：（一）未按约定支付工程价款的；（二）提供的主要建筑材料、建筑构配件和设备不符合强制性标准的；（三）不履行合同约定的协助义务的。

理解适用

对《建设工程施工合同解释（一）》第九条规定的理解与适用

《建设工程施工合同解释（一）》第九条的规定，同样涉及合同解除的相关理论及法律问题。针对此类问题的论述已在第八条的理解和适用中进行了论述，故在此不予赘述。《合同法》第九十四条第（三）项规定，当事人一方迟延履行主要债务，经催告后在合理期限内仍未履行的，当事人可以解除合同。本条第（一）项、第（二）项是对上述《合同法》规定的更具体、更严格的解释，即发包人迟延履行合同约定的债务，且达到使承包人无法施工的严重程度时，经承包人催告后，发包人仍不履行的，承包人享有合同的解除权。依据《建设工程施工合同解释（一）》第九条的规定，有下列情形之一的，建设工程施工合同承包人可以请求解除建设工程施工合同。

一、发包人未按约定支付工程价款

在建设工程施工合同中，支付工程价款是发包人的主要合同义务，如果发包人不支付工程款或者未按约定支付工程款，承包人依据《合同法》的规定，可以认为发包人违反了合同约定的主要义务，经催告无效后可解除合同。《合同法》关于限制法定解除权的立法理念可谓一以贯之，本条就规定，以迟延支付工程款为由请求解除合同，应当达到致使承包人无法施工的严重程度才可。认定达到无法施工的严重程度，既需要有客观的判断标准，也需要法官根据具体案情进行审慎判断。需要说明的是，在本解释出台前的讨论稿中，曾把"未按约定支付的工程数额达到工程价款的五分之一以上"作为条件加以限制，理论来源是《合同法》关于分期付款买卖合同的规定，在分期付款的买卖合同中，如果分期付款的买受人未支付到期借款的金额达到全部价款的五分之一的，出卖人可以要求支付全部价款或者解除合同，但该意见最终未被采纳。[①]

---

① 最高人民法院民事审判第一庭编著:《最高人民法院建设工程施工合同司法解释的理解与适用》，人民法院出版社 2015 年版，第 82 页。

二、发包人提供的主要建筑材料、建筑构配件和设备不符合强制性标准

在司法实践中，如果发包人提供的主要建筑材料、建筑构配件和设备不符合强制性标准，致使承包人无法继续施工，在催告后的合理期限内仍未履行义务，承包人享有合同的解除权。质量是建筑工程的灵魂，建筑材料的质量直接关系到建成的建筑物质量。我国《建筑法》规定，国家建设工程质量强制性标准，由国务院建设行政主管部门会同有关部门制定。省、自治区、直辖市建设行政主管部门可以会同有关部门依据国家建设工程质量强制性标准，制定适合本地区情况的地方标准。由发包人提供建筑材料、建筑构配件和设备的，必须符合建设工程质量的强制性标准。如合同当事人约定建筑材料的质量标准，不得低于国家的强制性标准。由于建筑工程施工合同要求高度的专业性，住房和城乡建设部、国家工商行政管理总局专门颁布了《建设工程施工合同（示范文本）》（GF-2017-0201），其中对发包人供应材料和工程设备的情形，规定了具体的操作规则：（1）签订合同时应在专用合同条款的附件《发包人供应材料设备一览表》中明确材料、工程设备的品种、规格、型号、数量、单价、质量等级和送达地点。（2）发包人应按《发包人供应材料设备一览表》约定的内容提供材料和工程设备，并向承包人提供产品合格证明及出厂证明，对其质量负责。（3）发包人应提前 24 小时以书面形式通知承包人、监理人材料和工程设备到货时间，承包人负责材料和工程设备的清点、检验和接收。（4）发包人提供的材料、工程设备的规格、数量或质量不符合合同约定的，承包人可向发包人发出通知，要求发包人采取有效措施纠正违约行为。发包人收到承包人通知后 28 天内仍不纠正违约行为的，承包人有权暂停相应部分工程施工，并通知监理人。（5）发包人仍不纠正其违约行为并致使合同目的不能实现的，承包人有权解除合同，发包人应承担由此增加的费用，并支付承包人合理的利润。根据《建设工程质量管理条例》的规定，承包人必须对发包人提供的建筑材料和设备进行检验，不符合合同约定要求的，不得使用。如果承包人违反条例规定，知道或应当知道工程设计缺陷，没有提出，

继续施工的；承包人对发包人提供或指定购买的建筑材料、建筑构配件和设备，未进行检验或经检验不合格仍然使用的；对发包人提出的违反法律、法规和建设工程质量安全标准规定，降低工程质量的要求不予拒绝的，可以认定为承包人有过错，依据《建设工程施工合同解释（一）》第十二条规定："发包人具有下列情形之一，造成建设工程质量缺陷，应当承担过错责任：（一）提供的设计有缺陷；（二）提供或者指定购买的建筑材料、建筑构配件、设备不符合强制性标准……承包人有过错的，也应当承担相应的过错责任。"

三、发包人不履行合同约定的协助义务

发包人不履行合同约定的协助义务，致使承包人无法继续施工，经催告无效的，承包人可以请求解除合同。该规定源于《合同法》第二百五十九条关于承揽合同的相关规定。第二百五十九条规定，承揽工作需要定作人协助的，定作人有协助的义务。定作人不履行协助义务致使承揽工作不能完成的，承揽人可以催告定作人在合理期限内履行义务，并可以顺延履行期限；定作人逾期不履行的，承揽人可以解除合同。发包人协助义务的来源有：一是法律的规定。依据《合同法》第二百五十九条、第二百八十七条的规定，建设工程合同中，工程施工需要发包人协助的，发包人有协助的义务。《合同法》第二百七十八条还规定，隐蔽工程在隐蔽以前，承包人应当通知发包人检查。发包人没有及时检查的，承包人可以顺延工程日期，并有权要求赔偿停工、窝工等损失。二是合同的约定。在《中华人民共和国标准施工招标文件》（2007 年版）中，列举了发包人的具体协助义务，如提供图纸，提供材料和工程设备，提供施工场地，提供道路通行权和场外设施，提供测量基准点，发出开工通知，协助承包人办理证件和批件，组织设计交底，组织竣工验收等。三是消极不作为的义务。《合同法》第二百六十条规定，虽然定作人有监督检验承揽人工作的权利，但是不得因监督检验妨碍承揽人的正常工作。

案例指导

陇西县威远建筑安装有限责任公司与甘肃效灵生物开发有限责任公司建设工程施工合同纠纷案[①]

原告：陇西县威远建筑安装有限责任公司（以下简称威远公司）。

被告：甘肃效灵生物开发有限责任公司（以下简称效灵公司）。

2016年6月12日，威远公司与效灵公司签订《研发中心工程施工合同》，合同约定：由威远公司承建效灵公司"研发中心"大楼，总建筑面积22398.53平方米，以全额垫资包工包料，工程单价为1650元／平方米，合同总价款36957574.50元，竣工后按实际竣工面积结算总造价，施工中的变更项目根据双方签证另行计算。甲方（即效灵公司）委派驻工地代表为效灵公司总经理闫耀民，代表甲方行使权利义务。乙方应按合同约定和甲方的要求提交相关的工程进度、阶段性付款结算、甲方供应的材料计划等相关的报表。付款方式经甲乙双方协商一致为乙方全额垫资，合同签订之日起一周内威远公司给付效灵公司保证金200万元，在施工正负零以上三层时，效灵公司退还保证金，不计息。工程主体封顶效灵公司应当给付工程总造价的35%，工程土建全部完工符合验收条件效灵公司应当给付工程总造价的35%，工程验收合格后两个月内效灵公司给付工程总造价的25%，剩余5%工程款作为质保金，一年内给付威远公司。效灵公司必须根据合同要求进度完成施工，效灵公司在威远公司完成工程量的90%时，效灵公司筹集好工程款，当工程按阶段完成100%时，工地监理验收签字并通知效灵公司，进度款根据付款方式条例在15日内付清该阶段完成的工程量款。合同订立后，威远公司按照合同的约定进行施工，至2017年3月16日经组织验收，本案所涉工程各分项工程施工质量均符合设计及验收规范要求。2017年3月30日经组织验收，本案所涉工程主体结构通过验收。其间因效灵公司未按合同约定的工程进度履行工程款给付义务，威远公司分别于2017年6月2日、

① 详见甘肃省定西市中级人民法院(2018)甘11民初3号民事判决书。

2017年7月6日、2017年7月7日，以公司文件的形式向效灵公司发出工程款申请支付函、通知、联系函等督促其履行付款义务，上述三份工程款催要文件送达效灵公司后均由其驻工地代表闫耀民签收并加盖了该公司公章。2017年8月因效灵公司拖欠威远公司项目进度款，威远公司无力施工而停止了施工。2018年1月3日威远公司与效灵公司以《工程款联系单》的形式对已完成的工程进行了结算，效灵公司至今尚欠威远公司工程款14663445.69元，同时双方对开工以来分期付款情况进行了核实，自2016年10月28日至2017年11月10日效灵公司以支付工程款、借款、以物抵债等形式向威远公司共计支付工程款15740000元。

生效裁判认为，原告威远公司与被告效灵公司签订的《研发中心工程施工合同》并不违反法律规定，应认定合法有效，双方当事人应按合同约定履行各自的义务。本案的争议焦点是：一、威远公司诉请要求解除合同是否具备法定的解除条件？本案效灵公司是否违约？二、威远公司诉请的工程欠款的利息是否应予支持？经审查，双方签订的施工合同中既有以全额垫资包工包料的约定，也有关于威远公司应按合同约定和效灵公司要求提交相关的工程进度、阶段性付款结算、效灵公司供应的材料计划等相关的报表的约定，且在合同中对工程进度款的支付进行了明确约定，且双方在合同的实际履行中，效灵公司也是按照合同的约定分期支付进度款的，并在支付工程款中存在以物抵债的情形。威远公司三次索要工程款的文件也是其按照合同约定的进度款数额请求支付的。故依据证据，结合合同的实际履行，证实双方工程款是按照工程的进度支付的，效灵公司称本案所涉工程系全额垫资的理由不能成立。2017年3月30日经组织验收，本案所涉工程主体结构通过验收。据合同约定工程土建全部完工符合验收条件效灵公司应当给付威远公司工程总造价的70%（土建工程的35%即12935152元+主体封顶35%即12935151元）即25870302元，经威远公司多次催要，至今效灵公司实际给付威远公司工程款为15740000元，尚欠工程款14663445.69元，依据《合同法》第九十四条第（二）项规定：在履行期限届满之前，当事人一方明确表示或者以自己的行为表明不履行主要债务的，当事人可以解除合同。根据《建设工程施工合同解释（一）》第九条第（一）项之规定，发包人未按约定支付工程价款，致使承包人无法施工，且在催告的合理期限内仍未履行相应义务，承包人请求解除建设施工合同的，应予支持。效灵公司已构成根本性违约，威远公司请求解除合同符合法定解除条件。关于威远公司诉请的工程欠款的利息的问题，根据《合同法》第一百零七条规定，违约方承担违约责任的方式包括继续履行、采取补救措施或者赔偿损失等方式。《建设工程施工合同解释（一）》第十七条规定，当事人对欠付工程价款利息计付标准有约定的，按照约定处理；没有约定的，按照中国人民银行发布的同期同类贷款利息计息。威远公司与效灵公司于2018年1月3日对未付工程款进行了结算，且本案中效灵公司已构成违约，对因违约造成的利息损失其应承担，故对威远公司请求支付双方结算后的工程欠款的利息的请求，应予支持，但利息应按2018年中国人民银行发布的同期同类贷款年利率4.35%计算，起算时间为2018年1月3日至付清之日止。

规范指引

《中华人民共和国合同法》

第九十四条 有下列情形之一的，当事人可以解除合同：

（一）因不可抗力致使不能实现合同目的；

（二）在履行期限届满之前，当事人一方明确表示或者以自己的行为表明不履行主要债务；

（三）当事人一方迟延履行主要债务，经催告后在合理期限内仍未履行；

（四）当事人一方迟延履行债务或者有其他违约行为致使不能实现合同目的；

（五）法律规定的其他情形。

第九十七条 合同解除后，尚未履行的，终止履行；已经履行的，根据履行情况和合同性质，当事人可以要求恢复原状、采取其他补救措施、并有权要求赔偿损失。

第九十八条 合同的权利义务终止，不影响合同中结算和清理条款的效力。

《最高人民法院关于审理建设工程施工合同纠纷案件适用法律问题的解释》

第十条 建设工程施工合同解除后，已经完成的建设工程质量合格的，发包人应当按照约定支付相应的工程价款；已经完成的建设工程质量不合格的，参照本解释第三条规定处理。

因一方违约导致合同解除的，违约方应当赔偿因此而给对方造成的损失。

第十六条 当事人对建设工程的计价标准或者计价方法有约定的，按照约定结算工程价款。

因设计变更导致建设工程的工程量或者质量标准发生变化，当事人对该部分工程价款不能协商一致的，可以参照签订建设工程施工合同时当地建设行政主管部门发布的计价方法或者计价标准结算工程价款。

建设工程施工合同有效，但建设工程经竣工验收不合格的，工程价款结算参照本解释第三条规定处理。

专题三：建设工程施工合同解除后的处理原则

【核心提示】建设工程施工合同解除后，已经完成的建设工程质量合格的，发包人应当按照约定支付相应的工程价款；已经完成的建设工程质量不合格的，不予支付工程价款。因一方违约导致合同解除的，违约方应当赔偿因此而给对方造成的损失。

实务争点

合同解除的法律后果是使合同关系消灭，对于解除以前的债权债务关系应当如何处理，即合同是否具有溯及力的问题非常重要。由于建设工程施工合同，案涉工程价值巨大，为了实现交易安全，一般限制合同解除权的行使。关于建设工程施工合同，一般约定分期支付工程款，但合同解除后的法律后果存在争议。有学者认为，《合同法》对建设工程合同没有关于工程款分期支付的有关规定，但是第一百六十七条第一款规定：“分期付款的买受人未支付到期价款的金额达到全部价款的五分之一的，出卖人可以要求买受人支付全部价款或者解除合同。”第一百七十四条规定：“法律对其他有偿合同有规定的，依照其规定；没有规定的，参照买卖合同的有关规定。”根据《合同法》第一百六十七条的规定，分期付款的买受人违约的，出卖人享有两项权利：一是要求买受人支付全部价款；二是解除合同。两者是选择关系，不是并列关系，所以出卖人要么选择要求买受人支付全部价款，要么选择解除合同。两者的法律后果不一样，出卖人选择要求支付全部价款的，买受人就要按照合同约定将全部价款支付完毕，合同在买受人支付完全部价款时终止，这符合《合同法》第九十一条第（一）项规定的合同因“债务已经按照约定履行”而终止。而出卖人选择解除合同的，根据《合同法》第九十七条的规定，“合同解除后，尚未履行的，终止履行；已经履行的，根据履行情况和合同性质，当事人可以要求恢复原状、采取其他补救措施，并有权要求赔偿损失”。所以按照合同解除的法律后果，分期支付工程款的建设工程合同，在一方违约的情形下，另一方如果要求解除合同，不能要求支付剩余未到期的工程款，只能是要求恢复原状，或者采取其他补救措施。但实际上，这样理解比较片面。建设工程合同有特殊性，在建设工程完工后解除合同，要求发包人支付工程款，表面上看是在解除合同的同时又要求当事人履行合同，但实质上是对合同解除后采取的一种补救措施，且仍然是向后解除的情况，即未履行的部分不再履行。因此，《建设工程施工合同解释（一）》第十条规定：建设工程施工合同解除后，已经完成的建设工程质量合格的，发包人应当按照约定支付相应的工程价款；已经完成的建设工程质量不合格的，不予支付工程价款。因一方违约导致合同解除的，违约方应当赔偿因此而给对方造成的损失。

理解适用

对《建设工程施工合同解释（一）》第十条规定的理解与适用

建设工程施工合同标的物的特殊性，使得建设工程施工合同解除后的处理原则与一般合同有着质的区别。因此，建设工程施工合同解除后，已经完工的工程质量合格的，发包人应当按照约定支付相应的工程价款。已经完成的建设工程质量不合格的，不予支付工程价款。在司法实践中，应当从以下方面理解适用。

一、合同解除的效力

合同解除的直接法律后果是使合同关系消灭，合同不再履行。合同解除后，对于解除以前的债权债务关系应当如何处理，便涉及合同是否具有溯及力的问题。

我国《合同法》第九十七条规定："合同解除后，尚未履行的，终止履行；已经履行的，根据履行情况和合同性质，当事人可以要求恢复原状、采取其他补救措施，并有权要求赔偿损失。"本条规定了合同解除的效力。我国《合同法》从实际出发，借鉴国外经验，遵循经济活动高效的原则，对合同解除的效力作了比较灵活的规定，采取具体问题具体分析的态度来解决合同解除是否具有溯及力。

所谓根据履行情况，是指根据履行部分对债权的影响。如果债权人的利益不是必须通过恢复原状才能得到保护，则不必一定要求恢复原状。当然如果债务人已经履行的部分对债权人根本无意义，可以要求恢复原状。

所谓根据合同性质，是指根据合同标的的属性。标的的属性是不可能或者不容易恢复原状的，就不需要恢复原状。这一类情况较多地发生在：（1）以行为为标的的合同。如劳务合同，对于已经履行的劳务，也很难用同样的劳动者和同质量的劳务返还。（2）以使用标的为内容的连续供应合同。如水、电、气的供应合同，显然对以往的供应不可能恢复原状；如租赁合同，一方在使用标的后，也不能就已经使用的部分作出返还。（3）涉及第三人利益的合同。如合同标的物的所有权已经转让给他人，如果返还会损害第三人的利益；如解除委托合同，如果允许已经办理的委托事务恢复原状，将使委托人与第三人发生的法律关系失效，使第三人的利益受损。

所谓恢复原状，是指当事人应将标的物恢复到订立合同前的状态。恢复原状是合同解除具有溯及力所表现的效力，是双方当事人基于合同发生的债务全部免除的必然结果。恢复原状只发生于合同部分或者全部履行的情况。如果合同没有开始履行，就谈不上恢复原状的问题，因为合同订立以后的状态和合同订立以前的状态基本一致。恢复原状还要"根据履行情况和合同性质”，这是指从合同的实际情况和标的物的性质来看是否能够恢复到订立合同前的状态。恢复原状的效果因合同标的物的性质不同而有下列不同：(1)在原交付的标的物存在时，自然要返还原物；除返还原物外，还应当补偿因返还原物所支付的费用，如果返还的是能产生孳息的物，孳息应当随主物一起返还。(2)在原物不存在时，如原物是种类物，可以同一种类的物返还。在有些情况下是不能恢复原状的，例如，原物是特定物而灭失，又如，提供劳务或者使用物品作为合同的给付，在这样的情况下如果合同解除有溯及力，只能采取赔偿损失或者其他补救措施，而不能恢复原状。

二、合同解除与损害赔偿

关于合同解除与损害赔偿能否并用的问题，存在着不同的观点：

第一种观点认为：合同解除与损害赔偿不可以并存。此立法例以德国为代表，认为在债务人不履行债务时，债权人可以在解除合同与请求赔偿之间进行选择，两者只能选择其一。其理由是，解除合同足以使合同关系恢复到订约前的状态，从而使要求不履行的损害赔偿失去了基础。

第二种观点认为：合同的解除与债务不履行的损害赔偿可以并存。此立法例以日本、意大利为代表，认为一方不履行合同时，债权人除能够解除合同外，还可以请求因债务不履行产生的损害赔偿。其理由是，债务不履行所发生的损害赔偿在合同解除前就已存在，不因合同的解除而丧失。

第三种观点认为：合同解除与信赖利益的损害赔偿可以并存。此种主张认为，由债务不履行所产生的损害赔偿责任是以合同有效存在为前提的，既然合同已经解除，或者说合同因解除而消灭，就不再存在因债务不履行所产生的损害赔偿责任。但在一方违约的情况下，非违约方会遭受因相信合同存在而产生的利益损失，即信赖利益的损害。信赖利益的赔偿，既不是根据合同的不履行所产生的，也不是根据债权所产生的，而是直接产生于法律的规定。[①]

---

① 参见王利明、崔建远：《合同法新论·总则》，中国政法大学出版社1996年版，第475~476页。

我国法律承认合同解除与损害赔偿并存。《民法通则》第一百一十五条规定："合同的变更或者解除，不影响当事人要求赔偿损失的权利。"我国《合同法》第九十七条规定，合同解除后，当事人有权要求赔偿损失。之所以这样规定，是因为：（1）合同解除不溯及既往的，如果只是使未履行的合同不再履行，不得请求赔偿损失，那么一方当事人因另一方当事人不履行合同或者不适当履行合同受到的损害就无法补救。（2）合同解除溯及既往的，如果只是恢复原状，则非违约方因相信合同能够履行而作准备所支出的人力、物力，以及为恢复原状而支出的费用就得不到补偿。（3）协议解除合同的情况下，一方当事人因解除合同受了损失，如果受益的一方不赔偿对方当事人因解除合同受到的损害，不符合公平原则。（4）在因第三人的过错致使债务人不能履行而解除合同的情况下，债权人不能直接向第三人主张权利，只能由债务人向第三人要求赔偿，如果债务人取得了第三人的赔偿而又不承担解除合同的赔偿责任，等于取得了双重利益，而债权人却要自己承担责任，其权益难以得到保障，是不公平的。因此，不能因合同解除而免除债务人应负的赔偿责任。

三、《建设工程施工合同解释（一）》第十条规定的内涵及适用

本条规定实际上包含三层意思：

1. 建设工程施工合同的解除原则上向前没有溯及力，即合同解除后，已经履行的按有效合同的处理原则及方式进行处理，不发生恢复原状的法律后果；未履行的部分不再履行。具体阐述是，合同解除后，已经完成的建设工程质量合格，发包人应当按照约定支付相应的工程价款，当事人任何一方都不能主张恢复原状。对未履行的部分工程，发包人不再支付工程价款。这样处理表面上看是在解除合同的同时又要求当事人履行合同，但实质上是对合同解除采取的一种补救措施，且仍然是向后解除的情况，即未履行的部分不再履行。

2. 已经完成的建设工程质量不合格的，参照本解释关于合同无效、工程质量验收不合格的规定处理。根据本解释第三条规定，修复后的建设工程经竣工验收合格，发包人请求承包人承担修复费用的，应予支持；修复

后的建设工程经竣工验收不合格，承包人请求支付工程款的，不予支持。该条规定与《合同法》第五十八条一脉相承，《合同法》第五十八条规定，合同无效或者被撤销后，因该合同取得的财产，应当予以返还；不能返还或者没有必要返还的，应当折价补偿。针对建设工程施工合同，第一种情况是，当承包人交付的工程质量不符合国家规定或行业规定的标准时，发包人有权要求承包人进行修复，如修复后验收合格，按照《合同法》关于无效合同的处理原则，发包人可以要求减少工程价款，或者承包人承担修复费用。第二种情况是，经修复后工程仍未验收合格，若工程对于发包人无利用价值，发包人自然不需要支付工程款；若发包人认为工程虽不合格但有利用价值，发包人请求减少工程价款或者承包人承担修复费用时，人民法院应当允许。

3. 因一方违约导致合同解除的，违约方应当赔偿因此而给对方造成的经济损失。违约方应当按照合同约定承担违约金，如果违约金不足以弥补守约方的经济损失，违约方还应填补差额部分。

案例指导

首钢京唐钢铁联合有限责任公司与大连绿诺集团有限公司建设工程施工合同纠纷案①

上诉人（原审被告）：首钢京唐钢铁联合有限责任公司（以下简称首钢京唐公司）。

被上诉人（原审原告）：大连绿诺集团有限公司（以下简称绿诺公司）。

上诉人首钢京唐公司因与被上诉人绿诺公司建设工程施工合同纠纷一案，不服河北省高级人民法院（2015）冀民一初字第14号民事判决，向最高人民法院提起上诉。

2009年12月23日，首钢京唐公司与绿诺公司签订《工程总承包合同》，由绿诺公司承建首钢京唐公司2×500平方米烧结机烟气脱硫工程。合同约

① 详见最高人民法院（2017）最高法民终57号民事判决书。

定承包方式：该项目采取设计采购施工（EPC）/交钥匙的工程总承包方式。合同工期：开工时间2010年1月1日，竣工时间2010年9月30日。合同价款：总承包金额231095235元，本合同总价为含税价格，含十年分期支付款项利息费用。合同第15.2条约定：工程竣工后按发包人现行规定进行报量结算。合同价款自投产运行满一年时开始支付。每满一年支付一次，双方约定分十年付清所有工程建设款及利息。同时对合同总价的建设本金及贷款利息费用的支付方式、时间进行了具体约定。

由于首钢京唐公司负责施工的地下桩基项目于2010年3月未交付给绿诺公司，案涉烧结机烟气脱硫工程开工日期变更为2010年4月1日，竣工日期变更为2010年12月31日。首钢京唐公司对工期变更情况予以确认。2010年12月31日烧结机烟气脱硫工程建设完成，并经建设单位、监理单位、设计单位检验合格后竣工验收。2011年1月18日烧结机烟气脱硫工程移交生产。2011年7月21日烧结机烟气脱硫工程经唐山市环境监测中心站监测达到环保部门的要求。

2009年12月23日双方签订《首钢京唐钢铁联合有限责任公司一期项目烧结脱硫系统委托运营合同》（以下简称《委托运营合同》），合同约定：甲方（首钢京唐公司）委托乙方（绿诺公司）对烧结机烟气脱硫设施运营承包期限为10年，脱硫系统完成168小时试运行，自通过国家环保部门验收合格日开始计算第一年运营承包时间，年承包运营费56284492元，并约定了具体的承包运营考核指标。2013年3月29日，首钢京唐公司（甲方）与绿诺公司（乙方）签订关于《委托运营合同》的补充协议，补充协议约定：一、甲乙双方同意，若具备本协议约定的条件，则从2013年4月1日起，甲方不再委托乙方对系统进行运营承包，双方于2013年3月31日24:00前完成系统运营移交工作，2013年3月31日24:00起《委托运营合同》终止。二、双方同意，从2013年4月1日起，由甲方组织对系统进行全面大修，大修包括检修和工艺改造。具体检修项目、工艺改造方案由双方于2013年4月15日前共同研究确定。大修涉及的材料、备品备件主要由甲方负责提供，采购数量和价格由乙方进行监督和确认，甲方无法提供的由乙方负责提供。大修期间，乙方派项目负责人和主要技术人员进行配合和技术支持。大修费用分担方案由双方另行协商（大修费用由甲方参照“2001 年冶金工业建设工程预算定额”“2004 年版首钢检修工程预算定额”和相应的取费标准，通过招标方式确定）。三、双方同意，对 2013 年 4 月 1 日前经双方确认系统存在的问题，由甲方进行维护检修及为恢复系统至设计状态而发生的费用由乙方承担，经双方确认后由甲方从工程款中扣除。因乙方单方面原因造成交接时间拖期的，本协议第一条约定的移交时间点予以顺延，在此期间处理系统存在问题发生的费用仍由乙方承担。系统全面交接完成之后，运行中新出现问题发生的费用，由甲方承担。双方对《委托运营合同》的解除及运营费用款项支付无争议。

2014 年 12 月 23 日，首钢京唐公司与绿诺公司签订首钢京唐公司烧结脱硫恢复使用功能、技改项目与绿诺公司项目划分意见，其中双方共同确认的费用为 5450135 元。首钢京唐公司主张大修费用 25558624 元应从工程款中扣除。绿诺公司主张双方共同确认的费用为 5450135 元，剩余的大修费用按补充协议约定应由双方协商确定，目前双方尚未确定。

工程竣工验收后，双方就涉案工程进行结算，确认共计欠付前五期工程款 69155487 元。

绿诺公司向河北省高级人民法院起诉请求：判令首钢京唐公司支付拖欠的工程款 45413962 元；判令首钢京唐公司提前支付剩余的未到期工程款 127599435 元，并承担本案诉讼费。一审诉讼中，绿诺公司变更诉讼请求：1. 请求判令解除双方签订的《工程总承包合同》；2. 请求判令首钢京唐公司将以工程款本金 176356369 元为基数，按照《工程总承包合同》中约定的利率以及首钢京唐公司实际付款的情况计算出的截止到 2015 年 12 月 3 日首钢京唐公司尚欠绿诺公司的工程款本金及利息共计 162026512.38 元，一次性支付给绿诺公司；3. 请求判令首钢京唐公司支付绿诺公司自 2015 年 12 月 4 日起到实际给付日止工程款本金及利息所产生的孳息；4. 请求判令首钢京唐公司承担本案全部诉讼费用。

河北省高级人民法院认为：根据《合同法》第九十四条第（二）项“在履行期限届满之前，当事人一方明确表示或者以自己的行为表明不履行主要债务”以及第（四）项“当事人一方迟延履行债务或者有其他违约行为致使不能实现合同目的”，当事人可以解除合同。案涉建设工程经首钢京唐公司验收合格并投入使用后，首钢京唐公司未按合同约定的期限支付工程款，截至 2016 年 1 月 30 日，仅支付前五期工程款 58000000 元，欠付前五期工程款达 69155487 元，且无合法原因，其行为构成违约，其行为已表明不履行合同义务，致使绿诺公司无法实现合同目的，因此，绿诺公司诉请解除《工程总承包合同》，提前支付剩余工程价款符合法律规定，应予支持。判决：一、解除绿诺公司与首钢京唐公司之间签订的《首钢京唐钢铁联合有限责任公司 2×500 平方米烧结机烟气脱硫工程总承包合同》；二、首钢京唐公司于判决生效之日起十日内给付绿诺公司剩余工程款 151765197 元及利息（利息自 2016 年 1 月 31 日起至本判决确定的给付之日止，按中国人民银行同期同类贷款利率计息）；三、首钢京唐公司于判决生效之日起十日内给付绿诺公司 2016 年 1 月 30 日前所欠工程款利息 6102845.3 元；四、驳回绿诺公司的其他诉讼请求。

被告首钢京唐公司不服一审判决，向最高人民法院提起上诉，要求：1. 撤销河北省高级人民法院（2015）冀民一初字第 14 号民事判决；2. 改判继续履行案涉《工程总承包合同》或者将案件发回一审法院重新审理；3. 本案全部诉讼费用由绿诺公司负担。

最高人民法院认为：一审法院已经查明，案涉工程竣工验收后，双方当事人通过结算，确认了工程款及利息数额共计 231013397 元。首钢京唐公司前五期工程款支付情况是每期均作部分支付，共计支付 5800 万元，合计欠付 69155487 元。首钢京唐公司提出其不欠工程款的理由不能成立。即使是按照首钢京唐公司上诉请求中计算的工程款总额 230988046 元计算，亦不能改变首钢京唐公司迟延支付六千多万元工程款的基本事实。首钢京唐公司在 2013 年 1 月 24 日曾支付工程款 700 万元，显然其知道每年的 1 月是其应当履行工程款支付义务的时间，因此有履行行为，但不完全履行，已经构成违约。而且，在首钢京唐公司提出的继续付款条件成就后的 2014 年 10 月以后，其仍然没有按照合同约定按期、足额支付工程款。因此，首钢京唐公司关于其不欠付工程款、没有违约行为的主张，不能成立。一审法院依据《合同法》第九十四条之规定，判决解除双方当事人签订的《工程总承包合同》，认定事实清楚、适用法律正确。首钢京唐公司有关改判继续履行合同的上诉请求不能成立，不予支持。既然首钢京唐公司有关案涉《工程总承包合同》不能解除的上诉请求不能成立，该合同应予解除，则根据《合同法》第九十七条之规定，合同解除后，尚未履行的，终止履行；已经履行的，根据履行情况和合同性质，当事人可以要求恢复原状、采取其他补救措施，并有权要求赔偿损失。该法第一百六十七条第一款规定："分期付款的买受人未支付到期价款的金额达到全部价款的五分之一的，出卖人可以要求买受人支付全部价款或者解除合同。"虽然该条规定针对的是买卖合同，但根据该法第一百七十四条规定，"法律对其他有偿合同有规定的，依照其规定；没有规定的，参照买卖合同的有关规定"。故合同解除后，绿诺公司可以请求首钢京唐公司一次性支付全部剩余工程款，并依照合同约定就欠付工程款支付利息。

鉴于案涉争议是由首钢京唐公司迟延支付工程款引起，一审判决首钢京唐公司在合同解除的情况下，向绿诺公司一次性支付剩余工程款，并无不当。但客观上将合同约定的分十年支付的工程款一次性支付，毕竟会给首钢京唐公司造成较大经济压力，因此，理论上存在由二审法院根据首钢京唐公司的上诉请求对合同解除后首钢京唐公司工程款支付时间进行调整的可能。但二审庭审中，经询问当事人是否有此要求，首钢京唐公司明确表示，不需要二审法院做此调整，请求二审法院判决继续履行合同或者将本案发回一审法院重审。因此，由本院调整首钢京唐公司在合同解除后的工程款支付时间缺少当事人请求的基础。

规范指引

《中华人民共和国合同法》

第一百六十七条第一款　分期付款的买受人未支付到期价款的金额达到全部价款的五分之一的，出卖人可以要求买受人支付全部价款或者解除合同。

第一百七十四条　法律对其他有偿合同有规定的，依照其规定；没有规定的，参照买卖合同的有关规定。

《最高人民法院关于审理建设工程施工合同纠纷案件适用法律问题的解释》

第十条 建设工程施工合同解除后，已经完成的建设工程质量合格的，发包人应当按照约定支付相应的工程价款；已经完成的建设工程质量不合格的，参照本解释第三条规定处理。

因一方违约导致合同解除的，违约方应当赔偿因此而给对方造成的损失。

第六部分

建设工程承包人优先受偿权的司法处理

建设工程价款优先受偿权不仅涉及发包人和承包人的利益，还涉及建设工程抵押权人、发包人的其他债权人、建筑工人等民事主体的利益。该制度的价值取向是保护农民工等建筑工人的利益，而非对建设工程施工合同当事人予以特殊保护。[①] 关于建设工程承包人优先受偿权的司法处理问题，一是明确了建设工程承包人优先受偿权主体的确定，依据《建设工程施工合同解释（二）》第十七条的规定，与发包人订立建设工程施工合同的承包人，根据《合同法》第二百八十六条规定请求其

① 最高人民法院民事审判第一庭编著：《最高人民法院建设工程施工合同司法解释（二）理解与适用》，人民法院出版社2019年版，第29页。

承建工程的价款就工程折价或者拍卖的价款优先受偿的，人民法院应予支持。二是明确了装饰装修工程承包人优先受偿权的行使，依据《建设工程施工合同解释（二）》第十八条的规定，装饰装修工程的承包人，请求装饰装修工程价款就该装饰装修工程折价或者拍卖的价款优先受偿的，人民法院应予支持，但装饰装修工程的发包人不是该建筑物的所有权人的除外。三是明确了建设工程承包人优先受偿权的行使条件，依据《建设工程施工合同解释（二）》第十九条的规定，建设工程质量合格，承包人请求其承建工程的价款就工程折价或者拍卖的价款优先受偿的，人民法院应予支持。四是明确了未竣工工程承包人优先受偿权的行使条件，依据《建设工程施工合同解释（二）》第二十条的规定，未竣工的建设工程质量合格，承包人请求其承建工程的价款就其承建工程部分折价或者拍卖的价款优先受偿的，人民法院应予支持。五是明确了建设工程价款优先受偿权的行使范围，依据《建设工程施工合同解释（二）》第二十一条的规定，承包人建设工程价款优先受偿的范围依照国务院有关行政主管部门关于建设工程价款范围的规定确定。承包人就逾期支付建设工程价款的利息、违约金、损害赔偿金等主张优先受偿的，人民法院不予支持。六是明确了建设工程价款优先受偿权的行使期限，依据《建设工程施工合同解释（二）》第二十二条的规定，承包人行使建设工程价款优先受偿权的期限为六个月，自发包人应当给付建设工程价款之日起算。七是明确了建设工程价款优先受偿权事前放弃的效力认定，依据《建设工程施工合同解释（二）》第二十三条的规定，发包人与承包人约定放弃或者限制建设工程价款优先受偿权，损害建筑工人利益，发包人根据该约定主张承包人不享有建设工程价款优先受偿权的，人民法院不予支持。八是明确了建设工程价款优先受偿权与抵押权、消费者房屋期待权冲突的司法处理，即建设工程价款优先受偿权优先于抵押权和其他债权；消费者交付购买商品房的全部或者大部分款项后，承包人就该商品房享有的工程价款优先受偿权不得对抗买受人。

专题一：建设工程承包人优先受偿权主体的确定

【核心提示】与发包人订立建设工程施工合同的承包人，根据《合同法》第二百八十六条规定请求其承建工程的价款就工程折价或者拍卖的价款优先受偿的，人民法院应予支持。

实务争点

我国《合同法》第二百八十六条规定："发包人未按照约定支付价款的，承包人可以催告发包人在合理期限内支付价款。发包人逾期不支付的，除按照建设工程的性质不宜折价、拍卖的以外，承包人可以与发包人协议将该工程折价，也可以申请人民法院将该工程依法拍卖。建设工程的价款就该工程折价或者拍卖的价款优先受偿。"该条的规定，确立了建设工程承包人在发包人逾期不支付工程款的情况下，享有对该建设工程的优先受偿权。该优先受偿权的法律性质如何？有无对抗效力？对此，存在争议。最高人民法院于2002年6月20日发布了《关于建设工程价款优先受偿权问题的批复》(以下简称《优先受偿权批复》)，该司法解释对人民法院适用《合同法》第二百八十六条规定的有关建设工程价款优先受偿权的若干问题作了解释。但是，在司法实践中争议较多的问题是行使建设工程施工合同承包人的范围即行使建设工程承包人优先受偿权的主体范围并不明确。因为，建设工程施工合同的承包人主体包括建设工程勘察人、建设工程设计人、建设工程施工人；施工人又可以分为总承包人、发包人和实际施工人等。只有依法、合理界定《合同法》第二百八十六条规定的承包人范围，才能真正实现建设工程价款优先受偿权制度保护劳动者劳动报酬的目的，并平衡建设工程施工合同关系各方当事人的权利义务。[①] 因此，《建设工程施工合同解释（二）》第十七条规定：与发包人订立建设工程施工合同的承包人，根据《合同法》第二百八十六条规定请求其承建工程的价款就工程折价或者拍卖的价款优先受偿的，人民法院应予支持。

理解适用

对《建设工程施工合同解释（二）》第十七条的理解与适用

我国《合同法》第二百八十六条规定承包人就建设工程价款对建设工程折价或者拍卖所得的价款享有优先受偿的权利，从立法上赋予了建设工程承包人对建设工程价款的优先受偿权，旨在保护劳动者获得劳动报酬的权利，即依法保护农民工的合法权益。合同法的条款相对简单，缺乏可操作性，而现实生活又复杂多样，导致“无从下手”。尽管《优先受偿权批复》为解决建设工程价款优先受偿权提供了遵循，但是仍有诸多问题急需解决，为此，《建设工程施工合同解释（二）》用了七个条文加以规定，为建设工程价款优先受偿权的法律适用提供了依据。

一、建设工程价款优先受偿权的法律性质

我国《合同法》第二百八十六条规定：“发包人未按照约定支付价款的，承包人可以催告发包人在合理期限内支付价款。发包人逾期不支付的，除按照建设工程的性质不宜折价、拍卖的以外，承包人可以与发包人协议将该工程折价，也可以申请人民法院将该工程依法拍卖。建设工程的价款就该工程折价或者拍卖的价款优先受偿。”该条确立了建设工程承包人在发包人逾期不支付工程款的情况下，享有对该建设工程的优先受偿权。所谓优先受偿权，又称优先权，是指由法律规定的特种债权人就债务人的全部财产或特定财产优先受偿的权利。优先权制度的确立，旨在破除债权平等原则，赋予特殊债权人以优先于其他债权人而受清偿的权利，以实现债权人之间的实质性平等。优先

---

① 最高人民法院民事审判第一庭编著：《最高人民法院建设工程施工合同司法解释（二）理解与适用》，人民法院出版社2019年版，第355页。

权是一项极具特殊性的权利，它可以为特定人而设，也可以因特定事而设；可以为债权人的利益而设，也可为债务人的利益而设。《合同法》第二百八十六条是为特定人建设工程承包人的利益而设定的。当然，该条规定并未损害债务人建设工程发包人的利益，公平地保护了当事人双方的合法权益。

要正确理解《合同法》第二百八十六条的规定，关键在于正确理解建设工程价款优先受偿权的法律性质。对此，主要有如下几种代表性的观点：①

第一种观点认为，依据该条规定，承包人在发包人逾期不支付工程款的情况下，可以对工程进行留置，因此，建设工程价款优先受偿权可以称之为法定留置权。按照民法原理和《担保法》第八十二条的规定，留置权的对象仅限于动产。《合同法》第二百八十六条规定的权利客体是建设工程，属于不动产。另外，留置权本身就是约定的，不存在法定留置权，因此，将本条解释为留置权是错误的。

第二种观点认为，该条规定实际上赋予了建设工程欠款的优先受偿权，而不是法定抵押权。依据我国担保法的有关规定和一般法理逻辑，抵押权不转移占有标的物，建设工程在交付使用前系处于建筑企业的占有控制之下，因此，该条规定的工程拍卖权，不属于法定抵押权。

第三种观点认为，建设工程价款优先受偿权为一种法定抵押权。梁慧星研究员认为，该条从设计、起草、讨论、修改、审议直至正式通过，始终是指法定抵押权。在历次专家讨论会上，没有人对此表示异议，没有任何人提出过规定承包人优先权的建议。法定抵押权的行使条件是承包人向发包人发出催告通知后经过一个合理期限，而发包人仍未支付。王利明教授认为，该条所规定的法定抵押权，实际上是指承揽人的法定抵押权，它主要是指在建筑工程竣工以后，发包人未按照约定支付价款，承揽人对建筑工程可享有法定抵押权，即其工程款可以通过折价、拍卖等方式而获得的价款优先受偿。该种观点是通过比较德国、日本和我国台湾地区的法律制度或者司法实践，认为《合同法》第二百八十六条规定的建设工程价款优先受偿权为法定抵押权。

---

① 参见张国香、孙贤程：《工程款拖欠引发法律思考》，载《人民法院报》2001年8月20日。

《优先受偿权批复》第一条规定："人民法院在审理房地产纠纷案件和办理执行案件中，应当依照《中华人民共和国合同法》第二百八十六条的规定，认定建筑工程的承包人的优先受偿权优于抵押权和其他债权。"从该条规定来看，《优先受偿权批复》实际上没有具体指出承包人的这种优先受偿权是否为法定抵押权或者其他权利[①]。但肯定了建设工程价款优先受偿权优于抵押权和其他债权，从而明确了以上三种观点所追求的共同答案。

同时，笔者坚持认为，建设工程价款优先受偿权是法定抵押权[②]，属于法定担保物权，它的设定是基于《合同法》第二百八十六条的直接规定，而不允许当事人任意创设，这正是"物权法定原则"[③]的体现。关于法定抵押权的成立，各国立法的规定不尽相同。依德国民法规定，法定抵押权应进行登记，未经登记的法定抵押权不得成立。而瑞士法则将法定抵押权区分为公法上的法定抵押权和私法上的法定抵押权，前者不要求登记，当法定的事实出现时，

---

① 汪治平：《建设工程价款优先受偿权的若干问题》，载《人民司法》2002 年第 8 期。亦有学者认为，《优先受偿权批复》实际上采纳了第二种学术观点，并认为，法定抵押权与优先权并没有本质区别，但在我国将其解释为优先权更合适。参见杨永清：《建设工程价款优先受偿权司法解释的理解与适用》，载《判解研究》2002 年第 3 辑。

② 详见何志：《合同法分则判解研究与适用》，人民法院出版社 2002 年版，第 420 页。

③ 《中华人民共和国物权法》（以下简称《物权法》）第五条规定：物权的种类和内容，由法律规定。该法条就是"物权法定原则"的渊源。物权法定原则的主要内容有以下两点：一是物权类型强制。物权法定的第一个内容，是物权的种类非经法律规定，当事人不得创设。因此，这一内容被称为物权的"类型强制"。实行物权类型强制，当事人只能依照法律明确规定的物权类型和条件设立物权，不能超出法律的规定设立法定物权以外的物权类型。二是物权类型固定。物权法定的第二个内容，是物权的内容非经法律规定，当事人不得创设。物权法定原则的这一内容被称为物权的"内容强制"。物权类型固定，指的是物权的具体内容也由法律规定，法律对一个具体的物权内容规定是什么就是什么，不得由当事人约定法定物权的具体内容。实行物权类型强制和物权类型固定，要求物权立法和当事人实施设定物权的行为必须遵守以下规则：第一，物权的类型必须在《物权法》中规定，应当规定的物权必须明确规定，不应当规定的物权不能含含糊糊，应当让民事主体在设定物权时有明确的依据。第二，法律规定物权的内容应当尽量全面。当事人在设定物权的时候，如果约定的物权内容超出了法律规定的内容，法院应当确认其约定无效，而应当按照法律规定的该种物权内容认定。第三，按照法律的规定设定物权种类，设定物权的内容，而不能自行其是。应当明确，当事人意思自治原则对物权法定原则是不适用的，任何违反物权法定原则约定物权的设立、变更、转移、消灭的行为都是无效的，不会发生预期的法律结果。

抵押权形成；而对于私法上的法定抵押权则需经登记才能成立。我国台湾地区的法律规定，法定抵押权不经登记就可成立，但承揽人的法定抵押权如发生转让，在转让之前必须进行登记。法国民法中规定的法定抵押权也无须登记。由此可见，以不动产为标的的法定抵押权是否经过登记始生效力，应由法律作出明确规定。我国《合同法》第二百八十六条没有规定登记始生效力，则应视为无须登记就可生效。因此，它是无须登记公示的法定担保物权，与《担保法》所规定的约定担保物权有所不同。

当然，最高人民法院对建设工程价款优先受偿权法律性质的态度是，建设工程价款优先受偿权是优先权的一种，既不能定性为法定抵押权，也不能定性为留置权。[①]

作为优先权，其具有如下特点：一是优先权是法律为了维护社会公平与正义，维护弱者生存权利和社会秩序而赋予特种债权的债权人的一项民事权利，其功能是对特定种类的债权加以特殊保护。根据各国法律的规定，优先权主要有公益费用优先权、劳动报酬优先权、劳动者意外死伤补偿费用优先权、丧葬费用优先权、最后医疗费用优先权、债务人及其家属生活费用优先权、建设工程价款优先权等。二是优先权为法律直接规定的权利，具有担保物权性质。优先权不能由当事人直接约定，只能由法律规定，它不同于当事人约定的抵押权、质权，类似于留置权，但不以占有债务人的财产为前提。更重要的是依照民法原理和现行法律规定，留置权的对象仅限于动产。如我国《物权法》第二百三十条规定，债务人不履行到期债务，债权人可以留置已经合法占有的债务人的动产，并有权就该动产优先受偿。前款规定的债权人为留置权人，占有的动产为留置财产。三是优先权是以债务人的全部财产或特定财产担保特定债权实现的物权性权利。优先权的标的物可以是债务人的全部财产，也可以是债务人的特定财产，但不是第三人的财产。四是优先权是否公示，法律上并没有统一的规定。但担保物权的设定原则上以公示为生效要件，如抵押权以登记为公示方法，质权以交付为公示方法。否则担保

---

① 最高人民法院民事审判第一庭编著：《最高人民法院建设工程施工合同司法解释（二）理解与适用》，人民法院出版社2019年版，第361页。

物权不能成立或者不能产生对抗第三人的效力。优先权基于权利的法定性并不得以登记为生效要件，也不得以占有债务人的财产为公示要件。五是优先权是对某些特定权利的法律效力的加强，是特定权利在折价、变卖或者拍卖债务人特定财产或者全部财产所得价款中有优先于其他权利受到清偿的顺序，因而优先权以变价权为前提。①

二、建设工程价款优先受偿权的权利主体

《合同法》第二百八十六条在借鉴域外法和我国台湾地区的立法经验及我国司法实践的基础上，创设了建设工程价款优先受偿权，并在实践中得以应用，有效地保护了农民工等弱势群体的权益。在司法实践中，建设工程价款优先受偿权的权利主体是与发包人签订合同的承包人。依据合同法、建筑法的规定，建设工程的承包人包括建设工程勘察人、建设工程设计人、建设工程施工人。建设工程承包人可分为总承包人、发包人、实际施工人。

1. 建设工程价款优先受偿权制度不适用于建设工程的勘察、设计、监理合同关系。《合同法》第二百六十九条规定，建设工程合同是承包人进行工程建设，发包人支付价款的合同。建设工程包括工程勘察、设计、施工合同。依据该法第二百八十六条的规定是否适用于所有的建设工程合同，存在不同认识：第一种意见认为，《合同法》第二百八十六条中的建设工程合同，应作狭义解释，仅指建设工程施工合同，不包括勘察、设计合同。该意见的主要理由是，《合同法》第二百八十六条规定的立法初衷是解决长期存在的拖欠工程款问题，即拖欠施工企业的工程款。解决施工企业的工程款问题在于保护建筑工人的劳动报酬。尽管勘察、设计费用也有拖欠问题，但远不如拖欠施工的工程款严重。勘察人员、设计人员的境遇优于建筑工人的境遇，且这些单位处于有利的位置，若发包人拖欠费用，勘察、设计单位可以不交付勘察报告、设计文件等。同时，勘察、设计费用相对有限，开发商都有相应的支付能力。第二种意见认为，从字面解释，《合同法》第二百八十六条规定

---

① 参见最高人民法院民事审判第一庭编著：《最高人民法院建设工程施工合同司法解释（二）理解与适用》，人民法院出版社 2019 年版，第 359~360 页。

的建设工程价款应当包括勘察、设计费用。因为合同法明确规定了建设工程施工合同包括这两类,《合同法》第二百八十六条并没有排除在外。

我们同意第一种意见。由于勘察人员、设计人员收入一般较高，属于知识分子阶层，不属于法律要特殊保护的对象。《合同法》第二百八十六条规定的建设工程价款优先受偿权的立法目的主要是优先保护社会的弱势群体即施工工人的工资报酬。同时，勘察人与设计人应得的报酬不是工程价款，无论是勘察报告还是设计图纸都是针对特定的工程而言，不能折价也不能拍卖。勘察与设计通常完成于建设工程项目的立项阶段，应当完成于建设工程施工之前。如果发包方拖欠相关费用，勘察人、设计人完全可以拒绝交付有关劳动成果。因此，对《合同法》第二百八十六条应当作限缩解释。

2. 建设工程价款优先受偿权制度有条件地适用于装饰、装修合同关系。《合同法》第二百八十六条的规定，适用于所有建设工程施工合同包括装饰、装修合同，但限于发包人直接发包的装饰、装修工程的承包人。后面将作专题阐述，本节不再赘述。

3. 实际施工人不享有建设工程价款优先受偿权。在司法实践中，常见的承包主体包括：总承包人、分承包人、违法分包的承包方、转包人、挂靠承包方、内部承包人。实际施工人是建设工程施工合同认定无效后，具体施工的建设单位和个人，一般指转承包方、违法分包的承包方、挂靠承包方、不具有建筑资质的承包方等。实际施工人不包括承包方的履行辅助人、合法的专业分包工程承包方、劳务作业承包方。对实际施工人的认定以及实际施工人的诉讼中的主体地位及实体权利的认定，应当严格按照《建设工程施工合同解释（一）》第二十六条的规定，不能扩大适用范围和条件。实际施工人以向相对方提起诉讼为原则，只有在特定的情况下才可以向发包人提起诉讼。特别注意的是，实际施工人的债务人是承包人，发包人只在欠付工程款的范围内对实际施工人承担责任。①

依据本司法解释的规定，只有与发包人签订施工合同的承包人才享有工程

---

① 参见最高人民法院民事审判第一庭编著:《最高人民法院建设工程施工合同司法解释（二）理解与适用》，人民法院出版社 2019 年版，第 370 页。

价款优先受偿权。在建设工程中总承包人进行分包的情形普遍存在，由此带来的问题是分包人是否也享有优先受偿权？如果是工程的发包人、总承包人、分包人三方共同签订合同，则总承包人、分包人连带享有优先权。如果是发包人与总承包人签订合同，总承包人再与分包人签订合同，根据合同相对性原则，发包人与分包人之间没有直接的权利义务关系，即发包人对分包人没有支付工程价款的义务。实务中，存在发包人指定分包人的情形，发包人与承包人签订的施工合同中如果约定发包人特定项目由第三人作分包人，而且在履行过程中，指定分包人完全代替承包人就特定工程项目履行了合同义务，承包人仅承担配合盖章等手续的义务，则指定分包人与发包人之间就形成了事实合同关系。此种情形下，指定的分包人享有建设工程价款优先受偿权。①

4. 消防工程的承包人是否享有建设工程价款的优先受偿权。消防工程是建设应具备预防火灾和减少火灾危害的工程。消防工程既可以由建设工程总承包人负责，也可以由发包人直接发包给专业的消防工程承包人。依据《建设工程施工合同解释（二）》第十七条的规定，只有由发包人直接向专业技术承包人发包消防工程的承包人才依法享有建设工程价款优先受偿权，且只能在其承包的消防工程给整个建设工程增值的范围内行使权利。

三、建设工程价款优先受偿权的行使程序

根据《合同法》第二百八十六条的规定，承包人对工程价款优先受偿权的行使程序包括：催告、折价或者拍卖。

1. 催告。在《合同法》第二百八十六条的规定中，“发包人逾期不支付”的“逾期”不是指建设工程合同约定的发包人支付工程价款的逾期，是指前面的“合理期限”。该“合理期限”又是在承包人“催告”之后才能产生。如果承包人通过提起诉讼或者申请仲裁的形式主张工程价款优先受偿权，不受上述规定影响。

2. 协议折价。承包人可以与发包人协议将工程折价，承包人从折价的价

① 参见最高人民法院民事审判第一庭编著：《最高人民法院建设工程施工合同司法解释（二）理解与适用》，人民法院出版社 2019 年版，第 370 页。

款中优先受偿，这种方式最便捷。折价时应当对建设工程的价值作出合理的评估。折价抵偿工程价款是当事人自行协商解决发包人拖欠工程款的一种方式，充分尊重了当事人自己的意愿，有利于承包人价款的实现。折价方式最重要的问题是如何公平合理地对建设工程定价。折价过低不仅可能难以抵偿工程价款，而且损害发包人的利益特别是损害发包人的其他债权人的合法权益。因此，双方可以共同聘请具有法定资质的评估机构对建设工程的价值作出科学的评估，并以该评估为基础确定具体的金额。折价协议达成后，发包方与承包方之间形成了新的合同关系，原有的建设工程合同关系被折价协议替代，当事人不再履行原有的建设工程合同。发包人应当按照新的协议将建设工程转移给承包人，承包人应当将建设工程中超出发包人所欠工程价款的部分返还给发包人。如果当事人不履行该协议，承包人可以申请人民法院拍卖建设工程，以实现其建设工程价款优先受偿权。如果是因为承包人原因导致协议不能履行，则只能另行诉讼处理。[①] 在司法实务中，应当注意的是，协议折价不得损害其他债权人的利益。若损害了其他债权人利益，则其他债权人可根据《合同法》第七十四条、第七十五条的规定，行使撤销权。

3. 申请人民法院拍卖。承包人申请人民法院拍卖建设工程，并就拍卖的价款优先受偿。[②] 此与担保物权行使方式“大同小异”。依据《民事诉讼法》第一百九十六条的规定，申请实现担保物权，由担保物权人以及其他有权请求实现担保物权的人依照物权法等法律，向担保财产所在地或者担保物权登记地基层人民法院提出。依据该法第一百九十七条的规定，人民法院受理申请后，经审查，符合法律规定的，裁定拍卖、变卖担保财产，当事人依据该裁定可以向人民法院申请执行；不符合法律规定的，裁定驳回申请，当事人

---

① 参见最高人民法院民事审判第一庭编著：《最高人民法院建设工程施工合同司法解释（二）理解与适用》，人民法院出版社 2019 年版，第 374 页。

② 梁慧星教授认为，《合同法》第二百八十六条的协议折价也可以直接申请人民法院将该工程依法拍卖。这里规定的不是“提起诉讼”，而是“申请法院拍卖”。立法意图是要改变担保法规定的抵押权行使方式，由“对人诉讼”改为“对物诉讼”。参见梁慧星：《合同法第二百八十六条的权利性质及其适用》，载《山西大学学报》（哲学社会科学版）2001 年第 3 期。

可以向人民法院提起诉讼。建设工程承包人向人民法院申请优先受偿权，须提供证明优先受偿权存在及具备执行条件的证据，人民法院受理承包人的申请后，应当通知发包人，发包人对承包人的优先受偿权没有异议的，人民法院方可对建设工程的标的物进行拍卖；发包人对承包人的优先受偿权提出异议的，人民法院应当裁定驳回承包人的申请，由承包人向人民法院提起诉讼，待获得生效胜诉裁决后，再向人民法院申请依法拍卖。

需要特别明确的是，《合同法》第二百八十六条并未排除承包人采用诉讼途径行使优先受偿权，且在审判实践中多采用诉讼方式，但诉讼成本较高。

案例指导

广发银行股份有限公司佛山分行与阳江市建安集团第二建筑工程有限公司、佛山市富地投资有限公司建设工程价款优先受偿权纠纷案[①]

上诉人（原审原告）：广发银行股份有限公司佛山分行（以下简称广发佛山分行）。

被上诉人（原审被告）：阳江市建安集团第二建筑工程有限公司（以下简称阳江二建）。

被上诉人（原审被告）：佛山市富地投资有限公司（以下简称富地公司）。

广发佛山分行不服广东省佛山市中级人民法院（以下简称佛山中院）（2017）粤06民撤2号民事判决，提起上诉。

广发佛山分行上诉请求：撤销一审判决，改判撤销（2017）粤06民撤2号民事判决，本案诉讼费由阳江二建和富地公司共同承担。事实和理由：（一）我方对富地公司等依法享有债权，并通过申请法院强制执行分得执行款59909303.29元。阳江二建于2015年8月17日起诉确认建设工程价款优先受偿权（以下简称工程价款优先权）并获得佛山中院作出的（2016）粤06民终55号民事判决（以下简称55号判决）支持后，佛山市禅城区

---

① 详见广东省高级人民法院（2017）粤民终2944号民事判决书。

法院于2016年11月28日作出（2011）佛城法执字第1525号-10《通知书》，对我方实施执行回转，扣划我方存款9831811.3元至法院账户，并将其中400万元划付给阳江二建、将5627745元划付给案外人李大群，余款204066.3元待处理。（二）一审判决确认阳江二建享有工程价款优先权没有法律依据。（三）我方于2016年11月29日签收（2011）佛城法执字第1525号-10《通知书》及55号判决，方知悉阳江二建提起工程价款优先权确认之诉，故未能及时申请参加诉讼，属于不能归责于我方的事由未参加诉讼的情形。55号判决错误认定阳江二建的工程价款优先权，严重损害我方的合法权益，我方有权提起本案诉讼。

广发佛山分行向佛山中院起诉请求：撤销佛山中院作出的55号判决，驳回阳江二建在该案的诉讼请求；本案诉讼费用由阳江二建、富地公司负担。

一审审理查明的事实：略。

佛山中院认为，本案系第三人撤销之诉。综合广发佛山分行与阳江二建的诉辩意见，本案争议焦点是55号判决是否错误并损害了广发佛山分行的民事权益，是否应被撤销。具体涉及阳江二建在富地公司欠付的建设工程款15235595.70元范围内对拍卖、变卖肇庆鼎湖明珠国际大酒店2号楼地上建筑物所得价款是否享有建设工程价款优先权，包括优先权的起算点、实现程序和方式；阳江二建的建设工程款数额是否虚高。

一、关于阳江二建工程价款优先权行使期限的起算点。

《优先受偿权批复》第四条规定："建设工程承包人行使优先权的期限为六个月，自建设工程竣工之日或者建设工程合同约定的竣工之日起计算。"首先，关于建设工程竣工之日。阳江二建与富地公司签订的《鼎湖明珠国际酒店结算协议书》约定了如果富地公司未按结算协议书约定时间付款，阳江二建"有权制止富地公司停止本项目工程施工"，以及阳江二建同意将本工程项目现有的临时设施交付富地公司，由富地公司自行处理等内容，结合阳江二建关于水电和装修等工程均未完工的陈述，可以确定双方在签订结算协议书时建设工程尚未完工；而且双方在4953号案件中的争议说明双方对于2号楼竣工验收问题也未达成一致，故该案并无建设工程竣工之日可作为优先权行使期限的起算点。其次，关于建设工程合同约定的竣工之日。从阳江二建与富地公司签订的《鼎湖明珠国际酒店工程合同补充协议》和4953号案件审理情况看，双方并没有明确约定竣工时间，而且从补充协议和结算协议书的内容看，双方实际履行过程中也变更了合同约定的承包范围，故该案也无合同约定的竣工之日作为优先权的起算点。因双方在结算协议书中约定了富地公司分期支付所结算的工程款，并约定在阳江二建做好2号楼主体工程验收合格并移交所有工程资料后，富地公司将余款一次性付清，而双方对谁负有竣工验收的义务发生争议，工程未能竣工验收，故从结算协议书内容和双方争议过程看，结算协议约定的余款付款期限在工程竣工验收之前是没有届满的。而4953号判决实质上是对双方的债权债务进行了确定，故55号判决以该判决确定的履行期限届满之日作为阳江二建行使建设工程价款优先权期限的起算点，即以2012年3月24日作为起算点合理。广发佛山分行主张应以2010年4月为起算点，缺乏事实和法律依据，法院不予支持。

二、关于阳江二建建设工程价款优先权的实现程序和方式。

《合同法》第二百八十六条规定："发包人未按照约定支付价款的，承包人可以催告发包人在合理期限内支付价款。发包人逾期不支付的，除按照建设工程的性质不宜折价、拍卖的以外，承包人可以与发包人协议将该工程折价，也可以申请人民法院将该工程依法拍卖。建设工程的价款就该工程折价或者拍卖的价款优先受偿。"根据上述规定，建设工程价款优先权是一种法定优先权。建设工程承包人提起诉讼、申请仲裁主张工程价款优先权，自行与发包人协商以该工程折价抵偿欠付工程款，申请法院将该工程拍卖以实现工程款债权，申请对建设工程拍卖款参与分配程序主张优先权，或者向发包人以书面形式明确表示主张优先权的，均属于对建设工程价款依法行使优先权。阳江二建在申请执行程序中提交《权益声明》主张其享有优先权，符合法律和司法解释规定的建设工程价款优先权实现程序和方式。故55号判决认定阳江二建于2012年4月10日提交《权益声明》主张其享有优先权并未超过六个月的期限，该认定并无不妥。广发佛山分行主张工程价款优先权只能通过诉讼方式主张，于法无据，法院不予支持。

三、关于建设工程款数额是否虚高。

富地公司应向阳江二建支付工程款15235595.70元，已为4953号判决确认。

55 号判决确认的是阳江二建的工程价款优先权。故广发佛山分行主张阳江二建的建设工程款数额虚高，并以此为由请求撤销 55 号判决，法院不予支持。

综上所述，广发佛山分行未能证明 55 号判决错误并损害了其民事权益，其请求撤销 55 号判决的诉讼请求不能成立，应予驳回。富地公司经法院依法传唤无正当理由未到庭，依法缺席判决。依照《中华人民共和国民事诉讼法》第五十六条第三款、《最高人民法院关于适用〈中华人民共和国民事诉讼法〉的解释》第三百条第一款第（三）项、第二款规定，判决：驳回广发佛山分行的诉讼请求。案件受理费 113213.57 元，由广发佛山分行负担。

广东高院认为：本案为第三人撤销之诉，从广发佛山分行的上诉意见看，本案争议焦点为如何确认阳江二建工程价款优先权的起算点和行使方式。

关于工程价款优先权的起算点。《合同法》第二百八十六条规定："发包人未按照约定支付价款的，承包人可以催告发包人在合理期限内支付价款。发包人逾期不支付的，除按照建设工程的性质不宜折价、拍卖的以外，承包人可以与发包人协议将该工程折价，也可以申请人民法院将该工程依法拍卖。建设工程的价款就该工程折价或者拍卖的价款优先受偿。"《优先受偿权批复》第四条规定："建设工程承包人行使优先权的期限为六个月，自建设工程竣工之日或者建设工程合同约定的竣工之日起计算。"从上述规定可见，工程价款优先权为法定权利，但当事人应当在规定期限内行使。由于实践中工程竣工之日往往也是工程款应当结清之时，因此，承包人主张工程价款优先权一般应从建设工程竣工之日或者建设工程合同约定的竣工之日起计算。在本案中，阳江二建与富地公司签订的《鼎湖明珠国际酒店工程合同补充协议》没有约定竣工时间，从双方签订的《鼎湖明珠国际酒店结算协议书》中关于如富地公司不按照该协议的约定时间付款，阳江二建"有权制止富地公司停止本项目工程施工"的约定看，双方结算时，涉案工程并未竣工，仍需继续施工。故本案不存在建设工程竣工之日或者建设工程合同约定的竣工之日作为工程价款优先权的起算点。《合同法》第二百八十六条规定承包人就未付工程款对所承建工程享有优先权，系为保护承包人对工程价款的实际受偿，在认定该优先权的行使期限时，应当遵循案件的客观事实，保证实现该优先权。在本案中，阳江二建与富地公司签订的《鼎湖明珠国际酒店结算协议书》约定了富地公司的付款期限，但由于富地公司未能如期付款而被阳江二建诉至法院，禅城区法院作出的4953号判决明确了富地公司对阳江二建的债务数额和履行期间，建设工程价款优先权的起算点应为债权应受清偿时，55号判决以4953号判决确定的履行期限届满之日作为阳江二建行使建设工程价款优先权的起算点，符合客观事实。

《建设工程施工合同解释（一）》第十四条第（二）项、第（三）项规定认定建设工程实际竣工日期的两种情形，是针对发包人恶意拖延工程竣工验收时间等，以期达到拖延支付工程价款的违法目的而作出的惩罚性规定，其目的是保护承包人主张工程款的合法权益。如以上述规定认定的竣工日期作为工程价款优先权的起算点，则会因起算点过早而损害承包人的工程价款优先权，与上述司法解释和《合同法》第二百八十六条的本意相悖。因此，不宜以《建设工程施工合同解释（一）》的上述规定作为承包人行使工程价款优先权的六个月期限的起算点。广发佛山分行主张以《建设工程施工合同解释（一）》第十四条第（二）项、第（三）项确定的竣工日期作为阳江二建行使工程价款优先权的起算点，缺乏充分理据，本院不予支持。

关于行使工程价款优先权的方式。提起诉讼主张工程价款优先权固然是行使优先权的一种方式，但现行法律法规并未限制债权人通过其他方式行使权利。为了保障实现法律和司法解释规定的工程价款优先权，对行使该权利的方式应从宽掌握，权利人有充分证据证明其向债务人主张了工程价款优先权的，应认可其行使了此项权利。阳江二建在4953号判决申请执行期间向执行法院提交《权益声明》，主张其享有工程价款优先权，属于行使工程价款优先权的行为。此时距其优先权的起算点未满六个月，55号判决据此认定阳江二建行使工程价款优先权没有超过六个月期限，阳江二建对富地公司尚欠的工程价款具有优先受偿权，并无不当。广发佛山分行认为权利人仅可通过诉讼行使优先权，缺乏法律依据，本院不予支持。

综上所述，55号判决处理并无不当，一审判决对广发佛山分行撤销55号判决的请求予以驳回，认定事实清楚，适用法律正确，应予维持。广发佛山分行的上诉请求不能成立，应予驳回。依照《中华人民共和国民事诉讼法》第一百七十条第一款第（一）项规定，判决如下：驳回上诉，维持原判。二审案件受理费113213.57元，由广发银行股份有限公司佛山分行负担。

规范指引

《中华人民共和国合同法》

第二百八十六条　发包人未按照约定支付价款的，承包人可以催告发包人在合理期限内支付价款。发包人逾期不支付的，除按照建设工程的性质不宜折价、拍卖的以外，承包人可以与发包人协议将该工程折价，也可以申请人民法院将该工程依法拍卖。建设工程的价款就该工程折价或者拍卖的价款优先受偿。

《最高人民法院关于建设工程价款优先受偿权问题的批复》

上海市高级人民法院：

你院沪高法〔2001〕14号《关于合同法第286条理解与适用问题的请示》收悉。经研究，答复如下：

一、人民法院在审理房地产纠纷案件和办理执行案件中，应当依照《中华人民共和国合同法》第二百八十六条的规定，认定建筑工程的承包人的优先受偿权优于抵押权和其他债权。

二、消费者交付购买商品房的全部或者大部分款项后，承包人就该商品房享有的工程价款优先受偿权不得对抗买受人。

三、建筑工程价款包括承包人为建设工程应当支付的工作人员报酬、材料款等实际支出的费用，不包括承包人因发包人违约所造成的损失。

四、建设工程承包人行使优先权的期限为六个月，自建设工程竣工之日或者建设工程合同约定的竣工之日起计算。

五、本批复第一条至第三条自公布之日起施行，第四条自公布之日起六个月后施行。

此复。

《最高人民法院关于审理建设工程施工合同纠纷案件适用法律问题的解释（二）》

第十七条　与发包人订立建设工程施工合同的承包人，根据合同法第二百八十六条规定请求其承建工程的价款就工程折价或者拍卖的价款优先受偿的，人民法院应予支持。

专题二：装饰装修工程承包人优先受偿权的行使

【核心提示】装饰装修工程的承包人，请求装饰装修工程价款就该装饰装修工程折价或者拍卖的价款优先受偿的，人民法院应予支持，但装饰装修工程的发包人不是该建筑物的所有权人的除外。

实务争点

《合同法》第二百八十六条明确规定了建设工程合同的承包人享有建设工程价款优先受偿权。依据该法第二百六十九条的规定，建设工程合同是承包人进行工程建设，发包人支付价款的合同。建设工程合同包括工程勘察、设计、施工合同。从合同法的规定来看，若从狭义解释角度（立法目的限缩解释）理解，建设工程合同显然不包括装饰装修工程合同；若从广义解释角度（立法目的扩张解释）理解，建设工程合同应当包括装饰装修工程合同。众所周知，装饰装修是为了充分发挥建筑物功能的建设活动。当司法实践中出现建设工程的发包人拖欠装饰装修工程合同的承包人装修费用时，装饰装修工程的承包人可否依据《合同法》第二百八十六条的规定行使建设工程价款优先受偿权？存在争议。对此，《建设工程施工合同解释（二）》第十八条规定：装饰装修工程的承包人，请求装饰装修工程价款就该装饰装修工程折价或者拍卖的价款优先受偿的，人民法院应予支持，但装饰装修工程的发包人不是该建筑物的所有权人的除外。

理解适用

对《建设工程施工合同解释（二）》第十八条规定的理解与适用

装饰装修，准确的表达应称为建筑装饰装修。日常生活中，习惯上还有不同的叫法，如建筑装饰、建筑装修、建筑装潢等。这些称谓在不同的正式文件中都有使用。所谓装饰装修，是指为了保护建筑物的主体结构，完善建筑物的使用功能和美化建筑物，采用装饰装修材料或饰物，对建筑物的内外表面及空间进行的各种处理过程。[①]装饰装修与建筑物、构筑物相联系。广义的建筑物是指人工建筑而成的所有产品形式。在建筑法、物权法、侵权责任法等法律中，建筑物与构筑物并列。建筑物通常是指供人们进行生产、生活或者其他活动的房屋或者场所。构筑物通常是指房屋以外的建筑物。装饰装修，通常是指对建筑物而言，又常称为建筑装饰或者建筑装修。[②]

一、装饰装修工程的发包人与承包人

装饰装修工程合同的当事人即建设工程施工合同的当事人。发包人是指与承包人签订装饰装修工程合同的人，承包人是指与发包人签订装饰装修工程合同、具有相应工程施工承包资质的人。

装饰装修工程的发包人，可以是建筑物的所有人，也可以是建筑物的使用权人。使用权人不享有建筑物的所有权但依法享有建筑物的使用权能，包括所有权人为国家机关、军队、事业单位与国有企业等法人与自然人，也包括因租赁、联营等取得房屋使用权的人。因此装饰装修工程的发包人，既可以是建筑物所有权人，也可以是建筑物所有权之外的其他人。没有依法取得或者依约取得建筑物的使用权的人不具备装饰装修工程发包人的资格。[③]

装饰装修工程的承包人可以是依法取得相应施工资质的任何单位。《建筑法》第二十六条规定："承包建筑工程的单位应当持有依法取得的资质证书，并在其资质等级许可的业务范围内承揽工程。禁止建筑施工企业超越本企业资质等级许可的业务范围或者以任何形式用其他建筑施工企业的名义承

---

① 参见最高人民法院民事审判第一庭编著:《最高人民法院建设工程施工合同司法解释（二）理解与适用》，人民法院出版社 2019 年版，第 377 页。

② 参见最高人民法院民事审判第一庭编著:《最高人民法院建设工程施工合同司法解释（二）理解与适用》，人民法院出版社 2019 年版，第 378 页。

③ 参见最高人民法院民事审判第一庭编著:《最高人民法院建设工程施工合同司法解释（二）理解与适用》，人民法院出版社 2019 年版，第 379 页。

揽工程。禁止建筑施工企业以任何形式允许其他单位或者个人使用本企业的资质证书、营业执照，以本企业的名义承揽工程。”该条所说的“依法取得的资质证书”和“资质等级”，是指有关主管机关依照本法第十二条和第十三条的规定，对符合法定条件的建筑施工企业、勘察单位、设计单位或工程监理单位核发的允许其从事相关建筑活动的资质证书和该证书所载明的资质等级。建筑工程是“百年大计，质量第一”，其质量问题直接关系着公众的生命和财产安全。而要保证建筑工程质量，首先要求从事建筑活动（包括建筑工程的勘察、设计、施工和监理活动等）的单位必须具备相应的资质条件，装饰装修工程亦不例外。因此，装饰装修工程合同的承包人不可以是自然人，只能是依法取得相应施工资质的施工企业。

二、装饰装修工程价款优先受偿权的适用

依据《建设工程施工合同解释（二）》第十八条的规定，装饰装修工程的承包人，请求装饰装修工程价款就该装饰装修工程折价或者拍卖的价款优先受偿的，人民法院应予支持，但装饰装修工程的发包人不是该建筑物的所有权人的除外。该规定阐明了装饰装修工程的承包人享有工程价款优先受偿权是有一定限制的，并非不受约束的适用。因此，司法实践中应当从如下方面理解适用装饰装修工程价款优先受偿权：

1. 装饰装修工程价款适用优先受偿权原则，符合《合同法》第二百八十六条的立法本意。优先权是指债权人基于法律的直接规定而享有的就债务人的总财产或者特定动产、不动产的价值优先受偿的权利。优先权具有法定担保物权性质，它可以就债务人的全部财产或特定财产出卖所得价款优先于其他有（约定）担保或者无（约定）担保的债权而受清偿。优先权的价值在于打破债权平等原则，赋予一些特殊债权人享有以优先于其他债权人而受偿的权利，最终实现债权之间的实质平等。在装饰装修工程中，正是因优先权人的工作行为使原先的不动产增值，其与建筑工程应属同一法理。在发包人拖欠的装饰装修工程价款中，除装饰装修需要的材料费用外，相当一部分是承包人应当支付给劳动者的工资和其他劳务费用。因此将装饰装修工程价款纳入建设工程价款的范围之内，有利于保护广大劳动者及时获得应得的劳

动报酬。[①]

2. 装饰装修工程价款的优先受偿权仅限于因装饰装修而使该建筑物增加价值的范围之内。装饰装修工程是以已经建造的建筑物为基础而进行的一种二次加工和修缮，因此其优先权的行使范围应当限定在装饰装修工程使建筑物增加价值的限度之内。在司法实践中，因装饰装修而使建筑物增值的范围一般应当根据当事人双方的合同约定来判断，如果合同中约定了洽商变更的条件及例外情形，则需要借助于司法鉴定来综合判定。[②]

值得注意的是，因装饰装修而使建筑物增值部分，既不等同于装饰装修工程施工合同约定的工程价款，也不等同于整个建筑物的价值。装饰装修工程施工合同约定的工程价款，只是装饰装修工程的造价。整个建筑物折价或者拍卖后的价款中，如何确定因装饰装修而增值的部分相对复杂。如果装饰装修工程施工合同的当事人有约定，依约定处理。没有约定，可以通过司法鉴定来处理。当然，最为便捷的途径是建设工程合同的发包人与装饰装修工程的承包人协商处理。

3. 装饰装修工程的发包人必须是该建筑物的所有权人，或者虽然发包人不是所有权人，但发包人属于有权处分该建筑物的人。在建筑物权属确定的情况下，建筑物的所有人或者有权处分该建筑物的人才有权与装饰装修工程的承包人签订装饰装修工程施工合同，此时，装饰装修工程施工合同的承包人才能有权依法对该建筑物因装饰装修而增值部分享有优先受偿权。如果装饰装修工程施工合同的承包人没有与该建筑物的所有权人或者有权处分的人签订装饰装修工程施工合同或者形成事实上直接的装饰装修工程施工合同关系，则装饰装修工程施工合同的承包人无权就建筑物增值部分享有优先受偿权。

三、司法实践中应当注意的问题

在司法实践中，应当注意下列问题：

---

① 参见最高人民法院民事审判第一庭编著：《最高人民法院建设工程施工合同司法解释（二）理解与适用》，人民法院出版社 2019 年版，第 380~381 页。

② 参见最高人民法院民事审判第一庭编著：《最高人民法院建设工程施工合同司法解释（二）理解与适用》，人民法院出版社 2019 年版，第 381 页。

1. 家庭居室装饰装修的承包人可否享有工程价款优先受偿权的问题。家庭居室装饰装修工程的承包人不享有工程价款的优先受偿权。主要基于：一是家庭居室装饰装修工程应当适用合同法有关承揽合同的规定。拖欠家庭居室装饰装修款的在司法实践中实属罕见，多见的是装饰装修质量引发的纠纷。同时，家庭居室装饰装修的标的额一般不大，家庭居室的业主一般会“量力而行”。二是认定家庭居室装饰装修工程承包人不享有建设工程价款优先受偿权符合最高人民法院司法解释与司法政策精神。《优先受偿权批复》明确规定了“消费者交付购买商品房的全部或者大部分款项后，承包人就该商品房享有的工程价款优先受偿权不得对抗买受人”。《最高人民法院关于人民法院办理执行异议和复议案件若干问题的规定》第二十八条、第二十九条又明确强调了对商品房买受人权利的特殊保护。

2.《最高人民法院关于审理城镇房屋租赁合同纠纷案件具体应用法律若干问题的解释》（以下简称《城镇房屋租赁合同解释》）与《建设工程施工合同解释（二）》第十八条的关系问题。房屋装饰装修涉及债权和物权两大领域，涉及添附制度、不当得利等民法理论。《城镇房屋租赁合同解释》第九条至第十三条涉及承租人装饰装修有关附合和未形成附合的装饰装修物分别适用不同的处理原则。未形成附合的装饰装修物，承租人作为所有权人享有处分权；已经形成附合的装饰装修物区分为合同无效、合同有效解除、合同履行期限届满情形，适用不同的处理原则。因此，凡是未形成附合的装饰装修物均可以折价或者拍卖，所得价款中，装饰装修工程的承包人享有优先受偿权。因未形成附合的，装饰装修物不属于建筑物（房屋）的组成部分，是独立的物。该装饰装修物为动产的，原则上归出资人即承租人（也即装修人）所有。当然，承包人在整个建筑物被折价或者拍卖时，有权就形成附合的装饰装修物的价款部分请求优先受偿或者要求建筑物所有权人予以适当补偿。①

3.《最高人民法院关于装修装饰工程款是否享有合同法第二百八十六条

① 参见最高人民法院民事审判第一庭编著：《最高人民法院建设工程施工合同司法解释（二）理解与适用》，人民法院出版社 2019 年版，第 387~388 页。

规定的优先受偿权的函复》与《建设工程施工合同解释（二）》第十八条的关系问题。该函复的内容是："装修装饰工程属于建设工程，可以适用《中华人民共和国合同法》第二百八十六条关于优先受偿权的规定，但装修装饰工程的发包人不是该建筑物的所有权人或者承包人与该建筑物的所有权人之间没有合同关系的除外。享有优先权的承包人只能在建筑物因装修装饰而增加价值的范围内优先受偿。"①《建设工程施工合同解释（二）》第十八条的规定删除了该函复中的"承包人与该建筑物的所有权人之间没有合同关系"的除外条件，虽没有完全吸收该函复的内容，但该函复仍然可以在类似案件中参照适用，只不过要注意"承包人与该建筑物的所有权人之间没有合同关系"是否足以导致对该建筑物予以折价或者拍卖。除担保物权关系外，还应当考虑装饰装修工程依附的建筑物的所有权人是否与装饰装修工程的发包人对装饰装修工程承包人的工程价款承担连带清偿责任。②

4. 装饰装修工程质量与工程价款优先受偿权的关系问题。建设工程施工合同工程价款优先受偿权行使的前提条件是建设工程质量合格，作为装饰装修工程的承包人行使建设工程价款优先受偿权亦不例外。从《建设工程施工合同解释（一）》《建设工程施工合同解释（二）》的相关规定来看，始终坚持"质量至上"的原则，因此工程质量不合格，工程承包人不能享有建设工

① 该函复的主旨是：装修装饰工程属于建设工程，应当适用《中华人民共和国合同法》第二百八十六条关于优先受偿权的规定，装修装饰工程的承包人在建筑物因装修装饰而增加价值的范围内享有优先受偿权。但装修装饰工程的承包人与该装修装饰工程所依附的建筑物的所有权人之间没有合同关系的除外。在本案中，福州绿叶房产代理有限公司作为装修装饰工程的发包人，并不是该装修装饰工程所依附的建筑物的所有权人，所以，福州绿叶房产代理有限公司与福州市康辉装修工程有限公司的装修装饰合同对建筑物的所有权人福州天胜房地产开发公司不具有约束力。但是，由于该建筑物的所有权人福州天胜房地产开发公司自愿为装修装饰工程的发包人福州绿叶房产代理有限公司承担连带保证责任，从而在装修装饰工程的承包人与建筑物的所有权人之间形成了新的合同关系。因此，如果该保证合同成立，福州市康辉装修工程有限公司作为装修装饰工程的承包人，就发包人所欠工程价款在建筑物因装修装饰而增加价值的范围内享有优先受偿权。详见人民法院出版社法规编辑中心编：《解读最高人民法院请示与答复》，人民法院出版社 2010 年版，第 66~69 页。

② 参见最高人民法院民事审判第一庭编著：《最高人民法院建设工程施工合同司法解释（二）理解与适用》，人民法院出版社 2019 年版，第 385 页。

程价款优先受偿权，也不能要求发包人支付工程价款。同时，若建设工程质量不合格给发包人造成损失的，承包人和实际施工人对工程质量承担连带赔偿责任。①

案例指导

深圳市城建工程集团有限公司与郭绍浩装饰装修合同纠纷案②

上诉人（原审原告）：深圳市城建工程集团有限公司。

被上诉人（原审被告）：郭绍浩。

二审法院认为，本案为装饰装修合同纠纷，根据双方当事人在二审中的上诉和答辩，本案争议焦点是：上诉人的诉讼请求应否支持。

被上诉人2013年8月13日前虽未取得涉案楼房的所有权，但已经能够实际交付楼房给上诉人进行装修作业，双方当事人就涉案楼房所签订的装饰装修工程施工协议书系双方的真实意思表示，依法应确认为有效。上诉人提供的证据足以证明其在协议签订后购进材料并组织工人进场施工，双方也于2014年8月26日对上诉人已完成的装饰装修工程量进行核对并依协议书的约定进行结算，双方结算书中所确认的工程价款虽为5777103元，但经一审法院委托的广州永道工程咨询有限公司现场勘验评估，实际施工的工程量造价为4701008.17元，双方当事人对该评估结论均无异议，且二审审理过程中被上诉人也要求将其尚欠上诉人的工程款按照评估价进行调整，故本院根据已查明的事实对上诉人主张的工程款4701008.17元予以支持，其余明显超过实际施工工程款的部分不予支持。除双方已确认的施工过程中被上诉人陆续付还的2300000元外，郭锦珠又分六次代被上诉人付还的538568元已由刘某签收，该款应确认为被上诉人付还上诉人的工程款，涉案工程实际价款4701008.17元抵除被上诉人已付还的2838568

① 《建设工程施工合同解释（二）》第四条规定：缺乏资质的单位或者个人借用有资质的建筑施工企业名义签订建设工程施工合同，发包人请求出借方与借用方对建设工程质量不合格等因出借资质造成的损失承担连带赔偿责任的，人民法院应予支持。

② 详见广东省潮州市中级人民法院（2016）粤51民终266号民事判决书。

元后，被上诉人实欠上诉人的工程款为 1862440.17 元。根据《合同法》第九十三条第一款“当事人协商一致，可以解除合同”、第九十七条“合同解除后，尚未履行的，终止履行；已经履行的，根据履行情况和合同性质，当事人可以要求恢复原状、采取其他补救措施，并有权要求赔偿损失”及第二百六十九条“建设工程合同是承包人进行工程建设，发包人支付价款的合同”的规定，双方协商解除合同后，上诉人有权要求被上诉人付还实欠工程款 1862440.17 元并按照合同约定偿付该款迟延履行的违约金。上诉人向被上诉人主张的装饰装修工程款属于建筑工程款，鉴于涉案楼房已被广东省汕头市中级人民法院查封拍卖，根据《合同法》第二百八十六条：“发包人未按照约定支付价款的，承包人可以催告发包人在合理期限内支付价款。发包人逾期不支付的，除按照建设工程的性质不宜折价、拍卖的以外，承包人可以与发包人协议将该工程折价，也可以申请人民法院将该工程依法拍卖。建设工程的价款就该工程折价或者拍卖的价款优先受偿。”及《优先受偿权批复》“一、人民法院在审理房地产纠纷案件和办理执行案件中，应当依照《中华人民共和国合同法》第二百八十六条的规定，认定建筑工程的承包人的优先受偿权优于抵押权和其他债权。……三、建筑工程价款包括承包人为建设工程应当支付的工作人员报酬、材料款等实际支出的费用，不包括承包人因发包人违约所造成的损失。……”的规定，上诉人在尚欠工程款 1862440.17 元的范围内对涉案楼房的装饰装修工程拍卖款享有优先受偿权。上诉人的其余请求，依据不足，本院不予支持。

综上所述，上诉人的部分请求成立。依照《中华人民共和国合同法》第九十三条第一款、第九十七条、第二百六十九条、第二百八十六条，《最高人民法院关于建设工程价款优先受偿权问题的批复》及《中华人民共和国民事诉讼法》第一百七十条第一款第（二）项的规定，判决如下：一、撤销潮州市潮安区人民法院（2015）潮安法民一初字第 137 号民事判决；二、被上诉人郭绍浩应于本判决发生法律效力之日起 10 日内付还上诉人深圳市城建工程集团有限公司工程款人民币 1862440.17 元并按日千分之一偿付该款自 2014 年 9 月 1 日起至判决确定还款之日止的逾期还款违约金；三、上诉人深圳市城建工程集团有限公司在工程款人民币 1862440.17 元范围内对被上诉人郭绍浩原位于潮州市潮安区潮安大道北侧刘陇路段房产的装饰装修工程拍卖款享有优先受偿权；四、驳回上诉人深圳市城建工程集团有限公司其他诉讼请求。如果未按本判决指定的期间履行给付金钱义务，应当依照《中华人民共和国民事诉讼法》第二百五十三条之规定，加倍支付迟延履行期间的债务利息。

规范指引

《中华人民共和国合同法》

第二百八十六条 发包人未按照约定支付价款的，承包人可以催告发包人在合理期限内支付价款。发包人逾期不支付的，除按照建设工程的性质不宜折价、拍卖的以外，承包人可以与发包人协议将该工程折价，也可以申请人民法院将该工程依法拍卖。建设工程的价款就该工程折价或者拍卖的价款优先受偿。

《最高人民法院关于审理建设工程施工合同纠纷案件适用法律问题的解释（二）》

第十八条 装饰装修工程的承包人，请求装饰装修工程价款就该装饰装修工程折价或者拍卖的价款优先受偿的，人民法院应予支持，但装饰装修工程的发包人不是该建筑物的所有权人的除外。

专题三：建设工程承包人优先受偿权的行使条件

【核心提示】建设工程质量合格，承包人请求其承建工程的价款就工程折价或者拍卖的价款优先受偿的，人民法院应予支持。

实务争点

建设工程的价款是由承包人对建设工程投入的劳务、建筑材料等转化而来，承包人的弱势地位对其工程价款的保护较为不利，并会产生一系列的连锁反应，不利于社会生产和生活秩序的稳定，亦不利于建筑行业的健康发展。[①] 因此，《合同法》第二百八十六条、《优先受偿权批复》和《建设工程施工合同解释（二）》对承包人建设工程价款优先受偿权作了规定和进一步的明确。在司法实践中，对承包人建设工程价款优先受偿权的行使条件存在分歧：承包人行使建设工程价款优先受偿权是否以建设工程施工合同有效为前提？建设工程质量对承包人行使建设工程价款优先受偿权有无影响？对此，《建设工程施工合同解释（二）》第十九条规定：建设工程质量合格，承包人请求其承建工程的价款就工程折价或者拍卖的价款优先受偿的，人民法院应予支持。

理解适用

对《建设工程施工合同解释（二）》第十九条规定的理解与适用

随着建筑市场发生的新变化，管理政策的新突破，司法实践和司法解释对建设工程施工合同承包人行使建设工程价款优先受偿权采取了包容的态度。因此，在司法实践中应当从如下方面理解适用《建设工程施工合同解释（二）》第十九条的规定。

一、建设工程施工合同的效力不是建设工程施工合同承包人行使建设工程价款优先受偿权的前提条件

在建设工程领域，由于坚持“质量第一”的原则，法律、行政法规对建设工程施工合同作出了不少强制性规定，且这些强制性规定大多数涉及建设工程施工合同的效力。但是，建设工程施工合同无效的情形可谓常见，无效的建设工程施工合同承包人能否行使建设工程价款优先受偿权？对此存在着相对立的观点：

赞成的意见认为，建设工程施工合同无效，但已完成的建设工程质量合格，承包人可以就该建设工程价款享有优先受偿权。在建设工程施工合同无效，工程经竣工验收合格时，根据《建设工程施工合同解释（一）》第二条

---

① 参见最高人民法院民事审判第一庭编著：《最高人民法院建设工程施工合同司法解释（二）理解与适用》，人民法院出版社2019年版，第389页。

的规定，仍可参照合同约定支付工程款。建设工程价款优先受偿权的基础源于工程款债权，在工程款仍应支付、工程款债务仍应清偿的情况下，建设工程价款优先受偿权的制度设计也考虑到了承包人的人力、财力、物力已经物化于建设工程的实际情况，应尽可能保护该权利。

反对的意见认为，建设工程施工合同无效的承包人主张工程价款优先受偿权的，不能获得支持。理由如下：一是建设工程价款优先受偿权在性质上类似于抵押权，根据《担保法》第五条的规定，担保合同是主合同的从合同，主合同无效，担保合同无效，因此无效合同的承包人主张工程价款优先受偿权缺乏依据。二是《合同法》第二百八十六条应作体系解释。根据该条规定承包人享有建设工程价款优先受偿权必须符合下列条件：发包人未按照约定支付价款，承包人已催告发包人在合理期限内支付价款；发包人逾期不支付；按照建设工程的性质宜折价、拍卖；承包人可以与发包人协议将该工程折价，也可以申请人民法院将该工程拍卖；承包人应获得的建设工程价款就该工程折价或者拍卖的价款优先受偿。因此，承包人享有建设工程价款优先受偿权的前提条件是发包人未按照约定支付建设工程价款，而未按照约定支付建设工程价款的前提是合同有效。在建设工程施工合同无效的情况下，建设工程施工合同承包人行使建设工程价款优先受偿权并不符合前述法律规定的条件。①

最高人民法院民一庭认为合同有效并非承包人行使建设工程价款优先受偿权的条件，在已完成的工程质量合格的情况下，承包人主张工程价款优先受偿权的，人民法院应予支持。其理由如下：一是建设工程领域特有的资质与招标投标管理要求，导致实践中建设工程施工合同无效的情形较为普遍。若将建设工程价款优先受偿权的行使条件限定为合同有效，会导致大量承包人的建设工程价款优先受偿权落空。二是在建筑市场上，承包人整体处于弱势地位，在缔约时地位相对较低，缔约是否遵守招标投标程序、是否选择有资质的承包人，决策权主要在发包人一方。如果以合同有效作为承包人

① 参见最高人民法院民事审判第一庭编著：《最高人民法院建设工程施工合同司法解释（二）理解与适用》，人民法院出版社 2019 年版，第 391~392 页。

享有建设工程价款优先受偿权的前提条件，不仅无助于缓解建设工程施工合同无效多发现状，甚至还可能增加发包人的道德风险，形成负面激励。三是建设工程价款优先受偿权的享有应当以建设工程质量合格作为前提条件，而不应当以建设工程施工合同有效作为前提条件。四是建设工程施工合同无效的情形下，依据《建设工程施工合同解释（一）》第二条的规定，只要建设工程经过竣工验收合格，承包人请求参照合同约定支付工程价款的，人民法院应予支持。建设工程价款优先受偿权是为了保护承包人的工程价款给付请求权而设立，可不问建设工程施工合同是否有效。五是从《合同法》第二百八十六条的文义解释来看，并不能必然得出建设工程价款优先受偿权的享有必须以建设工程施工合同有效为前提条件。六是建设工程价款优先受偿权的一项制度价值在于保护农民工工资权益，在建设工程施工合同无效的常见情形下，若以合同有效作为承包人享有建设工程价款优先受偿权的前提条件，会影响到农民工工资权益的实现。[①]

二、建设工程质量合格是承包人行使建设工程价款优先受偿权的前提条件

建设工程始终遵循“质量第一”的方略，因为建设工程质量与民众的生命财产安全密切相关。因此，虽然建设工程施工合同无效，但是承包人所承建的建设工程经过竣工验收合格，承包人请求支付价款的，人民法院应予支持。

三、建设工程价款优先受偿权不宜折价、拍卖的情形

一般说来，建设工程价款优先受偿权的对象是可以折价、拍卖的工程，而对不宜折价、拍卖的工程则无法享有优先受偿权。此处的“不宜折价、拍卖”的建设工程，当解释为法律禁止的流通物，如公共道路、军事设施、机场、公共图书馆、港口等不能拍卖，当然也不能成为优先受偿权的标的。

在司法实践中，违章建筑并不罕见。但是，对何谓违章建筑并无法律明

---

① 参见最高人民法院民事审判第一庭编著:《最高人民法院建设工程施工合同司法解释（二）理解与适用》，人民法院出版社 2019 年版，第 392~393 页。

确规定。一般认为，违章建筑是指建造人违反国家法律、行政法规关于建筑行为的相关规定所建造的各种建筑物及其附属设施。违章建筑有两个鲜明特征，一是违章建筑是违反了法律、行政法规的规定而建造形成的一种状态；二是违章建筑不仅包括各种建筑物，还包括其附属设施。[①]违章建筑因建造行为违法，由此导致无法完成初始登记。由于没有进行物权初始登记，所以相关权利主体对违章建筑进行处分，该处分行为不能发生物权变动效力。[②]因此，基于违章建筑不能处分的客观情形，缺乏通过折价、拍卖的方式实现承包人建设工程价款优先受偿权的可能，因此对违章建筑的建设工程施工合同承包人不得对该建筑物行使建设工程价款优先受偿权。当然，违章建筑的违法情形消除后，建设工程施工合同的承包人则可依法享有对该建筑物的建设工程价款优先受偿权。

建设工程质量不合格且难以修复的建筑，属于建设工程经竣工验收不合格的一种情形。从合同目的角度考虑，发包人将建设工程交由承包人进行施工并支付价款，目的在于获取质量合格的建设工程。如果承包人施工的建设工程质量不合格且难以修复，对发包人没有任何利用价值，则建设工程施工合同的目的不能实现，自然就没有支付建设工程价款的必要，作为建设工程施工合同的承包人自然就不能享有对该建设工程价款的优先受偿权。同时，若建设工程质量不合格，发包人存在过错的，应当承担与其过错相适应的民事责任。

四、须债权为承包人依建设工程合同实际支付的费用

根据《优先受偿权批复》第三条的规定，建设工程承包人优先受偿权

---

① 参见最高人民法院民事审判第一庭编著:《最高人民法院建设工程施工合同司法解释（二）理解与适用》，人民法院出版社2019年版，第404页。

② 《物权法》第二十八条规定：因人民法院、仲裁委员会的法律文书或者人民政府的征收决定等，导致物权设立、变更、转让或者消灭的，自法律文书或者人民政府的征收决定等生效时发生效力。第二十九条规定：因继承或者受遗赠取得物权的，自继承或者受遗赠开始时发生效力。第三十条规定：因合法建造、拆除房屋等事实行为设立或者消灭物权的，自事实行为成就时发生效力。第三十一条规定：依照本法第二十八条至第三十条规定享有不动产物权的，处分该物权时，依照法律规定需要办理登记的，未经登记，不发生物权效力。

的价款包括承包人为建设工程应当支付的工作人员报酬、材料款等实际支付的费用，不包括承包人因发包人违约所造成的损失。该条对《合同法》第二百八十六条规定的工程价款作出了界定。《建设工程施工合同解释（二）》第二十一条对建设工程价款优先受偿权的范围作了进一步规定：承包人建设工程价款优先受偿的范围依照国务院有关行政主管部门关于建设工程价款范围的规定确定。承包人就逾期支付建设工程价款的利息、违约金、损害赔偿金等主张优先受偿的，人民法院不予支持。《合同法》第二百八十六条中的“价款”是否包括承包人为建设工程支付的垫资款？分歧较大：有人赞成纳入优先受偿权的范围；有人认为不包括垫资款；有人认为垫资款已经物化为建筑工程的，可以考虑其享有优先受偿权，否则不予保护。[①]

笔者认为，垫资款应当纳入工程价款优先受偿权的范围内。理由如下：一是虽然建设部、国家计委、财政部于1996年6月4日发布《关于严格禁止在工程建设中带资承包的通知》的规定，严禁承包人垫资承包，人民法院曾判决垫资部分无效[②]。但我国不是判例法，且根据《合同法》第五十二条的规定，合同只要不违反法律、行政法规的强制性规定，就应当承认其效力。二是垫资款的有效性已经得到司法解释的肯定。《建设工程施工合同解释（一）》第六条规定，当事人对垫资和垫资利息有约定，承包人请求按照约定返还垫资及其利息的，应予支持，但是约定的利息计算标准高于中国人民银行发布的同期同类贷款利率的部分除外。当事人对垫资没有约定的，按照工程欠款处理。当事人对垫资利息没有约定，承包人请求支付利息的，不予支持。三是承包人垫资是建筑行业的惯例，也是建筑市场“僧多粥少”的无奈选择。四是《优先受偿权批复》第三条并未将垫资款排除。因此，垫资款应当纳入工程价款优先受偿权的范围之内。当然，仍然以所

---

① 各种观点理由详见杨永清：《建设工程价款优先受偿权司法解释的理解与适用》，载王利明主编：《判解研究》2002年第3辑，第17~19页。

② 最高人民法院（2000）民终字第25号民事判决认为，《建筑施工补充协议书》中垫资40万元的约定违反了不正当竞争的法律规定而无效，载最高人民法院办公厅编：《最高人民法院公布裁判文书》（2000年），人民法院出版社2001年版，第366页。

承建的建设工程质量合格为前提条件。

五、须经承包人催告后仍未按照合同约定支付价款

根据《合同法》第二百八十六条规定，发包人未按照约定支付价款的，承包人可以催告发包人在合理期限内支付价款。发包人逾期不支付的，承包人对建设工程价款享有优先受偿权。此处的“合理期限”，应当从发包人收到催告通知之日起算。此催告通知应当采用书面形式，以免纷争。至于合理期限是多少天，应当视个案的具体情形而定。若承包人未行使催告权，则不能行使优先受偿权。

六、须承包人在法定期间内行使优先受偿权

根据《优先受偿权批复》第四条的规定，承包人行使优先受偿权的期限为六个月。承包人行使优先受偿权的起算点为：自建设工程竣工之日或者建设工程合同约定的竣工之日起计算。已完工工程，自实际竣工之日起计算。对未完成工程（即“半拉子”工程），则从建设工程合同约定的竣工之日起计算。《建设工程施工合同解释（二）》第二十二条规定：承包人行使建设工程价款优先受偿权的期限为六个月，自发包人应当给付建设工程价款之日起算。如最高人民法院在审理陕西西岳山庄有限公司（以下简称西岳山庄）与中建三局建发工程有限公司（以下简称建发公司）、中建三局第三建设工程有限责任公司建设工程施工合同纠纷案[①]时认为，建设工程价款具有优先受偿性质，建发公司基于受让债权取得此项权利。鉴于该项建设工程目前尚未全部竣工，《施工合同》因西岳山庄拖欠工程款等原因而迟延履行，建发公司优先受偿权的行使期限应从2005年10月10日解除合同时起算。此前建发公司已提起诉讼，故不应认定其优先受偿权的行使期限已超过6个月。对于西岳山庄关于建发公司已超过行使优先受偿权期限的主张，不予支持。

① 参见最高人民法院（2007）民一终字第10号民事判决书。

案例指导

铜陵营造有限责任公司与华纳国际（铜陵）电子材料有限公司建设工程价款优先受偿权纠纷案[①]

上诉人（原审原告）：铜陵营造有限责任公司（以下简称铜陵营造公司）。

被上诉人（原审被告）：华纳国际（铜陵）电子材料有限公司（以下简称华纳电子公司）。

破产管理人：安徽蓝天会计师事务所。

上诉人铜陵营造公司因与被上诉人华纳电子公司建设工程价款优先受偿权纠纷一案，不服安徽省铜陵市中级人民法院（以下简称铜陵中院）于2017年8月11日作出的（2017）皖07号民初20号民事判决，提起上诉。

铜陵营造公司上诉请求：一、撤销原审判决，并确认铜陵营造公司对华纳电子公司一期工程后续礼堂等零星工程200万元工程价款享有优先受偿权；二、本案诉讼费用由华纳电子公司承担。

原审法院查明：2015年5月15日，铜陵中院作出（2015）铜中民二破（预）字第00001号民事裁定书，裁定受理铜陵大江投资控股有限公司对华纳电子公司的破产清算申请。2015年5月21日，铜陵中院作出（2015）铜中民二破字第00001号民事决定书，指定安徽蓝天会计师事务所担任华纳电子公司管理人。2016年4月15日，铜陵中院作出（2015）铜中民二破字第00001-2号民事裁定书，宣告华纳电子公司破产。

2015年1月8日，铜陵营造公司向华纳电子公司提交了一期10000吨电子铜箔项目（礼堂等辅助工程）结算书，华纳电子公司于次日签收。2015年7月23日，铜陵营造公司将华纳电子公司诉至铜陵中院，称其承建的华纳电子公司一期10000吨电子铜箔项目建设工程早已施工完毕，原合同项目上的欠款已得到管理人确认，尚有后期增加的礼堂和辅助工程价款2838757.28元未得到支付，请求法院判令华纳电子公司支付2838757.28元。该案在审理期

---

① 详见安徽省高级人民法院（2017）皖民终747号民事判决书。

间，铜陵营造公司和华纳电子公司管理人达成和解协议，双方认可增加的礼堂和辅助工程价款200万元，铜陵营造公司撤回对华纳电子公司的起诉。

2016年3月16日，铜陵营造公司向铜陵中院提交一份《关于华纳电子公司破产案中铜陵营造公司的部分债权要求优先支付申请》，要求对工程质量保修金294.94万元、后续礼堂等零星工程200万元（未交工程）、农民工工资271.96万元、税金38.17万元优先支付。2016年4月5日，华纳电子公司管理人回复铜陵营造公司称，因铜陵营造公司主张的建设工程价款优先受偿权未在工程竣工后6个月内行使，故不被纳入优先支付范围。

原审法院认为：根据《优先受偿权批复》第四条的规定，建设工程承包人行使优先权的期限为6个月，自建设工程竣工之日或者建设工程合同约定的竣工之日起计算。本案中，铜陵营造公司就该工程款在2015年1月8日向华纳电子公司主张结算，并在2015年7月的起诉中称工程早已施工完成，但直至2016年3月才主张该工程款优先受偿权，早已超过法律规定的6个月期限。铜陵营造公司应当在第一次起诉要求支付本案争议工程的工程款时一并主张优先权，其认为当时在破产清算程序中，同时要求工程款优先权的条件不成就的主张不能成立。依照《最高人民法院关于适用〈中华人民共和国民事诉讼法〉的解释》第二百一十九条的规定，判决驳回铜陵营造公司的诉讼请求。案件受理费22800元，由铜陵营造有限责任公司负担。

二审法院认为，本案二审的争议焦点为：铜陵营造公司主张案涉工程款优先受偿权是否超过法定期限。《合同法》第二百八十六条规定："发包人未按照约定支付价款的，承包人可以催告发包人在合理期限内支付价款。发包人逾期不支付的，除按照建设工程的性质不宜折价、拍卖的以外，承包人可以与发包人协议将该工程折价，也可以申请人民法院将该工程依法拍卖。建设工程的价款就该工程折价或者拍卖的价款优先受偿。"《优先受偿权批复》第四条规定："建设工程承包人行使优先权的期限为六个月，自建设工程竣工之日或者建设工程合同约定的竣工之日起计算。"对于承包人的优先受偿权行使期限问题应当结合《合同法》第二百八十六条和《优先受偿权批复》第四条的规定处理，一般从建设工程竣工之日或者建设工程合同约定的竣工之日起计算，如建设工程不具备上述两种情形，建设工程价款优先受偿权的起算点应当从债权应受清偿时起算。本案中，案涉工程虽于2010年12月完工，但至今未办理竣工验收手续，且双方未签订书面施工合同，也不能确定双方约定的竣工日期，故本案优先受偿权行使的起算点应当从债权应受清偿时起算。2015年1月9日，铜陵营造公司向华纳电子公司提交了案涉工程结算书，并于同年7月23日起诉至法院，华纳电子公司对该工程款是否到期亦未提出异议，故该工程款至迟在铜陵营造公司起诉时已届清偿期。因此，铜陵营造公司的建设工程款优先受偿权行使期限至迟应从其起诉之日2015年7月23日起算。铜陵营造公司在起诉后六个月内未主张优先受偿权，而于2016年3月16日才主张优先受偿权，已经超过了六个月的法定期限。铜陵营造公司主张以2015年9月18日双方和解确认债权的日期为行使工程款优先权起算时间点没有法律依据，本院不予支持。遂判决：驳回上诉，维持原判。二审案件受理费22800元，由铜陵营造有限责任公司负担。

规范指引

《最高人民法院关于审理建设工程施工合同纠纷案件适用法律问题的解释（二）》

第十九条　建设工程质量合格，承包人请求其承建工程的价款就工程折价或者拍卖的价款优先受偿的，人民法院应予支持。

专题四：未竣工工程承包人优先受偿权的行使条件

【核心提示】未竣工的建设工程质量合格，承包人请求其承建工程的价款就其承建工程部分折价或者拍卖的价款优先受偿的，人民法院应予支持。

实务争点

《建设工程施工合同解释（一）》第十条第一款规定："建设工程施工合

同解除后，已经完成的建设工程质量合格的，发包人应当按照约定支付相应的工程价款；已经完成的建设工程质量不合格的，参照本解释第三条规定处理。”该条明确了建设工程施工合同解除后，已经完工的工程质量合格的，发包人应当按照合同约定支付建设工程价款。由于“资金链”断裂，建设工程未竣工现象成为常态，形成不少“半拉子”工程。未竣工的建设工程施工合同的承包人能否就所承建的建设工程行使建设工程价款优先受偿权？司法实践中存在争议。赞成者认为，建设工程价款优先受偿权是合同法赋予的一项法定权利，无论建设工程是否竣工，只要承包人完成的建设工程质量合格，就依法享有就所承建的建设工程优先受偿的权利。反对者认为，未竣工的建设工程尚未交付，建筑物处于无法使用的状态，就不能协议折价或者拍卖，自然不享有建设工程价款优先受偿权。对此，《建设工程施工合同解释（二）》第二十条规定：未竣工的建设工程质量合格，承包人请求其承建工程的价款就其承建工程部分折价或者拍卖的价款优先受偿的，人民法院应予支持。

理解适用

对《建设工程施工合同解释（二）》第二十条规定的理解与适用

《建设工程施工合同解释（二）》第二十条的规定，基于建设工程价款优先受偿权的法律性质，赋予承包人对未竣工的“半拉子”工程经过验收合格的享有对其施工工程部分折价或者拍卖优先受偿的权利。在司法实践中，应当从如下方面理解适用。

一、未竣工工程承包人的建设工程价款优先受偿权

未竣工的建设工程质量合格，承包人对其承建的建设工程依法享有建设工程价款优先受偿权的主要理由在于：

1. 从建设工程价款优先受偿权的法律规定来看，《合同法》第二百八十六条规定了承包人的建设工程价款可就工程折价或者拍卖的价款优先受偿。该优先受偿权行使的条件如下：一是承包人的债权是基于建设工程施工合同而产生的权利；二是承包人必须按照合同约定适当履行义务，但并不以建设工程竣工验收为必要条件；三是承包人在发包人未按照约定支付工程价

款时，进行了催告，可以与发包人协议将该工程折价，或者申请人民法院对该工程依法拍卖等。从上述条件来看，工程完工并经竣工验收并不是承包人建设工程价款优先受偿权的先决条件，只要符合法定条件，承包人就对未完工程享有建设工程价款优先受偿权。[①]

同时，民法理论已将未完成的工程视为具备物的独立性特征，未竣工工程列入了物权客体。担保法司法解释明确了在建工程可以抵押，《物权法》第一百八十条第一款第（五）项明确规定了正在建造的建筑物可以抵押。因此，赋予承包人对未竣工经过验收合格的建设工程享有建设工程价款优先受偿权并不违法，且符合合同法的立法目的。

2. 从建设工程价款的具体支付情况来看，未竣工的建设工程只要建设工程质量合格也应当享有建设工程价款优先受偿权。众所周知，建设工程价款的支付，一般在建设工程施工合同中均有明确约定，大多数是根据建设工程进度所作出的“形象进度支付”。在建设工程符合进度且建设工程质量合格的情形下，发包人应当无条件支付建设工程价款。因此，未竣工的建设工程在质量合格的情形下承包人享有就建设工程进行折价或者拍卖的优先受偿权是符合实际状况的。

二、未竣工建设工程价款优先受偿权的行使范围

未竣工建设工程价款优先受偿的范畴，主要涉及两个方面：一是承包人对未竣工工程主张建设工程价款仅就其承建的建设工程部分优先受偿，而不能涉及第三人承建的工程部分；二是承包人优先受偿权的价款是否包含预期利润。

1. 承包人建设工程范围的确定。如果在工程停工后，第三人进行续建之前，发包人与承包人对承包人已经施工的工程量进行了确认，产生争议时，可以第三人确认的工程量范围作为依据。承包人对承建的建设工程部分的工程量如果存在争议，在一方当事人存在异议的情况下，可以由人民法院根据个案的实际情况分配举证责任，以根据实际情况看是否需要司法鉴定。

---

① 参见最高人民法院民事审判第一庭编著：《最高人民法院建设工程施工合同司法解释（二）理解与适用》，人民法院出版社 2019 年版，第 415~416 页。

2. 承包人建设工程价款的确定。承包人建设工程价款是承包人投入的劳务、建筑材料等物化的结果。在承包人承建的建设工程没有竣工的情形下，包括已完工工程量所包含的利润在内的建设工程价款都可以就建设工程的折价或者拍卖价款优先受偿。值得注意的是，未完工工程的预期可得利润属于违约造成的损失范畴，不能就建设工程的折价或者拍卖价款优先受偿。这是因为：一是《合同法》第二百八十六条规定的承包人建设工程价款优先受偿权的立法目的在于解决发包人拖欠工程款的问题，保障农民工工资的实现，体现生存权高于经营权的价值理念。未完工工程的预期可得利润在性质上属于违约造成的损失范畴，是承包人经营权的内容，并不是承包人为建设工程应当支付的工作人员报酬、材料款等实际支出的费用，不符合法律规定的承包人建设工程价款优先受偿权的立法保护范畴。二是从建设工程价款优先受偿权的行使条件看，建设工程优先受偿权中的建设工程价款应当是确定的、实际发生且已届清偿期的建设工程价款，而尚未实际发生或不确定的建设工程价款，并不符合建设工程价款优先受偿权的实现要件，不应在建设工程价款中优先受偿。预期利润性质上并不符合已确定、实际发生的属性。三是因发包人的原因导致合同无法继续履行的，承包人享有依法向发包人要求损失赔偿的权利，对未完工工程的预期可得利润，承包人可通过此种途径主张权利。[①]

案例指导

安徽同聚祥实业有限公司与安徽梅龙建设集团有限公司建设工程施工合同纠纷再审案[②]

再审申请人（一审被告、二审上诉人）：安徽同聚祥实业有限公司（以下简称同聚祥公司）。

被申请人（一审原告、二审被上诉人）：安徽梅龙建设集团有限公司（以

① 参见最高人民法院民事审判第一庭编著：《最高人民法院建设工程施工合同司法解释（二）理解与适用》，人民法院出版社2019年版，第422页。

② 详见最高人民法院（2019）最高法民申1242号民事裁定书。

下简称梅龙公司）。

再审申请人同聚祥公司因与被申请人梅龙公司建设工程施工合同纠纷一案，不服安徽省高级人民法院（2017）皖民终682号民事判决，申请再审。

同聚祥公司申请再审称，（一）安徽辰宇建设工程项目管理有限公司（以下简称辰宇公司）超越鉴定资质作出的工程造价鉴定意见，不能作为认定案件事实的依据。上述鉴定意见加盖的资质章已经过期，并且没有附鉴定机构和鉴定人员的资质证书。同聚祥公司也一直就辰宇公司超越资质等级出具鉴定意见提出异议。根据《工程造价咨询企业管理办法》第十九条的规定，辰宇公司作为具有乙级资质的工程造价咨询企业，只能从事工程造价5000万元以下的工程造价咨询业务。辰宇公司超越其资质等级的许可范围对案涉工程出具鉴定意见，不但违反了相关行政管理规定，也违反了相关法律的强制性规定和司法解释的规定，应属无效的鉴定意见，不能作为认定案件事实的依据。（二）二审判决同聚祥公司以工程欠款额为基数按中国人民银行同期同类贷款利率的两倍赔偿梅龙公司的损失，缺乏事实及法律依据。同时，上述判决也超过了梅龙公司的一审诉讼请求。在一审中，梅龙公司向法院提出的诉讼请求是同聚祥公司支付其违约金及利息等费用5661512.52元，这其中除去510万元违约金外，利息仅有561512.52元。此外，梅龙公司在本案中并未主张赔偿损失，亦未提供证据证明其损失。（三）二审判决认定案涉工程已经竣工验收合格，缺乏证据证明。梅龙公司对案涉工程外墙保温的施工、9—11#楼雨污分流合流的施工，不符合工程设计的要求和合同的约定。梅龙公司所提交的竣工验收报告没有验收组人员签署的竣工验收意见，部分项目验收单上没有监理单位的印章，故其所提交的验收报告并不能证明案涉工程经竣工验收合格。根据《建设工程施工合同解释（一）》第二条的规定，建设工程施工合同无效，承包人请求参照合同约定支付工程价款的，应以建设工程竣工验收合格为前提条件，故案涉工程亦尚不具备支付工程价款的条件。（四）梅龙公司对案涉工程不享有优先受偿权。《优先受偿权批复》第三条规定："建筑工程价款包括承包人为建设工程应当支付的工作人员报酬、材料款等实际支出的费用，不包括承包人因发包人违约所造成的损失。"二审判决梅龙公司对包括工程利润在内的案涉工程价款享有优先受偿权是错误的。案涉工程系政府回购项目，在本案纠纷发生前，梅龙公司业已书面向政府和同聚祥公司承诺放弃案涉工程价款优先受偿权，梅龙公司向法院诉请享有优先受偿权不应得到支持。故依据《民事诉讼法》第二百条第（二）项、第（六）项规定申请再审。

梅龙公司提交意见称，（一）同聚祥公司关于辰宇公司出具的鉴定意见不能作为认定案件事实依据的主张不能成立。本案的司法鉴定程序合法有效。辰宇公司是经过一审法院审核、筛选，二审法院同意备选的专业机构，具备相应的司法造价鉴定资质。按照管理规定，辰宇公司的资质章每三年核准一次，2017年4月1日至5月14日期间虽不在资质章的有效期内，但该期间属于行政机关核准资质延期的正常预备时间。辰宇公司从2016年8月接受法院委托至2017年5月9日出具鉴定意见书，均属于在鉴定资质章有效期内进行的鉴定活动，不存在资质章过期的事实。辰宇公司虽为乙级资质，但鉴定人员均持有注册造价工程师证书，具备鉴定本案工程造价的资质。《工程造价咨询企业管理办法》系部门规章，属于管理性规范文件。在适用该办法第三十八条关于“超越资质等级承接工程造价咨询业务的，出具的工程造价成果文件无效”的规定认定鉴定意见效力时，应当结合具体情况作出判断。辰宇公司就案涉工程造价鉴定进行了组织听证、现场勘察、出具鉴定意见、接受法庭质询、解答当事人异议等一系列鉴定活动。这足以证明辰宇公司出具的鉴定意见遵循客观事实，符合法律规定，可以作为认定案件事实的依据。（二）同聚祥公司拖欠梅龙公司工程款19165803.37元，并已实际占有使用案涉工程。二审法院判决同聚祥公司以工程欠款额为基数按中国人民银行同期同类贷款利率的两倍赔偿梅龙公司的损失，有事实和法律依据。（三）二审判决认定案涉工程已经竣工验收合格，有事实依据。梅龙公司在一审庭审中就提供了八份竣工验收备案表、工程联系单、建设工程委托监理合同、监理工程师通知单、整改回复函、工程交接清单等一系列证据证明案涉工程已经竣工验收合格。（四）梅龙公司应依法享有建设工程价款优先受偿权。案涉工程不属于按照工程性质不宜折价、拍卖的工程，而政府回购与否并不能阻却梅龙公司就同聚祥公司欠付的工程价款主张优先受偿权，同聚祥公司也没有证据证明梅龙公司已书面承诺放弃优先受偿权。综上，请求法院依法驳回同聚祥公司的再审申请。

最高人民法院经审查认为，同聚祥公司的再审申请事由不成立。（一）关于辰宇公司作出的工程造价鉴定意见能否作为认定本案事实依据的问题。同聚祥公司申请再审称，根据《工程造价咨询企业管理办法》第十九条的规定，辰宇公司作为具有乙级资质的工程造价咨询企业，只能从事工程造价5000万元以下的工程造价咨询业务。而根据《工程造价咨询企业管理办法》第三十八条规定，超越资质等级承接工程造价咨询业务的，出具的工程造价成果文件无效。可见，同聚祥公司对于辰宇公司具有乙级资质、有能力对工程造价进行鉴定不持异议，只是对辰宇公司能否就5000万元以上的工程造价进行鉴定存在异议。鉴于在鉴定机构作出工程造价鉴定结论之前案涉工程造价的确切数额并不确定，同聚祥公司认可辰宇公司是具有乙级资质的工程造价咨询企业，《工程造价咨询企业管理办法》系部门规章，不能仅因《工程造价咨询企业管理办法》第三十八条规定而否定案涉鉴定意见的合法性。一审期间，鉴定机构辰宇公司依法举行了听证，进行了现场勘验，并出具鉴定意见初稿，在充分听取双方当事人对鉴定意见初稿提出的异议后，最终定稿并出庭接受质询，对当事人当庭提出的异议再次复核后给予合理答复。二审期间，辰宇公司针对同聚祥公司提出的异议对案涉工程进行了两次补充鉴定，辰宇公司会同双方当事人对现场进行勘验，并出具了补充鉴定意见。综合全案情况，二审判决将辰宇公司作出的工程造价鉴定意见作为认定本案事实的依据是适当的。（二）关于二审判决同聚祥公司以工程欠款额为基数按中国人民银行同期同类贷款利率的两倍赔偿梅龙公司的损失，是否缺乏事实及法律依据的问题。案涉工程已交付同聚祥公司占有使用。同聚祥公司拖欠梅龙公司工程款。梅龙公司基于案涉《建设工程施工合同》及《协议书》有效的认识，起诉请求同聚祥公司支付违约金及利息等费用，二审法院认定案涉《建设工程施工合同》及《协议书》无效，并综合考虑双方当事人的过错程度和全案事实，判决同聚祥公司以工程欠款额为基数，按中国人民银行同期同类贷款利率的两倍赔偿梅龙公司的损失，至款清息止，并无不当。（三）关于二审判决认定案涉工程已经竣工验收合格是否缺乏证据证明的问题。《建设工程施工合同解释（一）》第十三条规定："建设工程未经竣工验收，发包人擅自使用后，又以使用部分质量不符合约定为由主张权利的，不予支持；但是承包人应当在建设工程的合理使用寿命内对地基基础工程和主体结构质量承担民事责任。”二审法院查明，案涉工程1—8#厂房已经竣工验收合格，9—14#楼进行了预验收，案涉工程均已交付同聚祥公司占有使用。因此，同聚祥公司关于案涉工程未竣工验收合格，尚不具备支付工程价款条件的再审申请理由不能成立。（四）关于梅龙公司对涉案工程是否享有优先受偿权的问题。《合同法》第二百八十六条规定："发包人未按照约定支付价款的，承包人可以催告发包人在合理期限内支付价款。发包人逾期不支付的，除按照建设工程的性质不宜折价、拍卖的以外，承包人可以与发包人协议将该工程折价，也可以申请人民法院将该工程依法拍卖。建设工程的价款就该工程折价或者拍卖的价款优先受偿。”案涉项目不属于按照工程性质不宜折价、拍卖项目，政府回购与否并不当然阻却梅龙公司所享有的建设工程价款优先受偿权。同聚祥公司未提交充分有效的证据证明梅龙公司书面承诺过放弃案涉工程价款优先受偿权。因此，二审判决认定梅龙公司对案涉工程享有建设工程价款优先受偿权并无不当。

综上，同聚祥公司的再审申请不符合《中华人民共和国民事诉讼法》第二百条第（二）项、第（六）项规定的情形。依照《中华人民共和国民事诉讼法》第二百零四条第一款、《最高人民法院关于适用〈中华人民共和国民事诉讼法〉的解释》第三百九十五条第二款的规定，裁定如下：驳回安徽同聚祥实业有限公司的再审申请。

规范指引

《最高人民法院关于审理建设工程施工合同纠纷案件适用法律问题的解释》

第十条 建设工程施工合同解除后，已经完成的建设工程质量合格的，发包人应当按照约定支付相应的工程价款；已经完成的建设工程质量不合格的，参照本解释第三条规定处理。

因一方违约导致合同解除的，违约方应当赔偿因此而给对方造成的损失。

《最高人民法院关于审理建设工程施工合同纠纷案件适用法律问题的解释（二）》

第二十条 未竣工的建设工程质量合格，承包人请求其承建工程的价款就其承建工程部分折价或者拍卖的价款优先受偿的，人民法院应予支持。

专题五：建设工程价款优先受偿权的行使范围

【核心提示】承包人建设工程价款优先受偿的范围依照国务院有关行政主管部门关于建设工程价款范围的规定确定。承包人就逾期支付建设工程价款的利息、违约金、损害赔偿金等主张优先受偿的，人民法院不予支持。

实务争点

关于建设工程价款的范围问题，根据住建部、财政部印发的《建筑安装工程费用项目组成》第一条第一款规定：建筑安装工程费用项目按费用构成要素组成划分为人工费、材料费、施工机具使用费、企业管理费、利润、规费和税金。在确定建设工程价款时，可依照上述规定进行。但是，建设工程价款以外的部分如建设工程价款的利息、违约金、损害赔偿金等能否纳入建设工程价款优先受偿权的范围，可谓众说纷纭，有完全支持的观点、有部分支持的观点、也有反对支持的观点。[①] 对此，《建设工程施工合同解释（二）》第二十一条明确规定：承包人建设工程价款优先受偿的范围依照国务院有关行政主管部门关于建设工程价款范围的规定确定。承包人就逾期支付建设工程价款的利息、违约金、损害赔偿金等主张优先受偿的，人民法院不予支持。

理解适用

对《建设工程施工合同解释（二）》第二十一条规定的理解与适用

建设工程价款优先受偿权制度的初衷是保护建筑工人的合法权益。但此项保护并非直接指向建筑工人的工资权益，而是以保护承包人的建设工程价

① 各种不同观点，详见最高人民法院民事审判第一庭编著：《最高人民法院建设工程施工合同司法解释（二）理解与适用》，人民法院出版社 2019 年版，第 429~437 页。

款债权为媒介，间接保护建筑工人的合法权益。[①] 在司法实践中，应当从如下方面理解适用建设工程价款优先受偿权的范围问题。

一、对《优先受偿权批复》第三条规定的检讨

建设工程价款优先受偿权的范围问题，在司法实践中早已涉及。《优先受偿权批复》第三条规定，建筑工程价款包括承包人为建设工程应当支付的工作人员报酬、材料款等实际支出的费用，不包括承包人因发包人违约所造成的损失。有人认为，限定于"实际支出的费用"，《优先受偿权批复》没有以工程造价管理的基本规范为依据，导致在司法实践中难以按照司法解释的规定从建设工程价款中区分出直接支出的费用，进而确认优先受偿的债权范围，不少判决是直接将建设工程价款纳入优先受偿权的范围之内。[②]

《优先受偿权批复》第三条将建筑工程价款限定为承包人为建设工程应当支付的工作人员报酬、材料款等实际支出的费用，目的是回归《合同法》第二百八十六条设立建设工程价款优先受偿权制度的本意。建设工程价款优先受偿权不仅优先于普通债权，而且优于抵押权，具有对抗第三人的效力，对发包人的债权、建设工程的抵押权和交易安全影响巨大。《合同法》第二百八十六条将建设工程价款优先受偿权的范围限定于承包人为建设工程应当支付的工作人员报酬、材料款等实际支出的费用，有利于进一步平衡各方当事人的权益。《优先受偿权批复》第三条的规定，从价值取向和法理基础方面来说是适当的，但缺乏可操作性，没有考虑诉讼成本，实践中很少适用。[③]

---

① 最高人民法院民事审判第一庭编著:《最高人民法院建设工程施工合同司法解释（二）理解与适用》，人民法院出版社 2019 年版，第 425 页。

② 参见王旭光:《建筑工程优先受偿权制度研究——〈合同法〉第 286 条的理论与实践》，人民法院出版社 2010 年版，第 167 页。转引自最高人民法院民事审判第一庭编著:《最高人民法院建设工程施工合同司法解释（二）理解与适用》，人民法院出版社 2019 年版，第 428 页。

③ 参见最高人民法院民事审判第一庭编著:《最高人民法院建设工程施工合同司法解释（二）理解与适用》，人民法院出版社 2019 年版，第 429 页。

二、建设工程价款优先受偿权的范围包括全部工程价款

建设工程价款优先受偿权的范围包括全部工程价款，并不限于承包人的劳务成本或者承包人实际投入建设工程的成本。在建设工程质量合格的情形下，建设工程的发包人与承包人签订的建设工程施工合同有效，发包人应当按照合同约定支付工程价款，承包人可以就所承建的建设工程部分协议折价或者申请人民法院拍卖的价款优先受偿。当建设工程施工合同因违反法律、行政法规的强制性规定而无效时，承包人可以请求发包人对建设工程施工合同约定的建设工程价款进行支付，承包人当然享有对所承建的建设工程协议折价或者拍卖价款优先受偿的权利。

《建设工程施工合同解释（二）》第二十一条第一款明确规定："承包人建设工程价款优先受偿的范围依照国务院有关行政主管部门关于建设工程价款范围的规定确定。"依据该解释的规定，目前行之有效的是住建部、财政部印发的《建筑安装工程费用项目组成》第一条第一款的规定，即建设工程价款优先受偿权的行使范围包括：人工费、材料费、施工机具使用费、企业管理费、利润、规费和税金。当然，值得注意的是，当住建部、财政部等有关部门对建设工程费用组成项目有新的变化的应当按照新的规定执行，对建设工程价款优先受偿权的行使范围应当采取包容的态度来处理，目的是符合公平理念。

三、逾期支付工程价款的利息、违约金、损害赔偿金等不属于建设工程价款优先受偿的范围

依据担保法、物权法的有关规定，担保合同对担保范围有约定的按照约定，没有约定的按照法定的原则进行处理。对于保证合同的保证人没有约定保证范围的，则按照法定范围来处理，即包括主债权、利息、违约金、损害赔偿金以及实现债权的费用等。对于担保物权合同没有约定担保范围的，则以担保物的价值范围为限对主债权、利息、违约金、损害赔偿金以及实现债权的费用等承担民事责任。那么，对于发包人逾期支付建设工程价款的，其逾期支付建设工程价款的利息、违约金、损害赔偿金等应否纳入建设工程价款优先受偿权的行使范围，则存在重大分歧。不过，《建设工程施工合同解释

（二）》第二十一条第二款的规定可谓“一锤定音”：承包人就逾期支付建设工程价款的利息、违约金、损害赔偿金等主张优先受偿的，人民法院不予支持。

在司法实践中，对于建设工程的利润应否纳入建设工程价款优先受偿权的行使范围一直存在争议。有人认为，利润可就建设工程折价或者拍卖的价款优先受偿。有人认为，利润不能作为建设工程折价或者拍卖的价款优先受偿。还有人认为，《优先受偿权批复》第三条的观点并没有将利润排除在建设工程价款优先受偿权的行使范围，强调的仅仅是“实际支出费用”。最高人民法院民一庭认为，承包人的利润作为建设工程价款的组成部分，可就建设工程折价或者拍卖的价款优先受偿。其主要理由在于：一是无论是当事人在合同中约定，还是建设工程造价鉴定，其中都将建设工程的利润作为建设工程价款的有机组成部分。二是建设工程项目多、周期长，工程价款计算方式较为特殊，要从建设工程价款中区分出利润未必可行，且没有计算的科学性。三是建筑行业属于薄利行业，行业整体利润水平不高，建设工程施工企业在建筑市场中相对处于弱势地位，若对建设工程的利润不予保护，不利于建筑行业的健康发展。四是《合同法》第二百八十六条赋予建设工程价款优先受偿权并没有排除建筑行业的利润，因此不予保护缺少法律依据。①

对于建设工程价款的利息能否就承包人所承建的建设工程折价或者拍卖的价款优先受偿，存在着相左观点，《建设工程施工合同解释（二）》第二十一条第二款采纳了不予支持的观点。主要理由是：建设工程价款优先受偿权不仅对发包人的利益影响巨大，对抵押权人、第三人的利益影响也巨大。在坚持《合同法》第二百八十六条规定的立法精神的同时，也应做好各方当事人的利益平衡。既然为了保护建筑工人的利益，从减少诉讼成本和便于操作的角度出发，已经将承包人的利润纳入建设工程价款优先受偿权的保护范围，不宜再将逾期支付的利息纳入建设工程价款优先受偿权的保护范围，目的是体现保护弱者和利益平衡的原则。②

---

① 参见最高人民法院民事审判第一庭编著：《最高人民法院建设工程施工合同司法解释（二）理解与适用》，人民法院出版社 2019 年版，第 431~433 页。

② 参见最高人民法院民事审判第一庭编著：《最高人民法院建设工程施工合同司法解释（二）理解与适用》，人民法院出版社 2019 年版，第 434 页。

关于发包人应向承包人支付的违约金、损害赔偿金等能否纳入建设工程价款优先受偿权的保护范围。虽然建设工程价款优先受偿权是一项法定的优先权，但不能参照保证担保、物权担保的担保范围的规定，将发包人承担的违约金、损害赔偿金纳入优先受偿的范围之内。因为既要考虑承包人的利益，还应当兼顾其他债权人如在建工程抵押权人、在建房屋购买人的利益，从利益平衡角度出发，不宜将发包人应当支付承包人的违约金、损害赔偿金等纳入建设工程价款优先受偿权的保护范围。同理，承包人实现建设工程价款优先受偿权的费用也不宜纳入建设工程价款优先受偿权的保护范围。

关于发包人从建设工程价款中预扣的工程质量保证金能否纳入建设工程价款优先受偿权的保护范围。在建设工程质量合格的情况下，发包人应当向承包人支付全部工程价款。从建设工程价款中预扣的工程质量保证金，本质上仍属于建设工程价款的一部分，只是为了让发包人确保建设工程质量，合同约定或者法律规定了缺陷责任期。从某种意义上说，返还建设工程价款中预扣的工程质量保证金可视为附期限的工程价款支付义务。该期限即为合同约定或者法律规定的缺陷责任期。因此，发包人从建设工程价款中预扣的工程质量保证金，可就建设工程折价或者拍卖的价款优先受偿。[①]

案例指导

黑龙江省港航工程有限公司宾县分公司与佳木斯天润农机产业有限公司建设工程价款优先受偿权纠纷案[②]

原告：黑龙江省港航工程有限公司宾县分公司。

被告：佳木斯天润农机产业有限公司。

原告黑龙江省港航工程有限公司宾县分公司向本院提出诉讼请求：一、判决原告对《佳木斯天润农机具国际博览中心广场地面工程建筑工程

---

① 参见最高人民法院民事审判第一庭编著：《最高人民法院建设工程施工合同司法解释（二）理解与适用》，人民法院出版社2019年版，第440~442页。

② 详见黑龙江省佳木斯市中级人民法院（2019）黑08民初3号民事判决书。

施工合同》项下佳木斯天润农机具国际博览中心广场地面工程享有工程价款优先受偿权；二、判决原告对《佳木斯天润农机具国际博览中心展览中心工程建筑工程施工合同》项下佳木斯天润农机具国际博览中心酒店工程享有工程价款优先受偿权；三、案件受理费由被告承担。事实和理由：2011年6月原告与被告分别签订了《佳木斯天润农机具国际博览中心广场地面工程建筑工程施工合同》和《佳木斯天润农机具国际博览中心展览中心工程建筑工程施工合同》，分别承包了被告开发建设的佳木斯天润农机具国际博览中心广场地面工程和酒店工程。因被告拖欠工程款，工程于2013年8月停工，至今未竣工。2016年1月双方就上述二项工程已完工程进行结算，其中广场地面工程已完工程造价为2295万元，扣除已付工程款347.97万元、代扣税金135万元和质保金114万元，未付工程款为1698.03万元。酒店工程已完工程造价为95086474.57元，扣除已付工程款75377997.29元和质保金5604323.72元，未付工程款为14104153.56元。因被告拒绝支付剩余工程款，原告于2018年1月提起诉讼，要求被告给付剩余工程款及利息合计42368230.55元。2018年5月15日佳木斯中级法院作出（2018）黑08民初14号民事调解书，被告在调解生效后一个月内给付原告工程款本息合计3900万元。后被告未履行，原告申请法院强制执行。根据《合同法》第二百八十六条、《优先受偿权批复》第一条、第三条的规定，原告作为案涉工程的建筑承包人，对案涉二项工程依法享有工程价款优先受偿权，请求法院支持原告的诉讼请求。

被告佳木斯天润农机产业有限公司辩称：原告所述属实，至于是否享有建设工程价款优先受偿权，由法院依法裁决。

原告围绕诉讼请求依法提交了证据，本院组织当事人进行了质证。因被告对原告提供的天润农机建筑工程中心广场地面施工合同、天润农机建筑工程中心酒店施工合同、工程决算单二份、民事调解书、执行裁定书、被告情况说明及监理公司情况说明、天润农机博览中心广场地面工程说明和场地平面图无异议。本院经审查对原告提供的证据予以采信，对原告主张的事实予以认定。

另确认原告施工的佳木斯天润农机具国际博览中心广场地面工程具体范围为配载库房四周地面和中心广场A、B、C、D花坛内地面。关于工程款拨付，双方约定甲方按已完工程进度审核后的70%拨付工程价款，乙方竣工验收后上报竣工资料及工程结算资料，甲方接到完整的资料后在6个月内审核完毕，甲方在审计完毕后的6个月内陆续向乙方支付竣工结算价款达95%，保留5%的工程质量保证金。现工程没有竣工验收。

法院认为，《合同法》第二百八十六条规定："发包人未按照约定支付价款的，承包人可以催告发包人在合理期限内支付价款。发包人逾期不支付的，除按照建设工程的性质不宜折价、拍卖的以外，承包人可以与发包人协议将该工程折价，也可以申请人民法院将该工程依法拍卖。建设工程的价款就该工程折价或者拍卖的价款优先受偿。"《建设工程施工合同解释（二）》第十七条规定："与发包人订立建设工程施工合同的承包人，根据合同法第二百八十六条规定请求其承建工程的价款就工程折价或者拍卖的价款优先受偿的，人民法院应予支持。"第二十一条第二款规定："承包人就逾期支付建设工程价款的利息、违约金、损害赔偿金等主张优先受偿的，人民法院不予支持。"第二十二条规定："承包人行使建设工程价款优先受偿权的期限为六个月，自发包人应当给付建设工程价款之日起算。"本案中，原告是案涉工程的承包施工人，具备主张工程价款优先受偿权的主体资格。原、被告约定的给付工程款的最后期限为竣工验收后上报竣工资料及工程结算资料后一年之内，案涉工程至今没有办理竣工验收手续，故原告主张工程价款优先受偿权没有超出法律规定的期限。同时根据上述法律规定，承包人对建设工程价款的利息不享有优先受偿权。综上，原告的诉讼请求符合法律规定，本院予以支持。依据《中华人民共和国合同法》第二百八十六条、《最高人民法院关于审理建设工程施工合同纠纷案件适用法律问题的解释（二）》第十七条、第二十一条第二款、第二十二条规定，判决如下：一、原告黑龙江省港航工程有限公司宾县分公司对其承包施工的佳木斯天润农机具国际博览中心广场地面工程（具体范围为配载库房四周地面和中心广场A、B、C、D花坛内地面）在工程款本金16980300元范围内享有优先受偿权；二、原告黑龙江省港航工程有限公司宾县分公司对其承包施工的佳木斯天润农机具国际博览中心酒店工程在工程款本金14104153.56元范围内享有优先受偿权。案件受理费100元由被告佳木斯天润农机产业有限公司承担。

规范指引

《最高人民法院关于审理建设工程施工合同纠纷案件适用法律问题的解释（二）》

第二十一条 承包人建设工程价款优先受偿的范围依照国务院有关行政主管部门关于建设工程价款范围的规定确定。

承包人就逾期支付建设工程价款的利息、违约金、损害赔偿金等主张优先受偿的，人民法院不予支持。

专题六：建设工程价款优先受偿权的行使期限

【核心提示】承包人行使建设工程价款优先受偿权的期限为六个月，自发包人应当给付建设工程价款之日起算。

实务争点

工程价款给付请求权是建设工程承包人在建设工程施工合同中所享有的最基本的权利。为了解决建设工程施工合同中发包人大量拖欠承包人工程价款的不良现象，为了维护承包人尤其是实际施工人中大量农民工的合法权益，《合同法》第二百八十六条确立了建设工程价款优先受偿权。按照常理，在承包人将所承建的建设工程竣工经验收质量合格交付发包人的时候，发包人就应当支付建设工程价款，或者按照合同约定支付建设工程价款。《合同法》第二百八十六条虽确立了建设工程价款优先受偿权，但没有明确该优先权从什么时间开始以及行使的期限。为此，《优先受偿权批复》第四条规定："建设工程承包人行使优先权的期限为六个月，自建设工程竣工之日或者建设工程合同约定的竣工之日起计算。"该条确定了建设工程价款优先受偿权行使的期限及起算时间，主要目的是促使承包人尽快行使优先受偿权，维护交易安全，保护抵押权人和第三人的合法权益。但是，该批复规定的建设工程价款优先受偿权行使期限为六个月是否妥当？自建设工程竣工之日或者建设工程合同约定的竣工之日起计算建设工程价款优先受偿权的期间是否妥当？为了便于司法实践中统一裁判，《建设工程施工合同解释（二）》第二十二条规定：承包人行使建设工程价款优先受偿权的期限为六个月，自发包人应当给付建设工程价款之日起算。

理解适用

对《建设工程施工合同解释（二）》第二十二条规定的理解与适用

依据《建设工程施工合同解释（二）》第二十二条规定，承包人行使建设工程价款优先受偿权的期限为六个月，自发包人应当给付建设工程价款之日起算。在司法实践中，应当从如下方面理解适用：

一、建设工程价款优先受偿权行使期限的“六个月”不是诉讼时效期间，而是除斥期间

诉讼时效制度是民商法中的一项基本制度，具有较强的实践性，在司法实务中适用广泛。我国《民法总则》第一百八十八条规定：“向人民法院请求保护民事权利的诉讼时效期间为三年。法律另有规定的，依照其规定。诉讼时效期间自权利人知道或者应当知道权利受到损害以及义务人之日起计算。法律另有规定的，依照其规定。但是自权利受到损害之日起超过二十年的，人民法院不予保护；有特殊情况的，人民法院可以根据权利人的申请决定延长。”

（一）诉讼时效制度旨在保护社会公共利益基础上的利益平衡

各国多在民法典中对其进行规定，有的国家甚至起草单独的诉讼时效法对其进行规定。我国《民法通则》对诉讼时效制度进行了规定，但根据当时的情况仅规定了七条内容。之后颁布的相关司法解释虽进行了补充规定，但仍然不够系统、完善。近年来，由于社会生活的纷繁复杂，在司法实务中出现的诉讼时效问题呈现多样化、疑难化趋势，因此，加强对司法实务中出现的诉讼时效问题的研究，对于统一司法尺度，公正高效审理案件，保护当事

人的合法权益，维护社会交易秩序，保护社会公共利益具有重要意义。[①]

诉讼时效制度虽具有督促权利人行使权利的立法目的，但其实质并非否定权利的合法存在和行使，而是禁止权利的滥用，以维护社会交易秩序的稳定，进而保护社会公共利益。维护社会交易秩序，保护社会公共利益是诉讼时效制度的根本立法目的，世界两大法系的诉讼时效立法均体现了这一点。基于这一根本立法目的，诉讼时效制度对权利人的权利进行了限制，这是权利人为保护社会公共利益作出的牺牲和让渡；但应注意的是，通过对权利人的权利进行限制的方式对社会公共利益进行保护应有合理的边界，该边界就是在保护社会公共利益的基础上进行利益衡量，不能滥用诉讼制度，使诉讼时效制度成为义务人逃避债务的工具，随意否定权利本身，违反依法依约履行义务的诚实信用原则。因此，在权利人积极主张权利或者因客观障碍无法主张权利的情形下，法律规定了诉讼时效中断、中止等诉讼时效障碍制度以合法阻却诉讼期间的继续计算。在司法解释的起草过程中，注重坚持在保护社会公共利益的基础上基于公平原则进行利益衡量，为避免不当扩大适用诉讼时效制度，损害权利人的合法权利，司法解释对诉讼时效的适用范围进行了限缩解释，对诉讼时效抗辩权的行使阶段作出了限定、对诉讼时效障碍事由的认定进行了合法的扩张解释。由于诉讼时效中断、中止制度的立法目的在于保护权利人权利，因此，在适用上述制度时，如果存在既可以做有利于权利人的理解也可以做有利于义务人的理解的情形，那么，在不违背基本法理的基础上，应做有利于权利人的理解。[②]

（二）诉讼时效制度与相关制度的区别

时效，是指一定的事实状态持续存在一定的时间后，即发生一定法律后果的法律制度。时效分为取得时效和诉讼时效两种。取得时效就是权利取得的原因，是指没有权利的人以一定的状态占有他人财产或行使他人财产权

---

① 参见最高人民法院民事审判第二庭编著:《最高人民法院关于民事案件诉讼时效司法解释理解与适用》，人民法院出版社 2008 年版，第 9 页。

② 参见最高人民法院民事审判第二庭编著:《最高人民法院关于民事案件诉讼时效司法解释理解与适用》，人民法院出版社 2008 年版，第 10 页。

利，经过法律规定的期间，便依法取得该财产所有权或其他财产权的制度。诉讼时效，亦称消灭时效，是权利人不行使权利的事实状态，持续经过法定期间届满，丧失请求人民法院依诉讼程序强制义务人履行义务的权利的时效制度。[①] 可见，在法定有效期间内，权利人行使其合法权利的时候，法律就予以保护；超过了法定有效期间，权利人的合法权利就不再受法律的保护。在我国民法对时效制度的规定中，既未设立取得时效，又未明确沿用消灭时效，而是采用了诉讼时效的提法。

在理解诉讼时效制度时，要注意与相关制度的区别：[②]

1. 诉讼时效制度与起诉期间的区别

所谓起诉期间，是指法律规定的提起诉讼的期间，系对诉权的限制期间。两者的主要区别在于：

（1）立法目的不同。起诉期间的立法目的是促使权利人尽快行使诉权，以通过司法裁决方式确定权利义务关系；而诉讼时效期间的立法目的是督促权利人行使权利、维护稳定的交易秩序。

（2）适用权利不同。起诉期间适用的权利为诉权；而诉讼时效期间适用的权利为请求权。

（3）是否为可变期间不同。起诉期间为不变期间；而诉讼时效期间为可变期间。

（4）法律效力不同。起诉期间的法律效力是期间经过，权利人提起诉讼的，人民法院不予受理；而诉讼时效期间的法律效力是期间经过，义务人提出诉讼时效抗辩的，权利人的权利不能得到法院的强制力保护。

2. 诉讼时效与除斥期间的区别

所谓除斥期间，又称预定期间，是指因时间经过，权利人的权利当然消灭的期间。两者的不同在于：

（1）法律后果不同。除斥期间既然是权利预定存在的期间，因此，除斥

---

① 江平：《民法学》，中国政法大学出版社 2000 年版，第 233 页。

② 参见最高人民法院民事审判第二庭编著：《最高人民法院关于民事案件诉讼时效司法解释理解与适用》，人民法院出版社 2008 年版，第 24~25 页。

期间届满的法律后果是使该项实体权利消灭。这与诉讼时效期间届满并非消灭实体权利的法律后果不同。

（2）适用条件不同。既然除斥期间届满发生实体权利消灭的后果，因此，法院可依职权主动适用有关规定，而无须当事人提出主张，但诉讼时效的完成，实体权利未消灭，债务人自愿履行者亦受法律保护，因此，非依义务人主张，法院不得主动适用。

（3）期间不同。二者除期间的起算时间不同外，除斥期间一般为不变期间，一般不因任何事由而中止、中断或延长。诉讼时效期间则适用中止、中断或延长的规定。

（4）是否由当事人自由约定不同。除斥期间可依法由当事人自由约定，如合同解除权的行使期间为除斥期间，依据《合同法》第九十五条[①]的规定，该期间可由当事人依法约定。诉讼时效期间不可由当事人依法约定。

（5）法条书写方式不同。由于除斥期间与诉讼时效有相似之处，所以，各国关于时效的立法多在条文中明示“时效”。如某项请求权时效因多年不行使而消灭的规定，即指诉讼时效。如仅规定权利存在期间的，则为除斥期间。二者的区别，可从法条文字中看出来。

3. 诉讼时效期间与权利失效期间的区别

所谓权利失效期间，即权利人丧失相应权利的期间，是指权利人在相当期间内不行使其权利，依特别情势足以使义务人正当信任债权人不欲使其履行义务时，则基于诚实信用原则不得再为其主张。[②]权利失效期间与诉讼时效期间存在明显区别：

（1）适用范围不同。权利失效的适用对象为请求权、形成权、抗辩权等权利；而诉讼时效期间的适用对象限于请求权。

（2）构成要件不同。构成权利失效，不仅要求权利人在权利失效期间内不行使权力，还要求有特别事实，足以导致义务人基于诚实信用原则信赖权

---

① 《合同法》第九十五条规定：法律规定或者当事人约定解除权行使期限，期限届满当事人不行使的，该权利消灭。

② 王泽鉴：《民法学说与判例研究》（第一册），中国政法大学出版社1998年版，第309页。

利人不会再行使权利，方发生权利失效的法律后果；诉讼时效抗辩权的产生，一般只需要有权利人在诉讼时效期间内不行使权利的要件。

（3）法院应否主动审查不同。法官得依职权审查权利失效期间是否届满；但不应主动审查诉讼时效期间是否已经届满。

（三）诉讼时效届满的效力

诉讼时效期间届满，即为诉讼时效的完成。诉讼时效完成后产生何种效力？大陆法系存在三种立法例：一是实体权消灭主义，即将诉讼时效完成的效力规定为直接消灭实体权。如《日本民法典》第167条规定：债权，因10年间不行使而消灭，债权或所有权以外的财产权，因20年间不行使而消灭。二是诉权消灭主义，即诉讼时效完成后，权利本身仍然存在，只是诉权归于消灭。如《法国民法典》第2262条规定：一切物权或债权的诉权，均经30年的时效而消灭。三是抗辩权发生主义，即时效完成后，义务人因而取得拒绝履行的抗辩权，如义务人自动履行的，视为抛弃其抗辩权，该履行应为有效。如《德国民法典》第222条第1款规定：消灭时效完成后，义务人有拒绝给付的权利。我国台湾地区“民法典”的规定与此相同。

从我国立法和司法解释中应当清晰地看到对诉讼时效采纳抗辩权主义，因司法实践系采纳抗辩权主义。《民法总则》第一百九十二条规定：“诉讼时效期间届满的，义务人可以提出不履行义务的抗辩。诉讼时效期间届满后，义务人同意履行的，不得以诉讼时效期间届满为由抗辩；义务人已自愿履行的，不得请求返还。”由此看来，《民法总则》规定了诉讼时效届满的法律效果是产生永久性的抗辩权，即鲜明地采纳了抗辩权主义。

当然，胜诉权消灭主义与抗辩权发生主义有着明显区别：胜诉权消灭主义，可以由法官直接适用诉讼时效，即使当事人不以诉讼时效期间完成进行抗辩，法官仍然可以直接进行审查，并且可以直接适用诉讼时效驳回债权人履行债权的请求。抗辩权发生主义在保护债权人方面具有明显的优势，解决了义务人自己不援引诉讼时效抗辩时，法官不得主动援引诉讼时效届满的规定，可直接判决义务人履行自己的义务。结合笔者近30年的审判实践经验来说，人民法院对诉讼时效届满的态度是经过了依法严格审查到适度放宽审查，再到义务人不抗辩不审查，即完全发展到当事人抗辩权发生主义，这也是保护权利人理念发生了天翻地覆的变化。

（四）诉讼时效具有法定性

诉讼时效的法定性表现在：一是不允许当事人对诉讼时效期间作出缩短或延长的规定；二是不允许义务人预先放弃诉讼时效利益。① 所谓时效利益，是指抛弃已过时效期间的利益，包括时效进行前、进行中及完成后的抛弃。② 我国法律对时效利益可否抛弃未作规定。时效完成前，不得预先抛弃时效利益是通例，且诉讼时效制度为强制性规定。大陆法系各国均规定，在时效未完成以前不得抛弃。例如，《法国民法典》第2220条规定："时效不得预先抛弃，但在时效完成后，得抛弃之。"《瑞士债务法》第141条第1款规定："时效不得预先抛弃。"《日本民法典》在第146条也有相同规定。因为，如果允许当事人预先抛弃时效利益，则诉讼时效制度等于虚设，有害于社会，故应禁止。在时效进行前如为抛弃，则抛弃无效。为此，《最高人民法院关于审理民事案件适用诉讼时效制度若干问题的规定》（以下简称《诉讼时效规定》）第二条规定："当事人违反法律规定，约定延长或者缩短诉讼时效期间、预先放弃诉讼时效利益的，人民法院不予认可。"言外之意，当事人不得预先抛弃时效利益，若作出此约定则为无效。同时，《民法总则》第一百九十七条第一款直截了当地规定"诉讼时效的期间、计算方法以及中止、中断的事由由法律规定，当事人约定无效"。这是由于诉讼时效具有以下特征：一是法定性，诉讼时效的长短是由法律规定的，但是诉讼时效一旦规定了以后必须执行，不得改动；二是可变性，虽然规定了期限，但是可以通过中止、中断、延长进行变更。《诉讼时效规定》第二条的内容不允许当事人通过约定进行变动，主要基于：当事人不得通过约定缩短或延长，如果可以允许当事人约定延长，则对债务人不利，会危及现在和将来在债务人之间形成的财产秩序，有损于公共利益；另外，第三人也不可能知晓延长时效的事宜，基于对债务人财产

---

① 参见最高人民法院民事审判第二庭编：《最高人民法院关于民事案件诉讼时效司法解释理解与适用》，人民法院出版社2008年版，第62页。

② 参见史尚宽：《民法总论》，中国政法大学出版社2000年版，第710页。

状况合理的信赖而进行交易，会对潜在第三人造成不可预知的侵害。同时还不利于督促权利人及时地行使权利，所以，不应该允许当事人延长；如果缩短，会过短地督促权利人行使权利，对权利人的权利保护也是不利的，与诉讼时效制度的设计也是不相吻合的。不允许当事人约定预先放弃诉讼时效利益，是因为合同订立时，义务人常常处于弱势地位，如果允许预先放弃，权利人可能会利用强势地位强迫义务人放弃时效利益，损害义务人的权利。从公平保护的角度，不应该允许当事人预先约定放弃，如果允许预先约定放弃，等于权利人可以无限期地行使权利，这与诉讼时效设立的目的也是不相吻合的。当事人如果约定排除时效的适用，约定中止、中断事由，违反了诉讼时效制度法定性的特性，约定应该是无效的。对此，《民法总则》第一百九十七条直截了当地规定“当事人对诉讼时效利益的预先放弃无效”。

在时效进行中，如仅对已经过的期间抛弃，则为有效，可视为同意履行，有时效中断的效力。在时效完成后，义务人抛弃时效利益，应当有效。时效利益抛弃主要产生以下效力：一是对债权人的效力。债务人放弃时效利益后，即放弃了时效抗辩权，债权人重新取得了债权的胜诉权，其债权受法律强制力保障。对于诉讼时效期间届满后，债务人自愿履行已超过诉讼时效的债务，债权人有权接受，而不因此构成不当得利。债权人有权请求债务人按照双方达成的清偿协议或债务人单方放弃时效利益的意思表示履行债务，并受法律强制力保障。二是对债务人的效力。债务人放弃时效利益后，即放弃了时效抗辩权，其在时效完成后实际履行债务或同意清偿原债务的行为具有法律效力。超过诉讼时效期间，当事人自愿履行后，不得以已超过诉讼时效为由反悔，否则法律不予支持。债务人与债权人达成的清偿协议或债务人单方放弃时效利益的意思表示，具有法律效力，债务人应按其约定履行债务。总之，时效利益一经抛弃，即回复到时效完成前之状态，债务人不得再以时效已经完成为由拒绝给付。

（五）《民法总则》关于诉讼时效的时间效力①

为正确适用《民法总则》关于诉讼时效制度的规定，妥善处理《民法总

---

① 参见罗书臻：《最高法院颁布适用民法总则诉讼时效司法解释》，载《人民法院报》2018年7月19日。

则》与《民法通则》关于诉讼时效制度主要不同规定的衔接问题，2018 年 7 月 2 日，最高人民法院审判委员会第 1744 次会议通过了《最高人民法院关于适用〈中华人民共和国民法总则〉诉讼时效制度若干问题的解释》(以下简称《解释》)，并于 2018 年 7 月 23 日起施行。

《解释》的出台主要基于以下几个方面的因素：一是制定《解释》是依法构建诚信社会、维护社会交易秩序的需要。党的十九大报告指出，要推进诚信建设制度化。在制定民法总则过程中，对于诉讼时效期间、诉讼时效中止等规定的修改，均立足于更好地建设诚信社会、有利于保护权利人权利这一立法目的。为此，在制定《解释》时，最高人民法院注重尊重立法本意，遵循法理，从司法角度促进诚信社会建设，维护社会交易秩序稳定，防止义务人利用诉讼时效制度恶意逃废债务。二是制定《解释》是统一司法裁判标准，保护当事人合法权益的需要。诉讼时效制度是民商法中的一项基本制度。民法总则对民法通则的规定进行了修改、完善。由于两法的规定存在不同，导致在司法实务中，对如何正确适用民法总则诉讼时效制度存在较大争议，亟须统一司法裁判标准。全国人大法工委也希望最高人民法院能及时出台司法解释明确相关问题。

本解释的核心内容在于《民法通则》中规定的一年短期诉讼时效的适用问题。《民法通则》规定了一年短期诉讼时效，《民法总则》未作规定，实践中对民法总则施行后一年短期诉讼时效是否仍然适用，存在不同理解。全国人大常委会《关于〈中华人民共和国民法总则（草案）〉的说明》指出，民法总则与民法通则的规定不一致的，根据新法优于旧法的原则，适用民法总则的规定。民法总则将诉讼时效期间规定为三年，有利于建设诚信社会，更好地保护债权人合法权益。根据上述立法目的和法的适用原则，《解释》第一条规定，民法总则施行后诉讼时效期间开始计算的，应当适用民法总则第一百八十八条关于三年诉讼时效期间的规定。当事人主张适用民法通则关于二年或者一年诉讼时效期间规定的，人民法院不予支持。

关于民法总则施行之日，民法通则规定的诉讼时效期间尚未届满情形下的法律适用问题，《解释》第二条根据"前后交叉用新法"的适用原则，规定"民法总则施行之日，诉讼时效期间尚未满民法通则规定的二年或者一年，当事人主张适用民法总则关于三年诉讼时效期间规定的，人民法院应予支持”。本解释如此规定，主要考量以下三方面因素：一是有利于保护债权人权益，符合民法总则将诉讼时效期间规定为三年以及不再规定一年短期诉讼时效的立法目的。二是当民法通则规定的诉讼时效期间跨越民法总则施行日时，依据法理，可推定当事人对于民法总则三年诉讼时效期间的规定是知情的，不损害当事人的期限利益。三是一般情形下，新法的规定优于旧法，适用新法更有利于保护权利人的权利。

《解释》规定，民法总则施行前，民法通则规定的二年或者一年诉讼时效期间已经届满情形下不再适用民法总则关于三年诉讼时效期间。之所以作出如此规定，主要考虑到：一是尊重立法本意。司法解释是立法在审判工作中的具体化，在制定《解释》时应尊重立法本意。二是依据法的溯及力法理。遵循实体从旧、程序从新原则，诉讼时效制度为实体法制度，应采从旧原则。三是基于稳定交易秩序和利益平衡考虑。民法通则规定的诉讼时效期间已经届满的情形下，义务人已经享有诉讼时效抗辩权，义务人行使诉讼时效抗辩权的，交易秩序已经稳定，如果再适用民法总则的规定会使已经稳定的交易秩序受到冲击。

最高人民法院民一庭认为，为了促使承包人积极行使权利，也为了保护其他权利人的合法权益及时得到实现，稳定社会经济秩序，建设工程价款优先受偿权的行使期限应当是除斥期间而非特殊诉讼时效，承包人必须在该期间内行使优先受偿权，否则将不能得到支持。同时，建设工程价款优先受偿权的行使期限不由当事人约定加以改变。①

二、建设工程价款优先受偿权行使期限的计算

建设工程价款优先受偿权是为了保障承包人的工程价款债权而设立。建设工程价款优先受偿权的成立，既是行使优先权的前提，也是处理权利冲突

---

① 参见最高人民法院民事审判第一庭编著：《最高人民法院建设工程施工合同司法解释（二）理解与适用》，人民法院出版社 2019 年版，第 447 页。

的重要依据。[①]

1. 建设工程价款优先受偿权的成立时间。建设工程价款优先受偿权是法律基于公平、公益等价值理念而直接赋予特定权利人的，第三人难以知悉，如果没有合理规则确定优先权成立的条件，就难以维护交易安全。对于建设工程价款优先受偿权的成立时间，存在不同观点：一种观点采用"债权未清偿说"，即承包人优先受偿权所担保的债权为基于建设工程合同而生的债权，此债权在建设工程施工合同订立之时虽已经发生，但承包人的价款通常在工程交付或完成之时，方能请求给付。在此种情况下，如果发包人没有按照约定支付价款，即承包人未受清偿时，才产生承包人的优先受偿权。[②]一种观点采用"工程竣工说"，即优先受偿权成立时间是竣工之日或合同约定的竣工之日。还有观点采用"合同成立说"，即建设工程价款给付请求权产生于工程完工后，但在建设工程施工合同成立的同时即已发生对工程的优先受偿权。[③]

最高法院民事审判第一庭认为，建设工程价款优先受偿权的成立时间应当从如下方面考虑：一是不能将建设工程价款优先受偿权的成立条件与行使条件相混同，应当将权利成立与权利行使相区分。优先权基于法定而非意定成立。优先权是由法律直接规定的特种债权的债权人就债务人的一般或特定财产优先受偿的权利，其成立时间不以登记日期而以优先权行为成立或优先权产生的法律事实发生日期为准，这个时间点往往与债权发生的时间点相同。债权发生的时间应当限缩解释为债权实际发生的时间，即建设施工的主要义务已经实际履行。二是优先权人应当实际创设了建设工程物权。承包人享有优先受偿权的前提是完成或部分完成合同约定的建设工程成果，即该优先权的实现必须首先能够在债务人的财产上实现特定化。三是因建设工程施工合同具有承揽合同的特点，可借鉴留置权成立的条件，对于优先受偿权的

---

① 参见最高人民法院民事审判第一庭编著:《最高人民法院建设工程施工合同司法解释（二）理解与适用》，人民法院出版社 2019 年版，第 448 页。

② 参见谢在全:《民法物权论》（下册），中国政法大学出版社 1999 年版，第 695 页。

③ 后两种观点详细参见最高人民法院民事审判第一庭编著:《最高人民法院建设工程施工合同司法解释（二）理解与适用》，人民法院出版社 2019 年版，第 448~449 页。

实现应采用工作成果完成说，即以工程竣工或无过错停工为建设工程价款优先受偿权的成立条件。因此，应当在优先权行为即建造行为符合依约结束之时，认定建设工程价款优先受偿权成立，且对因发包人原因停建，承包人施工劳务、供应材料义务被迫终止的情形予以保护。[①]

2. 行使建设工程价款优先受偿权的起算时间。《优先受偿权批复》第四条的规定，并没有把优先受偿权的产生作为计算行使优先受偿权的期限，导致司法实践中裁判不一。为了更好地维护承包人的利益，《建设工程施工合同解释（二）》第二十二条参照担保物权将建设工程价款优先受偿权的行使时间确定为债权未获满足之时，即自发包人应当给付建设工程价款之日起算。

3. 应付工程价款之日的确定。在建设工程施工合同正常履行完毕，双方经过竣工、验收、结算，对工程款进行了确定的情况下，发包人支付工程价款，则应付款日期的确定不存在争议。在司法实践中，如何确定发包人应付工程价款之日，应当结合个案情形确定：一是在建设工程施工合同有效的情形下，合同有约定的，应当尊重当事人在合同中的约定；二是在建设工程施工合同无效的情形下，建设工程经竣工验收合格时，可参照合同约定确定应当支付建设工程价款的具体时间；三是建设工程施工合同双方对付款时间没有约定或者约定不明时，则应当具体问题具体分析。建设工程实际交付的，以建设工程交付之日为应付款时间；建设工程没有交付的，讼争建设工程仍由承包人掌管，但承包人已经在建设工程竣工验收合格后按照合同约定的时间提交了竣工结算文件，发包人如在合同约定的期限内不予答复的，应当认定此时为应付款时间；建设工程价款未结算，建设工程也没有交付，处于“半拉子”状态，无法确定应付工程价款时间，应当规定一个拟制的应付款时间，以一审承包人起诉时间作为应付款时间比较妥当。[②]

---

① 参见最高人民法院民事审判第一庭编著：《最高人民法院建设工程施工合同司法解释（二）理解与适用》，人民法院出版社2019年版，第450页。

② 参见最高人民法院民事审判第一庭编著：《最高人民法院建设工程施工合同司法解释（二）理解与适用》，人民法院出版社2019年版，第460~461页。

案例指导

武山县农村信用合作联社与天水市麦积区琥珀乡鸿锋种植农民合作社、天水银鑫不锈钢型材有限公司、天水市金岳银锋不锈钢制品有限公司合同纠纷案①

复议申请人（利害关系人）：甘肃省第八建设集团有限责任公司（以下简称甘肃八建）。

申请执行人：武山县农村信用合作联社（以下简称武山信合）。

被执行人：天水银锋实业有限公司。

被执行人：天水市金岳银锋不锈钢制品有限公司（以下简称金岳银锋公司）。

天水中院查明，2015年4月17日、6月17日、9月1日，武山信合分别与天水市麦积区琥珀乡鸿锋种植农民合作社（以下简称鸿锋合作社）、天水银鑫不锈钢型材有限公司（以下简称银鑫公司）及金岳银锋公司签订流动资金借款合同。合同签订后，武山信合依约分别向该三家发放贷款720万元、700万元、630万元。金岳银锋公司以其名下位于天水经济技术开发区社棠工业园的科研楼1幢（共八层）的不同楼层向上述贷款提供抵押担保，并于同年9月18日办理了抵押物登记及他项权证。截至合同期满，三家借款人均拖欠贷款本金及利息。2016年12月5日，武山信合将上述三家借款人起诉至天水中院。天水中院经审理，于2017年7月31日分别作出（2017）甘05民初68号、69号、70号三份民事判决书。该三份判决书均判处三被告偿还借款本金及相关利息，并判处如三被告未能履行还款义务，则武山信合有权以金岳银锋公司科研楼折价或者拍卖、变卖后所得价款优先受偿。后三被告未自动履行还款义务，武山信合于2018年1月16日向天水中院申请执行上述三案，执行中，天水中院依法两次公开拍卖被执行人金岳银锋公司名下的科研楼，均流拍。申请执行人武山信合同意

① 详见甘肃省高级人民法院（2019）甘执复17号执行裁定书。

以抵押物抵债。2018年11月20日，甘肃八建向天水中院提出异议，请求优先受偿工程价款。

天水中院另查明，2013年3月28日，甘肃八建与金岳银锋公司签订《建设工程土建施工合同》，合同约定金岳银锋公司研发楼工程由甘肃八建承建，工程造价为14626557.87元，开工日期为2013年3月31日，竣工日期为同年11月30日。合同签订后，甘肃八建依约完成了金岳银锋公司研发楼工程的建设。2013年11月30日金岳银锋公司确认了甘肃八建提交的竣工报告。2014年11月30日，经双方结算核对，扣除甩项内容后该工程结算价为12403872.34元。自2013年9月至2015年2月，金岳银锋公司陆续支付甘肃八建工程款900万元，未付工程款3403872.34元。2017年4月19日，甘肃八建将金岳银锋公司诉至麦积区人民法院，请求金岳银锋公司给付拖欠工程款3403872.34元，支付利息1482781元（截至2017年4月30日）及以后利息。经审理，麦积区人民法院于2017年6月20日作出（2017）甘0503民初861号民事判决书，判决由被告金岳银锋公司支付原告甘肃八建拖欠工程款3113872.34元，给付利息1375293.62元。

天水中院认为，本案的争议焦点是该案建设工程的竣工之日或者建设工程合同约定的竣工之日具体时间，甘肃八建行使工程价款优先受偿权除斥期间截止时间以及甘肃八建是否最终享有建设工程价款优先受偿权等问题。建设工程价款优先受偿权是指承包人对于建设工程的价款就该工程折价或者拍卖的价款享有优先受偿的权利。建设工程承包人行使优先权的期限为六个月，自建设工程竣工之日或者建设工程合同约定的竣工之日起计算，该六个月的期间为不变期间。《优先受偿权批复》第一条规定："人民法院在审理房地产纠纷案件和办理执行案件中，应当依照《中华人民共和国合同法》第二百八十六条的规定，认定建筑工程的承包人的优先受偿权优于抵押权和其他债权。"第四条规定："建设工程承包人行使优先权的期限为六个月，自建设工程竣工之日或者建设工程合同约定的竣工之日起计算。"本案中甘肃八建依约承建了金岳银锋公司研发楼工程，应依法享有建设工程价款优先受偿权，但须在建设工程竣工之日或者建设工程合同约定的竣工之日起六个月内主张，否则该优先受偿权丧失，其债权转化为普通债权。依据已发生法律效力的（2017）甘0503民初861号民事判决书中认定的事实，甘肃八建承建的研发楼工程于2013年11月30日按合同约定如期完工，双方又进行了结算，被执行人陆续支付了大部分工程款，故应认定工程完工之日为工程竣工之日。依据《最高人民法院建设工程款优先受偿权适用法律的复函》（2007）执他字第11号“建设工程款优先受偿权是一种法定优先权，无需当事人另外予以明示。最高人民法院《关于建设工程款优先受偿权的批复》第四条明确规定，建设工程承包人行使优先权的期限为六个月。依据该条规定，建设工程承包人行使优先权的期限为六个月，且为不变期间，不存在中止、中断、延长的情形”，故其优先受偿权应自2013年12月1日起算至2014年5月31日止的六个月内提出才能享有，但甘肃八建于2017年4月19日向麦积区人民法院起诉，已丧失了该建设工程价款优先受偿权。综上，甘肃八建提出的异议理由不能成立，依法不予支持。据此，天水中院依照《中华人民共和国民事诉讼法》第二百二十五条、《最高人民法院关于人民法院办理执行异议和复议案件若干问题的规定》第十七条第（一）项之规定，裁定：驳回甘肃八建的异议请求。

甘肃八建向本院申请复议称，原裁定认定麦积区人民法院（2017）甘0503民初861号民事判决认定工程已完工。双方进行了结算，但实际上麦积区法院上述判决认定的事实是前期工程的竣工和结算，并不是全部工程的竣工和结算，由于该工程甩项，对甩项后的工程一直在施工，甘肃八建至今执行着原施工承包合同，在天水中院执行听证中，甘肃八建提交的双方签订的工程联系单，可证实工程至今没有竣工、验收和交工。本案应正确适用《优先受偿权批复》法释［2002］16号第一条和第四条。甘肃八建请求：撤销天水中院（2018）甘05执异15号执行裁定，依法裁定甘肃八建享有优先受偿权。

甘肃高院认为，本案焦点是甘肃八建行使建设工程价款优先受偿权是否超出法定期限，因此，确认甘肃八建行使建设工程价款优先受偿权期限的起算日期是本案的关键事实。《建设工程施工合同解释（二）》第二十二条规定：承包人行使建设工程价款优先受偿权的期限为六个月，自发包人应当给付建设工程价款之日起算。据此，应进一步确认发包人金岳银峰公司应当向工程承包人甘肃八建给付建设工程价款的起算日。《优先受偿权批复》第一条规定："人民法院在审理房地产纠纷案件和办理执行案件中，应当依照《中华人民共和国合同法》第二百八十六条的规定，认定建筑工程的承包人的优先受偿权优于抵押权和其他债权。"因麦积区人民法院就甘肃八建与金岳银峰公司建设工程施工合同纠纷一案作出的（2018）甘0503民初388号民事判决未对甘肃八建是否享有工程价款优先受偿权予以确认，故依据上述批复，可在该判决执行程序中予以确认。双方于2014年11月30日结算核对后，对金岳银峰公司应支付工程款的时间没有明确约定，故应以麦积区法院（2017）甘0503民初861号民事判决确认的应当支付时间为准，该判决确认金岳银峰公司从2014年6月1日起向甘肃八建支付工程款利息，据此，应认定2014年6月1日即为金岳银峰公司应偿付工程款之日，从此日起计算甘肃八建行使工程价款优先受偿权的期限，在此期间内，甘肃八建没有行使，其工程价款优先受偿权依法丧失，天水中院裁定驳回甘肃八建异议请求并无不当。甘肃八建复议理由不能成立，其复议请求本院依法不予支持。原裁定并无不当。依照《中华人民共和国民事诉讼法》第二百二十五条、《最高人民法院关于人民法院办理执行异议和复议案件若干问题的规定》第二十三条第（一）项规定，裁定如下：驳回甘肃省第八建设集团有限责任公司复议申请，维持天水市中级人民法院（2018）甘05执异15号异议裁定。

规范指引

《中华人民共和国民法总则》

第一百八十八条 向人民法院请求保护民事权利的诉讼时效期间为三年。法律另有规定的，依照其规定。

诉讼时效期间自权利人知道或者应当知道权利受到损害以及义务人之日起计算。法律另有规定的，依照其规定。但是自权利受到损害之日起超过二十年的，人民法院不予保护；有特殊情况的，人民法院可以根据权利人的申请决定延长。

第一百八十九条 当事人约定同一债务分期履行的，诉讼时效期间自最后一期履行期限届满之日起计算。

第一百九十二条 诉讼时效期间届满的，义务人可以提出不履行义务的抗辩。

诉讼时效期间届满后，义务人同意履行的，不得以诉讼时效期间届满为由抗辩；义务人已自愿履行的，不得请求返还。

第一百九十三条 人民法院不得主动适用诉讼时效的规定。

第一百九十四条 在诉讼时效期间的最后六个月内，因下列障碍，不能行使请求权的，诉讼时效中止：

（一）不可抗力；

（二）无民事行为能力人或者限制民事行为能力人没有法定代理人，或者法定代理人死亡、丧失民事行为能力、丧失代理权；

（三）继承开始后未确定继承人或者遗产管理人；

（四）权利人被义务人或者其他人控制；

（五）其他导致权利人不能行使请求权的障碍。

自中止时效的原因消除之日起满六个月，诉讼时效期间届满。

第一百九十五条 有下列情形之一的，诉讼时效中断，从中断、有关程序终结时起，诉讼时效期间重新计算：

（一）权利人向义务人提出履行请求；

（二）义务人同意履行义务；

（三）权利人提起诉讼或者申请仲裁；

（四）与提起诉讼或者申请仲裁具有同等效力的其他情形。

第一百九十六条 下列请求权不适用诉讼时效的规定：

（一）请求停止侵害、排除妨碍、消除危险；

（二）不动产物权和登记的动产物权的权利人请求返还财产；

（三）请求支付抚养费、赡养费或者扶养费；

（四）依法不适用诉讼时效的其他请求权。

第一百九十七条 诉讼时效的期间、计算方法以及中止、中断的事由由法律规定，当事人约定无效。

当事人对诉讼时效利益的预先放弃无效。

第一百九十八条 法律对仲裁时效有规定的，依照其规定；没有规定的，适用诉讼时效的规定。

第一百九十九条 法律规定或者当事人约定的撤销权、解除权等权利的存续期间，除法律另有规定外，自权利人知道或者应当知道权利产生之日起计算，不适用有关诉讼时效中止、中断和延长的规定。存续期间届满，撤销权、解除权等权利消灭。

《最高人民法院关于审理建设工程施工合同纠纷案件适用法律问题的解释（二）》

第二十二条 承包人行使建设工程价款优先受偿权的期限为六个月，自发包人应当给付建设工程价款之日起算。

专题七：建设工程价款优先受偿权事前放弃的效力认定

【核心提示】发包人与承包人约定放弃或者限制建设工程价款优先受偿权，损害建筑工人利益，发包人根据该约定主张承包人不享有建设工程价款优先受偿权的，人民法院不予支持。

实务争点

根据民法原理，如果不违反法律的禁止性规定和社会公序良俗，民事权利主体有权自由处分其财产权利，包括放弃财产权利或者限制该财产权利。如果民事主体放弃或者限制财产权利的行为损害第三人利益的，对第三人不发生效力。但是，建设工程价款优先受偿权属于法定权利，合同法之所以规定该项权利，是为了保护建筑工人即农民工的利益。因此，原则上承包人有权自由处分自身的财产权利，但不能违反建设工程价款优先受偿权的立法宗旨，即不能损害农民工的合法权益。但是，由于承包人在承建建设工程的全过程中，始终处于被动地位，有些甚至在建设工程施工合同中约定承包人自动放弃建设工程价款优先受偿权。对于该放弃权利行为的效力，有观点认为，应当首先区分是预先放弃还是嗣后放弃，预先放弃是指建设工程承包人在建设工程价款优先受偿权成立之前，所作出的于将来放弃其优先受偿权的意思表示。嗣后放弃是指在建设工程价款优先受偿权成立之后，承包人所作出的放弃优先受偿权的意思表示。前一种行为放弃的是一种“期待权”，后一种行为放弃的是一种“既得权”。无论是预先放弃还是嗣后放弃，关键要看是否损害了农民工的合法权益。因此，《建设工程施工合同解释（二）》第二十三条规定：发包人与承包人约定放弃或者限制建设工程价款优先受偿权，损害建筑工人利益，发包人根据该约定主张承包人不享有建设工程价款优先受偿权的，人民法院不予支持。

理解适用

对《建设工程施工合同解释（二）》第二十三条规定的理解与适用

合同自由原则，是合同法的一个重要原则。但是，合同自由原则并非没有边界，法律为了追求公平与正义，仍需要作适当限制。正如《建设工程施工合同解释（二）》第二十三条的规定，对发包人与承包人在建设工程施工合同中约定放弃或者限制建设工程价款优先受偿权的约定，若该约定损害了建筑工人利益，则是无效条款。

对《建设工程施工合同解释（二）》第二十三条的理解与适用，应注意如下几个方面：

一、承包人与发包人有权约定放弃或者限制建设工程价款优先受偿权

在司法实践中，有观点认为承包人事先放弃和嗣后放弃建设工程价款优先受偿权应有所区别，主要理由是为了保护承包人的利益。由于承包人与发包人缔约地位不平等，在签订建设工程施工合同之前或者签订该合同之时，有些承包人为了争取交易机会，迫于无奈放弃建设工程价款优先受偿权，这并不是其真实意思表示。然而，市场主体之间不可能存在完全的平等，不仅在承包人与发包人之间不平等，在不同建筑企业之间也存在不平等。不平等的市场主体地位会产生不同的缔约地位，对这种不平等，只要不超出一定的

范围和界限，法律和司法应当予以尊重。[①]

其实，在商事交易中，应当最大限度地维护契约自由、市场秩序、交易效率和交易安全。建设工程施工合同的主体是发包人与承包人，是典型的商事主体，双方当事人在建设工程施工合同约定放弃或者限制建设工程价款优先受偿权的，应当予以尊重。当然，当事人的意思表示形式是多样的，既可以在建设工程施工合同中以专门条款进行约定，也可以由承包人单方面作出承诺的意思表示，只要发包人接受，即发生法律效力。

承包人与发包人可以在建设工程施工合同中约定放弃建设工程价款优先受偿权，也可以在合同中约定限制建设工程价款优先受偿权。《建设工程施工合同解释（二）》第二十三条规定的“放弃”是指承包人放弃其对发包人享有的建设工程价款债权就建设工程折价或者拍卖的价款优先受偿的权利。承包人放弃该权利后，其对发包人享有的建设工程价款债权成为普通债权，清偿顺序排在担保的债权之后，与其他没有担保的债权处于同一清偿顺序。《建设工程施工合同解释（二）》第二十三条规定的“限制”含义广泛，既包括承包人只放弃部分建设工程价款优先受偿权，也包括为建设工程价款优先受偿权的行使设定时间、条件，或者限制建设工程价款优先受偿权所针对的建设工程的范围等方面。[②]

二、承包人与发包人约定放弃或者限制建设工程价款优先受偿权，不得损害建筑工人利益

在司法实践中，发包人与承包人约定放弃或者限制建设工程价款优先受偿权是否损害建筑工人利益，应当从承包人整体的资产负债状况、现金流情况等作出判断，而不能以是否欠某一建筑工人工资为判断标准。如果仅以承包人存在个别欠薪行为，就认定其与发包人约定放弃或者限制建设工程价款优先受偿权损害了建筑工人利益，进而认定该约定无效，则可能对承包人产

---

① 参见最高人民法院民事审判第一庭编著：《最高人民法院建设工程施工合同司法解释（二）理解与适用》，人民法院出版社2019年版，第472页。

② 参见最高人民法院民事审判第一庭编著：《最高人民法院建设工程施工合同司法解释（二）理解与适用》，人民法院出版社2019年版，第474页。

生负面激励，使其恶意拖欠建筑工人工资，以达到继续行使建设工程价款优先受偿权的目的。

案例指导

赣州银行股份有限公司兴国支行与江西省皓天建设有限公司、江西山村油脂食品有限公司建设工程合同纠纷案[①]

原告：赣州银行股份有限公司兴国支行（以下简称兴国支行）。

被告：江西省皓天建设有限公司（以下简称皓天公司）。

被告：江西山村油脂食品有限公司（以下简称油脂公司）。

兴国支行向法院提出诉讼请求：1. 撤销兴国县人民法院作出的（2016）赣 0732 民初 2650 号民事调解书；2. 判决原告对被告油脂公司提供的抵押物（位于兴国县红门工业园百丈泉公司南侧地块、兴国县经济技术开发区山村油脂东南侧地块上的在建工程）折价或者拍卖、变卖的价款享有的抵押物优先受偿权优于被告皓天公司受偿；3. 本案诉讼费、保全费及实现债权的费用等款项由被告承担。

被告皓天公司辩称，原告的诉请没有事实和法律依据，应驳回。理由如下：一、《工程建设形象进度说明》《工程款支付情况说明》载明的内容与事实不符，建设单位当时未按工程进度付款，并且《承诺书》不是我公司的真实意思表示，我公司施工范围除了承诺书载明的项目工程，还包括精炼车间厂房基础、设备基础、污水处理站等项目及厂区道路市政工程。因此，原告该组证据无法证明我公司放弃全部优先受偿权。根据《建设工程施工合同解释（二）》第二十三条规定，发包人与承包人约定放弃或者限制建设工程价款优先受偿权，损害建筑工人利益，发包人根据该约定主张承包人不享有建设工程价款优先受偿权的，人民法院不予支持，《承诺书》约定内容因违反法律强制性规定，应属无效。综上所述，我公司依法享有建设工程价款优先受偿权，且效力优先于原告的债权，请驳回原告的诉讼请求。

---

① 详见江西省兴国县人民法院（2019）赣 0732 民撤 2 号民事判决书。

经审理查明：一、2013年1月15日皓天公司与油脂公司签订了一份《建设工程施工合同》，约定皓天公司承建油脂公司的2000吨药用茶油项目原料库、预处理车间、车间（一、二、三、四）、GMP车间。2013年5月20日皓天公司与油脂公司签订了一份《协议书》，约定皓天公司承建油脂公司的年产2000吨药用茶油项目市政工程（排污排水、道路硬化）。2013年12月6日皓天公司与油脂公司签订了一份《协议书》，约定皓天公司承建油脂公司的精炼车间、污水处理站、毛油罐等设备基础。2016年3月15日，皓天公司与油脂公司签订了一份《施工合同终止协议书》，明确油脂公司欠皓天公司工程款6787532.6元。二、2015年6月12日，皓天公司向原告出具《承诺书》，表明：油脂公司位于兴国县××开发区，原料库、预处理车间、库区、精炼车间、GMP车间由其承建，同意并支持油脂公司以该项目的土地使用权及在建工程为抵押物向贵行申请授信；自愿放弃上述项目工程款的全部优先受偿权，原告为上述抵押受偿权的第一权利人。三、2015年6月24日，油脂公司与原告签订《最高额抵押合同》，约定油脂公司以位于兴国县红门工业园百丈泉公司南侧地块、兴国县经济技术开发区山村油脂东南侧地块上的在建工程作抵押物，为其在原告处自2015年6月24日至2016年6月24日最高限额为1400万元的借款提供抵押担保。2015年6月26日，上述抵押在建工程办理了抵押登记，原告取得了他项权证。2015年6月26日，油脂公司与原告签订《流动资金借款合同》，约定：油脂公司向原告借款1400万元，借款期限自2015年6月26日至2016年6月26日。同日，原告向油脂公司发放借款本金1400万元。因贷款到期后油脂公司未归还借款，原告于2016年6月17日向赣州市中级人民法院提起诉讼。赣州市中级人民法院于2016年11月4日作出（2016）赣07民初146号民事判决书，判决第三项为："如被告江西山村油脂食品有限公司未履行上述判决第一项、第二项所确定的付款义务，原告赣州银行股份有限公司兴国支行有权对被告江西山村油脂食品有限公司提供的抵押物（位于兴国县红门工业园百丈泉公司南侧地块、兴国县经济技术开发区山村油脂东南侧地块上的在建工程）折价或者拍卖、变卖的价款享有优先受偿权。"四、2016年9月7日，皓天公司因与油脂公司建设工程施工合同纠纷一案向本院提起诉讼，本院于同日作出（2016）

赣0732民初2650号民事调解书，由被告油脂公司支付给被告皓天公司欠款6787532.6元。协议内容第三项为“如原告江西省皓天建设有限公司所承包被告江西山村油脂食品有限公司建设工程项目产生折价或者拍卖的价款，原告有优先受偿的权力”。原告作为利害关系人未参加该次诉讼，也不知悉。

法院认为，《民事诉讼法》第五十六条规定：“对当事人双方的诉讼标的，第三人认为有独立请求权的，有权提起诉讼。对当事人双方的诉讼标的，第三人虽然没有独立请求权，但案件处理结果同他有法律上的利害关系的，可以申请参加诉讼，或者由人民法院通知他参加诉讼。人民法院判决承担民事责任的第三人，有当事人的诉讼权利义务。前两款规定的第三人，因不能归责于本人的事由未参加诉讼，但有证据证明发生法律效力的判决、裁定、调解书的部分或者全部内容错误，损害其民事权益的，可以自知道或者应当知道其民事权益受到损害之日起六个月内，向作出该判决、裁定、调解书的人民法院提起诉讼。人民法院经审理，诉讼请求成立的，应当改变或者撤销原判决、裁定、调解书；诉讼请求不成立的，驳回诉讼请求。”《民事诉讼法解释》第二百九十五条、第三百条也分别指出：“民事诉讼法第五十六条第三款规定的因不能归责于本人的事由未参加诉讼，是指没有被列为生效判决、裁定、调解书当事人，且无过错或者无明显过错的情形。包括：（一）不知道诉讼而未参加的；（二）申请参加未获准许的；（三）知道诉讼，但因客观原因无法参加的；（四）因其他不能归责于本人的事由未参加诉讼的。”“对第三人撤销或者部分撤销发生法律效力的判决、裁定、调解书内容的请求，人民法院经审理，按下列情形分别处理：（一）请求成立且确认其民事权利的主张全部或部分成立的，改变原判决、裁定、调解书内容的错误部分；（二）请求成立，但确认其全部或部分民事权利的主张不成立，或者未提出确认其民事权利请求的，撤销原判决、裁定、调解书内容的错误部分；（三）请求不成立的，驳回诉讼请求。对前款规定裁判不服的，当事人可以上诉。原判决、裁定、调解书的内容未改变或者未撤销的部分继续有效。”鉴于被告皓天公司已向原告承诺自愿放弃原料库、预处理车间、库区、精炼车间、GMP车间的优先受偿权，同意原告为抵押受偿权的第一权利人，原告也已经与被告皓天公司签订《最高额抵押合同》，并已办理抵押登记、取得他项权证，而本院（2016）赣0732民初2650号案件诉讼中未通知原告，即原告属于“不知道诉讼而未参加”，加之调解协议第三项损害了原告的民事权益，但原告享有优先受偿权的项目，仅限于被告皓天公司承诺的范围。同时，赣州市中级人民法院根据原告兴国支行依据约定享有的抵押优先受偿权所作出的一审判决，与被告皓天公司所享有的法定优先受偿权并不矛盾，本院可直接对该项予以撤销、变更。鉴于调解协议第一项、第二项并未损害原告利益，原告要求撤销的请求不予支持。原告要求被告承担保全费及实现债权费用，因尚未实际发生或提供相关证据加以证实，不予采纳。根据《中华人民共和国民事诉讼法》第五十六条，《最高人民法院关于适用〈中华人民共和国民事诉讼法〉的解释》第九十条、第二百九十四条、第二百九十五条、第二百九十八条、第三百条之规定，判决如下：一、撤销本院（2016）赣0732民初2650号民事调解书中调解协议第三项。二、原告赣州银行股份有限公司兴国支行对被告江西省皓天建设有限公司所承建的被告江西山村油脂食品有限公司原料库、预处理车间、库区、精炼车间、GMP车间折价或者拍卖、变卖的价款，享有优先受偿权。被告江西省皓天建设有限公司对其所承建的被告江西山村油脂食品有限公司其他工程项目折价或者拍卖、变卖的价款，享有优先受偿权。三、驳回原告赣州银行股份有限公司兴国支行要求撤销本院（2016）赣0732民初2650号民事调解书中调解协议第一项、第二项的诉讼请求。四、驳回原告赣州银行股份有限公司兴国支行要求被告承担保全费及实现债权费用的诉讼请求。案件受理费58963元，原告赣州银行股份有限公司兴国支行已预交，由被告江西省皓天建设有限公司、江西山村油脂食品有限公司各负担29481.5元。

规范指引

《中华人民共和国合同法》

第二百八十六条 发包人未按照约定支付价款的，承包人可以催告发包人在合理期限内支付价款。发包人逾期不支付的，除按照建设工程的性质不宜折价、拍卖的以外，承包人可以与发包人协议将该工程折价，也可以申请人民法院将该工程依法拍卖。建设工程的价款就该工程折价或者拍卖的价款优先受偿。

《最高人民法院关于审理建设工程施工合同纠纷案件适用法律问题的解释（二）》

第二十三条 发包人与承包人约定放弃或者限制建设工程价款优先受偿权，损害建筑工人利益，发包人根据该约定主张承包人不享有建设工程价款优先受偿权的，人民法院不予支持。

专题八：建设工程价款优先受偿权与抵押权、消费者房屋期待权冲突的司法处理

【核心提示】建设工程价款优先受偿权优先于抵押权和其他债权；消费者交付购买商品房的全部或者大部分款项后，承包人就该商品房享有的工程价款优先受偿权不得对抗买受人。

实务争点

在司法实践中，不乏发包人为了融资，依据物权法的有关规定，将在建工程予以抵押，抵押权人对承包人承建的在建工程享有抵押权。此时，同一建筑物上存在了建设工程承包人的建设工程价款优先受偿权和抵押权人所享有的抵押权，两种权利同属于物权，何者优先？存在分歧。同时，发包人也可以将承包人承建的建筑物出售给消费者，消费者交付全部或者部分购房款。此时，消费者对所购买的建筑物享有一种物权期待权，该权利与建设工程施工合同承包人的建设工程价款优先受偿权存在于同一建筑物之上，何者优先？存在分歧。对此，《优先受偿权批复》第一条规定：人民法院在审理房地产纠纷案件和办理执行案件中，应当依照《合同法》第二百八十六条的规定，认定建筑工程的承包人的优先受偿权优于抵押权和其他债权。第二条规定：消费者交付购买商品房的全部或者大部分款项后，承包人就该商品房享有的工程价款优先受偿权不得对抗买受人。

理解适用

对《优先受偿权批复》第一条、第二条规定的理解与适用

《优先受偿权批复》第一条规定了建设工程承包人的建设工程价款优先受偿权优先于抵押权和其他债权；第二条规定了承包人对所承建的商品房的建设工程价款优先受偿权与商品房的购买者对商品房期待物权的效力对抗问题。在司法实践中，应从如下几个方面进行理解与适用：

一、建设工程承包人的建设工程价款优先受偿权优先于抵押权和其他债权

在工程款优先权与一般抵押权并存的情况下，王利明教授认为，如果发包人未按照约定支付工程价款，承包人固然可以请求发包人承担违约责任，但违约责任在许多情况下并不能充分保护承包人的利益，法律才规定承包人的法定抵押权。如果一般抵押权将优先于法定抵押权而实现，那么法定抵押权设定的目的就不复存在了。梁慧星研究员认为，在发生法定抵押权与约定抵押权并存的情形时，无论约定抵押权发生在前或在后，法定抵押权均应优先于约定抵押权行使。主要理由是：（1）法定权利应当优先于约定权利。（2）从法律政策上考虑，法定抵押权所担保的债权中相当部分是建筑工人的劳动工资，应予优先确保。（3）建设工程是靠承包人付出劳动和垫付资金建造的，如果允许约定抵押权优先行使，则无异于以承包人的资金清偿发包人的债务，等于发包人将自己的欠债转嫁给属于第三人的承包人，违背公平及诚实信用原则。（4）承包人法定抵押权，是法律保护承包人利益而特别赋予的权利，具有保护劳动者利益和鼓励建筑、创造社会财富的政策目的。[①]

笔者赞同梁慧星先生、王利明先生的观点。从《优先受偿权批复》第一条的规定来看，工程款优先权优先于一般抵押权和其他债权。一并建议，承包人的工程款额实行预先登记制度。虽从优先权的性质来看，此种权利无须登记，因为它本身就是直接依据法律的规定而产生的优先受偿权，但为了保

① 张国香、孙贤程：《工程款拖欠引发法律思考》，载《人民法院报》2001年8月20日。

护一般抵押权人的利益，使其知悉抵押物状况，即建设工程是否拖欠承包人工程款，是否存在法定抵押权。如果其事先知道存在法定抵押权，则一般抵押权人可能不会同意发包人以建设工程作为抵押标的，若一般抵押权人明知而为之，则应认为自愿承担了因法定抵押权优先受偿而使其抵押权不能实现的风险。但是，关于工程的费用如果预先没有登记，事后也很容易发生纠纷，更何况如果发包人与承包人恶意通谋故意虚报工程款，从而在承包人的法定抵押权受偿以后，一般抵押权人将会蒙受损害。所以，应将工程款预先予以登记，该登记的工程款也是承包人法定抵押权实现的最高数额。如果实际结算的工程款高于登记数额，则以登记为准。如果低于登记数额，则以实际结算数额为准。其他一般抵押权人可以从登记的工程款中预先了解可能发生的法定抵押权。这样，对一般抵押权人和其他债权人更显公平。

二、工程款优先权与消费者权益的对抗效力

在实务中，如果建设工程为商品房，且在竣工之前发包人（开发商）已经分别与消费者订立房屋买卖合同，在发包人拖欠承包费用时，即可能发生承包人的优先受偿权与消费者权利的冲突。根据《优先受偿权批复》第二条“消费者交付购买商品房的全部或者大部分款项后，承包人就该商品房享有的工程价款优先受偿权不得对抗买受人”之规定，按下列情形处理：

1. 在消费者已交付房款，并已经办理产权过户登记的情形下，消费者已经取得房屋所有权，就该房屋而言，建设工程承包人的优先受偿权已归于消灭，自不待言。

2. 在开发商尚未交房或虽交房而尚未办理产权过户，但消费者交付了全部或者大部分款项的情形下，该房屋仍属于开发商所有，但建设工程承包人的优先受偿权不能对抗消费者。这是因为如果允许承包人行使优先受偿权，无异于用消费者的资金清偿开发商的债务，等于开发商将自己的债务转嫁给广大消费者，严重违背消费者保护的法律政策，因此不应允许承包人行使优先受偿权。实质是将承包人利益与消费者利益进行比较，消费者属于生存利益，应当优先，承包人属于经营利益，应退居其次。

3. 在消费者未交付房款或者未交付大部分房款，但已办理了产权过户登

记或者未办理产权过户登记的情形下，建设工程承包人的优先受偿权具有对抗消费者请求权的效力。这是为了防止开发商与消费者恶意串通（指未交付房款就办理产权过户的情形），损害承包人的利益。如《最高人民法院公报》公布的“宋某与北京盛和发房地产开发有限公司（以下简称开发公司）、广东粤财投资控股有限公司（以下简称投资公司）、北京城乡建设集团有限责任公司（以下简称建筑公司）商品房预售合同纠纷案”[①]：2000年，开发公司与建筑公司签订建设工程施工合同。2001年，开发公司以在建房屋向银行抵押贷款。2004年，法院分别判令开发公司支付银行贷款1800万余元及建筑公司工程款4700万余元。2010年，宋某以其于2001年向开发公司购房并支付全部房款1000万余元且实际入住为由起诉开发公司要求办理过户，开发公司全部认可。但双方提供证明商品房买卖合同真实的证据存疑。法院认为，宋某虽提供了其与开发公司所签商品房买卖合同、购房款收据及入住通知书等证据支持其诉讼请求，但宋某在签订合同、支付房款、与投资公司借款合同履行情况等重要事实上所作陈述前后矛盾，其陈述内容涉及大量现金支付且无其他证据予以佐证，亦与常理相悖；宋某所购房屋在房管部门无备案记载，宋某亦未提供正式购房发票；开发公司销售记录、钥匙移交单、开发公司工作人员有关证言均显示宋某所购房屋未售出，并且事实表明开发公司自2005年开始又将诉争房产陆续卖与他人，这些证据进一步证实，宋某与开发公司之间不存在真实有效的商品房买卖关系。本案判决仅否定了宋某与开发公司之间房屋买卖关系的真实性，宋某与开发公司资金往来情况为另一法律关系，不属本案审理范围，故判决驳回宋某诉讼请求。

值得注意的是，不能根据《优先受偿权批复》第一条与第二条的规定是

---

① 详见《最高人民法院公报》2013年第3期（总第197期）。该案裁判摘要：买受人与开发商均主张双方之间存在真实有效的商品房买卖关系，并依据《最高人民法院关于建设工程价款优先受偿权问题的批复》第二条“消费者交付购买商品房的全部或者大部分款项后，承包人就该商品房享有的工程价款优先受偿权不得对抗买受人”的规定，对抗承包人建设工程价款请求权，但在签订购房合同、支付购房款等重要事实上存在众多疑点，双方多次陈述不一、前后矛盾。据以认定双方之间存在真实的商品房买卖关系的依据明显不足。在此情况下，买受人请求开发商按照商品房买卖合同约定，办理房屋过户登记，应予驳回。

商品房买受人权利与建设工程价款优先受偿权、抵押权顺位关系，依据形式逻辑推理，得出买受人权利一律优于建设工程价款的请求权与抵押权的结论。买受人解除商品房买卖合同或者因合同无效而获得的退款或者损失赔偿请求权，不具有优先于工程价款的效力。此时，买受人只享有普通债权，与居住权无关，自然不能对抗建设工程价款优先受偿权和抵押权。①

三、发包人破产，承包人享有优先受偿权

在发包人破产的情况下，根据《最高人民法院关于审理企业破产案件若干问题的规定》第七十一条“下列财产不属于破产财产：……（四）依照法律规定存在优先权的财产，但权利人放弃优先受偿权或者优先偿付特定债权剩余的部分除外”的规定，承包人对所建工程享有工程款优先受偿权。

案例指导

许文飞、广西防城港市腾飞龙房地产开发有限公司与李忠飞执行异议纠纷案②

申诉人（被执行人、异议申请人、复议申请人）：李忠飞。

申诉人（被执行人、异议申请人、复议申请人）：广西防城港市腾飞龙房地产开发有限公司（以下简称腾飞龙公司）。

申请执行人：许文飞。

李忠飞、腾飞龙公司因不服广西壮族自治区高级人民法院（以下简称广西高院）于2016年6月24日作出的（2016）桂执复19号执行裁定，向最高人民法院申诉。

2016年2月19日，李忠飞、腾飞龙公司向防城港中院提出异议。请求：1. 解除对李忠飞、腾飞龙公司财产的超额查封；2. 解除对李忠飞、腾飞龙公

① 参见最高人民法院民事审判第一庭编著：《最高人民法院建设工程施工合同司法解释（二）理解与适用》，人民法院出版社2019年版，第372页。

② 详见最高人民法院（2016）最高法执监288号执行异议审查决定书。

司已被冻结账号的冻结。

防城港中院异议程序查明：根据许文飞的申请，该院于 2014 年 7 月 10 日作出（2014）防市立保字第 2 号民事裁定书，查封了腾飞龙公司位于防城港市港口区北部湾大道与建港路交汇处西北侧腾飞广场 328 套房产以及腾飞广场所占范围的部分土地使用权。腾飞龙公司已于 2012 年 7 月 9 日将腾飞广场所占范围的部分土地使用权为广西中小企业信用担保有限公司设定了抵押，抵押金额为 2300 万元。腾飞龙公司在建设腾飞广场中尚欠中建海峡建设发展有限公司（以下简称中建海峡公司）部分工程款，中建海峡公司已经向该院提起诉讼，请求判令腾飞龙公司支付工程进度款 9057.5170 万元及利息 2262.56 万元，并判决中建海峡公司对腾飞广场工程享有优先受偿权。该院已经立案受理了该案。因腾飞龙公司未按时支付工程进度款，腾飞广场项目已经停工，处于未竣工状态。

防城港中院认为，首先，房地产价格具有波动性，故对特定房地产的每一次价格评估结论具有时限性。广西信德房地产评估咨询有限公司、广西信德长荣房地产评估有限公司于 2014 年 7 月 12 日对腾飞广场项目所作评估结论，有效期限截至 2014 年 12 月底，故不能作为证明腾飞广场项目当前价格的依据；其次，根据广西高院已经生效的（2015）桂民二终字第 27 号民事判决，该案的执行标的为借款本金 8105.28 万元、利息 252 万元及迟延履行期间的双倍利息，而防城港中院查封的腾飞龙公司 328 套房产尚属于腾飞广场项目在建工程，该在建工程价款尚未完全支付，且该工程项目所占范围的部分土地使用权设定抵押给他人，根据法律的规定，工程价款和有抵押的债权均优先受偿于本案的债权。另，腾飞龙公司自述其已将部分房产销售，根据《优先受偿权批复》第二条“消费者交付购买商品房的全部或者大部分款项后，承包人就该商品房享有的工程价款优先受偿权不得对抗买受人”之规定，买受人的债权优先受偿于工程价款，故当然优先受偿于本案的债权。综上，该案所查封的财产需在执行程序中通过评估、拍卖或者变卖，并在优先清偿购房款、工程价款和其他已经设立担保的债权后，剩余价款才能用于清偿该案债务，而李忠飞、腾飞龙公司并不能提供证据证明前述剩余价款已明显超过该案执行标的总额，因此，李忠飞、腾飞龙公司申请解除对超额部分房产的查封并解除对账号的冻结，依据不足，即裁定驳回异议人李忠飞、腾飞龙公司的异议。

李忠飞、腾飞龙公司不服，向广西高院申请复议。

广西高院查明的事实与防城港中院一致。广西高院另查明，李忠飞、腾飞龙公司与许文飞民间借贷纠纷一案，防城港中院于2015年2月11日作出（2014）防市民一初字第4号民事判决，判决腾飞龙公司、李忠飞偿还许文飞借款8105.28万元、利息252万元并支付逾期还款违约金500元。李忠飞、腾飞龙公司不服，向广西高院提起上诉，广西高院于2015年8月31日作出（2015）桂民二终字第27号民事判决书，判决驳回上诉，维持原判。2015年10月14日许文飞申请防城港中院立案执行。

2014年7月10日许文飞向防城港中院申请诉前财产保全，该院依据（2014）防市立保字第2号民事裁定，冻结李忠飞、腾飞龙公司名下人民币1亿元银行存款或查封价值相应的其他财产，将李忠飞、腾飞龙公司位于港口区北部湾大道与建港路交汇处西北侧腾飞广场名下的房产328套（其中285套属于商住房，43套属于铺面）以及防港国用（2011）第0081号（面积为14302.9平方米）和防港国用（2011）第12号（面积为4143.63平方米）的两宗土地予以查封，并冻结其单位和个人相应的15个银行账户。李忠飞、腾飞龙公司对该裁定不服，于2014年7月18日向防城港中院书面提出复议申请，要求解除超标财产的查封和银行个人、对公账户的冻结。防城港中院认为李忠飞、腾飞龙公司虽然提供广西信德房地产评估咨询有限公司、广西信德长荣房地产评估有限公司对已被查封的腾飞龙公司房产价值25192.35万元的评估报告书，但评估依据市场房产当前销售价值作为参考，目前该房产还属于在建工程。李忠飞、腾飞龙公司要求解除超额部分房产的查封，依据不足，不予支持；其要求解除个人账户及对公账户的冻结，为不影响市政工程的进度，腾飞广场项目的正常运转，也合法保护其查封的相应财产，应予准许。防城港中院于2014年8月21日作出（2014）防市立保字第2-3号民事裁定，解除腾飞龙公司、李忠飞银行账户的冻结，驳回李忠飞、腾飞龙公司的其他请求。

2015年7月27日，防城港中院立案受理中建海峡公司诉腾飞龙公司建设工程施工合同纠纷，中建海峡公司请求判令腾飞龙公司支付工程进度款9057.5170万元、利息2262.56万元及违约金1411万元，并判决其对腾飞广场工程依法享有优先受偿权。该案件受理费678354元。腾飞龙公司于2014年3月17日将腾飞广场所占范围的部分土地即防港国用（2011）第0081号、第12号国有土地使用权为中建海峡公司广西分公司设定了抵押，抵押金额为5000万元。

另查明，腾飞龙公司委托广西信德房地产评估咨询有限公司、广西信德长荣房地产评估有限公司对“腾飞广场”部分项目进行评估，该公司于2014年7月14日作出评估报告，该评估报告应用的有效期为2014年7月14日起至2015年7月13日止。

2016年3月7日，防城港中院在听证时询问李忠飞、腾飞龙公司是否申请该院委托有资质的机构对查封的财产进行评估，但其未予答复。该院于2016年3月21日作出（2016）06执异2号执行裁定，驳回李忠飞、腾飞龙公司的异议。

广西高院认为，本案焦点问题在于防城港中院是否存在超标的查封的情形。

首先，在执行异议程序中，对执行标的数额，虽然李忠飞、腾飞龙公司提交了评估报告，但该报告因系其单方委托并已经超出应用有效期限，且防城港中院在听证时已征询其是否申请该院委托有资质的机构对查封的财产进行评估，但其未予答复。其次，根据执行依据，本案执行标的为借款本金8105.28万元、利息252万元、逾期还款违约金500元及逾期加倍支付迟延履行期间的债务利息。因防城港中院所查封的腾飞龙公司房产属于腾飞广场项目，该项目尚未完工验收，欠付工程价款纠纷即中建海峡公司诉腾飞龙公司建设工程施工合同纠纷正在审理中，中建海峡公司主张对腾飞广场项目工程款享有优先受偿权，并已对涉本案诉讼保全查封的防港国用（2011）第0081号和第12号的两宗土地使用权进行了抵押，因该案尚未审理终结，未能确定所欠工程款项数额及是否享有优先受偿权。此外，涉本案诉讼保全查封的防港国用（2011）第0081号和第12号两宗土地使用权亦为广西中小企业信用担保有限公司的债权设定了抵押，担保物权的实现数额尚未能确定。

因此，复议申请人主张执行法院超标的查封没有事实和法律依据。

综上，李忠飞、腾飞龙公司主张防城港中院超标的查封，依据不足，其提出异议的理由不成立，防城港中院裁定驳回其申请，认定事实清楚，适用法律正确，应予维持。广西高院裁定如下：驳回李忠飞、腾飞龙公司的复议申请。

李忠飞、腾飞龙公司向本院申诉，请求撤销广西高院（2016）桂执复19号执行裁定。

针对李忠飞、腾飞龙公司的申诉事由，本案的焦点问题为防城港中院是否构成超标的查封。

最高法院认为：执行程序中对于超标的查封争议，重点审查债权总额与执行标的物价值相当。关于债权总额，本案申请执行人许文飞请求李忠飞、腾飞龙公司偿付民间借贷债权约1亿元，另案广西中小企业信用担保有限公司请求李忠飞、腾飞龙公司偿付抵押债权约2600万元，另案中建海峡公司请求李忠飞、腾飞龙公司偿付建设工程款债权约1亿元，以上由生效法律文书确认或正在诉讼审理阶段的债权已超过2亿元。关于执行标的物价值，防城港中院对案涉房产委托评估总价约1.28亿元。两相比较，案涉债权总额已超出标的物评估价，因此，执行法院并未构成超标的查封。李忠飞、腾飞龙公司主张超标的查封的申诉请求，缺乏事实与法律依据，应当依法予以驳回。参照《中华人民共和国民事诉讼法》第二百零四条，《最高人民法院关于人民法院执行工作若干问题的规定（试行）》第一百二十九条规定，裁定如下：驳回李忠飞、广西防城港市腾飞龙房地产开发有限公司的申诉请求。

规范指引

《中华人民共和国合同法》

第二百八十六条 发包人未按照约定支付价款的，承包人可以催告发包人在合理期限内支付价款。发包人逾期不支付的，除按照建设工程的性质不宜折价、拍卖的以外，承包人可以与发包人协议将该工程折价，也可以申请人民法院将该工程依法拍卖。建设工程的价款就该工程折价或者拍卖的价款优先受偿。

《最高人民法院关于建设工程价款优先受偿权问题的批复》

上海市高级人民法院：

你院沪高法［2001］14号《关于合同法第286条理解与适用问题的请示》收悉。经研究，答复如下：

一、人民法院在审理房地产纠纷案件和办理执行案件中，应当依照《中华人民共和国合同法》第二百八十六条的规定，认定建筑工程的承包人的优先受偿权优于抵押权和其他债权。

二、消费者交付购买商品房的全部或者大部分款项后，承包人就该商品房享有的工程价款优先受偿权不得对抗买受人。

……

图书在版编目 (CIP) 数据

最高人民法院建设工程施工合同司法解释精释精解 / 何志主编 .—北京：中国法制出版社，2020.6

（民商事司法解释精释精解丛书 / 何志主编）

ISBN 978-7-5216-1034-5

Ⅰ . ①最…　Ⅱ . ①何…　Ⅲ . ①建筑施工—合同法—法律解释—中国　Ⅳ . ① D923.65

中国版本图书馆 CIP 数据核字（2020）第 073156 号

策划编辑：戴　蕊（dora6322@sina.com）

责任编辑：周琼妮　　　　封面设计：李　宁

最高人民法院建设工程施工合同司法解释精释精解

ZUIGAO RENMIN FAYUAN JIANSHE GONGCHENG SHIGONG HETONG SIFA JIESHI JINGSHI JINGJIE

主编 / 何志

经销 / 新华书店

印刷 / 三河市紫恒印装有限公司

开本 / 710 毫米 ×1000 毫米　16 开　　　　印张 / 35.25　字数 / 539 千

版次 / 2020 年 6 月第 1 版　　　　2020 年 6 月第 1 次印刷

中国法制出版社出版

书号 ISBN 978-7-5216-1034-5　　　　定价：118.00 元

北京西单横二条 2 号　邮政编码 100031　　　　传真：010-66031119

网址：http://www.zgfzs.com　　　　**编辑部电话：010-66067023**

市场营销部电话：010-66033393　　　　**邮购部电话：010-66033288**

（如有印装质量问题，请与本社印务部联系调换。电话：010-66032926）